万载年鉴

(2022)

《万载年鉴》编纂委员会　编

方志出版社
Publishing House of Local Records

图书在版编目（CIP）数据

万载年鉴. 2022 /《万载年鉴》编纂委员会编.—
北京：方志出版社，2022.12
ISBN 978-7-5144-5564-9

Ⅰ. ①万… Ⅱ. ①万… Ⅲ. ①万载县－2022－年鉴
Ⅳ. ①Z525.64

中国版本图书馆CIP数据核字(2022)第256540号

责任编辑：高孟君
责任校对：刘玉霞
责任印制：梅中英
出 版 者：方志出版社
地　　址：北京市朝阳区潘家园东里 9 号（国家方志馆4层）
邮　　编：100021
网　　址：http://www.zgfzcb.cn
发　　行：方志出版社图书营销中心（010–67110500）
印　　刷：宜春市同茂印务有限公司
开　　本：889毫米×1194毫米 1/16
印　　张：19.5
字　　数：570千字
版　　次：2022年12月第1版
印　　次：2022年12月第1次印刷
定　　价：198.00元

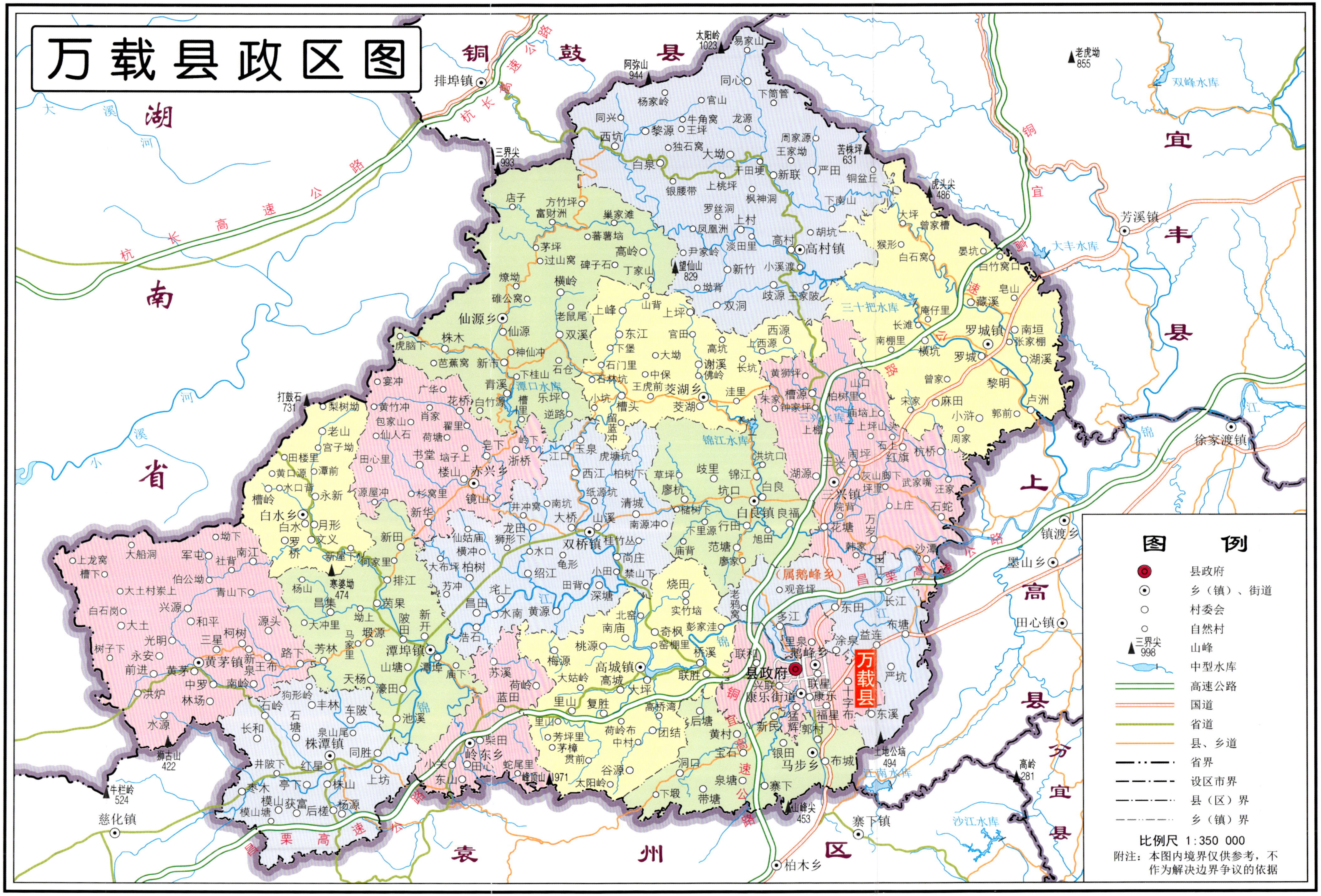

审图号：赣S（2019）037号

江西省测绘成果资料档案馆编制

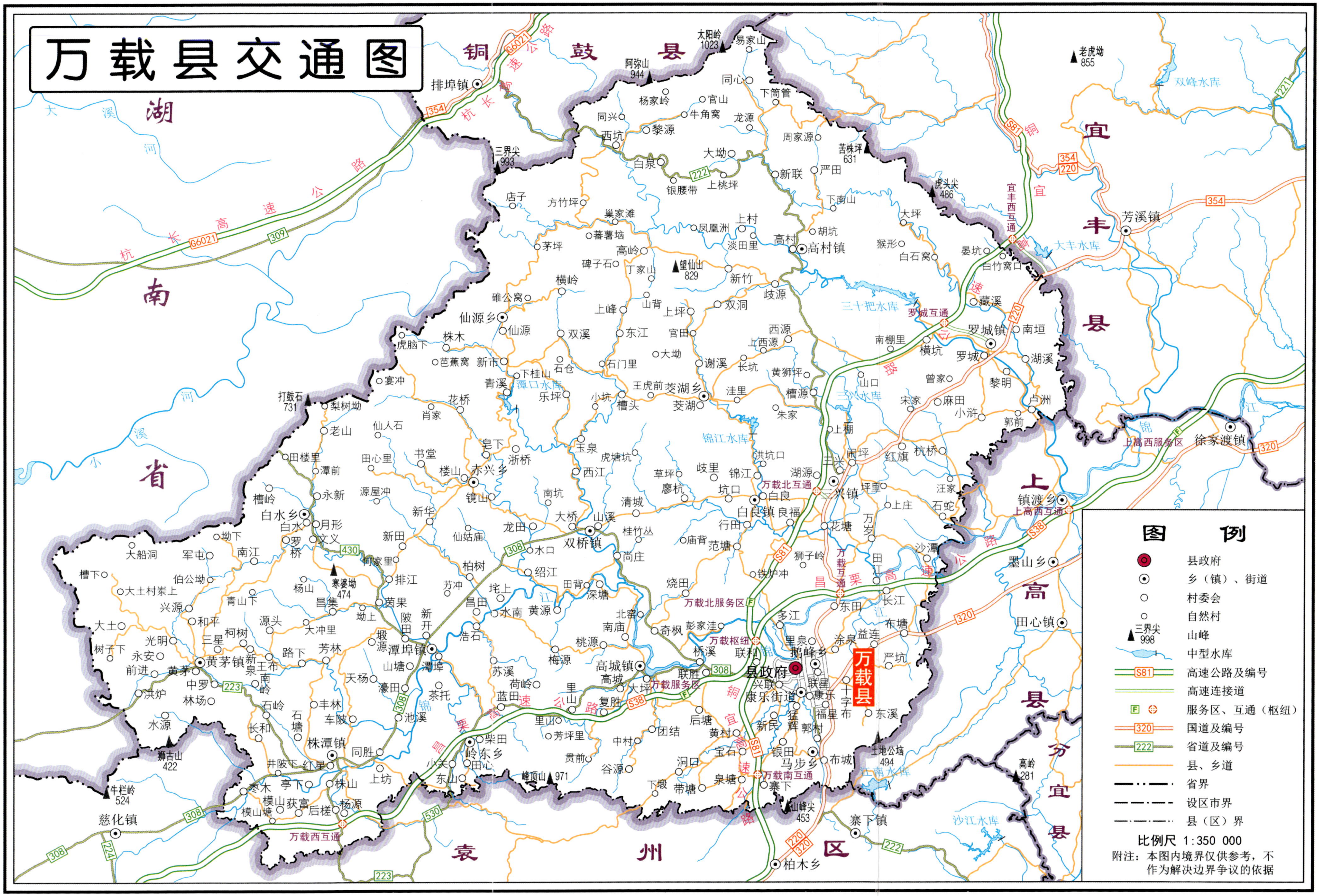

江西省测绘成果资料档案馆编制

审图号：赣S（2019）037号

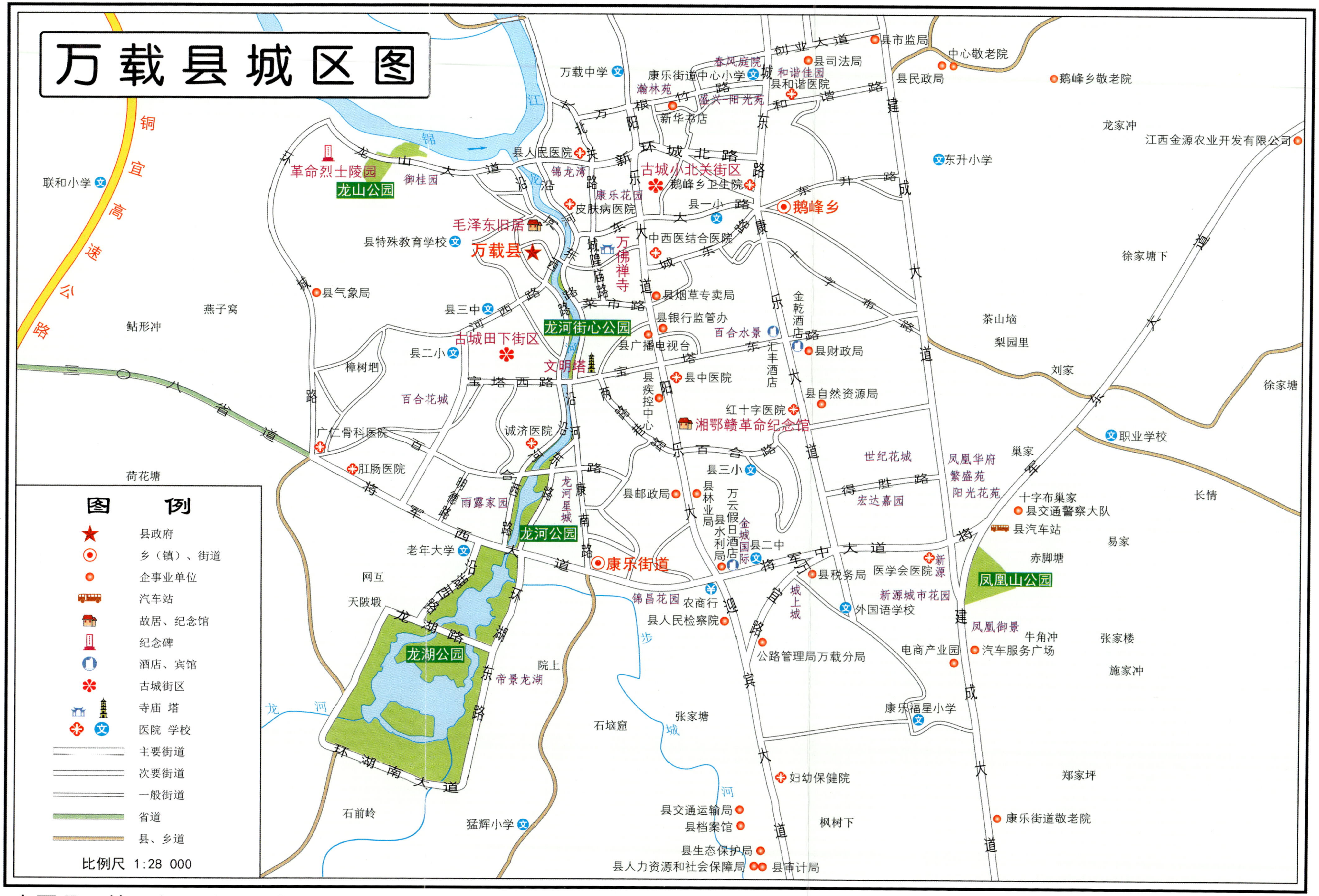

审图号：赣S（2019）037号

江西省测绘成果资料档案馆编制

行政管理

4月20日，宜春学院与万载县“校县合作”对接会召开

4月22日，党史学习教育省委第三巡回指导组到万载县调研指导党史学习教育工作

5月12日，省公安厅副厅长胡满松到万载县公安局调研

6月17日，万载县行政审批局举行挂牌仪式，标志着全县行政审批制度改革步入新时代

6月23日，县委、县政府领导看望万载县获得全省脱贫攻坚先进个人和先进集体荣誉的代表

6月25日，县委理论中心组党史学习教育专题学习会举行

6月30日，在县会议中心举行万载县庆祝中国共产党成立100周年暨“七一”表彰大会

7月31日，万载县领导干部“周六论坛”（第一期）正式开讲

8月21日，万载县召开株潭片区座谈会，株潭镇、黄茅镇、潭埠镇、白水乡、岭东乡党委书记就“十四五”规划时期整体发展思路作了书面发言

9月1日上午，中国共产党万载县第十五次代表大会在县会议中心开幕

9月14日至15日，中宣部原副部长、中国关心下一代工作委员会常务副主任胡振民到万载县考察

9月14日，万载县归侨侨眷综合技能培训班在“侨胞之家”开班

9月2日下午，中国共产党万载县第十五届纪律检查委员会第一次全体会议召开

9月22日，中国人民政治协商会议万载县第十四届委员会第一次会议在县会议中心开幕

9月23日，万载县第十七届人民代表大会第一次会议在县会议中心开幕

9月26日，中国工程院院士李建刚到万载外国语学校开展校园科普讲座

11月14日，万载县社区矫正管理局举行揭牌仪式

民生情怀

3月5日，组建新长征退役军人志愿服务队

3月22日，以“巩固脱贫攻坚成果、科技助力乡村振兴”为主题的江西省科技下乡主会场活动在万载县三兴镇举行

6月24日，县生态文明建设领导小组成员单位的干部代表在宣传横幅上签名，并通过骑行电单车的方式践行绿色理念，倡导绿色出行，营造万载绿色风尚

7月2日，康乐街道召开2020年度保洁员表彰暨“清洁康乐”誓师大会

7月6日，县残联联合创维集团举办“善行江西万载，爱心助残惠万家”活动，以集中捐赠家用电器和发放购物优惠券两种方式惠及全县残疾人

7月8日，县总工会开展夏季送清凉慰问活动，给在酷暑中坚守岗位的一线工作人员送去夏日的清凉

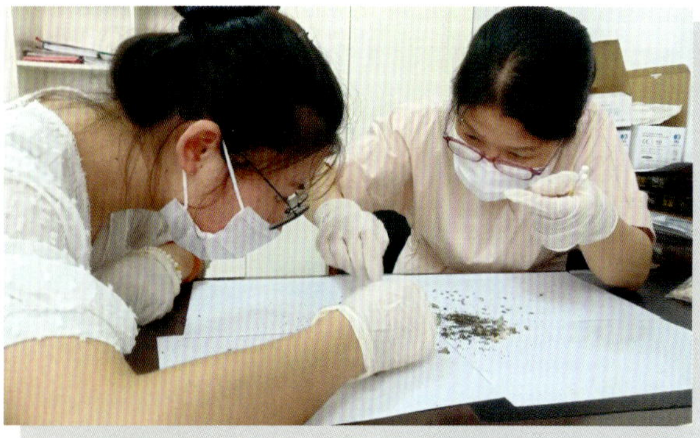

7月12日至15日，县疾控中心连续开展疟疾媒介按蚊种群监测工作，进一步巩固消除疟疾成果。图为工作人员在进行蚊种鉴定与统计

7月27日，万载县中小学（幼儿园）心理健康教师专业技能提升培训班开班，全县各个学校的数百名专职心理教师、班主任分批次先后在县教师进修学校、康乐街道中心小学轮训

8月21日，万载县教育高质量发展“提质强校”项目启动仪式暨培训活动在万载外国语学校报告厅举行，全国教育局长研究联盟常务副理事长兼秘书长方华出席启动仪式

9月中旬，万载县政务服务大厅推出公共场所卫生许可等51个“免证办”服务，群众到大厅各窗口办事无需携带个人证照材料即可进行业务办理

12月15日，万载县专业森林消防大队在全省专业森林消防队伍大比武中获团体第一名

6月29日，白水至槽岭段道路提升改造项目竣工通车

双桥镇发动镇村党员干部“夜谈”访民情，了解群众诉求，感知百姓冷暖

组织2021度年转业士官进行积分选岗

产业引领

5月11日至12日，江西省2021年度烟花爆竹安全经营管理暨产销洽谈大会在万载县召开

7月25日至27日，万载县20家企业携带600余种精品烟花爆竹赴贵安新区参加烟花爆竹流通协会第四届一次会议暨烟花爆竹产品订货会

5月25日，化工片区污水收集“一企一管”建设工程项目开工仪式在万载工业园区举行

5月30日，万载县代表团参加在江苏常熟召开的中国日用杂品流通协会五届六次理事会暨烟花爆竹产业高质量发展论坛

7月6日，万载县科技特派员工作站揭牌仪式在县电子商务产业园举行

3月25日，万载县三兴镇海达威种养合作社负责人胥基础获2020年度江西致敬“三农”人物群像表彰

在竹荪采摘旺季，万载县三兴镇湖源村种植基地里，村民们正忙着采摘竹荪

8月初，万载县农业农村局组织农技专家送技下乡

8月25日，万载县召开全县花炮产业发展工作座谈会

9月8日，万载县携带百合系列产品应邀参加“湘赣味道”美食季启动仪式暨长沙味道·浏阳美食周活动

9月10日，万载县举办碳达峰、碳中和行动方案讲座，就“碳达峰、碳中和”行动方案进行全面系统讲解

文化情韵

4月22日，宜春市“百年辉煌·幸福万载”第37届谷雨诗会在万载县举办。图为诗会诗歌朗诵

4月22日，万载县党史学习教育现场教学暨革命戏剧《李更探监》全国巡演首演在县行政服务中心二楼大礼堂举行

6月28日晚，万载县纪委、县监委举行“忠诚卫士展风采 百年华诞谱新章”庆祝中国共产党成立100周年主题活动

12月9日，省书法家协会考察组，对万载县申报创建“江西省书法之乡”工作进行考察

12月27日晚，万载县“百县百日”活动暨万载花灯戏盛世花火“庙街杯”首届舞艺大赛决赛在花火小镇开赛

百岁老兵徐桃生在万载县烈士纪念馆开设红色讲堂

7月2日，万载县卫生健康系统庆祝中国共产党成立100周年暨“七一”表彰晚会在县会议中心举行

省级“专精特新”中小企业

华尔升科技有限公司产品广泛用于工控数显、车载显示、电子终端、医疗器械、移动终端、智能穿戴等领域。

华尔升科技有限公司拥有长达15年的液晶显示器研发和生产经验，是国内成熟的具备OLED后段生产工艺的两家企业中的一家，在同行业中排名前五，客户主要为国企和上市公司，主要出口液晶模组。

江西春山新能源有限公司是一家专业生产高硼硅玻璃管的现代化企业。年产各种高硼硅玻璃管1.3万吨，生产的“春山牌”玻璃，经国家权威机构检测，各项指标和性能达到或超过国家标准，属国内领先水平。该公司产品质量一流，销售渠道稳定，产品适销率100%。

江西双龙硅材料科技有限公司是上市企业——吉林通化双龙硅材料科技股份有限公司的全资子公司。通化双龙科技股份有限公司是国内最早从事沉淀法白炭黑生产的企业。

2019年和2020年分别销售产品18929吨和19500吨，实现销售收入达10858万元和11968万元。

万载县联胜科技有限公司致力各种高级工业涂料及高科技涂料树脂的研发和生产，产品广泛用于木器、五金机械设备、各种车辆、仪器仪表、钢结构桥梁水泥和地坪的涂装。

公司主导产品和一牌、仙女湖牌、明迪牌等高级工业漆畅销全国各地。

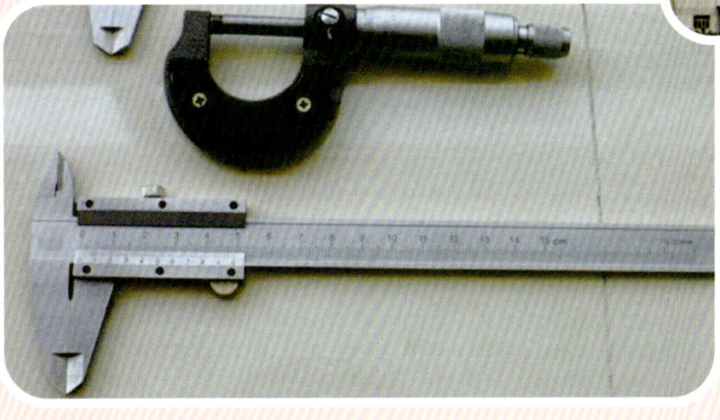

江西省万载县天和量具刃具有限公司江西工具厂改制后的人员以股份组合而成。公司主要生产各类角度量具、长度量具和光面量规等，近百个品种，多种规格，产品可执行国标、德标和美标，亦可遵照客户来图来样生产。

公司以实干发展为己任，以精密优良赢客户，以热忱高效服务为天职，产品得到了北京、上海、南京、南昌、长沙、深圳、青岛等诸多外贸企业和厂家认可。

《万载年鉴（2022）》编纂委员会

《万载年鉴（2022）》编辑部

编辑说明

一、《万载年鉴(2022)》以马克思列宁主义、毛泽东思想、邓小平理论、“三个代表”重要思想、科学发展观、习近平新时代中国特色社会主义思想为指导，坚持辩证唯物主义和历史唯物主义的立场、观点和方法，坚持为改革开放和社会主义现代化建设服务。

二、《万载年鉴(2022)》记录了2021年万载经济建设和社会发展的基本情况。作为背景资料，年鉴内容有部分涉及2021年之外的情况；有些方面的基本情况虽然在前几卷《万载年鉴》有记载，但为了方便阅读和保持内容的完整性，仍予以记载。

三、《万载年鉴(2022)》采用类目、分目、条目三级结构层次，设特载、大事记、万载概览、中国共产党万载县委员会、万载县人民代表大会、万载县人民政府、中国人民政治协商会议万载县委员会、纪检监察、民主党派、群众团体、法治、军事、应急管理、基础建设、工业、农业农村、交通、金融、贸易、财政　税务、经济管理与监督、信息业、科技教育体育、文化卫生、社会事业、乡村振兴、乡镇、附录。

四、《万载年鉴(2022)》的条目除概述或概况外，相关部分的单位资料均为动态标题，以便于突出条目信息价值和年度特色。

五、《万载年鉴(2022)》对各单位资料之间重复记述的部分，在分清主次和互相协调的基础上，采用平衡删留、详略互见、区别视角等不同的记述方法。

六、《万载年鉴(2022)》乡镇(街道)、部门、单位及人物排序不分先后。合并前的相关单位内容，列入合并后的单位内容中。由于年鉴内容采写时间与统计数据发布时间难以同步，如果文中涉及的相关数据与统计数据不符，以统计数据为准。

七、《万载年鉴(2022)》数字用法、标点符号用法分别采用国家标准《出版物上数字用法》(GBIT 15835-2011)《标点符号用法》(GBIT 15834-2011)，计量单位采用国家技术监督局1993年12月发布的《量和单位》系列国家标准。

目　录

特　载

大事记

万载概览

中国共产党万载县委员会

万载县人民代表大会

万载县人民政府

中国人民政治协商会议
万载县委员会

纪检监察

民主党派

群众团体

法　治

军　事

应急管理

基础建设

工　业

农业农村

交　　通

金　融

贸　易

财政　税务

经济管理与监督

信 息 业

教育　体育　科技

文化　卫生

社会事业

乡村振兴

乡　镇

附 录

特　　载

奋起赶超跨越　勇争全省一流
为建设富强美丽和谐宜居新万载而不懈奋斗

——在中国共产党万载县第十五次代表大会上的报告
（2021 年 9 月 1 日）

中共万载县委书记　严旭辉

各位代表、同志们：

现在，我代表中共万载县第十四届委员会向大会作报告，请予审议。

一、过去五年的工作回顾

过去的五年，在省委、市委的坚强领导下，我们坚持以习近平新时代中国特色社会主义思想为指导，全力应对新冠肺炎疫情、经济下行压力等困难和挑战，历经重重考验，“十三五”规划胜利完成，全面建成小康社会任务圆满实现，全县经济综合实力、人民生活水平、社会各项事业和党的建设取得新进步。

——五年来，脱贫攻坚全面胜利。深入贯彻习近平总书记关于扶贫开发工作重要论述，坚决全面打赢了脱贫攻坚战。9637 户 29129 名农村建档立卡贫困人口全面脱贫，36 个贫困村全部出列；1330 户 2426 名城镇贫困对象全面实现脱贫解困目标。这是全县党员干部、社会各界人士、企事业单位共同奋斗结出的硕果。特别是第一书记、驻村工作队员、扶贫干部奋战在一线，付出了辛勤劳动，作出了突出贡献。5 年间，基础设施建设投入 6.58 亿元，发放教育补助 3640 万元，医疗报销 2.57 亿元，贫困群众全面实现“两不愁、三保障”。高村镇党委荣获“脱贫攻坚全国先进集体”，为全市唯一殊荣；我县脱贫攻坚成效考核获评“好”等次，交出了一份群众满意、组织肯定、社会认可的精彩答卷。

——五年来，综合实力持续增强。与“十二五”末相比，全县 GDP 由 145.6 亿元增至 209 亿元，年均增长 7.5%；财政总收入由 23.2 亿元增至 28.6 亿元，年均增长 4.3%；规上工业企业数由 134 家增至 186 家，增加 52 家；三次产业结构进一步优化，由 10.29：54.73：34.98 调整为 10.15：45.5：44.35。园区承载能力持续增强，建设 85 万平方米高标准厂房，要素保障逐步完善。“两新”产业初具规模，引进南氏锂电、佳瑞新能源等一批亿元企业，培育高新技术企业 38 家。花炮产业提质增效，高效推进第五轮国标整改工作，成功举办第三、第四届国际花炮文化节。现代农业稳步发展，完成 17.14 万亩高标准农田建设，粮食播种面积每年稳定在 75 万亩以上，荣获“国家农业绿色发展先行区”称号。文旅融合加速发展，万载古城成功创建国家4A级旅游景区，先后承办了省、市旅发大会，连续两年获评“全省旅游产业发展先进县”。

——五年来，城乡功能逐步提升。大力推进棚改工作，完成城市棚户区改造15810套，建设安置房10754套，为城市发展奠定了基础。科学制定《万载县城市功能品质提升双城联动规划》，拉开了“双城联动”建设序幕。城乡基础设施逐步完善，完成19个城镇老旧小区改造项目；新建城西自来水厂，农村自来水普及率由“十二五”末的65%提高至92%；构建城乡一体化交通路网体系，建设宜万快速通道、G220绕城公路万载段，新改建农村公路1455公里，获评全省“四好农村路”示范县。

——五年来，改革开放不断深化。党政机构改革、乡镇机构改革、事业单位改革顺利完成，株潭经济发达镇行政管理体制改革成效明显。成立万投集团、组建万兴集团，构建“2+N”新型投融资平台。深入推进“放管服”改革，开展相对集中行政许可权改革，县行政审批局挂牌运行；首创园区一站式审批中心，推行“拿地就开工”“容缺审批＋承诺制”服务。高效推进殡葬改革，绿色殡葬蔚然成风。主动融入湘赣边区域合作示范区，持续深化“F4产业联盟”区域合作，构建资源共享、品牌共建、市场共拓的格局。

——五年来，社会大局和谐稳定。安全生产平稳可控，高温期间花炮企业特许生产工作成功破题，重点领域安全生产事故逐年下降。县专业森林消防大队执行野外巡查和森林扑火等各项任务1.2万人次，挽回经济损失近亿元，获“全国第五届119消防先进单位”。“平安万载”建设成效凸显，全面推进市域社会治理现代化，扫黑除恶专项斗争取得全面胜利，连续两年荣获“全市扫黑除恶专项斗争先进县”。全面打好禁毒人民战争，成功摘帽“省禁毒重点整治县”。信访维稳扎实有力，有效化解一批矛盾纠纷和信访积案，三年获评全省信访工作“三无”县。持续淳化乡风民风，双桥镇绍江村、马步乡寨下村荣获“全国文明村镇”。

——五年来，民生福祉稳步攀升。全力打好疫情防控阻击战，疫情防控取得阶段性成果，疫苗接种工作全面铺开。扎实推动生态文明建设，坚决打赢打好污染防治攻坚战，做好中央、省环保督察及“回头看”反馈问题整改及森林督查整改，严厉打击环境违法行为。筑牢民生保障体系，“十三五”期间新增城镇就业人数23997人，新增转移农村劳动力32327人。大力发展教育事业，积极与宜春学院开展校县合作，新改扩建学校（幼儿园）26所、新增学位1.6万个，新招录教师2228人，教育保障能力持续增强。不断完善社会救助制度、养老服务体系，县中医院综合大楼、县妇幼保健院、县人民医院西院等先后投入使用，医疗卫生服务水平持续提升。

——五年来，党建引领凝聚力量。始终把党的政治建设摆在首位，高质量推进“两学一做”学习教育、“不忘初心、牢记使命”主题教育、党史学习教育、“优环境、促发展”大讨论活动，大力开展建党100周年庆祝活动。基层党建“三化”建设成效明显，村（社区）党组织面貌焕然一新，仙源乡仙源村入选中组部红色名村，为全市唯一。圆满完成乡镇（街道）党委、村（社区）“两委”换届工作，各项指标比例均为历届最优。加强党对宣传思想工作全面领导，牢牢把握意识形态工作主动权，着力推进新时代文明实践中心建设，舆论引导和阵地管理进一步加强。扛起管党治党政治责任，推动全面从严治党向纵深发展。扎实开展肃清颜赣辉、胡全顺流毒工作，推进以案促改、以案促建、以案促治。全面推进“清廉万载”建设，持之以恒落实中央八项规定精神，狠抓群众身边腐败和不正之风专项整治，深化政治巡察，始终保持惩治腐败高压态势，立案778件，给予党纪政纪处分775人，移送司法机关5人。

同时，大力推进民主法治建设，支持人大及其常委会履行宪法和法律赋予的职责；支持人民政协发挥协商民主重要渠道和专门协商机构作用；加强对人民法院、人民检察院的领导；密切与民主党派、工商联和无党派人士合作;充分发挥工青妇等群众团体的桥梁和纽带作用,爱国统一战线持续巩固,群团组织作用进一步强化,国防动员和后备力量建设得到加强。县委总揽全局、协调各方的领导作用更加突出。

各位代表、同志们,这些成绩的取得,是贯彻落实习近平新时代中国特色社会主义思想的具体实践,是省委、市委正确领导的结果,是全县各级党组织、广大党员干部和全县人民共同努力的结果,是各民主党派、驻万单位、离退休老同志和社会各界人士共同关心支持的结果。在此,我谨代表中共万载县委,向所有参与、关心和支持万载经济社会发展的各级领导、各界人士、全体同志表示衷心的感谢,并致以崇高的敬意!

在看到成绩的同时,我们也清醒地认识到,与高质量发展要求、兄弟县市发展速度、全县人民殷切期盼相比,我们还有很大差距,集中表现为"六个不相匹配":一是胡全顺等案严重破坏了万载政治生态,给万载经济社会发展造成了巨大损失,干部作风与贯彻新时代发展要求不相匹配。二是营商环境痼疾难消,办事效率不高,与建设全省营商环境一等县的目标不相匹配。三是工业发展质量不高,要素制约较为突出,与实现工业强县目标不相匹配。四是城市建设相对滞后,无论功能、环境还是承载能力,都与62万人口总数和体量不相匹配。五是新农村建设欠账较多,与乡村振兴的要求和农村居民迫切改善生产生活条件的需求不相匹配。六是民生领域存在较大短板,在教育、医疗、卫生、文体等方面存在不足,与持续满足人民对美好生活向往的追求不相匹配。对此,我们必须高度重视,加倍努力,采取有效措施加以解决。

二、今后五年的指导思想和奋斗目标

未来五年,是我县奋起赶超跨越、勇争全省一流的关键时期。放眼全球,新冠肺炎疫情全球大流行和世界百年未有之大变局相互影响,但和平与发展的时代主题没有改变,全球经济与战略重心东移,国际战略格局"东升西降"更趋明朗,机遇仍然大于挑战。纵观国内,进入新发展阶段明确了我国发展的历史方位,贯彻新发展理念明确了我国现代化建设的指导原则,构建新发展格局明确了我国经济现代化路径选择,经济发展长期向好的趋势没有改变。环视周边,区域竞争的形势更加紧迫,抢抓机遇的趋势更加明显,奋起赶超的态势更加激烈。着眼万载,落后的现状揪痛着每一个万载人的心,大家都迫切希望摆脱落后的发展局面,谋发展、促发展的氛围前所未有。因此,我们必须坚定发展信心、抢抓发展机遇、凝聚发展合力。

我们的信心主要源自四个方面:一是县域区位优势独特。在中央构建以国内大循环为主的战略背景下,区域合作已成必然趋势。我县地处湘赣边区域合作示范区,也是距离宜春市中心城区最近的县,随着湘赣边区域合作的省级推动、中心城区与经开区的加速发展,区位优势更加凸显。二是园区承载潜力巨大。近年来,我们在园区基础设施建设上投入了20多亿元,进一步拉大了园区框架、提升了园区品质。园区的规划布局也逐步调整为以产业类型、产业关联为主线,形成了"一区四园"的整体格局,园区平台不断做大,承载能力不断提升。三是城市拓展空间广阔。第七次全国人口普查数据显示,江西省城镇化率为60.44%,而万载县城镇化率仅有51.94%,我县农村人口基数较大,在全省居前,城镇发展具有充足的空间和潜力。未来五年,我们全力打造一座新城,必将加快城镇化步伐,增强城市承载力和吸引力,带动城市人口红利和集聚效应持续增强,助推产业发展。四是特色资源禀赋丰厚。万载有誉满全球的花炮,有丰富的红色资源,有富硒、有机两大品牌,有优越的自然生态,完全能够通过个性化的发展抢占身位、把握先机,让目光聚焦万载、让项目聚集万载、让人才聚集万载,不断促进万载和宜春之间要素的高效流动和资源共享,走出一条富有万载特色的高质量发展之路。

千帆竞发,勇进者胜;百舸

争流，奋楫者先。万载正处于大有可为、大有作为的战略机遇期，建设一个富强美丽和谐宜居新万载绝不是一个遥不可及的梦！全县上下一定要倍加珍惜稍纵即逝的历史机遇，全力在新一轮区域竞争中赢得先机、率先胜出。

今后五年工作的指导思想和总体要求是：坚持以习近平新时代中国特色社会主义思想为指导，全面贯彻党的十九大和十九届二中、三中、四中、五中全会精神，深入贯彻落实习近平总书记"七一"重要讲话和视察江西重要讲话精神，围绕省委"创新引领、改革攻坚、开放提升、绿色崛起、担当实干、兴赣富民"工作要求，紧扣市委建设"综合实力强市、绿色发展大市、文明幸福城市"目标，坚持以党的建设为统领，坚持稳中求进工作总基调，统筹发展和安全、环保的关系，坚定不移强攻工业，全面推进乡村振兴和城市品质提升，按照"融入宜春、聚力园区、双城联动、特色彰显、宜业宜居"工作思路，实现工业强、城市美、生态优、民生好新目标。

今后五年，全县经济社会发展的主要预期目标是"奋起赶超跨越，勇争全省一流"。"奋起赶超跨越"即以"五高"为统领：

一是高规格推动项目建设。集中力量大抓项目、抓大项目，始终做到研判大势谋项目、挂图作战推项目、高效服务落项目，确保引进50亿元以上项目3个，20亿元以上项目12个，新增"两新"企业30家，力争2025年"两新"产业产值达200亿元，园区主营业务收入至少翻一番，突破430亿元，推动工业园区发展更具实力、更具亮点、更具特色。

二是高水平提升城市品位。紧紧围绕"双城联动"发展战略，坚持"高水平规划、高质量建设、高标准管理"的原则，科学编制南部新城规划，快速有序一体推进基础设施和公共服务配套设施建设，把南部新城打造为市民满意、人才向往、客商乐道的"城市新名片"。加速完善老城区各项配套功能，让万载城市面貌更靓丽、工作生活环境更舒适，成为既具有现代特色又具有历史韵味的宜业宜居之城。

三是高品质推进乡村振兴。切实做好巩固拓展脱贫攻坚成果同乡村振兴有效衔接工作，让脱贫基础更加稳固、成效更可持续。加强顶层设计，按照"产业兴旺、生态宜居、乡风文明、治理有效、生活富裕"的总要求，科学编制并实施村庄规划，引导项目向农村延伸、人才向农村下沉、资金向农村流入。以更有力的举措、汇聚更强大的力量，加快农业农村现代化步伐，促进农业高质高效、乡村宜业宜居、农民富裕富足。

四是高标准增进民生福祉。深入践行以人民为中心的发展思想，全面推动"教育强县"发展步伐，打造"全省一流、全市领先"的优质教育，完善县域医疗服务体系，构建成熟社区居家养老"万载样板"。规划和建设全民体育中心，完善各项基础设施。拓展就业空间，完善社会保障体系。扎实抓好安全生产，有效消除各类安全隐患，常态化开展扫黑除恶专项斗争，让62万万载人民的生活更加幸福安康。

五是高质量推进党的建设。全面贯彻新时代党的建设总要求，扎实开展党史学习教育，大力传承红色基因，巩固提升党的领导能力和水平，在新时代新发展大潮中高举党的旗帜，把万载建设为干部思想大解放的理论高地、涵养风清气正政治生态的清廉净土，充分体现万载党员干部的实干担当。

"勇争全省一流"即：经济总量挺进全省第一方阵，主要经济指标增速进入全市前三，力争第一。到2025年，全县GDP突破300亿元，全力挺进全省第一方阵，增速进入全市前三，力争第一；财政总收入突破42亿元，年均增长8%以上；规模以上工业增加值年均增长8%以上；社会消费品零售总额突破100亿元，年均增长12%以上。

在今后的工作中，全县上下要始终做到"五个必须"：一是必须净化政治生态，推进全面从严治党。各级党员干部必须坚决肃清胡全顺等案流毒，做到深刻反思、警钟长鸣；始终保持惩治腐败的高压态势，持之以恒加强监督和惩处，坚决打赢反腐倡廉正义之战；从严管党治党，持续加大巡察力度，强化巡察成果运用，充分彰显巡察利剑作用。二是必须优化发展环境，建设“全省营商环境一等县”。坚持对标对表最先进的理念、最高的标准，始终从企业的角度评价和改善工作，形成更多制度性工作成果和工作举措，不断激发市场主体活力，打造一流营商环境，让企业办事更爽心、群众办事更方便。三是必须保持发展定力，紧盯目标不动摇、不折腾。立足新发展阶段，贯彻新发展理念，构建新发展格局，始终保持发展定力，在思想上不犹豫、在方向上不摇摆、在战略上不折腾、在行动上不徘徊。四是必须凝聚强大合力，在比学赶超中争先进位。用坚强的党性保证团结，用精诚的团结促进事业，用共同的事业凝聚人心，把全县党员干部的智慧和力量汇聚到共同的目标上来，积极应对复杂局面，勇于战胜艰难险阻，全力比学赶超、奋力争先进位。五是必须强化执行意识，持续转变工作作风。树立强烈的责任意识、忧患意识、机遇意识，以等不起、坐不住、慢不得的紧迫感，不折不扣贯彻落实县委决策部署，确保政令畅通、令行禁止。坚决整治“怕慢假庸散”等作风顽疾，以饱满的工作热情和扎实的工作作风，推动万载各项事业高质量发展。

三、今后五年的主要工作举措

（一）主攻强攻工业，壮大县域经济实力

坚定不移实施工业强县战略，坚持把工作重心放在发展实体经济上，全力提升发展质量效益和核心竞争力。

一是全力优化营商环境。牢固树立“服务企业不是情分是本分”的职责理念，以建设全省营商环境一等县为目标，纵深推进“放管服”改革，深入开展政务服务“好差评”工作，进一步深化园区一站式审批，大力推行“容缺审批＋承诺制”服务，加快落实“拿地就开工”机制，解决项目从选址到手续办理、开工建设、竣工投产等环节遇到的难题。以心相交，方成其久远。聚力打造“亲清”政商关系，做到“随叫随到、不叫不到、服务周到、说到做到”。成立产业发展基金，加大现代企业金融支持力度，有力化解企业融资难、融资贵等问题。县纪委县监委要加大查处力度，全方位打击损害营商环境的违纪违法行为，从严从快处理，进一步扫清影响项目进度的“绊脚石”，依法平等保护各类市场主体权益，真正让企业家放心投资、安心经营，让万载成为企业家投资筑梦的家园。

二是始终聚力园区发展。工业园区是万载工业发展的主战场、产业转型升级的示范区。以增强产业集聚度和关联度为重点，全力支持工业园调区扩区和化工集中区整改提升，做强做优有机食品产业集群基地、中国锂电新材料产业基地和电子信息产业基地，切实提高产业配套能力。全面落实产业链链长制，依托华尔升、南极光等一批电子信息龙头企业，做好延链、壮链、补链工作，引导新能源新材料、先进装备（电子信息）产业向以市场需求为导向的产业运营模式转变，串联起具有万载特色的新兴产业。持续提升科技水平，支持南氏锂电、睿达新能源等“两新”重点企业技改项目建设，深入开展企业梯度培育工作，推动全县规上工业企业完成新一轮技改工作。加强园区干部队伍建设，锻造一支懂业务、能服务、高效率、讲奉献的“勤务员”队伍。加快工业基础设施建设，全力提升园区土地利用率，助推我县工业园跻身全省重点工业园区行列。

三是持续加快产城融合。积极推动县城与园区的要素流通，全力做好以产促城、以城兴产、产城融合工作。发挥工业园区就业创业的平台作用，加快众创平台建设，大力引进高层次、急需紧缺专业人才。探索校企合作新模式，提升企业员工学历水平及综合素质；构建职教发展新格局，引进第三方社会资本在园区创办“职业技能实训基地”，提升职校学生、特种作业人员、企业新进或转岗人员、农民工等各类对象的实操技能，解决企业技能人才缺乏的问题。补齐园区功能短板，全力提升园区文体、娱乐等生活配套功能和服务，进一步满足企业员工的生活需求，切实增强园区的承载力、吸引力和竞争力。

四是精准有力招商引资。积极对接宜春“十四五”制造业高质量发展专项规划,主动融入全市“3+3+N”现代化产业体系,引进、培育上下游企业,大力承接市经开区产业辐射。牢固树立“项目为王”的理念,全力打好“产业招商项目攻坚大会战”,围绕我县“1+3+N”产业规划,突出主导产业和“头部企业”,大力开展产业链招商、专业招商、以商招商,充分发挥驻深圳招商专班的作用,进一步加强与中介招商机构的合作,切实提升高标准厂房企业入驻率,确保到2025年底年产值过亿元企业突破100家,过5亿元企业20家,过10亿元企业10家,过20亿元企业5家,过50亿元企业(集团)1家。利用好“全国大宗固体废弃物综合利用基地”金字招牌,探索推进应急环保产业园建设,打造“安全环保发展示范区”。

五是转型升级花炮产业。以创建“全国烟花爆竹转型升级集中区”为契机,大力支持花炮产业做优做精。扎实推进第五轮行政许可工作,科学完善产能布局,重点培育20家优势骨干企业。大力实施烟花爆竹生产自动化、智能化、标准化,全面提升安全生产水平。加快烟花爆竹产业创新创造,设立烟花爆竹产业技术创新基金,深化花炮产业供应链金融服务,为产业发展注入源源不断的金融活水。加强与国内外花炮主流媒体合作,帮助花炮企业对接国内重大赛事、节庆活动,努力培育、宣传、运营好“万载花炮”品牌,全力把万载打造成“世界花炮之乡”,让古老的“花炮名片”更具特色、更加响亮。

(二)做优做美城市,建设宜业宜居家园

按照现代化城市的标准和要求,坚持精心规划、精致建设、精细管理、精彩呈现,在更高起点上增强城市功能、提升城市品位、发展城市经济、塑造城市形象,不断提升城市管理水平和居民生活质量。

一是积极与宜春中心城区融合发展。坚持基础设施融入,加快宜万快速通道建设,全力推动基础设施、公共服务等一体化进程,建设全省最大的县级综合冷链物流平台。坚持产业融入,对接和支持经开区产业发展,逐步形成与经开区互利互通、互联互促的产业发展格局。坚持文旅融入,按照创特色、聚人气的要求,加快文化和旅游产业发展,全力推动万载古城景区迭代升级改造,打造独具特色的万载烟花古城;以湘鄂赣革命根据地旧址为依托,发展红色旅游;厚植城市文化底蕴、鲜明地域精神,主动与宜春建立合作机制,联合拓展旅游市场。坚持生活融入,大力发展夜间经济,全力融入宜春半小时工作生活圈,争创国家级夜间文化和旅游消费聚集区。通过特色化、个性化发展,使万载在融入宜春的过程中与主城区相得益彰、优势互补。

二是高标准开发建设南部新城区。以“公园城市”理念高水平规划、高标准建设,打造万载城市主中心,依托南部新城优质生态资源,建设全省一流示范公园和生态休闲示范区。加快构建现代化城市交通网络,打造迎宾大道城市主轴,完善“三横二纵”路网建设。加强与宜春学院的全方位战略合作,优化整合全县教育资源,建设一批全县最高水平的中小学、幼儿园,聚力打造万载最优质的教育资源聚集地;建设宜春学院第一附属医院,将其打造为宜春最具发展潜力的综合性三甲医院;完善文体设施建设,做强做优社区功能,创造健康活力的绿色城市生活,将南部新城建设为设施完备、功能齐全、环境优美、独具特色的品质新空间、生态新城区、服务新核心、文化新地标。持续加快“双城联动”步伐,提升城市品质品位,让更多的农民到县城就业、生活,提高我县的城镇化率。通过新城区发展吸纳老城区人口、降低老城区的人口密度,缓解老城区的“城市病”问题,以新城区的发展为老城区的建设提供坚强的资金保障。

三是全力提升老城区功能品质。围绕“功能完善、品质提升”两大核心诉求,以创建国家卫生城市为引领,深入推进老城区功能与品质提升,大力实施“功能修补、美化亮化、治理创新”三大行动,加快老城区公共基础设施建设,规划建设一批养老、邻里中心等社会管理服务设施,合理谋划停车场建设,着力解决交通不畅、停车难、社区活动场所落后等公共设施存在的突出问题。持续强化城市管理，加快智慧城市建设，构建多元互动的“大城管”格局，推动老城区面貌明显改善，为创建全国文明城市打下坚实基础。充分发挥老城区有文化、有底蕴、有记忆的优势，与新城区优势互补、相互衬托，彰显万载县城的独特魅力。

四是打造湘赣边发展先行区。深化湘赣边区域合作，积极对接省委、省政府“交通强省”战略，全力畅通对外通道和县域公路交通，升级改造S222万载高村至三兴公路，全力争取S308万载县城至双桥一级公路改建工程。推动我县与长株潭城市群建立紧密的产业关联、商贸流通体系，着力提升产业对接合作水平，共同创建烟花爆竹安全生产示范区，联合推进区域文旅融合发展，努力将万载建成湘赣边发展的“桥头堡”。推动形成以株潭为中心的湘赣边前沿开放合作窗口，持续强化株潭的区域中心镇地位，充分发挥“联动主城、辐射周边”的纽带作用，进一步推动产业要素向西部片区聚集，全力把株潭打造成万载的副中心，让西部片区成为花炮全产业链的聚集中心。加快株潭“中部伞都”建设步伐，让其成为西部片区乡村振兴的有力驱动，通过三至五年时间，把株潭打造成为湘赣边的“璀璨明珠”。

(三)聚焦聚力乡村振兴，打造富裕美丽乡村

以建设国家农业绿色发展先行区为主抓手，加速农业农村现代化进程，让乡村更具活力、更具实力、更具魅力。

一是巩固拓展脱贫攻坚成果。推进巩固拓展脱贫攻坚成果同乡村振兴有效衔接，严格落实“四个不摘”要求，保持现有帮扶政策总体稳定，建立健全防止返贫监测和帮扶机制。加大对易地扶贫搬迁群众的后续帮扶力度，多渠道促进就业、促进社会融入。加强产业政策激励，以“全国电子商务进农村综合示范县”为载体，大力推动农村电商+农村寄递物流融合发展，促进农民增收。发展壮大村级集体经济，着力构建乡村产业发展与村级集体经济的利益联结机制，培育一批50万元以上的集体经济富村，确保所有行政村集体经济收入每年增长8%以上。坚持和完善选派驻村第一书记和工作队制度，稳步推进省定、市定乡村振兴重点帮扶村工作。

二是构建现代农业发展平台。加快国家农业绿色发展先行区建设，加强与省供销集团的合作，加快建设集生产要素、种植技术、金融支撑、冷链物流、销售渠道等于一体的农业产业平台，打通县乡村高效的物流配送体系，修好快速出行的“高速路”。大力实施“藏粮于地、藏粮于技”战略，持续稳定粮食播种面积，切实保障粮食安全。扎实推进“规模农业、绿色农业、品牌农业”三大工程，培育壮大农业龙头企业。积极推动乡村旅游、农产品流通、乡村新型服务等新经济新业态新模式发展。全力抢占富硒有机高地，努力创建富硒省级标准，培育一批富硒认证企业、认证品牌，打造以“富硒+有机”为核心的特色品牌，以龙牙百合、大米、果蔬等为主的“2+N”特色种植产业体系，建成一批万亩示范基地，推进康乐黄鸡、万载黑兔、赣西黑山羊等地方名优畜禽养殖产业化，培育一批现代农业品牌，为万载农业插上腾飞的翅膀，让农民的钱袋子鼓起来。

三是全力建设生态宜居新村。坚持依法、民主、实用、简便的原则，以黄茅、株潭、潭埠等乡镇为试点，以点带面，提高村庄规划编制的科学性、合理性、可操作性。加快“美丽宜居+活力乡村”联动建设，持续做好新农村建设、厕所革命、垃圾和污水处理等补短板、促提升工作，把村庄建设得“有质量、提品味、显特色”。加快培育乡村文明新风，开展“文明村镇”“文明家庭”等群众性精神文明创建活动，树立文明乡风、良好家风、淳朴民风。积极创建全国“四好农村路”示范县，全面推行“路长制”，建设一批全省最美农村路。致力城乡联动发展，在农民进城就业居住生活的同时，让更多的城市居民到乡村旅游消费。

(四)全心全意为民服务，创造幸福品质生活

意莫高于爱民，行莫厚于乐民。要坚定不移增进民生福祉，让

群众日子有奔头、未来有盼头。

一是推动“生态型”环境建设。全面落实习近平生态文明思想，全力做好碳达峰、碳中和工作，遏制“两高”项目盲目发展，构建绿色产业体系，加快建立健全绿色低碳循环发展经济模式。全面推进“河长制”“林长制”，健全大气污染、水污染、土壤及固废污染等防治体系，深入开展锦江流域综合治理，持续推进国土绿化，加强森林生态资源保护，不断拓宽“两山”转换通道。积极创建省级生态县，推动水环境、大气环境质量进入全省前列。加强土地利用规划管控，加快推进绿色矿山建设。

二是发展“惠民型”社会事业。坚持把就业作为最大的民生保障，持续促进城乡居民就业，不断拓宽居民收入渠道。常态化做好疫情防控，完善突发公共卫生事件监测预警处置机制。加快“健康万载”建设，健全城乡公共卫生服务体系，加快公立医院改革步伐，启动一批公立医院质量提升项目。大力推进社区综合服务中心建设，构建以社区养老为核心、居家养老为主体、机构养老为支撑的养老服务体系。统筹推进城乡义务教育一体化发展，高水平推动公办教育发展，规范民办教育，引进优质教育资源，推进“提质强校”工程，打造赣西教育新高地。健全社会保障体系，持续完善基本养老保险、基本医疗保险、社会救助等制度，兜牢民生保障底线。

三是推进“平安型”社会治理。坚持把维护国家政治安全放在首位，全力防范化解重大社会风险。全面落实安全生产责任制，严守烟花爆竹安全生产“底线”，大力实施危险化学品、非煤矿山、食品安全等重点领域专项整治，完善应急管理体制机制，着力提升防灾减灾救灾和应急处突能力，坚决遏制较大以上安全生产事故和公共安全事故。全面提升市域社会治理现代化水平，加大“雪亮工程”织密补盲力度，提升智能化应用水平。加大反电信网络诈骗宣传和打击力度。健全矛盾纠纷多元化解体系和扫黑除恶斗争常态化机制。扎实推进法治万载建设，深入实施“八五”普法规划，推进落实重大决策、重大项目风险评估机制。

(五)抓紧抓实党建工程，引领发展赶超跨越

严格落实管党治党主体责任，全面修复净化政治生态，为推进万载高质量发展提供坚强的政治保证。

一是净化政治生态保障发展。坚决全面彻底肃清颜赣辉、胡全顺等案流毒，扎实做好案件查处后半篇文章，把查办案件与堵塞制度漏洞、强化监督管理、修复政治生态结合起来，推进以案促改、以案促建、以案促治。落实管党治党政治责任，推动全面从严治党向纵深推进、向基层延伸、向每个党支部和每名党员覆盖。持续深化清廉万载建设，严格落实中央八项规定精神，充分发挥政治谈话和制度刚性约束作用，切实加强对各级党委(党组)和“一把手”的监督，积极构建“不敢腐、不能腐、不想腐”权力运行制约和监督体系。强化巡视巡察成果运用，发挥好巡视巡察的政治“显微镜”“探照灯”作用。

二是加强党的领导统领发展。坚持党对一切工作的领导，强化县委统揽全局、协调各方的领导作用，坚决贯彻民主集中制。压紧压实意识形态工作责任，推进学习型党组织建设，深入推进党史学习教育，持续抓好习近平新时代中国特色社会主义思想和中央、省委、市委全会精神学习贯彻落实；大力弘扬社会主义核心价值观，发扬好人文化，牢牢把握舆论宣传工作的主动权。支持县人大及其常委会依法履行职能、行使职权；支持县政协发挥政治协商、民主监督、参政议政作用；加强同各民主党派、工商联和无党派人士合作共事，充分发挥工会、共青团、妇联等人民团体作用；抓好党管武装工作，增进军政军民团结；支持审判机关、检察机关依法独立负责、协调一致开展工作，营造全县上下关注、支持和参与万载高质量发展的良好氛围。

三是激发干部活力推动发展。认真执行选人用人规定，坚持德才兼备、以德为先的原则，树立“以实绩论英雄”的导向，注重在“六个一线”选拔干部。严格落实“凡提四必”制度，前移审核关口，做到动议即审、该核早核，坚决防止“带病提拔”。全面落实政治素质考察制度，对政治素质不合格的干部实行“一票否决”。坚决反对选人用人不问贤能问亲疏，防止任人唯亲、唯圈、唯钱、唯权。加强干部队伍建设，注重老中青结合，重视党外干部和女干部的培养选拔，让各方面各年龄段的干部有为有位。大力实施人才强县战略，紧扣产业发展需求，引进一批高层次人才和急需紧缺人才，抓好重大人才工程申报，建设工程技术研究中心、院士工作站等“产学研”平台，加快形成人才聚集高地。

四是夯实基层党建助力发展。继续以党支部建设为重点，深入推进基层党建“三化”建设。坚持抓两头、带中间，深化“共产党员示范乡镇”“共产党员示范机关”创建，把“红色名村”建设成为乡村振兴的示范村。大力整顿软弱涣散基层党组织，进一步抓好“八大领域”基层党建工作，推动全县基层党组织全面进步、全面过硬。加强各领域党员队伍建设，使党员成为各领域的先锋和标杆。加强和改进新形势下党校工作，启动县委党校新校区规划建设。

五是提升作风效能服务发展。基层干部就是要干在基层，推动各项工作落实，尤其是领导干部要多在基层用自己的身影带着同志们干，少在办公室遥控指挥，更不能只开会不到现场协调解决问题。树立务实重干工作作风，凡事想在前、做在前，力戒形式主义、官僚主义等不正之风，时刻保持进取精神、拼抢精神、攻坚精神，勇于“向好的学、向强的比、向高的攀”，努力创造新时代第一等工作。自觉养成学习习惯，始终保持知识危机感、本领恐慌感，持续加强对新理念、新知识、新技术的学习力度，加快知识更新、优化知识结构、提升能力本领，全力打牢干事创业的基础。

同志们，千年万载，万载千年。历史总是在继往开来中谱写，事业总是在接续奋斗中前进。我们正处在一个充满希望、大有可为的新时代。薪火相传的红色基因、红红火火的花炮文化、激情似火的干部队伍、赴汤蹈火的奋斗精神、浴火重生的雄心壮志，必将让我们在赶超跨越的征程中星火燎原、旗开得胜，必将让万载在勇争一流的比拼中立起来、跑起来、火起来！让我们在以习近平同志为核心的党中央坚强领导下，坚决响应中央、省委和市委号召，大力弘扬伟大建党精神，自强不息、敢为人先，团结和带领全县党员干部群众，瞄准目标、担当实干，为建设富强美丽和谐宜居新万载而不懈奋斗！

名词注释

1. “两新”产业：新能源、电子信息等战略型新兴产业。

2. 双城联动：优化老城区、兴建南部新城区。按照“创特色、补短板、提质量”的要求，科学谋划、一体推进。

3. “2+N”新型投融资平台：“2”即万投集团、万兴集团；“N”即金控、城投等其他一级子公司。

4. F4产业联盟：湘赣边烟花爆竹重点县(市)安全监管协作。

5. 一区四园：“一区”即工业园区；“四园”即新能源新材料产业园、电子信息产业园、健康食品产业园、应急环保产业园。

6. “1+3+N”产业规划：以烟花爆竹为优势品牌，以新能源新材料、电子信息和应急环保为主导，多类型工业行业各具特色的创新驱动产业高质量发展新型工业体系。

7. 三横二纵：“三横”即环湖南大道、光明大道、龙湖路；“二纵”即环湖东路南段、康南路。

8. 四个不摘：摘帽不摘责任、摘帽不摘政策、摘帽不摘帮扶、摘帽不摘监管。

9. “2+N”特色种植产业体系：“2”即以“富硒＋有机”为核心的特色品牌，“N”即以龙牙百合、大米、果蔬等为主的特色种植产业体系。

10. 碳达峰：某一个时点，二氧化碳的排放不再增长达到峰值，之后逐步回落。

11. 碳中和：企业、团体或个人测算在一定时间内，直接或间接产生的温室气体排放总量，通过植树造林、节能减排等形式，抵消自身产生的二氧化碳排放，实现二氧化碳的“零排放”。

12. 两高：高污染、高耗能。

13. 六个一线:改革创新、重大项目、乡村振兴、招商引资引才、信访维稳和处置突发事件、为民服务。

14. 凡提四必:讨论决定前,对拟提拔或进一步使用人选的干部档案必审、个人有关事项报告必核、纪检监察机关意见必听、线索具体的信访举报必查,坚决防止“带病提拔”。

15. 八大领域:农村、社区、机关、中小学校、公立医院、国有企业、非公企业和社会组织八大领域。

政府工作报告

——在万载县第十七次人民代表大会第二次会议上的报告

（2022 年 2 月 27 日）

万载县人民政府县长　刘学军

各位代表：

现在，我代表县人民政府，向大会报告工作，请予审议，并请各位政协委员和列席会议的同志提出意见。

一、2021 年工作情况

2021 年，在市委、市政府和县委的坚强领导下，在县人大、县政协的监督支持下，全县上下攻坚克难、砥砺奋进，经济社会呈现良好发展态势。全年实现生产总值 240.46 亿元，增长 9.1%；财政总收入 32.59 亿元，增长 13.8%；一般公共预算收入 16.48 亿元，增长 1.1%；规模以上工业增加值增长 12.2%；固定资产投资增长 10.8%；外贸出口完成 4.34 亿美元，增长 74.3%；社会消费品零售总额完成 76.89 亿元，增长 17.5%；城镇、农村居民人均可支配收入分别达到 35040 元、15472 元，增长 7.9%、8%。

这一年，我们主攻实体经济，三次产业稳步提升。全县生产总值增速全市第三，外贸出口增速全市第一，三次产业比调整为 9.1∶47.49∶43.41。工业经济加速崛起。全年新增规上工业企业 30 家，规上工业增加值和主营业务收入增速均全市第一，工业固投增速全市第二，六大主导产业营业收入占工业总量的 87.3%。新增国家高新技术企业 4 家，华尔升科技被认定为国家级专精特新“小巨人”企业，实现“零”的突破。花炮产业实现总产值 111 亿元，增长 29.4%，完成税收 2.98 亿元，换发新证企业 149 家，发放退出奖补资金 2.28 亿元，安排花炮产业机械推广专项资金 1000 万元。全国烟花爆竹转型升级集中区建设考评位列第二。农业发展提质增效。建成高标准农田 3.52 万亩，粮食播种面积 66.36 万亩，总产量 26.6 万吨。新增富硒产业示范基地 5 个，建成富硒农产品基地 15.1 万亩、有机认证面积 41.2 万亩，有机富硒产值突破 65 亿元。新增“二品一标”产品 6 个，万载百合、康乐鸡成功申报中国地理标志产品。现代服务业蓬勃发展。全县实现旅游综合收入 106 亿元，增长 8.1%；电商网络零售交易额 3.9 亿元，增长 28%。江西“百县百日”文旅消费季万载分会场活动全省综合评分第一。万载古城景区获评第一批国家级夜间文化和旅游消费集聚区，并被认定为省级文化产业和旅游产业融合发展示范区。

这一年，我们突出夯基筑台，发展后劲显著增强。项目支撑更加有力。全年引进千万元以上项目 59 个，签约金额 117.45 亿元，开工率 69.5%，注册率 96.6%，其中亿元以上 35 个，20 亿元以上 2 个，涂联科技项目被认定为“5020”项目，实现入统“零”的突破。48 个重大项目开工，22 个重大项目建成投产，59 个省市县重点项目累计完成投资 101.95 亿元。园区功能更趋完善。新建标准厂房 5.7 万平方米、供水管网 6.8 公里，完成园区 5 条道路改造提升。设立园区“一站式”审批中心，赋权审批事项 33 项，实现园区事园内办。工业园化工集中区获批省级化工集中区。营商环境更为优化。建立县、乡、村三级联动帮代办体系，在全市率先实现“跨域通办”。基本完成相对集中行政许可权改革，县行政审批局挂牌运行，划转行政审批事项187项，缩减审批环节27%，企业开办实现零收费、即时办。组建万载县营商环境服务中心，召开政企圆桌会议10次，为企业解决问题132个。减免企业各类税费6.43亿元。

这一年，我们聚焦环境改善，宜业宜居日益彰显。城市面貌有新变化。“双城联动”一期项目启动。实现第三期棚改1128户签约率100%。完成老旧小区改造11个2319户。G220绕城公路、南部新城“一纵两横”、衙背山路、纵一路北段、田下路北段、宝塔西路西段等道路通车。美丽宜居城市建设全面启动，省级卫生城顺利通过复审。村镇建设有新进展。建成新农村点186个，改造农村危房116户、户厕2537户，新改扩建农村公路56公里，维修养护农村饮水工程201个。农村生活垃圾无害化处理率100%。生态保护有新作为。统筹推进“两高”项目清理整改，完成上级下达的能耗“双控”考核任务。推进水气土污染防治，空气优良率96.8%，主要河流断面及县城集中式饮用水水源地水质达标率100%，受污染耕地安全利用率93%以上。建成矿山智慧监管平台，88个矿山环保问题全部整改到位。完成人工造林1.44万亩，封山育林1.59万亩。通过省级生态县考核验收，成功创建“江西绿色生态”品牌试点县。

这一年，我们树牢人民情怀，为民服务务实有力。民生保障有力有效。民生支出41.49亿元，占一般公共预算支出83.1%。完成巩固拓展脱贫攻坚成果项目261个，精准施策帮扶“三类人群”105户，集体经济经营性收入达10万元以上村165个，皂下村、槽岭村、新竹村列入全省100个脱贫攻坚典型案例，仙源村被列为中组部“红色名村”建设点。提供创业担保贷款2.9亿元，转移农村劳动力6239人，城镇就业率96.9%。公共服务均衡普惠。落实常态化疫情防控，疫苗接种工作持续居全市前列。县中医院综合楼完成主体建设。“优质服务基层行活动”获国家卫健委通报表扬，农村基层卫生工作全市第一。诚济医院获评全国首家县级社会办医标杆医院。新增学位4060个，新招录教师397人，高考600分以上111人，增长30.6%，清华录取1人；一本录取631人，增长23.6%；本科录取2553人，增长31.9%。组建万载县花灯戏剧团，县文化馆获批全国二级文化馆，潭埠镇成功申报省级开口傩之乡。完成县养老服务中心改建和8个乡镇敬老院消防设施改造，新建投入使用敬老院1个、嵌入式社区养老院2个。社会大局和谐稳定。政府债务化解平稳推进，债务风险安全可控。花炮生产领域连续27个月未发生安全生产事故，县应急管理局获“全国应急管理系统先进集体”，专业森林消防大队获“全国第五届消防119先进单位”。常态化推进扫黑除恶，开展“千警万人，共筑平安”主题活动，刑事类警情同比下降16.8%，挽回电信网络诈骗损失439万元，获“江西省第一批无非法集资示范县”。民兵工作、兵员征集、国动援战、“四个秩序”规范化建设等工作进步明显。

这一年，我们狠抓自身建设，政府效能更为提升。廉政建设落细落实。严格落实中央八项规定及其实施细则精神，深入推进清廉万载建设，开展政府系统廉政警示教育，抓好以案促改、以案促建、以案促治。法治建设见行见效。深入实施“八五”普法，依法公开政府信息7861条，办理行政复议案件20件。全面落实政府法律顾问制度。办理人大代表建议77件、政协委员提案85件。所有行政村实行“四议两公开”。作风建设抓深抓牢。深入开展党史学习教育及“学先进、转作风、见实效”活动，开展在编不在岗和临聘人员清理整治，干部干事创业精气神进一步提振。扎实推进“五型”政府建设，马步乡获全省“五型”政府建设示范乡镇。出台《万载县人民政府工作规则》等八项制度，印发《政务督查》43期。2021年政府工作报告重点工作88项，已完成82项，完成率93.2%。

同时，退役军人事务、红十字、工青妇、关工委、老年教育、民族宗教、残联、石油、烟草、外事、侨务、气象、档案、地方志等工作取得良好成效。

各位代表，过去一年，困难远超预期，成绩实属不易。这是习近平新时代中国特色社会主义思想科学指引的结果，是市委、市政府和县委坚强领导的结果，是县人大、县政协和社会各界监督支持的结果，也是全县人民凝心聚力、艰苦奋斗的结果。在此，我代表县人民政府，向全县人民，向各民主党派、人民团体和社会各界人士，表示衷心的感谢和崇高的敬意！

在肯定成绩的同时，我们也清醒认识到，前进道路上还存在不少困难和问题。主要是：工业基础薄弱，缺乏大项目支撑，固定资产投资增长乏力；城市功能、公共服务、民生保障仍有短板，城区交通网络不畅、教育“大班额”等问题仍然存在；少数干部担当精神、服务意识、干事劲头与新形势、新要求还不相适应；2021 年 12 件民生实事仍有 4 件因各种原因未能按时全部完成等。针对以上问题，我们将坚持问题导向和效果导向，采取有力措施，切实加以解决。

二、2022 年工作打算

指导思想：以习近平新时代中国特色社会主义思想为指导，全面贯彻党的十九大和十九届历次全会以及上级经济工作会议精神，围绕省委建设“创新江西、富裕江西、美丽江西、幸福江西、和谐江西、勤廉江西”和市委建设“江西综合实力强市”目标，锚定“奋起赶超跨越，勇争全省一流”战略目标，坚定不移实施高质量发展首要战略，统筹好发展和安全的关系，推动万载发展态势和成效迈进全省第一方阵。

总体要求：按照“融入宜春、聚力园区、双城联动、特色彰显、宜业宜居”工作思路，聚焦“工业强、城市美、生态优、民生好”新目标，坚持以党的政治建设为统领，巩固拓展党史学习教育成果，全面修复净化政治生态；坚定不移主攻、强攻工业，全力优化发展环境，巩固拓展疫情防控和经济社会发展成果；系统推进城市功能与品质提升，全面推进乡村振兴战略，持续增进民生福祉，推动万载在县域经济比拼中立起来、跑起来、火起来，其中 GDP、财政总收入增幅均达 8%以上，固定资产投资增幅 10%以上，规模以上工业增加值增幅 10.5%以上，社会消费品零售总额增幅 12%以上，力争我县多项经济指标增幅进入全市乃至全省前列。

2022 年，我们将做好以下 20 件民生实事：(1)完成市政设施修复 11 处，实施城市明亮工程，背街小巷、小区安装路灯 1 万盏。(2)完成 110KV 东门变电站和 110KV 三兴变电站建设。(3)完成宜万天然气管网工程万载段建设。(4)新增城区停车位 3700 个。(5)建设体育小游园 3 个以上。(6)完成城东路等 4 条老城区道路建设；完善南部新城“一纵两横”道路附属工程建设；打通环城北路东段等 11 条城区“断头路”。(7)完成 X843 石前岭至宝石村路面改造。(8)完成危桥改造 4 座。(9)完成第五小学主体工程建设。(10)完成第六小学主体工程建设。(11)完成城北佳园小区幼儿园建设。(12)完成凤凰御景小区幼儿园建设。(13)完成江工小区幼儿园建设。(14) 建设高标准农田 2 万亩。(15) 完成自然村新农村建设点 300 个。(16)完成 25 个示范村建设。(17)完成城镇老旧小区改造 9 个。(18)完成县级殡仪馆和公墓主体建设。(19)完成一期、二期“雪亮工程”升级改造；建设第三期“雪亮工程”775 个。(20)完成智能安防小区建设 29 个。

新一年的主要工作举措：

（一）全力以赴抓项目、强工业，厚植赶超跨越新优势。

突出项目引领。坚持把数字经济作为“一号发展工程”，深入实施“产业招商项目攻坚大会战”，制定新能源、电子信息、绿色食品等产业“四图五清单”，用好“全国大宗固体废弃物综合利用基地”和“全省化工集中区”金字招牌，开展精准招商、专业招商、以商招商、全民招商，引进亿元以上项目 30 个，其中 20 亿元以上项目 3 个，力争实现 50 亿元项目“零的突破”。抓好项目落地和入规入统，力争新增规上工业企业 30 家以上，争取承办全市工业项目集中开竣工主会场活动。

壮大园区实力。加快工业园

区调区扩区和化工集中区整改提升。健全园区独立财政管理体制,探索“园区+公司”片区开发模式。启动绿色园区、美丽园区建设,完成“两桥三路”、园区主要道路改造提升、污水处理二厂及配套管网等项目建设。对接宜春锂电产业,坚定不移发展锂电新能源首位产业,围绕“高大上+链群配”不断强链、补链、延链,发展壮大“两新”产业。实现园区总产值356亿元、力争400亿元,营业收入360亿元,利润总额36亿元,力争产值100亿企业实现“零的突破”,工业增加值80亿元、力争100亿元,税收10亿元、力争翻一番,确保工业园区争先创优工作进入C等级、力争B等级。

提质花炮发展。推进全国烟花爆竹转型升级集中区建设,完成花炮企业第五轮国标整改,建立花炮企业星级评定机制。创建万载县花炮科技创新中心,推进黄茅花炮技术研发试验基地建设。加大花炮人才培训力度,完善万载县满天星职业技术学校培训模式。争取打通九江港出口通道。加快“5G+花炮产业发展”项目和“万载县花炮产品质量提升项目”建设,推动花炮产品向“三型”发展、花炮产业向“五化”升级。支持花炮商会建设,浓厚花炮宣传氛围,积极筹办第五届国际花炮文化节,打响烟花文旅品牌,打造“世界花炮之乡”。

打响营商品牌。把优化营商环境作为“一号改革工程”,建设全省营商环境和政务服务满意度一等县。提升园区一站式审批效能,推行审批事项上门服务。完善涉企政策综合服务平台,健全企业诉求部门“一把手”负责制。正确处理政府和企业、市场的关系,推行府院联动机制。健全营商环境突出问题督查专班工作机制,严格落实考核评价淘汰机制和查处通报“一票否决制”。落实县领导担任营商专员,推行优化营商环境“指标长”工作机制,力争营商环境综合评价进入全省第一方阵。

(二)坚定不移重改革、促创新,迸发勇争一流新动能。

加深改革创新。纵深推进“放管服”改革,完成350项行政审批事项进驻县政务服务中心,完成“人生十件事”一窗受理一链办理改革,加快株潭镇行政审批权扩权赋能。深入实施国资国企改革创新行动,做大做强万投集团。深化财税金融体制改革,完善防范化解政府债务风险长效机制,提升金融服务实体经济能力。落实好减税降费、支持实体经济发展等优惠政策措施。

加快开放融合。积极主动策应湘赣边区域合作示范区建设,做大做强“湘赣红”区域公用品牌,打造湘赣边发展先行区建设。支持西部片区交通基础设施提升。推动西部片区花炮和雨具产业错位发展,加快株潭“中部伞都”建设步伐。提升株潭镇商贸中心地位,增强区域教育、卫生公共服务辐射能力。编制湘鄂赣万载全域旅游规划,持续开展烟花嘉年华、美食节、非遗文化展示、大碗茶文化等交流活动,做活夜间经济,做强文旅融合,彰显万载特色。

加强科技驱动。深入实施科技创新驱动发展战略和科技强县战略,完成规上工业企业新一轮技改,培育省级以上科技创新载体2个,认定国家高新技术企业8家以上,入库科技型中小企业100家以上。深入实施人才强县战略,建好用好县科技特派员工作站,创办园区“职业技能实训基地”。健全支持创新政策体系,严格执行科技创新券等惠企政策。

(三)全面聚焦优功能、提品位,打造宜业宜居新环境。

推进“双城联动”建设。一体化推进南部新城基础设施和公共服务配套设施建设,启动宜春学院第一附属医院(万载县人民医院)、生态体育公园、南门小学、光明小学、布城小学、第三期棚改1521套安置房等重点项目建设。围绕提升老城功能与品质,建设3个社区综合服务中心、2个社区公园,规划建设一批运动场所;启动乌溪河和九仙塘水系治理;实施县城雨污水管网提升改造。

提升城市管理水平。深入开展美丽宜居城市建设行动,探索干部与个体工商户结对联系制度,提高社区居民“主人翁”意识,全面消除城区旱厕、菜地、坟地、陈年垃圾。启动320国道工业园段附属工程，提升沿河西路两侧人行道基础设施，提高城区亮化绿化美化水平。加强城区夜市规范管理，严厉打击私搭乱建。加快智慧城市建设，构建多元互动的“大城管”格局。

优化交通路网格局。畅通城市外环线，实现宜万同城快速道建成通车，打造G220绕城一级示范公路。疏通城区内循环，完成光明大道、康南路等主要交通干道建设。完善县域路网，启动S308改造提升前期工作和S222高村至三兴公路改建工程；推动X508县城至G220升级改造；巩固“四好农村路”省级示范县创建成果，新改建农村公路60公里。

（四）坚持不懈抓衔接、助三农，提升乡村振兴新高度。

推动农业强起来。坚决扛起粮食安全政治责任，严守耕地红线，完成66.37万亩粮食生产任务。启动山塘整治500座。加快国家农业绿色发展先行区建设，推进农业绿色发展模式示范基地建设和绿色种养循环试点工作。规范物流市场监管，启动冷链物流产业园建设，打造赣西最大的县级综合冷链物流平台，推动5个乡镇物流配送站和40个村级代办点建设。建设万亩有机富硒种植示范基地2个，培育绿色有机认证品牌3个，打响万载百合和富硒品牌。

建好农村美起来。完善城乡垃圾一体化处理模式和村庄环境常态化长效管护机制。加强农村配电网建设，规范农村建房管理，助力乡村振兴“十个一”“八个有”建设，推广黄茅镇江夏组试点模式，力争完成规划建设点100个。完成美丽示范类乡镇2个，全省最美农村路2条，户厕达标改造3200个。深入推进移风易俗，倡导勤俭节约，反对铺张浪费，抵制“大操大办”，开展“文明村镇”“文明家庭”创建。

助力农民富起来。保持现行脱贫攻坚政策延续性，健全防止返贫监测和帮扶的长效机制。抓好产业创业就业致富增收、搬迁后续帮扶、项目资产管理、志智双扶等工作，推进巩固脱贫攻坚成果与乡村振兴有效衔接。加强村集体经济与特色种养、文旅、生态、康养等乡村产业深度融合，全力抓好49个乡村振兴重点帮扶村建设，打造一批年收入50万元以上的强村富村。

（五）持之以恒守红线、重治理，绘就生态文明新画卷。

坚定不移推进低碳发展。将碳达峰、碳中和纳入生态文明建设整体布局，编制万载县碳达峰行动方案，制定全县能源消耗总量和强度控制暂行办法，有序实现总量和强度的“双控制”。严把“两高”项目准入关口，逐步淘汰高耗能落后企业。加强大宗固废综合利用，大力发展风能和光伏等清洁能源产业，倡导全社会绿色低碳消费。

铁心硬手抓好污染防治。启动锦江流域综合治理，完善工业园区和城区污水管网，推动乡镇污水处理厂规范化运行。推进绿色矿山建设，完成33个废弃矿山治理修复，力争3家以上矿山企业通过省级绿色矿山评估。加大对环境违法行为的打击力度，抓实环保督察反馈问题整改和企业环保设施整改提升。

全心全意呵护绿色家园。深入推进“河长制”“林长制”，保持空气优良天数比率96.8%以上，主要河流断面及县城集中式饮用水水源地水质达标率100%，危废利用处置率100%。改善城乡土地裸露现象，完成人工造林1.1万亩、封山育林0.6万亩、退化林修复2.7万亩。全面加强生态环境监测网络建设，确保四项污染物减排指标全面达标。

（六）尽心竭力办实事、惠民生，彰显和谐平安新成色。

推进社会保障更暖心。积极组织劳动技能培训、主动承接发达地区劳动力密集型产业和引入新业态企业，推动年轻就业群体和“非主流”劳动力便捷就业，增加群众叠加收入。加强基本养老保险和失业保险扩面征缴工作，强化基本医保、大病保险、医疗救助保障。开通社会救助服务热线，加大对困难群体关心关爱。做好“一老一小”照护工作，加快推进乡镇敬老院提升改造；抓好三孩生育政策落实，建设一批公办托幼机构。建设保障性租赁住房400套。

推进公共服务更优质。抓好常态化疫情防控，加强核酸检测能力、发热门诊、定点医院和后备医院建设,新增负压救护车2辆,增加应急演练频次。深入实施健康万载行动,完成县中医院综合楼建设并投入使用,加强基层卫生院建设,推进"紧密型县域医共体试点县"建设,启动国家卫生县城创建。稳步推进义务教育优质均衡发展和学前教育普及普惠,全面落实"双减"政策,推进"提质强校"项目和家校共育工作。深入推进公共文化服务设施标准化、均等化、数字化、社会化建设,启动"城市书房"建设,加快"三馆一中心"建设。开展全民健身运动,让"运动万载"成为鲜明特色。

推进社会大局更和谐。坚持把维护国家政治安全放在首位,全力防范化解重大社会风险。统筹安全与发展关系,实施烟花爆竹、危险化学品、非煤矿山、公共消防、食品安全等重点领域专项整治,压实安全责任链条,坚决遏制较大以上安全生产事故和公共安全事故的发生。健全矛盾纠纷多元化解体系,压实初信初访首办责任,推进"一案一策一专班一档案"重点信访事项攻坚,争创全省信访工作"三无县"。扎实推进县域社会治理现代化重点工作,常态化开展扫黑除恶斗争,深化电信网络诈骗治理,严厉打击违法犯罪活动,持续提升社会公众安全感。

(七)从严从实转作风、提效能,展现勤廉高效新形象。

以"五型"政府建设为统领,扎实开展"作风建设年"抓落实活动"三拼三促"工作,探索建立政府服务评价体系,不断提高政府服务水平。

忠诚履职。巩固拓展党史学习教育成果,始终对党绝对忠诚,坚决捍卫"两个确立",做到"两个维护",把党的政治建设贯穿政府工作全过程,融入经济社会发展全领域,提升政府系统政治领悟力、判断力、执行力,确保中央、省、市和县委的各项决策部署落地见效。

依法履职。严格落实法律顾问制度,做到依法决策、依法施政、依法办事;自觉接受监督,强化执法监督、规范执法行为、提高执法能力,使执法既有力度、又有温度;加强法治万载建设,坚持政府信息公开,做好"八五"普法规划实施。

为民履职。"一切为了人民、为了人民的一切",围绕群众"需求侧"调整政府工作"供给侧"。邀请"两代表一委员"和基层群众代表参与重大民生事项讨论研究,着力解决好人民群众最关心、最直接、最现实的问题,把"人民对美好生活的向往"变为人民群众看得见摸得着的现实。

担当履职。把重担当作为政府工作的主旋律,把抓落实作为政府工作的主基调,把高效率作为政府工作的生命线,旗帜鲜明为担当实干者鼓劲,向"躺平式干部"亮剑,确保工作落到实处、取得实效。

廉洁履职。压紧压实全面从严治党主体责任和"一岗双责",持续推动勤廉政府建设,坚决全面彻底肃清颜赣辉、胡全顺等案流毒,涵养风清气正的政治生态;严格遵守中央八项规定及其实施细则精神,坚决落实《关于厉行勤俭节约反对铺张浪费的决定》,坚定"过紧日子"不动摇。

各位代表,虎步奔腾开胜景,春风浩荡著新篇。让我们更加紧密地团结在以习近平同志为核心的党中央周围,在省、市和县委的坚强领导下,心怀"国之大者",保持定力、坚定信心,埋头苦干、勇毅前行,奋力"走在前列",挺起万载高质量发展"脊梁",为建设富强美丽和谐宜居新万载不懈奋斗,以优异成绩迎接党的二十大召开!

名词注释

1. 六大主导产业:新能源新材料产业、电子信息产业、烟花爆竹产业、有机(富硒)食品产业、新型建材产业、橡胶化工产业。

2. "二品一标"产品:绿色、有机、地理标志农产品。

3. "5020"项目:国家级开发区每年至少引进一个投资超50亿元的产业项目,省级开发区每年至少引进一个投资超20亿元的产业项目。

4. "跨域通办":指政务服务部门打破居住地和户籍地等地域限制,采取全程网办、代收代办、多地联办等形式,让企业群众线上通过网络提交材料、线下在政务服务中心通过业务窗口提交材料等方式,不论何地均能申请办理业务。

5. 南部新城“一纵两横”：康南路、环湖南大道、龙湖路。

6. “三类人群”：脱贫不稳定户、边缘易致贫户、因病因灾因意外事故等刚性支出较大或收入大幅缩减导致基本生活出现严重困难户。

7.“四个秩序”：规范战备秩序、规范训练秩序、规范工作秩序、规范生活秩序。

8. “四议两公开”：“四议”包括村党支部会提议、村“两委”会商议、党员大会审议和村民会议决议；“两公开”包括决议公开和实施结果公开。

9. “四图五清单”：“四图”指产业链图、技术路线图、应用领域图、区域分布图；“五清单”指企业清单、项目清单、问题清单、政策清单、集群清单。

10. “两桥三路”：全称万载县产城融合区两桥三路建设项目，具体建设内容是规划二路（从创业大道到丁田桥，包括丁田桥拓宽工程）、百合路（从原园区百合路延伸至昌栗高速万载收费站路口，包括百合大桥建设）、北环线路（从园区长江路延伸至万芳公路固力混凝土公司附近出口）。

11. “两新”产业：新能源新材料产业、电子信息产业。

12. “三型”：安全型、环保型、科技型。

13. “五化”：机械化、自动化、智能化、规模化、集团化。

14. “人生十件事”：以个人全生命周期涉及的重点领域和高频政务服务事项为重点，包含“出生、入学、医保、社保、重大疾病免费救治、二手房过户、不动产抵押贷款、军人退役、公积金贷款、身后”等个人“十件事”。

15. “十个一”“八个有”：一图（规划图、农房设计通用图集）、一网（路网、管网、电网、线网）、一审（农村建房审批）、一管（规范农民建房管理）、一护（保护古树名木、名村名建）、一文（建设文化广场、农家书屋、村史馆室）、一厕（建公厕、户厕）、一水（户户通自来水，做到饮水有保障）、一治（村民理事会自治、农村环境整治）、一查（查处违章、违规、违法建筑）；富有所产、老有所养、病有所医、幼有所托、娱有所乐、食有所供、出有所行、诉有所求。

16. 碳达峰：某一个时点，二氧化碳的排放不再增长，达到峰值，之后逐步回落。

17. 碳中和：企业、团体或个人测算在一定时间内，直接或间接产生的温室气体排放总量，通过植树造林、节能减排等形式，抵消自身产生二氧化碳排放，实现二氧化碳的“零排放”。

18. “两高”：高耗能、高排放。

19. 四项污染物：二氧化硫、悬浮颗粒物、氮氧化物、挥发性有机化合物。

20. “非主流”劳动力：非主要劳动年龄群体。

21. “三馆一中心”：县文化馆、图书馆、纪念馆（博物馆）和文化艺术（融媒体）中心。

22. “三拼三促”：拼理念、促比学赶超，拼作风、促担当实干，拼效能、促争先创优。

大事记

1月

1日，万载全县开始接种新冠疫苗，在县人民医院、县中医院、诚济医院、县人民医院西院设置新冠病毒疫苗接种点。第一批新冠病毒疫苗接种对象主要针对从事进口冷链、医疗疾控、公安交警一线执法人员等感染风险比较高的工作人员。

4日，万载县召开平安万载建设暨市域社会治理现代化试点工作会议。会议分两个阶段进行：第一阶段组织与会人员参观县综治中心、鹅峰乡综治中心、马步乡布城村综治中心；第二阶段，在县党政大楼七楼会议室集中开会。

6日，万载县与广东颐迈速派智能装备有限公司进行项目签约。该项目由县商务局和鹅峰乡具体服务对接，总建筑面积达5万平方米以上，总投资3亿元，其中固定资产投资2.1亿元。项目主要产品包括双胶锅封边机、六面无缝封边机、PUR封边机、超短端头封边解决方案、高速四端封连线等。

7日，宜春市人大常委会组织视察组到万载县开展“新经济、新产业、新动能”重大项目集中视察活动。视察组一行先后到江西佳瑞新能源、江西万工铝业有限公司，实地参观公司车间，了解万载县相关项目建设、投资产出、发展潜力、带动作用、技术含量、产品特色、发展思路等情况。

8日，江西省平安建设工作考评组到万载县对2020年平安建设工作开展情况进行考评验收。

月初，江西南氏锂电新材料有限公司拥有的“从锂云母矿中提取碳酸锂”的专利技术喜获第四届江西省专利奖。

13日，中共万载县委十四届十三次全体（扩大）会议暨县委经济工作会议在县党政大楼召开。会议客观总结2020年全县经济工作，对2021年工作进行全面部署，进一步激励全县上下统一思想、凝聚共识、奋力拼搏，汇聚起推动万载高质量发展的强大合力。

13日，中共万载县委十四届十三次全体（扩大）大会暨县委经济工作会议召开。会议表决通过《万载县损害营商环境责任追究办法（试行）（审议稿）》。会上明确对33种损害营商环境的行为进行责任追究，积极营造政策最优、成本最低、服务最好、办事最快的“四最”营商环境。

15日，赣州银行正式进驻万载，助力全县经济社会发展。

18日，中共万载县白水乡委员会（加强精神文明建设、促进旅游发展、新时代文明实践工作）、万载县人力资源和社会保障局（保障和改善民生工作）、万载县人民法院康乐人民法庭（深化“放管服”改革工作）、万载县人民政府（精准扶贫、精准脱贫工作），获得宜春市人民政府表彰。

19日，万载县在三兴镇恒晖农业召开森林督查整改复绿工作现场会。

20日，在部队担任助理工程师的株潭镇亭下村李勤，荣立三等功。中国人民解放军94907部队、县人武部、县退役军人事务局、株潭镇人民政府将立功喜报和奖励金送往现役军人李勤家中。

25日，宜春市政府新闻办、万载县人民政府联合召开新闻发布会，介绍万载县“十三五”期间决战决胜脱贫攻坚工作成效。在现行标准下，万载县29129名建档立卡贫困人口全部脱贫，36

个贫困村全部出列，贫困人口人均可支配收入从2016年的3791元增长至2020年的10295元。

28日，万载县召开2020年城市棚户区改造项目房屋征收补偿安置实施方案听证会，广泛征求被征收户代表和涉征单位、村（社区）等社会各界的意见和建议。

30日，全县党管武装工作会议召开。

31日，万载县疫情防控指挥部和相关部门对县城公共场所疫情防控措施落实情况进行随机暗访督查。

下旬，万载县马步乡布城村、鹅峰乡长江村列入宜春第一批"市级民主法治示范村（社区）"。

下旬，万载县成功破获一起非法狩猎案，犯罪嫌疑人李某涉嫌非法狩猎罪被公安机关予以刑事拘留。

下旬，万载县卫健系统全线推进以"整理、整顿、清扫、清洁、素养、安全"六项核心指标为主要内容的医院6S管理活动。6S是一种现代企业管理模式，通过规范现场、现物，消除医院在办公、诊疗和护理过程中可能面临的各类不良现象，从而达到各项工作程序化、标准化、简洁化，节约时间提高效率的目的。

月底，万载县先后投入10亿多元对花炮企业进行第五轮整改提升工作。全县158家花炮企业按国标整顿提升，已完成整改提升72家，其中65家获得新一轮许可颁证，江山红、汇鑫源等重点花炮项目实现竣工投产，正在整改提升53家，其余企业正在陆续整改提升中，全县花炮企业整改提升工作稳步推进。

2月

3日，政协万载县第十三届委员会第六次会议在县会议中心开幕，大会应到委员206名，实到191名。

4日，万载县第十六届人民代表大会第六次会议在县会议中心召开，会议应到代表207名，实到代表188名。大会审议了县人民政府2020年20项民生实事实施情况及2021年重大民生实事候选项目形成情况报告；审议了万载县国民经济和社会发展第十四个五年规划和2035年远景目标纲要（草案）；审议了关于万载县2020年国民经济和社会发展计划执行情况与2021年国民经济和社会发展计划草案的报告；审议了关于万载县2020年全县和县级预算执行情况与2021年全县和县级预算草案的报告；表决了重大民生实事项目人大代表票决办法（草案）；表决了县十六届人大六次会议选举办法（草案）。

5日，万载县人民法院举行执行案款集中发放仪式，向30余名申请执行人发放执行案款共计216万余元。

7日，中国工商银行万载支行向万载县红十字会"携手抗疫，与爱同行"2021年"红十字博爱送万家"项目捐赠1200个爱心抗疫包，总价值36000元，用于走访慰问一线抗疫工作者及部分单位抗疫工作人员。

9日，万载县与中石油昆仑燃气有限公司签署天然气利用项目战略合作框架协议，中石油昆仑燃气有限公司江西分公司将在万载建设天然气储气中心，并为该中心提供调峰资源不少于1亿立方米；同时建设赣西地区唯一的天然气制氢中心，在万载建设宜春市LNG及氢能配送中心项目。

中旬，G220万载至袁州段改建工程、G320上高墨山至万载段改建工程列入第一批省重点建设项目计划。

中旬，万载县发布，截至2020年年底，全县2.91万名建档立卡贫困人口全部脱贫，36个贫困村全部摘帽，贫困人口人均可支配收入从2016年的3791元增长至2020年的1.03万元。

23日，中共万载县第十四届纪律检查委员会第六次全体会议召开。

23日，万载县黄茅镇中心卫生院、潭埠镇中心卫生院、双桥镇中心卫生院、株潭镇中心卫生院在2020年"优质服务基层行"活动中表现突出、成效显著，获国家卫健委通报表扬。

25日，中共万载县高村镇委员会获评全国脱贫攻坚先进集体。

27日，万载县红十字会获

省红十字会“2020年度先进县级红十字会”“99公益日”网络众筹三等奖。

3月

2日,万载县召开湘赣边区域合作示范区建设醴陵、万载合作座谈会,共谋湘赣边区域合作示范区建设工作。

4日,省人大监察和司法委员会主任委员徐南凯率调研组到万载县,就《江西省人民代表大会常务委员会关于常态化开展扫黑除恶斗争巩固专项斗争成果的决定(草案)》《江西省矛盾纠纷多元化解条例(草案)》开展立法调研。

5日,全国2020年度“民主法治示范村(社区)”名单公布,万载县株潭镇上坊村名列其中。

5日,万载县在县工业园退役军人孵化基地举行“新长征”退役军人志愿服务队成立暨授旗仪式,为县服务大队和17个乡镇街道服务队授旗。

11日,万载县举办智慧城市宣讲活动,县四套班子在家领导及县委理论学习中心组其他成员聆听宣讲。这次宣讲是县委理论学习中心组学习内容之一。宣讲活动后,中国联通相关专家和万载县相关职能部门围绕数字经济、智慧万载进行座谈,就当前万载社会治安动态视频监控系统、智慧健康、智慧教育等重大应用系统项目以及智慧交通、智慧安监、旅游大数据平台等县级特色项目建设进行交流。

12日,2021湘赣边区域合作示范区中国炎陵·黄桃小镇·桃花节在湖南省炎陵县中村瑶族乡举行。万载融媒体中心等25家湘赣边融媒相聚炎陵大直播。

14日,中共宜春市委常委、市纪委书记、市监委主任黄冬生到万载调研。

15日,万载县召开政法队伍教育整顿动员部署会,省政法队伍教育整顿第八驻点指导组到会指导并讲话。

19日,万载县党史学习教育动员会在县会议中心召开,会议要求各部门各单位深入学习贯彻习近平总书记在党史学习教育动员大会上的重要讲话精神,按照中央、省委、市委部署要求,以党史铸魂补钙、以党史启迪智慧、以党史砥砺前行,努力推动党史学习教育务求实效。

中旬,万载县江西华尔升科技有限公司、江西春山新能源有限公司、万载县天和量具刃具有限公司、江西双龙硅材料科技有限公司、万载县联胜科技有限公司等五家公司被省工信厅认定为2020年江西省“专精特新”中小企业。

中旬,万载县被江西省应急管理综合考核领导小组考核为优秀。2020年,万载县率先在全市范围内进行基层应急管理人员垂直管理改革,3月17日、9月18日《中国应急管理报》两次头版刊文进行报道,并被江西省应急管理厅以第8期简报形式全省推广。

22日,以“巩固脱贫攻坚成果、科技助力乡村振兴”为主题的江西省科技下乡主会场活动在万载县三兴镇举行。

23日,万载县举办县委书记专题党课及全县政法队伍教育整顿廉政教育报告会。县委政法委机关干部、县政法各单位班子成员、各乡镇(街道)政法委员及政法干警共600余人参加会议。

23日,宜春市老科协2021年科普宣传工作会议在万载县召开。

23日,万载县气象局以“线上+线下、常规化+新媒体”的方式组织开展“3·23”世界气象日科普宣传活动。线上,在抖音、微信、微博公众号、乡镇预警显示屏等新媒体平台进行世界气象日主题宣传,引导公众了解大气运动和气候变化与海洋的密切关系。线下,接待县二小的师生实地参观,讲述台风的生成以及对人们生产、生活的影响。

25日,万载县三兴镇海达威种养合作社胥基础受邀参加2020年度江西致敬三农人物晚会,获2020年度“三农”人物表彰。

4月

月初,万载县党史地方志工作办公室历经两年编纂的《万载县革命老区发展史》一书,由江西高校出版社出版发行。

8日,湘、鄂、赣三省联合推

出一批经典红色景点(景区),以初心源·湘鄂赣文旅“一卡通”的形式迎接八方来客。一卡通的使用范围包括浏阳、醴陵、平江、铜鼓、上栗、莲花、万载、袁州、通城9个县(市、区)的近40家收费景区,持卡者可以享受景区门票全免、食宿打折等诸多优惠,使用期一年。

9—11日,万载县辉明有机农业科技开发有限公司生产的南酸枣糕,在由中国林业产业联合会主办的2021广州国际森林食品交易博览会上获得金奖。

14日,万载县委推进清廉万载建设工作领导小组第一次会议召开,会议审议并原则通过《2021年清廉万载建设14项重点工作》。

15日,党史学习教育市委宣讲团在万载县举行专题宣讲报告会。

15日,农业农村部农产品质量监管司司长肖放一行到万载县视察指导农产品质量安全监管工作,并主持召开部省共建绿色有机农产品基地试点省工作座谈会。省、市、县相关部门负责人参加调研活动。肖放一行先后来到罗城镇南垣村全国绿色食品原材料(水稻)标准化生产基地、罗城镇农产品质量安全监管站检测室、三兴恒晖大农业科技示范园、万载县农产品质量安全检测中心等地,从组织管理体系、生产管理体系,监督管理体系等方面进行实地调研。

18日,宜春市委书记于秀明到万载县就富硒产业发展情况进行专题调研。

19—23日,党史学习教育县委宣讲团到全县各乡镇街道和部分县直单位,开展为期一周的党史学习教育专题宣讲。

20日,宜春学院与万载县“校县合作”对接会召开。会上,双方就“校县合作”对接工作方案、前期准备情况、合作项目等进行深入交流。

22日,宜春市文联工作会暨“百年辉煌·幸福万载”宜春市第37届谷雨诗会在万载县举办。全市200多名诗友齐聚一堂,共享一年一度的诗歌盛宴。诗会围绕“庆祝中国共产党成立一百周年”“花炮之乡,百合故里”“红色万载”等主题,共收集到1089首诗作。

22日,党史学习教育省委第三巡回指导组到万载县调研指导党史学习教育工作。

22日,万载县党史学习教育现场教学暨革命戏剧《李更探监》全国巡演首演在县行政服务中心二楼大礼堂举行。

23日,县委党建工作领导小组会议召开,会议总结回顾了2020年全县党建工作,研究部署2021年党建工作。

25日,央视《新闻联播》“奋斗百年路 启航新征程——学党史 悟思想 办实事 开新局”专栏中,报道万载县创新形式开展党史学习教育的经验做法。

28日,万载县召开优化营商环境工作推进会。会上,通报了万载县优化营商环境工作情况,县纪委、县监委派驻纪检监察组、县行政审批局、县工业园区管委会、县两办督查室、县营商办主要负责人分别就损害营商环境问题查处、进一步优化营商环境等情况发言。

下旬,万载县交通运输局荣获全国交通运输脱贫攻坚成绩突出集体称号。

是月,万载县法律援助中心更名为万载县公共法律服务中心,设立26个法律援助工作站,在全县各村(社区)公示法援申请渠道、“12348”公共法律服务热线等信息。

5月

3日,谢灵运文化研究会在万载县成立。谢灵运文化研究会是由文史专家学者及爱好者等组成的群众性学术文化团体,研究会主要是学习研究谢灵运的生平事迹、诗歌文赋和对中国文化的贡献等,整理出版谢灵运研究著述,保护谢灵运遗迹。

7日,万载县人民政府与宜兴赫联科技产业有限公司签署“千年万载”文化旅游项目投资框架协议。根据协议,宜兴赫联科技产业有限公司投资不少于20亿元在竹山洞规划设计建造一个高标准、高品质、仿汉风建筑风格的商住综合体“千年万载”文化旅游项目。

8日,“万载精神”主题征文评审结果揭晓,县法院郭素雯撰写的《万千旖旎 山水承载 风景这边独好》获一等奖。

上旬,国网宜春市万载县供电公司鹅峰供电所被江西省总工会授予“江西省工人先锋号”称号。

10日,万载县卫生健康委员会搬迁至阳乐大道406号万载县中医院老门诊楼三、四楼办公。

11—12日,江西省2021年度烟花爆竹安全经营管理暨产销洽谈大会在万载召开,来自全国各地的400余家生产企业及经营公司齐聚万载,加强交流与合作,研讨和展望行业形势,凝聚智慧和共识,增进团结与友谊,推动行业建设和发展升级。

14日,全县安全生产工作大会召开,进一步分析研判全县安全生产形势,对当前工作进行再动员、再部署、再推进。

15日,省农业技术推广中心到万载开展“我为农民群众办实事”实践活动,组织专家现场授课,帮助农民解决生产中的各种难题。

15日,万载县召开全县“双城联动”工作专题汇报会,听取和讨论“优化老城区、兴建南部新城区”总体规划设计方案,坚定不移推动“双城联动”发展战略实施。

19—20日,万载县委党史学习教育领导小组办公室、县委组织部、县委宣传部联合举办全县党史学习教育大型知识竞赛。

21日,万载县召开营商环境建设工作推进会。会上指出,各乡镇(街道)、单位部门要深刻认识到全面优化营商环境的重要性,全面反思;要从讲政治讲规矩的高度深入查找影响营商环境的各方面因素,知耻而后勇;要持续形成优化营商环境高压态势,以零容忍的态度全力揪出影响营商环境的害群之马。

22日,袁隆平院士逝世,众多万载人在朋友圈进行悼念。另外,三兴中小、花塘小学、万岁小学通过开展主题班会、“国旗下的讲话”等不同形式的活动缅怀杂交水稻之父——袁隆平;仙源乡小学举行“悼念袁隆平、吴孟超院士”主题班会;龙湖实验学校通过校园广播和主题班会活动缅怀袁隆平院士,告诫同学们铭记伟人功绩。

24—27日,江西省第五届红领巾讲解员风采大赛决赛在赣州市举行。万载县第一小学张煊扬获小学组特等奖。

25日,万载工业园举行化工片区污水收集“一企一管”建设工程项目开工仪式。

28日,万载县召开党史学习教育座谈会。会上,鹅峰乡、马步乡、县教体局等单位相关负责人作现场交流发言,介绍本地本单位开展党史学习教育的经验做法。

30日,万载县代表团参加在江苏常熟召开的中国日用杂品流通协会五届六次理事会暨烟花爆竹产业高质量发展论坛。

31日,万载县委理论学习中心组召开党史学习教育专题学习扩大会。会议第一阶段邀请万载籍开国将军罗章之子、国防大学教授罗海曦作专题辅导报告,第二阶段县领导围绕学习主题,并就调研情况进行发言。

下旬,万载县个体私营经济协会张小兰被中国个协评为2020年度调查工作先进个人。

是月,万载县承办江西省2021年烟花爆竹安全经营管理暨产销洽谈大会,全省上百家经营公司和兄弟产区300多家生产企业共400多人以及媒体朋友齐聚万载县,共商产业发展和合作。

6月

4日,宜春市委书记于秀明到万载就安全生产、防汛救灾和疫情防控等工作进行调研。

4日,万载生态环境局组织20余名市民代表到瀚蓝(万载)固废处理有限公司,了解万载县生活垃圾焚烧发电项目,观看从垃圾到电能变废为宝的全过程。

5日,由宜春市书法家协会、万载县书法家协会联合主办的庆祝中国共产党成立100周年“党史名言·书法百品”专题展览在万载书画院开展。100句党史名言、100件书法佳作吸引大量书法爱好者前来观看。

上旬,万载县财政、农业、林业、银保监等部门协调配合,推动《江西省省级地方特色农业保险试点工作方案》落地见效,全县3万余亩油茶参保。按照保险合同约定，因自然灾害、意外事故、病虫草鼠害和市场波动造成油茶鲜果实际收入低于合同约定的每亩保险金额的，保险公司将进行理赔。

上旬，万载县组织召开2021年度基干民兵集结点验大会，对年度民兵整组工作进行检查验收。

10日，宜春市工会重点工作推进会在万载县召开，会议对全市工会重点工作进行再动员、再督促、再部署，进一步加快推进全市工会“十八件”实事等重点工作落到实处。

11日，万载县乡村振兴局正式挂牌成立，标志着全县巩固脱贫攻坚成果同乡村振兴有效衔接工作开启新的征程。

17日，万载县行政审批局在县行政服务中心举行挂牌仪式，标志着全县行政审批制度改革步入新时代。

22日，万载县中医院举行以“红色党史路，金色中医情”为主题的红色展演赛，庆祝中国共产党一百周年华诞。演出过程中，还穿插了党史知识问答环节，增加了展演赛的趣味性，现场还颁发了中医院2020—2021年优秀共产党员奖。

23日，全省脱贫攻坚总结表彰大会在南昌召开，万载县政府副县长袁常青，高村镇脱贫攻坚挂职副书记、县农业农村局党委委员邬立根，潭埠镇新田村党支部书记陈玲珠等万载11名个人，县委组织部、县扶贫办公室、赤兴乡政府、江西锦江酒业有限责任公司等4个集体受到省委、省政府表彰奖励。

24日，万载县在政府广场举行“践行绿色发展　弘扬绿色文化”暨第二个生态文明宣传月主题宣传骑行活动。活动现场，县生态文明建设领导小组成员单位的干部代表在宣传横幅上签名，并通过骑行电单车的方式践行绿色理念，倡导绿色出行，营造万载绿色风尚。

24日，万载县委宣传部、县档案馆、县文联以及县书法家协会联合举办庆祝中国共产党百年华诞暨“传承红色基因　重抄红军标语”主题活动，以此方式弘扬革命精神，赓续红色血脉。

25日，万载县湘鄂赣革命纪念馆陈胥，获宜春市红色故事宣讲员大赛专业组一等奖。

25日，万载县委理论中心组举行党史学习教育专题学习会，会议的主题是以习近平新时代中国特色社会主义思想为指导，学习中共十八大以来的历史，把学习党史同总结经验、观照现实、推动工作结合起来，以优异成绩庆祝建党100周年。

26日，万载县委书记巡察工作专题会2021年第二次会议召开。会议听取了十四届县委各巡察组第十轮巡察工作汇报和县委第九轮巡察反馈问题整改情况报告。

28日，万载县融媒体中心“万载发布”微信平台发布由党史学习教育官网、人民网联合主办的“全国党史知识竞赛”题，引导广大党员、干部、群众和青少年加深对党的历史的理解和把握，激发爱党爱国热情。

28日，万载县统计局、万载县第七次全国人口普查领导小组办公室发布公报，至2020年11月1日零时，万载全县常住人口总数为486435人（不包括中国人民解放军现役军人和居住在县内的港澳台居民以及外籍人员），与2010年第六次全国人口普查的476856人相比，10年共增加9579人，增长2.01%。全县共有家庭户147222户，集体户2651户，家庭户人口为465109人，集体户人口为21326人。平均每个家庭户人口为3.16人，比2010年第六次全国人口普查减少0.49人。全县常住人口中，男性为248182人，占总人口的51.02%；女性为238253人，占总人口的48.98%。总人口性别比（以女性为100，男性对女性的比例）为104.17，与2010年第六次全国人口普查相比下降1.19%。

28日，江西省侨联党组成员、副主席王强到万载外国语学校开展调研，通过实地调研、召开座谈会等方式，协调帮助解决万载县侨企在生产经营过程中遇到的困难和问题。

28日晚，万载县纪委、县监委举行“忠诚卫士展风采，百年华诞谱新章”庆祝中国共产党成立100周年主题活动。

29日，黄茅镇召开庆祝中

国共产党成立100周年暨“两优一先”表彰大会,并为在党50周年老党员代表颁发纪念章。

29日,岭东乡召开庆祝建党100周年暨“七一”表彰大会,对光荣在党50年的老党员颁发纪念章,表彰一批先进共产党员、先进党务工作者和先进基层党组织。

29日,白水至槽岭段道路提升改造项目正式升级改造完成,全长4.7千米。

30日,万载县举行仪式,为40名老党员代表颁发“光荣在党50年”纪念章。

30日,万载县在县会议中心举行庆祝中国共产党成立100周年暨“七一”表彰大会。县委书记代表县委向长期奋战在各条战线上的18000多名共产党员致以节日的问候和衷心的感谢,向受到表彰的先进集体和优秀个人表示热烈的祝贺和崇高的敬意。

下旬,为庆祝中国共产党成立100周年,万载县组织开展走访慰问活动,给全县获得党内功勋荣誉表彰的党员、生活困难党员、老党员、老干部和烈士遗属、因公殉职党员干部家属、退役军人党员等送去党组织的关怀。

7月

月初,白良镇中心小学获捐宋庆龄儿童阅读室。宋庆龄儿童阅读室是上海宋庆龄基金会合众专项基金的一个公益项目。该项目通过配置学习器材、输送书籍、资助贫困学子等多种形式,改善学生的学习环境,提高当地艺能教学水平。

月初,万载县应急管理局局长钟明获“‘十三五’期间全省安全生产工作先进个人”荣誉称号。

月初,万载县雷电灾害监测预警系统建成并正式投入使用。该项目是宜春市首个大气电场仪建设项目。根据大气电场仪探测范围,并结合防雷实际需求,该县分别在县城、仙源乡、罗城镇、黄茅镇安装4套大气电场仪并进行组网监测。该系统可实现全县大气电场变化情况全方位、全天候监测,并在突变发生后自动发出警报,为预防和减轻雷击灾害提供技术支撑。

1日,此日开始,万载县工信局、县文广新旅局、县城管局、县住建局、县农业农村局、县林业局、县水利局、县卫健委、县民政局、县教体局、县市监局等单位工业(技术改造)项目备案、娱乐场所从事娱乐场所经营活动审批、户外广告类审批、建筑工程施工许可证核发、农作物种子生产经营许可证核发、产地检疫、小型农田水利项目县实施方案审查、执业医师注册许可、社会团体成立登记、民办学校申请设立、人力资源服务许可审批、非公司企业法人设立登记等186项行政审批事项,正式划归县行政审批局办理。

6日,万载县残联联合创维集团举办“善行江西万载,爱心助残惠万家”活动,以集中捐赠家用电器和发放购物优惠券两种方式惠及残疾人。

6日,万载县科技特派员工作站揭牌仪式在县电子商务产业园举行,这是宜春市成立的首个科技特派员工作站,标志着全县科技特派员工作步入规范化发展的快车道,对于提升县农业科技创新水平、完善新型农业社会化科技服务体系、巩固脱贫攻坚成果衔接乡村振兴工作将发挥重要作用。

10日,《万载古城景区迭代升级总体策划方案》汇报讨论会召开。

中旬,江西艺术职业学院面向万载初中毕业生招收万载花灯戏五年制大专戏剧特长班学生。

中旬,万载县祥鑫种植农民专业合作社获评2020年国家农民合作社示范社。

中旬,鹅峰乡荣获“江西省模范劳动关系和谐乡镇(街道)”荣誉。

12—15日,万载县疾控中心连续开展疟疾媒介按蚊种群监测工作,进一步巩固消除疟疾成果。

15日,省委常委、省军区司令员吴亚非到万载县检查指导人武部工作,查看战备器材库、作战值班室、荣誉室等重要部位和场所,详细了解人武部战备训练、民兵整组和规范化建设等情况。

16日,万载县召开安全生产宣讲会,邀请市应急管理局党委书记熊爱国开展安全生产专题宣讲。县安委会各成员单位、各乡镇(街道)党政负责人、重点企业主要负责人等共计300余人参加学习。

21日，万载县召开经济形势分析会，总结2021年上半年经济运行的特点，分析存在的问题，找准薄弱环节，及时采取措施,并部署下半年的经济工作。

22日，河南的灾情牵动着全国人民的心，在天灾面前,宜春市利荣混凝土有限公司主动联系万载县红十字会,捐赠抗洪救灾款十万元整。

25—27日,万载县20家企业携带600余种精品烟花爆竹参加贵州省在贵安新区举行的烟花爆竹流通协会第四届一次会议暨烟花爆竹产品订货会。

26日，赣服通万载分厅推出“万载县无证办专区”实现7项高频事项“无证办理”。

26日，万载县白水街西街辛福娥家庭、鹅峰乡东溪村谢吉平家庭，获评2021年江西省最美家庭。

27日,万载县中小学(幼儿园)心理健康教师专业技能提升培训班开班,全县各个学校的数百名专职心理教师、班主任分批次先后在县教师进修学校、康乐中小轮训。

29日，省文化和旅游厅公示万载县潭埠镇为开口傩之乡。

31日,万载县领导干部“周六论坛”第一期正式开讲,分别邀请晋江市委党校高级讲师、经济学学科带头人、晋江市委讲师团特聘讲师徐夕湘作题为“优化营商环境提升县域核心竞争力”的讲座;浏阳市中共党史研究专家智库成员、浏阳市中共党史学习教育宣讲团成员李安作题为“浏阳市经济社会发展情况介绍”的授课。

是月,万载县工商联成立创新企业商会人民调解委员会。

8月

月初,万载县农村农业局组织农技专家送技下乡。

月初，万载县贯彻落实中央、省、市关于减轻义务教育阶段学生作业负担和校外培训负担工作要求,对全县学科类校外培训机构分城区和乡镇进行暑期专项排查治理，实地督查36所暑期开班的校外培训机构,主要围绕校外培训机构办学资质、违规开展集体补课、超纲超前超时培训、聘用在职教师、聘用无资质人员、未使用示范文本、一次性收费跨度超过3个月、虚假宣传等方面开展督查。

5日,万载县新冠肺炎疫情防控工作调度会召开,主要任务是对全县新冠肺炎疫情常态化防控工作进行再安排、再部署,给工作再上发条、再拧螺丝,毫不松懈地抓好疫情防控工作。

6日,万载县关停39家学科类培训机构,减轻义务教育阶段学生作业负担和校外培训负担。

10日，万载县第十六届人民代表大会常务委员会第四十一次会议决定:接受曾文军辞去万载县人民政府县长职务的请求；任命刘学军为万载县副县长,代理县长职务。

19日，全县新冠肺炎疫情防控及疫苗接种工作推进会召开，会议以视频方式开到各乡镇,会议就全县疫情防控及疫苗接种工作作了具体安排。

20日，应急管理部会同烟花爆竹安全监管部际联席会议成员单位召开专题视频会,部署推进全国烟花爆竹转型升级集中区建设工作。会议指出,湖南浏阳、醴陵和江西上栗、万载4县(市)烟花爆竹生产企业数量、产值以及出口分别占全国的70%、80%、90%以上，在全国烟花爆竹行业中具有举足轻重的地位。依托4县(市)建设转型升级集中区是关系全国烟花爆竹行业长远发展和战略转型的重大决策。

20日，万载县召开县委理论学习中心组专题学习（扩大）会,邀请市委宣讲团成员、市委宣传部常务副部长李智勇为全县广大党员领导干部,作学习贯彻习近平总书记“七一”重要讲话精神专题宣讲。

中旬,万载县人民法院立案庭、国家税务总局宜春市万载县税务局第一税务分局被评为“2019—2020年度江西省青年文明号”。

中旬,为丰富党史学习教育形式,充分发挥好红色电影作品的教育作用,万载县各部门单位组织党员干部观看红色电影《三湾改编》，推动党史学习教育走深走实。

中旬，应急管理部批复同意湖南省、江西省依托浏阳、醴陵、上栗、万载4县(市)建设全国烟花爆竹转型升级集中区。

21日，万载县教育高质量发展“提质强校”项目启动仪式暨培训活动在万载外国语学校报告厅举行，全国教育局长研究联盟常务副理事长兼秘书长方华出席启动仪式。

21日，万载县召开株潭片区座谈会，株潭镇、黄茅镇、潭埠镇、白水乡、岭东乡党委书记逐一就“十四五”规划时期整体发展思路作详细汇报，县领导和部门负责人分别就各乡镇整体发展思路进行细致讨论与交流。

23日，万载县作风建设暨肃清胡全顺流毒以案促改工作推进会召开，全面肃清胡全顺流毒，深入推进以案促改，以案促建、以案促治，进一步加强对“一把手”和领导班子的监督，持之以恒改进作风，凝聚万载高质量发展的强大动力。

25日，县委书记严旭辉，县委副书记、代县长刘学军带领县四套班子领导与离退休老干部见面，并召开座谈会。

25日，万载县召开花炮产业发展工作座谈会，县委书记等县领导参加会议。黄茅镇、株潭镇、潭埠镇、双桥镇、县烟花爆竹总商会及部分花炮企业代表、县科技局、县自然资源局、县应急管理局等相关单位负责人参加会议。

下旬，江西省委组织部、江西省委宣传部、江西省委党史研究室、江西省农业农村厅联合发布《关于确定第二批、第三批省级红色名村名单的通知》，白水乡槽岭村、马步乡宝石村入选第二批省级红色名村，潭埠镇新田村入选第三批省级红色名村。

是月，万载县政府办公室为扎实开展好2021—2025年万载县重大民生实事项目，解决万载群众最关注、最迫切的民生需求，通过微信等传媒平台向全县民众征集征求项目相关意见与建议。

9月

1日上午，中国共产党万载县第十五次代表大会在县会议中心开幕。2日下午，大会胜利闭幕，大会应到代表371人，实到369人。大会宣布新当选的中国共产党万载县第十五届委员会委员、候补委员和中国共产党万载县第十五届纪律检查委员会委员，以及出席中国共产党宜春市第五次代表大会代表。大会以举手表决的方式通过《中共万载县第十五次代表大会关于中共万载县第十四届委员会工作报告的决议》;通过《中共万载县第十五次代表大会关于中共万载县纪律检查委员会工作报告的决议》。

2日下午，中国共产党万载县第十五届纪律检查委员会召开第一次全体会议。会议以举手表决的方式，通过了选举办法，以无记名投票方式选举产生了中国共产党万载县第十五届纪律检查委员会常委、书记、副书记。

2日下午，中共万载县第十五届委员会第一次全体会议召开。严旭辉当选为中国共产党万载县第十五届委员会书记，刘学军、喻满根两人当选为中国共产党万载县第十五届委员会副书记。会议通过了中国共产党万载县第十五届纪律检查委员会第一次全体会议选举产生的县纪委书记、副书记、常委。

8日，“味道湖南”美食季启动仪式暨长沙味道·浏阳美食周活动正式启动。万载百合应邀参加这场美食盛宴。

10日，万载县召开庆祝第37个教师节暨全县教育工作会议，高考突出贡献奖、优秀教育管理工作者、优秀教师在内的348个先进集体和个人受到表彰。

10日，万载县举办碳达峰、碳中和行动方案讲座，邀请国信国际工程咨询公司江西分公司总经理周建毅、国信研究院研究员熊舒博士就“碳达峰、碳中和”行动方案进行全面系统讲解。

11日，万载县烟草专卖局专卖执法人员接举报后，会同公安人员在万载县康乐街道将军西大道当事人方某小轿车内和住所内，查获涉嫌违法卷烟金圣(吉品)、庐山(黄精品)、利群(新版)等31个品种907条，案值13

万余元。

14日,万载“侨胞之家”揭牌仪式在古城书画院举行。当天,全县归侨侨眷综合技能培训班开班。

14—15日,中宣部原副部长、中国关心下一代工作委员会常务副主任胡振民到万载县考察。

15日,万载县召开会议就新冠疫苗接种“清零行动”以及迎接“省级卫生县城”复审工作进行部署。

15日,万载县专业森林消防大队获评江西省森林防灭火先进单位。

16日,宜春市委常委、宣传部部长方艳茹到万载县调研党史学习教育开展情况。

16日,万载县岭东乡禁毒办组织岭东初中100多名新生赴万载县禁毒教育基地接受禁毒教育。在民警的带领下,学生们依次参观了基地禁毒宣传长廊、观看了毒品仿真样品、体验了禁毒VR设施。大家以图、文、物并茂的形式,深入了解了当前新型毒品的种类、主要特征以及危害,进一步提高了学生们的识毒辨毒能力。

16日,万载县烟草专卖局专卖行政执法人员接市局支队线索后,联合市局支队,在万载县康乐街道将军西大道多力贸易商行当事人陈某的经营场所内,查获涉嫌违法卷烟金圣(智圣出山)、黄鹤楼(硬平安)、白沙(硬细支和天下)等43个品种287条,案值18万余元。

18日,江西省市场监管局办公室公布首批“江西绿色生态”品牌建设试点县(市、区)名单,万载县榜上有名。

中旬,万载花灯戏传承人付胜元被评为省级代表性传承人。

中旬,万载县政务服务大厅推出公共场所卫生许可等51个“免证办”服务,群众到大厅各窗口办事无须携带个人证照材料,即可进行业务办理,进一步提升政务服务便利度,深化“放管服”改革,全力建设全省政务服务满意度一等县。

22日,中国人民政治协商会议万载县第十四届委员会第一次会议在县会议中心开幕。

22日,万载县筹办的“纪念中共湘鄂赣省委、省苏维埃政府成立90周年理论研讨会”工作推进会召开。

23日,万载县第十七届人民代表大会第一次会议在县会议中心开幕。

26日,中国工程院院士李建刚到万载外国语学校开展校园科普讲座,万载中学、万载二中、赣西外国语学校、万载外国语学校共700多名学生聆听讲座。

30日,第8个烈士纪念日,万载县在县城尚德广场革命烈士陵园举行简单而庄重的烈士公祭活动,悼念英烈、寄托哀思,缅怀革命先烈的丰功伟绩,热情讴歌革命先驱的崇高精神。

30日,万载县召开会议部署安全生产、疫情防控以及商贸旅游消费等工作。

30日,万载县与江西省供销集团有限公司就万载县冷链物流产业园项目进行正式签约。

10月

11日,万载县巩固拓展脱贫攻坚成果同乡村振兴有效衔接工作动员部署大会召开。

12日,万载县召开2021年全县棚户区改造、城市提升项目征迁暨迎接省级卫生城复审部署会。

14日,万载县十五届县委第一轮巡察工作动员会召开。

18日,万载县公安局交警大队民警到万载县第一小学,以学校、企业和警方在学校操场举行授赠仪式为契机,开展以“戴上小黄帽、安全我知道”为主题的交通安全宣传教育活动。

20日,国家发改委召开10月新闻发布会,会上发布了《湘赣边区域合作示范区建设总体方案》。这标志着由湖南省、江西省共同推动的湘赣边区域合作示范区正式升级为“国家战略”,万载县列入其中。

中旬,万载县开展用人单位工作场所职业病危害因素监测,主要监测用人单位职业病防治基本情况和用人单位工作场所职业病危害因素浓度。

中旬,万载农商银行以反假币知识网络答题为抓手,以网点为阵地,进社区、入集市,开展反假币宣传活动。

中旬,万载首家智慧校园

“一脸通”项目在万载技工学校正式投入使用。智慧校园“一脸通”项目实现了仅凭人脸识别，即可进行师生考勤管理、门禁进出管理的目标。

中旬，中国非公立医疗机构协会组织专家对万载诚济医院开展信用等级评价与能力星级评价的评价工作，为全国首家接受“双评”检查的县级民营医疗机构。

中旬，万载县高城敬老院护理员廖风华获全国“敬老爱老助老模范人物”称号。

24日，万载公路分局正式启动G220东深线预防性养护工程。G220东深线是万载县境内主干交通要道，随着近年来来往车辆增多，部分路段出现车辙、网裂、坑槽等路面病害。针对这一情况，先行启动G220东深线万载凤凰山至周家市路段预防性养护工程，对原有沥青路面进行挖补修复。

是月，成立万载县人民调解协会，并开展人民调解员等级评定，共推荐21名调解员为二级人民调解员，评定138名三级人民调解员，114名四级人民调解员。

是月，万载县纪委监委在全县纪检监察系统开展“六个一”警示教育活动，通过召开一场警示教育大会、组织一轮学习交流研讨、进行一次全面深入查摆、深入一线广泛征求意见、完善一批规章制度、举办一期清廉家风活动，用发生在身边的案例敲响严防“灯下黑”的警钟，深入推进以案促改、以案促治，助力打造一支过硬的纪检监察队伍。

11月

6日，万载县安全生产“百日攻坚”集中行动暨花炮企业安全生产专项整治工作动员大会召开。会议部署了安全生产和集中区建设与安全生产“打非治违”工作，并强调安全生产工作纪律要求。

12日，省级生态县考核专家组对万载县创建省级生态县工作进行考核验收。省考核验收组先后实地查看了汇鑫源礼花有限公司、三兴有机示范园、马步乡宝石村新村点、万载古城、县工业园污水处理厂、铂瑞新能源有限公司、三兴镇污水处理厂、瀚蓝固废处理中心、县生活污水处理厂等核查点，详细了解万载县生态基础设施建设、企业环保设施建设、产业发展过程中生态环境保护等情况，并对万载省级生态县创建工作各项指标进行评分。

14日，万载县成立社区矫正管理局，进一步加强社区矫正对象的监督管理，做到执法规范、监管到位，实现无脱管、漏管，无重新犯罪，做好社区矫正和刑满释放人员安置帮教安全稳定工作。

16日，万载县召开营商环境建设工作推进会，公布万载县在2020年全省营商环境评价排名情况(全省第54、全市第7)，并明确提出了2021年全省营商环境评价中的奋斗目标。

中旬，黄茅镇设立教育发展促进会。促进会发出募捐倡议后，关心支持黄茅教育事业的社会各界人士纷纷慷慨解囊，短短数日募集资金近千万元，该基金将用于奖励优秀师生，帮扶品学兼优的困难学子。

中旬，涉及全县9个乡镇、21个标段3.5万亩高标准农田项目全面开工建设。高标准农田项目建设实施后，将进一步提高耕地产出能力，提升粮食综合生产能力，改善农村生产生活环境，为乡村振兴提供强有力的支撑。

是月，成立万载县政府法律顾问团，落实依法治县各项任务，深化法治政府建设；加强规范性文件监督管理，清理行政规范性文件200件。

12月

2—5日，万载县“千年”“恒晖大农业”“金世本香”3个品牌参加在南昌举行的第三届江西“生态鄱阳湖·绿色农产品”博览会“赣鄱正品”品牌发布会。

3日，万载县法院开展“公众开放日”活动，邀请部分人大代表、政协委员、人民陪审员及媒体记者等走进法院，零距离感受法院审判工作，推进阳光司法。

6日，万载县召开乡镇工作座谈会，分析总结各乡镇具有的优势和存在的短板与不足，统一思想、凝心聚力，探讨思路和举措，破改革之难题、谋发展之良策。

9日，由中国书法家协会理事、江西省书法家协会副主席韩顺任带领的省书法家协会考察组，对万载县申报创建"江西省书法之乡"工作进行考察。

10日，江西省花炮产业技术创新战略联盟成立大会在万载县召开。出席会议的有江西省科学技术厅、江西省应急管理厅、宜春市科学技术局、万载县委领导，以及来自全省的200多位花炮行业专家、学者、花炮企业代表。联盟由万载县满天星花炮产业服务有限公司为牵头单位组建而成，以全省从事烟花爆竹行业相关的产业研发、生产、销售、运输、原材料、服务等具有行业与领域代表性的企业，以及大专院校、科研院所等相关机构自愿组成。

11日，万载县举行应对新冠肺炎突发疫情桌面演练，对可能发生的疫情进行情景搭建并实施模拟处置。桌面演练从疫情研判、防疫处置、交通保障、医疗救治、环境消杀、疫情排查、舆论宣传、涉外疫情、物资保障、工业企业防控、建筑工地防控、综合协调、督查执纪等方面对模拟情景进行了处置。演练方案流程具体、符合实际，达到了检验预案和应急指挥处置疫情的目的，为进一步做好全县疫情防控工作积累了经验。

14日，万载县政府系统2021年工作总结暨2022年工作谋划会议召开，会议深入学习习近平总书记重要讲话精神，贯彻落实省第十五次党代会、市第五次党代会、县第十五次党代会精神，激发集体智慧，凝聚大家共识，进一步完善发展思路，明晰发展路径和办法，共同谋划万载发展的新未来。县政府全体班子成员出席会议。县政府28个组成部门，以及生态环境局、税务局、县工业园区管委会、万投集团、各乡镇（街道）政府主要负责人参加会议。

15日，万载县委常委、统战部部长胡玲、县政协副主席叶悠青一行调研督办《因地制宜落实政策切实破解早稻困局》县政协重点提案，通过实地察看白良镇双粮稻谷烘干厂、罗城镇稻谷烘干厂和座谈会等方式，调研督导粮食生产工作，为2022年早稻生产工作做部署。参加活动的有县政协委员、县农业农村局分管领导及农技专家、村书记、种粮大户等。

15日，万载县专业森林消防大队在全省专业森林消防队伍大比武中获团体第一名。

16日，万载县第十七届人大代表履职培训班开班。培训班邀请专家分别就"代表法与代表履职""地方人大监督实效研究"进行专题授课。县人大代表、乡镇（街道）人大主席、副主席（工委副主任）、人大秘书和县人大机关工作人员，共计300多人参加培训。

17—18日，万载县"百县百日"活动暨万载花灯戏盛世花火"庙街杯"首届舞艺大赛决赛在花火小镇激情开赛。经过3场海选赛和两场复赛的激烈比拼，共有16支队伍从42支参赛队伍中脱颖而出，参加总决赛，展现具有300多年历史的万载花灯戏的独特魅力。

21日，万载县人大办、县红十字会、县女子商会在茭湖乡槽头村开展"红十字博爱送万家"活动，为脱贫户献爱心、办实事。

22日，全国烟花爆竹转型升级集中区建设工作年度观摩点评活动在湘赣两省进行，活动首站在万载县开展观摩点评。

23日，宜春市万载县2021年建筑施工质量安全标准化工地现场观摩暨全县建筑施工安全防范工作会在万载碧桂园珑樾项目举行。县住建局质量安全监管股全体人员及全县在建项目建设、施工、监理、起重机械设备的单位负责人等共约120人参加了会议。与会人员在万载碧桂园珑樾项目现场讲解员的引导下，对高支模沉降观测系统、塔吊视频辅助系统、质量安全实体样板、卸料平台预警系统、机电安装创新工艺展板、机电安装绿色小工艺等方面进行学习交流，研讨了标准化、规范化、绿色化、科技化、精细化项目管理。

27日，万载县召开经济运行监测分析联席会议，部署下阶段全县开放型经济工作。会议强调，要在"稳住"上下功夫，持续稳固经济基本盘。要切实抓好经济运行调度，落实落细"三项机制"；要抓好招商引资，注重招商选资,通过"引进一个项目、带动一个产业、发展一个地方";要抓好项目谋划,做到"重大战略项目化、项目工作具体化、具体工作责任化",形成储备一批、安排一批、建设一批、竣工投产一批的良性循环;要抓好项目建设,深入落实"项目大会战"百日攻坚行动,切实帮助企业解决项目推进过程中的各项困难和问题;要抓好项目入统,积极清理存量,将所有符合条件的项目纳入统计库。要在"调优"上下功夫,深入推进产业升级、调整优化产业结构、持续夯实产业基础,全面提升经济发展结构。

28 日,县人民政府在万载县人民政府网发布"我向总理说句话——2022 网民建言征集活动"。网民可通过中国政府网(www.gov.cn)联合多家网络媒体平台,为助企纾困、就业创业、科技创新、养老托幼、教育、医疗、疫情防控、乡村振兴等政府工作进行建言,此活动持续至 2022 年全国两会。

28 日,万载县召开 2021 年第十次政企圆桌会议。会议通报了第九次政企圆桌会议决议事项落实情况,针对本次政企圆桌会议上企业所反映的困难和问题进行现场协调解决。会上,各企业依次提出了"科贷通"平台融资贷款、跨行政区域用地、办理用地和房产登记两次测量两次收费、消防用水及生活用水困难、土地未调规导致办公用房无法建设,以及土地调规出让办理产权等方面存在的需求和困难,各相关责任单位和服务单位进行逐条回复并提出解决方案。

28 日,宜春市公路管理局万载分局正式更名为宜春市公路事业发展中心万载分中心,为宜春市公路事业发展中心下属财政全额补助公益一类分支机构。

29 日,万载县召开美丽宜居城市建设工作推进会,号召大家齐心协力打造干净整齐、畅通有序、文明礼让、美丽宜居的城区环境。会议要求按照"十不"标准准确认识和深刻把握工作质量,以更高的工作标准,达成城市干净整洁有序的工作目标,各网格要指定专人负责美丽宜居城市建设工作的督查和责任落实,明确相关任务,专班推动,形成每日一台账、每周一督查、每月一考核的制度。采取每人一套装备、每周一次集中行动的工作方式,并借助短视频进行宣传,定期开展工作效果评比,深入推进美丽宜居城市建设工作。

30 日,万载县举行花炮产品质量提升暨质量基础设施"一站式"服务项目工作启动会。会议邀请江西省质量和标准化研究院专家进行授课,县政府分管副县长、市监局、消防救援大队、工信局、应急管理局、各乡镇(街道)等负责领导,以及 170 家花炮企业负责人参加会议。"一站式"服务项目工作启动,为万载花炮产业中小企业提供质量标准、检验检测、认证认可、产品诊断、技术转化、管理咨询、人员培训、品牌培育等技术咨询服务,标志着该县烟花爆竹产业转型升级、高质量发展将迈出新的一步。

是月,万载县工商联被评为 2020—2021 年度全国"五好"县级工商联。这是县工商联连续 4 年获国家级荣誉。

万载概览

政区沿革

【建置沿革】 万载，上古属扬州之域。殷商时属吴国。战国周考王九年（公元前432年）勾践灭吴，属越国，三国吴黄武元年（222）置阳乐县，县治设罗城，这是万载作为一个县级行政单位的开始，属豫章郡。西晋太康元年（280），阳乐县更名为康乐县。隋开皇九年（589），置洪州，将康乐县并入建成县，隶属洪州。十国吴顺义元年（921），置万载县。北宋开宝八年（975），隶袁州为紧县。北宋宣和三年（1121），更名为建成县，仍属袁州。南宋绍兴元年（1131），复名万载县，至今未变。至元十九年（1282），改州为路，万载隶属袁州路。明洪武二年（1369），改路为府，万载隶属袁州府。

清朝沿用明制，万载隶属未变。辛亥革命后，废州郡，万载为全省81个县之一。1926年废道制，万载直属江西省管辖。1932年，江西省13个行政区中万载隶属第八行政区。1935年，江西省缩编为8个行政区，万载属第二行政区。1939年，全省改为11个行政区，万载属第二行政区。1942年，江西省缩改为9个行政区，万载属第二行政区。

1949年中华人民共和国成立后，先后隶属袁州分区、袁州专员分署、南昌专员公署、宜春专员公署、宜春地区革命委员会、宜春地区行政公署管辖。2000年，宜春地区行政公署撤地设市，万载隶属宜春市管辖。

2021年年底，万载县设有9个镇、7个乡、1个街道办事处，分别是黄茅镇、株潭镇、潭埠镇、双桥镇、三兴镇、高村镇、罗城镇、高城镇、白良镇、茭湖乡、白水乡、仙源乡、赤兴乡、鹅峰乡、马步乡、岭东乡、康乐街道办事处，共有181个村、23个社区。万载是中国绿色名县、全国双拥模范县、全国社会工作人才队伍建设试点示范县、全国有机食品生产基地、国家首批有机农产品认证示范区、国家现代农业示范区、国家农业绿色发展先行区、全国大宗固体废弃物综合利用基地、全国电子商务进农村综合示范县。2021年，成功创建"江西绿色生态"品牌试点县，万载古城景区获评第一批国家级夜间文化和旅游消费集聚区，并被认定为省级文化产业和旅游产业融合发展示范区。

自然资源

【野生动植物资源】 1998年7月至1999年3月，万载县组织技术力量首次对全县野生动物资源进行调查。据调查，全县境内分布的野生动物92种。其中，鸟类19科46种，兽类13科26种。珍稀树种有南方红豆杉、银杏、罗汉松、闽楠、苏铁、半枫荷等20余种。古树名木有古樟树、柏树、苦槠、枫香、猴樟、皂荚、木荷、酸枣、苦楝、杉木、马尾松、桂花树、牛根树、重阳木、黄檀、罗木石兰、古檵树等。

【湿地资源】 根据省、市林业主管部门统一部署，1996年11月至1997年3月，万载县首次开展全县范围内的湿地资源调查。调查成果统计，全县8公顷以上的湿地6处，总面积为25258.53公顷，占全县总面积的14.74%，其中面积在100公顷以上的湿地2处，总面积为725.7公顷(即三十把和锦江水库)；面积在8公顷以上100公顷以下的湿地66处，总面积为1799.5公顷，均为常年性淡水水域；全县水稻田湿地面积为22733.33公顷。全县8公顷以下的水库86个、山塘1838个、溪流154条，主要河流断面水质达标率100%。

【森林资源】 全县第五次森林资源二类调查成果材料从2002年7月至2003年2月全部完成。通过此次森林资源二类调查及森林分类经营区划调查得出：在全县171400公顷的面积中，林业用地面积108649公顷，其中森林95962公顷，灌木林地10620公顷，疏林地333公顷，无立木林地1726公顷，苗圃地8公顷。全县活立木蓄积为4074832立方米，其中森林蓄积2536758立方米，疏林地蓄积1801立方米，散生木蓄积1353874立方米，四旁树蓄积182399立方米。全县活立竹47708839株，其中林分毛竹42415233株，散生竹5293606株，全县森林覆盖率达67.58%，全县规划发展生态公益林29681公顷、商品林79116公顷。

气　候

万载县位于北纬27°~28°，东经113°~114°，属亚热带湿润气候，四季分明，气候温和，雨量充沛，日照充足，对工农业生产和人们生活较为有利。但也常出现一些不利于工农业生产和人们生活的不利气候因素，如春季低温、阴雨，初夏小满寒、盛夏洪涝和干热风，夏秋干旱，秋季寒露风和烂秋天气以及冬季寒潮所带来的冰雪、霜冻天气等。万载县全年平均气温为16.9℃~18.29℃。1月为全年最冷月，平均气温为3.79℃~8.0℃。7—8月为全年最热时期，月平均气温为26.5℃~30.6℃。秋季时间较短，入秋后，随着北方冷空气势力加强，不断受冷空气影响，气温明显下降，日平均气温为20.0℃~22.0℃。冬季较寒冷，气温变幅较大，常有较强冷空气带来降温、降雪和霜冻天气。年平均降水量为1742.5毫米，年际变化较大，最多的2002年达2353.3毫米，最少的1986年仅1321.2毫米。4—6月降水量最多，占全年降水量的42%。11月至翌年2月降水量最少，占全年降水量的20%，其他月份占38%。

人　文

古邑万载，岁月峥嵘，远绍人文。数千年前始，先民于此渔猎农耕、繁衍生息，初现文明之光。1982年，在第二次全国文物普查中，江西省考古研究所在仙源新市榨树埚、下埚考察发现两处商代文化遗址和100余处西周古文化遗址。

万载建县1800年，历来地灵人杰、储财擢秀、人才辈出，山川锦绣、物华丰美、富庶人和。万载是中国山水诗鼻祖谢灵运的袭封地，城郊的莲花形山至今还遗存有谢灵运墓。东晋太元八年(383年)，谢玄因淝水之战立下赫赫战功被封为康乐公，食邑万载。太元十八年(393年)，8岁的谢灵运承袭祖爵为康乐公，食邑两千户，世称谢康乐。

自唐至清末，万载进士及第43人，官至七品以上者233人，出现了如南唐宰相宋齐邱，工部侍郎李征古，五代文学家徐弦、徐锴兄弟。明初有参修《元史》的史学家黄盅，明代有秉公执法的刑部左侍郎郭瑾。清代有地理学家李荣陛，历任礼部、工部侍郎的辛从益，被曾国藩誉为“江右人杰”的彭寿颐，以及曾任广州护法非常国会议员、黎元洪大总统府顾问的谢济沂等一大批名人学士。新中国成立后，又涌现了心理学家郭一岑、20世纪国内三大词学家之一龙榆生、女作曲家辛沪光等一批文化名人。革命战争的艰苦岁月，造就了杜平、张翼翔、王宗槐3位中将和谢胜坤、罗章、彭盛3位少将。境内保存有战国时赵相蔺相如遗迹、明代城隍古庙、清代文明古塔等一大批古建筑、古墓葬、古文化遗址。万载开口傩、花炮、夏布制作技艺和得胜鼓被列入国家非物质文化遗产名录。

岁月长河铸就了万载诸多

闻名遐迩的人文景观和自然景观。有建于明洪武三年(1370年)全省保存最好、规模最大的城隍庙；建于清乾隆二十一年(1756年)的文明塔；建造于北宋淳化元年(990年)官元山船埠滩的观鹰桥；有全国重点文物保护单位——中共湘鄂赣省委、省苏维埃政府等革命旧址；有谢灵运墓和清代汉民族古民居——周家大屋；大型喀斯特溶洞——竹山洞；有诡异莫测、宏大深远的云峰古洞和横空出世、栩栩如生的马步寨下特大山体卧佛；有三十把水库和九龙省级自然保护区；有被誉为万载“历史档案馆”和“老城博物馆”的万载古城田下街区。其中，九龙省级自然保护区保存了近万亩原始森林，有珍稀动植物300多种；三十把水库省级自然风景保护区湖光山色，景色宜人；全长达4000多米的“华东第一地下长河”竹山古洞被评为“江西省十大美景之一”，洞内有神奇怪异的奇石飞瀑，洞外有天马山山体卧佛、四千亩石笏石林和富硒温泉，相映生辉，奇观天成；万载古城田下街区以万载非遗文化、赣派建筑风情为内核，保存有明清、民国时期祠堂27座，涉及辛、宋、郭、彭、闻、易、周、张、高、鲍、陈、龙、欧阳13个姓氏，还有许多古民居、古街、巷弄、粮仓、水井等古建筑和不可移动文物，是保存较为完好、具有赣西文化特色的古建筑群，共有乡土风情商业街区、江西风味小吃及土特产街区、娱乐休闲文化街区、时尚购物街区、古建民宿文化区、国学文化示范区等区域。黄庭坚、杨万里、汤显祖等文人墨客均曾游历万载，留下了170多篇脍炙人口的山水诗词。“碧嶂千层附城出，清江一条穿市飞”“一水浮光转，千峰远翠连”“推窗延月照画图，万峰苍翠松涛呼”“风乱竹枝垂地影，霜干桐叶落阶声”等名句流传至今，给万载的灵山秀水平添了浓厚的诗意，缔造出一座生态静谧、康乐和谐的江南宜居山水县城。

万载物产富庶，是中外闻名的“花炮之乡”“百合故里”。“三大特产”(花炮、夏布、土纸)和“三大名产”(百合、辣椒、三黄鸡)闻名遐迩，史上素有“富万载”的美称。20多年来，全县以“生态立县、有机富民”为理念，大力发展有机农业，从1999年建立茭湖有机农业有机食品示范园区开始，历经艰辛探索，将万载打造成“江南有机农业第一县”。

地理与地貌

万载县位于江西省西北部，东邻上高、南接袁州、西连浏阳、北毗铜鼓。县城距南昌昌北机场170千米，离长沙黄花机场178千米，距宜春明月山机场25千米，离浙赣铁路宜春站30千米，沪昆高铁、昌栗高速、铜宜高速、320国道和220国道穿境而过。

万载县境地势南部和西北部高，东部偏低，由西北向东南逐渐倾斜。南部属峰顶山——蒙山山脉，北部为九岭山脉初级隆起所组成的古陆山脉。地貌为“七山半水分半田，一分道路和庄园”，属丘陵山区县。境内800米以上的山峰有36座，最高峰位于县北55千米处高村镇上坪村的仙姑崇(旧称太阳山)，海拔1404.4米。最低点为三兴镇沙潭村的均车，海拔70米。

工　业

县工业园区由原来的1.07平方千米扩大为6.96平方千米，总规划面积32.75平方千米，已建成12平方千米，形成了“一区四园”整体格局，即综合产业园、高新技术产业园、新能源新材料产业园和电子信息产业园。园区先后获得称号有：全国大宗固废综合利用基地、省级有机食品加工基地、省级民营科技园、省级生态工业园试点园区、省级产业集群发展试点园区、中国·万载锂电新材料基地等。

2021年，园区投产工业规模企业(含花炮企业)157家，年度新增规模以上企业12家，规上企业总数达到103家，规模以下企业54家。全年签约项目33个，签约金额114.8亿元，其中20亿元以上项目4个（负极材料产业园、华麟光电、慧典阀门产业园、光明化工),亿元以上项目21个。开工建设25家,已投产15家。

园区全年营业收入完成321.78亿元,增长34.47%,总产值完成316.56亿元,增长28.48%,利润总额3233亿元,增长35.9%;工业增加值完成70.26亿元,增长10.9%,固定资产投资全年完成49.49亿元,增长18.08%;工业投资完成46.77亿元,增长15.08%。共完成税收82718.95万元,比2020年增长105.49%。

2021年,创建万载县花炮科技创新中心,建成一个集花炮人才培训及花炮新材料、新产品、新工艺和新设备研发于一体的综合性基地;已经完成项目立项,项目用地面积206.8亩,总投资1.2亿元。大力发展城市烟花和文旅烟花,推进在县城部分公园、景区的烟花小屋建设,引领花炮产品消费新模式和新观念。组织企业积极参加烟花爆竹工艺美术系列职称申报,15人被评为工艺美术师,65人被评为助理工艺美术师。

根据省应急厅花炮企业退出60%的目标,在第五轮行政许可中,万载保留花炮实体生产企业170家。证照在有效期内的企业154家(其中国标许可发证企业150家,第四轮未到期企业4家),分布在株潭、黄茅、潭埠等13个乡镇。按生产品种分,在国标许可的150家企业中,有纯烟花企业57家,纯爆竹企业58家(141台一体机),烟花爆竹混合企业18家(18台一体机),引火线企业12家,黑火药企业4家,单基粉加工企业1家。此外,全县有烟花爆竹经营企业41家(其中5家带仓储经营),烟花爆竹零售网点30个。花炮产业实现总产值111亿元,增长29.4%,完成税收2.98亿元,换发新证企业149家,发放退出奖补资金2.28亿元,安排花炮产业机械推广专项资金1000万元。

农业农村工作

2021年,万载粮食播种面积5.09万公顷,粮食总产量32.3万吨,水稻播种总面积为4.41万公顷;蔬菜完成播种面积0.57万公顷,其中大棚等设施蔬菜866.67公顷,龙牙百合、紫山药、辣椒、芦笋、莲藕等名特蔬菜品种0.21万公顷。全县有612个6.67公顷以上粮食生产大户,333.33公顷以上种粮大户有5个,共完成早稻种植面积0.67万公顷。全年实现畜牧业总产值16.04亿元。生猪存栏38.61万头(其中能繁母猪3.83万头),同比增长3.2%,出栏61.59万头,同比增长70.3%;牛存栏5.21万头,出栏2.12万头,同比分别增长10.13%和14.55%;家禽存笼183.1万只,出笼316.93万只,分别增长4.11%和6.34%。其中,康乐鸡存笼85.04万只,出笼94.16万只;黑番鸭存笼8.65万只,出笼41.23万只。羊存栏15.1万只,出栏20.44万只,同比分别增长15.65%和4.99%,其中,黑山羊存栏10.72万只,出栏16.88万只。全年水产养殖面积19833亩,水产品总产量18540吨,渔业经济总产值7亿元,稻渔综合种养新增面积达到3100亩。建设富硒农产品基地9866.67公顷,其中水稻0.53万公顷,蔬菜0.13万公顷,油茶0.11万公顷,水果466.67公顷,其他农产品0.17万公顷;建设有机农产品基地1333.33万公顷,其中水稻666.67公顷,毛豆333.33公顷,其他农作物333.33公顷。建立2个农业科技示范基地,挑选100名基层农技指导员,培育农业科技示范户500家,其中水稻200家、蔬菜150家、百合80家、生猪70家。成功申报江西富硒蔬菜产业项目,万载青叶食品有限公司、万载后稷百合食品有限公司、万载万马智慧农业有限公司成功申报江西富硒蔬菜产业集群项目。

完成新农村建设点186个,其中省建村点92个,市、县自建村点250个。涉及17个乡镇、94个村,惠及人口7402户32408人。建设总投资5580万元,其中省级财政补助资金1380万元,市级财政配套资金1116万元,县级财政配套资金3084万元。资金主要用于“四建三治”建设:改路93千米、改水1277户、改厕1418户、改房275栋、改沟411千米、改塘33座、改环境

9084 处,建成文体活动场所 104 个、垃圾收集设施 16 座。

全县林业用地 11.52 万公顷(国土三调数据),占土地总面积的 67.07%,活立木总蓄积 708.04 万立方米,活立竹 9400 万株,森林覆盖率 65.86%,保护生态公益林 3.34 万公顷、天然林 2.98 万公顷。

全年完成人工造林 1.14 万亩(其中,长防林人工造林 0.55 万亩、封山育林 0.5 万亩,油茶 0.09 万亩);完成封山育林 1.59 万亩(其中,长防林封山育林 0.5 万亩);退化林修复 3.67 万亩;完成战略储备林现有林改造 0.1 万亩;获评省级森林乡村 15 个,建设省级乡村森林公园 1 个。全县林业生态建设累计投入 5583.02 万元,其中生态公益林、天然林保护投入 2378.44 万元,松材线虫病防治、森林防火等生态保护投入 494.59 万元,长防林、油茶林及封山育林、毛竹改造等生态修复投入 2709.99 万元。

完成茭湖乡防洪工程、县城防洪工程(二期)、潭埠防洪工程、2020 年山塘专项整治、农村饮水工程维修养护等项目验收;推进重点山塘整治、水库维修养护及标准化、山洪灾害防治措施维修养护、农业水价综合改革整体推进县、农村饮水工程维修养护、水毁修复项目、洪患村镇河流综合整治试点等项目;启动高城、株潭、潭埠防洪工程、24 座小(2)型水库除险加固项目;落实专门人员,督促、跟踪三十把中心城区水源工程建设,已基本完成管道铺设;完成《万载县十四五农饮保障规划》及《万载县城乡供水一体化规划》的县级批复。

城乡建设

全县建筑业企业总产值完成 16.34 亿元,同比增长 25.8%。完成新入库规上建筑企业 3 家。推进城市功能与品质提升三年行动,启动重点项目建设 68 个,总计投资 117.2 亿元。截至年底,开工 55 个项目,其中 11 个项目完工,13 个项目待开工,完成投资 75.28 亿元。“双城联动”项目库共有 143 个项目。其中新城一期 36 个项目,投资 52.46 亿元;旧城改造第一期 40 个项目,投资 11.01 亿元;株潭一期 11 个项目,投资 2.5 亿元。新城建设第二期 30 个项目,旧城改造第二期 11 个项目,旧城改造第三期 15 个项目。加大城区生活污水处理设施建设,县城河西路污水收集管网工程完成 800 米管网铺设,阳光花苑小区、名优特批发市场、凤凰御景小区、汽车城污水收集支管工程开始施工。

棚改征迁工作大力推进,涉及荷花塘、邓家岭等 22 个地块,涉及 928 户,房屋总面积 19.1 万平方米,圆满完成征迁任务。

办理商品房预售许可证 45 份,批准预售的建筑总面积 84.83 万平方米,其中住宅面积 70.48 万平方米 5450 套,比上年 107.49 万平方米 8778 套下降 34.43%、37.91%;商业面积 14.35 万平方米 2066 间,比上年 20.54 万平方米 2831 间下降 28.52%、27.02%。累计备案建筑面积 62.40 万平方米,备案 5272 套,比上年 50.76 万平方米、备案 3961 套(间)增加 22.95%、33.10%。其中住宅 4383 套,面积 56.37 万平方米,比上年 48.11 万平方米增长 17.16%。商业用房 889 间,面积 6.03 万平方米,比上年 3.38 万平方米增长 80.77%。全县商品房住宅销售均价 5258.03 元 / 米 ^{2},比上年的 4973.38 元 / 米 ^{2} 上涨 284.65 元 / 米 ^{2},同比增长 5.72%。全县销售商品房面积为 62.40 万平方米,比上年的 50.76 万平方米增长 11.64 万平方米,同比上涨 22.95%。截至 12 月底,全县商品房库存面积为 151.23 万平方米,比上年的 130.42 万平方米增加 20.81 万平方米,同比上升 15.96%,去化时间 28.39 个月。其中商品住宅库存面积 93.72 万平方米,比上年的 81.14 万平方米增加 12.58 万平方米,同比上升 15.50%。

大力推进乡镇污水处理厂和污水管网建设工作,10 月,黄茅、株潭和白良 3 个乡镇污水处理厂及配套污水管网完成建设,污水厂通水开始进行运行调试。赤兴、白水、岭东、茭湖和高村 5 个乡镇污水处理厂于年底竣工。

环境保护

2021年，万载空气质量优良率为96.8%,同比下降0.4%,全省排名第62位，全市排名第4位;$PM_{2.5}$平均浓度为25微克/米^3,同比上升4.2%,全市排名第4位。受污染耕地安全利用率达到93%以上,污染地块安全利用率达到90%以上,危险废物利用处置率达到100%。水环境质量达到优良，水质综合指数3.5239,同比上升10.54%,全省排名第47位,全市排名第4位。16个乡镇获得省级生态乡镇荣誉称号,其中茭湖乡、高村镇、仙源乡、赤兴乡4个乡镇还获得国家级生态乡镇称号。马步乡寨下村、罗城镇藏溪村等6个村获省级生态村称号,市级生态村共计47个。实现危险废物利用处置率达到100%，完成5个农村生活污水处理工程项目的建设任务。

交通运输

全县境内公路总里程3628.459千米，比上年末增加51.851千米。其中高速公路105.721（含连接线16.05千米）千米,普通国道46.031千米,省道256.823千米，农村公路3219.884千米。公路密度218.15千米/百平方千米，同比提高7.25千米/百平方千米。全县农村公路里程3219.884千米,比上年末增加68.598千米。其中县道13条229.432千米；乡道73条457.634千米；村道2510条2152.818千米；村组级公路246条380千米。全县农村等级公路里程3137.124千米，比上年增加193.794千米,占公路总里程97%,提高4个百分点。其中二级以上公路里程0.803千米,三级公路185.5千米,四级公路2868.061千米，等外公路82.76千米。按路面类型分:水泥混凝土及沥青路面3141.693千米，未铺装路面78.191千米。G220绕城公路、南部新城"一纵两横"、衙背山路、纵一路北段、田下路北段、宝塔西路西段等道路通车。

全县拥有公路营运汽车8165辆,比上年末减少4%。拥有载客汽车97辆3124客位,比上年末分别减少5.8%和13.3%。拥有公共汽电车115辆115标台。出租汽车运营车辆40辆,比上年末减少20%。拥有载货汽车7913辆102869吨位,比上年末分别减少4%和增加23.6%。

全县营业性客运车辆完成公路客运量320万人,旅客周转量15860万人千米,同比分别增加13.6%和17%，平均运距49千米。至年末100%的建制村通客运线路，通车率与上年持平。拥有公共汽电车运营线路15条,运营线路总长303千米。城市客运系统运送旅客399.82万人,同比减少21.5%。其中公共汽电车运送373.12万人,运营里程126万千米。出租汽车运送26.7万人，运营里程283.2万千米，分别减少16%和10.8%,平均每车次载客2人，空驶率40%。全县营业性货运车辆完成货运量3718万吨，货物周转量353210万吨千米，同比均增加12.7%,平均运距95千米。

供水供电

县城及乡镇日供水能力10.5万立方米，用水人口近20万。推动三十把水源工程建设，工程设计取水规模14万吨/日,总投资2.59亿元。项目已开工建设,2021年已铺设DN1200球墨铸铁管26.23千米,完成管网工程总体进度90%。建成大道供水管网延伸工程全长4.5千米,总投资650万元,于年底全线铺设完成并投入运行。潭埠农村饮水工程新水厂已实现通水运行,进村入户管道正在逐步安装。项目总投资3898.67万元。建成后解决潭埠、天扬、昌集等257个村37636人的饮水安全问题。高城农村饮水工程水厂已建设完成,待原高城水厂收购后实现通水运行。项目总投资811.69万元,可解决高城、大坪、南庙、联胜、桥西、奇枫、团结等7个村17732人的饮水安全问题。推进乡镇污水处理厂工程建设,其中一期9个乡镇(黄茅、株潭、潭埠、双桥、三兴、罗城、白良、仙源、高城)污水处理厂及附属污水管道建设已完工并投入运行,污水管网长度97千米,污水处理规模处理量6400立方米,二期5个乡镇(赤兴、岭东、高村、仙源、茭湖)厂区已基本完成,管网待建设。

全县辖区内共有220千伏变电站1座，容量为30万千伏安;110千伏变电站5座，总容量为43.30万千伏安;35千伏变电站10座，总容量12.20万千伏安;35千伏线路16条，长度183.70千米;10千伏公用线路95条,长度2588.10千米;10千伏专线17条;0.4千伏及以下线路长度8539.80千米;公用配变2647台，专用配变1085台,供电客户23.52万户。全年完成售电量13.03亿千瓦时,同比增长27.57%,增速排名全省第6名,上缴税收774.24万元;2021年最高负荷达26.70万千瓦,同比增长26.28%,电网保持平稳。

积极向上争取电网建设资金1.49亿元，努力推进110千伏东门变、110千伏三兴变落地,35千伏官高线和双口线已建成投产，打造了万载35千伏线路网架环网。有序安排自主实施项目5046万元，完成14条10千伏线路改造，降低线路故障停运率,10千伏线路跳闸率同比下降31.55%。2021年,共新增10千伏线路8条，新建公用变压器218台，改造35千伏输电线路2条，改造10千伏配电线路21条，供电可靠性大幅提升。

教　育

全县有中小学校与幼儿园376所,其中普通中学25所,中等职业学校2所，小学138所，幼儿园210所，特殊学校1所。在校学生(含职高生)108047人(小学57234人,初中31965人，高中17152人，职高1696人)。高考600分以上111人,同比增长30.6%,清华录取1人;一本录取631人，同比增长23.6%;本科录取2553人，同比增长31.9%。

商　务

全县外贸进出口完成4.5809亿美元,同比增长81%,总额列全市第5位,增幅列全市第1位。其中出口完成4.34亿美元,同比增长73.91%,总额列全市第5位，增幅列全市第1位;进口完成2409万美元,同比增长611.8%，总额列全市第6位,增幅列全市第2位。

全县共有进出口实体企业57家，其中新增进出口实体企业7家。骨干企业支撑作用进一步凸显,其中瑛维箱包出口1.37亿美元,同比增长92.66%,星浩实业出口2000万美元，同比增长70.98%,悦欣贸易出口1700万美元,同比增长88.46%,东方火神出口1200万美元，同比增长105.39%。

引进宏光物流,新设万载株潭(天禧)口岸监装点和马步(喜尔美)监装点。其中,株潭口岸监装点已于2021年12月启用,年总监装标准货柜3000个以上，畅通北海出口通道以利用省外项目资金62.05亿元，增幅8.69%,总额完成年度目标任务61.37亿元的101%，总额全市排名第8位,增幅全市排名第8位。入统亿元以上项目年度目标任务15个，实际完成17个,完成率113%;入统项目投资总额目标75亿元，实际完成70亿元,完成率93.33%。

电子商务进农村综合示范工作全面启动,将中央财政首期1000万配套资金分6个项目，以政府购买服务方式,采用公开招投标或竞争性磋商选定项目承办企业。全县电子商务交易额为35.6亿元，其中网络零售年销售额达到7.3亿元。

全县社会消费品零售额完成76亿元,增幅17%,商贸企业入规完成23家（企业22家，个体1家)。先后组织“万载县2021年农产品博览会”“庆国庆·万载小龙虾啤酒节”“国庆汽车展”、万载“名品”线上线下展销会等多场促消费活动。其中,国庆期间,万载古城田下街区举办的以“庆国庆·万载小龙虾啤酒节”为主的餐饮促销活动,累计客流量30万余人,同比增长37%,餐饮营业额2500万元,同比增长39%。

财政与税务

全年完成财政总收入32.16亿元,同比增长13.8%。其中税务部门完成27.7亿元(含教育费附加7600万元),同比增长13.2%;财政部门完成4.46亿元,同比增长7.5%,税收占比为83.8%。完成一般公共预算收入16.19亿元,税收占比67.8%,完成一般公共预算支出46.9亿元。争取均衡性转移支付增量补助6854万元,总量排名全市第2位,共争取上级债券资金12.18亿元,其中新增债券10.91亿元,再融资债券1.27亿元,资金总量排全市第4位。民生方面的支出达到27.54亿元,占财政支出80.3%。全县减免各项税费达6.28亿元,拨付惠企利民直达及参照直达管理资金5.46亿元;拨付扶企资金2.63亿元,惠及企业104家;推动“财园信贷通”转型升级,在贷余额5.29亿元,惠及企业145家;做好落后烟花爆竹生产企业整顿退出工作,拨付退出奖补资金1.06亿元,惠及企业222家;兑现强攻工业、花炮产业高质量奖励政策,累计拨付资金925.96万元,惠及企业195家。

人口与人民生活

2021年年末,万载县总人口58.02万人,共16.06万户。其中,城镇人口24.22万人,乡村人口33.8万人。全年总出生人口5123人,其中男孩2789人,女孩2334人,出生率为8.33‰,人口自然增长率4.47‰。

社会消费品零售总额完成76.89亿元,同比增长17.5%;城镇、农村居民人均可支配收入分别达到35040元、15472元,同比增长7.9%、8%。

中国共产党万载县委员会

综　述

2021年，万载县获评“全省统战工作高质量发展综合绩效考核先进县”。县工商联连续5年获评全国“五好”县级工商联、县应急管理局获评“全国应急管理系统先进集体”、万载古城入选“国家级夜间文化和旅游消费集聚区”。万载化工集中区成功入选全省化工园区认定，为全省首批26家之一。

【活动开展】 深学细悟习近平新时代中国特色社会主义思想，深入贯彻十九届六中全会精神，不断推动党史学习教育走深走实，积极引导全县党员干部深刻认识“两个确立”的重大意义，增强“四个意识”，坚定“四个自信”，做到“两个维护”。庆祝建党100周年。开展“百年华诞·红色万载”“百年党史千人讲”“百年百人先锋故事汇”等各类主题活动，召开“七一”表彰大会并颁发“光荣在党50年”纪念章。红色戏剧《李更探监》走进保利剧院，在全国巡演90多场，观众达2000万人次。举办纪念湘鄂赣省委、省苏维埃政府成立90周年理论研讨会，全国各地100余名党史研究专家、湘鄂赣苏区革命者后代代表齐聚万载，共话湘鄂赣苏区历史，共商湘鄂赣区域合作，形成理论文章50余篇。扎实开展“一讲一学一实践”主题教育活动。县级领导带头讲、带头学、带头深入一线，积极开展“大调研”“大走访”“大体验”“大提升”活动，形成专题调研报告100余篇，办理民生实事2667件，经验做法被中央电视台、人民网、新华网等中央级媒体宣传报道。

【县域经济】 全县生产总值达240.46亿元，同比增长9.1%，增速全市排名第3位；财政总收入达32.59亿元，同比增长13.8%；社会消费品零售总额达76.89亿元，同比增长17.5%。工业增加值同比增长12.2%，增速排全市第1位，前移8位；主营业务收入同比增长34.89%，增速排全市第1位，前移7位；工业用电量增长45.34%，增速排全市第1位，前移8位；工业投资增长23.7%，增速排全市第3位，前移5位；外贸出口完成4.06亿美元，同比增长63%，增速排全市第1位，前移7位。

【工业发展】 营商环境提质增效。深化“放管服”改革，推行“容缺审批+承诺制”服务，首创园区一站式审批中心，加快落实“拿地就开工”、企业诉求“一把手”负责制，坚持每月至少查处通报1起损害营商环境案件，全年共查处14起25人。园区发展成效明显。树牢“项目为王”理念，开展专业化招商、产业链招商和专业机构招商，引进亿元以上项目35个，其中20亿元以上项目2个，实现“5020”项目落地“零的突破”。全年新增规上工业企业30户，增量居全市前列，总数达到230户。华尔升科技入选工信部专精特新“小巨人”企业。花炮产业转型升级迅猛。成功举办全省烟花爆竹订货会，全国烟花爆竹转型升级集中区建设考评中排名第2位。

【双城联动】 坚持“人民城市人民建、人民城市为人民”的理念，主动融入宜春渐入佳境。开展校县合作，充分发挥宜春学院学科优势，高标准、高水平谋划宜春学院第一附属医院(万载县人民医院),打造校县合作建设综合性三甲医院新模式。与省供销社成功签约,加快建设全省最大县级冷链物流产业园,为农产品走出赣西、走向全国铺就快速出行的“高速路”。聘请南昌市城市规划设计研究总院编制完成《万载县城市功能品质提升双城联动规划》,确定项目总数79个,总投资62.88亿元。南部新城“一纵两横”环湖南大道、康南路、龙湖路部分建成通车,一批重点项目进入具体操作阶段。针对县城脏乱差现状,开展美丽宜居城市建设行动,用党员干部的情怀和汗水浇筑广大群众“稳稳的幸福”。积极稳妥推进第三期棚改,仅用1个月就全面完成1128户签约工作。加快老旧小区改造步伐,11个小区2319户已基本完成改造。推动以株潭为中心的西部乡镇湘赣边发展先行区建设工作,加快“中部伞都”建设步伐,实现产业对接合作。

【乡村振兴】 坚持把巩固拓展脱贫攻坚成果同乡村振兴有效衔接,成功举办中国农民丰收节暨2021年农产品博览会和“感党恩、促消费、兴乡村”系列活动。选优配强帮扶干部队伍,打造一支扎根基层、根植群众的“不走的工作队”。设立1000万元产业奖补资金,推动165个村的村集体经济经营性收入达10万元以上,占总村数的91.2%。推行红色治理模式,打造红色党小组892个。建设幸福食堂126家,其中5家被评为省级示范幸福食堂。巩固提升国家农业绿色发展先行区建设成效,完成粮食播种面积66.36万亩,粮食总产量26.6万吨;完成有机认证面积41.2万亩,实现有机产品年产值30.1亿元以上。建立健全村庄长效管护机制,完成186个新农村建设点建设,惠及3.2万余人。全面完成农村“厕所革命”整村推进工程,加快农业面源污染治理。成立乡风文明理事会181个,推动乡风文明助力乡村振兴。

【社会民生】 安全稳定态势实现质的跨越。抓紧、抓牢常态化疫情防控工作,有针对性地开展接种、催种、补种工作。全面落实安全生产责任制,烟花爆竹行业实现25个月“零事故”。坚决维护国家政治安全,深入推进扫黑除恶专项斗争和市域社会治理现代化试点工作,打好打赢政法队伍教育整顿战,开展“千警万人,共筑平安”主题活动。常态化开展矛盾纠纷排查化解工作,成功化解5项重点信访问题。坚持把碳达峰、碳中和纳入生态文明建设整体布局,把准、把牢“两高”项目准入关口。扎实推进中央、省环保督察及“回头看”反馈问题整改,成功创建省级生态县。与全国教育局长研究联盟积极合作,9所中小学与浙江省桐庐县开展“全过程”合作。完善社会救助制度,健全养老服务体系,完成龙湖国际社区嵌入式养老服务院等4个社区居家养老服务中心建设。积极推进医疗体制改革,完成县中医院综合大楼主体工程建设。

【政治生态】 围绕全县中心工作和重点任务,凝心聚力讲好万载故事,《退役老兵守护红色遗址37年》登上新华网、人民网首页。编撰本地中小学教材《出彩万载》,培育中小学生热爱家乡情怀。开展第四届“最美万载人”评选活动,双桥镇黄源村原第一书记刘永获评“中国好人”,双桥镇龙田村张包春获评“第七届江西省道德模范”。扎实开展“学先进、转作风、见实效”活动,对标全国119消防先进集体——县专业森林消防大队,组织全县3000余名干部现场参观学习。“红色名村”建设成效明显,新增3个省级、2个市级“红色名村”。创办“周六论坛”,有针对性地为全县领导干部充电、补课。圆满完成县乡村换届选举,各项指标比例均为历届最优。正风肃纪反腐有的放矢,不松懈。坚决强力肃清颜赣辉、胡全顺等案流毒,形成《关于胡全顺破坏政治生态严重影响全县经济社会发展的自查整改报告》,查摆出7个类别69个问题,其中66个问题和176条措施已经整改完成销号,销号率达95.7%。开展同级监督直报,规范“一把手”和班子成员权力运行,发挥政治巡察“利剑”作用,始终保持惩治腐败的高压态势，干部日常监督更加科学和规范。

【政治建设】 全力支持县人大常委会依法履行职责，组织开展联动视察调研和执法检查，持续服务中心大局抓监督。县人代会票决的12件民生实事等一批热点难点问题，得到有效监督和解决。出台《关于新时代加强和改进人民政协工作的实施意见》，全力支持和保障县政协依法履职。坚持党政领导和政协领导重点督办提案“双领办”制度，30个高质量提案得到落实。加强和改进统一战线工作，爱国统一战线进一步巩固和发展。加强和改进工会、共青团、妇联、文联、残联、侨联等群团工作。坚持党管武装不动摇，持续加强国防动员和后备力量建设。

重要会议

【中共万载县第十五次代表大会】 2021年，中共万载县委召开中共万载县第十五次代表大会，主要内容：回顾过去的五年工作，在省委、市委的坚强领导下，全县坚持以习近平新时代中国特色社会主义思想为指导，全力应对新冠肺炎疫情、经济下行压力等困难和挑战，“十三五”规划胜利完成，全面建成小康社会任务圆满实现，脱贫攻坚全面胜利，城乡功能逐步提升，改革开放不断深化，全县经济综合实力、人民生活水平、社会各项事业和党的建设取得新进步；同时为今后五年工作谋篇布局，要坚持以党的建设为统领，坚持稳中求进工作总基调，坚定不移强攻工业，全面推进乡村振兴和城市品质提升，按照“融入宜春、聚力园区、双城联动、特色彰显、宜业宜居”工作思路，奋起赶超跨越，勇争全省一流，以“五高”为统领，做到“五个必须”，实现工业强、城市美、生态优、民生好的新目标，为建设富强美丽和谐宜居的新万载而不懈奋斗。

【县委全委(扩大)会议】 2021年，中共万载县委召开县委全委(扩大)会议1次，主要内容：总结2021年全年工作，明确2022年全县发展的总体要求、主要目标和重点任务，即锚定“奋起赶超跨越，勇争全省一流”战略目标，以勤廉万载建设为主抓手，全力推进“作风建设年”，把优化营商环境作为“一号改革工程”，坚持主攻、强攻工业，系统、全面推进城市功能、品质提升与乡村振兴，加快绿色发展转型，全力增进民生福祉，不断提高人民群众的生活品质，推动万载发展态势和成效迈进全省第一方阵。

【中共万载县委常委会会议】 2021年，中共万载县委共召开常委会会议21次，对全县各重点工作和重大问题进行了研究部署。主要内容有：全面从严治党、党风廉政建设、党史学习教育、校县合作、高质量发展考核；基层党建、深化改革、清廉万载建设、政法队伍教育整顿、巡视整改、组织人事、宣传、意识形态、统战、宗教工作；脱贫攻坚、乡村振兴、生态文明建设、文化旅游、城市提质扩容；强攻工业、招商引资、项目建设、营商环境；安全生产、信访维稳、扫黑除恶；财政预算等。

重要决策

【县委重要决策】 在中共万载县第十五次代表大会上，选举产生新一届县委常委和书记、副书记，同时为万载县之后五年的工作提出了要求、指明方向。在县委十五届三次全体(扩大)会议上，审议通过《中共万载县委常委会2022年工作要点》和《关于厉行勤俭节约反对铺张浪费的决定》，动员全县上下坚定信心、奋起赶超跨越，担当实干、勇争全省一流，全面推动万载高质量跨越式发展。

【12项民生实事】 (1)为3万名已脱贫人口购买精准防贫保险。(2)完成全县3.5万亩高标准农田建设。(3)完成潭源至界岭县道升级改造、杭桥至罗城公路(杭桥至卢洲)段等3条公路改造；完成研陂至双桥县道路面改造等3条农村道路建设；完成

潭埠镇池溪村野狸窟桥、株潭镇同胜村桥头桥、潭埠镇茵果村雄狮桥等3座危桥改造。(4)完成县三中改扩建，新建县五小、县六小，建设城北佳园小区、龙湖小区、凤凰御景小区、新源小区、江工安置小区等城区公办幼儿园和白良、茭湖、高城3个中心幼儿园，赤兴花桥、株潭上坊、株潭枣木、黄茅光明、黄茅永安、仙源新市6个村幼儿园。(5)完成11个老旧小区共2319户改造。(6)完成第三期棚户区改造项目，完成448栋665户被征迁户的协议签订和搬迁工作。(7)完成县中医院综合楼项目主体建设，设置传染病平战结合转换床位137张，提升医疗保障能力水平。(8)完成县级殡仪馆和公墓主体建设，新增墓穴用地396亩，完善绿色殡葬服务体系建设。(9)完成谢灵运路、万根竹路、东大路、沿河东路、阳乐大道北延伸段等5条老城区道路建设；建设环湖南大道、康南路、龙湖路等“一纵两横”3条新城区道路；建设城东路拓宽、北环路、横一路、谢灵运路北段等4条城北佳园周边路网。(10)继续推进G220万载绕城一级公路建设项目。(11)完成110千伏东门变电站主体工程，新建110千伏线路15千米。(12)完成马步乡阀室和万载末站天然气管网工程建设项目，建设供气管线14.71千米。

【中共万载县委领导成员】

书　记：严旭辉

副书记：曾文军（任至8月）
　　　　刘学军（8月任）
　　　　陈志尧（任至1月）
　　　　张书基（任至8月）
　　　　喻满根（8月任）

常　委：胡　玲（8月任）
　　　　彭宇波（9月任）
　　　　梁　辉（8月任）
　　　　杨　檬
　　　　袁常青（8月任）
　　　　黄云辉（8月任）
　　　　陈伟峰（8月任）
　　　　高兴贤（8月任）
　　　　周成来（12月任）
　　　　谢春松（任至8月）
　　　　彭述荣（任至8月）
　　　　李宏勤（任至8月）
　　　　徐济周（任至8月）
　　　　钟世平（任至8月）
　　　　张　帅（任至8月）

县委办公室工作

【党史学习教育】　始终把党史学习教育作为一项重大的政治任务，精心组织、周密安排，成立县委办主任任组长、副主任任副组长、各股（局、室）负责人为成员的领导小组。领导小组下设办公室，组建工作协调组、材料简报组，从各科室抽调精干力量，形成一级抓一级、层层抓落实的工作格局。聚焦4个学习专题，坚持集中学习和常态化自学相结合，深入学习贯彻中央、省委、市委、县委党史学习教育动员会议讲话精神，由科级干部领学《中国共产党简史》《毛泽东、邓小平、江泽民、胡锦涛关于中国共产党历史论述摘编》《论中国共产党历史》《习近平新时代中国特色社会主义思想问答》4本指定必读书目，全办干部都在1个月内学习到位，并认真撰写4篇学习心得体会。全年集中学习16次，21人做典型发言。同时，选购金一南教授的《苦难辉煌》作为选读教材，动员大家以全新的战略视野，全方位理解中共党史和中国人民解放军军史。深入践行“一讲一学一实践”活动，领导干部带头到挂点村讲党课，开展8次主题党课活动。先后组织“缅怀革命先烈、传承红色基因”清明祭扫、参观湘鄂赣革命纪念馆等10余次集体活动。同时，开展“我为群众办实事”主题实践活动，全年受理群众反馈意见30条，办结29条。帮助槽岭村完成公路硬化、屋顶加固；帮助石塘村开展山塘堤坝维修、公墓段道路拓宽等民生工作。

【参谋辅政】　围绕重大建设项目和重点民生工程、“双城联动”建设、棚户区改造、招商引资、生态文明建设、常态化疫情防控等重点工作，全力开展实地督查、明察暗访、专项督查，督查“利剑”作用进一步彰显。全年印发《万载督查》19期，下发督办单79份，形成《督查快报》3期，因督查工作荣获“全省先进单位”称号。深入项目前沿、基层一线开展专题调研30余次，组织起草各类文稿362篇，在省、市级刊物发表文章20余篇。其中，《县专业森林消防大队干部队伍调查》在全县范围内进行推广学习并引发强烈反响。认真做好《每日要讯》《每周要讯》工作，编发299期。同时，全力提升党委信息报送质量，17条被省委信息处采用，93条被市委信息科采用，其中《万载县加快花炮产业有序发展》获得省委书记刘奇批示。严格落实基层减负要求，完善办文办会制度，全县文件同比减少23.5%，全县重点精简类文件同比减少68%。加快保密机要工作法治化、信息化进程，对15个单位进行了保密检查，下发整改意见27条。全年收发机要文件2784份，做到机要值班"零空隙"、文件收发"零失误"。因保密工作获2021年度省优秀集体，1人获得密码工作省优秀个人。开展"4·15"国家安全宣传日活动。做好政治安全、意识形态、社会安全、海外利益等领域防控，加强与政法、公安、信访等单位的信息共享，深入开展非企业及人员风险排查和评估工作。全年向市委报送改革动态26条，其中《万载县探索建立同级监督直报制度》被《江西改革工作简讯》采用，《万载"家事审判"化解家庭矛盾纠纷》入选宜春"微改革"十佳案例并向全市推广。开展一期档案行政执法监督检查，下发督办单19份。推进全县疫情防控和精准扶贫档案工作，成功举办一期精准扶贫档案业务培训。抓好档案安全教育工作，切实做好档案安全保密工作，严防泄密事件发生，筑牢档案安全防线。始终坚持"接待也是生产力"理念，以提高接待能力和服务水平为重点，以特色接待为突破口，持续提升"精细化""特色化"服务水平，完成各项接待任务。全年接待各类宾客212批次6000余人，其中接待省部级领导8人。

【经济社会发展】下派1人到白水乡担任乡村振兴驻村第一书记。帮扶3个村(其中2个深度贫困村)，结对帮扶56户，城镇帮扶11户。通过加大产业帮扶、完善基础设施助力、提高就业创业支持力度等方式，不断巩固56户脱贫户的脱贫成果，提高生活水平。服务湘鄂赣省委、省苏理论研讨会获好评。全国各地100余名党史研究专家、湘鄂赣苏区革命者后代代表齐聚万载，共话湘鄂赣苏区历史，共商湘鄂赣区域合作，形成理论文章50余篇，活动成效得到中央马克思主义理论研究和建设工程咨询委员、中央党史研究室原副主任龙新民的高度肯定。推动第三期棚改征迁工作顺民意，通过20天的连续奋战，实现提前、超额(任务12户，实际完成16户)完成签约、腾空任务，产权置换比例100%。聚力园区提升企业服务创标杆。县委办主要服务华尔升、南极光2家企业，始终坚持"亲清政商"关系原则，在服务上主动对接，当好企业的"服务员"，坚决做到"随叫随到、不叫不到、服务周到、说到做到"。2021年年底，华尔升已成为入园企业标杆，南极光厂房建设等工作也进展顺利。

【党的建设】 第一时间深入组织学习党的十九届六中全会精神、省党代会精神、市党代会精神等内容，学深悟透习近平新时代中国特色社会主义思想和《习近平谈治国理政》第一卷、第二卷、第三卷等教材，掀起"学习强国"比学赶超学习热潮，用好、用活江西干部网络学院学习平台，在办公室集中购书的基础上，鼓励干部自行购买理论书籍，引导支部党员加强理论学习，进一步强化理论武装、把牢政治方向。同时，高质量召开"肃清颜赣辉、胡全顺流毒"专题民主生活会，深入查摆自身存在的问题并全力抓好整改落实，严格落实新时代党的建设总要求，每月坚持开展1次党员学习议事日活动，做到"一月一主题"。全年发展2名预备党员、1名入党积极分子，推荐2人到乡镇担任乡长，3人担任党委委员（组织委员1人、宣传委员1人、统战委员1人）。关心支持老干支部建设，对3名老党员开展走访并颁发"光荣在党50年"纪念章。深入开展"双进双服务"活动，与株潭社区签订共建协议。加强党风廉政建设，压紧压实"两个责任"，纵深推进全面从严治党,严格遵守中央八项规定,旗帜鲜明反对“四风”,坚决落实《关于工作日全面禁酒的决定》,始终以制度管好人、用纪律约束人,全力打造廉洁模范机关,全办党员干部无违纪违法行为。

【县委办公室领导成员】

主　任:刘德明(任至9月)
　　　聂建华(9月任)
副主任:周春雷
　　　石根平(任至9月)
正科级干部:陈国赞
　　　　　袁北友
二级主任科员:张　平(9月任)
副科级干部:聂丽娟(任至9月)
　　　　　谢应勤
　　　　　付刚煜(9月任)
秘书股负责人:聂丽娟(任至9月)
　　　　　　王丽宇(9月任)
政研室负责人:滕轲(任至6月)
　　　　　　晏军平(6月任)
督查室负责人:袁北友
综合股负责人:龙胤东
保密机要局(党建办)负责人:
　　　　　　陈国赞
调研信息股(台办)负责人:
　　　　　　肖　睿

组织工作

【干部教育】 每月下发工作提示,把习近平总书记最新重要讲话、指示和批示精神,中央各项决策部署作为党委(党组)会、党员学习议事日的主要内容。制订万载县《2021年干部教育培训计划》,举办党史学习教育暨学习贯彻党的十九届五中全会精神集中轮训班等主体班次2期,培训干部1100余人。积极配合省、市两级开展主体班、部门班调训工作,选派县处级领导干部84人次、乡科级及以下干部58人次参加上级有关培训,教育引导党员干部增强“四个意识”、坚定“四个自信”、做到“两个维护”。

【“一把手”提升计划】 严肃党内政治生活,落实“三会一课”、主题党日、民主生活会、组织生活会和民主评议党员等组织生活制度,定期提醒、督促党员领导干部落实双重组织生活。认真开好肃清“颜赣辉、胡全顺流毒”专题民主生活会和年度民主生活会。创新开办“周六论坛”。邀请知名专家学者、领导干部,每月定期组织县、乡两级党政正职领导及部分县直单位主要领导参加业务培训。全年共举办“周六论坛”6期,培训干部380余人次。举办“学先进、转作风、见实效”活动,组织全县各地各单位主要领导、执法单位科所队负责人到县专业森林消防大队学习借鉴其贯穿队伍学习教育、日常管理、实战训练、队伍建设、服务大局全过程的干部管理模式。

【“七一”活动】 “七一”期间,1名优秀共产党员、1个先进基层党组织被省委表彰;7名优秀共产党员、7名优秀党务工作者、7个先进基层党组织被市委表彰;100名优秀共产党员、60名优秀党务工作者、50个先进基层党组织被县委表彰,1881名老党员荣获“光荣在党50年”纪念章。“七一”前夕,走访慰问4名获得党内功勋荣誉表彰的党员、110名生活困难党员、203名老党员、64名老干部、5户烈士遗属、因公殉职党员干部家属和44名退役军人代表,下拨资金27.46万元。为948名50年以上党龄且无固定收入老党员、499名低保户党员、30名五保户党员、1名创业贷款党员,下拨2021年党内激励关怀资金88.92万元。

【“两委”换届】 坚持从严隐患排查,从严照单操作,从严督导审查,从严全程管控,完成全县村(社区)“两委”换届选举工作,各项指标比例均为历届最优。全县17个乡镇(街道)(181个村、23个社区)共选出新一届村(社区)“两委”班子成员1099人,其中党组织班子成员677人,村(居)委班子成员850人,交叉任职人数达到428人,全部实现书记、主任“一肩挑”。

【乡镇领导班子换届】 按照中央和省市部署,科学选优配强乡镇领导班子,全县16个乡镇,共配备领导班子成员206名(其中有3个兼职)。其中,党政正职32名,党委班子副职106名,政府班子副职52名，人大班子正职16名、副职16名。按照时间节点，严格规范操作，开展乡镇党代会换届选举工作。创新县管干部政治素质考察办法，被《中国组织人事报》重点推介。严格按程序、按要求选举产生县党代表，选举产生新一届县委领导班子、县纪委领导班子以及出席市党代会代表，协助组织县人大、政协换届选举工作，顺利落实上级党委批准的人事安排方案。

【公务员队伍】 组织“五方面人员考试”选拔8人，其中优秀事业编干部5人，优秀村党组织书记1人，第一书记1人，驻村工作队员1人，结合乡镇换届，已经全部安置到乡镇副科领导岗位。完成109名公务员职级晋升工作，其中，晋升三级调研员1人，晋升一级主任科员59人，晋升三级主任科员48人，晋升四级主任科员1人。申报公务员招录计划22人，其中乡镇2人，康乐街道3人，县直公务员14人(包含公安2人)，县直参公3人。

【基层党建】 抓好党建促进巩固脱贫成果与乡村振兴有效衔接。设立1000万元产业奖补资金，新建“1+3”村级集体经济平台。2021年，全县181个村集体经济经营性收入均达到10万元以上。加强驻村干部和大学生专职村干管理，确保驻村工作有力有序。按照“四个一”方式对全县10个软弱涣散村(社区)进行帮扶整顿，共落实资金85万元，发展项目22个，化解矛盾纠纷24起，解决实际困难110余件。抓好党建引领基层治理。探索推行红色基层治理模式，打造红色网格892个，培养红色调解员677人，帮助基层组织化解纠纷、维护稳定。健全民情理事会和村(居)务监督委员会，全年审核党务、村(居)务公开事项835项。深化“党建+乡风文明”，各村修订完善村规民约，党员带头开展移风易俗、婚事新办、厚养薄葬，引导群众讲文明、树新风。

有序推进红色名村建设，先后投入3000余万元，对湘鄂赣省委、省苏维埃政府等旧址进行保护修缮，把红色名村建设成为红色研学、红色培训、红色旅游3个基地。2021年，开展党员干部红色教育、党性教育2万人次，红色旅游3万余人次。依托红色名村建设，高规格举办中共湘鄂赣省委、省苏维埃政府成立90周年理论研讨会，经验做法得到与会中央、省市领导的高度评价，并在《人民日报》《江西日报》等主流媒体宣传推介。2021年，万载县有1个中组部红色美丽村庄建设试点（仙源乡仙源村)、4个省级红色名村(仙源乡仙源村、白水乡槽岭村、马步乡宝石村、潭埠镇新田村)、2个市级“红色名村”(双桥镇柏树村、茭湖乡上峰村)。

开展“党旗在基层一线高高飘扬”活动。由县领导领衔推进的36项重点民生实事已全部销号，群众满意度90%以上。开展“百姓出题、干部解题、群众评题”活动，结合城市提升，新铺设污水管网4885米，新增学位2860个。组建志愿者队伍321支，开展亲情连线、敬老助残等志愿服务1000余场。常态化抓好疫情防控工作，疫苗接种工作稳居全市前列。选树新时代“赣鄱先锋”6人在全市宣传。

稳步推进“党建+农村养老服务”。成立以县委副书记为组长的“党建+农村养老服务”工作领导小组，纳入党组织书记抓基层党建述职评议考核的重要内容。县财政给予每个“幸福食堂”2万元经费，正常运营的再奖励3万元。坚持村级党组织主导，健全物资采购、资金管理等制度，无职党员担任食堂管理员、炊事员。全县建成“幸福食堂”127家，其中省级示范“幸福食堂”5家，市级示范“幸福食堂”3家。

党员教育管理持续深化。严把党员“入口关”，做好发展党员工作。2021年，共发展党员720人，完成市组下发的计划指标数。持续开展“十项示范创建”活动，教育引导广大党员做示范、当先锋。全面开展排查整顿农村发展党员违规违纪问题工作。对党的十八大以来农村发展党员情况进行详细摸底，全面深入排查。

全面推开信息化建设。印发《万载县全面推广使用基层党建信息化平台的实施方案》，全面推开全县农村和城市社区的信息化建设，成立全县基层党建信息化建设工作专班，建立信息员队伍204人，覆盖204个村(社区)，明确目标任务，细化工作安排，做到全县"一盘棋"。投入95万元在县老年大学新建信息化指挥中心，先后开展各类培训6次，培训干部400余人次。

【人才工作】 人才体制机制改革持续深化。坚持"月例会、季调度、年述职"，压实县委人才工作领导小组成员单位的责任，推动办理各类人才工作事项30余个。出台《万载县高层次人才专项编制专户管理办法》，设立50个人才专项编制，解决用人单位引进急需、紧缺的高层次人才编制问题。出台《万载县支持花炮产业稳定发展工作机制的实施意见》，加强花炮人才培育和创新，解决花炮产业人才储备不足的问题。制定鼓励引导人才向基层一线流动的重点推进措施，选派4名医疗人才、184名党政人才服务乡村，依托"乡村振兴青年工作室"开展大学生回乡研学活动2批170人次，吸引50名青年致富能手回乡创业。

产才融合发展步伐加快提速。2个项目入围全省"揭榜挂帅"企业重大技术需求榜单，项目总数及总金额位列全市第一。4人入选第三批省"双千计划"，1个团队获市"十佳科技团队"称号，1人获市"十佳科技工作者"称号。平台搭建促提升。新设立国家级平台1个、省级平台3个，平台年度获批数量增长50%。成立全市首个县级科技特派员工作站，吸纳科技人才54人，帮助建设产业示范基地40余个。与宜春学院开展校县合作，第一阶段实施合作项目32个。产才融合求突破。全年引进国家级人才3人、博士10人，带动新增国家高新技术企业4家，在国家级专精特新"小巨人"企业、"5020"项目认定上实现2个"零的突破"。18家企业入选省级专精特新企业，创历史新高。探索"订单式"自主培养人才，由万载技工学校首批培养锂电技术人才60人，电子技术人才60人，为佳瑞新能源、华尔升等企业解决技能人才缺乏的问题。

人才服务环境更加优化。加强政治引领和能力提升。举办高层次党史学习教育专题研讨班2批120人次。举办全省2021年"三区"人才科技人员培训班，培训科技人才3000余人次。与全国教育局长研究联盟合作，实施"提质强校"项目，邀请专家240人次到万载县指导，开展讲座72场。开展"一月一题、一人一课"青年人才交流活动5期350人次。为52名专家发放慰问金10.4万元。成立万载县锂电新能源产业人才服务中心，为锂电产业人才提供精准服务。17个乡镇(街道)均召开了"乡贤会"，建立联系服务在外优秀人才常态化机制。严格按照《万载县高层次人才引进办法》兑现人才政策，发放各类人才补贴、奖励138万元，科技创建经费354万元。投入4550万元新建人才公寓103套。首次为27名园区企业"双高"人才发放健康绿卡。

【老干部工作】 丰富老干部活动。举办"百年追梦 跟党前行——颂党恩暨教学成果展联欢晚会"，组织关爱报告团举办8场"学党史、听党话、感党恩、跟党走"主题报告会。联合实施"关爱心灵、护航成长"关爱青少年心理健康行动，关心青少年近视防控宣传教育月活动，与万载微爱公益创办"假日课堂"，免费对留守儿童实行爱心托管，让老干部老有所乐、老有所为。加强老干部党支部建设。印发《关于加强新时代离退休干部党建工作的意见》，开展离退休干部党支部示范点建设活动，进一步规范离退休干部党支部建设，全面落实离退休党支部工作人员补贴和党支部活动经费。

【自身建设】 坚持把学习贯彻习近平新时代中国特色社会主义思想作为部务会第一个议题，坚持部领导每周工作汇报会、全体机关干部每周工作例会，完善《工作和管理制度》，建立每日一报工作机制。每日收集各股室工作增量，量化工作任务，提高工作效率，力促部机关高效运行。扎实推进"六型""四讲"建设，创新开展万载县组工干部大讲堂，2021年开展3期。坚持开展青年组工干部论坛，结合党史学习教育，开设"党史小课堂"。认真做好挂点帮扶工作,推动巩固脱贫攻坚成果与乡村振兴有效衔接。围绕打造“一流机关、模范部门”,万载县委组织部先后获评中组部“组工信息报送全国先进单位”及“江西省脱贫攻坚先进集体”“全市扫黑除恶专项斗争先进集体”,“五个引领”构建和谐劳动关系入选全国年度百个“两新”党建优秀案例。

【县委组织部领导成员】

县委常委、组织部部长:梁　辉
常务副部长:李荣忠
副部长、县委编办主任:周　斌
副部长(正科级):张　鹤
　　　　　　　　　潘　壹
部务委员、县“两新”组织党工委书记:廖云德
部务委员:何　明
　　　　　易　京

宣传工作

【理论武装】 坚持党员领导干部带头读原著、学原文、悟原理,深入学习贯彻习近平新时代中国特色社会主义思想,做到以学促思、以学促干。县委先后召开8次理论学习中心组学习会,50名县处级领导做交流发言,派发学习书籍346套,交流调研成果10余篇,提出意见和建议30余条。抓好中心组学习规范化建设和“学习强国”学习平台常态化运用,定期通报线上线下学习情况。建立基层党委(党组)中心组学习列席旁听制度,印发《学习提示》13期,先后举办全县学习《习近平谈治国理政》第三卷暨党史学习教育专题读书班、党的十九届五中全会精神暨党史学习教育集中轮训班、党的十九届六中全会精神专题学习宣讲会,实现全县科级以上干部及宣传骨干1150余人理论学习全覆盖。组建县委宣讲团、基层宣讲小分队等,推出《党的十九届五中、六中全会精神“点单式”宣讲人员名单》《党史学习教育“点单式”宣讲人员名单》《2021年度理论宣讲小分队精品宣讲菜单》等3个精品菜单,围绕党史学习教育、全会精神、习近平总书记“七一”重要讲话精神开展常态化宣讲107余场,受众达14000余人。

【新闻宣传】 全县在“中央四报两台”用稿40条,13次由《人民日报》刊登,4次由央视《新闻联播》播出。《一起听山区孩子的心声》《有效投资稳,经济支撑强》等介绍疫情防控期间留守儿童及稳就业保生产等经验做法先后被中央级媒体报道。《退伍老兵守护红色遗址37年》等23条稿件刊登于新华网和人民网首页,《一枚戒指背后跨越87年的守护》被100余家媒体转载,总阅读量达1700余万次。组织“献礼建党100周年”“党史学习教育”“党的十九届六中全会”等10余项重大主题、重点工作、重要会议新闻宣传,9次点击量超过100万次。《美食中国》《夕阳红》等栏目组4次走进万载进行专题拍摄。“纪录小康工程”覆盖面和完成率居全市前列。

【文旅发展】 紧扣庆祝中国共产党成立100周年,举办系列文旅活动1000余场,受众达20万余人次,送优秀革命题材电影下乡1456场,观众达17万人次。县文化馆自编自演花灯戏《李更探监》走进保利剧院,进行全国巡演100余场,线上线下受众近2000万人次,荣获第四届汤显祖戏剧奖暨江西地方戏曲优秀剧目展演国有院团组一等奖。拍摄制作的文物讲解视频《一张泛黄的红色报刊》入选全省百佳革命文物讲述人优秀作品,万载县剧团改革的经验做法在全省会议上做介绍。

积极组织开展江西“百县百日”文旅消费季万载分会场活动,直播带货活动跻身全省前25名,其中活动场次、引导企业让利、发动企业参与数量、发动国家AAAA级旅游景区和文化场馆参加数量4项指标稳居全省前10名。全县全年接待游客1050万人次,同比增长16.5%,实现旅游综合收入106亿元,同比增长8.1%。万载古城景区荣获第一批国家级夜间文化和旅游消费聚集区(全省仅5个)、首批省级夜间文旅消费聚集区、首批省级特色文化街区的称号,赤兴皂下天子坳景区成功创建国家AAA级旅

游景区，高村仙姑岽成功创建省AAA级乡村旅游点。

【意识形态工作】 全面贯彻意识形态工作责任制，在全市率先制定《万载县党委(党组)意识形态工作问责办法》和《万载县党委(党组)意识形态负面清单管理办法》，对责任追究的原则、情形、方式等作出明确规定，将落实意识形态工作责任制纳入执行党的纪律尤其是政治纪律和政治规矩的监督检查范围，列入巡察工作重要内容，纳入干部考核内容，作为评价使用和奖惩的重要依据，先后2次组织专人参加县委十四届第十轮、十五届第一轮巡察，形成巡察反馈意见，督促整改落实，对1名违反政治纪律、参加迷信活动的领导干部进行依法依规处理。24次向县委反馈450余人落实意识形态工作责任制情况的意见和建议，对其中11名对理论学习不重视的人员实行一票否决。建立全县防范化解意识形态领域重大风险专项工作暨意识形态安全工作协调机制，结合庆祝中国共产党成立100周年、党史学习教育以及文娱领域综合治理工作，对全县文旅场所、文明实践站所、新闻舆论传播平台、中小学校、宗教场所、革命旧址等阵地开展拉网式排查检查。

【网信工作】 做强正面宣传。结合重大活动、重要节庆、重点工作进行网络宣传，先后举办“足迹”庆祝建党100周年网络主题宣传、“美丽万载·网络媒体生态行”新媒体采风等活动。走好走实网上群众路线，在省级以上平台发表网评作品51篇，数量和积分稳居全市前列。持续加强网络评论队伍建设，依托各类媒体平台，转载正面声音。充分发挥社区工作人员和理论政策宣讲员的联络优势，向微信群、QQ群适时推送正面信息。加强舆情管控。着眼提高负面舆情应对的快速反应、有效处置、正确引导能力，构建多方参与的协同治理机制，对敏感舆情迅速研判，按照“信息采集—分发交办—问题处理—结果反馈—跟踪落实”的工作流程处置敏感信息，防范有害信息的扩散，妥善处置各类敏感网络舆情172件。建立舆情日报、月报、专报等工作机制，以规范推动工作落实。遵循涉密不公开、公开不涉密的原则，按照信息公开条例和有关规定，建立严格的审查制度，确保信息发布安全。强化综合治理。严格落实网络意识形态和网络安全主体责任，对县内各单位各部门的网站和政务新媒体、社会组织和企业网站，以及媒体平台、互联网和新媒体运营企业进行全面普查，掌握各政务新媒体账号和媒体运营企业的基本信息和日常运维情况，对6家党政机关网站登记备案问题隐患进行排查登记，查封涉黄涉赌网站4家。建立《政务新媒体平台管理制度》，严格遵循“谁主办、谁负责，谁审批、谁监管”的原则，规范申请审批、信息发布、安全管理、运营监管，确保新媒体平台的网络安全和信息安全，加强和推进新媒体平台健康有序发展。

【社联工作】 开展党史学习教育宣传宣讲工作。全年共开展现场专题宣讲6场，推动基层干部群众“学史明理、学史增信、学史崇德、学史力行”。成功推荐申报市社会科学研究重点课题“湘鄂赣苏区走出的红军长征先遣队——红十八师征战历程研究”，并完成结项。组织全县理论专家学者积极参加全市庆祝中国共产党成立100周年理论征文活动，荣获二等奖1个，县社联获得组织奖。推荐参加宜春市第十次社会科学优秀成果奖评选的理论研究文章《后发赶超凭什么》获得三等奖。按照省社联统一部署，11月6日—12日在全县范围内开展以“永远跟党走 建功新时代”为主题的科学普及宣传周活动。启动仪式在龙河星城广场举行，全县22个社会团体参加宣传活动，在县城和农村共开展宣传活动35场，参与群众2.3万余人。指导本县红色文化研究爱好者于2021年12月成立万载县红色文化研究会，并立即开始参与编辑《红色歌谣》。参与筹备召开“纪念中共湘鄂赣省委、省苏维埃政府成立90周年理论研讨会”。10月24日—25日，在万载县宜嘉酒店三楼多功能厅召开“纪念中共湘鄂赣省委、省苏维埃政府成立90周年理论”研讨会。来自全国各地的党史研究专家、湘鄂赣苏区革命者后代代表共100余人相聚万载，重温波澜壮阔的革命历史，缅怀革命先辈的不朽功绩。此次研讨会由中共江西省委党史研究室、中共宜春市委和宜春市人民政府主办，宜春市委党史学习教育领导小组办公室、宜春市党史地方志工作办公室、万载县委、万载县人民政府承办。县社联负责联系各地党史研究专家、爱好者等，协调组织开展理论文章的评比等工作。

【县委宣传部领导成员】

县委常委、宣传部部长：

张　帅（女，任至7月）

黄云辉（8月任）

常务副部长：高叙景

副部长：吴　媛（任至8月）

敖　婷（9月任）

社联主席：易永锋

正科级干部：黄　荣

陈建才

副科级干部：李善良

李萌颖

陈桂平

袁鹤鹏

精神文明建设工作

【文明服务】 重点围绕老人和小孩，尤其是留守老人和留守儿童这个特殊群体，科学设计服务项目。开展“亲情连线”。建立县、乡、村三级“亲情连线”服务工作联络群和工作台账，按照一站一平台的原则，在全县204个实践站分别搭建“亲情连线工作室”，为16600余名留守儿童、老人等开展“亲情连线”服务1780场次。开设“假日课堂”。在文明实践站开设“鲁冰花驿站”“四点半课堂”“童心港湾”“心理辅导课堂”等，将文明实践融入中小学课后服务，让孩子们在村里免费上补习班。2021年，万载县“鲁冰花驿站”关爱留守儿童的做法在《江西新时代文明实践简报》上宣传推介，入选2021年度全省50个示范重点志愿服务项目。开办“幸福食堂”。按照“乡镇帮助一点、村里补贴一点、个人收取一点、社会捐助一点”的原则，在实践站开设“幸福食堂”，聚焦老年人需求，开展形式多样的文明实践活动，让老年人吃得好、精神好，让新时代文明实践站成为“最好的养老场所”。

【平台建设】 按照因地制宜的原则，用好、用活现有基层阵地资源，让群众在家门口就能享受到传统文化“大餐”和志愿服务“红利”。用好老场所。紧扣万载古城这张特色“名片”，通过举办“我们的节日·春节”“花灯戏进古城”“圆梦微心愿”“青年读书会”等活动，将“喝茶看戏”“倾波私塾”“万载书画院”等游客打卡地打造为一点多面的文明实践所（站）。同时充分利用农村姓氏祠堂这个载体，拓展文化内涵，分别建设村史馆、乡贤馆、好人馆、家风馆等，让其成为弘扬优良家风、传播文明乡风的社会主义核心价值观阵地。建好新阵地。按照有机构、有队伍、有制度、有标识、有菜单、有特色的“六有”标准，推动新时代文明实践所（站）高品位建设，确保群众在哪里，阵地就在哪里。如罗城镇藏溪村、赤兴乡皂下村实践站建在乡村旅游游客集聚地，潭埠镇新田村实践站建在刘惠农故居，双桥镇实践所建在好人文化广场，鹅峰乡实践站建在袁宇民间图书馆。“中国好人”张包春通过流动广播车走村串户义务宣传，被称为“流动的文明实践所”。康乐街道“红色娘子军”、潭埠镇“巾帼志愿服务队”走家串户服务上门，成为当地群众家喻户晓的“女明星”。

【文明实践】 做好“红色+”和“绿色+”两篇文章，让群众既是新时代文明实践的参与者，更是受益者。传承红色基因。立足红色资源优势，结合党史学习教育和“红色名村”建设，开展唱红色歌曲、讲红色故事、重温红色历史等文明实践活动，让群众从红色历史中传承革命薪火，汲取奋进力量。党史学习教育期间，仙源乡新时代文明实践所、白水乡槽岭村新时代文明实践站等共开展红色研学、红色走读文明实践活动达300余场，受众达12000余人次。围绕乡村振兴、

“美丽宜居城市建设”等重点工作,充分吸纳优秀党员、农技人员、道德模范、“中国好人”、退休教师、乡贤能人、致富能手、第一书记等加入志愿者行列,组建党员先锋、移风易俗、理论宣讲等19支专业志愿服务队伍,常态化开展移风易俗、政策宣传、文明劝导、环境整治等活动,营造“人人参与 人人共享”的浓厚氛围,切实让群众口袋鼓起来。常态化开展“身边好人”推荐评议,举办万载县第四届“最美万载人”评选活动,双桥镇黄源村原第一书记刘永被评为“中国好人”,龙田村张包春被评为第七届江西省道德模范,万载县在全省公共文明指数测评中进入第一方阵。

第四届“最美万载人”名单

一、最美共产党员名单

夏 萍 万载县双桥镇昌田小学副校长

张 强 万载县马步乡应急办公室主任

汤如柏 万载县黄茅镇新泉村党支部书记

郑和平 万载县潭埠镇邮政所投递员

袁谟祥 万载县创新企业商会会长

刘荣启 万载县专业森林消防大队党支部书记、队长

张留根 万载县赤兴乡楼山村村民

钟根华 万载县鹅峰乡田江村村民

邱仕才 万载县高村镇上村村村民

林炳财 万载县白水乡槽岭村村民

二、最美创业先锋名单

王万威 江西铭通印刷有限公司董事长

魏秋生 旺达木业有限公司负责人

伍斯林 万载县三兴镇湖源村党支部书记、主任

汤福林 万载县南岭如意制造有限公司负责人

阳发春 宜春市铭恩模具有限公司法人代表

喻中平 万载栋兴鞋业有限公司法人代表

李志根 江西省美佳工艺品有限公司法人代表

周华菊 江西安特体育用品有限公司厂长

宋晓庆 声麦电子有限公司电子加工厂负责人

汤春根 万载县株潭镇春耕家庭农场法人代表

三、最美招商服务能手名单

辛 沁 万载县白良镇政府协税办副主任

肖 俊 万载县仙源乡政府便民服务中心主任

谌晶萍 万载县白水乡政府副乡长

熊 煜 万载县生态环境局副局长

熊 炜 万载县鹅峰乡党政办主任

陈力玮 万载县潭埠镇副镇长

尹吉祥 万载县商务局招商办主任

汪文军 万载县卫健委招商引资股股长

晏 零 万载县三兴镇政府干部

汪玉菡 万载县双桥镇开放型经济发展办主任

四、最美乡村振兴能手名单

何年福 万载县双粮农民专业合作社理事长

陈玲珠 万载县潭埠镇新田村党支部书记

朱小平 万载县马步乡宝石村党支部书记

邬定平 万载县罗城镇政府干部

刘怀炳 万载县黄茅镇永安村党支部书记

易 琼 万载县茭湖乡谢溪村党支部书记、主任

张先成 万载县白水乡罗桥村党支部副书记

韩文平 万载县仙源乡仙源村党支部书记

龙齐恩 万载县岭东乡柴田村党支部书记

张 媛 万载县双桥镇政府乡村振兴办主任

五、最美教师名单

陈 彪 万载县黄茅镇兴源小学校长

黄 艳 万载中学教师

蔡鹤鸣 万载县第二中学教师

翟金红 万载县康乐幼儿园教师

廖 敏 万载县株潭初中

教师

晏国斌　万载县株潭中学团委副书记

辛跃红　万载县罗城初中教务主任

杨桂芬　万载县第一小学教师

赖龙启　万载县茭湖乡中心小学教师

李道勇　万载县高村镇新井小学校长

六、最美医务人员名单

钟细牙　万载县高城镇谷源村卫生所乡村医生

易文彪　万载县中医院科主任

陈亮民　万载县潭埠镇中心卫生院副院长

刘　伟　万载县人民医院泌尿外科主任

李福建　万载县黄茅中心卫生院医务科科长

范小琴　万载县鹅峰乡卫生院门诊部主任

卢电波　万载县马步卫生院B超室负责人

周　鹏　万载县人民医院西院副院长

罗艳军　万载诚济医院副院长

汪懿芳　万载县妇幼保健院孕管中心办公室主任

七、最美服务标兵名单

夏小玲　万载县工业园区管委会行政审批一股股长

谢　波　万载县马步乡政府便民服务中心主任

李杏梅　万载县康乐街道便民服务中心工作人员

晏宜红　万载县医保局大厅副主任

黄玉环　万载县公安局户政科四级警长

陈平芳　万载县不动产登记中心工作人员

辛利荣　万载县行政审批局市场准入股负责人

王菊英　国家税务总局万载县税务局工作人员

刘丽华　万载县鹅峰乡便民服务中心副主任

郭章妹　万载县移动公司三兴区域经理

八、最美企业员工名单

彭翠屏　万广源礼花制造有限公司职工

李　梅　万载县满天星职业技术学校培训部主任

韩艳梅　江西锦江酒业有限责任公司化验中心主任

黄　昕　万载电信分公司职工

邹小平　万载县广昌花炮制造有限公司安全管理员

王晚秀　万载县马步乡瑛维箱包有限公司职工

罗仲辉　万载县森工林场有限责任公司官元山林场护林员

龙　侃　万载县黄茅供电所职工

陶逢春　江西南氏锂电新材料有限公司焙烧车间主任助理

刘明柳　中科华宝股份有限公司万载县分公司职工

九、最美城市建设者名单

彭文德　万载县城管局综合执法大队干部

卢诚君　万载润泉供水公司职工

彭招勇　万载县万兴投资集团有限公司干部

彭　玙　万载县住房和城乡建设局干部

周　彦　万载县城管局龙湖公园所干部

汤绍平　万载县城管局综合执法大队干部

郭鹏飞　万载县城管局综合执法大队干部

吴菊根　万载县城管局环卫所干部

张旻伦　万载县城管局燃气管理办公室干部

张丽婷　万载县建筑工程有限责任公司职工

十、最美志愿者名单

曾惠玲　万载县志愿者协会志愿者

胡永青　万载县志愿者协会罗城分会会长

巢小云　万载县志愿者协会康乐分会长

杨宏远　万载县志愿者协会宣传部部长、罗城分会秘书长

袁德娇　万载县志愿者协会志愿者

王敏峰　万载县公路分局红旗道班班长

杨清兰　万载县志愿者协会白水分会秘书长

宋　蓬　万载县志愿者协会志愿者

龙鸣翔 万载县志愿者协会高城分会会长

廖荣珍 万载县志愿者协会三兴分会志愿者

统战工作

【概况】 2021年是中国共产党成立100周年和“十四五”开局之年，万载县委统战部班子以习近平新时代中国特色社会主义思想为指引，围绕中共十九届五中、六中全会精神及省、市统战中心工作要求部署，问需新发展、谋篇新阶段、落子新格局，凝聚坚定共识、激发履职热情、汇聚发展合力，奋力谱写新时代万载统战工作高质量发展新篇章。2021年，万载县委统战部获得全省统战工作高质量发展综合绩效考核评价先进县、全市统战工作高质量发展考核先进单位、全市统战宣传信息工作先进单位等荣誉称号，以及全市统战理论政策研究创新成果奖、全市统战工作实践创新成果奖。

【政治引领】 2021年，在建党100周年之际，县委统战部组织统战成员单位多渠道、多形式深入基层开展各项宣讲活动共计26次，掀起贯彻会议精神、学习《中国共产党统一战线工作条例》的热潮，筑牢共同思想政治根基。

【主题教育】 围绕建党100周年重大主题，组织全县统一战线成员分期分批开展爱国、爱党、爱社会主义的教育实践活动，追忆红色历史，赓续精神血脉；联谊全国九三学社部分社员、农工党广东省肇庆市委会、农工党宜春市委会开展丰富多彩的党史学习教育实践活动，通过举办读书会、红色之旅、知识竞赛等多种形式，推动党史学习教育走深走实；动员全县统一战线成员逾3000人参与全省统战系统举办的《中国共产党统一战线工作条例》《党史知识》网上竞答活动，多名统战成员获优胜奖；积极参与省、市统一战线“同心奋斗听党话、携手前行跟党走”微信征文、朗诵、演讲比赛活动，分别荣获优秀征文奖及朗诵、演讲比赛三等奖，各种学习实践活动在省、市主流媒体刊发报道156篇次。

【民主党派】 县委统战部建立县党政领导与党外代表人士联谊交友制度、与新的社会阶层人士列名联系制度，并开展走访联谊活动，推动新的社会阶层人士统战工作“百城百点”实践创新基地建设；多次组织县知联会、新联会参加各种形式的学习培训及实践活动；加强少数民族流动人口服务管理示范点建设，积极搭建“民族团结一家亲”联谊交友活动，民族团结氛围浓厚；2月、12月，分别召开全县党外人士代表座谈会，围绕“建设富强美丽和谐宜居新万载”建言献策，巩固和发展最广泛的爱国统一战线，营造公平、公正的政治生态环境和共谋发展的团结和谐局面。先后召开全县统战工作领导小组扩大会、全县民宗意识形态工作专题部署会，举办宗教工作业务培训班，加强党对宗教工作的领导，坚持宗教意识形态中国化方向。

【营商环境】 县委统战部助力金融“活水”引入实体经济，打造线上线下一体的全县民营企业一站式金融综合服务平台。2021年，银行向企业发放贷款5.23亿元，商会会员互助227次共计2800多万元，有效化解企业融资难题，协力渡疫情难关。以弘扬企业家精神为立足点，加强对优秀民营企业家的政治推荐和培训力度，聘请专业人士讲授“新时代商会建设思考与建设”，全年受教育培训人员达200余人次，提升民营企业家时代使命感；践行“亲”“清”政商关系，按照清廉企业建设要求，推进企业签订廉洁从业承诺书；联合县司法局开展“万所联万会”实践活动，围绕“放、管、服”改革和“减税降费”等畅通企业诉求渠道，用法律护航企业发展；助力非公企业“营商环境观察员暨企业家沙龙”和基层商会建设，开展民营企业大走访活动，收集和整理意见和建议36条，涉法涉诉24起，圆满结案23起。

【党派建设】 县委统战部通过走访调研、学习座谈、实践活动等渠道，了解党派成员的思想动态，选派党外优秀青年参加省、市、县科级干部培训班，挂职锻炼，做好党外代表人士政治安排；支持民革县总支赴白水乡槽岭村实践调研，将湘鄂赣省红军医院背后故事、历年槽岭村脱贫攻坚成果形成《加快革命老区振兴发展的对策建议》调研报告；推动县农工党总支“党员之家”选址筹划等工作，增进组织凝聚力，支持总支专家团赴潭埠新田村、中心小学开展“学党史，办实事，助力乡村振兴”宣传讲解、健康义诊、中医药文化进校园科普等系列活动；助力民革县总支、农工党县总支就经济社会发展中热点、难点问题深入调研，收集“百字金点子”45 条，民革“化解家校矛盾 促进教育和谐”，农工党“推进中医药事业发展 助力健康万载建设”等政协会议提案为县域经济高质量发展发挥积极作用。

【侨联工作】 县委统战部助力搭建侨胞学习交流、增进友谊的活动平台，新建“万载县侨胞之家”，举办全县归侨侨眷综合技能培训班及形式多样的联谊交友活动；建立侨企结对帮扶机制，通过日常跟踪、常态服务、实地调研、召开座谈等方式，协调解决县侨企疫情防控期间生产经营过程中遇到的困难和问题 5 件；持续开展海外侨胞调查摸底工作，在扩大宣传、增进交流的基础上，畅通信息，增进了解，凝聚侨心。

【服务民生】 县委统战部组织民主党派医疗专家为企业员工开展健康体检、职业病防护指导、中医药文化进校园科普活动等，累计发放相关知识手册 500 余份；组织县知联会、新联会、非公企业、侨界志愿者服务队赴边远山区开展“同心助学行”“同心助弱行”活动，走访慰问一线环卫工人等，累计捐款捐物逾 15 万元，爱心企业捐资助学款达 810 余万元；组织困难信众、少数民族群众及时接种疫苗，赠送防护用品，帮助返乡群众就地就近就业，动员统战成员单位通过扶贫网站购买价值 10 余万元扶贫物资等。启动“万企兴万村”行动，组织 5 所商会 158 名会员参加“感党恩 促消费 兴乡村”为主题的 2021 年巩固脱贫成果衔接乡村振兴系列活动之第三届农产品展销会，线上线下订购农产品 75.58 万元；助力白水乡槽岭村“红色名村”荣获“全市文明村”荣誉称号。

【县委统战部领导成员】
县委常委、统战部部长：胡 玲
常务副部长：郭永红
副部长：曾道平
副部长、县工商联党组书记：
龙荣明
一级主任科员：易春根
二级主任科员：高秋生
周果山
巢时平

机构编制

【概况】 2021 年，县委编办在县委、县政府的正确领导和上级编制部门的指导下，深入推进事业单位改革，健全机构编制管理体系，积极履行机构编制管理职能，大胆推进改革，强化服务保障，为万载高质量发展提供体制机制保障。

万载县委机构编制委员会办公室为万载县委机构编制委员会的办事机构，列县委工作部门，正科级，归口县委组织部管理。内设机构 3 个：秘书股、综合业务股（事业单位登记管理局）、监督股。领导职数设主任 1 名、副主任 2 名，核定行政编制人员 6 名。

万载县事业单位登记管理局更名为万载县机构编制实名制中心，为万载县委机构编制委员会办公室下属副科级公益一类财政全额拨款事业单位，核定全拨款事业编制人员 6 名，领导职数设主任 1 名（副科级）、副主任 1 名（正股级）。

【机构人员】 截至 2021 年年底，全县设行政机构 98 个，其中正科 63 个、副科 35 个；本次事业单位改革后，全县共有事业单位 237 个，其中正科级单位 29 个、副科级单位 36 个、股级

136个、未定级36个。截至2021年年底，全县总编制数10150个，实有在编人员10165人（含566个教师超核数）；其中行政编制1495个，实有1514人。县直（含康乐街道）行政编制677个，实有647人；乡镇行政编制456个，实有442人；政法专项编制362个（公安322个，司法局21个，司法所19个），实有425人；工勤编制60个，实有60人；事业编制8595个（含街道43个、乡镇544个），实有8591人（含566个教师超核数）。本次事业单位改革，涉改事业单位改革前的机构199个（其中正科级24个、副科级59个、股级116个），涉改事业单位改革后机构80个（其中正科14个、副科27个、股级39个），需转隶在编人员1755人，其中可整体划转的转隶人员 1592人，经县人事工作领导小组会议研究的163人均已转隶到位。

【事业单位改革】根据《万载县深化事业单位改革试点实施方案》有关精神，调整万载县教师进修学校（宜春市广播电视大学万载分校）、万载县民兵训练基地、万载县融媒体中心、万载县廉政教育中心、万载县预算联网监督中心、中共万载县委党校等事业单位的机构编制事项；对万载县财政局、万载县残联、万载县扶贫办、万载县水利局、万载县退役军人事务局、万载县医保局、万载县工信局、万载县应急局、万载县总工会、万载县城管局、万载县党史地方志办、万载县发改委、万载县工业园区管委会、万载县公安局、万载县行政审批局、万载县机关事务局、万载县教体局、万载县科技局、万载县林业局、万载县民政局、万载县农业农村局、万载县人社局、万载县政府办、万载县商务局、万载县委信访局、万载县委编办、万载县统计局、万载县司法局、万载县市监局、万载县审计局、万载县委宣传部、万载县委组织部、万载县文广新旅局、万载县政法委、万载县自然资源局、万载县住建局等36个县委、县政府机关事业单位改革的有关事项进行批复。将万载县自然资源局基层6个站所并入万载县国土空间调查规划中心，挂万载县自然资源基层服务中心牌子，核定人员编制规模55名，在万载县国土空间调查规划中心增设6个内设机构，不再保留万载县自然资源局6个基层所。调整万载县公安局下属事业单位万载县警务服务中心、万载县农业农村局下属水稻原种场等5个事业单位职能。印发《万载县全民健身促进中心机构职能编制规定（暂行）》的通知、《万载县森林资源保护中心政事权限清单》、《万载县政府服务中心三定方案》。

【机构调整与优化】 1.按省委、市委机构编制部门的内设机构测算口径，对内设机构未达到两人设股的县医保局、县文广新旅局、县委宣传部、县统计局、县水利局、县商务局、县民政局、县科技局、县教体局、县行政审批局、县发改委、县城管局、县财政局、县自然资源局、县住建局、县应急管理局、县委政法委、县委信访局、县委编办、县卫健委、县退役军人事务局、县审计局、县人社局、县农业农村局、县交通运输局、县扶贫办、县工信局等27个县直党政机构完成内设机构的整合优化。2.万载县森林公安局整建制划转移交至万载县公安局，万载县森林公安局更名为万载县公安局森林分局；万载县森林公安局巡逻警察大队更名为万载县公安局森林分局巡逻警察大队。原万载县森林公安局人员编制全部划转至万载县公安局；撤销万载县公安局食品药品卫生与环境犯罪侦查大队，核定万载县公安局森林分局内设机构5个，并对万载县公安局森林分局主要职责进行明确。

【编制调整】 万载县公办中小学教职工编制总量从6338个调整为6205个（编制数4459个，超核数970个，周转池776个），2021年全部重新下达至各中小学校；核减万载县自然资源局基层站所事业编制3名；核定县4套班子实职领导行政编制总量35名，实行编制单列管理；白良卫生院、县人民医院西院各增加2名全拨事业编制，核减高村卫生院、仙源卫生院各2名全拨事业编制；调整乡镇（街道）事业编制，核减康乐街道事业站所全拨事业编制12名，黄茅、潭埠、高城、鹅峰、岭东、赤兴、茭湖、白水各增加全拨事业编制1名，仙源、高村各增加全拨事业编制2名；核定万载县康乐幼儿园全拨事业编制40名；增加康乐街道中心幼儿园全拨事业编制1名；出台《万载县高层次人才专项编制专户管理办法》，核定50名事业编制为我县高层次人才专编；万载县扶贫数据监测中心连人带编划转1名全拨事业编制至万载县水利局；核定万载县中等专业学校全拨事业编制68名；核减收回全县县直党政群机关历史遗留工勤编制41名；核增万载县公证处事业编制1名。

【机构更名及撤销】 万载县人工影响天气办公室更名为万载县人工影响天气中心（万载县突发事件预警信息中心）；万载县司法局内设机构社区矫正股加挂万载县社区矫正管理局牌子，撤销社区矫正监管中心的牌子，并对县社区矫正局工作职责进行明确；乡镇(街道)敬老院统一加挂养老服务中心牌子；设立万载县政协委员联络和协商议事服务中心；万载县法制和社会(三胞)委员会更名为万载县社会法制和港澳台侨外事委员会；万载县扶贫办公室重组为万载县乡村振兴局，正科级，仍为县政府工作部门，不再挂万载县革命老根据地建设委员会办公室牌子；万载县人大常委会内务司法工作委员会更名为万载县人大常委会法制工作委员会；撤销万载县妇女儿童工作委员会办公室。

【领导职数设置与变更】 万载县政协机关增设党外专职副秘书长领导职数1名(副科级)；万载县委非公经济组织与社会组织工委书记调整为由县委组织部分管领导兼任，县委非公经济组织与社会组织工委专职副书记(副科级)、兼职副书记4名(不定级)、兼职工委委员15名均予以核销，县委组织部按不超过3名配备部务委员，另县委编办主任兼县委组织部副部长；县供销社增设监事会主任职数1名(副科级)。

【事业单位登记管理】 对全县349个事业单位进行2020年度年检，年检率达100%，合格率100%。截至2021年12月23日，通过网上审批办理事业单位设立登记16个，变更登记49个，注销登记87个，证书补领1个。机关群团设立2个、变更31个、撤销2个。

【县委编办领导成员】

主　任：龙　潜(任至9月)
　　　　周　斌(9月任)
副主任：高　颖
一级主任科员：叶　林
二级主任科员：邬发祥(9月任)
县事业单位登记管理局原局长：
聂碧川

史志工作

【概况】 2021年，万载县史志工作办公室在县委、县政府的正确领导下，深入宣传贯彻习近平新时代中国特色社会主义思想，巩固脱贫攻坚成果衔接乡村振兴工作扎实稳步推进，各项史志工作顺利开展。按照上级精神，年鉴编撰由之前的两年一鉴改为一年一鉴后，办公室切实强化了业务工作，出版发行《万载年鉴（2019）》《万载年鉴(2020)》。配合宜春市史志办编辑出版《宜春年鉴》，以及省地方志研究院编辑出版《江西年鉴》，完成了万载篇稿件近3万字。

【新版《红色万载》编辑出版】 为顺应党史学习教育的需求，县史志办重新编辑印刷了《红色万载》，增加了《深切追忆》栏目，刊发万载县开国将军后代的回忆录，在其他栏目增加了一些文章，增设的文章达5万多字。

【《万载红色故事》编辑出版】 县史志办整理多年来收集到的万载红色故事57篇，5月出版《万载红色故事》，并配发相关插图。

【参与全县党史学习教育】 指导并编纂了《一枚戒指》等3部情景剧，为双桥镇、县法院、县卫健委等单位进行宣传党史学习教育。免费向全县中小学赠送

《万载县革命老区发展史》《红色万载》《万载红色故事》共计268套。继续指导“红色名村”建设，先后对白水乡槽岭村、赤兴乡书堂村“红色名村”建设进行指导与协助。

【出版发行《万载县革命老区发展史》】 由万载县史志办历经近两年时间编纂的《万载县革命老区发展史》由江西高校出版社于2021年4月出版发行，是《全国革命老区县发展史·江西卷》的一部分。《万载县革命老区发展史》是一部万载土地革命的简史，一部万载经济社会发展史，有《万载县志》所没有记载的内容，对万载县在土地革命时期、社会主义建设时期、改革开放时期、新时代发展时期进行了生动记述。《万载县革命老区发展史》的编撰，坚持辩证唯物主义和历史唯物主义的世界观和方法论，坚持以中国共产党的领导为核心，以人民为主体，以老区发展为主线，以新时代、新视野为要求，体现历史进程特征，传承红色基因，弘扬优良传统，突出时代特色。全书主要包括万载概况、革命历程、艰辛探索、改革开放、奋进新时代和附录等篇章，共计36.5万字，图片近百幅，是万载县党史学习教育的基本教材。

【县史志办领导成员】

副主任：兰小红
　　　　蔡友平

信访工作

【概况】 2021年，万载县信访系统认真贯彻落实习近平总书记关于加强和改进信访工作的重要思想，积极畅通信访渠道，落实领导接访、领导包案和加强初信、初访办理，大力开展集中治理重复信访、化解信访积案专项治理活动，全面压实信访稳定责任，确保全县大局和谐稳定，推动信访工作高质量发展。全年县信访局人员编制有11人（其中行政编6人、事业编5人），实际在编10人，其中事业编干部5人。

【领导带班接访】 加密领导带班接访，进一步畅通信访渠道，每天安排一名县领导在县接访中心坐班接访，县委书记、县长每月到县接访中心接访一天。在节庆等特殊日子，安排县委、县政府领导坐班接访，有效推动解决信访人的问题，进一步畅通信访渠道。

【专项治理信访突出问题】 在2020年“清存量、控增量、防风险”信访突出问题专项治理活动的基础上，梳理排查全县存量信访事项69件，下发《关于做好存量信访积案化解工作的通知》，落实县领导包案和责任单位化解责任，印发了《关于做好突出信访问题挂牌督办专项化解工作的通知》，对重点事项采取挂牌督办方式，督促包案县领导和责任单位做好疏导化解工作。

【信访矛盾化解攻坚战】 针对全县存在信访难题，成立重大矛盾纠纷调解、重大公共安全、重大网络舆情3个专班，负责具体指导和协调解决行业领域内的重大矛盾纠纷问题和信访积案。对信访积案进行全面排查，印发了《关于推进25件重点信访事项化解的通知》，由公、检、法、司4个部门共同参与，全部建立“一案一策一专班一档案”，全面掌握信访人的信访原因、信访诉求以及家庭等情况，做到对重点信访事项化解一批、稳定一批、依法处理一批。

【民情家访日记】 以开展党史教育为契机，把推动民情家访日记工作作为为民办事解忧的务实举措，进一步密切党群、干群关系，创新“互联网＋为民办事”工作模式，全面开展排查化解矛盾纠纷，着力改善解决民生问题，全县全年录入办理民情件494件，办结481件，办结率97.37%，满意率100%。

【信访联席会议制度】 印发了《关于在全县乡镇（街道）设立信访工作联席会议的意见》，全县17个乡镇（街道）全面设立了信访工作联席会，各乡镇（街道）召开信访工作联席会议。这一做法充分发挥了乡镇（街道）信访工作联席会议综合协调、牵头抓总作用，形成各单位相互支持、密切配合、齐抓共管的信访工作强大合力。

【依法治访】 坚持依法治访，分类处理，落实诉访分离和引导群众依法逐级走访，建立访调对接机制，推动律师参与接访工作，在信访接待中导入心理咨询，不断提升信访工作法治化水平。

【信访救助】 在抓实信访救助工作中，全年共申报特殊疑难信访救助对象13人24.6万元，其中中央、省、市配套经费19.92万元，县配套经费4.68万元。

【县信访局领导成员】

局　长：王成根

副局长：闻梅芳

　　　　张曼谷

　　　　罗秋兰

副科级信访督查员：陈庆明

档案工作

【概况】 根据机构改革要求，档案局馆按具体职能划分，档案行政职能（档案局）归口县委办管理。单独设立县档案馆，为县委、县政府直属正科级事业单位，负责纸质档案资料和电子档案资料的接收、保管、鉴定、统计、利用和馆藏档案数字化建设等工作。有编制12人，领导职数一正两副，实有人员12人（含转县委办2人），内设办公室（秘书股）、档案接收征收股、电子档案管理股、档案鉴定利用股4个股室。截至2020年年底，县档案馆有全宗228个，馆藏档案资源为170445卷（册）133897件。2021年，县档案馆紧紧围绕服务县委、县政府工作大局，稳步开展各项工作，扎实推进全县档案事业蓬勃发展。

【档案编研】 县档案馆进一步挖掘馆藏红色档案资源、讲好红色故事，传承红色基因，在市档案局编研的《档案背后的故事》一书中有《杜平将军的故乡情怀》《艰苦的游击斗争》《金云龙送食盐》《毛主题题词》《一张泛黄的红色报刊》《智端碉堡》等6个特色的档案故事。

【党史学习教育】 举办庆祝中国共产党成立100周年暨党史学习教育"传承红色基因重抄红军标语"主题活动，让全县人民群众和社会组织在查阅利用档案之际，自觉接受爱国主义教育。积极做好红色文化与旅游融合发展专题调研工作。配合县政协领导，深入全县各乡镇重点调研本县红色革命遗址，到浏阳、平江、修水、瑞金、于都、兴国、会昌等湘鄂赣有关县市调研红色文旅工作。以湘鄂赣省委、省苏维埃政府成立90周年为契机，不断丰富万载红色文化，收集大量红色档案资料，撰写了《湘鄂赣苏区坚强苦战的英雄铁军》等论文。为"红色名村"村史馆建设提供依据。仙源乡仙源村准备因地制宜建设一间村史馆，县档案馆通过提供《万载县志》《湘鄂赣苏区文献资料》《湘鄂赣革命根据地党史大事记及资料依据》等大量资料，助其收集与仙源有关的红色历史资源，随后又为其查找了与仙源的老区建设项目、仙源村历任"两委"班子成员任职以及党小组的成立、表彰等有关的档案数十卷，以推动红色名村建设，挖掘红色历史文化，讲好红色革命故事。

【校县合作】 充分发挥档案馆在档案方面的资源优势，积极开展与宜春学院的合作，组织撰写论文《浅谈高校与地方档案馆开展红色档案文化合作的实践与思考》，并获得与会专家的好评。

【巩固脱贫攻坚成果同乡村振兴有效衔接】 帮助黄茅镇南岭村21户贫困户按时高质量脱贫，并对已脱贫户进行实时跟踪了解，时刻关注其生活状况及需求，指导南岭村全面落实健康扶贫各项政策，保证了贫困户住院医疗费用的实际报销比例稳定在90%左右。

【强化档案安全体系建设】 档案馆始终把档案安全工作放在首位，每次会议必谈档案安全工作，严格按照档案管理"十防"要求狠抓落实，进一步健全档案安全管理制度，强化安全责任落实。一方面加大日常监督管理工作力度,每月定期对库房开展全面检查,同时对档案库房进行无尘化管理,各档案库房制度年进行了一次彻底的清洁和消毒,档案馆电脑内网和外网实行严格的物理隔离。另一方面安排专职人员确保数字档案在形成、移交、接收、保管、利用等环节的安全。坚守档案安全底线,对未进馆的立档单位档案,实行年度检查与不定期检查相结合,对发现的问题进行登记,讨论整改方案,进行及时整改,确保档案的保管绝对安全。

【县档案馆领导成员】

馆　　长:黄光辉

副 馆 长:朱　静

　　　　　龙奇伟

二级主任科员:叶春林

党校工作

【概况】 县委党校牢记工作职责,在提升党校工作人员素质上,坚持理论学习与党史学习,用思想铸魂,强化能力筋骨,从而更好地发挥了干部培训、思想引领、理论建设等基本工作职能。2021年,始终坚持以习近平新时代中国特色社会主义思想为指导,深入学习贯彻习近平总书记"七一"重要讲话及视察江西重要讲话精神,认真贯彻落实《中国共产党党校(行政学院)工作条例》和全国、全省、全市党校工作会议精神,始终坚持党校姓党,围绕万载县委、县政府的决策部署,举办培训班29期,到基层送课50多堂,高质量完成全年工作任务。

【干部教育培训】 把党性教育贯穿培训各环节,不断增强党性教育实效性。把党章、党规、党纪、党史、理想信念、社会主义核心价值观、反腐倡廉等党的知识作为必修课,请省委党校、市委党校知名党建专家用讲授式、案例式、研讨式教学增加了党的知识,强化了党员意识。

突出时代主题,把党史学习教育纳入教学内容,组织学员到湘鄂赣革命纪念馆、革命烈士馆和烈士纪念碑以及仙源乡湘鄂赣省委、省苏维埃政府旧址、白水乡槽岭村"红色名村"等地开展现场教学,把初心与使命刻在心中。丰富上述5个党性教育现场教学点教学内容,形成了涵盖革命教育、党性教育、精准扶贫、非公党建、廉政警示等主题的教学点体系。2021年,共举办培训班29期,其中主体班13期、部门班16期,培训学员5106人。

【政策宣讲】 加强理论阐释,切实把习近平新时代中国特色社会主义思想和中央大政方针政策讲清楚、讲透彻、讲到位。积极开展"弘扬红色精神,致敬建党百年"为主题的"百堂党课进基层"活动,组织教师送课到乡、到村、到企业。2021年,组织多名教师到基层送课50多堂,受众达5000多人次。

发挥党校服务大局、促进发展的作用,成立专家宣讲小分队,配合县委宣传部开展十九届六中全会精神、省第十五次党代会精神宣传、党史专题等宣讲活动,深入基层一线,开展面对面、互动式宣讲,结合本地红色资源,突出重点、抓住关键,教育和引导广大党员干部从党的百年光辉历程中汲取坚守初心使命的营养剂和动力源。

【教学科研】 确立"科研兴校"的思想方针,组织教师和广大学员紧紧围绕县委、县政府的中心工作和干部群众关心的热点、难点、堵点问题,深入基层一线开展调研,共组织"干部教育培训""干部作风建设""农村基层党组织建设"等专题教学调研,鼓励教师积极参与理论征文及各类学术研讨活动。由万载县委党校钟勇民、宜春市委党校李群共同撰写的《从湘鄂赣革命史中汲取前进的智慧与力量》一文入选《"推进红色基因传承"江西省革命传统教育现场教学》(江西人民出版社出版)一书,作为"红色江西"系列教材典型案例向全省推广。由石雷教授和万载县委党校胥涵共同撰写的《论湘鄂赣革命根据地的历史地位》一文参加"纪念中共湘鄂赣省委、省苏维埃政府成立90周年理论研讨会"被评为一等奖。由万载县委党校刘翊撰写的《道路、理论、制度:建党百年历史经验探索——坚持中国特色社会主义》参加“宜春市庆祝中国共产党成立100周年理论征文活动”被评为二等奖。由钟勇民主持的宜春市社会科学研究“十四五”(2021年)规划项目一般课题“营造‘畅通县城’面临的问题与对策研究”已成功立项。由钟勇民、刘翊撰写的《加强基层组织建设 夯实基层治理基础》发表于《宜春日报》2021年1月9日第三版。由钟勇民、宋敏莉撰写的《凝聚向善力量 打造好人之镇》发表于2021年1月《宜春论坛》期刊。

【理论武装】 重点抓好习近平新时代中国特色社会主义思想等党的基本理论学习教育,抓好新《中国共产党党章》《中国共产党廉洁自律准则》《中国共产党纪律处分条例》和习近平总书记在党史学习教育动员大会、庆祝中国共产党成立100周年大会上的讲话等系列讲话精神的学习教育。

传承红色基因,抓好党史学习教育。机关支部第一时间组织全体党员干部深入学习习近平总书记在党史学习教育动员大会上的重要讲话精神,对照县委党史学习教育工作方案,高标准、高质量压实各项任务。积极组织党员干部到万载县革命烈士陵园开展“清明祭扫·缅怀革命先烈活动”,为烈士敬献花篮,重温入党誓词,坚定理想信念。组织党员干部到湘鄂赣革命纪念馆,仙源湘鄂赣省委、省苏旧址及马步乡宝石村参观学习。通过“实地看、实景感、内心悟”的方式缅怀时代伟人、传承红色基因。鼓励干部参加党史知识竞赛及理论研讨等活动,在丰富多样的活动中强化对党史的深刻理解。

常务副校长钟勇民联合省委党校经济学教研部副教授涂颖清及省委党校第四期理论研修班学员,对万载花炮产业进行调研,形成了《传承发展中华优秀传统文化,助推千年花炮产业高质量发展——万载花炮产业转型升级的探索与实践》的调研文章。

以“三会一课”、主题党日活动为载体,深入学习习近平总书记最新重要讲话精神和十九届五中全会精神、习近平总书记在庆祝中国共产党成立100周年大会上的讲话精神。

【服务基层】 2021年,为谷源村阳塅组村民出行难的问题争取交通专项资金7万元,6月底该路段已完工;组织党员干部到谷源村帮助150多名老人进行养老资格认证;每位班子成员帮扶一名留守老人和儿童,尽全力为他们解决生活中的困难。

【自身建设】 坚持思想铸魂,抓好日常理论学习。促进党员干部学习常态化。坚持能力强筋。严格落实“三会一课”和主题党日、民主评议党员、组织生活会和谈心谈话等基本制度,党员先锋模范作用明显增加,支部战斗堡垒作用更加突出。

坚持作风壮骨。经常性组织开展廉政谈话、警示教育等活动,组织办公室全体党员认真学习《中国共产党廉洁自律准则》《中国共产党纪律处分条例》,集中观看廉政教育专题辅导片、警示片,牢固树立廉政防范意识。

严格落实“一岗双责”,坚持“两手抓、两手硬”,做到党风廉政建设与党校工作同研究、同部署、同落实、同考核。层层签订党风廉政建设责任书,并按照计划推动落实;加大党风廉政建设的宣传教育力度,深入进行党性、党风、党纪教育和廉政教育;主动与党员干部开展谈心谈话,掌握思想动态,发现问题及早提醒;认真贯彻执行《中国共产党廉洁自律准则》和《中国共产党纪律处分条例》等党纪党规,以身作则,清正廉洁,管好班子,带好队伍,管好家属、子女和身边工作人员;全力支持派驻纪检组开展监督执纪,及时向纪检组通报党校重大事项情况,对纪检组提出的问题及时研究回复。

【意识形态】 成立校意识形态工作领导小组,由常务副校长任组长,班子成员任副组长,各股室主任为成员。制订《意识形态工作责任制实施方案》,明确责任与分工,强化考核与追究。重点管好“三个阵地”:一是管好课堂阵地。坚持“学术讲政治、课堂讲纪律”，始终将党性修养、理想信念、党章党史、党规党纪等作为党校理论教育和党性教育的主体，党性教育课程的比重占主体班总课时的30%以上，并强化对全体教职工“四种意识”的渗透，要求他们务必讲政治、讲党性、讲正气、讲纪律。二是管好科研阵地。严格要求教研人员抓住主业，干好本行，加强马克思主义基础理论研究、党的方针政策研究以及围绕县委、县政府的中心工作和重点任务开展调研咨询，为县委、县政府科学决策提供参考和依据。三是管好宣传阵地。巩固完善“百场党课进基层”这一党的阵地，坚持贴近实际、贴近基层、贴近群众，服务中心、服务基层、服务党员，讲政治、讲党性、讲正气、讲纪律；实时掌控网络、微信、微博等新媒体宣传动向，做到重大问题亮观点、重大节点有声音；要求全体党校人必须时刻保持清醒头脑，不信谣、不传谣、不造谣，始终和不良思想、不良行为、不良倾向、不良风气作坚决斗争，确保弘扬主旋律、传播正能量，确保意识形态绝对无“杂音”。

【县委党校领导成员】

常务副校长：钟勇民
副　校　长：龙健文
校务委员：杨　琼
　　　　　王小毛

万载县人民代表大会

综　述

2021 年是县乡人大换届之年。换届以来，县人大常委会在中共万载县委的坚强领导下，坚持以习近平新时代中国特色社会主义思想为指导，紧扣“融入宜春、聚力园区、双城联动、特色彰显、宜业宜居”工作思路，践行初心使命、砥砺奋进力量，全面依法履职尽责，各项工作取得新进展、新成效。

【政治引领】 1.增强行动自觉。县十七届人大常委会履职第三天，开展“传承红色基因、汲取奋进力量”专题活动，参观县湘鄂赣革命纪念馆和县烈士纪念馆，集中听取专家授课，推动党史学习教育走深走实、入脑入心。2.强化政治自觉。始终把党的领导贯穿于人大工作的全过程和各方面，认真贯彻落实县委意图，严格执行请示报告制度，召开党组会、常委会研究落实县委决策部署 7 次，任命新一届政府组成部门主要负责人 28 人次，依法任免县人大常委会、县监察委员会有关负责人 12 人次。

【维护大局】 1. 助推经济发展提质增速。听取审议县级预算执行审计发现问题整改情况、2020 年城市棚户区改造 PPP 项目、城镇基础设施补短板（一期）PPP 项目财政支出责任纳入财政预算及中长期财政规划的报告，提出审议意见 19 条，助力高质量发展行稳致远。听取审议全县行政事业性资产专项报告，推动国资管理规范有序，在监督国有资产管理上作出有益探索。2. 助推民生福祉厚实有力。常委会领导牵头成立 5 个监督小组，对 2021 年度 12 项重大民生实事项目开展专项督查，认真梳理问题、分析原因，形成监督报告，有力推动项目落实。听取 2021 年度生态环境保护目标完成情况报告，倡导全社会低碳消费，推动经济绿色高质量发展。3.助推宜居城市提档升级。全力推进棚户区改造和城市提升项目征迁、美丽宜居城市建设，常委会领导深入到挂点网格实地督导，对标对表逐项检查，现场督促相关单位、部门落实责任，协调解决基础设施薄弱、老旧小区改造、环境卫生整治等系列问题，有力推动城区品质提升。4.助推乡村振兴走深走实。组织 28 名县领导以普通代表身份进站联系群众主题活动，对乡村振兴产业、基础设施、易地扶贫搬迁等项目落实情况开展专项调研，不断巩固和拓展脱贫攻坚成果同乡村振兴有效衔接。5.大力维护公平正义。听取审议“七五”普法规划实施情况报告，依法作出“八五”普法决议。把合宪性审查作为规范性文件备案审查的首要内容，备案审查“点、线、面”工作法在省人大《时代主人》刊登并被收入《中国人大年鉴》，县人大监察和司法委员会荣获“全市普法工作先进单位”荣誉称号。

【服务与管理】 1.“充电”提能高标准。举办县十七届人大代表履职培训班，专题学习党的十九届六中全会精神、中央人大工作会议精神，邀请省人大常委会领导分别就“代表法与代表履职”“增强地方人大监督实效的实践与思考”进行专题辅导，全面提升理论素养和履职能力，参训人员达 300 余人。2. 阵地建设有为、有位。组织 3 个小组分片区开展人大代表联络工作站运行情况调研座谈，在全省率先开展“五星级”代表联络工作站创建工作，万载“34562”工作模式受到省、市人大领导关注，并赴万载专题调研后予以高度肯定，被列为试点项目计划在全市范围推广。3.建议办理高质高效。对十七届人大一次会议期间的317条代表建议进行跟踪督办，做到了答复率、办结率100%，极大提升了代表建言献策、参政议政积极性，做到民有所呼、我有所应。

【自身建设】 贯彻落实新时代党的建设总要求，全面加强人大常委会党组及机关党组的政治建设、思想建设、组织建设、作风建设、纪律建设。坚持把制度建设贯穿始终，完善工作机制，完善县十七届人大常委会议事规则、组成人员守则、人事任免办法等5项，修订常委会机关管理制度18项。认真履行全面从严治党主体责任，扎实做好案件查处的后半篇文章，落实人大系统政治谈话要求，切实筑牢防腐拒变的思想防线，大力营造风清气正、健康向上的良好政治生态。

【县十六届六次会议】 万载县第十六届人民代表大会第六次会议于2021年2月3日—6日在县城召开。出席会议代表207名，县十三届政协委员，县委和县政府各部门、县直正科级单位主要负责人、党委（党组）书记、垂直管理部门的主要负责人等列席会议。会议主席团由37人组成。会议听取和审议了县人民政府工作报告、审议了县人民政府关于万载县2020年20项民生实事实施情况及2021年政府民生实事候选项目形成情况报告（书面）、审查了万载县国民经济和社会发展第十四个五年规划和二〇三五年远景目标纲要（草案）（书面）、审查了万载县2020年国民经济和社会发展计划执行情况与2021年国民经济和社会发展计划草案的报告（书面），批准了2021年国民经济和社会发展计划、审查了万载县2020年全县和县级预算执行情况和2021年全县和县级预算草案的报告（书面），批准了万载县2020年全县和县级预算执行情况及2021年全县和县级预算草案的报告，批准了2021年县级预算、听取和审议了县人民代表大会常务委员会工作的报告、听取和审议了县人民法院工作的报告、听取和审议了县人民检察院工作的报告、审议了万载县生态文明建设情况报告（书面）、票决了万载县2021年度政府重大民生实事项目、补选了县监察委员会主任。县委书记严旭辉到会并做了讲话。

【县十七届一次会议】 万载县第十七届人民代表大会第一次会议于2021年9月22日—25日在县城召开。出席会议代表260名，县十四届政协委员，县委和县政府各部门、县直正科级单位主要负责人、党委（党组）书记、垂直管理部门的主要负责人等列席了会议。会议主席团由47人组成。会议听取和审议了县人民政府工作报告、县人民代表大会常务委员会工作报告、县人民法院工作报告、县人民检察院工作报告，选举了县十七届人大常委会主任、副主任、委员，县人民政府县长、副县长，县监察委员会主任，县人民法院院长，县人民检察院检察长，出席宜春市第五届人民代表大会代表，表决了县十七届人民代表大会监察和司法委员会、财政经济委员会、社会建设委员会主任委员、副主任委员、委员。新当选的县人大常委会主任龙雷君、县人民政府县长刘学军讲话，县委书记严旭辉到会并做讲话。

常委会工作

【概要】 常委会围绕全县经济社会高质量发展主题，以财政经济、执法司法、生态环境、社会事业为监督重点，依法履行监督职能。管好人民“钱袋子”。县人大财经委组织听取审议全县国有行政性资产专项报告，摸清全县国有行政性资产“家底”。听取审议计划、预算、审计工作报告，审查批准2020年县级决算、2021年县级预算调整方案。强化法律“正义感”。健全规范性文件备案审查工作流程,对“一府一委两院”报备的规范性文件10件,各乡(镇)人大主席团报备的决议、决定96件进行了备案审查。组织开展了两项文件清理:一是涉及行政处罚内容的规范性文件专项清理。经清理,建议并督促县人民政府废止全县涉及行政处罚内容的行政规范性文件5件。二是涉及计划生育内容的规范性文件专项清理。经清理,建议并督促县人民政府废止涉及计划生育内容的政府规范性文件1件。呵护生态“高颜值”。县人大常委会农环工委开展环境状况调研,先后到生活垃圾填埋场、三兴镇污水处理站、铂瑞能源有限公司、双龙硅化工有限公司、城乡饮用水工程、工业园部分企业等实地调研,在生态环境局召开座谈会,详细了解全县当前的环境状况和2021年环境保护目标完成情况,形成审议意见书转交县人民政府及有关职能部门研究处理。提升社会满意度。结合“我为群众办实事”活动,做好了革命烈士遗属的走访慰问工作,到万载籍革命烈士遗属家中开展走访慰问,帮助烈士家庭解决生活困难,提高了革命烈士遗属的幸福感、获得感和安全感。围绕县人代会上票决的12个政府重大民生实事项目,由常委会领导带队,组织部分县人大常委会组成人员和县人大代表,通过“年中一督查、年终一视察”跟踪监督工作机制,推动所有票决项目如期建成。

【决定重大事项】 在2021年6月23日县十六届人大常委会第三十九次会议上通过了《关于万载县第十六届人大常委会副主任刘学松代理万载县第十六届人大常委会主任的决定》。出台《中共万载县人大常委会党组关于做好全县县乡两级人民代表大会换届选举的工作意见》,依法作出《万载县人民代表大会常务委员会关于设立县乡两级选举委员会的决定》《关于县乡两级人民代表大会换届选举有关问题的决定》《关于万载县第十七届人民代表大会代表名额分配的决定》,依法重新确定本行政区域内乡镇人大代表名额,并报市人大常委会备案。专题调研“七五”普法规划实施情况、存在问题和“八五”普法工作的具体安排等情况,依法作出《万载县人民代表大会常务委员会关于开展第八个五年法治宣传教育的决议》。

【选举和任免】 1. 认真做好县人大常委会人事任免工作。县人大常委会始终坚持党管干部与人大依法行使任免权相统一的原则,坚决落实县委有关人事工作安排,依法履行人事任免工作职责,换届后及时修订了《万载县人民代表大会常务委员会人事任免办法》和《万载县实施宪法宣誓制度办法》,严格落实任前法律知识考试和宪法宣誓制度,全年共任免国家机关工作人员65次,共组织43名拟任人员进行任前法律知识考试,组织43名新任命的国家工作人员在县人大常委会向宪法宣誓;在人大网站发布选举人事任免公告10个。2.完成县乡两级人大换届选举工作。2021年万载县县乡两级人大换届选举工作于2021年4月开始,至2021年9月结束,历时6个月,选举共划分县级选区133个、乡(镇)级选区435个,登记选民410817人,实际参加投票选举的选民为380963人,参选率92.73%。此次县乡两级人大换届选举,万载县第十七届人民代表大会代表名额为267名,全县各乡镇人民代表大会代表名额总数为1034名,选举实际产生新一届县级人大代表260名,乡级人大代表1033名。主要做法:一是健全工作机构。成立以县委书记为组长的县乡人大换届选举工作领导小组和以县人大常委会主任为主任委员的县选举委员会,召开5次选举委员会会议,制订并印发《万载县县乡两级人民代表大会换届选举工作方案》。批复16个乡镇成立选举委员会、康乐街道成立选举指导组,负责换届选举的日常工作。成立17个换届选举指导组下派到各乡镇(街道),加强对换届选举工作的督导检查。二是开展宣传培训。成立换届选举工作宣传组,制订宣传工作方案和换届选举专题片,发放《县乡人大换届选举工作手册》等业务书籍300余本,印发《致全县选民的一封公开信》44

万份,采取以会代训、专题培训和举办业务培训班等多种形式培训选举骨干,系统讲授选举法等法律法规和相关业务知识,使工作人员熟练掌握选举的步骤和具体做法。三是严格依法办事。在代表名额分配工作中,依照《中华人民共和国全国人民代表大会和地方各级人民代表大会选举法》相关规定,制定了《万载县人民代表大会常务委员会关于万载县第十七届人民代表大会代表名额分配的决定》和《万载县人民代表大会常务委员会关于各乡镇人民代表大会代表名额的决定》,对人大代表的结构比例和各乡镇(街道)的人大代表名额进行了明确要求,为各乡镇(街道)提名推荐人大代表候选人提供了切实可行的操作方案。在选民登记工作中,对需要在本县参加选举的外来务工人员,向其所在县级人大常委会发放告知信函460封。针对选民的迁入、迁出、死亡等变化情况,先后进行了两次选民登记,对漏登和迁入的选民进行了补登,做到应登尽登。在提名推荐代表候选人工作中,根据中央、省、市的有关纪律要求,印发了《关于推荐新一届县乡人大代表候选人"十不选"负面清单的通知》,将22名不符合要求的人排除在人大代表候选人之外;提出了《关于万载县第十七届人民代表大会代表名额分配的请示》,对代表候选人提出了具体结构比例要求。在人选的推荐过程中,征求了10个县直有关单位的意见,向县委提出了《关于推荐万载县第十七届人大常委会组成人员和部分县人大代表提名人选的建议名单》。四是组织代表候选人与选民见面。印发《万载县第十七届人民代表大会代表候选人与选民见面的实施方案》,尤其是对县直寄选代表,逐人发出通知,县委书记、县长候选人、人大常委会主任候选人等63名寄选代表以普通代表身份到所参选的53个选区与选民全部见面,其他乡镇推荐的代表根据自身工作到选区介绍自己的情况,使选民对自己要选的人大代表有所了解,有所比较,为投票选举工作的顺利进行打下良好基础。五是组织好新一届县乡两级人民代表大会。明确由县级领导带头和联络指导组人员全程参与指导乡镇开好人代会。下发乡镇新一届人民代表大会工作日程、主持词等相关资料,作为乡镇召开人代会的工作参考。做好了县十七届人大一次会议组织选举的相关工作,圆满完成了各项选举任务。此次换届共选举产生县级地方国家机关领导人员38名,包括万载县第十七届人大常委会组成人员28名,万载县人民政府领导人员7名,万载县监察委员会主任1名,万载县人民法院院长1名,万载县人民检察院检察长1名。全县16个乡镇选举产生乡(镇)人大主席、副主席,乡(镇)长、副乡(镇)长共100名乡级国家机关领导人员。六是严肃换届纪律。对所有的人大代表、县乡两级换届选举指导联络组全体人员、换届办等人员大力宣传换届纪律要求,积极组织学习好中央"十个严禁、十个一律"、省委"八个严格、八个不得"、市委"六个决不允许"、县委"五要五不准"的换届纪律要求,观看了《警钟长鸣》警示教育片,层层签订好换届纪律承诺书,营造风清气正的选举环境。

【代表工作】 1. 激发代表履职积极性。扎实开展县十七届人大代表候选人与选民见面活动,县委书记严旭辉,县委副书记、县政府县长提名人选刘学军等县级领导带头深入各自选区与选民座谈交流,有力推动全县各级人大代表正确有效履职。开展县级领导代表进驻代表联络工作站联系人民群众活动,28名县领导率先进驻代表联络工作站,接待选民200多名,帮助群众解决实际问题30多个。开展县十七届人大常委会组成人员集中联系走访基层人大代表活动,28名常委会组成人员按照每人联系2~3名基层一线代表的安排,通过上门走访、电话联系等方式,重点联系72名在基层一线的县人大代表,密切代表之间的联系、激发代表履职活力。组织69名市县人大代表对县十六届人大六次会议票决出来的12件重大民生实事项目进行专项监督,并将情况及时通报给县人民政府，推动民生实事项目落实。2.强化建议督办实效性。对县十六届人大六次会议期间收到的79件代表建议进行梳理、汇总、交办、督办，办结率100%，满意率98.7%。比如，针对群众反映强烈的城区工程运输车管理的问题，通过重点建议督办，城管、交警等部门加强了工作机制监管，对县内88辆渣土车辆全部安排4G实时视频监督平台，对作业时间、活动区划进行限时限地规范管理，为人民群众提供了一个安全的出行环境，大大地提升社会公众安全感。对县十七届人大一次会议期间收到的317条代表建议进行跟踪督办，做到了答复率、办结率100%，极大提升了代表建言献策、参政议政积极性，做到民有所呼、我有所应。组织新一届县人大代表和市人大代表在人代会前进行一次调研工作，保证了在大会期间提出高质量的代表建议。3.增强服务代表主动性。组织3个小组分片区开展人大代表联络工作站运行情况调研座谈，各乡镇（街道）代表联络工作站（室）提档升级。举办县十七届人大代表履职培训班，专题学习党的十九届六中全会精神、中央人大工作会议精神、《代表法与代表履职》、《增强地方人大监督实效的实践与思考》等内容，全面提升理论素养和履职能力，参训人员达300余人。全力做好市五届人大代表履职培训班的相关工作，提升代表履职能力和水平，推动人大代表高效、高质量履职。依托"江西数字人大"平台，录入1265条省、市、县、乡4级人大代表信息和135条开展活动情况，推动代表履职信息化建设。4.提升代表考核针对性。对县十六届人大代表5年来参加会议、参与中心工作等履职情况进行考核，作为新一届代表连任的重要依据。在换届选举中，有72名县十六届人大代表连任新一届人大代表。出台《万载县第十七届人民代表大会代表履职考核方案》，制定《万载县第十七届人大代表履职登记手册》和《万载县第十七届人大代表履职档案》，每年年底对代表履职情况进行百分制考核。

【县人大常委会领导成员】

主　任：龙雷君（9月任）
副主任：刘学松
　　张功才（任至9月）
　　周庚明（任至9月）
　　袁正生（任至9月）
　　刘小全（任至9月）
　　程淑兰（女，9月任）
　　郭锐（9月任）
　　谢菊香（9月任）
　　张　华（9月任）
　　江卫平（9月任）
一级调研员：谢绍平
二级调研员：欧阳晓东
　　谭秀英
副县级干部：丁梓青
　　袁梅辉
　　周庚明
三级调研员：袁正生
　　刘小全
　　刘继贤
办公室主任：陈国亮（任至9月）
　　石根平（10月任）
农环工委主任：辛　华
监察和司法委员会主任委员：
　　欧阳普恩
教科文卫外侨民宗工委主任：
　　李文龙
选任联工委主任：李勇燕
财经委主任委员：漆建武
社会建设委员会主任委员：
　　黄俊文（9月任）
办公室副主任：宋珊童（任至9月）
　　钱地德（10月任）
教科文卫外侨民宗工委副主任：
　　彭小娟
备案审查工委副主任：唐红艳
财经委副主任委员：
　　杨世平（9月任）
监察和司法委员会副主任委员：
　　兰武亮
社会建设委员会副主任委员：
　　李　立
内务司法工委副主任：
　　彭世昌（10月任）
预算审查工委副主任：
　　陈礼祥（10月任）
农环工委副主任：吴漂海（10月任）
选任联工委副主任：高　庆（10月任）
人大机关四级调研员：陈小斌
　　梁星耀
　　彭文凯
人大机关一级主任科员：邓智伟
　　宋甫生
　　辛增友
人大机关二级主任科员：刘长江
　　谢文琪

万载县人民政府

综　述

2021年，在市委、市政府和县委的坚强领导下，在县人大、县政协的监督和支持下，全县上下攻坚克难、砥砺奋进，经济社会呈现良好发展态势。全年实现生产总值240.46亿元，同比增长9.1%；财政总收入32.59亿元，同比增长13.8%；一般公共预算收入16.48亿元，同比增长1.1%；规模以上工业增加值同比增长12.2%；固定资产投资同比增长10.8%；外贸出口完成4.34亿美元，同比增长74.3%；社会消费品零售总额完成76.89亿元，同比增长17.5%；城镇、农村居民人均可支配收入分别达到35040元、15472元，分别同比增长7.9%、8%。全县生产总值增速排全市第三，外贸出口增速排全市第一，一、二、三产业比调整为9.1∶47.49∶43.41。

【三次产业】 工业经济加速崛起。2021年，新增规上工业企业30家，规上工业增加值和主营业务收入增速均列全市第一，工业固投增速排全市第三，六大主导产业营业收入占工业总量的87.3%。新增国家高新技术企业4家，华尔升科技被认定为国家级专精特新“小巨人”企业，实现“零的突破”。花炮产业实现总产值111亿元，同比增长29.4%，完成税收2.98亿元，换发新证企业149家，发放退出奖补资金2.28亿元，安排花炮产业机械推广专项资金1000万元。在全国烟花爆竹转型升级集中区建设考评中位列第二。农业发展提质增效。建成高标准农田3.52万亩，粮食播种面积66.36万亩，总产量26.6万吨。新增富硒产业示范基地5个，建成富硒农产品基地15.1万亩、有机认证面积41.2万亩，有机富硒产值突破65亿元。新增“二品一标”产品6个，万载百合、康乐鸡成功申报中国地理标志产品。现代服务业蓬勃发展。全县实现旅游综合收入106亿元，增长8.1%；电商网络零售交易额3.9亿元，增长28%。江西“百县百日”文旅消费季万载分会场活动全省综合评分第一。

【经济发展】 项目支撑更加有力。全年引进千万元以上项目59个，签约金额117.45亿元，开工率69.5%，注册率96.6%，其中亿元以上项目35个，20亿元以上项目2个，涂联科技项目被认定为“5020”项目，实现入统“零的突破”。48个重大项目开工，22个重大项目建成投产，59个省、市、县重点项目累计完成投资101.95亿元。园区功能更趋完善。新建标准厂房5.7万平方米、供水管网6.8千米，完成园区5条道路改造提升。设立园区“一站式”审批中心，赋权审批事项33项，实现园区事园内办。工业园化工集中区获批省级化工集中区。营商环境更为优化。建立县、乡、村三级联动帮代办体系，在全市率先实现“跨域通办”。基本完成相对集中行政许可权改革，县行政审批局挂牌运行，划转行政审批事项187项，缩减审批环节27%，企业开办实现零收费、即时办。组建万载县营商环境服务中心，召开政企圆桌会议10次，为企业解决问题132个。减免企业各类税费6.43亿元。

【城市面貌】 城市面貌有新变化。“双城联动”一期项目启动。实现第三期棚改1128户签约率100%。完成11个老旧小区改造,涉及2319户。G220绕城公路、南部新城“一纵两横”、衙背山路、纵一路北段、田下路北段、宝塔西路西段等道路通车。美丽宜居城市建设全面启动,省级卫生城顺利通过复审。村镇建设有新进展。建成新农村点186个,改造农村危房116户、户厕2537户,新改扩建农村公路56千米,维修和养护农村饮水工程201个。农村生活垃圾无害化处理率100%。生态保护有新作为。统筹推进“两高”项目清理整改,完成上级下达的能耗“双控”考核任务。推进水气土污染防治,空气优良率96.8%,主要河流断面及县城集中式饮用水水源地水质达标率100%,受污染耕地安全利用率达93%以上。建成矿山智慧监管平台,88个矿山环保问题全部整改到位。完成人工造林1.44万亩,封山育林1.59万亩。通过省级生态县考核验收,成功创建“江西绿色生态”品牌试点县。

【为民服务】 民生保障有力有效。民生支出41.49亿元,占一般公共预算支出的83.1%。完成巩固拓展脱贫攻坚成果项目261个,精准施策帮扶“三类人群”105户,集体经济经营性收入达10万元以上村有181个。高村镇获评“全国脱贫攻坚先进集体”,全市唯一;皂下村、槽岭村、新竹村被列入全省100个脱贫攻坚典型案例;仙源村被列为中组部“红色名村”建设点。提供创业担保贷款2.9亿元,转移农村劳动力6239人,城镇就业率96.9%。公共服务均衡普惠。落实常态化疫情防控,疫苗接种工作持续居全市前列。县中医院综合楼完成主体建设。“优质服务基层行活动”获国家卫健委通报表扬,农村基层卫生工作排全市第一。诚济医院获评“全国首家县级社会办医标杆医院”。新增学位4060个,新招录教师397人,组建万载县花灯戏剧团,县文化馆获批全国二级文化馆,潭埠镇成功申报省级开口傩之乡。完成县养老服务中心改建和8个乡镇敬老院消防设施改造,新建投入使用敬老院1个、嵌入式社区养老院2个。社会大局和谐稳定。花炮生产领域连续27个月未发生安全生产事故,县应急管理局获评“全国应急管理系统先进集体”,专业森林消防大队获评“全国第五届消防119先进单位”。

【政府效能】 严格落实中央八项规定及其实施细则精神,深入推进清廉万载建设,开展政府系统廉政警示教育,抓好以案促改、以案促建、以案促治。法治建设见行见效。深入实施“八五”普法,依法公开政府信息7861条,办理行政复议案件20件。全面落实政府法律顾问制度。办理人大代表建议77件、政协委员提案85件。作风建设抓深抓牢。深入开展党史学习教育及“学先进、转作风、见实效”活动,开展在编不在岗和临聘人员清理整治,干部干事、创业精气神进一步提振。扎实推进“五型”政府建设,马步乡获评全省“五型”政府建设示范乡镇。出台《万载县人民政府工作规则》等8项制度,印发《政务督查》43期。2021年《政府工作报告》中重点工作88项,已完成82项,完成率93.2%。

重要工作

【重要会议】 2021年,县政府共召开政府常务会议29次,分别由县长曾文军、刘学军主持,常务副县长彭宇波受县长委托主持。会议传达学习了中央、省、市关于党史学习教育、党风廉政建设、乡村振兴、安全稳定等重点工作有关文件和讲话精神;讨论研究了经济及产业发展、重点工程和重点项目建设、“十四五”规划编制、烟花爆竹转型升级集中区建设、营商环境建设、城市及农村基础设施建设、公共服务资源优化升级、生态环境整治提升、城乡人居环境整治、打击电信网络诈骗、各项指标争先创优等工作。会议还对人事问题和县政府领导分工调整进行了研究。

【重大政策】 对支持实体经济发展、优化营商环境、提升城市功能与品质、防范化解重大金融风险、促进教育改革发展、提升安全监管成效等进行了研究审定,出台了《万载县工业强基项目攻坚产业升级推动工业高质量发展三年行动(2021—2023)实施方案》《万载县建设全省政务服务满意度一等县行动方案》《万载县建设全市营商环境一等县实施方案》《万载县政府投资项目管理办法》《万载县续贷帮扶资金管理办法》《万载县工业园区全链审批赋权实施方案》《万载县烟花爆竹转型升级集中区建设工作实施方案》《关于进一步规范乡镇(街道)财政管理事项》《关于全面推进乡村振兴加快农业农村现代化的实施意见》《万载县"十四五"新农村建设工作计划方案》《万载县建设绿色有机富硒农产品基地试点县工作方案(2021—2025年)》《万载县县级储备粮管理制度》《万载县县级储备油实施方案》《万载县美丽宜居城市建设行动方案》《万载县教育改革发展重点工作十五条》《万载县最低生活保障审核确认权限下放至乡镇(街道)实施办法(试行)》等政策文件。出台了《万载县关于促进民宿健康发展的实施意见》《万载县2022年巩固拓展脱贫攻坚成果同乡村振兴有效衔接工作要点》《万载县烟花爆竹生产企业星级评定实施办法》《万载县工业项目"标准地"工作方案(试行)》《关于公布实施更新调整后城区基准地价的通知》《万载县突发事件总体应急预案》《推进基层应急管理体系和能力建设的实施意见》《关于推行食品安全党政同责社会共治的实施意见》。印发了《万载县政府投资项目管理制度(试行)》,为进一步规范政府投资项目管理,建立健全科学的政府投资项目决策、实施和监督管理制度,严格以估算控制概算,概算控制预算,预算控制决算,保证工程质量,提高投资效益提供了依据。出台了《万载县国民经济和社会发展第十四个五年规划和二〇三五年远景目标纲要》,对"十四五"期间国民经济和社会发展作出总体部署,并展望二〇三五年国民经济和社会发展远景目标,主要阐明县委、县政府战略意图,是全县各地各部门履行职责的重要依据,是市场主体的行为导向,是全县人民的共同愿景。出台了《万载县"我为群众办实事"实践活动工作实施方案》,建立和完善了解决群众"急难愁盼"问题的长效工作机制。出台了《万载县县级储备粮管理办法》《2021年万载县重金属超标稻谷收购工作实施方案》。

【督查督办】 2021年,全县共开展专项督查52次、联合督查21次,落实县政府常务会议议决事项79件、县长交办件209项,办结县人大代表提出建议77件、政协委员交办提案196件,办理答复国务院"互联网+督查"平台群众留言线索10件,落实2021年市民生实事4件、县民生实事12件有关任务,下发督查通报43期,政务督查工作取得实质性进展。1."严"抓督办,决策和部署落实有效。狠抓《政府工作报告》重点工作落实。坚持以《政府工作报告》精神为主线,切实将总体目标进行任务分解、明确责任,实行主要负责人负总责、分管负责人具体抓、专人负责跟进落实的工作机制,形成层层抓落实的工作格局。建立台账管理,细化工作措施,明确进度安排,实施不定期督查,严格按时间节点扎实推进。同时,对重大项目建设、招商引资、营商环境、生态环保,安全生产等重点工作进行专项督查并下发通报,真正做到事事有着落、件件有回音。狠抓县政府常务会议议决事项落实。安排专人负责县政府常务会议议决事项的督促落实,采取下发通知或督办单督促、电话督促、现场督办等形式,推进工作落实。自十六届县人民政府第七十八次常务会议以来,共落实议决事项79件。狠抓会风会纪,助力提升作风建设。全力配合县委办、县纪委,县监委完成督查会风会纪、干部值守、重点工作推进,并对县政府组织召开的各类会议进行督查。采取会前签名、会中抽查、会后再督的形式尽量减少代会、迟到、缺席、玩手机等现象发生,有效提升会风会纪。2.以"快"抓督办,实现领导批示落地有声。完善相关督查考核机制。依法依规拟草制定《万载县政府系统担当实干抓落实的实施办法》《万载县政府系统一线工作法实施意见》《万载县政府重点工作督查暂行办法》并下发各单位，为确保政令畅通提供有力保障。全面落实县长交办事项。安排专人通过转办、跟踪、协调、综合反馈等方式推进县政府工作例会交办批示工作 209 项。同时，针对主要领导暗访安全生产及脱贫攻坚拓展成果同乡村振兴有效衔接对问题整改进行督促落实，共督促完成 45 项。3.以“细”抓督办，实现建议、提案办理有序。县政府办高度重视县人大代表建议、县政协委员提案办理工作，及时会同县人大常委会、县政协联合召开人大代表建议和政协委员提案交办会进行安排部署，明确分工、压实责任。2021 年，共收到县人大代表交县政府办理建议 77 件，全部办理完结；收到县政协委员交县政府办理提案 196 件，全部办理完结。4.以“实”抓督办，实现民生实事推进有力。一是认真筛选。通过多次召开座谈会，倾听部门和群众呼声，反复调查研究，多方征求意见，本着实事求是、切实可行、体现特色、促进发展的原则，确定 2021 年民生实事 12 件。二是明确责任。对宜春市涉及万载的 4 件民生实事及万载县 12 件民生实事进行任务分解，明确牵头单位和责任单位，细化工作举措，层层传导压力。三是督促落实。组织召开民生实事推进会、各县领导召开责任单位参加的汇报会，听取进展情况，协调解决遇到的问题，并采取每周一调度、现场督促等形式推进项目实施。

【办理人大代表建议和政协委员提案】 2021 年，交由县政府系统承办的代表建议和委员提案共 273 件，其中代表建议 77 件（县十六届人大六次会议交办 77 件）、委员提案 196 件（县政协十三届六次会议交办 85 件，县政协十四届一次会议交办 111 件）。通过各承办单位、协办单位的共同努力，所有建议、提案全部在法定时限内办结，答复完毕建议和提案办理满意、基本满意均为 100%。

2021 年，县政府牵头抓总，把建议、提案办理作为推进和改进政府工作的重要手段，各位分管副县长加强工作指导，协调解决重点、难点问题，主办单位、协办单位加强沟通协调，形成了政府领导牵头督促、部门协调推进的良好格局。2021 年办理的建议、提案数量相较往年数量有所增多，除去交办的 273 件建议、提案外，全年还办理两届人大代表审议政府工作发言建议 338 条。在办理建议、提案的过程中，县政府办公室加强督办和催办，与县人大常委会、县政协相关委室积极沟通，保证提出的建议、提案、审议发言建议能够在法定的时间内完成任务，解决了一批人民群众普遍关心关注的热点、难点问题。

【外事工作】 2021 年，因疫情影响等原因没有办理公务人员因公出入境。在线上外事活动上，严格遵照“外交大权在党中央、外事工作授权有限”的根本原则和“统一领导、归口管理、分级负责、协调配合”的外事管理体制原则，不折不扣贯彻落实《关于规范管理线上外事活动的通知》的通知精神，未举办相关线上活动。深入学校、企业和乡镇，走访了解常住外国人生活、工作情况，开展法制宣传和帮助解决实际问题。

涉外企业服务质效明显。鼓励县内 2 家在国外有工作点的企业安装“平安丝路”客户端，以备不时之需。对全县涉外和出口企业实行“一对一”服务，帮助企业解决在生产经营中遇到的各种问题与困难，加大对企业“走出去、引进来”的服务力度。坚持向企业推介不以营利为目的出口信用保险，助推企业开拓国际市场，降低收汇风险，全年全县共有 32 家企业享受了免费的短期出口信用保险。疫情常态化防控有力。一是切实做好了入境人员的管控。二是切实保障了全县外籍人士的新冠病毒疫苗接种。制定下发《万载县外籍人士新冠病毒疫苗接种工作应急预案》《万载县外籍人士新冠病毒疫苗接种工作机制》。指定万载县人民医院接种点（广仁骨科医院一楼）为外籍人士接种疫苗，预留专用通道方便外籍人士接种。

【营商环境】 2021年，万载县以建设“全省营商环境一等县、全省政务服务满意度一等县”为目标,按照县委“融入宜春、聚力园区、双城联动、特色彰显、宜业宜居”的工作部署,积极打造万载“万事通”营商环境品牌。

不断增强工作合力。一是强化组织领导。成立万载县优化营商环境工作领导小组，由县委书记、县长任双组长。明确县直各单位、各乡镇(街道)主要负责人是优化营商环境第一责任人，对优化营商环境工作负主体责任。组建万载县营商服务中心，定岗定编16人(含正科级1名、副科级3名、一般干部12名)。二是注重建章立制。出台《万载县建设全省营商环境一等县实施方案》《万载县建设全省政务服务满意度一等县行动方案》《万载县政企圆桌会议制度》《万载县“营商专员”入企帮扶制度》《万载县营商环境“十不准”》《万载县损害营商环境责任追究办法》《万载县营商环境观察员制度》等。

持续深化“放管服”改革。一是开展简政放权。积极推进向乡镇(街道)赋权,动态调整赋予乡镇(街道)县级审批服务执法权限指导目录,开展全县乡镇(街道)行政权力清单指导目录编制工作。推行“容缺审批+承诺制”服务,加快落实“拿地就开工”机制。严格执行《万载县人民政府办公室关于实行企业检查备案制度的通知》，规定每月1日至25日为企业“安静生产期”。二是创新政务服务。建立县、乡、村三级联动帮代办服务体系,梳理首批帮代办事项154项，推行“一窗受理、分流转办、限时办结、统一反馈”工作机制。在全市率先开展“跨域通办”工作,与湖南浏阳、萍乡上栗签订政务服务“跨省通办”合作协议,公布首批跨域通办事项45项，开设跨域通办帮代办服务专窗。三是推进执法监管。扎实推进“互联网+监管”工作。2021年,全县共完成省“互联网+监管”系统用户注册904人,认领监管事项893条，检查实施清单完成649条，编制率达100%。监管行为覆盖率达到100%。共发布监管动态412条,监管曝光信息115条。

尊商护商氛围更加浓厚。一是组建专班监督。成立营商环境突出问题督查专班,重点查处营商环境评价15个一级指标和48个二级指标，各责任单位主动性和积极性不够，责任未到人、到岗,牵头单位和配合单位工作任务未细化、量化,工作措施未落到实处;万载县优化营商环境15个攻坚行动落实不到位、效果不佳;18项万载县优化营商环境负面清单等问题。二是强化纪检监督。出台《万载县损害营商环境责任追究办法》,对损害营商环境的33种行为坚决“亮剑”。三是鼓励企业监督。出台《万载县安商“红黄榜”网络评价办法》,由全县300家规上(重点)企业每月对68个职能单位进行投票,满意投红牌、不满意投黄牌。截至2021年年底,共组织企业投票14次,印发万载县营商环境建设工作简报14期,共投红牌1422张、黄牌99张。

业园区主战场地位更加彰显。一是强化政企沟通。坚决落实政企圆桌会议机制,2021年共召开政企圆桌会议10次,收集企业反映问题141个,解决问题130个，转办、交办问题11个，有效帮助企业解决难题,获得全县企业的一致好评。二是提升服务水平。选定214名科级以上干部作为“营商专员”对324家规上(重点)企业实行“有求必应”式服务,截至12月底,全县“营商专员”共为企业帮办、帮扶各类事项460余件次。三是优化园区赋权。设立工业园一站式审批中心,将企业注册开办、工程报建、水电气报装等33项事项直接赋权给工业园,实现“园区事园区办”。截至2021年年底，已办理赋权事项1373项，跑出了园区服务“加速度”。

【金融服务】 主要指标跑出“加速度”。截至2021年年底,全县各项存款余额306.26亿元,较年初增加24.35亿元,同比增长8.64%;各项贷款余额253.99亿元，较年初增加36.16亿元,同比增长16.6%;存贷比为82.93%,新增存贷比达148.49%；小微贷款余额46.02亿元，较年初增加5.04亿元，绿色贷款余额21.84亿元,较年初增加7.2亿元。服务实体提高“满意度”。组织召开政银企融资对接会3场，签约企业272家，对接金额24.99亿元；通过财园信贷通、惠农信贷通、科贷通共发放贷款272笔，金额5.45亿元；中小企业担保公司在保企业244家，在保余额6.51亿元，融资担保年化费率维持在1%，增长3.54倍；花炮供应链金融累计对接企业23家，对接贷款金额0.58亿元。企业上市保持"关注度"。深入推进企业上市"映山红行动"，积极组织优质企业参加全省、全市资本市场和企业上市培训及线上知识讲座；华尔升科技、盛典科技等6家企业进入省重点上市企业后备库，睿锋环保、华尔升科技分别与国泰君安证券、平安证券签订了合作协议；坤奇实业、辉明有机农业等4家企业在江西联合股权交易中心绿色板块挂牌展示。防控风险提升"安全度"。督促农商行等加大不良贷款清收处置力度，妥善化解不良贷款，不良率降至1.46%；全面落实《江西省地方金融监督管理条例》，加强小贷公司等地方性金融机构日常监管；深入推进金融行业专项整治工作，加大《防范和处置非法集资条例》宣传，开展"七进"宣传活动105场，排查重点领域机构449家。

【接待工作】 认真做好会议服务。认真抓好县委、县政府会议的会务工作，会场布置、清洁、茶水供应等会务工作能及时完成；加强会场、会议室灯光、音响、空调、线路以及桌椅等设施设备的检修维护。例如，2021年3月17日全县党史学习教育动员会、4月12日全县组织（人才）和乡镇换届工作会议暨中央巡视选人用人专项检查反馈意见整改工作推进会，5月31日县委理论学习中心组党史学习教育专题学习扩大会，7月15日习近平总书记关于安全生产重要论述宣讲会等大型会议和活动。2021年度，全县举行各类会议活动100余次，在会务服务工作中，机关事务管理局每场会议都坚持做到了会前准备充分、会中现场服务到位、会后清整有序。切实在服务的细节上下功夫、做文章，全力打造零差错、零失误的服务保障机制，确保各项大型会议的会务服务工作万无一失。

机关事务

【节能工作】 大力推动公共机构节能工作。为推动全县公共机构节能工作进一步深化，县机关事务管理局积极与省市机管局交流学习，就深化节能改造、能耗数据统计、垃圾分类推广等各项工作进行了深入的探讨和交流。一是2021年9月，在网上组织全县100余家公共机构进行线上培训，对江西省公共机构能源资源消费统计平台的相关参数及填报数据都做了详细讲解，协助各公共机构完成2021年度能源消耗数据统计工作。二是积极开展节能宣传周暨低碳日活动。2021年8月23日—29日会同县发改委围绕"节能降碳，绿色发展"宣传主题，举办节能宣传周，进一步强化节能宣传，营造节能低碳的浓厚氛围，共张贴宣传海报12张，设置温馨提示牌7个，在就餐高峰期循环播放10部宣传片1000余次。积极引导机关干部职工"吃多少、点多少"，提醒和鼓励机关干部职工自觉践行"文明消费、节约用餐"理念，推动养成良好的节约习惯。另外机关事务局每天派一名干部在食堂值班，担任制止餐饮浪费监督员角色，对餐饮浪费的干部进行及时制止，提倡"光盘行动"。2021年10月底，机关事务管理局安排节能统计员参加全市2021年公共机构能源资源消费数据统计培训会暨数据会审，对上半年数据进行了全面的数据审查，针对会审发现的问题，于11月上旬组织相关部门开展了专项培训，确保问题得到及时解决，并能更好地开展后续节能数据统计工作。

【公务用车管理】 全面加强公务用车管理。严格落实公务用车编制、配备、使用和监督管理要求，不断提升公务用车管理水平。强化公车科学调度，提高车辆使用效率，圆满完成各项重要工作用车任务。加强驾驶员安全培训及经常性思想教育，提高公车司机的安全意识，提升公车服务保障形象。

【党史学习教育】 抓牢党史学习教育,提升党性修养。通过深入开展党史学习教育,进一步教育引导全体党员“学史明理、学史增信、学史崇德、学史力行”,全面了解中国共产党成立以来、新中国成立以来以及改革开放以来的重大事件、重要会议、重要文件、重要人物,了解我们党领导人民进行艰苦卓绝的斗争历程,了解中国近代以来的斗争史、中国共产党成立以来的奋斗史、新中国成立以来以及改革开放以来的发展史,深刻认识红色政权来之不易、新中国来之不易、中国特色社会主义来之不易、党领导人民取得抗疫斗争重大战略成果来之不易,深刻把握党的历史发展主题主线、主流、本质,深刻理解中国共产党为什么“能”、马克思主义为什么“行”、中国特色社会主义为什么“好”,不断从中深入领会学习马克思主义理论的重要意义,感悟马克思主义的真理力量,持续激发广大党员爱党、爱国、爱社会主义的巨大热情,增强道路自信、理论自信、制度自信、文化自信。

【乡村振兴工作】 扎实开展脱贫攻坚与乡村振兴有效衔接工作。坚持“从群众中来、到群众中去”的工作思路,深入了解村情民情,坚持问题导向,想村民所想、急村民所急,统筹考虑巩固脱贫攻坚成果,促进脱贫攻坚与乡村振兴有效衔接工作,勇于担当作为、攻坚克难,为村民解决实际问题。全力推进脱贫攻坚与乡村振兴有效衔接工作。一是继续做好茭湖乡西源村的结对帮扶工作。定期开展走访慰问,上户了解帮扶对象家庭情况和生产、生活情况,对帮扶对象遇到的困难及时帮助解决,暂时无法解决的积极上报、协调沟通。节假日送上慰问物资,让帮扶对象感受到党的关怀和温暖。二是联合县人民医院和县巡特警大队开展“党员学习议事日”活动和村庄环境整治活动,改善乡村人居环境,提升村民幸福感。

中国人民政治协商会议万载县委员会

综述

2021年，万载县政协在中共万载县委的坚强领导下，坚持以习近平新时代中国特色社会主义思想为指导，深入贯彻党的十九大和十九届历次全会精神，聚焦“做示范、勇争先”目标要求，坚持团结和民主两大主题，认真履行政治协商、民主监督、参政议政职能，充分发挥人民政协重要阵地、重要平台、重要渠道作用，为推动全县经济社会高质量发展，实现“十四五”良好开局做出积极贡献，谱写了新时代万载政协事业发展新篇章。

【政治建设】 加强思想政治建设。着力构建内容丰富、方式多样的学习制度体系，坚持做到“逢会必学”，通过政协党组会议、主席会议和常委会会议等开展学习，先后组织各类集体学习研讨24次，第一时间传达学习各级重要会议、文件和领导讲话精神，推动学习全覆盖。扎实开展党史学习教育，深入推进“我为群众办实事”活动，先后解决民生实事26件。党的十九届六中全会召开后，迅速在政协系统掀起学习宣传贯彻党的十九届六中全会精神的热潮，通过集中宣讲、专题研讨、学习交流等形式，引导政协机关干部和广大政协委员自觉把思想行动统一到党中央的决策部署上来。推进党风廉政建设。严格落实全面从严治党主体责任，切实履行“一岗双责”。坚持把各级通报文件纳入机关集体学习内容，切实加强政协机关廉政教育和作风建设。全面彻底肃清“颜赣辉、胡全顺流毒”，保持警钟长鸣，筑牢防腐拒变的思想防线，打造风清气正的政协形象。抓实政协党的建设。抓好机关党建“三化”工作，严格落实“三会一课”、民主评议党员、主题党日制度，坚持在政协重大活动、重要会议设立临时党组织，确保党对政协工作的全面领导。

【服务中心】 协商议政谋发展。按照县委“融入宜春、聚力园区、双城联动、特色彰显、宜业宜居”工作思路，就“优化行政审批服务，提高行政效能”“挖掘红色文化资源，促进文旅融合发展”“强化法律服务、助推依法治县”等8个课题开展协商调研，形成调研报告8篇。其中，“优化行政审批服务，提高行政效能”调研报告得到县委、县政府主要领导重视，并组织召开对口协商议政专题常委会，围绕报告中提出的突出问题，现场协商讨论，研究解决对策，推动群众关心、企业关注的行政审批问题得到妥善解决或明确答复。服务中心展作为。积极投身三期棚改一线，县政协全体领导班子成员发扬“5+2”“白＋黑”工作精神，与所在工作组各成员单位一道，全面完成签约、腾空工作任务。深入开展招商引资工作，县政协领导班子成员带头赴浙江、广东等地考察项目，并带动委员积极参与，成功协助引进项目2个。落实包村挂点职责，班子成员深入乡村，指导和推进脱贫攻坚成果与乡村振兴有效衔接工作，多方筹措资金30余万元，帮助黄茅镇南江村、军屯村，仙源高岭村、潭埠新开村等挂点村完成群众“微心愿”。

【履职实效】 民主监督有效开展。对县商务局开展民主评议监督，向县科技局派驻民主监督员，向两个单位反馈在依法行政、为民服务等方面存在的突出问题共计14个方面25条，提出整改意见27条。针对在民主监督中发现的反映强烈但县直部门难以独自解决的问题，联合县政府以及相关单位召开民主监督对口协商议政专题会议，现场商讨解决办法，推动问题解决。提案工作务实创新。精心编撰《重要提案摘报》5期，选取30个思路清、问题准、建议实的高质量提案，向县委、县政府呈报，以供决策参考。实行县委、县政府和县政协领导重点督办提案“双领办”制度，推动30件重点督办提案办理落地见效。完善提案线上管理模式，推广应用“提案管理云平台”，不断提高提案工作效率。社情民意惠及民生。突出社情民意信息的民生导向，结合视察调研、走访委员，深入基层、深入群众，了解社会生活中苗头性、倾向性问题和群众关注的热点、难点问题。全年共收到社情民意109条，编撰并刊发《社情民意专刊》5期26条，得到县政府主要领导重视并批示。

【政治协商】 加强交流沟通协作。坚持合作共事，邀请党派团体参加政协组织的各项协商议政会议，安排党派团体做大会发言，为党派团体发声、发力创造条件、搭建平台。走访非公有制经济代表人士和新的社会阶层人士，开展在外人才联谊工作，为招商引资、招才引智牵线搭桥。配合做好省、市政协及外地政协来万考察调研30余批次，不断加强与省内外政协组织横向联系，宣传万载发展变化、展现万载政协履职风貌。加强宣传思想工作。牢牢把握意识形态工作领导权，坚持通过每季度开展专委会委员集体活动，带领委员学习贯彻党的基本理论、基本路线、基本方略，不断增进对中国共产党和中国特色社会主义的政治认同、思想认同、理论认同、情感认同。大力开展宣传报道，全年在国家级媒体上稿8篇、省级媒体上稿9篇，在市级平台刊发工作动态200余条，广泛传播政协声音。

【自身建设】 做好政协换届。产生了新一届县政协领导班子和常务委员，把代表性强、具有较高理论政策水平、有较强参政议政能力、热爱政协工作的251名各界代表人士吸纳为新一届县政协委员，为政协履职夯实了基础。建强领导班子。加强班子理论学习，开阔视野，提升能力。坚持民主集中制，凡是重要决议、重要活动、人事安排等均集体协商讨论，做到科学、民主决策。坚持团结协作，既各司其职管好分管工作，又支持配合其他班子成员工作，在合作中不断加深了解，增进团结。抓实委员培训。组织换届后新任委员和新进政协机关干部150余人，以视频形式参加市政协组织的委员履职能力培训班，学习人民政协理论和撰写提案、社情民意等业务知识，提升队伍履职能力。加强机关建设。增加机关行政编制，新增机关工作人员10人，选优配强各专委会主任、副主任，全面解决了“一人委”现象。制定出台机关干部职工绩效考核办法，加强日常工作考核，激发机关干部职工争先创优意识。

重要会议

【政协万载县十三届六次会议】 中国人民政治协商会议万载县第十三届委员会第六次会议，于2021年2月2日—4日在万载举行。出席会议委员205人，应邀出席会议的有县党政领导和原副县级以上的离退休老同志70人，县直有关单位负责人、乡镇(街道)党委书记、统战委员、政协活动组秘书等158人列席会议。会议听取并审议通过了龙雷君代表县十三届政协常委会所做的工作报告和叶悠青代表县十三届政协常委会所做的提案工作情况报告，6位委员分别代表专委会、民主党派作了大会发言，为万载县经济社会发展出谋划策。与会委员列席了万载县第十六届人民代表大会第六次会议，听取并赞同县政府县长曾文军所做的《政府工作报告》及会议其他报告。会议增补了刘福建、黄实、陈婷、聂国全4位同志为政协万载县第十三届委员会委员，同意杨鹏程辞去政协万载县第十三届委员会委员、常务委员职务。会议通过了政协万载县第十三届委员会第六次会议决议。

【政协万载县十四届一次会议】 中国人民政治协商会议万载县第十四届委员会第一次会议，于2021年9月21日—23日在万载举行。出席会议的委员251人，应邀出席会议的县党政领导和原副县级以上的离退休老同志70人，县直有关单位负责人、乡镇(街道)党委书记、统战委员、政协活动组秘书等139人列席会议。会议听取并审议通过了辛永红代表县十三届政协常委会所做的工作报告和谢昌仁代表县十三届政协常委会所作的提案工作情况报告，3位委员分别代表专委会、民主党派做了大会发言，为县经济社会发展出谋划策。与会委员列席了万载县第十七届人民代表大会第一次会议，听取并赞同县政府县长刘学军所做的政府工作报告及会议其他报告。会议选举产生了政协万载县第十四届委员会常务委员会组成人员：主席彭述荣，副主席叶青松、张功才、辛永红、谢昌仁、闻崇、涂小江，秘书长胥小林，常务委员丁红锋、王体辉、龙荣明、卢世辉、卢明、朱伏茂、朱海鹏、刘兆材、刘荣、杨文轩、杨家远、杨清来、吴成庚、吴媛、张小峰、张芜、张鹤、周亮明、郑广辉、袁宇、聂国全、郭永红、陶俊、黄龙、黄平、彭继辉、喻阳青、喻驰彬、曾志、鲍均良。会议通过了政协万载县第十四届委员会第一次会议决议。

提案工作

县政协十三届六次会议以来，政协委员、政协各参加单位、各专门委员会共提出提案115件，经提案委员会审查后立案90件，立案率78.3%。其中，经济建设方面22件，占24.4%；文化建设方面17件，占18.9%；社会建设方面44件，占48.9%；生态文明建设方面7件，占7.8%。县政协十四届一次会议以来，政协委员、政协各参加单位、各专门委员会共提出提案147件，经提案委员会审查后立案119件，立案率80.9%，并案21件，未予立案7件。其中，经济建设方面29件，占24.4%；政治建设方面1件，占0.8%；文化建设方面7件，占5.9%；社会建设方面72件，占60.5%；生态文明建设方面10件，占8.4%。至2021年年底，所有提案全部办结。

【产业结构】 委员们围绕全县经济发展，贡献真知灼见。例如，喻勤委员提出《关于加强数字经济工作建设建议》的提案，为部门政策制定提供了参考依据。县发改委围绕“双城联动”工作部署，牵头制定《关于成立万载县智慧城市建设项目工作专班的通知》，明确各部门职责，使万载县智慧城市项目建设形成合力；紧抓龙头企业和大项目，打造各行业新型发展模式，推动数字产业经济发展。又如，汤尚剑委员提出《关于对促进传统产业高端化、智能化、绿色化发展的建议》的提案，对传统产业创新过程中存在的不足深入剖析并提出解决方案。县科技局认真研究、积极采纳，结合万载县实际情况，多次举办全县科技型企业科技业务知识培训班，推进江西省花炮产业技术创新战略联盟成立，打造万载县花炮科技创新中心，促进行业领域人才培育和科研能力建设。

【乡村振兴】 委员们围绕乡村振兴发展，深入开展调研，积极建言献策。例如，李斯旺委员提出《关于罗城扎粉产业发展的建议》的提案，罗城镇政府组织成立罗城扎粉协会，通过协会制定地方标准和团体标准，以标准化手段助力产品质量和品位提升；县商务局先后开拓抖音等线上销售平台，并以网络直播等形式进行线上推广，提高产品知名度，拓展销售渠道。又如，孙挺委员提出《关于加强金融机构高质量服务乡村振兴工作力度的建议》的提案，中国人民银行万载县支行成立了普惠金融工作领导小组，创新乡村振兴金融服务，创建乡村普惠金融服务站，打通农村金融服务“最后一公里”，助推全县乡村振兴工作取得实效。

【文教卫生】 委员们围绕繁荣县文化事业,谋良策,献实招。例如,陈艳、曾志宇委员提出《关于打造万载县红色研学的建议》的提案,县教体局以“打造一批优质研学基地,开发两条精品研学线路，打造一个红色研学品牌”为着力点,建设湘鄂赣革命纪念馆、万载古城等4个优质研学基地，设计以红色文化为主和以“古色、绿色”为主的两条精品线路,打造仙源“中共湘鄂赣省委、湘鄂赣省苏维埃政府”红色研学品牌,使万载红色研学建设逐步步入正轨。又如,袁宇、卢明委员提出《加强我县公共文化设施建设,打造书香万载,助推全民阅读城市创建》的提案,县文广新旅局充分吸纳委员建议，制订《打造书香万载，助推创建全民阅读城市建设实施方案》，将结合新图书馆建设，建立政府机构、图书馆、街镇、社区4级网络,推动全民阅读成为常态。

【回应民生】 委员们践行以人民为中心的发展思想,坚持履职为民,通过提案广集良策。例如,钱志敏委员提出《关于便利缴费人“缴纳社会保险费和基本医疗保险费”的建议》的提案,通过座谈协商决定由县社保局、县医保局各安排1~2名工作人员进驻税务大厅办公,将社保系统专线延伸到税务大厅，解决社保、医保缴费“两头跑”问题。又如,曾令伟委员提出《关于进一步加大对县中医院基础建设的建议》的提案,根据实际情况,县卫健委已向上级部门申请改造资金和建设用地，并持续关注进展情况。对于《关于万根竹路(万载中学东门段）人行道改造的建议》《关于治理人行道道板容易破损的建议》《关于田下路部分路段安装路灯和增设交通安全设施的建议》等多个涉及基础设施建设的提案，县城管局把落实建议作为推动工作的突破口，积极纳入后续项目建设中,形成工作方案,改善市容市貌，提升城市品位和形象。

【提案建议】 委员们围绕生态文明建设,坚持绿水青山就是金山银山发展理念。周琳婧、晏金云委员提出《关于加大农村环境治理，建设美丽乡村的建议》的提案,对农村环境治理常态化提出了意见和建议,县农业农村局结合建议和实际情况出台了《2021年万载县关于建立村庄环境长效管护机制的意见》。又如,李海根委员提出《关于加强官元山林场、九龙省级森林公园等自然风景区保护开发》的提案,县林业局围绕委员提出的多个建议一一解答,多方位开展自然风景区保护开发工作。

【畅通渠道】 县委、县政府始终把政协提案工作作为支持政协委员履职、密切联系群众、接受社会监督、实现科学民主决策的重要渠道。县政府及时召开提案交办会,下发提案办理工作有关通知,就做好政协提案办理工作提出了明确要求。常委会把提案工作作为政协履职的一项全局性工作，多次听取提案工作汇报,主席会议定期研究解决提案办理过程中碰到的具体问题,推动提案的办理落实。各承办单位把办理政协提案作为发扬民主、提升效能、推动本部门工作的重要途径,健全承办机制,规范办理程序,使提案工作形成领导重视、各方参与、良性互动的格局。

【提案督办】 坚持多措并举,在强化提案督办机制上下功夫,加大督办力度,推动提案的办理落实。持续推进“双领办”制度,县委书记、县长亲自带领党政班子领导每人参与领办一件重点提案,从十三届六次会议及十四届一次会议征求到的提案中共选取29件提案作为重点提案,和政协班子成员一起进行督办,通过委员现场视察，开展座谈协商,对多个承办单位的提案办理情况进行督办检查,确保提案办理有成效、有反馈。

【提升质量】 坚持从提案源头抓起,把好“三关”,打造精品提案。在大会召开前下发通知,要求委员走进基层,掌握群众的关注和期盼。引导和鼓励委员深入群众开展调研，及时发现问题，认真思考问题,把自己的真知灼见和重要的社情民意转化为提案，拓宽提案来源。坚持“不求多、只求精”的原则，对全委会上征集到的提案做到提案审查委员会初审、全委会结束后再审，提升提案的整体质量。

专门委员会工作

【提案委员会】 2021年，政协万载县十三届六次会议和十四届一次会议共收到提案262件，经提案审查委员会审查立案209件，其中经济建设51件、政治建设1件、文化建设24件、社会建设116件、生态文明建设17件。及时将审查立案的提案转交县委办、县政府办进行提案办理承办单位分配，实现各承办单位“一把手”负总责，分管领导抓，落实专人具体办的目标，做到工作部署到位、日程安排到位、措施保障到位、目标考核到位、落实力度到位。持续推进“双领办”制度，县委书记、县长带领党政班子领导每人参与领办一件重点提案，在两次会议审查立案的提案中共选取了29件提案作为重点提案和政协班子成员一起进行督办，通过委员现场视察，开展座谈协商，对多个承办单位的提案办理情况进行督办检查。挑选出6名委员组成民主监督工作小组，对科技局近年来的工作以及科技创新工作开展了一系列民主监督活动，在县科技局召开委派民主监督员工作部署会，多次前往县科技局，听取相关工作情况汇报，并组织科技局服务的相关企业开展座谈会，先后实地走访万申机械、亚太科技、睿达新能源、新前沿科技、辉明化工等16家企业，了解企业生产经营状况及诉求，征求对科技创新方面的意见和建议。经过梳理总结，形成民主监督县科技局工作整改意见书，送达县科技局对照整改，并形成民主监督报告报送至县委、县政府供决策参考。

【经济委员会】 按照2021年县政协协商议题安排，联合人口资源环境委员会多次到行政审批局和各个相关单位、企业开展调研，通过实地调研、查看资料、召开座谈会等方式掌握第一手资料，形成了《协商优化行政审批服务，助推营造宜业万载发展环境》的调研报告，调研报告通过主席会后，召开万载县常委会对口协商专题会议，就“优化行政审批服务　提高行政效能”进行专题协商，最后提交报告供县委决策参考。经常组织开展专委会委员活动，深入工业园及乡镇企业，开展座谈走访，深入了解基层委员企业的工作情况，听取委员对政协工作的意见和建议，反映和帮助委员解决在工作或创业中遇到的困难和问题，加深了委员们的感情和工作联系。

开展民主评议工作。根据年初协商计划安排，对县商务局开展民主评议工作。制订民主评议监督工作方案，在电视、万载发布等媒体发布民主评议公告，及时公布民主评议部署推进情况。广泛征求意见和建议，评议组采取听、看、访谈的方式，分片开展民主评议调研，召集商务局班子成员、相关部门企业、委员代表等共开展6次座谈会，参与人员共有160余人次；发放问卷调查163份，收回156份，通过视察、座谈和问卷调查了解工作情况、征集意见和建议，向县纪委监委、县信访局等单位发函征集意见和建议。通过梳理各渠道意见，评议组共整理出5个方面的16个问题，形成整改清单反馈给商务局。同时，根据问卷汇总得出社会和企业对商务局满意率为79.56%。坚持边评边改与督查整改相结合，把解决问题贯穿民主评议工作全过程，及时提出问题整改建议，确保民主评议不搞形式、不走过场，民主测评满意率达到91.94%。

做好其他有关工作。严格按照县委要求，安排专人对接，按时保质保量完成棚改拆迁任务。做好抗击新冠肺炎疫情、上户“敲门行动”，利用晚上和周末等休息时间上户，宣传疫情防控政策，检查行程码、健康码、核酸检测和疫苗接种情况，登记疫情防控动态台账，守好基层疫情防控的“防疫墙”。

【人口资源环境委员会】 完成十四届一次全会的组织工作。按照换届安排,人资环委负责十四届一次全会组织工作,拟定会议应邀出席、特邀出席、列席人员名单,安排分组讨论,会场人数清点,会风督查等等。按照年初协商计划,人资环委组织专委会委员到县行政审批局、县住建局、县国土资源局、县工业园等单位开展调研,通过查阅资料、现场勘察、座谈了解等方式,经过人资环委全体委员的共同努力,形成了调研报告《优化行政审批服务,提高行政效能》,得到县委、县政府主要领导重视,并组织召开对口协商议政专题常委会,围绕报告中提出的突出问题,现场协商讨论,研究解决对策,推动"中心大厅建设"等8个方面问题的解决与回复。组织重点提案督办工作。针对本届政协委员提出的"关于万根竹路(万载中学东门段)人行道改造"和"关于治理人行道板容易破损的建设"两个重点提案办理情况进行了督办。督办小组分别到有关提案办理单位召开座谈会。听取单位提案办理情况汇报,了解提案办理重视程度、办理进度、办理质量情况;通过提案督办,各单位均能高度重视委员提案办理工作,对能及时办结回复的做到了及时与提案人对接,征求办理意见和满意情况。参与三期棚改工作,根据分工安排,全面完成签约与腾空任务。

【社会法制和港澳台侨外事委员会】 聚焦民生实事改善打造好社情民意信息平台。择优编发5期《社情民意专辑》,得到县党政领导认可,4期被县委、县政府领导批转办理。其中,《G320国道万载中专路段交通安全问题当引起高度重视》的信息,由副县长黎俊昌召集相关部门专项解决。针对《关于维修更换人行道板优化出行环境的建议》,县城管局筹措资金570多万元启动东大路、城东路范围内1.2千米人行道板的改造。瞄准履职能力提升引导委员参与平安建设。应公检法等相关部门邀请,组织部分委员参加了"法院开放日"、不起诉公开宣告案件和旁听社会影响较大的交通肇事案等案件。委员们通过活动感受了法律的公平正义、法庭的庄严神圣、法院的为民情怀,委员通过活动增强了学法、守法、用法的意识。着力平安法治万载建设高质量开展调研。牵头对县法律服务业展开调研,组成工作组先后深入各律师(法律)事务所、公证处、司法鉴定中心和公检法司及乡镇等相关部门座谈调研10余场次,听取意见和建议,掌握第一手资料,并以案反证等深入了解我县法律服务业的发展现状、服务能力、服务水平,形成了《强化法律服务、助推依法治县》的专题报告,以参阅件形式送呈县委、县政府。在2020年对社会组织调研成果基础上,带着问题到靖安、石城、广昌等地学习考察,形成大会发言材料《让社会组织之花在万载绚丽绽放》,并在十三届六次全会上发言,得到与会者的认可,让社会组织得到县委的更加重视。4—6月,与市政协同步开展"关爱农村留守儿童教育成长"调研,深入潭埠、罗城、白良、鹅峰4个乡镇调研,邀请民政、教育、公安和爱心组织等10多个部门开展座谈4场,深入8个村走访留守儿童41名(户),广泛听取基层的意见和建议,形成调研报告《让留守儿童学习成长在阳光路上》。根据市政协通知要求,配合市政协社会和法制委员会开展了"防范化解网络金融风险,维护人民群众切身利益""物业小区智慧安防建设"两个专题调研,总结、梳理万载县基本做法、遇到的困难、意见和建议,为市政协相关调研报告提供数据支撑。围绕"新万载"目标完成各项交办任务。抽调人员参加"打造株潭次中心""工业园重大基础上推进"宜业万载建设等课题调研;做好脱贫攻坚后续帮扶工作,引导帮扶对象精神脱贫、勤劳致富。积极探索脱贫攻坚与乡村振兴的有效衔接;按照县委统一部署,参加潭埠镇、茭湖乡的换届督导工作,确保换届风清气正,确保人民有效履行政治权力;参加县第三期棚户区改造工作,在征迁二组中率先提前完成赋予的签约、腾空任务。完成了城镇扶贫等县委重点工作和县政协安排的重点项目巡查、学习宣传、重点提案督办、看望委员、工会活动等相关工作。

【教科卫体和文化文史学习委员会】 注重学习，提升委员履职能力。始终将理论学习放在首位，经常以专委会活动的形式组织专委会干部和委员，对一些重要的政治理论和政协工作理论问题进行专题学习研究。2021年，开展了4次专题学习，深入学习贯彻十九届六中全会精神，学习党史知识，学习《中共中央关于新时代加强和改进县政协工作的意见》等理论知识，组织新任委员参加市政协组织的委员培训班学习，不断增强委员们的履职信心和参政议政能力。注重实效，深入进行调查研究。2021年，组织委员先后开展了“挖掘红色文化资源，建设红色万载”“万载县教育现状”“万载县特殊教育工作”“罗城扎粉产业”等课题的专题调研，在掌握第一手材料的基础上，认真分析研究，形成了高质量的调研报告。其中，“挖掘文化底蕴、唱响红色万载”调研报告被县政协评为优秀调研报告，“特殊的孩子需要特别的爱”和“一碗罗城扎粉、一个富民产业”两篇调研报告被选为县政协十四届二次会议上的大会发言材料。关注民声，提升为民服务能力。组织委员深入基层、深入群众，专题研究群众关心的热点、难点问题，为委员撰写发言稿和提出提案搭建平台，引导委员针对城市建设、城市管理、农村环境卫生、公安执法环境、新农村建设管理、旅游资源开发等问题发表意见和建议。2021年，教科卫体和文化文史学习委员撰写社情民意和提案达到20余篇。其中，罗艳军委员提出《关于在我县建设120急救指挥中心的建议》、周殷等4名委员提出《关于万根竹人行道改造》、刘青委员提出《关于解决万载第四中学学生的行路难和停车难的建议》等提案被列为重点提案进行督办，得到基本解决。本专委会负责督办的《关于打造万载县红色研学品牌的建议》的提案，得到较好的解决，提案办理结果为满意。围绕中心，投身三期棚改一线，全面完成签约、腾空工作任务；推进拓展脱贫攻坚成果与乡村振兴有效衔接工作，做好帮扶工作，帮助群众不断改善生活条件;做好“美丽宜居万载建设”工作，做好一小前门分管路段的环境整治工作，协调解决了新建安泰仓保安亭、粮食局宿舍陈年垃圾清除等群众反映的难点问题；做好宣传报道工作，在国家、省、市新闻媒体上稿20多篇，顺利完成全年工作任务。

【农业和农村委员会】 聚焦乡村振兴建言献策。围绕全县乡村产业振兴开展专题调研，组织专委会委员先后到县农业农村局、县乡村振兴局、县林业局、县农商银行等单位听取有关工作汇报，深入罗城、三兴、双桥、黄茅、仙源、白水等乡镇，实地了解乡村农业产业发展现状，与乡村干部、种养大户、一般农户座谈，征求意见和建议。到恒晖大农业、源禾米业、富佳农业等农业企业现场调研。组织部分委员赴景德镇市浮梁县、上饶市婺源县及宜春市铜鼓县等地学习考察推进乡村产业发展方面的先进经验和做法，通过梳理、总结形成专题调研报告，指出我县推进乡村产业振兴工作现状以及存在的困难和问题，提出7方面17条意见和建议。围绕农业发展献计出力。先后组织部分委员就全县早稻生产及山塘治理两个课题进行调研，深入县农业农村局等业务部门了解相关工作开展情况，组织罗城、高城、潭埠等粮食生产重点乡镇及山塘水库较多的乡镇干部群众开展座谈，详细了解当前推进早稻生产的困境及山塘运行现状，征求意见和建议，形成两篇调研材料，并经过精心修改，分别在县政协十三届六次会议和十四届一次会议上作为大会发言材料，引起了委员的共鸣及讨论，为助推万载县农业实现高质量发展提供了有效参考。重点提案督办有力开展。精心挑选部分委员组成提案督办小组，对“因地制宜落实政策，切实破解早稻困局”重点提案进行督办，先后听取提案办理单位县农业农村局提案办理情况汇报，到白良、罗城等乡镇粮食生产加工点查看早稻生产情况，进一步了解提案办理成效，并召开由提案办理单位、部分委员、部分乡镇种粮户代表、乡村干部代表等参加的提案督办工作会，切实压实了提案办理单位的办理职责，提高了委员提案工作水平，保障了提案办理有回音、有实效。其他有关工作有序开展。高质量完成县政协十三届六次会议和十四届一次会议的宣传组工作。积极投身三期棚改,全面完成所负责征迁户的签约和腾空工作。积极参与疫情防控、美丽宜居城市建设等重点工作，高效完成工作任务。

【县政协领导成员】

主　席:龙雷君(任至8月)
　　　　彭述荣(9月任)
副主席:叶青松(9月任)
　　　　张功才(9月任)
　　　　辛永红
　　　　谢昌仁
　　　　闻　崇(9月任)
　　　　涂小江(9月任)
　　　　程淑兰(任至8月)
　　　　叶悠青(任至8月)
　　　　肖惠平(任至8月)
　　　　谢菊香(任至8月)
　　　　龙水莲(任至8月)
三级调研员:叶悠青(9月任)
　　　　肖惠平(9月任)
秘书长:胥小林
办公室主任:刘冬笑(任至8月)
　　　　喻建峰(9月任)
办公室副主任:徐　娟
提案委员会主任:刘彩云(任至8月)
　　　　杨　敏(9月任)
提案委员会副主任:
　　　　袁群星(9月任)
经济委员会主任:王刊宏
经济委员会副主任:
　　　　张小平(9月任)
人口资源环境委员会主任:
　　　　袁晓鸿(任至8月)
　　　　辛　文(9月任)
人口资源环境委员会副主任:
　　　　曾　丁
社会法制和港澳台侨外事委员会主任:项　斌
社会法制和港澳台侨外事委员会副主任:欧阳何根
教科卫体和文化文史学习委员会主任:袁智诚(9月任)
教科卫体和文化文史学习委员会副主任:辛文辉
农业和农村委员会主任:朱潘根(任至1月)
　　　　许雪伟(11月任)
农业和农村委员会副主任:
　　　　颜昭涵

纪检监察

综　述

2021年，在市纪委和县委的坚强领导下，全县广大纪检监察干部牢牢把握稳中求进总基调，忠实履行党章和宪法赋予的职责，坚定、稳妥地推进党风廉政建设和反腐败斗争，纪检监察工作高质量发展取得新进展、新成效，为万载县“十四五”开好局、起好步提供了有力保障。

【理论创新】 县纪委常委会坚持把学习贯彻习近平新时代中国特色社会主义思想作为首要政治任务，由班子成员领学，示范带动全县纪检监察干部深化理论学习，筑牢思想根基，确保全县纪检监察工作始终沿着正确的方向前进。把开展党史学习教育作为贯穿全年的重大政治任务，深入学习贯彻党的十九届六中全会精神、习近平总书记“七一”重要讲话精神等，推动纪检监察干部从党的百年奋斗历史经验中汲取智慧和力量，将学习成果转化为认真履行职责和使命的实际行动。坚持既武装自己又督促各级党组织和党员干部深入学习，切实增强政治认同、思想认同和情感认同。

【政治监督】 牢牢把握政治机关定位，着力推进政治监督具体化、常态化，自觉做到党中央重大决策部署到哪里，政治监督就跟进到哪里。制定出台《政治监督常态化评估检查暂行办法》，紧紧围绕贯彻落实习近平总书记重要指示、批示精神和中央、省委、市委、县委重大决策部署情况，加强监督检查和常态评估，靶向纠正政治偏差，以铁的纪律护航“六稳”“六保”“三新一高”等落细、落实。加大对“一把手”和“关键少数”的监督约束力度，协助县委制定《关于加强同级党委(党组)和“一把手”监督的实施意见》，出台《万载县科级领导班子和“一把手”监督直报管理办法》等“1+N”配套制度，构建政治谈话、述责评议、监督直报、廉情抄告、责任追究的立体监督体系，切实把“一把手”和“关键少数”盯紧看牢。对全县1095名县管干部实现政治谈话全覆盖，指出并督促整改问题3855个。严肃换届纪律，加强换届风气监督，严把党风廉政意见审核回复关，回复干部任前党风廉政意见3266人次，提出否定或者其他影响性意见32人次，有力杜绝了“带病”提拔现象。

【守护民生民利】 坚持把人民立场贯穿纪检监察工作全过程各方面，用心、用情守护民生、民利，不断厚植党执政的政治基础和群众基础。对常态化疫情防控持续靠前监督、跟进监督、全程监督，紧盯盲目乐观、松弛懈怠、作风漂浮的人和事，督促全县上下始终绷紧严防死守之弦。聚焦巩固拓展脱贫攻坚成果与乡村振兴有效衔接，重拳整治优亲厚友、截留挪用、侵吞“三资”等腐败行为，一线监督护航乡村振兴。协同推进政法队伍教育整顿，发挥“自查从宽、被查从严”政策效应，有力捍卫执法司法公平、公正。聚焦教育医疗、养老社保、生态环保、安全生产、食品药品安全等重点领域，集中整治群众身边腐败问题和不正之风。助推义务教育“双减”工作落实、落细，压紧、压实职能部门监管责任，注销学科类培训机构36家，切实维护家长和学生利益。扎实推进民生资金“码”上监督平台上线运行,建好、管好、用好村组议事监督微信群,发挥群众“指尖监督”优势,回应民生关切问题。结合“我为群众办实事”实践活动,扎实开展大接访活动和信访举报问题分析排查,有效化解一批涉及群众利益的信访举报问题。

【“三不”综合效应】 坚持以清廉万载建设为主抓手,将惩治震慑、制度约束、提高觉悟相结合,一体推进“三不”机制,不断巩固发展反腐败斗争取得压倒性胜利。2021年,对县公安局烟花爆竹安全监管大队副大队长刘志义、县工业园区管委会税收管理股股长潘华立案审查调查并采取留置措施,实现近三年来留置案件“零的突破”,形成强力震慑。坚持以案促治、正本清源,针对胡全顺、何根生等案暴露出的政治生态突出问题,形成《关于万载县的政治生态报告》《关于胡全顺破坏政治生态严重影响全县经济社会发展的自查整改报告》等,梳理管党、治党不力等七大类别69个具体问题,协助县委精准肃毒、扫清障碍,祛除政治“污染源”。坚持以案示警、固基强本,制订《万载县开展以案促改系列警示教育活动方案》,深入开展“五个一”和“五进”活动。利用身边典型案例,在17个乡镇(街道)开展巡回警示教育,主动“送纪上门”,最大限度发挥查办案件治本功效,教育和引导党员干部树牢纪律规矩意识、坚守廉洁从政底线。

【纠治“四风”】 从政治高度审视和整治“四风”问题,坚持扭住不放、久久为功,以钉钉子精神打好作风建设持久战,推动党风政风持续好转。紧盯作风建设顽疾痼瘴,狠刹干部“吃喝风”“玩乐风”“走读风”,重点聚焦乡镇干部“走读”现象,对5个“走读”问题突出的乡镇和1名科级干部予以全县通报,形成极大震动,干部干事、创业精气神得到进一步凝聚。扎实开展公职人员违规从事营利性活动问题专项整治,立案查处违规投资入股、放款吃息公职人员19人。开展公务接待中“吃公函”问题专项监督,监督推动“小金库”清查工作。针对胡全顺案暴露出的营商环境不佳、政商关系“亲”与“清”不分等突出问题,以整治损害营商环境问题为突破口,成立作风和营商环境督查专班,向不作为、慢作为、乱作为等破坏营商环境问题“亮剑”,建立“月督查、月问责、月通报”工作机制,有效优化了营商环境、激发了市场活力。

【巡查整改】 坚守政治巡察职能定位,扎实做好十四届县委第十轮巡察工作,完成对12个党组织的巡察,实现十四届县委巡察全覆盖。巡察发现并移送问题线索12条,反馈倾向性问题325个,向被巡察单位提出意见建议53条。在全市率先启动新一届县委首轮巡察,紧扣被巡察的党组织政治方向、权力运行、资金走向等方面问题,全面准确发现问题、反映问题、做实整改。自觉扛起巡视整改政治责任,高质、高效推进中央巡视省委和省委巡视“回头看”反馈问题整改工作,主动认领并举一反三查摆问题29个,制定整改措施118条,有序推动整改“清仓见底”。坚持把巡察整改摆在突出位置,落实分管县领导带队参加巡察反馈制度,建立“巡察反馈问题阳光检视整改”机制,安排6家单位党组织主要负责人接受电视台专访,介绍本单位巡察反馈问题整改落实情况,既传导工作压力,又开门接受监督,取得良好效果。切实把队伍建设作为“一把手”工程来抓,以打铁必须自身硬的坚定决心和勇气,确保队伍绝对忠诚、绝对可靠、绝对纯洁。运用何根生案深入开展警示教育,结合实际制订工作方案,以“六个一”活动(即召开一场警示教育大会、组织一轮学习交流研讨、进行一次全面深入查摆、深入一线广泛征求意见、完善一批规章管理制度、搞好一堂清廉家风活动)为抓手,县纪委、县监委班子成员带头把自己摆进去、把职责摆进去、把工作摆进去,深入查摆问题,对照“五个深刻汲取”开好专题民主生活会,带动全县纪检监察干部主动深入自查自纠、“排毒治病”,放下包袱、轻装上阵。深入整治队伍内部“怕、慢、假、庸、散”顽疾,大力弘扬严实、深细工作作风，健全和完善乡镇纪委、内设科室、派驻机构目标管理评价考核机制，提高工作标准、拉升工作标杆，推动干部担当作为。坚持边学习、边调研、边工作、边总结，着力加强干部队伍履职能力建设，开设机关“半月讲坛”，大力推行“以干代训”“实战练兵”，深化拓展全员培训，采取师徒结对帮带等方式，持续深化干部队伍思想淬炼、政治历练、专业训练和实践锻炼。扎实推进规范化、法治化、正规化建设，制定出台《关于关心关爱纪检监察干部的实施意见》。

重要会议

【中共万载县第十五届纪律检查委员会第一次全体会议】9月2日下午，中共万载县第十五届纪律检查委员会第一次全体会议召开，会议选举陈伟峰、辛昉、袁艺、刘传枝、蓝海根、张学平、胡东江、柳春林、郭颖琳（女）9人为中国共产党万载县纪律检查委员会常务委员会委员，选举陈伟峰同志为中国共产党万载县第十五届纪律检查委员会书记，辛昉、袁艺、刘传枝3人为副书记，并报中共万载县第十五届委员会第一次全体会议通过。会议强调，要旗帜鲜明讲政治，做对党绝对忠诚的表率。不断提高政治判断力、政治领悟力、政治执行力，做到党中央重大决策部署到哪里，政治监督就跟进到哪里，通过强有力的政治监督确保党中央重大决策部署在万载落地生根。要敢于斗争、善于斗争，做担当尽责的表率。以清廉万载建设为总抓手，全面彻底肃清颜赣辉、胡全顺案等流毒，推进以案促改、以案促建、以案促治，一体推进“三不”机制建设，强化不敢腐的震慑，扎牢不能腐的笼子，增强不想腐的自觉。要站稳人民立场，做执纪为民的表率。带头把人民至上理念融入血液、铸入灵魂、化为行动，认真解决群众反映强烈的突出问题，持续纠治群众身边腐败和不正之风，不断提升人民群众的获得感、幸福感、安全感。要严管严治自我净化，做清正廉洁的表率。带头执行好廉洁自律各项制度规定，把纪律和规矩在纪检监察系统内部立起来、严起来、执行到位，始终坚守廉洁从政的底线，决不逾越党纪法规的红线，做到谨慎用权、廉洁用权、为民用权。

【中共万载县第十四届纪律检查委员会第六次全体会议】 2月23日，中共万载县第十四届纪律检查委员会第六次全体会议召开，县委书记严旭辉出席会议并讲话；张书基、龙雷君等县4套班子在家领导，县法院、县检察院主要负责人出席会议；县委常委、县纪委书记、县监委主任李宏勤主持会议并作工作报告。市纪委、市监委有关人员到会指导。

【县纪委县监委领导成员】

县委常委、县纪委书记、县监委主任：陈伟峰

县纪委副书记、县监委副主任：
辛　昉
袁　艺
刘传枝

县纪委常委、巡察办主任：
蓝海根

县监委委员：汪建平
鲍荣升

县纪委常委、监委委员：张学平
胡东江
柳春林

县纪委常委：郭颖琳

一级主任科员：郭　毅

民主党派

民革万载县总支

【概况】 2021年，民革万载县总支在中共万载县委和民革宜春市委会的领导下，在县委统战部的关心和指导下，团结和带领全县民革党员，认真学习贯彻中共十九大历次全会精神，坚持以习近平新时代中国特色社会主义思想为指导，紧紧围绕县委、县政府中心工作，充分发挥民革优势，深入开展同心实践活动，切实履行参政党职能，全面推进自身建设，深入开展调查研究，为建设幸福和谐万载尽智尽力。截至2021年年底，总支共有党员48人。根据党员的行业分布情况，将总支划分为3个支部，分别是文艺支部、教育支部、综合支部。全体党员中在职在岗的有32人，离退休的有16人；女党员18人，男党员30人；在职在岗党员中，政界有5人，文化艺术界有8人，医药卫生界有5人，教育界有9人，经济界有3人，农业界与法律界各1人。48名党员中，党政机关党员中有副县级干部2人、正科级干部1人、副科级干部4人；研究生学历3人，大学以上学历占91.67%；市政协委员2人，常委1人；市侨联委员、常委1人；县人大代表、常委2人；县政协委员9人，常委1人；县侨联委员2人。总支领导职数1正3副，1名事业编专职干部。

【思想建设】 总支坚持"一季度一学习"制度。2月，民革万载县总支在主委谢昌仁的带领下，组织总支全体班子成员共同学习习近平关于党外人士座谈会重要讲话精神、《中国共产党统一战线工作条例》、万载县《关于5名公职人员顶风违规喝酒问题的通报》等相关文件精神。4月，民革万载县总支举办"百年中国梦　风雨同舟情"专题读书会，民革党员们通过学习《习近平新时代中国特色社会主义思想学习问答》《中国共产党简史》《论中国共产党历史》《毛泽东　邓小平　江泽民　胡锦涛关于中国共产党历史论述摘编》以及马克思主义中国化最新成果，推动习近平新时代中国特色社会主义思想的学习贯彻不断向广度拓展、向深度推进。7月，民革万载县总支组织党员学习中共中央习近平总书记在庆祝中国共产党成立100周年大会上的重要讲话精神、中共省委书记刘奇在江西省庆祝中国共产党成立100周年大会上的讲话精神以及民革江西省十三届四十二次主委会议主要精神。11月，民革万载县总支召开"学习贯彻中共十九届六中全会精神"专题学习会。会议提出要把学习宣传贯彻党中共十九届六中全会精神作为深化巩固拓展党派学习教育的重要内容，要把学习贯彻中共十九届六中全会精神与学习习近平总书记"七一"重要讲话精神、与中共党史学习教育相结合，全面、系统学习、领会全会精神的精髓要义，用以指导今后工作。

【服务社会】 2021年4月，民革万载县总支联合万载县侨联组织民革医务党员到边远山区茭湖乡开展党史学习教育"我为群众办实事"义诊活动。民革医务党员们为村民提供心内科、神经内科、骨科、妇产科、儿科等方面的检查和咨询。据统计，此次健康义诊活动共为200多位群众进行义诊服务，并联系企业为山区贫困户捐赠血压计、血糖仪和相关药品,价值2万余元。

【参政议政】 2021年两会期间,民革党员积极作为,提交了9篇议案。同年9月,民革万载县总支人员到万载县第一个党支部成立地——白水乡槽岭村走访调研,先后参观了槽岭村的“红色支部馆”“红史馆”“脱贫攻坚馆”,领略万载县首个党支部风采、了解湘鄂赣红军医院背后的故事、回看历年来槽岭村脱贫攻坚成果,为《加快革命老区振兴发展的对策建议》调研报告积累了素材。在宣传报道方面,为积极宣传党派形象,及时报道党派活动及会议,全年共撰写15篇宣传稿件,在民革省委会、市委统战部、民革市委会、万载发布等各级新媒体平台等多处发表。此外,民革党员还利用分布行业广的特点,结合自己行业和日常所见,积极思考,形成民革万载县总支2021年度“百字金点子”汇编,23名党员形成28条建议,供县委、县政府参考决策,并结合万载县实际,撰写政协会议发言稿《化解家校矛盾 促进教育和谐》。

【自身建设】 2021年春节期间,在民革万载县总支主委谢昌仁的带领下,总支利用中午休息时间走访慰问退休老党员,把组织的关怀和祝福送到党员的心中。8月,中共宜春万载县委常委、统战部部长胡玲赴民革万载县总支“党员之家”走访调研。总支组织全体退休党员重阳节开展《长津湖》观影活动,为老党员送去精神食粮。11月,中共宜春市委统战部副部长黄南萌,中共分宜县委常委、统战部部长周金林到民革万载县总支“党员之家”开展调研,对民革万载县总支取得的成绩给予充分肯定,勉励万载县总支再接再厉,主动作为,多提宝贵意见、提案,传达民声,服务社会。11月,民革万载县总支开展了丰富多彩的集体活动,活动内容包括拔河比赛、打麻糍、健步走等,30余名党员参加。12月,分宜县人民政府副县长、民革分宜支部负责人张小兵等一行6人到民革万载县总支开展调研交流。

【民革万载县总支领导成员】

主　委:谢昌仁

副主委:杨家远

　　　　刘胜财

　　　　黄淑贤

秘书长:周　殷

民革万载县总支专职干部:袁文君

农工党万载县总支

【概况】 中国农工党党员是以医药卫生、人口资源和生态环境领域高中级知识分子为主,它是由一部分社会主义劳动者、社会主义事业建设者和拥护社会主义的爱国者组成的政治联盟,是接受中国共产党领导、同中国共产党肝胆相照的亲密友党,是致力中国特色社会主义的参政党。2021年,农工党万载县总支设有5个支部,分别为县人民医院支部、县中医院支部、县税工商贸支部、县文化教育支部、县前进支部,共有党员66人,专职干事1名。2021年,农工党万载县总支以习近平新时代中国特色社会主义思想为指导,贯彻落实中共十九届五中、六中全会精神和省第十五次党代会精神,围绕县委、县政府中心工作和农工党市委会要求部署,积极履行参政党职能,助力全县统一战线工作高质量发展。

【思想建设】 把握新阶段、新特征、新要求。深入学习贯彻习近平总书记“七一”重要讲话精神,中共十九届五中、六中全会精神及《中国共产党统一战线工作条例》;围绕中国共产党成立100周年重大主题,推动中共党史、中国统一战线史等学习教育走深走实,动员全体成员参与《中国共产党统一战线工作条例》《党史知识》网上竞答活动,9名党员分获二、三等奖;在省、市统一战线“同心奋斗听党话 携手前行跟党走”微信征文和演讲比赛中,多名成员在省、市、县获奖,切实提高了全体成员政治思想觉悟水平,更加坚定政治立场;完成省委会理论课题《健全面向小农户的社会化服务体系促进小农户和现代化农业发展有机衔接》一项。加强万载县情的传达学习。围绕县委提出的“奋起赶超跨越,勇争全省一流”战略目标和县第十五次党代会精神,明确全县经济和社会发展规划的指导思想、发展战略、目标任务和重大举措,增强全体党员履职尽责的使命感、责任感。

【组织建设】 加强制度和作风建设。建立健全《工作与学习制度》《宣传工作奖励条例》《走访慰问制度》等,在大事上坚持民主集中制原则,坚持制度管人管事。警示教育不松懈。按照省、市、县警示教育大会精神和中央八项规定要求,查找班子成员中存在的突出问题,并制定整改措施,提升组织的战斗力。配优各支部班子成员,以特长、特色、能力为准则。在县委统战部关心和支持下,12月县人民医院、县中医院、县前进门诊3个支部完成换届,进一步增强了各支部活力。

【党员面貌】 推动“党员之家”建设。在县委统战部的全力支持下,致力“党员之家”各项筹备事宜和前期工作。增强总支凝聚力。春节、重阳节期间,坚持走访慰问退休老党员,听取他们对总支各项工作的意见和建议。选派张晓涛、曾琼二位党员到省委、市委党校、省社会主义学院学习,丰富思想理论,增强履职能力。

【宣传活动】 深入乡村、社区、学校宣传中共十九届五中、六中全会精神,《中国共产党统一战线工作条例》,中国共产党百年奋斗史、农工党十六次全会精神,中央、省、市统战工作会议精神等。“七一”开展“追忆红色历史,赓续精神血脉”活动,向烈士陵园敬献花篮,参观刘惠农同志故居等,总支《四字原则推动党史学习教育走深走实》在农工党省委会网站刊载。由主委张晓涛朗诵、党员王彬红撰写的《小舅的幸福密码》分别荣获江西省委统战部举办的“同心奋斗听党话,携手前行跟党走”朗诵三等奖、征文比赛优秀作品奖。《坚定不移跟党走,奋勇前行铸辉煌》《百年党史照耀无尽瑰丽的远航》《乘风破浪勇往直前》《百年征程 初心永恒》《未来会更美好》等多篇作品荣获农工党省委会举办的“庆祝中国共产党成立100周年”征文优秀奖。农工党员欧阳珍珍参演的作品《坚持在金钟湖的游击战争》获县红色故事展演赛二等奖,《一封无字家书》获县红色家书诵读赛二等奖、市统一战线同心向党演讲比赛三等奖;党员王彬红的作品《白云深处有人家》刊登在农工党中央《前进论坛》11期,《同舟中国梦 共赴复兴业》发表在《江西省政协报》(5月28日)。

【社会服务】 充分发挥自身优势,坚持“送医送药送温暖”下乡义诊。5月,组织党派医疗专家为企业员工健康体检。6月,总支与县环保局联合开展“中国环境与健康宣传周”活动,宣传人与自然和谐发展的理念,营造爱护生态环境、倡导健康生活良好风气。组织党员重阳佳节赴县福利院开展“关爱健康 关爱老人”活动。12月,赴红色革命老区——潭埠新田村和潭埠中心小学开展“中共十九届六中全会”精神宣讲及“学党史、办实事,助力乡村振兴”系列实践活动。总支原主委、江西省基层名中医王继平健康大讲堂“悉说生活中的中医知识”,中医药文化科普、心理健康咨询进校园等受到基层群众和全体师生热烈欢迎和一致好评,并多次代表医院带领专家组前往罗城、三兴、双桥、潭埠等乡镇开展义诊、中医药知识讲座5次,同时还主编《健康万载中医科普知识读本》,受益人群达5000多人,积极传播正能量,扩大社会影响力。全体党员积极参加新冠疫情防控战役,多名党员被选为疫情防控专家组成员,奋战在抗疫一线,为疫情防控做出了重要贡献。

【参政议政】 围绕县第十五次党代会提出的“融入宜春、聚力园区、双城联动、特色彰显、宜业宜居”工作思路及全县重大民生实事,积极建言献策。2021年市、县“两会”期间提交提案、议案9件,调研报告2份,政协大会发言2篇,成员反映社情民意7条,“百字金点”子17条。2月—9月,总支政协大会的提案《健康生活 你我同行》《推进中医药事业发展 助力健康万载建设》在两会上发言。全体党员为美丽宜居城市的创建积极建言献策,其中党员王彬红的《美丽的乌溪河还能变美吗》被评为县优秀社情民意提案,青年党员曾令伟的《关于进一步加大对县中医院基础建设的建议》被县政协提案委员会列为2021年重点提案。

【本职工作】 党员在本职工作中兢兢业业、锐意进取,在各自领域取得累累硕果。张晓涛获“江西省第三期名校长”荣誉称号;王体辉工作突出,被中共万载县委记三等功; 黄龙获农工党中央抗击新冠肺炎疫情“先进个人”称号;王继平领衔的全国基层名中医工作室开展得有声有色,成为县中医名片;陶华清对学术精益求精,学术论文获第七届中医药信息大会优秀论文二等奖;辛艳萍获第十四届全县中小学艺术节高中组舞蹈类第一名指导奖;黎春贵老师书法造诣深厚,获江西省第七届规范汉字书写大会高中组三等奖指导奖;喻勤获市总工会“最美娘家人”荣誉称号;宋兴国获评2021年县优秀政协委员,并获2021年度“全县优秀医师”荣誉称号;曾文祥获2021年万载县寄生虫防治技术大赛个人二等奖;汪仕成获县卫健委“三级医师查房”技能比赛三等奖。

【农工民主党万载县总支领导成员】

主　　委:张晓涛
副 主 委:王体辉
　　　　　曾　琼
　　　　　黄　龙
副科级干部:王彬红

群众团体

县总工会

【概况】 2021年，在县委和上级工会的正确领导下，万载县总工会牢记初心使命，紧跟时代发展，紧扣中心任务，紧贴职工需求，主动担当作为，工会工作取得新的进展和突破。2021年6月，承办全市工会重点工作推进会议，万载县总工会围绕“三师一室”维权工作在会上作典型发言。

【机构设置】 万载县总工会内设机构有办公室、组宣网络基层工作部、经济技术部、法工部、保障女工部、财务部和互助保障办。经县机构编制委员会核定编制16人(其中机关行政编6人，工勤编1人;下设股级事业单位困难职工帮扶中心，事业编9人)。2021年有主席1名、常务副主席1名、副主席2名、兼职副主席2名、二级主任科员4名、副科级干部1名。有在职人员18人,退休干部10人。

【思想引领】 始终牢牢把握正确的政治方向，把思想政治引领工作置于全县工会工作之首,主动对接职工群众精神文化需求，积极组织全县职工参加系列庆祝建党百年群众性主题宣传教育活动，进一步培育和践行社会主义核心价值观,打造健康文明、昂扬向上、全员参与的职工文化,引导广大职工增强对党的政治认同、思想认同、情感认同。

【工会自身建设】 加强理论武装,淬炼工会干部过硬的思想政治定力，瞄准示范机关创建目标,“三化”建设要求落到实处，创新活动载体,增强党组织凝聚力、战斗力。同时,把党史学习教育同服务全县发展大局结合起来,同促进新时代工运工作发展结合起来,认真贯彻县委和县委巡察工作领导小组要求,全面压实管党、治党责任,研究制订整改方案,落实整改责任,深入推进县委巡察整改工作。深入开展党性、党风、党纪教育,加强工会重点领域、关键环节审查审计监督。认真落实中央八项规定及其实施细则精神,严格使用工会经费,严格管理工会资产,驰而不息加强工会作风建设,营造风清气正的良好政治生态。

【基层工会建设】 全年新建基层工会22家,发展会员2500余人，不断扩大工会组织覆盖面，巩固党执政的阶级基础和群众基础。打造亚太科技发展有限公司、县专业森林消防大队、移动公司3个优秀示范点，举办全县工会干部业务培训班，组队参加全市集体协商技能竞赛荣获三等奖和优秀组织奖，工业园亚太科技公司姚红英等7名工会干部被评为全市“最美娘家人”,睿峰环保公司李启星等4名职工被评为全市“最美职工”,水泵公司辛卫平被评为全市“金牌工人”。

【劳动技能竞赛】 先后承办全市扶贫产业劳动和技能竞赛、全市“互保杯”女职工花炮安全与技能竞赛,协办全市专业森林消防队大比武活动,主办全县锂电行业、电力行业、寄生虫病防治技术、全县森林消防安全操作竞赛等,共有100余家企业的2000多名职工参加了竞赛活动,推动了技能竞赛群众化,充分激发职工劳动热情和创造活力,凝聚职工力量,服务发展所需。

【劳模管理】 成立由88名劳模组成的全县劳动模范协会，并召开成立大会暨第一次会员代表大会，认真完成省五一奖和全市劳动模范推介评选工作。持续推进“劳模创新工作室”提档升级，提升技能传帮带的实效性。推动劳模动态管理，完成省级以上困难劳模摸底调查工作，走访慰问困难劳模和一线劳模8名。组织开展“关爱劳模光明行”活动，为全县劳模和先进工作者进行免费眼部健康诊验。

【职工技能培训】 县总工会联合教体局、人社局对全县幼儿园保育人员分期分批举办保育员公益培训班，共培训学员248人。先后举办2021年养老护理技能公益培训班和电子商务（抖音直播）培训班，共有90人参加培训。

【三师工作】 2021年，组织“三师”队伍进园区、进乡村、进社区，积极开展法律援助、劳动关系指导、职工健康检查、劳资纠纷调处等宣传服务活动。同时，注重工作的总结、提升、创新，召开“三师”维权服务工作座谈会，新聘和续聘21名“三师”，不断扩大服务范围，改变服务内容，提高服务效能。

【职工维权】 充分利用工会本身条件和借助社会资源，构建维权“大服务”格局，组建全市第一家“工会+仲裁+法院+N”劳动争议调解诉调中心，主动把劳资纠纷引向有人理、处理快、化解率高的轨道。2021年，全县各级工会组织共接待职工来信、来电、来访189次，调处各类劳资纠纷123例，为职工争取工资、工伤赔付160多万元，有效地维护了职工合法权益。

【职工帮扶】 积极组织人员参加工业园区多次组织的招聘会，协助推送30多名失业人员、农民工到工业园企业就职。7月，组织慰问在酷暑中坚守岗位的一线工作人员600余人，8月筹措助学金8万余元，为23名品学兼优的贫困学子圆梦大学。2021年，共帮扶困难职工62人次，发放帮扶资金26.7万元，送温暖慰问387人次，发放送温暖资金32.53万元。

【服务职工】 开展“助力脱贫解困　普惠服务职工”大型公益活动、心理关爱服务进企业活动、交友联谊活动等，为园区企业赠送职工生活设施，组织职工眼科体检、妇科检查，开设职工子女假日课堂和打造户外劳动者“爱心驿站”等，让职工充分感受到党和政府的温暖，真正当好“娘家人”。做好职工互助保障工作，不断扩大覆盖面和受惠面，全县共有195个单位14790人参保，共缴交保费222.86万元，超额完成任务10.86万元，为129名职工发放互助保障金98.66万元，帮助患病和遭受意外的职工解决了实际困难。

【基层帮扶】 全力以赴做好黄茅镇水源村、白水槽岭村、双桥绍江村的挂村帮扶工作和县委、县政府各项中心工作。

【县总工会领导名单】

党组书记、主席：谢绍平

党组副书记、常务副主席：宋善良（9月任）

党组成员、副主席：黄小青
　　　　　　　　　何冬梅

二级主任科员：孙志勤
　　　　　　　张小明
　　　　　　　康　平
　　　　　　　刘晓琴
　　　　　　　龙瑞林（9月任）

副科级干部：张碧蓉

共青团万载县委

【概况】 2021年，万载县各级团组织以习近平新时代中国特色社会主义思想为指导，深入贯彻落实习近平总书记“七一”重要讲话精神和中共十九届五中、六中全会精神，扎实开展党史学习教育，认真落实团中央、团省委、团市委全会精神，认真落实县委、县政府和团市委工作部署，坚持引领青年服务中心大局，坚持服务青少年所需所盼，坚持夯实基础，全面从严治团，共青团“三力一度”显著提升，引导万载县广大团员青年在推动万载高质量发展中主动作为、积极有为。

【党性教育】 认真对照全面从严治党要求,树立“不管党治党就是严重失职”的理念,坚持以上率下,履行“一岗双责”,以党的政治建设为统领,层层传导压力,推动全面从严治党向纵深发展,不断夯实全面从严治党主体责任。全面开展党史学习教育,巩固深化“不忘初心、牢记使命”主题教育成果,坚持目标导向、群众导向,引导全体党员干部同向发力、同频共振。2021年,单位党支部先后开展“主题党日”活动6次,组织党员赴湘鄂赣革命纪念馆、“红色名村”槽岭村等地参观学习,利用“三会一课”等形式重读入党志愿书、重温入党誓词,切实提高党员的党性修养。

【廉政建设】 坚持从加强组织领导、健全完善制度、规范权力运行、强化执行监督等方面入手,全面落实党风廉政建设主体责任,召开机关会议专题研究和谋划主体责任、监督责任落实,制订年度党风廉政建设工作要点和任务分解方案,进一步增强委班子主体意识、主体责任,有效推动了务实清廉的共青团组织建设。组织开展党风廉政建设宣教活动,重点学习法律法规以及观看警示教育片,团县委党支部书记带头讲廉政党课和辅导报告。召开专题民主生活会,做到以案为鉴进行自我剖析整改,持续建设单位风清气正的政治生态。认真执行民主集中制,注重加强对身边亲属朋友的监督教育管理,以实际行动杜绝以权谋私现象发生,始终做到廉洁自律。

【意识形态】 团县委严格落实意识形态工作责任,充分利用党员学习议事日集中学习、“三会一课”等加强理论学习,认真学习上级关于意识形态工作相关文件会议精神,坚持做好“学习强国”“青年大学习”“江西网络干部学院”等学习。认真抓好网上意识凝聚,抓牢抓实团属新媒体平台建设和管理,通过开展活动、紧抓热点等形式创新内容,增强对青少年的吸引力和影响力。定期分析研判意识形态领域情况,开展党员干部思想动态分析,主动掌握全县青年思想动态,完善《共青团万载县委意识形态工作考核制度》,提高风险预判能力和监督。

【政治建设】 抓好思想政治引领,以学习宣传贯彻习近平总书记“七一”重要讲话精神、党的十九届五中、六中全会精神为主线,深入开展党史学习教育,积极推进“青年大学习”行动,持续用习近平新时代中国特色社会主义思想武装团员青年头脑、凝聚团员青年共识。举办青年讲师团骨干培训暨党史集中宣讲、“学党史、强信念、跟党走”巡回宣讲、新时代青年读书会等活动,组建县青年讲师团、青年宣讲小分队、红领巾巡讲团,开展“五进四讲”集中宣讲党史、团史、队史活动30余场,覆盖2000余人。其中县青年宣讲小分队走进万载古城开展红色宣讲活动登上江西新闻网。深入实施“红色基因代代传”工程,强化社会主义核心价值观培养,开展“红领巾心向党”“祭英烈、学党史、做新人”“传承雷锋精神 践行志愿服务”等主题活动。以庆祝中国共产党成立100周年和纪念五四运动102周年为契机,开展“传承花灯戏 追忆红色情”课间操大赛、“百年党史路 红色万载情”党史故事展演赛等系列活动。课间操大赛活动登上《中国青年报》和江西新闻网。

【服务中心】 坚持共青团“围绕中心 服务大局”的工作主线,紧紧围绕县委、县政府的中心重点工作,主动作为,担当尽责。积极组织青年投身抗疫行动,组建青年突击队,发动团员青年参与疫情防控,开展志愿服务活动。助力乡村振兴,安排3万余元对点帮扶村资金,大力推荐组织参加省、市、县相关技能培训,关心、关注返乡创业青年群体,培育省级、市级、县级“新时代乡村赣鄱好青年”分别为2名、20名、200名。响应万载县美丽宜居城市建设行动,组织青年志愿者、中小学生群体开展环境清扫、上户宣传等活动。积极主动到青年企业中走访调研,了解全县青年企业家、农村青年致富带头人和创业青年在政策落地、人才招聘等方面遇到的困难和问题，全力促进青年创新创业，助力打造“四最”营商环境。完成全县第三期棚改签约工作任务。

【服务青年】 召开全县第二次青年事务联席会议。长效实施维权工程，保障青少年合法权益。组织志愿者进社区、进学校、进农村，常态化开展法律宣传、防艾禁毒、青少年自护等志愿服务活动，提升青少年法律和安全意识。联合法治副校长、公安民警等开展交通安全、防溺水知识等主题宣传教育10余场，影响青少年1万多人。关心关爱特殊青年群体，帮助青少年健康成长，持续打造运营顷波家塾、童心港湾、青年之家等平台阵地，建立2个暑期“假日课堂”，深化“圆梦微心愿”共青团关爱行动，开展捐赠助学、心理辅导、安全防护等主题教育活动50余场，募集物资5万余元，完成微心愿200余个。顷波家塾为青少年提供免费阅读，先后登上江西新闻网、大江网。扎实推进“我为群众做实事”主题实践活动，相继组织开展高层次人才青年联谊、“归雁思源 智汇家乡”高校学子暑期返乡社会实践、爱心送考等活动。

【作风建设】 坚持严于律己、以上率下，严格遵守中央八项规定及其实施细则精神，倡导艰苦奋斗精神和勤俭节约意识。扎实推进作风建设，坚决纠正“四风”，不断健全和完善各项规章制度，注重奖惩并用，激发干部干事创业激情，坚决杜绝“躺平式干部”。聚焦主责主业，落实党建责任，严格按照“党建带团建、团建促党建”的工作理念，推进机关党支部“党建三化”工作，新增“两新组织”团组织40家，新建青年之家、少工委、青年志愿服务站等阵地。严格落实党的组织生活，组织开展“三会一课”、党员学习议事日等活动，在党员“双进双服务”工作中围绕疫情防控、环境整治、关爱留守儿童等内容开展志愿服务活动。

【团县委领导成员】

书　记：曾　楚（任至9月）
　　　　易　娟（9月任）
副书记：袁佑微
　　　　易　娟

工商联

【概况】 2021年，万载县工商联以习近平新时代中国特色社会主义思想为指导，围绕中心、服务大局，牢牢把握“两个健康”主题，凝聚力、影响力不断增强，在组织非公人士参政议政、强化政治引领、优化营商环境、弘扬企业家精神、非公企业维权服务等工作上取得新突破、新成效，为万载非公有制经济持续健康发展做出积极贡献。荣获2020—2021年度全国“五好”工商联荣誉称号，自2016年以来连续4次获得该殊荣。

【参政议政】 万载县工商联落实上级对新时代非公有制经济人士的政治参与和政治引导要求，充分引导非公经济人士参政议政，积极作为。2021年，党代表、人大代表、政协委员换届，推荐1名副会长为县党代表，9名副主席（会长）推荐为县人大代表，13名副主席（会长）推荐为县政协委员，占比高达79.3%。

【非公党建】 指导组建浙江商会党支部。截至2021年年底，万载县工商联直属商会有3个以上党员的均已指导协助同步成立商会党支部。打造创新企业商会党支部非公经济党建样板。组织各商（协）会赴创新企业商会党支部进行参观学习，引导商会党支部进一步发挥好商会党建作用。创新组织活动形式。全面统筹协调，以微信工作群读书班、观看爱国主义电影、赴红色基地党性教育培训、走访调研学习交流、领导班子赴商会讲一堂党课等多样化形式指导基层开展党建工作。引领非公企业家加强理想信念教育。开展企业家“学习习近平总书记在庆祝中国共产党成立100周年大会上重要讲话精神”座谈会；组织开展企业家“缅怀革命英烈传承红色基因”祭扫革命烈士陵园活动；组织非公经济人士赴瑞金、于都进行“学党史办实事、悟初心使命”党性教育培训;组织新生代商会赴宜春参加新生代企业家学习党的十九届六中全会精神专题培训班暨理想信念教育实践活动。

【营商环境】 健全工作制度,构建“亲清”政商关系。制定《县工商联分片联系活动制度》,安排班子成员分片服务联系企业;制定《县工商联机关工作人员“十严禁十不准”》制度,为政商交往划出“停车线”。印发《关于推进清廉民企建设的倡议书》,倡导民营企业家诚信、守法、廉洁经营,自觉抵制商业贿赂。加强政银企对接,为非公企业积极开展金融服务、法律服务与业务培训。与建设银行等3家金融机构签署全面战略合作协议,共同打造民营企业一站式金融综合服务平台,缓解中小企业“融资难、融资贵”问题。开展“万所联万会”活动,签订法律服务框架协议,组织律师协会用法律服务为企业健康发展护航。联合税务局开展“春雨润苗行动暨税费政策宣传培训会”;召开业务知识培训班,聘请专家就商会建设进行授课,全年受教育培训人员达200余人次。

【企业家精神】 组织开展中秋节走访慰问活动。创新企业商会为一线环卫工人送去月饼礼盒420份。组织开展“九九重阳节,浓浓敬老情”系列活动。浙江商会为康乐街道敬老院送去上万元食品及生活物资,女子商会为高城镇敬老院提供10桌饭菜及纪念品。冬至,女子商会走进茭湖乡槽头村走访慰问100户困难户,捐赠100床棉被和100件棉衣。消费扶贫爱心洋溢,促进社会和谐繁荣发展。5月,万载县工商联组织创新企业商会深入高村镇上村村购买滞销土豆5000余公斤,以实际行动践行学党史、办实事,帮助合作社渡过难关。11月,组织5个所属商会、158名会员参加“感党恩 促消费 兴乡村”农产品展销会,消费扶贫75万多元。助力乡村教育事业,推进乡村人才振兴高质量发展。黄茅、罗城、三兴等乡镇筹集乡村教育基金2500多万元,其中非公经济人士捐款达2000万元,仅万载县黄茅贵山花炮制造有限公司董事长、工商联副主席刘家云就向黄茅镇教育发展促进会捐款100万元。

【非公企业维权服务】 设立万载县非公有制维权服务中心,为非公企业和非公经济人士提供维权服务和政策法规咨询。坚持规范运行,做到有人员队伍、有工作场所、有程序规则、有档案台账、有保障支持。与公检法司各政法部门紧密沟通联系,多措并举,及时解决企业合法合理诉求。2021年,受理非公有制企业问题线索、诉求反映36条,实质性维权诉求24件,每个涉法涉诉案件均深入实地开展社会调查,办结率、回复率、满意率均达100%。

【意识形态工作】 把意识形态工作纳入党建工作目标责任制,定期召开专题会议进行研究,围绕意识形态相关理论知识、统一战线等相关内容深入学习。在国家省市刊发各类宣传报道50篇次,其中,万载搭建金融平台,缓解中小企业“融资难、融资贵”问题的经验做法得到《中华工商时报》《宜春日报》等主流媒体推广;《万载工商联发展密码:让非公经济人士找到“家”》入选宜春市工商联“十全十美”工作法,同时刊登在《江西省工商联工作动态》(第十一期),并获得省政协副主席、工商联主席雷元江批示表扬,作为优秀典型经验在全省工商联系统进行推广学习;2021年,编辑2期《商会动态》杂志,印制各类《学习资料》500余册,推动商会间、会员间横向、纵向交流学习。

【工商联领导成员】

主席(会长):张功才

党组书记:龙荣明

副主席:杨　琴

　　陈星辉

副主席(兼职):李　森　郑广辉

　　项仙中　陶　俊

　　朱伏茂　刘兆材

　　张小山　罗春贤

　　刘家云　汤尚松

　　曾　鸣　李　骏

　　吴成庚　张兵牙

袁谟祥　黎永来
吴振生
副会长(兼职):宋忠平
卢　亮　陈光辉　朱海鹏
李文强　辛增勇　张小龙
钟世波　欧阳书亮　刘永辉
聂国全　兰　莹
秘书长:高美华

县妇女联合会

【概况】 2021年,县妇联以党建带妇建、以妇建促党建,以服务大局、服务妇女儿童、服务基层为宗旨,充分发挥妇联“引领、服务、联系”三大功能,切实维护妇女儿童合法权益,促进男女平等基本国策,广泛团结凝聚全县各界妇女,促进巾帼建功,为全县经济和社会各项事业的发展做出不懈努力。2021年,先后获得全省妇联系统舆论阵地建设先进单位、县平安建设目标管理优秀单位、县公共机构节能工作先进单位等称号。

【党史学习教育】 组织一场大学习。完善“集中学习+个人学习”“党内学习+群众教育”“规定动作+自选动作”“线上学习+线下学习”的机制,把党史学习教育同红色革命教育、妇女运动史等结合起来。开展一轮大宣讲。以重温100年来发生在江西这片红色土地上的百名优秀女共产党员的感人故事为契机,深入田间地头、农家屋场为广大妇女群众开展“百年党史巾帼红”红色教育宣讲活动。选树一批好典型。把挖掘、选树、宣传优秀妇女和集体典型作为拓宽党史学习教育的有效抓手,评选表彰20名三八红旗手、16户最美家庭、32名优秀村妇女小组长,创评省市“最美家庭”“五好家庭”“绿色家庭”“书香家庭”15户,以“线下展示、线上传播”的方式,多维度展示不同行业不同领域优秀女性昂扬向上的巾帼风采。助推一组特色活动。贯彻落实习近平总书记“把对党忠诚纳入家庭家教家风建设”的重要指示精神,联合县心理咨询师协会开展“党在我心中”亲子阅读和亲子故事分享会。

【清廉万载建设】 廉洁齐家,树立“铁家规”。2021年12月24日,联合县纪委、县委组织部举办全县领导干部配偶“家庭助廉”培训班,百余名领导干部配偶参加了培训。通过开展“廉内助”培训教育活动,营造廉政清风,共筑一道家庭“廉政墙”。润物无声,优化“软环境”。以开展“最美家庭”“五好家庭”“书香家庭”评比活动为契机,将廉洁家庭创建纳入评选依据,积极引导家庭成员增强廉洁自律意识。通过“万载女性”公众号大力宣传“最美家庭”“五好家庭”“书香家庭”等廉洁齐家优秀事迹,让广大党员干部在清廉家风建设中学有榜样、赶有目标。用心用情,搭建“连心桥”。开展“三堂课”宣讲,让家庭教育进万家。第一堂课是开展“百年党史巾帼红”红色教育宣讲活动,立足家庭开展红色家风家教传承系列活动,重温100年来发生在江西这片红色土地上的百名优秀女共产党员的感人故事,激发广大家庭和妇女群众爱党爱国的热情。第二堂课是清廉家庭教育微课。通过“万载女性”微信平台及时推送清廉家庭教育线上微课堂,传播家庭教育新理念、新方法。第三堂课是“送教下基层”活动,讲述家风故事,用言传身教的方式推进廉洁家风建设,开展“晒家风、讲家事”活动,让优秀的家规、家训、家风传递正能量。

【帮忧解困工作】 做好扶贫解困工作。认真做好黄茅镇烘炉村、白水乡白水村脱贫攻坚工作,定期走访贫困户,宣传扶贫政策;选派副主席黄锦芳担任康乐街道里泉村第一书记。维护妇女儿童合法权益。全年县妇联共受理来访来电案件80余起,通过建立妇联信访台账,咨询志愿律师、提供法律咨询、协助取证、上门调解等方式,做到件件有登记,事事有答复,有效维护妇女儿童的合法权益。组建巾帼志愿宣讲团。巾帼志愿宣讲团走进乡村、社区、企业、机关、医院、学校开展正家风、反家暴、防性侵及《民法典》《家庭教育促进条例》等宣讲活动。做好农村、城镇困难妇女“两癌”免费筛查和救助工作。2021年筛查出全县农村低收入妇女“两癌”人员共3899人,筛查出城镇困难家庭35～64周岁妇女“两癌”人员230人,并于年底举办全县低收入妇女“两癌”救助金和城镇困难家庭妇女“两癌”救助基金发放仪式。全县40名低收入妇女和2名城镇困难妇女各获得1万元救助金,共计发放42万元。走访慰问贫困妇女儿童。开展“贫困留守女童”关爱活动,对已统计到的全县45名农村贫困留守女童专门举办一对一的捐助活动。2021年,“99公益春蕾助学资助金”发放8人共7400元。

【活动开展】 4月23日,在第26个“世界读书日”到来之际,在翰林学堂开展“党在我心中”亲子故事分享会。5月22日,与县心理咨询师协会、婴朵教育共同举办“党啊,亲爱的妈妈”亲子共读分享活动。“六一”儿童节组建“妇联妈妈”帮扶团开展“六个一”活动(一些物资、一个拥抱、一次交谈、一个视频电话、一次宣传、一个微心愿),为辖区内的留守儿童送去温暖和关爱。6月10日,到挂点村康乐街道里泉村开展“一讲一学一实践”活动。6月11日,联合万县人民法院、县社会心理服务中到双桥镇山溪村开展《反家庭暴力享身心健康》《家风传千里 新风润万家》的家风家教宣讲活动。9月17日,与北京华康基金会一行到株潭初级中学举行中小学生成长计划基金启动暨现场捐赠仪式,对株潭初中和枣木小学提供为期20年、总额108万元的专项助学金。其中,每年拿出5.4万元奖励品学兼优的留守儿童和困难儿童。

【县妇联领导成员】

主　席:刘　丹

副主席:黄锦芳

　　　　刘菊华

党组成员:龙　珑

县科协

【概况】 2021年,万载县科协贯彻中共十九届历次全会精神,结合县科协实际,团结、依靠广大科技工作者,发挥科协人才荟萃和组织健全的优势,积极开展科普宣传、科技咨询、科技示范和农村实用技术培训,促进科学技术与生产力的结合,为全县经济社会可持续发展做好服务工作。

【科普活动】 实施“科普之春”计划,开展系列学雷锋科普志愿活动。3月5日上午,万载县科协协同县图书馆,组织10名基层科协志愿者开展历时1个月的学雷锋志愿服务活动。“科技志愿者服务月”活动以科普大篷车巡展形式,现场普及健康营养、良好卫生习惯、巧用大脑学习记忆规律、火灾自救、人工呼吸、海姆立克抢救法、中风突发应急措施等知识,受众达到20000人次。组织参加省青少年科技创新大赛。在县科协和县教体局的精心组织下,万载县推选的15幅少年儿童科幻画获奖作品中,10幅科幻画分别荣获2名一等奖,2名二等奖和6名三等奖。举办“红色百年路·科普万里行”主题活动。结合有关文件精神下发至各乡镇(街道)和县工业园区,通过科普大篷车巡展、移动红色党史故事、讲述科学家故事、摄影活动等形式,开展党史学习教育,培养科学家精神,庆祝中国共产党成立100周年。通过科普进社区、科普下乡等形式,广泛宣传“最美科技工作者”,宣传党全面领导国家科技建设所取得的一系列历史性成果。到万载县各乡镇城区六所学校,通过科普大篷车开设“能力测试”“力与数学”“虚拟现实”“机械传动”“视觉体验”“健康生活”6个主题展区,展出20余件互动展品。5月12日防灾减灾日,县科协协同县减灾办在万载古城开展防灾减灾宣传,受益人次共计2000人次,受咨询人次500人次。

【人才基地建设】 指导科普教育示范基地工作。对6家科普示范教育基地进行不定期走访,大力宣传科普教育示范基地,加大面向社会公众的科普力度。继续通过培育、创建、表彰优秀科普示范基地，激发其参与科普活动的热情。引导并推动基地、农技协、社区发展，利用科技示范户的榜样作用，对周围的群众进行“传帮带”，发挥科技示范户“以点带片、以片带面”的辐射效应，激励广大农民学科技、用科技的热情。如万载县荣生中药材科普示范基地充分发挥示范带动作用，常年面向农民开展科技讲座、实地考察、展览、培训、咨询等活动，开展实用技术培训 3 期次，发放资料 1000 余份(册)，组织参观学习 4 期 200 人次，促进中药材产业的健康发展；发掘优秀科技工作人才和团队。通过组织科技类企业积极参与宜春市“十佳科技团队”“十佳科技工作者”评选工作，对参评的各团队和个人进行实地考核、测评，万载县“绿色化学与化工技术创新团队”(亚太科技)、徐庆川(华尔升科技)分别荣获宜春市“十佳科技团队”和“十佳科技工作者”光荣称号；推进“万载百合产业科技小院”建设工作。6 月 4 日，省科协副主席蔡剑锋、江西农业大学科技处处长、教授游金明等专家团队，省院士专家服务中心副主任闵琪，市科协主席谢慧到万载县考察指导“万载县百合产业科技小院”。万载县科协充分发挥自身优势，积极参与对接有关农业院校、园区，组织专家和科技人员，大力推进科技小院创建，推进百合生产加工技术协会交流与合作工作；组织 17 个乡镇(街道)和相关部门根据自身特色分别开展丰富多彩的科普教育宣传活动。例如，万载县康乐街道南门社区利用万载古城社区公共大荧幕为媒介播放《钱学森》《无问西东》等电影，以民众喜闻乐见的方式向社会公众宣传党领导的中国科技建设，大力弘扬中国科学家精神，在全县范围内形成崇尚科学、崇尚科学家、树立科技强国梦的氛围。组织宜春市 2021 年专家工作站申报工作，成功申报南氏锂电、华尔升科技、恒晖大农业、亚太科技 4 家企业的专家工作站。

【自身建设】 万载县科协在党组书记带领下，全体深入学习近五年“科技三会”中习近平总书记有关科协职能、群团管理组织要求，组织全体观看学习第十届中国科协代表大会、中国科学院第二十次院士大会、中国工程院第十五次院士大会习近平总书记作出的重要讲话精神，切实坚持为科技工作者服务、为创新驱动发展服务、为提高全民科学素质服务、为党和政府科学决策服务的职责定位，推动开放型、枢纽型、平台型科协组织建设，接长手臂、扎根基层、团结引领广大科技工作者积极进军科技创新，组织开展创新争先行动，促进科技繁荣发展，促进科学普及和推广，真正成为党领导下团结联系广大科技工作者的人民团体，成为科技创新的重要力量。

【党史学习教育】 加强理论学习。通过常态化自学、集中学习，深入研读指定必读书目，做好笔记摘抄，通过交流研讨、分享学习心得体会，做到学史明理、学史增信、学史崇德；党史知识宣讲进基层。万载县科协前往扶贫挂点村潭埠镇新田村进行以“学党史，感党恩，跟党走”为主题的党史知识宣讲，向群众讲述中国共产党在各个历史时期为国家为民族谋复兴谋发展，倾听老党员所知所闻的当地土地革命故事；开展好党史学习教育专题学习。县科协制定中心组理论学习计划、党史学习教育方案和计划，井然有序开展党史学习教育；实地调研、搜集群众民生问题。通过实地走访民众，进社区、进园区、进校园调研，共搜集 10 条民众反映的急难愁盼的问题，能解决的当场给予回馈，不能解决的向县委县政府反应，切实做到学史力行。

【巩固脱贫攻坚成果】 定期走访贫困户，巩固脱贫攻坚成果。县科协按照每月至少一次的走访频率，深入挂点的潭埠镇新田村开展帮扶慰问及调查摸底工作，为帮扶对象送去米、油、慰问金等，并在每一次的上户走访中填写好相关资料，完善贫困户档案，详细了解帮扶对象的发展意愿、生产、生活情况，因户施策，因地制宜，落实帮扶措施，巩固脱贫攻坚成果。

【县科协领导成员】
党组书记、主　席:曾　楚
党组成员、副主席:范小燕
　　　　　　　　丁小龙
二级主任科员:黄荣生、欧阳春生

侨　联

【概况】 根据2021年的侨情普查,万载县有华侨华人212户1060人,县内侨眷约1200户4600人。境外人员分布在17个国家,其中美国57户,加拿大23户,澳大利亚15户,新加坡10户,瑞典5户,日本4户,英国及新西兰各3户,法国、德国、意大利、马来西亚各2户,西班牙、葡萄牙、芬兰、荷兰、西非几内亚各1户,归侨1人。在外人员中有博士34人,硕士148人。其中从事食品、医药、半导体等方面研究的科学家5人,大学教授9人,电力、芯片、计算机等行业工程师8人,政府公务员4人,教师2人,律师2人,记者1人,金融、会计6人,企业家14人。

【党史学习教育】 县侨联以建党百年为契机,教育引导侨界群众学好党史、新中国史、改革开放史、社会主义发展史,在北门社区举办"庆祝中国共产党成立100周年"百年党史学习报告会,社区36名侨属聆听报告;邀请县副处级退休干部、县侨联法律顾问宋小林律师到挂点村阳乐村举办中共百年党史讲座,阳乐村全体村干部及党员63人聆听讲座。

【志愿服务】 县侨联组织侨界志愿者服务队一行,到偏远山区茭湖乡、仙源乡开展党史学习教育"我为群众办实事"义诊活动。活动中,侨资企业达优医疗科技有限公司和中阳医药科技有限公司积极作为,奉献爱心,为山区百姓捐赠血压计、血糖仪和相关药品,价值2万余元。

【服务侨企】 建立侨企结对帮扶机制,一对一服务联系侨资企业,日常跟踪、常态服务,致力于帮助侨企解决生产中遇到的各种困难。定期深入侨企,为职工做好义诊及常规体检工作,特别是疫情防控期间,为企业的复工复产保驾护航。至2022年年底,为侨企解决难题5件。

【技能培训】 全县首届归侨侨眷综合技能培训班在万载古城侨胞之家开班,共有50多名来自全县各个社区的归侨侨眷参加。5天的培训采取专家授课、学员互动、现场教学等形式,重点学习面点烘焙制作、养老护理、营养配餐、茶艺等实用技术。培训结束后,颁发相应的职业资格证书,并推荐就业。

【走访慰问】 深入全县17个乡镇走访慰问侨眷侨属。在走访慰问过程中,详细询问他们的身体状况和家庭生活情况,了解慰问其海外的子女、兄弟姐妹等亲属的近况,叮嘱他们在海外要做好疫情防控,保护好自己,送去慰问物资,并向他们转达党和政府对侨眷侨属的关心和问候。

【县侨联领导成员】
主　　　席:黄淑贤
副科级干部:宋小勇

文学艺术界联合会

【概况】 2021年,县文联学习贯彻中共十九大历次全会精神,不断提高政治站位,树牢"四个意识",坚定"四个自信",做到"两个维护",紧紧围绕中央和省市县关于繁荣社会主义文艺工作的各项决策部署,积极履职,担当作为,不断推出内容丰富、形式多样的各类文艺作品。

【谷雨诗会】 2021年4月,宜春市第37届谷雨诗会在万载县召开。全市120多名作者参加诗会,万载县共有10余名作者获各类奖项。同时,编辑出版宜春市第37届谷雨诗会诗集,收录讴歌中国共产党、赞美宜春、赞美万载的诗歌作品近400首。

【社区活动】 2021年春节前夕,共举办5场下乡村、进社区义务送春联送福字活动,书写春联、福字共3000余幅。

【少儿书法大赛】 与县委党史学习教育办、县委宣传部、县教体局在万载县第二小学举办“童心向党　童书心声”少儿现场书法大赛,400多名选手参加此次现场书写，现场评出获奖作品200件。

【“党史名言　书法百品”专题展】 为庆祝建党百年华诞,与市书法家协会、县委党史学习教育办联合举办“党史名言　书法百品”专题展。在万载书画院展出100件党史名言书法作品。展览内容在全国尚属首例,得到省书法家协会的称赞。

【“交警杯”全县书画作品展】 与县交警大队联合举办庆祝建党100周年“交警杯”全县书画作品展。在郭南轩公祠共展出作品120余幅,丰富了人民群众的文化生活。

【第十七届迎春摄影展】 春节期间,通过网络举办第十七届迎春摄影展,共展示万载县摄影作者创作作品100多件。

【文联领导成员】

党组书记、主　席:余　刚

党组成员、副主席:叶　锋

残疾人联合会

【概况】 万载县残联内设人秘股和残疾人就业中心,是全额拨款的参公事业单位。2021年年末，在职干部职工12人。至2021年年底，全县持证残疾人16752人，残疾等级中一级820人,二级4541人,三级4815人,四级6576人，残疾类别中视力残疾1949人，听力残疾1134人,言语残疾281人,肢体残疾9223人,智力残疾1714人,精神残疾1466人,多重残疾985人。

【残疾人小康工程】 落实重度残疾人“两代缴政策”。全县5340名重度残疾人得到扶助，代缴基本养老保险费53.4万元,代缴基本医疗保险费165万元。做好低收入残疾人稳岗就业工作。2021年,全县农家书屋管理员安置三类人群59人，实用技术培训50人（全部为建档立卡残疾人对象)，助残基地安置三类人员就业74人，共发放奖励金7.4万元;组织开展助残帮扶行动和残疾人智志双扶行动。2021年，全县共走访慰问残疾人500户，发放走访慰问金15万元。围绕残疾人两项补贴,开展巩固拓展残疾人脱贫攻坚成果“百日行动”。2021年,共有5739名残疾人享受生活补贴，发放资金337.248万元;有4429名残疾人享受护理补贴,发放资金302.659万元,共发放两项补贴资金639.907万元。做好乡村振兴驻村帮扶工作,干部结对帮扶脱贫户26户。坚持做到每月不少于1次上户帮扶,共拨付挂点村帮扶资金5万元。继续实施阳光家园计划。万载县阳光家园(托养)服务项目4月启动,按照要求选准100位服务对象,主要针对16～59周岁建档立卡脱贫户和边缘易致贫户中重度肢体、精神、智力残疾人,并根据个性化要求签订服务协议。持续做好建档立卡重度失能残疾人的集中托养管理工作。依托高城、马步和赤兴共集中供养20人。按照每人每月1700元予以包干负责,其中1000元由县财政兜底,县残联统筹资金700元;持续推进城镇残疾人解困脱困工作,扎实做好城镇残疾人两项补贴的发放工作。2021年前三季度,享受两项补贴584人，共发放46万元;扎实做好城镇残疾人的政策落实情况统计。全县有城镇贫困人口645人,为符合条件的城镇贫困残疾人落实就业援助7人、家庭无障碍改造4人、精准康复服务86人、发放机动轮椅燃油补贴2人、辅具适配33人。

【康复服务】稳步推进残疾人精准康复工作。配发辅具,优先对脱贫对象和近三年未受助者发放。至2021年年底，总计为1700多人配发残疾人辅助器具,共投入资金52万余元。统筹12.2万元为254人购买支持性服务,其中肢体残疾99人,每人500元服务卡,到县人民医院康复科进行按摩、理疗针灸等;智力残疾和自闭症及听障孩子

130人，每人500元服务卡，分别由特教学校和儿童康复机构提供个性化服务；精神残疾人25人，每人300元，由万载精神专科医生提供服务。此外，统筹4万元为7岁以下儿童进行视力康复训练，并为儿童及成年人配助视器。统筹7.2万元为104名精神残疾人提供免费服药。做好假肢安装、人工耳蜗安装宣传、转介工作。完成假肢安装转介22人，投入资金16万元。6月份，开展“适配助听器，关爱残疾人”活动，邀请南昌专家现场为35名听力残疾对象进行专业测试和免费安装价值2500元的助听器，共投入资金8.75万元。继续开展家庭医生签约服务，由城乡基层医疗卫生机构的家庭医生团队，对辖区内有需求的残疾儿童和持证残疾人及其家庭开展政策宣传、签约与实施医疗康复服务等工作。全面实施残疾儿童康复救助制度。切实做好残疾儿童康复转介工作。完成转介132名残疾儿童在机构康复训练，投入资金198万元，其中听力言语障碍20人，智力障碍22人，自闭症84人，脑瘫6人。至2021年年底，人工耳蜗安装(0~6岁)需求的对象救助3人总投入20万元，儿童助听器救助3人共1.8万元。切实规范残疾儿童康复机构管理。加强对康复机构的监管，将市年度目标考核要求贯穿于平时业务工作中，督促康复机构强化师资培训和内部管理，保证康复机构有序运转，康复档案齐全，账目独立规范。加强社区康复站建设。继续巩固基层30个社区康复站点，重点监督和引导康乐街道北门社区为30名精神障碍患者开展社区康复服务。精准录入康复数据。结合省残联对残疾人精准康复月度任务的目标，要求乡镇及时将已服务的对象信息录入系统，进行采集。

【民生幸福】 开展贫困重度残疾人家庭无障碍改造。继续按照五个“统一”的标准和程序，对全县17个乡镇160户贫困重度残疾人家庭实施无障碍改造，其中工程改造户146户、发放器具用品户46户。改造对象重点针对脱贫不稳定户、边缘易致贫户，全单接收中国残联下发的68户列为改造对象，同时根据建档立卡中重度的老年户、低保户与动态更新中的无障碍改造需求比对，筛查出71户作为改造对象，贫困率占比88%。根据对历年改造跟踪回访的实用性和长效性分析，重点选择肢体残疾中的70岁以下的残疾人，占比80%，同时兼顾低龄化的一部分智力及精神类残疾的改造需求。成立残联无障碍环境督导体验组开展督导检查，精心组织，开展工作督导，开展助力残疾人信息无障碍交流。到2021年年底，全县有539名残疾人享受了这项爱心助残服务。加强残疾人信访工作力度，全年共接受法律咨询12人次，接待来电26人次，来访5人次。落实申报2022年度残疾人机动轮椅车燃油补贴109人，发放2021年度残疾人机动轮椅车燃油补贴108人，金额2.8万余元。大力推行政务服务“跨省通办”“省内通办”，实现“县内通办”落地。接受域内对象异地申请5人，域外对象本地申请3人，其中跨省通办2人，省内通办6人。优化残疾人证办理流程，启动一站式办证服务。

【党史学习教育】 成立党史学习教育领导小组，统筹谋划，制定学习计划。每月至少开展一次专题集中学习。利用万载本地的红色资源，参观一次湘鄂赣革命纪念馆，重温一遍入党誓词、组织一场知识竞赛等；利用清明节等节日，到仙源苏维埃旧址和革命烈士纪念塔开展清明祭扫、组织实践活动。开展“一讲一学一实践”活动，县残联理事长吴萍英到挂点村讲题为《父亲带给我在朝鲜战场的记忆》的党课，5月集中两天到所驻村宝石村开展“十四五”为群众解忧大调研活动。办好实事，做到学贯结合，在全县开展“十佳扶残助残先进个人”和“十佳残疾人自强之星”评选工作，经党政班子会议商定周毛根等10人为十佳扶残助残先进个人，朱牛根等10人为残疾人自强之星，在庆祝中国共产党成立100周年暨“双十佳”表彰晚会上进行表彰。

【文化比赛】 2021年，万载县残联组织残疾人参加文体比赛成绩斐然，鹅峰乡盲人冯斌参加全国第十一届残运会获得90公斤和81公斤级以上无差别柔道比赛两项金牌，潭埠镇肢体残疾人邹益获得全国第十一届残运会72公斤举重银牌和世锦赛72公斤举重铜牌，特殊学校汪佳艺获得第一届“傅利叶”杯全国特殊儿童绘画大赛三等奖，唐友良、王淑来参加江西省残疾人书画大赛获书法类二等奖，辛城获书法类三等奖，县残联选送文艺节目《绣女绣蝶》参加市残联“双十佳”颁奖暨第三十一次全国助残日文艺晚会获得特等奖。

【下乡评残】 组织邀请县人民医院医疗专家开展下乡评残活动，深入全县17个乡镇(街道)、80余个村，共为162名瘫痪在床且符合评残条件的对象进行残疾等级鉴定。

【残协建设】 以推进县残联改革为重点，切实抓好村(社区)残协建设工作。康乐街道和马步乡做试点，6月已在全县所有乡镇推广，选好用好村(社区)残联专职委员，合理分组并选好残疾人联络组的联络员，做好辖区内残疾人基本情况登记，巩固残联组织强基固本、履行职能、打通联系和服务残疾人的“最后一公里”。强化残疾人专干队伍建设，不断提升其综合素质，着力抓好专职委员教育培训。

【颁奖晚会】 6月23日，由万载县人民政府残工委主办，万载县残疾人联合会与万载县志愿者协会共同举办的“庆祝中国共产党成立100周年暨万载县‘双十佳’颁奖晚会”在龙湖广场举行。宜春市残联党组书记张晓波、中共万载县委副书记张书基、县人大常委会党组成员、三级调研员刘继贤、县政协副主席辛永红等观看晚会并颁奖，县政府副县长潘集章颁奖并致辞，宜春市残联秘书科科长周斯文、康复科负责人高亮霞和县政府残工委成员单位领导出席晚会。晚会期间，市、县领导为“十佳残疾人自强之星”和“十佳扶残助残先进个人”颁奖留念，主持人对“十佳残疾人自强之星”代表龙卫及“十佳扶残助残先进个人”代表周毛根进行现场采访。

【调研工作】 2021年7月14日，省残联党组成员、副理事长邹凯到万载县调研指导村（社区)残疾人协会工作，宜春市残联理事长刘友亮、万载县政府副县长潘集章陪同。邹凯一行听取万载县村(社区)残疾人协会工作汇报，并深入康乐街道北门社区、马步乡泉塘村、带塘村进行实地调研，对万载县村(社区)残疾人协会创造性开展工作表示肯定。

2021年11月4日上午，宜春市残联党组书记张晓波一行到万载县走访调研，市残联副理事长任红生、万载县副县长龙水莲、县残联理事长黄晓繁陪同走访调研。张晓波一行首先到获得全国第十一届残运会两枚柔道金牌的冯斌家里，代表市残联给他们一家送去慰问金，并表示诚挚的祝贺。随后，张晓波一行到万载县启迪康复机构调研儿童康复工作，了解康复机构的师资配备、硬件设施、儿童康复等情况，并就当前工作提出要求。

【典型发言】 2021年9月，万载县残联作为代表在全省加强和改进村(社区)残协工作电视电话会议上作了典型发言，介绍万载的试点工作经验。万载作为试点工作县，把加强村(社区)残协工作作为探索基层治理的一种有效方式，与党建工作结合起来，与巩固脱贫攻坚成果，实现乡村振兴工作有机结合起来，从解决残疾群众需求和期盼入手，夯基础、建网络、明机制，积极推动工作开展，做到有人管事、有规可循、有钱办事，通过搭建平台，采取工作推进会和逐级培训等方式，不断提升基层残联工作人员水平，为其他县市开展此项工作提供借鉴经验。

7月30日上午，宜春市残联理事长刘友亮深入康乐街道凤凰社区康复站、鹅峰乡严坑村香山家庭农场察看，随后到县残联开展座谈。此次督查，重点围绕“重度残疾人的托养与照护”“市级阳光助残基地”“特校专项补助”“残疾儿童康复训练”“社区康复站”“残疾儿童康复机构补贴”等方面的资金使用与拨付进行。刘友亮一行通过看台账、听汇报、现场交流等方式,切实了解万载县民生资金管理和运行情况。刘友亮一行对万载工作给予充分肯定,并就进一步做好民生资金管理提出了意见。

【主题党日】 4月9日,宜春市残联与万载县残联组织全体干部职工及退休党员到万载开展“学党史　悟初心　强信念”主题党日活动。全体人员来到仙源乡革命纪念塔,瞻仰纪念塔,默哀、鞠躬、敬献花篮,并重温入党誓词。还先后到中华苏维埃共和国湘鄂赣省苏维埃政府旧址和中国共产党湘鄂赣省委旧址、湘鄂赣革命纪念馆进行参观。

【康复机构】 为促进项目资金规范使用和残疾儿童康复机构规范管理,3月11日,县残联理事长吴萍英、副理事长付莉珍一行4人到万载县残疾儿童康复中心和万载县残疾儿童启迪教育发展中心,对其场所安全、教育教学管理等情况进行检查,并与在机构进行康复训练的残疾儿童家长面对面座谈,针对康复救助制度的知晓率、在机构康复服务的时间、对康复机构服务的满意率等内容现场询问和测评。座谈后,县残联就残疾儿童家长反映的诉求、教育教学及安全管理存在的问题向两机构负责人给出反馈意见。

【就业创业】 2021年以来,万载县残联把推动残疾人就业创业作为最大的民心工程来抓。3月初,专门出台《关于扶持残疾人自主创业就业和阳光助残基地建设的实施办法》(万残字〔2021〕4号)对残疾人自主创业就业和阳光助残基地采取奖补扶持政策;对吸纳盲人就业的按摩机构,按安置数1000元/人奖励经营主体;对建档立卡残疾人自主创办便民店等实体给予2000元的奖励;对县一级以上基地给予10000~20000元的奖励。对安置脱贫不稳定户和边缘易致贫户的基地按1000元/人加奖经营主体。5月底至6月初,组织举办残疾人农家书屋管理员培训班和电商(抖音拍摄)培训班,培训残疾人100人。5月,对盲人开办按摩店及自主开办实体店情况进行调查核实。2021年,在马步乡带塘村设立全县首个残疾人辅助性就业机构——“万载县伟泽残疾人辅助性就业中心”,安置12名“重度肢体、智力、精神”类残疾人(其中4名建档立卡脱贫户)在此安装手机插线。4月,县残联又拨出专款,为12名“三类”残疾人购买意外伤害险,对厂房、卫生间进行无障碍改造,并给予残疾人一定的中餐补贴。

【技能培训】 为解决残疾人就业难的问题,提升残疾人职业技能水平,从5月底开始至6月中上旬,万载县先后举办农家书屋管理和电子商务(抖音直播)培训班,旨在解决农家书屋管理员业务操作不熟练的问题。

【服务民生】 大力开展“我为群众办实事”活动。7月6日上午,联合创维集团公司在新源酒店宴会厅举办“善行江西万载　爱心助残惠万家”公益捐赠活动,活动现场,各乡镇(街道)残联专职委员、困难残疾人代表共计100余人参加捐赠仪式。此次活动的受助对象主要是城镇和农村建档立卡脱贫户、边缘易致贫户及部分低保户。创维集团宜春分公司汤总和万载东信家电朱女士为困难残疾人捐赠了100台电风扇、100台电饭煲及34只电热水壶,总价值4万余元。县残联理事长吴萍英为创维集团赠送了公益牌匾。推动残疾人辅助性就业,成功在马步乡带塘村伟泽电子厂创立了“万载县伟泽残疾人辅助性就业中心”,介绍并安置了12名“重度肢体、智力、精神”类残疾人在此就业,主要从事手机插线的安装工作。3月,企业负责人考虑到安置这三类残疾人存在一定的安全风险,出入厂房、卫生间也不便,县残联又主动为在此就业的残疾人购买了意外伤害险,并对其厂房、卫生间进行了无障碍改造,还给予残疾人一定的中餐补贴。对159户残疾人家庭进行个性化无障碍改造,此项工作重点针对脱贫不稳定户、易致贫监测户。开展下乡评残活动,8月

24—27 日，组织县人民医院医疗专家对全县近 200 个此类对象进行评估。

【县残联领导成员】
党组书记、理事长：吴萍英
黄晓繁
党组成员、副理事长：付莉珍
党组成员：龙良伟
主任科员：龙成云 彭述文
朱欣长 黎水庚

红十字会

【概况】 2021 年，万载县红十字会动员人道资源，开展募捐筹资活动，着力实施人道救灾、救护、救助工作，在全市红十字会高质量发展考评中获良好等次，2021 年度 99 公益日筹款在全省县(市、区)位列第一名次。

【全面从严治会】 坚持把党的政治建设摆在首位，坚持用党的创新理论武装头脑，以习近平新时代中国特色社会主义思想传播工程为抓手指导实践、推动工作。夯实党建根基。通过会党组中心组学习、党支部主题党日活动、党建 + 博爱课堂等，注重理论修养，涵养公益情怀；强化党组责任。完善制度建设，全面从严治会，发挥会党组的决策核心作用，严格落实会党组主体责任和“三重一大”事项集体决策制度，严格落实理事会决策、监事会监督的依法治理体系，完善十字会内部管理制度；坚持问题导向，筑牢廉政防线，严格执行廉洁自律准则、中央八项规定精神，落实“一岗双责”，持之以恒抓好中央八项规定精神落实，防范和查处“四风”问题，持续开展作风专项整顿活动，建设政治坚定、本领过硬、敬业奉献、担当作为、清正廉洁的红十字干部队伍。每年邀请审计局以及第三方事务所对捐赠账户进行年度审计，有效地维护了红十字财务公信力。

【意识形态及人道资源动员】 始终把意识形态作为红十字会工作的重要内容，结合“5·8”世界红十字日、6·14 世界献血者日、99 公益日等重要节点策划活动做好宣传，激发人道资源动员，传播红十字正能量；做好“三献”典型案例和爱心人士、爱心企业的宣传工作，推进新时代新文明风尚的形成；搭建好“99 公益”平台，策划“博爱在万载，99 一起爱”“建设美丽乡村”两个公益项目，动员全社会共同参与，三天共筹集资金 570.18 万元(含腾讯配捐 69.18 万元)，荣获江西省“99 公益日”县(市、区)红十字会网络众筹榜样单位第一名，并在全省红十字会系统工作会议上作典型发言。

【基层组织建设及志愿服务】 强基固本，夯实红十字事业发展基础。以规范化建设为目标，做好基层组织标准化顶层设计，编辑了《红十字基层组织建设模版》《红十字基层组织工作手册》，规范基层基础工作；抓好金三角社区健康促进项目和第四小学的博爱校医室项目建设工作，提升社区红十字会服务群众的能力和水平；加强志愿服务规范化引导，将红十字志愿服务列入日常工作计划，推动志愿服务多样化；开展覆盖面广、有效性强的专题志愿服务，包括“爱心果园博爱万载行”慰问老人行动、“谨防溺水，关爱生命”进校园活动、“学生心理危机干预”公益课堂活动；在万载古城景区开展的“救在身边，景区志愿上岗行动”以及大型赛事活动救护保障工作等，常态化开展志愿服务活动 106 场次。

【三救三献业务】 超额完成 2021 年县政府 52 件民生实事的应急救护培训和养老介护培训项目，年内组织完成应急救员培训 28 期，持证培训 1170 人次，普及培训 11353 人次；养老介护员培训 40 人次，养老介护普及培训 462 人次。与爱心企业联合开展横跨全年的“红十字博爱送万家”活动，活动覆盖全县各乡镇（街道）、一线抗疫工作者、部分单位抗疫工作人员、器官捐献者家属以及特殊困难家庭，总价值 600 多万元。为“白血病”“先心病”等重大疾病的困难儿童家庭和遗体器官捐献者困难家属申请上级救助款项共计 20 余万元。在洪涝灾害期间，组织专人值班，每日统计受灾情况,形成日报进行上报,与应急管理局、水利部门相互配合,同时做好驰援河南的捐赠服务工作,共转捐救灾款16万元,救灾物资总价值185300元。联合市中心血站、红十字志愿者协会开展“世界献血日”无偿献血主题活动,“世界献血日”当日组织献血38人次,献血量约为13600毫升。

【县红十字会领导成员】

党组书记:谢　波

常务副会长:丁　凤

党组成员、专职副监事长:汪彩云

党组成员、副会长:欧阳菲

秘书长:黄睿赟

法　治

平安建设

【概况】 2021年，万载县委政法委以习近平新时代中国特色社会主义思想为指引，深入贯彻习近平法治思想和十九届六中全会、中央政法工作会议精神，全力打好社会稳定保卫战、社会治理创新战、营商环境服务战、政法队伍整治战，政法综治基层基础不断夯实，社会治理现代化工作水平不断提高，社会治安环境不断向好，实现“五个没有发生”，即：没有发生有重大影响的政治案（事）件、暴恐事件、规模群体性事件、个人极端事件、公共安全事故。

【社会治安防控】 加强社会治安常态化打击防控。最大限度地把警力摆到街面、放到基层社区，提高街面见警率。全县接处警2.18万起，其中刑事立案1426起，刑事拘留427人，抓获网上逃犯132人；办理行政案件3932起，行政处罚1364人，行政拘留542人。扎实做好反电诈工作。成立了劝返逼投工作领导小组，并组建赴滇缅劝返组，到云南开展劝返工作。共破获新型电信网络违法案件193起，抓获251人，其中刑拘192人，取保候审59人，返还受害人资金439.1万元。把牢社会稳定风险评估关口。对32件重大事项进行了风险评估，对重大项目、重大决策做到了应评尽评。

【信访治理】 组建专班队伍。在县级层面，成立了重大矛盾纠纷调解、重大公共安全、重大网络舆情3个专班，负责具体指导和协调解决行业领域内的重大矛盾纠纷问题和信访积案。实行“一案一策一专班一档案”。对全县信访积案进行了全面排查，对梳理出的重点信访问题，由公检法司4个部门共同参与，建立“一案一策一专班一档案”，全面掌握信访人的信访原因、信访诉求以及家庭情况等，做到对重点信访事项化解一批、稳定一批、依法处理一批。此项工作得到市委常委、政法委书记李晓楚高度肯定。压实领导责任。在2020年“清存量、控增量、防风险”信访突出问题专项治理活动的基础上，梳理排查全县存量信访事项，落实县领导包案和责任单位化解责任；制定了全县乡镇（街道）、县直单位信访挂牌督办方案，根据访量情况对相关乡镇、县直单位实施挂牌督办，做到问题化解不到位不摘牌。

【矛盾化解】 全力做好全县房地产领域历史遗留问题集中处理工作。多次召开会议研究，压实各方责任，全力推进。全县5个问题楼盘，凤凰华府和新源城市花园总证已办理，宝源万象超容问题已通过县政府常务会议，并形成会议纪要；吉通梧桐苑、国贸广场已办理总证，其中国贸广场楼盘已经为业主办理了385户不动产权证。全力做好“2·19”罗氏金行案件的化解稳控。通过不懈努力，全县76名受损对象领取了15%的返还金，保持了该群体的基本稳定。全力做好矛盾纠纷排查化解工作。依托县、乡镇（街道）综治中心，整合综治、纪检、信访、司法等力量，构建人民调解、行政调解、司法调解“三调联动”相互衔接的大调解工作体系，全县共排查矛盾纠纷4178件，化解4172件，化解率99.86%。春节、全国两会、庆祝建党100周年等重要时期,积极抓好影响社会稳定矛盾纠纷集中排查工作。

【重点项目】 综治中心实体化建设步伐加快。县级层面,对县综治中心进行改造,将劳动争议、消费纠纷、房产物业纠纷等十大行业性调解平台实体入驻,完善各项制度。设立"百合花"调解工作区,聘请退休法官、检察官、干警担任专职调解员,对各类问题进行分类处理,实现"一站式解纷";乡镇层面,在打造鹅峰、罗城、高村、株潭几个乡镇级综治中心示范点的基础上,其他乡镇也全部完成综治中心规范化建设;村级层面,各乡镇均选取了两个以上村综治中心示范点开展规范化改造。"雪亮工程"全面完成。按照"行政村至少5个点,自然村至少2个点"的要求,采取电信公司、移动公司"平安乡村"项目建设的模式和平安办每半月通报表扬前三名乡镇、通报批评后五名乡镇的方式,力推点位全覆盖。"智能安防小区"建设有序进行。全县有12个小区通过了"智能安防小区"验收,在建的小区也均按照要求在施工。老旧小区建设,运用老旧小区改造专项资金,投入780万元,对全县37个老旧小区进行智能化改造。

【重点工作】 社会心理服务体系建设纵深发展。县平安办、县卫健委印发了实施方案,制定了"2021建体系,2022强队伍,2023出成效"的三年工作计划,全面推进团队专业化、培训常态化、活动多样化、制度系统化"四化"建设。开办了第一期社会心理咨询师培训班,85名学员通过为期3个月的线下学习,取得国家三级心理咨询室资格,县社会心理人才库达到127人。综治信息平台高效运行。通过邀请电信专家讲解授课等方式,组织乡镇、部门、网格员,参与社会治理大数据平台使用的培训,全面提升业务水平。对县职能单位矛盾纠纷云平台运用情况进行通报,统一了县、乡、村、网格四级思想,实现了网格巡查、事件上报逐月稳步上升。

【助力法治建设】 投资80万元,新建县级公共法律服务中心,在17个乡镇(街道)建立公共法律服务工作站、181个村建立工作室,完成了鹅峰、仙源等12个基层司法所建设任务。设立26个法律援助工作站,在全县各村(社区)公示法援申请渠道、"12348"公共法律服务热线等信息。在落实开展六大行业重点整治的同时,一体化推进14个重点行业领域同步开展整治。全面开展涉黑涉恶案件(线索)倒查、查透。

【扫黑除恶】 组织架构"升格"。提级成立扫黑除恶斗争和重点行业专项整治领导小组,由县委书记担任两个机构的组长,县长担任第一副组长;从乡镇和有关县直单位抽调4人充实扫黑除恶专班,每年拨付100万元作为专项经费。扫黑办先后建立了行业部门联络员例会制度、扫黑办周例会制度、信息报送机制、督导督办机制等。宣传态势"升温"。面向社会开放县扫黑除恶成果展厅,印制6000份《关于深入常态化开展扫黑除恶暨重点行业领域整治的通告》,并下发各乡镇张贴。打击整治"升级"。共破获九大类涉黑涉恶刑事案件21起、刑拘61人。县委政法委对全县204村(社区)的1594名党组织成员候选人预备人员进行审查。

【千警万人】 对"五员联动,共创平安"活动进行深化,通过每个乡镇(街道)一名牵头人、每个村(社区)一个工作队、每个人一套工作台账的方式,县政法各单位全体干警和乡镇、村干部以及网格员一起组成工作队下沉到全县206个村(社区),深入开展"九大活动"(案件大侦查、治安大整治、全警大练兵大巡逻、案件大回访、退赃发放执行款、大宣传、大走访、矛盾纠纷大排查、意见大整改),各工作队共入户17967户,共收集到各类问题、矛盾纠纷946件,其中当场解决419件,上报到乡镇研究解决151个,到县级申请解决163个,为群众办实事184件。

【政治引领】 抓政治教育。政法各单位党委(党组)书记围绕"讲好一堂党课”，先学一步、深学一层，在讲课中实现领学、带学、促学。抓警示教育。组织政法干警聆听市、县两级党委书记的专题党课和纪委书记、监委主任廉政教育报告、观看了颜赣辉、胡全顺等人忏悔录，并通报了近年典型违法违纪案例。抓英模教育。选树了张仁科等9名政法模范先锋，举办了万载县“政法模范先锋”事迹宣讲报告会，在“法治万载”公众号开设政法模范先锋专栏，广泛宣传英模先进事迹。抓党史教育。充分发挥我县红色资源优势，开展了“寻红色足迹、铭百年党史、筑政治忠诚”主题实践活动，组织政法干警深刻领悟习近平总书记“七一”重要讲话精神，筑牢政治忠诚。

【核查整改】 全体政法干警完成了两轮谈心谈话和自查事项报告表填报，累计开展谈心谈话1519人次，151人主动向组织交代违纪违法问题。召开了专题民主生活会和组织生活会，引导全县政法干警认真检视自身存在的问题。其中，县司法局民主生活会得到了省第八指导组的高度肯定，经验做法在省指导组简报上以专刊的方式在全省推广。组建线索工作专班，提升线索核查效率，万载县线索工作得到了市教整办线索组充分肯定，并被推荐到省教整办。

【效果提升】 紧密结合党史学习教育，扎实开展“我为群众办实事”活动。在群众反映强烈的电诈问题上，对电信网络诈骗违法犯罪进行打击整治。教育整顿期间，共侦破刑事案件40起，刑事拘留87人，为群众追赃挽损247万余元。政法各单位出台便民利企举措62条，为民办实事481件。走访企业300多家，走访服务群众近24000户。

【县委政法委领导成员】

县委常委、政法委书记：

徐济周（任至8月）

袁常青（8月任）

常务副书记：彭文凯（任至9月）

常务副书记：陈初平（9月任）

副书记：林　炼

辛远征

公安

【概况】 2021年，万载县公安局以习近平新时期中国特色社会主义思想为指引，深入学习贯彻习近平总书记在中国人民警察警旗授旗仪式上的重要训词精神和上级公安工作会议精神，以扎实做好庆祝建党100周年安保维稳为主线，统筹政法队伍教育整顿和党史学习教育，把“我为群众办实事”体现在工作的方方面面，确保全县社会大局的持续稳定和社会治安平稳，公安工作取得新作为新发展。

【政治安全保卫】 建党100周年大庆安保期间，组建了多警种协调联动的情报研判会商专班，坚持一日一调度，一日一研判，向市局报送5期情报研判专刊；从严从实抓好社会面管控，破获刑事案件9起，刑事拘留34人，逮捕24人。

【社会治安管理】 全年接处警21776起，刑事立案1426起，治安类警情8458起（含行政案件、举报、纠纷），交通类警情8814起，救助类警情2613起，社会面持续稳定。全年刑事拘留427人，抓获逃犯132人；现发命案2起，全部破获。办理行政案件3932起，行政处罚1364人，其中行政拘留542人。强化追逃专班推进，突出情报先导，加强技术手段运用，常态化对全市范围内在册逃犯开展研判，全年抓获逃犯132人，其中抓获历年逃犯8人，抓存率排名全市第二，成功抓获了潜逃23年的命案逃犯彭某望。2021年是扫黑除恶常态化的第一年，全年办理九大类案件16起，刑事拘留40人，高压严打势头依旧强劲。全年电信网络诈骗案件发案648起，受损金额达到4504万元，破案158起，刑事拘留206人，冻结资金1.8亿元，退赃挽损371万元，占全市总挽损的40%。全年开展治安清查统一行动20余次，加强对麻将场馆的清查，明确对涉赌警情的规范处置流程，联合住建、街道社区加强出租房屋管理,盯紧小北关、两路巷等重点区域,加强网络巡查、监测,加大对网络招嫖等新业态的打击力度,社会风气有了进一步好转。

【治安防控建设】 以新时代公安派出所建设为抓手,扎实推进"新型警力护校园行动"和"万警千车下基层"活动,切实优化警力配置,提高街面见警率。按照两个"40%"标准配齐配优派出所警力,全面解决了5人以下派出所;依托村级综治中心建成了64个警务室,其中城区9个社区10个警务室,落实了"四有八统一"标准,全部实现了实体化运转。优化街面防控"区域责任制"勤务机制,整合特巡警、交警、派出所民警多警种资源,开展车巡和步巡、警服和便装相结合,实行以警务站为中心划分巡防片区,构建了重点部位为1分钟,切实推动城区接处警"1、3、5"快反机制落地落实。全年协助推进全县自然村视频监控点位建设,181个行政村已实现全覆盖,1773个自然村已覆盖946个;整合一类资源摄像头4401个,二类、三类社会视频资源4628个,全部接入智慧警务中心后台终端,技防体系更加完善,服务侦查破案能力稳步提升。

【安全生产监管】 花炮安全监管方面:扎实履行厂外"打非"职能和黑火药安全监管职能,全年办理非法运输行政案件10起,开展各类检查60余次,发现并督促整改安全隐患60余起,办理烟花爆竹道路运输证10124件。交通安全监管方面:持续开展道路交通安全专项整治三年行动"五大攻坚战",深化周末夜查工作机制落实,查处道路交通违法行为166295起,其中查处酒驾602起、醉驾91起,无证、超员740起,超载378起;发现并整改道路交通隐患120处。监所安全监管方面:全年累计收监700余人次,投牢送监220余人次,推进了智慧监所和文明监室建设,整改了监所安全隐患,确保了监所安全零事故。

【队伍建设】 扎实开展政法队伍教育整顿,盯紧学习教育、查究整改、总结提升三个环节,全警动员、全力推进,高标准完成了政法队伍教育整顿各项工作任务。全方位抓学习教育,结合公安工作实际,积极创新学习形式,认真扎实开展学习教育工作,开展以"绝对忠诚、绝对可靠"为主题的活动,组织389名干警分批次进行了政治理论、警务技能、法律素养、射击演练等方面的学习。强力度抓查纠整改,深抓思想发动,做好"自查从宽、被查从严"政策及"顽瘴痼疾六+N"政策界限宣讲。全局有389名民警主动自查问题994条,其中涉及"顽瘴痼疾6+N"类533条,涉及其他违纪违法19条,涉及"怕、慢、假、庸、散"等问题442条。见真格抓整改提升。万载县公安局运用"第一种形态"处置76人次,其中适用自查从宽政策44人;运用"第二种形态"处置11人次,分别为党内警告5人、党内严重警告5人、政务记过1人;运用"第四种形态"处置1人次。

【重大案件】 万载县公安局侦办的"李强涉嫌污染环境案"一案是宜春市首例涉污染环境罪附带民事公益诉讼案件,入选"昆仑2020"全国十大典型案例,万载县公安局治安大队被评为"全国公安机关'昆仑2020'专项行动成绩突出集体",并选派业务骨干到省厅讲武堂和省厅食药环侦大讲堂专题授课,推出了食药环"大数据+微鉴定"经验战法。

【县公安局领导成员】

万载县副县长、公安局局长:

黄志荣(任至8月)

黄彩勇(8月任)

公安局党委副书记、政委:

胡金圣(任至8月)

交　警

【概况】 2021年,万载县公安局交警大队紧紧围绕县委、县政府年初布置的各项中心工作,深入开展"政法队伍教育整顿",扎实推进党史学习教育,努力打造一支"党和人民信得过、靠得住、能放心"的交警铁军,为全县经济社会的发展提供道路交通安全保障。

【政法队伍教育整顿】 2021年，县公安局交警大队以习近平新时代中国特色社会主义思想为指导，认真贯彻落实中共十九大和习近平“七一”重要讲话精神，按照省、市、县的部署要求，大队深入开展了“政法队伍教育整顿”。全大队81人，共查摆出问题99条，其中涉及“顽瘴痼疾6+N”类63条，“其他顽疾”问题36条。另外，还针对“怕、慢、假、庸、散”等其他顽疾问题，每位民警进行了问题陈述，上交了陈述材料，并签订了承诺书。通过学习教育整顿，全体民警的思想比以前更加统一，执法更加规范，执行力进一步增强，为群众服务的意识更加自觉。如：16项便民措施的出台，3个农村中队已办理摩托车、电动车登记上牌业务1530起，节省了群众办理时间，大大方便了群众。

【党史学习教育】 在庆祝中国共产党百年华诞的重大时刻，在“两个一百年”奋斗目标历史交汇的关键节点，按照习近平总书记提出的“做到学史明理、学史增信、学史崇德、学史力行，学党史、悟思想、办实事、开新局”的要求，县公安局交警大队开展党史、新中国史、改革开放史、社会主义发展史学习宣传教育。大队组织全体民警通过自学、集中学习、划重点、做笔记、写体会、瞻仰烈士陵园、下基层为群众做好事等形式，教育引导交通民警深刻认识中国共产党为国家和民族作出的伟大贡献，深刻感悟中国共产党始终不渝为人民的初心宗旨，学习中国共产党推进马克思主义中国化形成的重大理论成果，传承中国共产党在长期奋斗中铸就的伟大精神。学习教育期间，大队组织全体民警在万载县革命烈士陵园瞻仰革命烈士纪念塔，向革命烈士敬献花圈、花篮，接受红色教育，传承红色基因，每名民警写心得体会5篇。6月、7月，大队通过下基层、到挂点村为群众做实事、做好事81件；到挂点的严田村，民警到扶贫村治理村级环境，整理村级公路两旁树枝杂草23车，清理屋场内外垃圾31车，解决群众提出的问题21个，进一步拉近了警民关系，融洽了党群关系。

【政治理论】 大队党支部把强化理论武装作为加强意识形态工作的主抓手，结合“政法队伍教育整顿”“党史学习教育”，充分依托“学习强国”APP、干部网络学院学习、党支部的“三会一课”等平台，做到理论学习“全覆盖”。坚持用习近平新时代中国特色社会主义思想武装头脑、指导实践、推动工作，坚实了党员领导干部的初心使命，打牢高举旗帜、听党指挥、忠诚使命的思想根基。

【营商环境】 大队按照县委“融入宜春、聚力园区、双城联动、特色彰显、宜业宜居”的工作方针，主动服务县域经济，积极做好亲商、安商、稳商工作。一是坚持“增加教育量、减少处罚量”的执法理念，对外地车辆因路况不熟等原因造成轻微交通违法，以教育劝导为主、处罚为辅；对来万载投资、洽谈贸易等车辆发生轻微交通事故，一律不扣车、不扣证，并提供优质高效快捷服务；对到万载古城的外地游客，如有违停的车辆，做到只纠章，不罚款。二是在执勤执法中，坚持政治、法律、社会效益相统一，民警必须要摒弃以执法者自居和杜绝“生、冷、硬、横”执法态度，注重人性执法，柔性执法，民警在城区的执法作风、执法方式、执法态度得到很大的改观。三是大队班子成员每人联系10家企业，每季度不少于1次，到企业上户走访，结对服务企业活动，帮助企业职工解决骑乘电动车戴头盔的问题。四是大队把服务经济、服务企业、服务群众，作为“放管服”改革的重点工作，按照“信息多跑、群众少跑”的要求，加大投入、完善服务设施，已投入车管“放管服”改革项目资金达40万元，36个服务项目落地见效，同时简化流程，提升服务水平，窗口服务实现“一次办、马上办”，“网上办、掌上办”；事中事后监管实现“依法办、依规办”；深化“互联网＋交管服务”，推出“异地通办”“简政放权”和“网上服务”，推进公安交通管理部门与银保监部门机动车交强险信息共享等12项新举措。五是为重点企业、招商引资项目提供最优质最高效的车管服务,大队窗口共为群众办理车辆管理业务共计 37630 起。

【道路交通】一是按照交所融合要求,农村交警中队和派出所民警联合开展巡逻防控、农村交通违法行为查处和交通安全宣传工作以及夜查统一行动,有效预防了农村重大交通事故和违法犯罪行为的发生,全年查处违法数 7500 起。二是交警大队按照省厅“万警千乡下基层”的要求,下派 16 名民警充实到基层派出所开展道路交通安全管理各项工作,极大地提高了基层派出所处理农村道路交通的能力。

【节庆安保】 交警大队在元旦、春运和全国、全省及市县“两会”,高考、中考,尤其是在疫情防控期间及 2021 年的“七一”“国庆节”中,非常重视重大安保工作,做到提前仔细勘查现场,科学规划路线,合理安排警力,组织全体交警上路开展安保工作,全体干警发扬“5+2”“白 + 黑”的工作作风,确保全县交通安保工作任务圆满完成。

【县城交通】 一是在全县持续开展道路交通安全专项整治三年行动“五大攻坚战”、周末夜查统一行动;二是升级智能交通系统,继续加大交通路口的红绿灯建设力度;三是坚持护学岗位行动,每天在上下班和上下学高峰时段,县城中队派警力到城区各学校门口、路段整治车辆乱停乱放,维护交通秩序,保障师生出入畅通平安;四是提高路面见警率、管事率,加大城区交通安全秩序的管控力度。县城中队每天部署警力在城区重点交通路段、重点交通路口对机动车乱停乱放、不按车道行驶、随意拐弯掉头、横穿马路等违法行为进行了集中整治;五是实行领导带队三班轮值制由领导带队,每天采取三班轮值(上午 7:00—12:30,下午 14:30—18:30,晚上 18:30—21:30),对城区交通秩序进行重点整治;六是采用错时延时上班制,部署警力每天在上下班人员集中区、车辆高峰时段(早高峰时段:7:30—8:30,中午:11:30—12:15,晚高峰时段:5:00—6:00)城区各个易堵路段、路口以及学校周边维护交通秩序,确保交通畅通;七是针对大雨、大雪、冰雹等恶劣天气,大队领导一线办公,靠前指挥,充分利用报刊、网络等平台开展交通安全宣传和提示,广泛宣传民警雨中积极排险情保畅通信息,提醒过往驾驶员注意恶劣天气下行车安全,选择合理路线出行,提高道路通行率,大队民警还全员上岗,在各个重点路段、路口开展冰雪、积水等隐患排查,对发现影响道路畅通和排水的碎石等杂物,及时进行清理,对发现的井盖掀起等情况,迅速修复,最大限度地确保辖区排水畅通,引导车辆不走危险、积水等路段,将大雨、大雪等恶劣天气对交通影响的限度降至最低。

【安全隐患排查】 紧盯“驾驶人、重点车辆、重点路段”三个维度,排除隐患。排查驾驶人无证驾驶、驾驶证未年检,违法未处理、逾期未审验、未换证进行排查,2021 年,共处理了隐患驾驶人 630 人;排查重点车辆在国省道加强“两客一危一校一面”等重点车辆的管控,紧盯公路客运、公交客运、旅游客运、危化品运输车、校车、重型货车、重型挂车等逾期未检验、未报废的重点车辆,紧盯三轮、四轮电动车、电动车雨棚等进行排查,2021 年,共处理了各类隐患车辆 420 辆、处理无证三、四轮电动车 51 辆,清理电动车、摩托车雨棚 1200 多把;排查重点路段,紧盯高速公路、城区道路、乡镇集镇道路、乡村临崖临水道路隐患进行排查,共排查整改隐患路段 120 处。

【严查交通违法行为】 大队严查酒驾、醉驾、超员、超速、无证驾驶等各类严重交通违法行为,全年共查处各类道路交通违法行为为 16.63 万起。其中,酒驾 602 起、醉驾 91 起;无证、超员 740 起,小车超速 5951 起;摩托车不戴头盔 3411 起;货车超载 378 起;国省道路货车不按规定车道行驶 3214 起；其他交通违法行为 15.25 万起。

【处理交通事故】 2021 年，大队认真做好减量控大工作，全县没有发生一起重大交通事故。全年共发生和处理交通事故 6568 起，其中死亡 64 人，受伤 1519 人，经济损失 788.4 万。各类交通事故以法律为依据，都得到公正公平的处理，没有引起社会矛盾。

【普及交通法规知识】 开展丰富多彩的交通安全主题宣教活动。主要是开展了“安全带生命带”“醉驾入刑十周年”主题宣传、“美丽乡村行”巡回宣传、学生“知险避险”主题警示教育、城区“有序停放不闯红灯”主题宣传、“守法规知礼让、安全文明出行”主题宣传，在城区主要路口、公园、广场、国省道沿线乡镇悬挂横幅标语 30 条，制作宣传展板 10 块，印发宣传资料 1200 份。同时，在鹅峰、马步、三兴、高城等 4 个乡镇和工业园区两家企业宣讲 7 场，受教育人数 5600 余人，还组织了 24000 多名学生进行以“文明出行、平安成长”“远离货车、知险避险”为主题的交通安全教育；与主流媒体县电视台合作，充分展示和呈现大队工作动态、典型案例、好人好事让人民群众更多、更好地了解支持交警工作。开通官方抖音号“万载交警”，主要宣传交通法规，普及交通安全常识，曝光典型交通事故，展示交警爱岗敬业、疏堵保畅和助人为乐的事迹，始终坚持内容和服务并重，影响力不断攀升，有的视频观看人数达 21 万次，成为万载交警对外宣传的重要窗口和平台；运用农村大喇叭广播，将交通安全法律法规、农村交通安全常识以及无证无牌、酒后驾驶、超载超员等常见违法行为危害性方面内容传播到乡村每个角落，使村民在潜移默化中得到教益。

【县交警大队领导成员】

大队长：辛集全
教导员：宋　雄
副大队长：丁红兵
　　　　　张小亮
副教导员：鲍卫国
　　　　　李祖维
　　　　　张友平

检　察

【概况】 万载县人民检察院是国家法律监督机关，对万载县人民代表大会及其常务委员会负责并报告工作。截至 2021 年年底，有政法专项编 44 个、工勤编 4 个，实有干警 42 人，内设 6 个部门和 1 个派出检察室：政治部、办公室、第一检察部、第二检察部、第三检察部、法警大队和西区检察室。2021 年，万载县人民检察院坚持以习近平新时代中国特色社会主义思想为指导，全面贯彻落实《中共中央关于加强新时代检察机关法律监督工作的意见》，紧紧围绕县委整体工作部署，牢牢把握“讲政治、顾大局、谋发展、重自强”的检察工作总要求，忠实履行法律监督职责，推动检察工作高质量发展，各项工作取得明显成效。第一检察部被评为“全市扫黑除恶专项斗争先进集体”，5 名干警获评“全市扫黑除恶先进个人”，1 人被宜春市委政法委评为“十佳检察官”，2 人被宜春市人民检察院评为“2021 年度全市作出突出贡献个人”。2021 年，万载县人民检察院人民群众满意度逐步提升至全省第 37 位，位列全市第四。1 月，县人民检察院被市委表彰为全市政法工作“一对一”对标竞赛优胜单位；4 月，被市委、市政府命名为宜春市第九届文明单位，1 人获评“全市检察机关民事行政检察业务竞赛能手”。

【社会维护】 万载县人民检察院严厉打击各类刑事犯罪，参与治理电信网络新型违法犯罪专项行动、“反诈”行动，全年办理审查逮捕案件 263 件 384 人，审查起诉案件 419 件 693 人。常态化开展扫黑除恶斗争，派员提前介入南丰许某涉黑案，建立《提前介入规定》《“黑财清底”工作规定》等 7 项工作机制，定期对 14 个重点行业领域进行调研。扎实推进反腐败斗争，办理职务犯罪案件 2 件 2 人，与监委加强衔接配合，形成反腐合力。深入落实“少捕慎诉慎押”刑事司法政策、认罪认罚从宽主导责任，开展羁押必要性审查227人，不捕100人、不诉162人，认罪认罚从宽适用率达91.3%，确定刑提出率、采纳率均为100%。

【营商环境】 2021年，万载县人民检察院严厉打击影响非公经济发展类犯罪，起诉8件31人。突出惩治侵权假冒犯罪，对侵犯万载县“达优牌”额温枪知识产权案件起诉3件7人。另外，还平等保护各类市场主体合法权益，完善涉企案件听取工商联意见和社会调查机制，对25名涉案企业人员作出不起诉决定。会同县公安局常态化开展涉民营企业“挂案”清理，持续加强检企沟通交流，拓宽民营企业诉求绿色通道；坚持班子成员带队走访企业，结合办案编印《企业常见刑事风险提示手册》，主动为企业把脉问诊。

【美丽宜居】 2021年，万载县人民检察院参与蓝天、碧水、净土保卫战，办理破坏生态环境资源刑事案件23件34人，办理了宜春市首例污染环境罪刑事附带民事公益诉讼案件，追偿生态环境修复赔偿费用93万余元，该案被省检作为典型案例向最高检进行推荐。针对人民群众反映强烈的饮水安全、建筑垃圾、农药包装污染等问题立案调查16件，均发出诉前检察建议，以能动检察理念助推溯源治理。建立“河长+检察长”“林长+检察长”协作机制，聘任宜春市万载生态环境局、县水利局、县林业局3名业务骨干作为特邀检察官助理。

【服务群众】 聚焦“舌尖上的安全”，万载县人民检察院开展食品安全专项检查，办理食品药品安全领域公益诉讼案件8件。重视“脚底下的安全”，落实最高检“四号检察建议”，对县城范围内窨井盖现状进行摸排调研并制发检察建议。关注“头顶上的安全”，开展高空抛物、高空隐患排查专项监督，督促有关部门加强管理。筑牢“寄递安全防线”，落实最高检“七号检察建议”，会同县公安局、邮政局加强寄递行业管理，形成监管合力。

【关注民生】 2021年，万载县人民检察院坚持和发展新时代“枫桥经验”，耐心细致办理涉检信访案件38件，全部做到7日内程序性回复，3个月内办理过程或结果回复；全面落实领导包案，成功化解2件重复信访案；邀请人大代表、政协委员、人民监督员等参与公开听证40余次，公开审查，开门司法。深入开展司法救助，办理案件15件，发放救助金额19万元。强化特殊群体权益保障，与县司法局建立支持起诉与法律援助协作机制，为无养老人、农民工、贫困户等各类困难群众支持起诉5件13人，追索赡养费、赔偿款及农民工工资等122万余元。

【未成年人工作】 万载县人民检察院从重惩处强奸、强制猥亵等案件19件20人，牵头推动侵害未成年人案件强制报告制度，建成并投入使用“一站式关爱中心”；监督完成新入职教职工376人违法犯罪记录查询工作；向有关职能部门发出针对未成年人保护制度落实不到位的检察建议10份。将教育、感化、挽救工作贯穿办案始终，不捕、不诉以及附条件不起诉率全面提升；引入社会力量参与帮教，社会帮教率、调查适用率均为全市第一；发出的全市第一份督促监护令入编省检《未成年人检察工作情况》。建立万检·云帆工作室，开展“检爱同行、共护未来”系列活动，覆盖师生5000余人。

【刑事检察】 万载县人民检察院充分发挥派驻公安执法办案中心检察室和侦查监督两大平台作用，提前介入、引导侦办重大疑难案件12件。着力提升刑事诉讼监督质效，对一审刑事判决抗诉2件；对看守所违法违规监管行为、司法行政机关社区矫正监管和公安机关执行剥夺政治权利活动履职行为发出纠正违法通知书49份，纠正脱管漏管39人；依托“12309”检察服务中心开展“云监督”；对法院财产刑执行进行监督核查384人2761.55万元，发出纠正违法通知书2份；联合县人社局清查服刑人员领取养老金案件3件3人；清理1990年以来的减刑、假释、暂予监外执行案件200余件。

【民事行政检察】 万载县人民检察院加强与县法院的沟通，提出民事再审检察建议2件，民事审判违法检察建议1件，民事执行监督检察建议5件。加强行政检察监督，开展“行政争议实质性化解”专项监督活动，办理行政争议实质性化解案件3件、行政非诉执行监督案件3件；联合县司法局会签《关于加强行政争议实质性化解工作的实施意见》，促进行政争议的实质化解。

【公益诉讼检察】 万载县人民检察院当好公共利益的代表，以“我管”促“都管”，公益诉讼立案40件，回复率和采纳率均为100%，刑事附带民事公益诉讼案2件，均获得法院支持。打造“公益诉讼＋未检”特色，成立未检公益诉讼办案组，办理未成年人保护案8件，其中消除万载中专校门口道路安全隐患系列案件入选最高检“千案展示”。探索公益诉讼新领域，办理交通安全、消防安全、红色史迹保护案4件，整改率达100%。

【政治建设】 万载县人民检察院开展党史学习教育和政法队伍教育整顿，开展各类学习、研讨活动40余次，开展“我为群众办实事”实践活动33次，服务群众近3000人次，二支部被县委表彰为“先进基层党组织”。落实意识形态工作责任制，深入贯彻“三同步”工作机制，加强检察舆论引导；加大检察工作宣传力度，召开新闻发布会1次，在国家、省、市级媒体发表稿件392篇。

【担当实干】 开展岗位练兵、业务培训，更新司法理念，提升实战能力。2021年，万载县人民检察院60项核心业务数据考核工作位列全市第三，1名干警获评“首届全省检察机关控告申诉业务竞赛业务标兵”，1名干警获评“全市检察机关民事行政检察业务竞赛能手”，3篇论文在省、市检察理论年会上获奖。

【作风建设】 万载县人民检察院全面从严管党治检，落实干警预警管理机制，开展警示教育活动7次，持续抓好防止干预司法“三个规定”工作。加强对检察权运行监督，自觉接受人大、民主和社会监督，邀请人大代表参加案件听证12人次，首次向民主党派、工商联和无党派人士通报检察工作情况。

【县人民检察院领导成员】

党组书记、检察长：
邓新国（任至8月）
刘　瑛（8月任）
党组副书记、副检察长：唐　平
党组成员、副检察长：
卜　文（任至11月）
王　霞（11月任）
党组成员、政治部主任：林卫荣
党组成员、副检察长：曾　洋
检委会专职委员：
罗耀华（任至9月）
施　斌

审判

【概况】 万载县人民法院（以下简称“万载法院”）2021年度实有干警77人，由于内设机构改革，由改革前的20个庭室减至9个，分别是刑事庭、民事庭、行政庭、立案庭、执行局、法警大队、政治部、综合办公室、审判管理办公室，下辖康乐、三兴、株潭、双桥、潭埠、马步6个基层人民法庭。

2021年，万载法院共审理、执行各类案件8454件，同比增长4.86%，审、执结8173件，员额法官人均结案302件，人均办案数位居全市前列，法院工作高质量发展指标位列全省第39名，群众满意度位列全省第29名、全市第二名，获评全市政法工作“一对一”对标竞赛优胜单位。

【参与中心工作】 紧扣营商环境指标，万载法院出台《万载县人民法院执行合同攻坚行动实施方案》，细化13条工作举措，审理商业纠纷平均办案用时46.4天，执行判决平均办案用时42.2天，同比缩短了4.5天，推进2件执转破案件立案，审结1件破产案件。发挥司法裁判对公平竞争市场环境的维护和引导作用，审结各类合同案件1981件。开辟涉企案件“绿色通道”，化解涉企民商事纠纷697件。保障企业胜诉权益及时实现，执结涉企业执行案件686件。针对万载本地花炮企业诉讼中的法律风险，及时发送司法建议7件，在此基础上形成了人民法庭关于妥善处理涉花炮行业诉讼案件工作办法。全面落实好棚改任务，完成16户棚改房屋的签约腾空工作，获评棚户区改造和城市提升项目征迁工作先进单位。

【审判执行】　万载法院强化刑事审判工作，审理刑事案件377件，审结376件。常态化开展扫黑除恶斗争，结合政法队伍教育整顿对涉黑涉恶案件进行“回头看”，梳理倒查重点案件22件，逐案建立扫黑除恶案件倒查登记台账。助推行业监管部门堵塞漏洞，发送司法建议22件。扎实开展“断卡”行动，严厉打击网络电信诈骗等犯罪，审结案件41件。依法惩治危害生态环境犯罪，审结污染环境、滥伐林木、非法狩猎等案件20件。加强民商事纠纷化解，审理民商事案件4071件，审结3851件。落实房地产涉稳风险化解处置工作要求，妥善审理了多个小区逾期交房、逾期办证系列纠纷案。准确贯彻实施民法典，坚持平等保护原则，审结股权转让、买卖、租赁、民间借贷纠纷案件1729件。加大执行攻坚力度，受理执行案件3951件，执结3891件，执结率98.48%，执行到位金额2.07亿元。联合公安机关开展“法眼”执行行动，向公安机关推送被执行人名单119人，破解查人找物难题。开展清理执行积案行动，通过“惠民暖心”集中执行专项行动，执行涉民生、民营企业、金融等案件559件，执行到位金额3897万元。

【司法为民】　万载法院坚持把社会矛盾多元化解处置作为基层社会治理的基础性工作，依托本土“好人”文化，打造“精品”调解团队，2021年以来，共邀请“好人”参与调解案件115件，均调解成功。深入开展“我为群众办实事”实践活动，紧扣人民群众司法需求，持续推进申请执行免提供生效证明、开通24小时执行热线等举措，提高办事效率。结合县委政法委组织开展的“千警万人、共筑平安”活动，组织全院干警下沉村组社区，通过召开户主座谈会、逐户走访、发放宣传资料、发放征求意见表等方式，收集、解决各类问题88个。对2021年所有案件当事人进行案件回访，增强当事人对案件的认可度和满意度。致力保障弱势群体诉讼权益，为贫困群众依法缓、减、免交诉讼费19.92万元，发放司法救助款129.35万元。不断加强基层法庭建设，新建株潭法庭于2021年正式启用，新建设的康乐法庭将于2022年建成。

【队伍建设】　万载法院树牢“人民法院首先是政治机关”的意识，深入开展党史学习教育，以提升组织力为重点，纵深推进基层党建“三化”建设，县法院党总支被中共宜春市委表彰为“先进基层党组织”。扎实推进政法队伍教育整顿，坚持刀刃向内，核查认定问题34个，处理处分干警22人，坚持治建并举，制定完善审判权运行机制等各类规章制度28项。深化法官选任工作，遴选1名年轻员额法官补充法官队伍，推荐3名法官晋升四级高级法官。扎实开展“学先进、转作风、见实效”活动，选送干警参与各类培训20余人次，积极开展法警实战化训练等活动，以学促干、以评促优。2021年，万载法院先后荣获全省“争创一流”工作先进法院、全省扫黑除恶专项斗争先进集体等15项集体荣誉，26名干警获得县级以上表彰。

【司法公开】　2021年，万载法院主动接受人大监督，办理县人大代表意见建议11件，及时加以整改。定期向人大常委会汇报法院工作，加强与人大代表的联络。自觉接受民主监督，及时向政协通报法院工作，办理委员提案和关注案件。支持配合检察院法律监督，邀请检察长列席审委会，办理检察建议3件。接受社会监督，落实人民陪审员参审制度，人民陪审员参审案件919件。保障人民群众对司法审判的知情权、监督权，向社会公开裁判文书8153份，庭审直播832件，发送审判流程和执行节点信息7.21万条。坚持和弘扬社会主义核心价值观，开展“党建＋普法”等特色法治宣传活动。不断强化巡回服务功能，开展巡回审判137场次。

【典型案例】 李某旺、周某民等7人犯污染环境罪一案。

2016年年底开始，被告人李某旺陆续纠集被告人周某民、韩某贤、朱某良、李甲、李乙等，在无危险废物经营许可证的情况下，先后租用万载县马步乡利荣公司对面、万载县康乐街道荷花塘等地6个仓库，对非法收购来的废旧铅蓄电池进行“砸碎”拆解，获得废铅板。先后租用万载县赤兴乡浙桥村、万载县工业园内中昊公司、鲍氏实业公司等7处厂房，将废铅板炼制成铅锭，以此销售获利。在非法拆解、冶炼过程中产生的废气、废水、废物没有经过相关处理直接排到大气、水土当中，严重污染环境。其废旧铅蓄电池收购来自江西宜春、抚州、湖南、福建等地，数量达14000多吨，金额13246.76万元。其中有3000吨收购来自被告人周某华。直至2019年9月29日，宜春市生态环境局将鲍氏实业公司炼铅点查获，现场查扣冶炼生产设备1套、铅锭46.82吨、废铅板33.42吨等物。经江西求实司法鉴定中心采样鉴定，非法拆解、冶炼的行为造成土壤铅、砷严重超标和大气污染，污染土壤1952.47平方米，645.92立方米，累计排入大气环境中的含铅烟尘量2.899吨、二氧化硫量36.28吨，生态恢复性费用共计93.89万元。另外鉴定成本亦花费了40万元。该案具有被告人的犯罪行为呈现出作案地点特别多(拆解点和冶炼点13个)，处置危险废物数量特别大(上万吨)、涉案金额特别高(上亿元)，造成损失特别多(近百万元)，后果特别严重等特点。公诉机关在提起公诉的同时，向本院提起刑事附带民事公益诉讼，要求被告人赔偿生态环境修复费用及鉴定费。

法院经审理认为，被告人李某旺、周某民、韩某贤、李甲、朱某良、李乙非法采购并处置的废旧铅蓄电池达14000余吨，且对周围生态环境造成严重污染，后果特别严重；被告人周某华非法销售废旧铅蓄电池给李某旺等人进行非法炼制铅锭，后果特别严重；其七人的行为构成污染环境罪。被告人李某旺、周某民、韩某贤、朱某良、李甲、李乙共同实施污染环境的违法行为，破坏了生态环境，损害了社会公共利益，依法应当承担相应的民事责任。综合各被告人在该案中的作用、悔罪态度以及主动缴纳了全部的生态环境修复费用、鉴定费等情节，依法分别判处三年六个月至一年六个月不等，并由被告人李某旺、周某民、韩某贤、朱某良、李甲、李乙连带赔偿生态环境修复费用93.89万元。该案宣判后，七名被告人均认罪服判，表示不上诉。

【县人民法院领导成员】

党组书记、院长：刘斯铠
副院长：高　飞
党组成员、副院长：曾昭志
　　　　　　　　　孙启荣
　　　　　　　　　管俊兵
党组成员、审判委员会专职委员：郭基文
党组成员、执行局长：陈　炜
审判委员会专职委员：翟云南

司法行政

【概况】 2021年，万载县司法局内设10个股室：人秘股(政工室)、普法与依法治理股、行政复议股、行政执法协调监督与依法行政指导股、法律援助股、基层基础工作股、社区矫正股(社区矫正管理局)、安置帮教股(远程会见中心)、律师管理股。县委全面依法治县委员会办公室秘书组、万载县普法教育工作领导小组办公室设在司法局。所属事业单位2个：公共法律服务中心、公证处，派出机构有17个司法所(副科级)，管理5个律师事务所、6个法律服务所、1个司法鉴定中心。2021年，万载县司法局共有在职在编人员34人。

2021年，万载县司法局紧紧围绕县委、县政府的中心工作，充分发挥“一个统筹、四个职能”(即统筹协调全面依法治县，全面履行政府法律事务、行政执法协调监督、刑事执行和公共法律服务四大职能)，具体负责全县普法与依法治理、执法监督、行政复议、社区矫正、安置帮教、律师管理、法律援助、公证等业务工作,履职尽责、真抓实干,各项工作取得明显成效。先后获得全省平安江西建设先进集体、全市扫黑除恶专项斗争先进集体、法治政府建设工作先进单位、普法工作先进单位、全县市域社会治理现代化先进单位、平安建设目标管理优秀单位、禁毒工作先进单位等称号,鹅峰司法所被评为“全国模范司法所”。

【依法治县】 2021年,万载县司法局以习近平法治思想为政治方向,深入学习贯彻习近平法治思想和中央全面依法治国工作会议精神及省委、市委全面依法治省(市)工作会议精神,召开县委全面依法治县委员会议,审议通过《县委全面依法治县委员会2021年工作要点》《万载县2021年法治政府建设工作要点》,深入开展“践行习近平法治思想,提升人民群众法治获得感、满意度”主题实践活动。推进民主决策、公开公示、社会监督、减证便民等各项事务5项7次,全力保障中心工作在法治轨道上运行。

【法治政府建设】 11月,成立万载县政府法律顾问团,落实依法治县各项任务,深化法治政府建设;加强规范性文件监督管理,清理行政规范性文件200件;开展行政执法案卷评查,共收到16个县直执法单位选送行政处罚、行政许可案卷共44本,查出问题174个;落实“双随机、一公开”行政执法监管,制定年度计划234个,联合检查任务31个,录入案件118件;办理执法证265个;落实行政复议体制改革,调整了行政复议委员会,设立“行政复议代办点”17个,办理行政复议案25件。

【普法依法治理】 依照“谁执法、谁普法”工作要求,研究制定《万载县2021年普法依法治理工作要点》,明确工作目标任务;创新形式载体,抓实“法律六进”,更新完善龙河星城、梓福桥等地的法治宣传长廊,新设展板50余块;积极利用新媒体,开展“法律六进”活动200余场;开展“美好生活·民法典相伴”活动,出台《关于建立“订单普法”“210”工作制度的通知》,通过送法下乡村、进社区、进校园、进企业活动,开展法治宣传200余场,完成“订单普法”21次,举办讲座15场;持续推进农村“法律明白人”培养工程,开展集中培训39次,培养法律明白人69859名。万载县株潭镇上坊村被评为“全国民主法治示范村”。

【社区矫正】 11月14日,成立万载县社区矫正管理局,进一步加强社区矫正对象的监督管理,做到执法规范、监管到位,实现无脱管、漏管,无重新犯罪。以做好建党100周年期间社区矫正和刑满释放人员安置帮教安全稳定工作为重点,开展“六个一”活动,组织开展“学党史、感党恩、塑新生”教育实践活动,完成集中点验、集中教育17场,公益服务17次。

【安置帮教】 落实无缝对接机制,采取“四帮一”方式开展帮教,实行刑满释放人员分类排查机制,对重点人员定期走访;严格落实出监所人员“必接必送”制度,做到接回率100%、帮教率100%,为在监服刑人员家属提供远程视频会见528次。

【法律援助】 4月,万载县法律援助中心更名为万载县公共法律服务中心,设立了26个法律援助工作站,在全县各村(社区)公示法援申请渠道、“12348”公共法律服务热线等信息;扩大援助范围,优化服务,对行动不便的残疾人、老年人等群众,提供上门服务,共办理法援案件459件,解答咨询2000多人次,开展法律援助宣传活动17场,发放宣传册2万余份。

【律师事务】 以政法队伍教育整顿为契机,加强律师、法律工作者教育管理,组织全县律师参加政治轮训,开展“我为群众办实事”“公益律师集结号”等实践活动。深入推进“万所联万会”,全力优化营商环境,开展座谈交流14次,组织培训12次,开展法律咨询504次,纠纷调解27次。

【公证事务】 公证便民服务行动列为重要民生实事,积极开展公证“最多跑一次”“零接触”等服务,共办理公证1104件。

【司法鉴定】 司法鉴定中心推出为行动不便群众提供上门服务,加强司法鉴定执业监督,共办理司法鉴定案件495件。

【人民调解】 7月,在县工商联成立创新企业商会人民调解委员会,推进体制创新;10月,成立万载县人民调解协会,并开展人民调解员等级评定,共推荐了21名调解员为二级人民调解员,评定138名三级人民调解员,114名四级人民调解员。充分发挥人民调解在化解各类矛盾纠纷中的作用,让纠纷消灭在萌芽,化解在基层。全年全县各级人民调解委员会共开展矛盾纠纷大排查1012次,调处案件869件。

【政法队伍建设】 扎实开展政法队伍教育整顿,认真落实中央、省、市、县委的部署要求,紧紧围绕“三大主题”,突出“四项任务”,定期召开领导小组会议研究部署,使各项任务落地生效。先后组织动员部署3次、集中学习8次、开展警示教育5次,选树政法英模2人、政法标兵3人,组织了两轮谈心谈话,完善党内监督和外部监督相结合的体制机制,制定18项规章制度,对查摆出“6+N”顽疾问题按时整改到位,政法队伍教育整顿专题民主生活会得到了省指导组的高度评价,并刊发了专题简报;切实加强对律师、公证、司法鉴定三个行业专项治理的督促指导,三个行业突出问题得到有效整治。通过政法队伍教育整顿,进一步筑牢政治忠诚,顽瘴痼疾得到有效整治,队伍建设得到整体强化。

【县司法局领导成员】

党组书记、局　长:

周毅(任至9月)

姚晓辉(9月任)

副局长:江永照

党组成员、副局长:周丽荣

副局长:邬立深

四级调研员:黄　松

一级主任科员:郭水平

二主任科员:刘福泉(9月任)

副科级干部:王年兴

王贵庚

喻炳洪

一级主任科员:

彭宝元(任至8月)

军　事

人民武装

【概况】 2021年，万载县人武部坚持以习近平新时代中国特色社会主义思想和习近平强军思想为指导,深入贯彻上级党委扩大会议精神,坚持高举旗帜强信念,备战牵引抓练兵,夯实基础建基层，深化融合促发展,人武部全面建设呈现出全面发展稳步推进的良好势头。

【思想政治建设】 自觉把党史学习教育作为政治建设头等大事,扎实开展“传承红色基因、担当强军重任”主题教育和“学党史军史、读原著经典、讲红色故事”活动,深入学习习近平主席“七一”重要讲话和中共十九届六中全会精神,抓紧抓实必读书目学习、读书笔记摘录、党支部民主生活会和组织生活会、党委委员上党课、心得体会交流、为群众办实事等环节。大力推进学习教育向工作实践延伸,联合高城镇人民政府、县供电公司等单位共同开展“军政企民助力乡村振兴、共筑电力安全防线”主题党日活动。人武部选送的双桥镇民兵黄乐鑫在军分区“学习百年党史、奋进强军实践”红色故事会讲解比赛中获得冠军。

【备战打仗】 紧贴辖区实际,修订完善人武部作战和非战争军事行动方案。落实节日战备,开展战备教育,组织战备演练。以民兵“三落实”为目标,高标准完成年度基干民兵编组任务,顺利迎接上级民兵整组专项检查。着眼提高后备力量应急应战能力,牵头开展全县抗洪抢险民兵骨干集训并组织军地联合抗洪演练,严密组织基干民兵和专武干部集训,组织新任职专武干部资格认证。大力推进“四个秩序”规范化建设,协调县委、县政府投入专项资金用于部机关和民兵训练基地升级改造。

【国防动员】 扎实开展国防动员潜力采集,采取“以块为主、条块结合,自下而上、逐级审核”的办法,基本掌握重点潜力资料信息。认真贯彻“一年两征”改革部署,严格抓好新修订的《万载县征兵奖惩实施办法》落地见效,完成义务兵征集任务。按照上级统一部署，强力推进17个乡镇基层武装部和民兵营连建设,同步抓好硬件和软件规范化落实，基本完成办公室、资料室、器材库、兵役服务站为主要内容的乡镇“两室一库一站”建设。

【安全发展】 结合驻地疫情防控实际，制定应急处置预案,购置防疫物资，抓实营门管控,严格落实食品采购、外来人员、营区消毒等管控制度。围绕各类安全风险要素,坚持人防与技防相统一,举一反三,深查彻改,确保部队安全稳定。突出政治安全,开展专项整顿行动,建立军地协作机制。紧盯全国“两会”、建党100周年庆典等重点时段和“春节”“国庆”等重大节日,以及民兵整组、基干民兵和专武干部集训、兵员征集等重大任务,严格落实疫情防控措施。

【双拥共建】 召开县委常委议军会暨县国防动员委员会、县武装工作委员会会议,党管武装工作会议,基层人武部部长暨政治教导员任职命令宣布大会。县委、县政府、县人武部联合表彰“先进基层武装部”“党管武装好书记”“优秀专武干部”“优秀民兵连长”，激发爱武兴武光荣感自豪感。广泛开展“国防教育进校园”活动，组织为5000余名师生开展国防教育宣讲，大力实施反哺工程，积极参与驻地乡村振兴、卫生城市创建、村容村貌整治、城市网格化管理等工作。协调县四套班子春节、“八一”走访慰问驻县部队和万载籍现役团职以上干部家庭，组织悬挂光荣之家牌，为立功受奖人员送喜报，努力在全社会营造关心国防、建功军营的浓厚氛围。

【从严治党】 坚持预防为先，狠抓政策法纪和预防犯罪教育，及时传达军地各级违纪违法通报，组织观看法纪教育专题片，部领导带头开展廉政党课辅导，营造风清气正、担当作为的良好氛围。坚持党管党员，严格落实组织生活制度，开展党员承诺践诺、民主评议、批评与自我批评，构建积极健康的党内政治生态。积极畅通军地监督渠道，建好基层风气监督员和廉洁征兵监督员两支队伍，加强对人武部大项工作全过程纪律检查监督，部纪委定期分析作风督查形势，查找存在问题，完善工作措施，确保不发生违规违纪问题。

武警中队

【概况】 中队成立于1949年，经历10次改编，2018年1月整编为中国人民武装警察部队江西省总队宜春支队执勤一大队万载中队，在总队、支队党委正确领导下和万载县委、县政府、县公安局的帮助下，严格按照“听党指挥、能打胜仗、作风优良”的目标要求，培育新一代革命军人核心价值观，把官兵培养成党和人民的忠诚卫士，加紧赶超，加快发展，打牢全面发展基础，稳固安全发展形势，拓展创新发展空间，中队建设稳中有进，发展态势持续向好，完成了以执勤和处突为中心的各项任务。中队连续38年执勤无事故，连续21年进入总队先进行列，7次被总队评为“基层建设标兵中队”，2021年被支队评为“四铁”先进单位，涌现出武警部队“优秀教练员”刘伟鹏、蒋兵，总队“优秀教练员”李亚楠，总队十佳“四会”政治教员刘旭等一批优秀官兵，以实际行动续写着对党和人民的无限忠诚，谱写着新时代下中队建设的新篇章。

【思想政治建设】 中队注重从思想上、政治上引领队伍，围绕强军目标，紧贴形势任务，紧贴官兵实际，生动有效地抢占思想政治阵地。紧贴传承基因，为把新时代官兵思想脉搏，持续推进“传承红色基因、担当强军重任”“不忘初心、牢记使命”周主题教育，在落实每周二、四教育日的基础上，创新教育方法，运用“学习强国”“军职在线”等APP，江西武警微信公众号和“红色密码我最爱”微信小程序等官兵喜闻乐见的学习载体拓展教育渠道。积极开展红色教育基地参观见学和观看国庆大阅兵实况等活动，做到主阵地灌注、多渠道渗透、全方位育人，深化了主题教育成果，增强官兵强军兴军的责任感使命感；强化思想引导。紧盯官兵活思想，始终坚持“带兵就是带心，带兵一阵子，为兵一辈子”的理念，开展“三五分钟谈谈心，七八句话拉家常”等活动，采取大谈心、解疙瘩、不过夜的方式抓实一人一事思想工作，确保了官兵思想稳定，内部关系融洽。并利用“三互”“双四一”等载体，开展谈心交心活动，掌握官兵思想底数，引导官兵调整心态，中队官兵均思想稳定；注重效果转化，通过开办“士兵讲堂”，鼓励战士走上讲台，初步改变了干部讲、战士听的被动教育模式，思想理论由高大深远逐渐深入人心。

【执行任务能力】 在九江永修抗洪抢险任务中，中队两名官兵参与其中，顶着压力快速展开救援，顶着烈日多次挖掘实施救援，不怕疲劳，不怕流血，不怕牺牲。突出执勤工作。年初以来，党支部一班人始终坚持中心工作不放松,做到常抓常议,每月定期召开执勤形势分析会,及时发现和查找勤务中存在的安全隐患和倾向性问题,研究制定相应的措施,明确下步执勤工作中应把握的重点。结合百日安全竞赛活动,通过学习“执勤典型事例通报”等事故案例,以每日执勤通报等“身边事”警示官兵,及时召开军人大会,处理执勤中出现的违规违纪问题;严密组织训练,树立“训练抓主官、主官抓训练”的鲜明导向,刚性落实干部组训、带训、跟训等制度。坚持每周军事训练评比竞赛活动,张榜公示,颁发流动红旗,评选训练标兵,官兵训练热情和水平有较大提升;强化能力素质。中队按照“实战化”训练要求大力加强军事训练,严格落实训练计划、会操、考核等制度,干部骨干认真研究训练方法,抓实训练标准,建立了官兵训练档案。中队2021年年底和2021年半年军事考核成绩优秀。

【支部建设】 中队党支部班子认真贯彻上级决策指示,不断增强战斗堡垒作用。以实学促共识。支部班子始终把理论武装摆在班子建设首位,从严落实集中学习和个人自学制度。结合总队党支部书记培训精神,围绕工作难点、部队建设重点、官兵关注热点等问题,通过组织党员原原本本学党章,扎扎实实谈体会,较好地解决了政治不够敏锐、纪律观念淡薄等问题,党支部的凝聚力、战斗力明显提高;抓团结蓄内力。始终把班子团结作为练强内力的重点来抓,坚持每天早上碰头、晚上分析、周末小结制度平时,主动与其他支委沟通,特别是与士官支委的沟通,对中队安排工作、活动组织等事项,主动征求其意见,确保了工作统筹合理,末端落实有效;抓风气促发展。在涉及官兵切身利益的问题上,支部始终坚持“一碗水”端平,做到讲原则不徇私情,支部班子对此严格落实“名额、条件、程序、要求”四公开原则。

【基层建设】 中队持续狠抓日常训练,中队管理水平有较大提升。依法从严管理。强化纪律法规学习教育,深入开展“条令年”活动,大力纠治倾向性问题。结合“严实作风、严明纪律、严格秩序”专项教育整顿活动,汲取2021年以来的事故案件教训,开展条令法规学习、队列训练、知识竞赛、热点讨论、学习交流等活动,充分发挥小演讲、小提问、小广播和板报橱窗等载体作用,认清开展“三严”教育整顿的必要性和紧迫性,增强全体官兵参与活动的积极性和主动性;狠抓正规化建设。严格依据新条令要求,开展比执勤、比训练、比工作和进门看内务、出门看队伍、外出看形象、营区看秩序为主要内容的“三比四看”活动,抓作风促养成;从落实干部“五同”好不好、“三分四定”达不达标、登记统计正不正规,抓规范正秩序。通过两手抓,中队“四个秩序”日渐正规;坚持重点抓防范,以安全工作“八个规范”为抓手,以大庆之年“六个坚决不出”为底线,紧盯人、车、枪、弹、酒、水、火、电、毒、密等重点环节,把枪弹、装备管理作为重点工作紧抓不放。在手机管理上,严格落实“手机管理措施”,持续开展“涉网清查”活动,每周不定时对官兵手机进行清查,严防网上赌博、网络借贷、网上交友等新型违纪问题发生。

人民防空

【应急救援指挥中心建设】 保证项目依法依规、安全高效实施。附属工程、内部装修工程已建设完成。人防指挥通信设备工程在2021年11月底完成安装。

【人防工程安全监督及维管】 确保全县在建人防工程建设零事故和人防工程的正常使用。加强对在建人防结建工程质量监督巡查及安全检查,排除安全隐患,发现问题,确保整改到位,实现了全县人防工程安全生产零事故。对已经交付使用的人防工程停车位进行普查,全县所有人防车位均未出现买卖和变相买卖或者长期租赁情况,检查中发现的个别工程人防设备维护保养不到位情况,已及时责令相关单位整改到位。

【人防知识宣传】 进一步增强市民的防空防灾意识和国防观念。利用“3·1”国际民防日、“5·12”防灾减灾日开展人防知识宣传活动,现场专门设置了咨询台,悬挂防空防灾横幅，共接受群众咨询500余人次，发放各类宣传资料500余册。

【人防信息化建设】 全面完成防空警报器数字化升级改造。增加1台警报器,并全面完成防空警报器数字化升级改造,警报音响覆盖率达到98%。

【人防专项审计】 人防专项审计整改工作进入攻坚阶段。省审计报告发现万载县人防工程建设问题共9个，已整改8个;未按规定征缴人防易地建设费少缴人防易地建设费问题,县住建局针对5个项目下发催缴通知书，建设单位已经启动司法程序,法院受理并已经立案。

应急管理

应急管理

【概况】 应急管理局主要负责应急管理工作,指导全县应对安全生产类、自然灾害类等突发事件和综合防灾减灾救灾工作;负责安全生产综合监督管理和工矿商贸行业安全生产监督管理工作;指导应急预案体系建设,落实事故灾难和自然灾害分级应对制度,组织编制县总体应急预案和安全生产类、自然灾害类专项预案,综合协调应急预案衔接工作;组织指导协调安全生产类、自然灾害类等突发事件应急救援;建立监测预警和灾情报告制度,健全自然灾害信息资源获取和共享机制;统筹应急救援力量建设,负责消防、森林火灾扑救、抗洪抢险、地震和地质灾害救援、生产安全事故救援等专业应急救援力量建设;统一协调指挥各类应急专业队伍,建立应急协调联动机制,推进指挥平台对接;负责消防管理工作,协助指导消防监督、火灾预防、火灾扑救等工作。

2021年,万载县应急管理局(以下简称“县应急局”)有干职工110人(其中专业森林消防部大队官兵38人),下辖县应急管理综合行政执法大队、县应急救援保障中心(县专业森林消防大队)两个副科级事业单位。

2021年,县应急局紧紧围绕主责主业,主动履职,积极作为,进一步强化安全生产监管,加强应急管理体系建设,努力防范化解重大安全风险,确保产业发展平稳有序、社会大局和谐稳定。全县安全生产形势总体稳定向好,未发生经营性道路交通事故,事故起数和死亡人数均实现“双下降”目标。烟花爆竹、非煤矿山、危险化学品三大高危行业均实现全年“零事故”“零死亡”双零目标。荣获“全国应急管理系统先进集体”荣誉称号。

【烟花爆竹专项治理】细化各企业的岗位操作规程,形成一套使用于企业自身的强制规范要求,制定涉药机械设备安装、检修、维护制度及风险告知书;坚持企业安全员、班组长、涉药机械机长每天上岗作业前对1.1级特种作业人员开展“岗前三分钟”安全风险管控警示教育。坚决实行隐患零容忍,严格“刚性处罚”标准,实行定格处罚,执行重大隐患挂牌督办制度。2021年,共排查各类安全隐患1668条,责令停产整顿企业43家,经济处罚144.9万元。对花炮企业及安全员、特作人员存在各类违法违规及安全隐患的,实施行业禁入。“黑名单”制度实行以来,截至2021年年底,共有13人被纳入烟花爆竹“黑名单”。持续推进烟花爆竹行业风险监测预警系统建设,所有生产企业已完成远程监控系统建设,做到了生产企业1.1级危险工序智能视频监控全覆盖,建立县、乡、企三级监控平台,实现三级实时联网。全年通过视频回放排查出各类隐患1196条,下达执法文书136份,责令停产整顿企业33家,经济处罚121.8万元。

【烟花爆竹转型升级】一是整顿提升工作平稳推进。严格落实烟花爆竹建设项目安全设计审查和企业安全生产许可,努力整改提升发展理念较前、管理水平较高、基础条件较好、市场开拓较强的企业。2021年,全县申请退出烟花爆竹企业254家,上报省应急管理厅拟保留企业170家，现动工整改159家，通过设计审查149家，许可发证126家。二是打好科技兴安攻坚战。深入开展“机械化换人、自动化减人”科技强安专项行动，全程推动百特(福建)智能装备科技有限公司、中国航天科技集团分别研发组合烟花内筒装药自动化生产设备，解决烟花企业危险工序难题。

【烟花爆竹集中区建设】 一方面，基础工作稳步实施，召开工作动员大会，制定工作实施方案和工作要点，设立工作专班，成立由县委书记担任组长、县长担任第一副组长的工作领导小组；另一方面，加速推进新修订的《烟花爆竹工程设计安全标准》宣传工作，梳理出对标改造企业、对标改造示范企业、拟培育的优势企业、拟培育的优势示范企业等名单，完成32家烟花爆竹生产企业安全风险检测预警系统企业端建设，启动新建江西省应急科学研究院与江西省花炮产业技术创新战略联盟联合研发基地项目。

【危险化学品和工贸安全监管】 县应急管理局坚持“一园一策”，落实化工园区(集中区)安全风险分级管控措施，化工集中区经过整改提升从B类较大安全风险等级提升为C类一般安全风险等级；突出危险化学品生产和经营的打非治违，重点对金属冶炼、铝加工(深井铸造)、粉尘涉爆、有限空间、涉氨制冷等重点工贸企业进行全面摸排检查。对全县26家危化和重点工贸企业实施2轮购买专家体检服务，进一步提高全县危险工贸领域安全生产本质水平。2021年，共检查企业280家，发现问题隐患595条。对7家危化发证企业建立应急预案，且在市局备案，备案率100%，5家已取得安标化证书(其中2家正在创建)，安标化达标率100%。

【非煤矿山安全监管】 扎实开展非煤矿山安全生产专项检查，集中时间、集中力量对全县生产、在建非煤矿山企业开展拉网式安全隐患排查。县应急管理局会同宜春市应急管理局验收4座基建期建设工程矿山，颁发4本安全生产许可证，审查10家安全设施设计，持续推进企业安全生产标准化创建达标工作，创建率已完成100%。组织非煤矿山主要负责人、安全管理人员42人次参加上级应急管理部门开展的安全生产知识和管理能力考核培训班并取得合格证。截至年底，共检查企业124家次，下达执法文书85份，发现安全隐患186条，整改到位186条，立案查处9家，责令停产10家次，处罚金额19.22万元。

【安全生产专项整治】 针对高危行业生产形势、隐患特点，县应急管理局制定118项专项目标任务清单，着重开展涉药机械保养专项行动、防雷检测专项行动、药物过夜清查行动、重大隐患专项治理行动，最大限度降低了高危行业风险，先后组织开展6次安全生产综合督查，确保春节、全国“两会”、“五一”国庆期间的安全。2021年，各行业领域共辨识风险点2512处，管控到位2512处，管控率100%。查处重大风险点18处，管控18处，共排查问题隐患3209条，整改到位3187条，对企业行政处罚82次，责令53家企业停产整顿，处罚金205万元，对141家企业进行了约谈警示教育，对2家企业实行了联合惩戒，清理关闭或退出非煤矿山企业4家、烟花爆竹企业254家、建材企业1家。

【森林防灭火宣传】 2021年，县、乡两级根据天气情况及时出动防火宣传车，下到村庄和山头地块进行巡回广播宣传，向群众散发宣传单10万余份、防火通告2000份；181个行政村均成立以专职护林员为主要力量的防火宣传组，通过鸣锣、喊话器等形式，做到“乡不漏村，村不漏组，组不漏户”。通过“万载发布”“万载林业”“万载在线”等新媒体推送森林防灭火相关知识和提醒语，特别在“5·12”防灾减灾日，发放宣传资料500多份，及时宣传防扑火及安全知识，现场进行问题解答，提醒民众注意森林防灭火。

【森林火险预警和火情监测】 一是加强与县气象局的协调会商,在高火险天气期间,县气象局每天按时将气象预测预报情况报县森林防灭火指挥部办公室,为及时发布火险预警信息提供参考;二是充分发挥村级专职护林员、巡防员作用,加大巡护密度和频度,密切关注六个林火视频监控终端覆盖区域的火情信息,确保森林火情早发现早处置。

【专业森林消防队伍建设】 县专业森林消防大队坚持从训练科目、强度、成效着手,全面提升队伍作战本领。一是科目再拓展。训练科目由单一森林灭火向森林灭火、安全事故救援、抗洪抢险、地质灾害救助、人员搜救等多科目拓展。二是成效再巩固。积极开展常态化练兵、常态化比武,承办2021年全市“比技能、赛风格、展形象”大比武活动,再次取得了全市比武竞赛团体第一名和水泵操作第一名的佳绩,并获得个人单项奖项13个。三是工作再强化。持续采取“以防为主、以扑为辅、扑防结合”的方式,发挥了“五队”作用,即查处违规野外用火的执法队、宣传普及防火知识的宣传队、培训乡村半专业扑火队伍的教导队、巡查消除火险隐患的巡护队和快速扑灭森林火灾的突击队。2021年,共查处违规野外用火26起,排查和消除火险隐患17起,荣获“2018—2020年度全省森林防灭火先进单位”称号。

【救援协调】 县应急管理局指导各乡镇(街道)完善应急指挥体系,由党政主要负责人担任总负责人,相关工作部门为成员单位,负责辖区内安全生产、防灾减灾救灾和应急救援等工作的组织、指导、协调。三兴镇率先建立了人员管理、值班值守、装备管理、培训演练、应急处置等工作制度。县应急指挥中心建设项目经过多次论证和实地调研,根据建设要求及本地实际,优化项目建设设计方案,力求建设成集应急指挥、值班值守、安全培训、科普宣教、物资储备等功能一体化项目。

【构建应急联动机制】 县应急管理局与自然资源局、卫生健康委员会建立应急联动工作机制,与蓝天救援队、红十字救援队建立队伍应急联动工作机制并签订协议书。在应对突发应急事件处置、救援等方面展开有效合作,形成长效机制。

【应急救援队伍建设】 2021年,全县共有各类应急救援队伍31支,共881人,每个乡镇(街道办事处)至少设置1个应急救援队伍,村级由民兵、小组长为基础建立不少于10人的应急救援力量。主要救援力量县专业森林消防大队,在承担森林灭火职能的同时,增加了安全事故救援、危化品处置、防汛抗旱、地质灾害救助及其他社会救援等职能,并按照全省正规化建设的要求配齐各类抢险救灾器材,全年共完成应急处突、安全生产专项治理、纪委案件陪护等任务共8966人次。社会救援力量共有蓝天救援队和红十字救援队两支队伍,志愿者800余人,其中蓝天救援队有正式队员39人,预备队员80余人,蓝天公益志愿者400余人,已有26人取得各类培训考核及救援证。

【应急预案修订与应急演练】 按照应急预案每三年至少修订一次的要求,县应急管理局共修订综合应急预案和专项预案11部。全年共组织开展了各类应急演练6次,其中抗洪抢险及地质灾害综合应急演练1次,由人武部、康乐街道、应急局、水利局、卫健委、蓝天救援队等多部门联合开展。

【风险监测和综合减灾救援保障工作】 县应急管理局修订完善了自然灾害和地质灾害应急预案,扎实推进县、乡、村三级灾害信息员队伍建设,确保每个乡镇(街道)分管领导和1名应急办干事为灾害信息员,每个行政村有一名灾害信息员。全面启动自然灾害风险普查工作,及时更新调整县普查机构,编制完成全县总方案和应急系统各阶段的技术方案,年底已完成清查、调查及数据质检等各阶段任务,共清查出承灾体和减灾能力1019条,调查历史灾害724条、承载体543条、综合减灾能力1655

条，质检通过率达100%。逐步推进应急避难场所建设，全县共设置应急避难场所共25个，其中县城3个，每个乡镇设有1~2个应急避难场所，人防应急避难场所已竣工验收10个，共可容纳19万多人应急避难。积极申报创建减灾示范社区，2021年，共申报1个国家级综合减灾示范社区、2个省级综合减灾示范社区。

【县应急管理局领导成员】

党委书记、局长：钟　明
党委委员、副局长：刘国文
副局长：欧阳坤
党委委员：李传弟
三级主任科员：曾令平
副科级干部：邓小明
易德兴
刘文安
郑　钢
综合行政执法大队大队长：欧阳明
应急救援保障中心主任（森林消防专业队大队长）：刘荣启
四级主任科员：梁福寿
正科级干部：易礼根　曾春云
一级主任科员：叶小荣
二级主任科员：杨　明
四级主任科员：何年华
八级职员：喻　凡

消防救援

【概况】 2018年11月9日，万载县消防救援大队成立，为国家综合性消防应急队伍。大队位于万载县将军大道1489号。营房按一级消防站标准建设，总建筑面积8526.5平方米。万载县消防救援大队为支队级副职单位，下辖3个中队，主要担负万载县1719平方千米的消防监督，火灾扑救和抢险救援任务。大队始终保持奋发有为的品质，大力弘扬滚石上山的精神，坚持以防火灭火和抢险救援为中心，狠抓队伍建设，瞄准实战练兵，坚持执法为民，铸就了大队全体指战员“英勇顽强、不怕牺牲、赴汤蹈火、甘于奉献”的过硬作风和“拉得出、冲得上、打得赢”的铁军精神，在执行急、难、险、重等战斗任务中得到了历练，出色地完成了一项项工作任务。

2021年，万载县消防救援大队在总队、支队党委和地方党委政府的关心支持下，较好地完成了全年各项工作任务，队伍呈现出“风气好、效率高、队伍稳、斗志强”的良好局面，实现了队伍和火灾形势“双稳定”，取得消防工作和队伍建设“双过硬”，赢得了党委政府和人民群众的“双肯定”。1人被总队表彰为优秀共产党员，1个家庭分别被宜春市委评为市第二届“文明家庭”、被市委宣传部、市退役军人事务局、市妇联联合评为“最美退役军人家庭”，1个家庭被市文明办评为“五好家庭”，1人被市政法委评为见义勇为先进分子，3人分别被支队表彰为优秀共青团干、优秀共青团员、三八红旗手。

【比武竞赛】 在江西省消防救援队伍党建大比武党务知识测试中，指导员黄庆荣获全省第一名。在全省消防救援队伍监督岗位练兵比武竞赛业务理论项目中，干部吴方明荣获全省第二名。在2021年度全市消防救援队伍春季实战化练兵比武竞赛暨体能考核中，大队荣获团体总分第二名，消防站荣获团体总分第三名。在支队党建大比武中，黄庆荣获优质党课第一名，大队荣获团体总分第四名。在支队党史趣味知识竞赛活动中，大队荣获第二名。在支队防火岗位练兵中，大队荣获团体总分第四名。在指挥中心和信通岗位练兵中，大队荣获第三名。

【重点工作】 大队党委一班人不等不靠，加压奋进，出色地完成了各项年度重点工作任务。1支一级乡镇专职队株潭站投入运行并使用，6支二级乡镇专职队正在装修；全年完成专职队员征召任务40人；消火栓建设任务100个。

【班子建设】 大队党委始终坚持根本原则不动摇，落实党委统一的集体领导下的分工负责制，严格按照民主集中制议事决策，召开党委会25次，研究重大问题155个。

【关爱队员】 大队严格落实指战员休假、体检等制度，深入开展“深知兵，真爱兵”活动，邀请县红十字会开展应急救护员培训,全体参训指战员均通过考核获得证书。8名指战员晋升消防救援衔,看望慰问5名生育指战员,4名指战员参加部局和总队组织的疗养,协调解决1名指战员子女入学,为4名指战员申请了保教费。慰问困难指战员4名,为1名指战员申报了江西消防慈善基金救助。为全体指战员购买了人身意外险;将政府专职队员、文员全员纳入工会,保障会员待遇,实现会费12.75万元。

【党建教育】 扎实推进"党史学习教育""践行训词精神,破解四个课题""习近平授旗训词三周年"等教育活动,聘请抗战老兵徐桃生和拥有50年党龄的全国优秀党务工作者段旭为红色教育辅导员,充分发挥驻地红色资源优势,组织参观湘鄂赣革命烈士纪念馆、革命烈士陵园,在仙源革命烈士纪念馆挂牌成立了大队思想政治教育基地,引导广大指战员坚定政治信仰。

【灭火救援】 2021年,大队共接处警449起,其中火灾扑救156起,抢险救援149起,社会救助36起,公务执勤8起,共出动队伍449队次,共出动车辆858辆次,出动人员4556人次。抢救被困人员67人,疏散被困人员315人,抢救财产价值2240万余元,保护财产价值4535万元。

【执勤战备训练】 一是强化专职队伍建设。挂牌成立了1支一级乡镇专职消防队株潭镇站,6支二级乡镇专职消防队正在装修改造,圆满完成40名政府专职消防救援队员的征召任务。二是强化实战岗位练兵。按照分岗位,分层次,分项目原则,因人而异,因材施教。分别组建集训班、补差班,邀请地方专业体育教员开展针对性训练,队站全体指战员优良率达到95%,每季考核成绩均名列前茅。三是强化辖区熟悉演练。深入辖区开展重点单位"六熟悉演练"82家,三随三实实战演练13次,修订重点单位预案31个、类型预案10个。四是强化指挥调度体系。对接警室进行了升级改造,建成了智能接处警和智能指挥系统。定期利用"四联通"系统对乡镇专职队拉动考核,每季度结合日常出警、拉动、队站人员在位等情况形成专项报告提请政府下发督办单。

【社会火灾防控】 一是大力推进责任落实。县委、县政府领导多次率队开展消防安全检查。全县各部门依托消防安全委员会的平台,科学研判,周密部署,坚持抓好各部门各行业常态化消防安全检查治理。二是强力整治火灾隐患。扎实开展大型商业综合体、打通"生命通道"、危化品企业、电动自行车、"九小"场所等8个专项整治。2021年,共检查社会单位425家,督改火灾隐患380处,临时查封9家、责令"三停"6家,罚款24万余元。三是着力夯实防控基础。推动政法委将"智慧消防"纳入新建小区验收范畴,全年累计投入资金300万元;常态化规范"九小"场所专项整治,指导乡镇(街道)进行"九小"场所排查登记工作,共登记2036家,采取多种形式清理违规住人213家;会同交警、住建集中开展打通"生命通道"行动,累计督促86家单位、小区完成消防车通道标线标志施划,清理消防车通道障碍物103处,查处违法行为56处。四是持续加强消防宣传。扎实开展消防宣传"五进",用足用好"消防公益广告""社区达标"巡回宣传、"一警六员"实操实训等手段,依托"万载县企业员工安全大培训"和"平安月"行动,发动社区消防大使、志愿者和热心消防公益人士,面向广大居民开展代言消防宣传、组织火场逃生等各项活动,全年开展活动10次,累计开展"一警六员"实操实训4500余人,发放宣传资料8000余份,注册消防志愿者642人,大队企业微信号已完成注册数3400人。

【消防救援大队领导成员】

大队长:黄安根(任至11月)

卢凌云(11月任)

政治教导员:李　富

基础建设

住房和城乡建设

【概况】 2021年4月30日，根据县委机构编制委员会《关于万载县住房和城乡建设局事业单位改革有关事项的批复》（万编发〔2021〕47号）文件要求，万载县房地产管理局（万载县房屋征收管理局）、万载县人民防空办公室、万载县建设工程质量安全监督站、县装饰装修业管理所、县白蚁防治所、县房地产信息中心、县房地产公司等单位合并，设立万载县住房保障中心，为县政府直属正科级公益一类财政全额补助事业单位，由万载县住房和城乡建设局代管。

2021年，县住房和城乡建设局被江西省住房和城乡建设厅评为“全省住建系2018—2020年扫黑除恶专项斗争表现突出单位”；被宜春市委、市政府评为“全市扫黑除恶专项斗争先进集体”；被宜春市住房和城乡建设局评为“全市装配式建筑发展工作先进单位”“全市农村危旧房改造工作先进单位”；被县委、县政府评为“2021年度平安建设（综治）先进单位”“2021年巩固拓展脱贫攻坚成果先进单位”。黄焕德被江西省住房和城乡建设厅评为“全省住建系统2018—2020年扫黑除恶专项斗争表现突出个人”。

【房地产企业】 2021年，全县从事房地产开发年审备案企业共有50家，其中三级资质的4家，四级资质的21家，暂定资质25家；万载本地注册的房地产开发企业40家，外地房地产开发企业10家。

【房地产运行】 1. 商品房预售许可办理情况。2021年，办理商品房预售许可证45宗，批准预售的建筑总面积84.83万平方米，其中住宅面积70.48万平方米5450套，同比上年107.49万平方米8778套下降34.43%、37.91%；商业面积14.35万平方米2066间，同比上年20.54万平方米2831间下降28.52%、27.02%。2.商品房买卖合同网签备案情况。2021年，累计备案建筑面积62.40万平方米，备案5272套，同比上年50.76万平方米、备案3961套（间）增加22.95%、33.10%。其中住宅4383套，面积56.37万平方米，同比上年48.11万平方米增长17.16%，商业889间，面积6.03万平方米，同比上年3.38万平方米增长80.77%。3.房地产开发投资情况。2021年1—12月，全县房地产开发完成投资16.23亿元，比2020年同期19.47亿元下降3.24亿元，下降16.63%。4. 商品房销售均价情况。2021年，全县商品房住宅销售均价5258.03元/平方米，比上年同期的4973.38元/平方米上涨284.65元/平方米，同比增长5.72%。5.商品房销售面积情况。2021年，全县销售商品房面积为62.40万平方米，比上年同期的50.76万平方米增长11.64万平方米，同比上涨22.95%。6.商品房库存情况。截至12月26日，全县商品房库存面积为151.23万平方米，比上年同期的130.42万平方米增加20.81万平方米，同比上升15.96%，去化时间28.39个月。其中商品住宅库存面积93.72万平方米，比上年同期的81.14万平方米增加12.58万平方米，同比上升15.50%。商铺库存面积57.51万平方米,比上年同期的49.28万平方米增加8.24万平方米,同比上升16.72%。7.商品房预售资金监管情况。自2012年至2021年年底,已纳入监管的企业有23家,监管银行有7家,监管有效账户72个,监管率达到100%。累计纳入监管的备案资金146.75亿元,工程累计拨付资金142.82亿元。采取担保函担保资金1.41亿元,监管账户预售资金余额为2.52亿元。8.商品房开工面积情况。1—12月,全县房地产开发新开工面积30.75万平方米,比上年同期的38.79万平方米减少8.04万平方米,同比下降20.73%。

【物业管理】 县城在建已建的小区有82个(含老旧小区),全县共计1583栋40631套住宅,其中有物业公司管理的小区共计有40个,建筑面积412.674万平方米,物业用房面积为6680平方米、社区用房面积为770平方米。物业从业人员达620人。

通过业务指导和行业监管,强力促进万载物业服务行业健康发展。一是巩固物业市场的监管,进一步规范物业服务企业管理。全年共受理物业服务企业网上备案2个,物业服务合同备案登记5起,物业用房备案1件,物业承接查验备案2件。完成了40个小区物业住宅房屋安全隐患排查,全部为安全。排查整治小区的窨井盖问题60多起,且全部换成铸铁井盖。二是利用多渠道投诉机制,结合"共建美好家园"活动,实施"加大物业服务收费信息公开力度,让群众明明白白地消费"举措,促进小区平安建设的发展。全县全年共受理物业小区的投诉374起,妥善处理374起。受理"12345"热线的投诉320起,省市县信访14起,受理群众投直接投诉及电话投诉40批200多人次。三是全年全县开展物业管理服务综合或专项检查或抽查10余次。全年全县累计派出相关执法人员160多人次,进行了30多起违建执法拆除,物业下达限期整改通知书30多份,其中消防下达2起消防限期整改通知书,均得到有效整改。开展物业法规宣传4次,发放政策法规宣传册数653份,物业开展为群众办实事数计300多件。

【保障性住房建设】 保障性住房是万载县住房结构体系中不可缺少的重要组成部分。一方面,通过召集社区集中开展政策讲解和安排工作人员深入乡镇城镇贫困家庭面对面解答群众政策有关问题,有效提高住房保障政策知晓度。另一方面,设置专门股室负责相关工作,随时接受城镇贫困群众"一站式"住房保障申请。2021年,主要完成以下几项工作:一是万载县2021年城镇老旧小区改造任务11个小区2319户。二是通过采取实物配租和发放租赁补贴两种方式保障住房困难城镇贫困家庭共计812户,其中实物配租490户,发放租赁补贴322户。三是既有住宅加装电梯。根据省住建厅主持召开的全省既有住宅加装电梯工作会议要求,联合康乐街道、社区、小区物业再次开展一次加装电梯摸底调查工作,采取通过散发宣传手册和社区公众号宣传等方式进行广泛宣传。全年共完成3台电梯安装。

【房屋征收管理】 2021年,坚持从万载实际出发、从项目需要出发、从急需利用出发、从群众期盼出发,完成全县各项征收拆迁工作。一是完成3期棚改征迁工作。3期棚改征迁共涉及荷花塘、邓家岭等22个地块,涉及928户,房屋总面积19.1万平方米;二是依法依规确定征收方案,依法选定测绘评估机构。三是严格把控征迁标准,推进房屋签约、腾空、拆除工作。同时,安排专人一对一开展房屋腾空验收工作,坚持"安全第一"原则,有序开展房屋拆除工作。全县全年房屋拆除完成率达100%。

【招投标监管】 2021年,共监督工程项目招标21个,其中公开招标8个,邀请招标13个,招标工程总中标金共2.21亿元;直接发包项目88个,发包建筑面积122.65万平方米,合同金额13.94亿元。为规范建设工程招投标市场,创造公开、公平、公正的市场经济环境和良好的竞争秩序,一是严格实行信息公开制度,规范招标程序;二是加强对招投标资格的审查,规范市场准入行为;三是狠抓招标代理机构管理,规范中介执业行为;四是加强评标全过程监管,规范评标专家行为;五是开展招标投标领域突出问题专项整治行动,规范投诉处理。专项行动开展以来共查处规避招标、串通招标、违反招标程序等违法违规行为19起,罚款金额共50.12万元。

【规上建筑企业】 2021年,全县建筑业企业总产值完成16.34亿元,与上年同比增长25.8%;新入库规上建筑企业3家,分别是宜春市福翔建设工程有限公司(三级)、江西权增建筑工程有限公司(三级)、江西众鼎建设工程有限公司(三级)。全县共有建筑企业21家,其中二级企业2家、三级企业19家。

【规范建筑业管理】 一是进一步规范施工许可证办理和竣工备案管理。2021年,共办理29个建设项目施工许可证,许可建筑面积达到95.95万平方米,合同金额11.81亿元;竣工验收备案面积106.28万平方米,工程造价6.09亿元。同时,针对未批先建的项目,及时下发施工许可督办通知,全年下发整改通知17份,依法对17个项目未取得施工许可证强行开工建设的违法行为进行了处罚。共查处未批先建、资质挂靠等违法违规行为18起,罚款金额共500.43万元。二是全力做好行政审批事项划转工作。7月1日起,房屋建设项目和市政基础设施建设项目的施工许可证、消防设计审查等审批事项已全部划转到县行政审批局,工业园项目已赋权工业园管委会办理。三是进一步加强建设工程材料价格信息管理。四是进一步优化建筑企业服务。积极协助建筑业企业资质升级和增项,引导企业做大做强。2021年年底,万载县建筑工程有限责任公司申报一级企业资质资料已经申报到省厅,县建筑企业有望实现一级企业"零"的突破。

【建筑质量安全监管】 积极开展安全生产专项整治三年行动"十大攻坚战""安全生产月""文明标准化工地""大排查大整治"等一系列活动。切实履行监管责任,积极做好春节复工、"两会"和"五一"期间、建党100周年期间等重要时期安全生产工作。在全县范围集中开展建筑施工安全生产大排查大整治大提升活动,针对"预防高处坠落专项整治、夏季高温期间建筑施工质量安全管理、建筑施工安全生产专项整治三年行动集中攻坚阶段十大攻坚战部署落实情况、落实施工安全生产责任和打非治违"等五个方面内容,对现场查出的安全隐患下发整改通知单125份,其中限期整改通知单116份,停工整改通知单9份。查处各类安全隐患627条,其中起重机械设备安全隐患42条,共约谈问题企业47家,挂牌督办项目3个,处罚责任企业25家,处罚金额24.9万元,处罚责任人11人,处罚金额6.6万元。

【扬尘治理】 一是按照《万载县住建局建筑施工工地扬尘整治实施方案》,对在建工地提出了"六个百分之百"扬尘污染整治的具体措施:建筑施工工地周边100%围挡、易扬尘物料堆放100%覆盖、出入车辆100%冲洗、现场道路100%硬化、拆迁工地100%湿法作业、渣土车辆100%密闭运输。二是每个季度组织扬尘治理大检查,检查《建设工程施工现场环境与卫生标准》和《江西省建筑工地扬尘治理实施办法》落实情况,按照扬尘治理绿黄红牌评标表进行打分,低于60分的评为红牌、60~85分的为黄牌、85分以上的为绿牌,并对获得红牌和连续2次获得黄牌的建筑工地进行约谈和行政处罚。三是加大处罚力度,对未达到扬尘治理的建筑工地给予行政处罚。2021年,共处罚违反扬尘治理规定案件9个,处罚16.5万元。

【农村危房改造】 为确保农村危房改造与乡村振兴有效衔接,先后印发了《万载县2021年农村危房改造实施方案》《万载县巩固脱贫攻坚住房安全保障成果"百日行动"实施方案》等文件,在政策落实上从农村危房改造政策范围、责任落实、工作开展、业务衔接等方面予以明确。《万载县2021年农村危房改造实施方案》明确了乡镇人民政府(街道办事处)是农村危房改造实施的责任主体,村"两委"是第一实施责任人,要对农村低收入群体住房安全进行认真核查,对符合条件的要及时纳入危房改造范围。2021年,全县乡镇上报117户符合危改条件住房,新增一户"两类对象"住房无保障。并建立了全县农村低收入群体等重点对象住房安全动态监测台账,对新增的及时纳入台账进行动态监测。同时,开展农村房屋安全隐患排查整治。2021年,全县共排查104120户,其中非经营性自建100167户、经营性自建房3574户、非自建房379户。

【集镇生活污水处理设施建设】 2021年,继续大力推进乡镇污水处理厂和污水管网建设工作,在2020年启动建设的一期9个乡镇已有潭埠、双桥、高城、三兴、罗城和仙源6个竣工投入运行的基础上,积极主动协调相关部门和乡镇加强项目技术指导和服务,先后多次召开乡镇污水项目推进会,及时解决项目技术中的困难和问题,督促项目施工单位加快项目建设进度。10月,黄茅、株潭和白良3个乡镇污水处理厂及配套污水管网完成建设,污水厂通水开始进行运行调试。二期赤兴、白水、岭东、茭湖和高村5个乡镇污水处理厂于2020年11月开工建设,截至2021年年底,5个乡镇污水处理厂厂区污水调节池、IBR反应池、污泥脱水间和综合管理房主体工程已竣工。

【城区生活污水处理设施建设】 一是污水管网建设。万载县河西路污水收集管网工程完成800米管网铺设,万载县阳光花苑小区、名优特批发市场、凤凰御景小区、汽车城污水收集支管工程开始施工。二是污水处理厂扩容建设。已通过县委、县政府审核,由自然资源局规划部门牵头对污水处理厂扩容工程项目选址进行专家论证,确定项目选址和规划用地。

【绿色建筑发展】 2021年,全县新开工25个项目完成绿色建筑设计。新开工建筑工程执行绿色建筑标准占比达到100%,与上年同期同比增长25.8%。严格执行宜春市《关于进一步做好绿色建筑和建筑节能工作的通知》,城镇规划区内新建民用建筑全面实施《绿色建筑评价标准》(GB/T 50378-2019)基本级及以上建设标准,且编制绿色建筑设计专篇,并鼓励有条件的新建民用建筑项目根据按照星级标准要求进行建设,提升绿色建筑整体发展水平。

【公房安全监管】 承担着直管公房的管理和维护工作。在日常的即查即修的基础上,不定期地开展直管公房安全生产大检查、大维修活动。2021年,共完成维修卡片502份,其中住宅断桁条、断椽皮46户,大修屋面5户,清理倒塌空关房2户,店面换下水管6起,清理维修化粪池2起,另外清理社区反映的余土垃圾6立方米。对所管辖的669户直管公房开展房屋隐患排查工作,对发现有险情的房屋及时采取了维修加固。

【重点项目建设】 一是有序推进城市功能与品质提升三年行动。编制并印发了《万载县城市功能与品质提升三年行动2021年工作方案》,启动重点项目建设68个,总计投资117.2亿元。截至年底,开工55个项目,其中11个项目完工,13个项目待开工,完成投资75.28亿元。二是制定"双城联动"发展战略。聘请南昌市城市规划设计研究总院,在万载自然资源局成立常驻工作小组,紧紧围绕"优化老城区、兴建南部新城区"的"新旧同步、双城联动"发展战略,按照"创特色、补短板、提质量"的要求,实地调研、科学谋划、一体推进。万载县"双城联动"项目库共有143个项目。其中新城一期36个项目,投资52.46亿元;旧城改造第一期40个项目,投资11.01亿元;株潭一期11个项目,投资2.5亿元。新城建设第二期30个项目,旧城改造第二期11个项目,旧城改造第三期15个项目。三是开展城市建设全过程技术咨询。

【县住房和城乡建设局领导成员】

党委书记：闻　崇（任至9月）
　　　　　黄　平（9月任）
局　　长：闻　崇（任至10月）
　　　　　黄　平（10月任）
人防办主任：闻　崇（任至9月）
　　　　　　黄　平（9月任）
党委副书记：龙迎大
党委委员：钟务林（任至9月）
　　　　　唐仁锋
　　　　　温洪钢（任至9月）
　　　　　黄焕德
　　　　　王德春
　　　　　刘怀斌
　　　　　彭群力
副局长：龙迎大
　　　　钟务林（任至9月）
　　　　温洪钢（任至9月）
　　　　黄焕德
　　　　王德春
　　　　刘怀斌
　　　　彭群力
工会主席：王德春（兼）

城市管理

【概况】 万载县城市管理局为县人民政府正科级行政单位，下辖万载县城市管理综合行政执法大队（副科级单位）、万载县市政公用服务中心（副科级单位）2个职能单位和综合股、党建督查股2个内设机构。全局共有干部职工近400名。在局党政班子的坚强领导下，全面落实县委、县政府重大决策部署，认真履行城管职责，围绕城市功能与品质提升三年行动要求、万载县美丽宜居建设城市管理相关目标抓好工作落实。实施城市市容秩序、市容环境卫生、城市园林绿化、市政设施、城市照明等管理职能。2021年，园林、市政、燃气三项职能工作分别获评全省行业管理先进单位，城管局荣获万载县先进基层党组织称号；环卫所获全市环卫系统技能竞赛优秀组织奖、园林所参赛作品获宜春市菊花展第一名。

【市容市貌管理】 （1）规范市容市貌秩序。按照县城在道路秩序管理严堵疏通的原则，全力推进县城自主次干道和背街小巷市容环境整治任务，设立流动摊疏导点7个，查处占道经营16277起，严格检查临街面的门前三包责任落实管理，与商户签订“门前三包”责任书13000余份，查处“门前三包”责任落实不到位行为6800余起。（2）控违拆违效果显著。严格按照《万载县规划的范围内违法违规建筑管理公告》，认真做好县城规划区内违建管理工作，对发现的违章建筑，争取“自行拆除，一般拆除，重点拆除”相结合的方式拆除，处理违章信访事项123起，向属地乡镇（街道）下达交办函61份、督办函8份，共拆除违建和乱搭乱建177起，共计7610平方米。其中，违章建筑59起，拆除面积3695平方米；蓝棚及其他违章搭建118起，拆除面积3915平方米。（3）大力整顿交通秩序。加强城区车辆乱停乱放管理。遏制了县城内人行道上乱停乱放的行为，在县城主干道人行道上划设了非机动车停放处，对人行道违法停放车辆锁定处理。共对违法停放行为查处3279起。违法乱停乱放现象得到遏制，交通秩序进一步改善。（4）规范户外广告设置。加强店招户外广告设置管理，积极改善城市景观，提升城市形象，多次开展户外广告整治活动，严格户外广告审批制度，清理拆除不规范的户外广告696起，查处乱放小广告和涂写“牛皮癣”行为6339起，清理条幅539起。（5）实施综合执法。履行对县城的范围内市监、环保、文化、住建、水务等相关城市管理的行政处罚权，共查处噪声污染违法行为272起，餐饮油烟污染210起，县城餐饮场所安装油烟净化器的商家248户。（6）加强运输建筑渣土车辆及未密闭运输散装建材车辆的管理。以治理县城大气扬尘污染为目的，对渣土车辆、未密闭运输散装建材车辆的不规范运输而造成撒漏、污染路面的行为实施严管重罚，对县城内建筑工地周边环境实施“门前三包”进行监管；2021年9月，与交通、交警部门开展了工程车道路安全联合整治。2021年共查处污染路面的行为16起，立案11起，处罚3万余元。并积极配合县政府建设建筑垃圾消纳场。(7)信访事项。通过政府服务热线“12345”转来及来人信的信访事项801起，切实解决了群众的困难，化解了矛盾纠纷，维护了社会稳定。(8)其他方面。积极配合县工业园区开展了市容环境秩序管理工作，切实改善了全县营商环境。在上下学时间段安排人员严抓校园周边秩序管理，做好中高考秩序维护工作，规范学校门口流动摊点1000余起，取缔了阳乐中学门口、康乐第一小学后门口流动摊点，校园周边秩序明显改善，得到广大师生、教育部门和县领导的高度肯定。

【环境卫生管理】（1)环卫设施建设。积极响应省住房和城乡建设厅、省生态环境厅关于《全省生活垃圾处理设施环境污染问题大排查整治行动实施方案》（赣建城〔2021〕16号）文件要求，为进一步规范垃圾压缩中转站污水排放、渗滤液的收集处理。通过环卫所积极开展专项整改工作，2021年，已完成提升改造城区11座水平压缩站的排放管道和收集池。达到统一收集处理作业，有效地改善周边生态环境质量。(2)开展城区环境大整治行动。开展“治脏、降尘、中转站渗滤液收集”环境整治，第33个爱国卫生月等行动，全年共清理死角垃圾460余吨，沿街市民丢弃废旧杂物600多处，清理河岸、水上垃圾12吨。要求光谷公司每天对城区完成4~6遍以上洒水；洗街队全面清洗城区主次干道、公共环卫设施等积尘，每周清洗1遍人行道；每天对中转站渗滤液收集1~2次；为城区居民打造一个了空气清新、干净优美的生活环境。(3)加强安全生产，从2020年12月至2021年3月，开展了岁末年初安全生产百日行动，6月开展了第20个全国“安全生产月”活动。召开安全工作会议教育培训6次，进行再强调，再部署，对安全隐患进行全面排查。完善规章制度，遵守操作流程，坚决杜绝违规操作行为的发生，增强个人交通安全知识教育，提高安全意识，加强车辆管理，保证交通安全。自2021年8月初至10月底，开展了“2021年安全生产大排查大整治大提升”活动，开展活动期间，办公区域和城区所有压缩站，已挂活动宣传标语共计15条；召开安全工作和安全培训教育工作会议6次；排查工作车辆30辆，公厕23座，压缩站13座。共发现并排除安全隐患10起(车辆4起、压缩站3起、公厕3起)，并立即整改完成。

【垃圾分类工作】（1)强化宣传培训。全年共开展各类中大型宣传活动20余次，做到每月有安排，重要节日有活动，并打造了一支专业的宣传队伍。县垃分中心落实垃圾分类宣传进社区、进单位、进医院、进学校、进企业等“六进”活动，将形式多样的宣传活动带到基层，采用群众喜闻乐见的方式，让大家参与到垃圾分类宣传工作中来，使大家在娱乐中长知识，强意识。在各个住宅小区、县城主次干道悬挂了垃圾分类宣传横幅46条，制作了垃圾分类公示栏56块，垃圾分类花草牌120块，在荷花塘路口、迎宾大道入口、田下古城周边、南门桥和龙湖公园制作了32块垃圾分类宣传广告，在城区主次干道制作了97块交通护栏宣传广告，使用抖音发布垃圾分类了20余条相关知识，在龙湖公园显示屏、270余家沿街商家户外显示屏滚动播放生活垃圾分类宣传标语及相关知识，营造了全社会参与生活垃圾分类工作的浓厚氛围。将生活垃圾分类纳入文明单位、文化下乡、社会实践、志愿活动、庭园创建等范畴。5月，组织一次垃圾分类专职管理人员、物业公司和业主委员会负责人、城管执法人员的垃圾分类业务知识和《宜春市生活垃圾分类管理条例》培训。(2)强化设施建设。从3月起，县垃分中心将积极主动配合县住建局、县城投公司、县万投公司完善城北佳园东西区、龙湖佳园三期、龙山佳园一二期、龙河百合花园、龙湖国际一二期、水悦龙湖二期、帝景龙湖一二期、御桂园三期、锦江御景南北区9个已开工小区生活垃圾分类设施；3月，做好了扩大到70%范围的小区摸底工作。依托全县城乡环卫一体化服务外包项目，由中标企业光谷公司负责对县城区域内的大件垃圾收集转运，对做前期拆分处理，再送县焚烧发电厂进行处理。对县城区域内300余家餐饮企业投放了前端油水分离设备，餐厨垃圾前端减量达45%以上，为后期餐厨垃圾终端处理打下了良好的基础。(3)强化执法监管。严格按照《宜春市生活垃圾分类管理条例》，通过教育、处罚、拒运等方式对生活垃圾分类投放、收集、运输和处置工作进行规范和约束，逐步使居民、党政机关、企事业单位、物业公司等养成生活垃圾分类习惯。在试点小区分类亭设置垃圾分类红黑榜，督导员对日常抽查分类情况进行公示，激发居民的荣辱意识，提高分类自觉性。(4)强化运营企业管理。县垃圾分类管理中心每月定期两次对企业服务质量情况进行督查考评，对检查中发现的问题及时向外包企业反馈，并责令限期改正。服务外包企业运行工作人员达124人，22个试点小区的宣传员和分拣员配备到位，小区参与垃圾分类注册居民达11451户，已在小区内上户发放宣传手册和垃圾分类法律条文12000余份、发放分类垃圾桶11000余套、每月定时发放分类垃圾袋23000余卷，每天定时分类收集运输各类垃圾10余吨。

【城乡环境综合治理】 (1)乡镇“补短板”行动。全县17个乡镇以“干干净净、整整齐齐”为标准，坚持“政府组织、分级负责、部门共建、依法整治、突出重点、整体推进”的原则，从根本上治理乡镇驻地“脏、乱、差”问题，扎实推进卫生死角清理、违章建筑拆除、违规种菜拔除、违规广告和牛皮癣清理、专业市场清理、背街小巷整治、主次干道周边环境整治等一系列综合整治工作。特别是康乐街道，开展环境整治周活动，召开了街道、村、社区和志愿者共计300多人的动员大会。发动各社区网格员到住宅小区和城中村上户发放宣传资料18300张、张贴宣传标语横幅407条，用电瓶车、皮卡车安装小喇叭在城中村、背街小巷流动播放环境整治工作内容189次。整治周期间共清理“牛皮癣”小广告16190处、清理违规种菜217处、清理卫生死角垃圾314吨、拆除残垣断壁15处、拆除乱搭乱建29起，累计投入人力4700多人次，资金33.4万元。解决了城中村、背街小巷和城乡接合部积存的部分难题。(2)城区“攻难点”行动。万载县城管局综合执法大队按照“早发现、早控制、早查处、早拆除”的工作思路，对违章建筑坚决做到“发现一起、拆除一起”。县城管局和县交警大队联合开展了城区机动车、非机动车乱停乱放整治，共计处理了985起，有效改善了城区市容市貌秩序；县工信局督促弱电管线部门自行拆除了26起废弃线缆和控制箱；县教体育对校园周边环境整治进行了专题部署；县住建局对工地内6个100%落实情况进行了专项督查。(3)城乡“回头看”行动。城管执法和交通综合执法大队联合开展路域环境综合执法行动，打造“畅、安、舒、美”的路域环境，重点严查乱搭乱建、乱丢乱倒、乱堆乱放、乱立标牌、占道经营、运输车辆扬尘弃渣等现象。持续推进农村生活垃圾治理工作，全县181个行政村全部纳入城乡环卫一体化生活垃圾收运处置体系，农村生活垃圾无害化处理率达100%。第三季度共集中收运农村生活垃圾至县垃圾焚烧发电厂21712吨。

【城市美化绿化亮化】 (1)建成区新建小游园3个。已建小游园有：1.政府小游园5686平方米；2.水关桥下邮票绿地650平方米；3.百合花城旁山体公园10216平方米。(2)开展增绿补绿、绿化提升，实施立体绿化等情况：一是对公园零星缺株补种、裸土复绿，补种小苗180平方米。二是对沿河东路绿化提升2160平方米，万载南连线2267平方米，共进行绿化提升改造4427平方米。三是在城区内择地实施多处立体绿化。(3)绿地率及人均公园绿地面积绿地率达36.68%，人均公园绿地面积15.19平方米。(4)其他指标情况。一是对城区50年以上树龄古树普查、建档已基本完成，全县城区共调查50年以上树龄古树、名木363株，并定位挂牌。二是完成康乐大道绿化带的绿化护栏修复

156 米,立柱 175 个。三是完成各大公园的健身器材维修共计 283 套。

【市政设施维护】（1)投资 41 万元完成万载县春节前期疏通和抢修污水管道工程。(2)投资 260 万元完成东大路人行道及与污水提升改造。(3)投资 273 万元完成城东路两侧人行道及雨污水提升改造。(4)投资 50 万元完成万载县城市体检项目工程。(5)投资 372 万元完成万载县城内各路口路面修复及黑化工程。(6)投资 610 万元完成万载县高速南挂线公路边沟清淤疏通及城区零星市政设施修复工程。

【组建城市管理综合行政执法大队】 万载县城市管理综合行政执法大队于 2021 年 5 月 14 日成立,由原万载县城市管理综合行政执法大队、万载县市场建设物业管理中心合并设立,为万载县城市管理局所属副科级公益一类财政全额补助事业单位。

【成立市政公用服务中心】 万载县市政公用服务中心于 2021 年 5 月 14 日成立，由原万载县城管局环卫管理所、万载县城管局园林管理所、万载县城管局市政管理所、万载县城管局路灯管理所、万载县城市管理局公园管理所合并设立,为万载县城市管理局所属副科级公益一类财政全额补助事业单位。

【县城市管理局领导成员】

党委书记、局长:王　刚

党委委员、副局长:韩平友
　　刘雄军
　　辛增和

党委委员:周瑜军

四级调研员:易小平

二级主任科员:王敦懿
　　辛焕明
　　黄　斌

副科级干部:唐　项
　　张海平
　　钟侨兰(园林所所长)
　　胥万伟(环卫所所长)
　　蓝玉瑛(城管综合执法大队副大队长)
　　罗发根(物业中心副主任)

供　电

【概况】 国网江西省电力有限公司万载县供电分公司担负着全县 16 个乡镇和城区的供电任务。辖区内共有 220 千伏变电站 1 座，容量为 30 万千伏安;110 千伏变电站 5 座，总容量为 43.30 万千伏安;35 千伏变电站 10 座,总容量 12.2 万千伏安;35 千伏线路 16 条，长度 183.7 千米;10 千伏公用线路 95 条,长度 2588.10 千米;10 千伏专线 17 条;0.4 千伏及以下线路长度 8539.80 千米；公用配变 2647 台,专用配变 1085 台,供电客户 23.52 万户。

2021 年，各项工作呈现良好发展态势。完成售电量 13.03 亿千瓦时,同比增长 27.57%,增速排名全省第 6 名，上缴税收 774.24 万元;2021 年，最高负荷达 26.70 万千瓦，同比增长 26.28%,电网保持平稳;公司荣获省电力公司“2021 年度先进县级供电企业”称号。

【电网设备】 竭力服务地方经济发展,积极向上争取电网建设资金 1.49 亿元，努力推进 110 千伏东门变、110 千伏三兴变落地，极大地改善万载供电网络;35 千伏官高线和双口线已建成投产，打造了万载 35 千伏线路网架环网。努力提升供电可靠性,以问题为导向,以少停电、不停电为目标,有序安排自主实施项目 5046 万元，完成 14 条 10 千伏线路改造,降低线路故障停运率,10 千伏线路跳闸率同比下降 31.55%。2021 年,共新增 10 千伏线路 8 条，新建公用变压器 218 台，改造 35 千伏输电线路 2 条,改造 10 千伏配电线路 21 条,供电可靠性大幅提升。

【营商环境】 持续加大园区投入，投资 1200 万元，新建改造 10 千伏线路 35 千米,对园区 10 千伏线路进行综合整治,降低线路故障率；投入常规农网资金 2840 万元；推进 110 千伏鹅峰变出线间隔扩建及新建环网柜，全面提升园区线路有效联络率。调整园区运行方式,园区负荷应接尽接,重点解决接入负荷受限问题,实现服务便捷化和高效化。重点项目提级管理,由主要领导亲自盯防,赴企业现场办公,完成创业公司业扩工程、工业园标准厂房二期强电专线安装、万载110千伏双酌线迁改等项目建设,以满足建设需求。成立大客户室,及时收集客户诉求,对企业提出的问题实施主要领导负责制逐一解决回复,更好地满足企业需求。

【电力供应】 确保安全局面稳定,弘扬安全第一的理念,抓实安全用电知识宣传教育,营造和谐供用电环境,做好防社会化触电,加大漏电保护器“三率”抽查,为漏保普及安装提供技术支撑服务,切实保障城乡居民用电安全。努力保障电力供应,实施35千伏潭埠线、双官线差异化防雷改造,常态化开展“无人机巡视+人巡”工作以及通道清理,2021年实现了35千伏主变零跳闸、35千伏输电线路零故障停运,指标排名位列十个县区第一;加强电网负荷分析,科学安排电网运行方式,保障万载电网安全可靠运行。坚决完成重大保电任务,主动服务重要用电客户,完成中高考保电、建党100周年庆祝活动等多项重大保电任务。

【服务水平】 全力做好园区服务,进一步简化工作流程,缩短办电时限,实行“一证受理”“一次性告知”和“一站式服务”要求,搭建园区电保姆服务平台,提高企业快速排查故障的能力,帮助企业减少用电故障发生。积极服务花炮行业,积极策应万载传统花炮行业的整改升级工作,全年共计新装花炮企业专变75个。推行“阳光业扩”,持续推行“三省”(省力、省时、省钱)和“三零”(零上门、零审批、零收费)服务,实现大中型企业办电“最多跑一次”,小微企业“一次都不跑”。创新服务机制,提升供电指挥中心“8867777”平台响应速率,快速解决客户需求;引进停电监测系统,快速获取停电信息,为每家每户配置专属客户经理,提升服务响应效率;打造快速抢修服务体系,持续推进多项服务举措的落实,优质服务水平持续提升。

【县供电公司领导成员】

经理、党委副书记:朱　戈

党委书记、副经理:陈　婷

生态环境保护

【概况】 2021年,万载生态环境局深入学习习近平生态文明思想和系列重要指示批示精神,紧紧围绕改善生态环境质量核心和打好污染防治攻坚战总体目标,持续推进水、大气和土壤环境综合整治,深入落实中央、省环保督察及“回头看”反馈问题整改,保持生态环境质量总体向好的发展态势。一是地表水环境质量持续改善。万载水环境质量达到优良,水质综合指数3.5239,同比变好10.54%,全省排名47位,全市排名第4位。主要河流断面卢洲和均车交界断面,及县城集中式饮用水水源地水质达标率均为100%,其中卢洲和均车交界断面达到Ⅱ类水质标准,县城集中式饮用水水源地断面达到Ⅱ类水质标准,农村集中式饮用水源水质优良率(达到或优于III类)均达到100%。二是空气环境质量稳中向好。2021年,万载空气质量优良率为96.8%,同比下降0.4%,全省排名62位,全市排名第4;PM2.5平均浓度为25微克/立方米,同比上升4.2%,全市排名第4位。三是土壤环境安全有效保障。万载受污染耕地安全利用率达到93%以上,污染地块安全利用率达到90%以上,危险废物利用处置率达到100%。

【政务信息公开】 公开的政府信息包括生态环境系统主要工作动态信息、公告公示、组织机构及概况信息、法规公文、人事信息、发展规划、财经信息、公开指南等。2021年,共计公开信息120条。其中,公开指南1条,工作动态265条(政务动态信息104条、公告公示161条),概况信息4条,财经信息9条,行政执法17条,法规文件6条,重点领域信息公开10条,建议提案办理9条。积极响应群众关切,及时妥善处理群众信访,认真办理人大建议和政协提案,做到既满足群众合理诉求,又维护企业合法利益,使群众满意,企业认可。2021年,受理办结各类环境信访件320件调处满意率100%。办理政协提案2件,办理满意率100%。

【生态环境保护督查】　共召开4次环委会全体会议,印发了《关于做好第二轮中央生态环境保护督察交办信访件整改工作的通知》。第一轮中央、省环保督察及"回头看"反馈万载县问题85个,其中38个需长期坚持问题已按要求有序推进,47个需限时整改的问题已完成43个(完成销号31个),达到序时进度4个。交办的68件信访件已全部解决到位(完成销号62件)。第二轮中央生态环境保护督察万载县共认领19个共性问题,完成整改问题5个,达到序时进度问题14个。涉及信访问题23件(含4件重复件),已办结信访问题16件,阶段性办结7件。

【生态乡村建设】　通过省级生态县考核验收。2021年,万载有16个乡镇获得省级生态乡镇荣誉称号。其中,茭湖乡、高村镇、仙源乡、赤兴乡4个乡镇还获得国家级生态乡镇。马步乡寨下村、罗城镇藏溪村等6个村获省级生态村,市级生态村共计47个。

【水生态环境管理】　持续开展工业企业污水达标排放专项行动,全面清查涉水企业污水管网建设和纳管情况,"一企一档"进一步完善;化工园区企业"一企一管"项目建设已基本完成,12家重点涉水企业均已安装雨水在线监控设备,工业园污水集中处理设施建设更趋完善;严格落实相关要求,开展锦江干流及沿岸纵深2千米范围内入河排污口现场实地排查,并对12个规模以上入河排污口定期开展监督性监测,排污口监督管理进一步强化;深入推进集中式饮用水水源保护区划定、问题排查和整改工作、农村日供水千吨万人集中式饮用水水源地规范化整治工作和备用水源工程建设进度,城乡居民饮水安全切实得到保障。

【大气环境管理】　深入推进VOCs废气治理。开展园区涉VOCs工序企业全面摸排工作,狠抓汽修喷漆烤漆行业整治工作,截至年底,14家喷漆烤漆企业VOCs治理全部整改到位。扎实推进重点行业污染治理。对万载11家砖瓦企业开展季度检查,加强废气处理设施运行管控;重点推进燃煤锅炉和落后燃煤小热电关停整合,部分造纸企业已实现集中供热,大气污染物排放大幅降低;对已完成的工业炉窑清洁能源替代和整治的7个项目开展"回头看",巩固治理成效。加大秸秆禁烧监管力度。加强对重点时段、重点区域、重点部位加强巡查力度,做到发现一起、查处一起,确保将秸秆禁烧工作落到实处。

【土壤生态环境管理】　严抓土壤、固废、农业面源环境污染防治,切实加强土壤环境风险管控,持续改善土壤环境质量。全年稳定保持受污染耕地和污染地块安全利用率稳步提升,受污染耕地安全利用率达到93%以上,污染地块安全利用率达到90%以上;细化监管措施,从严规范固废管理,拓宽危废处置渠道,缓解处置压力,加快基础设施建设,进一步提升固废处置实力,实现危险废物利用处置率达到100%;持续开展农村环境综合整治,完成2021年度5个农村生活污水处理工程项目的建设任务。

【环境影响评价与排污许可证】严格按照建设项目环评相关规定和要求开展项目审批,做到不越权、不降(升)环评等级,对不符合产业政策、产业定位等项目一票否决,全年共受理、审批建设项目78个,网上备案96个,督促8家企业开展自主验收工作,认真开展建设项目排污许可证核发、延续、变更、重新申领等工作。其中,重点管理已发证8家,简化管理已发证16家,登记备案49家。

【生态环境监测】 完成全年声环境质量监测。8个功能区噪声监测每季度一次，102个区域噪声点位和20个道路交通噪声点位每年一次；完成农村生活污水处理设施监督性监测和贫困村饮水工程水质监测。包括5个日处理20吨以上污水处理厂出水和28个贫困村饮水点每年开展2次监测；完成各类委托性监测的监督管理。包括16家重点污染源企业、1个垃圾填埋场及焚烧厂、12个长江经济带入河排污口等每年一次的监督性监测任务，12个千吨万人和1个百吨千人农村饮用水源地及多江村农村环境质量等每季度一次的监测任务；完成环境污染执法监测、环境投诉、水库等其他类监测任务，年底已出具监测数据1000余个；监测能力建设进一步强化。已完成土壤环境监测等仪器设备购置安装调试及培训工作，共新增ICPMS等23套仪器设备，已逐步投入使用，对pH等部分监测项目变更标准方法后重新评审取得检测能力。

【生态环境监察】 学习奉新工业园区做法，推行化工小区重点涉水企业“一企一管”和差异化收费，确定“一企一管”企业13家。按照相关要求，分别开展尾矿库专项排查、工业园区专项排查、直排企业专项排查及交叉地带专项排查等。累计出动40余人次，检查尾矿库1家，园区企业27家，直排企业14家，交叉地带专项排查1家，县城饮用水水源地1个，共发现问题5个，已全部整改完成。联合各相关乡镇、街道对河道两岸及14个集中式饮用水水源地进行巡查排查，重点排查影响水源地水质的生活垃圾、医疗废物、危险废物等污染源和风险源。根据筛选条件，将洪城水业万载分公司等4家企业纳入监督执法正面清单，对清单中企业采取差异化执法监管，做到最大限度减少对企业执法干扰，为企业发展提供最优环境服务。县政府对造纸行业专项整治工作召开多次专题部署会，组织开展造纸行业生态环境问题大排查，要求企业委托第三方机构编制“一企一策”整改方案并按要求规范化管理厂容厂貌，完善厂区雨污分流，控制厂区“跑冒滴漏”现象。截至年底，已有1家造纸企业完成整改，剩余7家正在加速推进中。督促医疗机构加强对医疗废物、医疗废水及时有效收集转运和处理处置。认真组织开展企业复工复产环境隐患排查，指导企业完善应急预案，落实应急物资和装备。下发《致全县企业的一封信》60余份，提醒企业在复产复工过程中严格执行环保法律法规、认真落实污染治理主体责任，强化企业的主体责任和风险防控意识。持续开展“散乱污”企业、危废专项、矿山生态环境问题等专项整治行动，共计开展“零点行动”50余次。结合“双随机、一公开”等执法检查，共下达责令改正违法行为决定书187份，立案查处环境违法案件30起，罚款240万余元，移送公安机关行政拘留1起，取缔关闭小散乱污企业近20家。启动生态环境损害赔偿案件5起，已达成磋商协议3起，剩余2起因未造成实际生态环境损害已终止调查。

【环境应急管理】 全面加强环境应急管理。组织一次环境应急演练。对辖区内涉危涉重和重点排污单位进行了排查和环境应急预案备案工作，共计19家企业完成环境应急预案编制并备案，29家涉危涉重企业全部完成突发环境事件应急预案编制并完成电子备案。

【生态环境宣传】 时刻关注“两微一端”环保和疫情相关信息，积极配合复工复产宣传，及时回复各类环境问题，保证信息公开透明；积极开展世界水日、全国低碳日和“6·5”世界环境日等系列宣传活动。其中“6·5”世界环境日宣传活动共计发放环保宣传单600份、宣传册200份。开展“环保设施公众开放日”活动，组织30人到瀚蓝（万载）固废处理有限公司及县城生活污水处理厂参观学习，切实提高了全社会生态环境保护意识，推动政府、企业、公众之间形成互信共建共享的良好局面；围绕重点工作、创新举措等内容，积极向省、市、县各级新闻媒体投稿，全年累计向中国环境报等省级以上媒体用稿 12 篇，市生态环境局网、微信公众号供稿 100 余篇。

【县生态环境局领导成员】
党组书记、局长:罗立新
党组成员、副局长:潘晓芳
熊　煜
生态环境保护综合执法大队大队长:左少新
生态环境监测站站长:龙小琳
正科级干部:李江建
二级主任科员:钟雪飞
陈美荣
总工程师:甘德安

供水

【概况】 万载县润泉供水有限公司以发展为主线，服务为龙头,强力推进各项工作,县域供水事业取得较大发展。至 2021 年年底，公司拥有总资产 4.14 亿元,员工 116 人,县城及乡镇日供水能力 10.5 万立方米,用水人口近 20 万人。

【县城供水项目建设】 1. 三十把水源建设工程。作为省市环保督查项目,解决县城供水水源单一缺乏备用水源问题,提高县城供水应急能力及供水水质安全,水务集团承担项目建设费用,积极推动三十把水源工程建设。工程设计取水规模 14 万吨 / 日，总投资 2.59 亿元。至 2021 年年底，铺设 DN1200 球墨铸铁管 26.23 千米，完成管网工程总体进度的 90%。2.建成大道供水管网延伸工程。全长 4.5 千米,总投资 650 万元,2021 年年底全线铺设完成并投入运行。3.二水厂至高新产业园供水管网建设工程。工业园区轮毂产业园的供水干管和附属设施，主要包括:第二水厂沿长江大道至高新产业园安装 DN400 球墨铸铁管全长 7.1 千米,总投资 1000 万元。

【乡镇农村饮水工程】 公司大力推进城乡供水一体化建设,确保农村饮用水水质达到国家规定标准。潭埠农村饮水工程新水厂已实现通水运行,进村入户管道正在逐步安装。项目总投资 3898.67 万元。建成后将解决潭埠、天扬、昌集等 11 个行政村、246 个自然村 37636 人的饮水安全问题。高城农村饮水工程水厂已建设完成,待原高城水厂收购后实现通水运行。项目总投资 811.69 万元。建成后将解决高城、大坪、南庙、联胜、桥西、奇枫、团结 7 个行政村 17732 人的饮水安全问题。

【乡镇污水处理厂建设工程】 全面推进乡镇污水处理厂工程建设,其中 1 期 9 个乡镇(黄茅、株潭、潭埠、双桥、三兴、罗城、白良、仙源、高城)污水处理厂及附属污水管道建设已完工并投入运行,污水管网长度 97 公里,污水处理规模处理量 6400 立方米;2 期 5 个乡镇(赤兴、岭东、高村、仙源、茭湖)厂区基本完成,管网待建设。

【营商环境】 全力配合县委、县政府优化营商环境工作,通过简化办事环节，压缩办事时限,不断改进优化服务流程,打响万载供水服务品牌,全力做好工业园区企业供水服务工作,通过细致周到的全过程跟进服务，真正让用户用上放心水、舒心水。在县营商环境考核中名列前茅，为县域经济高质量发展做出应有贡献。

【供水品质】 以政府老旧城区、小区改造为契机,公司积极推动管网技改工作,全年已完成老旧管网改造 DN100 以上主水管近 4.5 千米,13 个老旧小区的供水管网实现更新改造,改善了老旧城区、小区用户的用水现状,提升了城市供水品质。

【安全生产】 公司紧紧依托安全生产专项整治三年行动攻坚方案,组织开展“安全生产月”和“质量月”活动,全员签订安全生产责任书,层层发动,人人参与,营造良好的企业安全生产氛围;成立专门安全生产检查组,坚持每月开展一次全范围的安全生产大检查,特别在汛期加强对防汛工作各环节的全方位、全过程的常态化监督检查,杜绝事故发生,保障供水安全;通过组织全员参与的各类安全生产培训、消防培训、重特大安全事故警示片收看等工作,真正提高全员安全生产意识,形成全员齐抓共管保安全的良好局面,确保了公司全年安全生产零事故。

【企业文化】 党团工青妇等部门通过组织“三八”、“五一”“五四”青年干部职工联谊、“七一”党史基地参观学习以及“八一”转业退伍军人座谈等主题活动,提升企业文化建设,营造浓厚团队氛围,让全体员工自觉融入企业文化氛围中;各部门积极组织员工参与集团、区域中心和公司组织的各类业务技能培训,提升员工业务素质;积极引导员工树立以企为家、爱岗敬业的理念,充分发挥员工聪明才智并运用到公司经营管理中,提升企业竞争力,为企业持续长远发展打下坚实基础。

【党建引领】 全面提高党风廉政建设和反腐败工作水平。进一步严明纪律,持之以恒纠正“四风”,把纪律和规矩挺在前面,坚决守住纪律底线;认真履行“一岗双责”,坚决抵制不良之风,增强严守纪律和规矩的行动自觉;结合建党100周年活动的开展,扎实开展党史学习教育活动,以学习党的百年奋斗史作为重点,不断深化对党的历史的全面了解、系统把握、准确理解;结合企业实际,推动基层党组织建设与企业生产经营深度融合,加快推进重点项目建设、生产技术改造、管理水平提升,不断夯实供水能力和服务社会水平。

【我为群众办实事】 开展“我为群众办实事”实践活动,聚焦群众关心的热点难点问题,出台举措,实施老旧小区自来水管网改造、推进备用水源建设工程、实施城区供水管网延伸工程、乡镇污水处理厂建设工程、城乡供水一体化建设工程,全面夯实供水基础设施,保障用户用水安全,切实将为群众办实事落地实处。

【规范经营管理】 全面推进精细化、标准化管理工作,严格规范工作流程;加强表务工作的管理力度,大力推行智能化水表,以技术创新提升表计管理水平增加企业效益;加强城市供水稽查管理和整治力度,严肃查处违法违章用水行为,全年完成城区消防管网巡查150次,处理违规消防栓取水8起,核查抄表线路125条次,涉及用户2200余户,组织完成工业园区用水散户排查工作;管网部门全面完善巡查测漏工作机制,加大供水管网测漏力度,全年查出暗漏208处,节能降耗效果明显;健全考核制度,对各部门重点工作推进情况以及作风纪律情况进行全面督查。

自然资源管理

【概况】 万载县自然资源局成立于2019年2月,将原县国土资源局职责,以及县城乡规划建设局的规划职责,县水务局的水资源调查和确权登记管理职责,县林业局的森林、湿地等资源调查和确权登记管理等职责整合,组建县自然资源局,不再保留县国土资源局,为县政府工作部门,正科级单位。2021年,紧紧围绕县委县政府工作部署,按照“保护资源、保障发展、团结拼搏、务实担当”的工作思路,努力出实策、鼓实劲、办实事、求实效,为服务全县高质量发展工作提供强有力要素保障。

【用地保障】 一是有序实施土地征收储备工作。2021年,完成土地征收备案11宗,面积662.81亩,土地补偿及辅助补助费拨付1480.3765万元;完成征地项目地上附着物评估补偿签约户数1361户,在南部新城及重点项目地上附着物补偿费中支付1301.43万元;收储国有建设用地23宗,合计收储土地面积2464.26亩,总收购价格为3720.0189万元。二是依法依规组织土地出让。经县人民政府批准,2021年,全县共出让国有建设用地79宗,面积1820.17亩,出让价款17.502179亿元。三是用地报批攻坚克难。提前谋划用地报批工作,积极向上争取用地指标,努力保障基础设施、民生工程和重大项目的用地需求。2021年,向省自然资源厅上报审批国有建设用地5个批次,面积1866.03亩;向市自然资源局上报审批2个批次村庄集体建设用地,总面积171.98亩,有效地保障了万载县花炮企业第五轮整改和乡村公共基础设施用地；完成7宗设施农用地备案，涉及农业设施用地面积427.41亩，充分保障了农业发展设施用地需求。四是土地消化成效明显。2021年，省厅下达万载县批而未用土地消化任务面积2978.49亩，实际消化3718.09亩，完成率124.83%，消化周期由6.4年降至了4.4年；2009—2018年批而未供土地供应任务为426.7亩，实际完成供地712.61亩，完成率167%；省定闲置土地处置任务为378.17亩，已完成处置面积454.15亩，完成率120.1%，倒挂闲置土地1494.03亩全部处置到位。

【规划引领】 一是国土空间规划编制工作稳步推进。根据2021年三调成果，依照《万载县国土空间总体规划编制工作技术方案》工作内容，完成《宜万同城化发展战略规划专题研究》等8个专题研究成果。2021年5月，启动了万载县乡镇国土空间总体规划编制工作，编制单位为南昌市城市规划设计研究总院。二是村庄乡镇规划多点铺开。以黄茅镇江夏村为试点，委请华东交通大学开展万载县新一轮村庄规划编制工作。已完成对黄茅镇光明村村庄规划的评审工作。三是“双城联动”规划全面启动。组织实施万载县“双城联动”规划编制工作，以“补短板、惠民生、提品质、展特色”的规划理念编制旧城更新规划，以“公园城市”的规划理念编制南部新城建设规划。2021年，初步形成万载县新、旧城区“双城联动”规划稿及项目库。“双城联动”项目总数97个，新城区项目总数39个，旧城区58个项目。项目涵盖市政道路、停车场、公园绿地、体育设施等基础设施和学校、医院、社区等公共配套设施。四是“生态保护红线”评估不断优化。万载县生态红线评估优化成果按上级要求于2020年1月16日完成补正材料提交，2021年6月16日，江西省自然资源厅下发调整后的生态红线面积为41253.91公顷。

【底线红线】 一是全力攻坚土地开发整治。万载县大力推进新项目实施，2021年，已完成3个2020年立项项目的新增耕地测量，已进入验收报备阶段。2021年，土地整治(旱地改水田)已申请立项22个，预计新增水田1203.3亩。二是用好用活土地增减挂钩政策。2021年，已完成历年已验收的5个增减挂钩项目立项、验收及建新区报批的清查整改及数据入库工作和2019年立项3个增减挂钩项目全部完成验收及整改工作，面积615.38亩。

【绿色矿山建设】 一是加快建章立制。为进一步健全和规范万载县矿产资源开发管理，2021年11月15日，县委办、县政府办印发关于《进一步健全和规范万载县矿产资源开发管理关制度》的通知（万办字〔2021〕43号），包含《县级发证矿山采矿权审批流程》《万载县矿山智慧监管平台管理制度》《关于进一步落实矿山生态环境问题整改监管职责的规定》三项制度，为万载县矿产资源管理提供了有力制度保障。二是推进绿色矿山建设。2021年，全县有23家矿山企业编制了绿色矿山建设方案，并按照“成熟一个，评估一个”的原则有序开展。三是创建矿山智慧监管平台。由县自然资源局牵头创建了矿山智慧监管平台，该平台于2021年6月5日建成，耗资411.6852万元，集矿山环境监测、越界开采、水土流失、安全生产、治超和税收征管等远程监控功能于一体，对矿山企业实行全面实时监管，构建源头严防、过程监管、后果严惩的矿山生态环境保护与修复管理制度体系。全年全县有20家矿山企业245个视频端口与平台完成对接。四是编制矿产资源总体规划。完成万载县矿产资源规划（2021—2025年）编制工作，确保规划满足万载县今后5年的发展需求，为万载县经济发展提供资源保障。届时完成矿山地质环境综合治理总面积102.67公顷，其中约束性指标为新增废弃矿山地质环境综合治理面积30公顷。五是严格矿业权出让。2021年，县自然资源局公开挂牌出让矿山1家(万载县石狮砖瓦用页岩矿)，由万载县城市建设投资开发有限公司以1500万元竞标而得。

【自然资源保护】 将整治扫黑除恶行业乱象问题融入自然资源行业日常管理中，全力做好全县自然资源领域范围常态化摸排、收集和查处等工作，依法打击土地矿产违法犯罪行为。2021年，先后整治自然资源领域行业乱象3起，摸排扫黑除恶线索6条。

【地灾防线】 一是以乡镇管辖区为单元，组织督查专班对全县6463个切坡建房图斑开展专项核查，并出台《万载县2021年地质灾害防治方案》，对地质灾害隐患点汛前进行“拉网式”排查。2021年，已发布气象预警38条，发放明白卡974张，全县974处地质灾害隐患点基本稳定。二是充分利用群测群防体系，开展地质灾害隐患点巡、排查工作。2021年，针对雨势情况先后7次进行全县各乡镇地灾防治分管领导及群测群防人员电话调度，调动群测群防人员225人次，巡查地灾隐患点174个；同时，县自然资源局组成由10名班子成员带队负责全县17个乡镇（街道）地质灾害隐患点防治工作专班，班子成员根据雨势情况多次奔赴所负责乡镇开展地质灾害隐患点巡、排查，做到了问题早发现、早处置，有效保障了人民群众生命财产安全。三是组织专业技术支撑单位对新增地质灾害隐患点开展应急防治调查。2021年，先后3次邀请江西省915地质大队对新发现的株潭镇后槎村滑坡、潭埠镇新开村滑坡、康乐街道联合村滑坡3起地质灾害进行现场应急防治调查并出具应急防治方案，同时配合乡镇（村级）干部转移受威胁群众42人，避免了因灾情导致人员伤亡，确保了人民群众生命财产安全。

【政务服务】 一是合并办理，减环节缩时间。通过合并办理登记事项、精简办事流程事项、压缩办结时限事项，进一步优化办事流程，为全县人民提供高效优质的不动产登记服务。2021年，完成不动产信息查询17151件，不动产信息查封394件，开具无房证明16826份，办结各类抵押权注销登记2054笔，办理不动产抵押登记7818件，颁发不动产权证82825本，整理移送档案8300余册。二是农村房地一体确权登记发证“应发尽发”。按照“一户一宅”的原则，全县应收权源资料100000份，2021年，已收集资料84721份，已完成登记证书76066本，已下发证书64010本。三是不动产登记＋民生服务“一窗综合受理”。搭建一窗综合受理平台，通过线上线下相融合的办理业务方式，“一窗受理”平台执行统一申请材料清单，实现水电气过户联动办理。四是实现不动产抵押登记“一次不用跑”。利用“互联网＋不动产”平台，将不动产抵押登记延伸至银行窗口，实现抵押登记一次不用跑。

【县自然资源局领导成员】
党组书记、局长：鲍均良
党组副书记、副局长：朱晓玲（女）
钟守智
党组成员：龙武兵
党组成员、纪检组长：周芳（女）
原国土资源局党组成员、副局长：欧阳久明
二级主任科员：王泽林
执法监察大队大队长：张树辉
不动产登记中心主任：杨学奕
国土空间调查规划中心主任：
鲍礼斌

工　业

工业园区综述

【概况】 万载工业园区成立于2002年8月。2006年，经省政府核准为省级工业园区。2019年，县工业园区扩区调区获得省政府正式批复，由原来的1.07平方千米扩大为6.96平方千米，总规划面积32.75平方千米，已建成12平方千米，形成了“一区四园”整体格局，即：综合产业园、高新技术产业园、新能源新材料产业园和电子信息产业园。园区先后获得称号有：全国大宗固废综合利用基地、省级有机食品加工基地、省级民营科技园，省级生态工业园试点园区、省级产业集群发展试点园区、中国·万载锂电新材料基地等。

工业园区管委会是县政府工作部门，为正科级。党委、管委会两块牌子、一套人马，内设党政办公室、规划建设股、物业管理股、招商安商股、综治（劳动）办公室、企业服务股、统计工作站、环境监督站、应急站、财政管理股、税收管理股、党建办、行政审批中心13个职能股室（站）。管委会设党委书记1名，管委会主任1名，副书记1名，纪委书记1名；编制36个，其中参公编制19个，事业编17个；党委下设支部30个（1个机关支部、18个单建非公支部、11个联建支部）。2021年，园区按照县委“融入宜春、聚力园区、双城联动、特色彰显、宜业宜居”的要求，坚决扛起主体责任，坚定不移主攻强攻工业，团结带领园区一班人，知耻后勇、卧薪尝胆，聚力推动项目建设、全力优化发展环境，强力推进产业转型升级，园区发展动能不断激发，发展质量和效益迎头赶上、有力提升，干部队伍精神面貌焕然一新。

2021年，园区投产工业规模企业157家（含花炮企业），年度新增规模以上企业12家，规上企业总数达到103家，规模以下企业54家。新建标准厂房5.7万平方米、供水管网6.8公里，完成园区5条道路改造提升。设立园区“一站式”审批中心，赋权审批事项33项，实现园区事园内办。工业园化工集中区获批省级化工集中区。

【园区主要经济指标】 2021年，园区全年营业收入完成321.78亿元，增长34.47%，总产值完成316.56亿元，增长28.48%，利润总额32.33亿元，增长35.9%；工业增加值完成70.26亿元，增长10.9%，固定资产投资全年完成49.49亿元，增长18.08%；工业投资完成46.77亿元，增长15.08%。共完成税收82718.95万元，比2020年增长105.49%。

【招商引资】 2021年，园区招商引资实现“大突破”。签约项目33个，签约金额114.8亿元，其中20亿元以上项目4个（负极材料产业园、华麟光电、慧典阀门产业园、光明化工），亿元以上项目21个。开工建设25家，已投产15家。

【平台建设】 一是成功认定为省级化工园区。通过做好大量的申报准备工作，2021年3月成功认定为全省第一批26家化工园区之一，A、B两区认定面积为3537.99亩。二是逐步补齐园区基础设施短板。2021年，园区基础设施项目挂图作战表的项目共有24个，其中重点工程项目

14个、征地拆迁项目4个、环保工作1个以及急需实施项目5个。通过认真组织实施，园区承载能力实现了大幅上升。三是启动扩区调区。启动了工业园区第二轮扩区调区工作。扩区调区工作已同省生态环境厅、省自然资源厅、省工信厅、省林业厅、省商务厅、省统计局、省科技厅等部门进行了有效对接，第三方机构进行前期资料编撰工作进展顺利，部分成果已提交方案。

【服务机制创新】 加快全链赋权和财政体制改革，首创“一站式”审批基础上，大力推行“容缺审批+承诺制”服务，落实“拿地就开工”机制，解决项目从选址到手续办理、开工建设、竣工投产等环节遇到的难题。同时，实行网格化管理、闭环服务、挂图作战等有力举措，对项目审批一次性告知、全周期跟踪服务，让客商办事暖心、爽心。2021年，一站式审批中心共办理赋权事项1273项，实现园内事园内办。

【综合管理】 一是抓实安全生产。按专项整治三年行动要求，突出重点行业、重点领域、重点企业，联合县应急、城管、市监、工信、消防等部门开展专项整治，全力消除事故隐患。全年聘请两轮安全专家指导服务，对30家危化企业和重点及重点工贸企业进行“把脉问诊”安全检查，共查出安全隐患188条，实行跟踪督办到位。全力推进安全生产标准化创建，瞄准30家企业的保底目标，挂图作战，有58家拿证，超额完成目标数，改善了园区安全基础薄弱的状况。二是狠抓环保工作。全力抓好中央、省、市环保督查问题整改。盯住问题不放，整改一个，上报销号一个。大力提升环保设施，完成9家重点涉水企业“一企一管”项目公共部分管道安装和通水调试，在线监控设施第三方运维已到位，2022年1月，各企业通水调试。推进自备水源整治，对摸排到园区企业有地下井39家，与水利局开展联合行动，坚决取缔园区企业开采地下水乱象，全部封堵到位。强化监管，狠抓零点行动、溯源排查，开展联合执法检查，下达责令整改通知书41份，责令停产整改8家，环保情况平稳趋好。推动园区大宗固废检测交易平台建设。三是强抓园区稳定。层层落实责任制与园区企业签订《园区企业综治工作目标管理责任书》《反邪教、禁毒工作责任状》；排查化解各类大小矛盾纠纷50余件，其中本级受理群众来信来访30余件，调处信访件省平台5件、网络11件、工伤纠纷5件，处理劳资纠纷17起，调解涉及金额达到200万余元。加强普法和法制宣传教育，协调解决企业法律服务保障需求。

【管委会党建工作】 一是落实党风廉政建设责任。把落实“两个责任”贯穿党风廉政建设始终，有效地强化了班子成员的责任意识和领导能力，并带动园区形成了“层层担目标、人人尽职责”的良好局面。二是坚定不移推进全面从严治党。把党风廉政建设融入领导班子建设、干部队伍建设当中。严格要求班子成员履行“一岗双责”，管好分管领域党风廉政建设工作。三是强化清廉园区建设，严守万载《优化营商环境十不准》规定，保持与企业的“亲清关系”，园区纪委不定时开展作风情况督查，及时通报，严肃查处各类不正之风。四是扎实开展党史学习教育，做到学深悟透、走心走实。组织干部职工观看《长津湖》《小平小道》《李更探监》等红色剧目，到湘鄂赣省委、省苏等革命旧址参观学习，进一步增强干部的政治素养。创办“周二大讲堂”，安排课目28期，不断提升园区干部的工作能力和业务水平。深入开展“一讲一学一实践”活动，形成专题调研报告26篇，办理民生实事146件。五是继续深入推进“三化”建设。建立完善园区党群服务中心、支部党员活动室、人才小区、“六有”工会、劳动调解中心等服务平台，积极引导园区干部在一线工作、一线解决问题。2021年，服务企业重点党建工作20余次，解决问题35个。其中，《“五个引领”构建和谐劳动关系》入选全国年度百个“两新”党建优秀案例。六是始终把意识形态工作摆在极端重要的位置，以党建为引领，发挥党员干部带头作用,凝聚园区上下发展共识和力量,引导企业和干部职工奋斗创业,形成向好向善向上的氛围。全年园区总计在市级以上主流媒体发稿26篇，传递了园区好声音,扩大了园区的知名度和影响力。

【园区重点企业】 1. 江西南氏锂电新材料有限公司是一家由宜春市南氏实业投资集团有限公司在万载工业园区投资兴建的新能源企业。公司于2016年12月正式签约入园，总投资12亿元,总占地面积500亩,主要生产碳酸锂(电池级)、氢氧化锂(电池级)、磷酸铁锂、磷酸铁、三元正极材料以及铷、铯、钾等高附加值产品,是一家锂云母锂综合回收率高达80%以上、杜绝“三废”排放的清洁型生产企业。公司用锂云母制备万吨级碳酸锂、氢氧化锂的生产能力均处于世界领先地位,是万载工业园区打造新能源产业规划的重大突破。2017年10月第一条生产线开始试产，已建成101~109车间、实验楼、办公楼等,总建筑面积62500平方米,项目全面建成且达产达标后,可实现年产碳酸锂6万吨以上。

2. 江西睿达新能源科技有限公司。公司成立于2014年10月,注册资本8000万元,占地面积250余亩,现有员工队伍300余人。该公司专注于回收利用废旧锂电池材料并制备锂电池正极材料前驱体、电池级碳酸锂、硫酸镍、硫酸钴的国家级高新技术企业。拥有短流程深槽萃取纯化技术、高酸脱硅技术、膜法富锂技术、直接萃取纯化技术、直液法合成前驱体技术等,并建立了强大的高水平技术研发团队,报废锂电池处置规模居国内前列。现有产能：电池级硫酸钴4500吨/年，电池级硫酸镍20000吨/年，电池级碳酸锂2000吨/年，电池级硫酸锰2000吨/年。公司正在扩建废旧锂电池回收系统和新建前驱体生产线,总投资5.68亿元,全部建成投产后,将形成年回收利用12.4万吨废旧锂电池、年产3万吨电池级硫酸镍、12000吨硫酸钴、5200吨电池级碳酸锂、10000吨电池级硫酸锰和10000吨三元前驱体的综合产能,年可实现产值30亿元，利税总额2.48亿元。2018年该公司获批为国家高新技术企业,已拥有4项发明专利和39项实用新型专利,先后与中南大学、中山大学、广西理工大学等院校建立了产学研战略合作关系,属江西省科技型中小微企业，并获得QES体系和两化融合体系认证。

3. 江西华尔升科技有限公司。该公司是首家入驻万载高新技术产业园标准厂房的高新技术企业,前身是深圳华尔升电子有限公司（成立于2003年),公司专注为全球用户提供最优质的显示终端产品。注册资本4850万元人民币,总投资1.2亿元,以万载为制造中心,以深圳为研发和销售中心。公司主要产品:STN模块、AMOLED模块、TFT模块三大产品的设计、生产、销售、研发和服务。公司专注于小尺寸屏的全面发展,集单色STN、彩色TFT、PMOLED、AMOLED四种类型LCM的研发和生产于一体,是国内能为客户同时提供四种显示产品方案的独特公司。产品广泛用于工控数显、车载显示、电子终端、医疗器械、移动终端、智能穿戴等领域。该公司在产品技术和制造能力方面已全面实现异形切割、全自动偏光片贴附、AOI检测、全自动邦定、高精密组装、3D贴合等,配套的产能和技术,能为客户提供触控一体化模组的完美解决方案。2021年,该公司升级amoled模组、贴合一体化自动化产线,公司产品已经广泛应用于小米生态链、华米生态链、IDO等客户。该公司已建成12条全自动邦定线、7条全自动贴片线、6条全自动打胶线、7条半自动贴片线、3条切割灌晶线、8条组装线、2条背光组装线、1条丝印线、1条半自动装管脚流水线;拥有专利18项,成立了技术研发中心（科研创新专职人员42人,外聘专家1人)。

【县工业园区管委会领导成员】

党委书记:游承飚

主　　任:袁　庆

党委委员、常务副主任:鲍洪浪

党委委员、纪委书记:周　娴

二级主任科员:辛坤勇

副主任:李　鹍
　　　陈　龙

花炮产业

【概况】 第五轮行政许可根据省应急厅退出60%的目标,万载保留花炮实体生产企业170家。2021年,证照在有效期内企业154家(其中国标许可发证企业150家、第四轮未到期企业4家),分布在株潭、黄茅、潭埠等13个乡镇。按生产品种分,在国标许可的150家企业中,有纯烟花企业57家,纯爆竹企业58家(141台一体机),烟花爆竹混合企业18家(18台一体机),引火线企业12家,黑火药企业4家,单基粉加工企业1家。此外,全县有烟花爆竹经营企业41家(其中5家带仓储经营),烟花爆竹零售网点30个。2021年,县委、县政府旗帜鲜明,坚定扶持花炮产业发展,主动策应湘赣边区域合作示范区"国家战略",积极推进烟花爆竹转型升级集中区建设,推动烟花爆竹产业实现高质量发展。县委主要领导担任花炮产业链链长,定期组织会议研究部署花炮产业发展问题;县委和县政府主要领导参加重点省市的花炮订货会,大力推介、宣传万载花炮;县委、县政府多次派出工作组为企业维权赴外地协调工作。各花炮乡镇和职能部门围绕县委、县政府要求,制定实际措施,支持产业发展,形成了一个自上而下全面支持花炮产业发展的良好局面。全县实现花炮产值110亿元,完成税收2.979亿元。

【第五轮行政许可发证】 制定万载县国标行政许可整改提升作战图,有任务数、责任人、工作台账,汇集所有林地、土地、工程建设等各方面问题,协调推动整改进度,实行销号管理。实行"县领导负责、挂点单位包干、联络员协调、乡镇落实"的帮扶制度,确保170家企业高质量顺利完成整改。努力保障生产要素,进一步优化营商环境。在第五轮整改中,县政府拿出近2000万元用于企业消除违法占用林地问题;职能部门主动作为,向上争取政策解决用地指标等难题,国土部门解决用地报批500多亩,林业部门出台十条措施,向上争取林业用地指标1856亩。金融部门出台政策措施,解决企业融资难问题。财园信贷通共放贷花炮企业85家,在贷余额2.82亿元;县中小企业融资担保公司担保放贷花炮企业95家,在保余额1.73亿元;花炮振兴贷放贷企业22家,在贷余额1935万元;科贷通放贷企业5家,在贷余额1149万元。成立万载县烟花爆竹产业供应链金融贸易公司,解决企业原材料采购环节资金,2021年年底,发放花炮企业贷款24笔,贷款金额3830.4万元,采购材料款4813.35万元。全县金融部门支持花炮行业近6亿元,解决了企业发展提升制约的瓶颈。全县花炮企业严格按照国家标准,企业硬件全面升级,花炮产业初步形成为一个规模上较强、经济实力较好、市场空间较优的产业。

【花炮机械科技创新】 多次组织县内花炮企业考察北京、福建智能化自动化项目,与北京航天、沈阳青松、福建百特等企业进行沟通、对接。其中与双桥猎鹰烟花公司合作的百特(福建)智能装备科技有限公司、与汇鑫源烟花公司合作的北京航天自动化智能化项目都已通过了科技、安全双认证。制定出台《万载县花炮企业购买自动化、智能化生产机械设备帮扶补贴方案》,对花炮生产企业购买自动化、智能化设备提供贷款和全额贴息补助。

【市场拓展】 采用"请进来"和"走出去"相结合方式,努力探寻新路,拓展万载花炮市场。主动邀请了国内部分重点省市行业协会、大经销商等到万载考察指导,零距离向客商宣传、推介万载花炮。2021年5月,承办了江西省2021年烟花爆竹安全经营管理暨产销洽谈大会,全省上百家经营公司和兄弟产区300多家生产企业共400多人以及媒体齐聚万载县,共商产业发展和合作。全方位展示了万载花炮新形象,提升了万载花炮知名度,增加订单,扩大市场份额。精心组织县内花炮生产企业积极参加全国各省、市的烟花爆竹订货会,在当地举办万载花炮推介会,宣传万载花炮,提升万载花炮形象。县委和县政府主要领导带队参加安徽和贵州两省花炮订货会,提振了全县花炮业主们发展产业的信心和决心,增强了各地经销市场与万载花炮产业的合作信心。

【花炮文化宣传和人才培育】 倡导在县内主要公路一些重要路口和城区、集镇醒目位置加强产业形象宣传,发动企业加强企业形象宣传;整合县内外资源、力量,创建万载县花炮科技创新中心,将建成一个集花炮人才培训、花炮新材料、新产品、新工艺、和新设备研发的综合性基地;已经完成了项目立项,项目用地面积206.8亩,总投资1.2亿元。大力发展城市烟花和文旅烟花,推进在县城部分公园、景区的烟花小屋建设,引领花炮产品消费新模式和新观念。组织企业积极参加烟花爆竹工艺美术系列职称申报,15人被评为工艺美术师,65人被评为助理工艺美术师。

【消费新业态】 有效探索烟花和文旅产业融合。万载古城《焰火之吻》沉浸式的焰火嘉年华表演活动,开创烟花文旅表演的先河,带动了消费,契合了国家鼓励发展的夜游经济,并与全国数十个景区达成合作意向。其中湖北荆州郢城文化园景区的《烟火九歌》沉浸式烟花文旅演艺正是荆州版的《焰火之吻》。2021年,汇鑫源公司与宜春“明月千古情”景区进行了初步合作,进行9场文旅焰火燃放,取得了非常好的效果。

【湘赣边区域合作】 积极参与湘赣边烟花爆竹产业发展委员会工作。按照湘赣边乡村振兴协作座谈会精神,积极参与组建湘赣边烟花爆竹产业发展委员会。参与组建湘赣边烟花爆竹产业协会,组织企业参加第一届湘赣边新产品比赛,深化湘赣边烟花爆竹主产区交流合作,引导万载企业借鉴周边主产区优秀企业的先进做法、先进理念,提升万载花炮企业的竞争力和国内外影响力,推动产业安全化、科技化、绿色化发展。

【县烟花爆竹产业服务中心领导成员】

主　任:张　益

副主任:甘云峰

农业农村

综　述

【概况】 县农业农村局是县政府正科级工作部门，接受县委农村工作领导小组的直接领导，承担县委农村工作领导小组的具体工作，组织开展“三农”重大问题的政策研究，协调督促有关方面落实县委农村工作领导小组决定事项、工作部署和要求等。县农业农村局下设人秘股（县委农办秘书股、乡村振兴办、后勤中心）、脱贫攻坚办（第一书记联络办）、计财股、新农村建设与农村人居环境整治股、种植业管理股（粮油站、植保站、土肥站、种业办）、畜牧兽医股（粪污资源化利用整县推进项目办）、渔业渔政股、农业机械化管理股（招商办）、农田建设与耕地质量保护股（高标办）、科技教育股（党建办、农村能源办公室）、政策法规与农产品质量监督管理股（综治办）、有机富硒股、生态股（农业绿色发展先行区创建办、项目办、休闲农业办）、农村社会事业促进股（宅改办）、农业行政综合执法大队（安全生产监管办）。

2021年，局机关在职有编制的工作人员106人，在职人数93人（其中行政人员15人、事业执行公务员人员37人、全额事业人员41人）。2021年，荣获宜春市农业生产工作先进县市区称号、全域创建富硒绿色有机农产品示范工作先进县市区称号。

秀美乡村建设

【新农村建设】 2021年，万载完成新农村建设点186个，其中省建村点92个，市、县自建村点94个。涉及17个乡镇94个行政村156个自然村，惠及人口7402户32408人。建设总投资5580万元，其中省级财政补助资金1380万元，市级财政配套资金1116万元，县级财政配套资金3084万元。资金主要用于“四建三治”建设：改路93千米、改水1277户、改厕1418户、改房275栋、改沟411千米、改塘33座、改环境9084吨，建成文体活动场所104个，垃圾收集设施16座。

【美丽乡镇打造】 全面打造三兴镇和罗城镇2个美丽乡镇，完成创建花塘村等一批美丽村庄和美丽庭院，着力推进研双线和仙双线等示范带建设。完成申报茭湖乡、高村镇、马步乡、罗城镇、三兴镇5个美丽宜居示范乡镇（其中茭湖乡、高村镇为江西省全域美丽乡镇）、12个全市全域美丽村庄和12个最美示范庭院。

【村庄环境管护】 根据村庄环境管护工作任务和管护效果，采取以奖代补的方式，统筹安排。建立村庄环境长效管护机制，扎实推进城乡环卫一体化工作，按照全县统一部署，推进城乡环卫一体化，积极推动农村生活垃圾第三方处理，加快推进“万村码上通”5G+长效管护平台建设。

结合万载县实际，制定《万载县“整洁庭院”整治试点工作方案》，将马步乡、潭埠镇及株潭镇模山村小源组等39个示范村点全部列为重点整治对象。严格落实农户“门前三包”卫生管理制度，抓好农户庭院“两清两整一美化”环境整治。有条件的地方鼓励引导农民群众，充分利用庭院内外边角地、空闲地，建设

“四园”,培育一批美丽庭院。

【乡村民宿联动】 围绕“五优”标准,以康乐街道、马步乡、白水乡为试点乡村,共发展“四证俱全”休闲乡村民宿9家,建设美丽宜居、产业兴旺的联动发展民宿集群示范村庄5个,培育三星级民宿2家,持续推进“美丽活力乡村+民宿”联动建设。

种 植 业

【概况】 2021年,万载县粮食播种面积5.09万公顷,粮食总产量32.3万吨,水稻播种总面积为4.41万公顷;蔬菜完成播种面积0.57万公顷,其中大棚等设施蔬菜866.67公顷;龙牙百合、紫山药、辣椒、芦笋、莲藕等名特蔬菜品种0.21万公顷。万载是省级农业结构调整中药材重点发展县,2021年新增中药材种植面积133.33公顷,以夏天无、草珊瑚、姜黄、白及等品种为主。果树种植面积0.13万公顷,新增种植面积133.33公顷,柚类、橙类、西甜瓜等种植面积增幅大,茶叶生产种植面积达533.33公顷。

【种粮农户保险】 万载县组织种粮农户参加水稻保险,参保率达到100%。主动抓好土地流转和大户带动工作,全县有612个6.67公顷以上粮食生产大户,333.33公顷以上种粮大户有5个,共完成早稻种植面积0.67万公顷。

【病虫害防控】 在罗城镇已建立133.33万公顷的“水稻病虫害统防统治绿色防控与农药化肥减量增效示范区”,在双桥镇建立33.33公顷的“蔬菜病虫绿色防控示范区”。举办主要农作物病虫害统防统治与绿色防控融合技术、安全科学用药、测土配方施肥等技术培训20期,培训1500多人次,发放技术资料3000多册。在病害虫防控等关键环节、关键季节,选派具有中高职称和实践经验丰富的农业技术人员分组进行分片包干,不定期地到实地指导农户生产。发放病虫情报12期,通过“12316”平台、微信群、QQ群、公众号、电视、政务网等全方位发布病虫害防控信息,实现病虫害防治信息入户率达90%以上,确保病虫信息24小时到农户。

【病虫监测预警体系】 在康乐、罗城、三兴等乡镇共设立3个水稻监测预警点,在三兴、白良、罗城、鹅峰、马步、双桥、高城建立10个草地贪夜蛾高空灯监测点,引进并推广应用具有自动监测、高空测报灯、性诱自动数据传输等功能的现代测报工具13套。万载绿色防控技术推广应用面积2.13万公顷,覆盖率60.2%。专业化统防统治技术应用面积1.9万公顷,覆盖率50.2%。其中全程承包服务面积0.89万公顷,科学安全用药技术覆盖率达到95%以上,发放技术资料1.5万余份,病虫情报入户率达到98%。2021年,万载农药使用量221.5吨,比上年同期减少11.5吨,减少比例5%。实现了农药减量。2021年,未出现农药中毒事故。

【测土配方施肥】 万载水稻测土配方施肥面积达3.07万公顷,技术覆盖率在95%以上,采集基础性土壤样品58个,检测638项次,开展各类试验示范11个,施肥预告上墙58张。创建“测土配方施肥”微信小程序,方便农户查询施肥指导。开展技术培训15期,培训农技人员、科技示范户、骨干农民2500余人次,发放技术资料15000余份。引导绿色种植面积0.67万公顷,亩产鲜草2878千克,氮肥减少30%,绿肥种植化肥减量技术推广应用面积达到1.24万公顷;增施商品有机肥化肥减量技术推广应用面积达到0.83万公顷;化肥使用量(折纯量)6512吨,减少326吨,化肥使用量比上年减少率5.1%。酸化土壤改良示范面积0.17万公顷。建立11个耕地质量监测点,其中1个国家级监测点,1个省级监测点,4个市级监测点,5个县级监测点。全部进行挖剖面、取土样检测、GPS定位、水泥作田埂、树立标识牌等基础工作,实现对万载耕地质量长期、定位、有效的监测。

畜牧业

【概况】 2021年，万载生猪存栏38.61万头（其中能繁母猪3.83万头），同比增长3.2%；出栏61.59万头，同比增长70.3%；牛存栏5.21万头，出栏2.12万头，同比分别增长10.13%和14.55%；家禽存笼183.1万羽，出笼316.93万羽，分别增长4.11%和6.34%。其中，康乐鸡存笼85.04万羽，出笼94.16万羽；黑番鸭存栏8.65万羽，出笼41.23万羽；羊存栏15.1万只，出栏20.44万只，同比分别增长15.65%和4.99%；其中，黑山羊存栏10.72万只，出栏16.88万只；兔存笼88.12万羽，出笼144.95万羽，同比分别增长2.3%和18.97%；其中，万载黑兔存笼88.12万羽，出笼144.95万羽。全年，万载实现畜牧业总产值16.04亿元。

【畜禽养殖疾病防控体系】 强化基层对畜禽疾病的认知与防治，同步开展动物疾病防控培训，组织基层防检人员和规模猪场参加非洲猪瘟防控与生猪复产增养专题培训班，提升防控与复产工作能力，充实特防员23名从事动物疾病防控，保障防疫工作顺利进行。“春防”以高致病性禽流感、口蹄疫、猪瘟等重大动物疫病为防控重点，万载坚持“预防为主”的防控方针，实施强制免疫，散养户由村级防疫员上户免疫，规模场则实行“先免后补”政策，切实做到应免尽免。确保免疫密度达100%，免疫标识佩戴率达100%，免疫密度为100%，经抽血清进行实验室抗体检测均达标。

【全国粪肥还田试点工作】 “毛豆＋水稻”轮作模式在省级专家组的指导下进行了测产。万载76个畜禽粪污资源化利用建设项目（其中规模场74个、集中处理中心1个、还田还山利用项目1个）全部完成，其中第三方畜禽粪污集中处理项目已投产运行。

水产业

【概况】 2021年，万载县水产养殖面积19833亩，水产品总产量18540吨，渔业经济总产值7亿元，稻渔综合种养新增面积达到3100亩，颁布了《万载县养殖水域滩涂规划（2016—2030）》。全县养殖水产品质量安全管理水平进一步提高，渔业生态环境明显改善，水产养殖业健康发展。

【水产养殖】 禁止养殖区内5座饮用水源保护地水库一律实行人放天养，限制养殖区内100座小（2）型以上水库未出现投放无机肥、有机肥、生物复合肥养殖等情况，水质排放达到三类水标准，可养区内水产养殖面积生产布局合理，放养密度适中，水产养殖生产用水符合标准。水产养殖专业技术人员持证上岗，饲料及鱼药用法用量使用规范，水产品质量安全管理实现零投诉，渔业平安，渔区稳定，渔业增效，渔民增收。

【休闲渔业项目】 万载县共完成2020年休闲渔业项目5个实施点建设任务，完成2019年流域生态补偿资金项目5个规模水产企业养殖尾水治理任务，完成2021年稻渔综合种养项目建设新增3000亩任务，高效完成2021年渔业资源增殖放流任务，放流“四大家鱼”3厘米以上苗种662.5万尾。

有机农业

【概况】 2021年，万载建设富硒农产品基地1万公顷，其中水稻0.53万公顷，蔬菜0.13万公顷，油茶0.11万公顷，水果466.67公顷，其他农产品0.17万公顷；建设有机农产品基地0.13万公顷，其中水稻666.67公顷，毛豆333.33公顷，其他农作物333.33公顷。加大对基地及其产品进行硒含量检测认证，继续评选富硒农产品示范基地，示范基地统一设立由宜春市富硒产业协会授予的固定标识牌，对示范基地实行相应的补助，通过对示范基地的创建全面提高富硒农产品基地质量安全管理水平，实现基地规范、标准化生产。

【富硒产业申报转型】 成功申报江西富硒蔬菜产业项目，万载青叶食品有限公司、万载后稷百合食品有限公司、万载万马智慧农业有限公司成功申报江西富硒蔬菜产业集群项目，争得中央资金1300万元，各企业按农产品富硒省级地方标准，开展农产品富硒认证，提高产品的附加值，带动更多本地企业向富硒产业转型。

【"宜春大米"公用品牌建设】 协助"宜春大米"专业委员会成员企业抓好订单落实，落实"宜春大米"水稻基地共0.53万公顷，其中"宜春大米"专业委员会成员企业源禾农业的水稻基地面积0.2万公顷，袁州区中洲米业在万载落实订单702.67公顷，明月山米业在万载落实订单233.33公顷。

【农村三产融合】 做大种养基地，做强"硒＋农旅+X"。以宜春学院与万载县开展"校县合作"为契机，利用宜春学院在技术、创新、信息等平台优势，助推万载富硒有机产业发展。

【有机认证】 锦江公司完成了北京爱科赛尔有机认证公司对有机姜项目的种植产前检查，指导恒晖公司做好有机认证资料的完成，参加了在上海举办的亚洲国际有机产品博览会。

农业科技

【农业机械应用】 2021年，万载农业机械总数量1.25万台，总动力达31.452万千瓦。完成机耕面积3.35万公顷，农用玻璃温室大棚2万多平方米，农机化作业综合水平达77.81%。农机装备在保持快速发展的同时，装备结构全面优化，无人植保机械、插秧机械、抛秧机械快速发展。水稻插秧机、水稻育秧中心、农用玻璃温室大棚等得到推广应用。全县水稻育秧中心已建设4个，促成建设1个省级农业机械化综合农事服务中心。

【新机具新技术推广】 春耕期间深入各乡镇，积极开展农机政策、技术宣传，扶植发展农机专业合作社。组织农机技术人员70人次进村入户，帮助农机手修复农机具370台，保养各类农机具1420台。农机社会化服务体系建设取得新成就，成立2个农机专业合作社，促成建设1个省级农业机械化综合农事服务中心。

【科技活动】 对安全隐患进行全面排查，在安全生产活动期间，悬挂农机安全生产横幅5条，警示性标语4条，发放农机安全生产宣传资料1000份以上。采取灵活多样的形式，抓好送科技下乡咨询服务活动。结合本地情况，以贫困地区为重点，把科技下乡活动与切实解决农民生产生活中的实际困难结合起来。专业技术站共举办各种实用技术培训班7期，培训人数500余人次；在罗城等乡镇先后开展送科技下乡咨询活动、植物检疫宣传月活动、放心农资下乡进村宣传周活动等，咨询人数达3000多人次，印发各种资料1万余份。开展农民职业技能培训，促进农民增收。坚持"政府推动、学校主办、部门监督、农民受益"的原则，结合社会主义新农村建设和全面建设小康社会的要求，全年培训了高素质农民500人，并选派23名基层站人员和10名青年农场主参加省重点班培训。

【农机购置补贴监管】 对全县17个乡镇的农机购置补贴工作进行重点抽查、督促检查和动态管控。全县农机补贴资金498.32万元，其中报废补贴47.49万元；共补贴机具322 台，其中补贴报废机具59台，使用资金比例96.17%，带动全县农机装备投资1562万多元。做好机具管理工作和跨区作业证发放。大中型拖拉机注册登记33台，联合收割机注册登记47台，共发放跨区作业证14张。

【农技推广体系改革与建设补助】 制定《万载县2021年基层农技推广体系改革与建设补助项目实施方案》，按照基层农技推广体系改革与建设示范县项目"围绕一个主导产业，达到四个目标，完成五大任务"的实施要求，在万载建立2个农业科技示范基地，挑选100名基层农技指导员，培育农业科技示范户500家，其中水稻200家、蔬菜150家、百合80家、生猪70家。根据万载水稻、蔬菜、百合、生猪四大主导产业发展要求和农民的科技需求，制定分区域、分品种、分季节的农技推广计划，形成技术操作规范，将推广任务明确到各实施单位和农技人员。2021年，推广主导品种39个、主推技术18项、印制科技示范户门牌、示范户手册各500份、指导员手册100份，主推品种和主推技术资料汇编5000份。

【成立科技特派员工作站】 为省、市、县50多名科技特派员搭建了沟通桥梁，申报省科技厅有机富硒农业产业、黑山羊、百合3个战略产业联盟，在解决柳条糯倒伏、百合片繁殖等技术难题、开展种养技术培训、建立示范种植基地等方面发挥了重要作用。获批成立中央引导政府资金恒晖大农业的芦笋项目，财政资金100万元，在万载恒辉大农业示范园区举办2021年江西省"三区"人才支持计划科技人员水产类培训班，与省特派员在马步泉塘、白水老山推广油蔬两用油菜示范种植基地26.67多公顷，取得较好的社会和经济效益。获批省级农业载体2个，分别为江西省有机富硒农业和百合产业联盟，着力打造万载新农业科技模式。

【县农业农村局领导成员】
党委书记、局长：喻阳青
副书记、副局长：周湖根
　　　　　　　　熊　健
党委委员、副局长：袁明亮
　　　　　　　　　邹世民
　　　　　　　　　欧阳水和
　　　　　　　　　苏根牛
　　　　　　　　　谢建平
　　　　　　　　　张国平
　　　　　　　　　龙小平
党委委员：黄新江
　　　　　唐秋庚

林　业

【概况】 2021年，县林业局坚持以中共十九大精神为指引，高举习近平新时代中国特色社会主义思想伟大旗帜，牢固树立"绿水青山就是金山银山"的发展理念，以巩固万载林业生态优势为抓手，着力提升森林质量和扩大森林资源总量，各项工作取得长足的发展。荣获2021年全省森林防火"平安春季行动"森林防火平安县称号。

【机构改革】 根据中共万载县委机构编制委员会《关于万载县林业局事业单位改革有关事项的批复》(万编发〔2021〕28号)，撤销县林业局林木种苗站(县油茶管理局)，县林业局造林经营技术指导站，县林业局林业调查设计队，县林业有害生物防治检疫站，县槽源、赤兴、罗城木材检查站，县野生动物植物保护管理站，县林业局林业工作站，原基层各林业工作站，整合其工作职能，设立县森林资源保护中心，为副科级公益一类财政全额补助事业单位，核定内设机构12个，事业编制100名。领导职数：主任1名(副科级)，副主任4名(正股级)。县生态公益林场、县林业局森林苗圃合并，重新组建县生态公益林场，为正股级公益一类财政全额补助事业单位，核定内设机构6个，事业编制30名，领导职数：场长1名(正股级)、副场长2名(副股级)。

【资源保护】 2021年，全县林业用地11.52万公顷(国土三调数据)，占土地总面积的67.07%，活立木总蓄积708.04万立方米，活立竹9400万株，森林覆盖率65.86%，实施生态公益林3.34万公顷，天然林保护2.98万公顷。完成全县自然保护地外珍稀濒危野生植物原生境保护小区(保护点)基本情况调查摸底工作；按照网格化管理、信息化建设、规范化运行要求，进一步完善"一长两员"源头管理机制;完成“林草湿数据与第三次全国国土调查数据对接融合和国家级公益林优化”工作。

【造林绿化】 坚持数量和质量并重、质量优先,走科学、生态、节俭的绿色发展之路,及时组织技术力量,认真做好造林绿化规划,建立健全城乡绿化美化一体化制度,通过多种形式推进增绿工程,全年完成人工造林1.44万亩(其中长防林人工造林0.55万亩、封山育林0.5万亩,油茶0.09万亩);完成封山育林1.59万亩(其中长防林封山育林0.5万亩);退化林修复3.67万亩;完成战略储备林现有林改造0.1万亩;获评省级森林乡村15个,建设省级乡村森林公园1个。2021年2月4日,万载的场外造林工作在全省林业工作电视电话会议上作了典型经验发言。12月22日,再次就场外造林工作在全省松材线虫病防控暨造林绿化工作现场会上作典型经验发言。

【林业产业扶贫】 2021年,为全县1058户脱贫户发放天然林生态补偿48.02万元,为901户脱贫户发放公益林生态补偿35.13万元,为49户脱贫户发放退耕还林生态补偿1.77万元,为4户脱贫户发放长防林生态补偿2.42万元;开发公益性岗位护林员180名,全年发放工资86.4万元;在全县招聘林长制专职护林员时,优先录用符合条件脱贫户23名,发放工资24.43万元;全县10个脱贫村发展油茶、酸枣抚育项目3329.9亩,获得产业奖补136.98万元;14个脱贫村发展造林项目1401.2亩,获得补助资金70.06万元;5个脱贫村发展毛竹低改项目1911亩,获得补助资金28.67万元;15户脱贫户发展油茶产业获得补助资金2.77万元;9户脱贫户发展造林获得补助资金2.44万元;6个脱贫村(东山村、上村村、新竹村、横岭村、槽岭村、东江村)建设省、市森林乡村,获得补助资金30万元;组织农业、林业相关的专业技术人员对有劳动能力、有培训需求的102名边缘户开展了农林产业实用技能培训。

【松材线虫病及生物防控】 2020—2021年度,松材线虫病防控责任目标全面实现,全县清理松树死树4.92万株,清理面积3.4万亩,县财政落实专项经费200万元。2021年,林业有害生物发生面积2.24万亩,发生率2.5‰,成灾面积680亩,成灾率0.76‰,防治面积2.24万亩,防治率100%,其中无公害防治面积2.24万亩,无公害防治率100%。实施种苗产地检疫面积239亩,种苗产地检疫率100%。实施调运检疫木材1.46万立方米,毛竹1.48万根,苗木9.19万株。

【林业投入】 2021年度,全县林业生态建设累计投入5583.02万元,其中生态公益林、天然林保护投入2378.44万元,松材线虫病防治、森林防火等生态保护494.59万元;长防林、油茶林及封山育林、毛竹改造等生态修复投入2709.99万元。

【林业产值】 全年实现林业总产值30.65亿元,其中第一产业8.88亿元、第二产业15.5亿元、第三产业6.27亿元。

【森林防火】 实施全县第一次森林火灾风险普查工作,调查森林可燃物标准地样地37个,大样地调查4个,落实调查经费84.8万元;完成6支国有林场半专业扑火队标准化建设,已按要求向省林业局提交验收报告;完成生物防火林带建设1605亩;为全县49.94万亩公益林和117.59万亩商品林投了森林综合保险。荣获2021年全省森林防火“平安春季行动”森林防火平安县称号。

【林地征占用管理】 全年审核审批林地208起,面积170.67公顷,其中,长期占用67起,面积81.87公顷(其中花炮企业55起,面积33.05公顷);临时占用12起,面积38.54公顷;直接为林业生产服务129起,面积50.26公顷。征收森林植被恢复费1715.78万元。完成2020年万载县矿山生态环境安全综合评估。全面排查有效期内的35家持证矿山,其中15家存在非法占用林地情况,已将案件情况移交相关执法单位进行依法处理。牵头或者协助相关单位做好“第二轮中央环保督察交办信访件(万载县)”中11个涉林信访件的整改销号工作。完成全县2021年度省级林地适度规模经营奖补的申报。

【保护地管理】 开展2021年度湿地保护专项行动暨违法侵占湿地问题大排查整治行动,重点核查龙河省级湿地公园、城区湿地等重要湿地。现场核查省林业局下发的8个疑似湿地问题图斑,并将结果上报市林业局。开展万载县自然保护地生态环境监督检查,全面排查自然保护区、湿地公园等自然保护地探矿开矿、修路、筑坝、建设等问题,未发现违法违规问题。

【林地流转管理】 全年办理林地流转审核同意64起,面积1.53万亩,为万载林地适度规模经营和国有林场场外造林提供有力的保障。

【县林业局领导成员】

党委书记、局长:吴卫东

党委委员、副局长、二级主任科员:曹乐群

党委委员、副局长、森工林场有限责任公司总经理:彭国芳

党委副书记、二级主任科员:

曾荣兴

党委委员、四级主任科员:

刘志勇

党委委员、四级主任科员:

邬秋璎

正科级干部:宋发根

三级主任科员:张勤昌

森林资源保护中心主任:黄　成

八级职员:龙成根

夏建军

高级工程师:江建平

二级主任科员:彭绍辉

叶柏辉

四级调研员:王国勇

二级主任科员:易宗炳

徐小江

四级调研员:易　敏

水　利

【概况】 2021年,按照水利部提出的“水利工程补短板、水利行业强监管”总基调,水利局紧紧围绕县委提出的“融入宜春、聚力园区、双城联动、特色彰显、宜居宜业”工作思路,全力实现“工业强、城市美、生态优、民生好”新目标。

2021年,局机关有工作人员43名,设综合股、建设与管理股、农村水利水电股、河长制股4个股室,和县水利事务保障中心、县水政监察大队、县水旱灾害防御中心3个下属事业单位。

【项目实施】 完成茭湖乡防洪工程、县城防洪工程(二期)、潭埠防洪工程、2020年山塘专项整治、农村饮水工程维修养护等项目验收;针对万载实情,结合上级项目重点,申报高村新竹、白良河三兴段中小河流等项目,抓紧推进2021年重点山塘整治、水库维修养护及标准化、山洪灾害防治措施维修养护、农业水价综合改革整体推进县、农村饮水工程维修养护、水毁修复项目、洪患村镇河流综合整治试点等项目;启动高城、株潭、潭埠防洪工程、24座小(2)型水库除险加固项目;落实专门人员,督促跟踪三十把中心城区水源工程建设,已基本完成管道铺设;完成《万载县“十四五”农饮保障规划》及《万载县城乡供水一体化规划》的县级批复。

【职能理顺】 根据上级要求,3月,将防汛抗旱指挥部办公室正式移交到县应急局。配合防办开展防汛检查,落实挂乡镇防汛抢险队伍,修订完善《万载县防汛抗旱应急预案》《山洪灾害防御预案》《万载县城市防洪应急预案》,备足备齐防汛物资。坚持24小时值班和领导带班制度,强化山洪灾害检查预警,提高雨情、水情预测预报的准确性,切实搞好水库运行调度。11月,原扶贫办承担的水库移民管理职责正式划转到水利局,相关人员转隶到位。县城新桥下水闸管护权移交到城管局负责。

【督查指导】 5月,组织人员对各乡镇(街道)开展农村饮水安全扶贫督查调研工作,实地查看

脱贫户、边缘易致贫户及非贫困户饮水状况及部分农村供水工程运行管理情况,及时协调解决群众饮水安全问题。6月底,为确保“七一”期间水利安全生产态势平稳,对全县的水利安全生产及农饮集中供水工程运行管理督查,重点查看农饮工程、农村水电站、山塘等情况,对发现的问题及时提出整改要求,并督促各地抓好整改。8月底,组织人员对各乡镇农村供水、安全生产、水旱灾害防御情况开展督导。

【执法工作】 继续实行河道禁采,加强河道巡查,打击非法偷采河砂行为;强化水库巡查,对全县114座小(2)型以上水库开展不定期巡查制度,严厉打击非法捕鱼、电鱼、毒鱼和污染水库水质等行为;定期开展水质检测,对水质不达标情况进行通报;加大水土流失治理力度,对矿山、房地产开发等在建项目,督查相关企业落实“三同时”制度。2021年以来,开展专项水事执法巡查40余次,下达办理水土保持通知书60份。

【河长制工作】 加强了河长制宣传。3月22日上午,县河长办联合水利局、团县委、县城管局等单位举办2021年“世界水日”“中国水周”暨第三届“江西省河湖保护活动周”宣传活动启动仪式,开展了“河长制+志愿服务”暨“河小青”骑行巡护河、“河长制进校园”系列宣传、河长制宣传进农村等系列活动。各单位一行出动150人次,提供宣传车1辆、宣传画1000套、宣传展板20面、宣传资料20000份,发送手机短信10000条,并通过微信公众号向全县推送世界水日和中国水周的公益文章。完善体制机制。制定下发《万载县2021年河长制工作要点》《万载县2021年河长制考核方案》《2021年县级河长巡河湖督导方案》《万载县2021年“清河行动”实施方案》《关于做好万载县生态鄱阳湖流域建设2021年度相关工作的通知》,及时调整了县、乡、村三级河长,确保河流河长无断档、河流管护无空白,对人员调整名单在县政府网进行公开。按照《江西省河长制湖长制工作规范》要求对公示牌全面进行更换。开展专项整治。开展“清河行动”、河湖“清四乱”、农村小水电站生态修复专项整治、水利工程管理范围违建清查、鄱阳湖生态环境专项整治、消灭V类及劣V类水专项行动,制定问题清单,整改措施,对问题清单中的问题整改情况,进行每月一调度,对整改到位的问题及时销号。协调各级河长开展巡河工作,组织各级河长和河长办工作人员对全县17个乡镇(街道)的10条县管河流开展河道巡查,对发现的问题下达督办函,并督促问题整改到位。

【县水利局领导成员】

党委书记、局　长:郑颖凡

党委委员、副局长:

周检南(任至9月)

王年根

张国平(任至9月)

党委委员、二级主任科员:汪仕文

四级调研员:陈思荣

二级主任科员:彭　钢

刘卫平

闻会平

黄晓云

曾令德(9月任)

副科级干部:唐启程

罗秋贤

交 通

交通运输

【概况】 2021年是“十四五”开局之年,是中国共产党成立100周年,在上级党政领导下,县交通运输局认真开展党史学习教育,贯彻习近平总书记的指示精神,大力推进“四好农村路”建设,巩固脱贫攻坚成果,为红色名村、乡村振兴建设当好先行。

【数字交通】 县境内公路总里程3628.459千米,比上年末增加51.851千米。其中高速公路105.721千米(含连接线16.05千米),普通国道46.031千米,省道256.823千米,农村公路3219.884千米。公路密度218.15千米/百平方千米,同比提高7.25千米/百平方千米。全县农村公路里程3219.884千米,比上年末增加68.598千米。其中县道13条229.432千米:乡道73条457.634千米:村道2510条2152.818千米:自然村组级公路246条380千米。全县农村公路等级公路里程3137.124千米,比上年增加193.794千米,占公路总里程的97%,提高4个百分点。其中二级以上公路里程0.803千米,三级公路185.5千米,四级公路2868.061千米,等外公路82.76千米。按路面类型分:水泥混凝土及沥青路面3141.693千米,未铺装路面78.191千米。年末,全县拥有公路营运汽车8165辆,比上年末减少4%。

【运输车辆】 全县拥有载客汽车97辆、3124客位,比上年末分别减少5.8%和13.3%。其中大型客车97辆、3124客位,比上年末减少5.8%。拥有公共汽电车115辆、115标台。出租汽车运营车辆40辆,比上年减少20%。拥有载货汽车7913辆、102869吨位,比上年末分别减少4%和23.6%。

【运输服务】 全县营业性客运车辆完成公路客运量320万人,旅客周转量15860万人千米,分别比上年增加13.6%和增加17%,平均运距49千米。至年末100%的建制村通客运线路,通车率与上年持平。拥有公共汽电车运营线路15条,运营线路总长303千米。城市客运系统运送旅客399.82万人,比上年减少21.5%。其中,公共汽电车完成373.12万人,运营里程126千米。出租汽车完成26.7万人,运营里程283.2万千米,分别减少16%和10.8%,平均每车次载客人数2人/车次,空驶率40%。全县营业性货运车辆完成货运量3718万吨,货物周转量353210万吨千米,均比上年增加12.7%,平均运距95千米。

【基础设施建设】 重点公路建设:万载县G220绕城一级公路建设项目全长14.758千米,项目起于鹅峰乡石狮里万载县煤矿前,途经鹅峰东田村、下穿昌栗高速、多江村、康乐联和村、下穿S308(粉塘立交)、兴联村、马步新民村,终点位于万载县马步乡银田村万宜高速万载连接线,路线全长14.76千米。项目采用一级公路标准,设计时速60千米/小时,路基宽24.5米,路面宽23米,总投资约为7.5亿元。该项目2019年3月开工建设,2021年年底建成通车。宜万同城快速通道,项目在该县境内含主线(G220万载至袁州段改建工程)和连接线(G320上高墨山至万载段改建工程)两部分。连接线起点于万载县工业园(万载与上高交界处),途经鹅峰布塘村、严坑村、益连村,康乐街道十字布村、福星村,马步乡郭村村、布城村与主线终点对接,全长10.023千米,按一级公路建设,路基宽25.5米,设计时速60千米/小时;主线起于G220与锦绣大道交叉口,途经袁州区、宜春经开区,终于万载县布城村,路线长32.192千米,按一级公路兼城市道路功能建设,万载县境内长约3.046千米,主线至老G320连接段(新建段)约0.458千米,宜万高速万载连接线(改造段)约0.405千米,总长约3.909千米。项目总投资约9.06亿元。该项目于2019年3月开工建设,计划2022年8月完工。截至年底连接线段(G320上高墨山至万载段改建工程)主体工程已完工,主线段(G220万载至袁州段改建工程)土石方工程完成100%、垫层完成100%,水稳层完成70%。桥梁工程完成80%,累计完成投资约6.5亿元。S222高村至三兴公路改建工程全长约19.9千米,总投资约3.39亿元,2020年9月,可行性研究报告获批,地工图设计,水土保持方案,环评等前期工作正在推进。由省交通运输厅下达的红色景区公路三兴槽源至仙源界岭县道升级改造省级重点推进项目,全长24.2千米,拟投资8500万元。2020年9月开工,预计2022年春建成。香山至芳万线6.14千米,杭桥至罗城7.92千米和狗冷坑至修万线2.8千米,3个专项公路建设已投资2800万元,预计2022年3月建成通车。完成生命防护工程110千米,完成县道升级改造2个4.2千米。建制村通双车道项目5个18千米,旅游、产业路项目5个20.5千米,危桥改造项目5座。推行了县道日常养护市场化专业化规范化管理。是年投入500余万元对28处水毁抢修和隐患整治工程,保障了群众出行畅通安全。全县第二批不停车测点罗城南垣村于12月31日前完成验收。

【行业服务】 路网建设的不断完善,推动了运输行业的发展。万载全县181个建制村通客车率100%。城市公交纯电动化。全县有4家客运企业,其中从事班线客运经营的1家,有营运客车139辆,客运线路34条,实现了万载至周边省、市、县客运班线全覆盖和县城至各乡(镇)客运班线全覆盖。运营农村公交线路180千米,除了5个山区乡镇外,13个平原乡镇均实现农村客运公交化,县城至各建制村班车通达率100%。城市公交车公司有纯新能源电动车50辆,有覆盖城区的公交线路9条,共计151千米。从事旅游包车企业2家,有营运客车29辆,其中大型高一级客车25辆,中型高一级4辆。可经营省、市、县际和县内包车(班车)旅游客运业务。还有40辆出租车和长驻万载2家25辆网约车,实行零距离一对一接送,较好地满足广大城乡居民的出行需求。年末全县拥有载客汽车183辆5490个客位,同比分别增加78%和52%。全年完成客运量320万人次,客运周转量15680万人千米,同比分别增加15.8%和15.6%。全县拥有大小货运车辆7913辆,102869吨位,同比减少4%和23.6%。全年完成货运量3718万吨,货物周转量353210万吨千米,同比均增加12.7%。

【安全生产管理】 自上而下,秉承"人民至上、安全至上、生命至上"的理念,坚持"一岗双责",强化运输企业安全生产制度化、标准化、常态化建设,重点抓好在建公路建设项目的质量监管,管好风险源、狠抓"两客一危"运输企业安全隐患大排查,全年治理安全隐患249起,完成整改246起,限期整改3起。警告并约谈经营企业2家,罚款3万余元。查处非法载客营运车57辆。其中载学生黑校车12辆,一般非法营运私家车18辆,黑网车8辆,载客三轮电动车、摩托车19辆。全系统全年未发生道路运输安全责任事故。积极化解行业矛盾纠纷,受理群众信访5件,诉求工单213件,受理率和办结率100%,群众满意率为98.1%。

【党史学习教育】 2021年正值建党百周年纪念。根据中央的部署，在全党全国开展党史学习教育活动，局党委高度重视，及时制定了学习教育方案，并创新学习教学模式，将“四史”学习教育任务分解至局机关股室各自领题，联系实际，作学习中心发言，调动基层党员干部的积极性，变“要我学”，为“我要学”，收到较好的效果。

【危桥改造项目】 岭下桥是万载县黄茅镇光明至岭下公路上的一座危桥，于2020年下达改造计划，新建桥梁全长30.02米，全宽8.5米，上部结构采用1跨20米预应力砼空心板，下部结构为扩大基础、U型桥台，由宜春交通规划勘测设计院设计。项目于2021年8月27日招投标，由江西省骏令建设有限公司中标，合同价1066449.05元。施工单位于9月进场动工，12月桥梁竣工通车。桂花桥位于万载县高村镇，为村道危桥，于2020年下达改造计划，新建桥梁全长40.02米，全宽5.5米，上部结构采用3跨10米钢筋混凝土空心板，下部结构0#、3#桥台为U形桥台、扩大基础，桥墩采用柱式墩。项目由宜春交通规划勘测设计院设计。项目于2020年12月23日招投标，由江西中亿建设有限公司中标，合同价1100027元。项目于2021年1月动工新建，10月竣工通车。

【春运工作】 2021年的春运工作从1月28日至3月8日，为期40天。1月25日，县交通局又制定了《万载县2021年道路春运工作方案》，就加强春运组织领导、科学组织春运、准确做好疫情防控、全力抓好安全生产、严格市场秩序监管、切实提升服务质量和强化信息宣传报送等七个方面，细化为32条具体要求。整个春运期间包括客运公司、公交车公司、出租车公司共投入235辆车、2642辆次，运输旅客52万人次。比2019年增加了70辆，运送旅客增加4万人次，确保了节日期间人们出行和生产生活物资安全有序运行。

【网约车营运】 2021年，在万载备案的网约车公司有2家：江南出行运输服务有限公司万载分公司和万顺叫车云信息技术有限公司宜春分公司。江南出行公司万载分公司拥有车10辆，万顺公司宜春分公司有车9辆，共计19辆。网约车一对一，点对点，县城内接送到家门口，方便了群众出行，安全快捷，很受旅客欢迎。全年，公司道路营运良好。

【城市公交客运】 万载城市客运为万载城市公交车有限公司，是一个私营股份有限公司。2021年，有员工53人，有新能源纯电动公交车55辆，其中包括2021年8月投资191.5万元新购买的5辆宇通牌纯电动车。有7个星星牌直流充电桩，78个公交停靠站台，44个站牌，10条公交线路，总计里程151千米。覆盖了整个城区，还延伸至马步竹山洞旅游景点等地。2021年，载客量包括老年人及优抚对象67.04万人次在内，共达到399.82万人次，客运费比上年增加1倍左右。

【编纂《万载交通年鉴(2020)》】 万载县交通年鉴编审领导小组主持编纂的《万载交通年鉴(2020)》一书于2021年9月内部印刷出版，这是新世纪以来的第13卷。该卷保留了原有的框架结构，由特载、特辑、概览、大事记、交通基础设施建设、运输生产、科技与文化教育、交通管理、党群工作、先进人物先进集体、交通统计资料、文件文献12部分组成，录用了180余个条目和49张平面直观图片资料，具有观赏性和实用性，计21.3万字，反映了2020年全县交通运输系统的新成就、新资料，是一部系统、全面，具有权威性的“百科全书”。

【治超宣传整治】 为严厉打击短途货运车辆非法超限超载行为，2021年9月23日万载县交通运输局综合行政执法大队联合交警、城管、公安四部门，出动执法人员30多人，对超限超载车辆进行了专项治理，执法人员通过电子屏播放，散发宣传单等形式，大力宣传超限超载危害与治理的意义。交通执法大队坚持守土有责、守土尽责，强化对货运车辆的监督管理，落实长效治理机制,严厉查处超限超载违法行为,全力保证全县交通道路运输安全。

【执法治超力度】 2021年,万载县交通运输综合行政执法大队实行多部门联合执法治超机制,加大流动巡查力度,共出动交通执法人员3256次,出动治超执法车辆612车次,检查检测车辆13945车次,对101辆超限超载车辆实施卸载转运货物3079.51吨,其中查处"百吨王"2辆,非法改装车辆69辆。交警部门对超限超载车辆驾驶员扣分372分,公安部门行政拘留1人。此后,沙石、渣土运输车辆,混凝土搅拌车手续不齐全、装载不规范、超限超载、抛、洒、滴、漏污染公路等货运车辆交通违法行为得到明显改善。

【道路运输安全生产督导】 6月21日下午,省交通运输厅一级巡视员胡钊芳一行在万载县人民政府县长曾文军、副县长袁常青和县交通运输局局长叶青松等人陪同下,到宜春汽运万载分公司督导检查道路运输安全生产工作。胡钊芳一行先后检查了万载汽车站"三不进站,六不出站"封闭式管理、车辆例检、车辆4G动态监控、城乡公交风险隐患排查整治、落实双重预防机制及运营安全管理制度等情况。

【主题宣传活动】 6月4日,万载县交通运输综合执法大队在万载县超限超载检测站开展以"学党史、当先锋、护公路、优服务"为主题的宣传活动。活动期间共出动路政执法人员18人次,宣传车辆5车次,发放宣传资料300余份,张贴宣传单45处,接受群众咨询200余人。

【深度贫困村危桥改造项目检查】 5月24—25日,江西省公路管理局二级巡视员刘凌率工作组来到万载,在县交通运输局局长叶青松和相关业务领导陪同下,对全县深度贫困村危桥改造项目逐一进行检查。检查组通过走访查看,充分肯定该县在深度贫困村基础设施建设中取得的成绩,切切实实为群众脱贫办了好事。

【县交通运输局领导成员】

党委书记、局长:叶青松(任至9月)
　　　　　　　　高包林(9月任)
党委委员、副局长:汪华萍
　　　　　　　　　汪军明
党委委员:邝引平
正科级干部:宋小云
主任科员:辛外平
　　　　　刘志高
　　　　　潘洪清
　　　　　游　斌
　　　　　胡会平

公路管理

【概况】 万载公路分中心隶属宜春市公路事业发展中心,原名宜春市公路管理局万载分局,于12月28日更名。分中心为正科级事业单位,主要从事公路养护、公路建设等工作。负责管养万载县境内国、省干道共计210.395千米,管养G220(东营—深圳)、G320(上海—瑞丽)两条国道,管养S222(棋坪—河东)、S223(黄茅—禾埠)、S308(万载—东桥)、S430(白水—潭埠)、S530(高城—楠木)五条省道,大、中、小桥梁共63座;按技术等级分一级公路6.812千米,二级公路111.205千米,三级公路63.025千米,四级公路29.353千米。有在职职工124人,退休职工181人。分中心下设7个科室(行办、政工、纪检、工会、安全、财务、养护);下属有万载市政交通养护有限公司,公司内设6个部门(综合、工程、养护、机务、财务、合约)、8个养护道班(鹅峰、三兴、红旗、高村、双桥、白水、株潭、高城)和1个公路小修队。

2021年,万载公路分中心坚持以习近平新时代中国特色社会主义思想为指引,全面贯彻落实中共十九大和中共十九届历次全会精神,紧紧围绕年初工作部署,以深入开展"不忘初心、牢记使命"党史主题教育活动为契机,不断提高党建工作水平,推进精神文明创建,提升干部队伍素质,强化公路建管养和安全维稳工作,服务区域经济发展,取得了较好的成绩。

【G220 万载绕城段公路改建工程】 G220 万载绕城段公路改建工程全长 14.785 千米，由宜春市政交通建设有限公司中标成立项目经理部，经理部下设两个工区，一工区负责管理 K360+445 ~ K367+207 段施工，二工区负责管理 K367+207 ~ K375+203.4 段施工。2021 年，该项目已全部完工，采用一级公路标准，设计时速 60 千米 / 小时，路基宽 24.5 米，起点位于鹅峰乡县煤矿前(根据现有江西省公路路网系统，暂定起点桩号为 K360+445)，途径岭源、英山、下穿昌栗高速、宋家湾、多江村、瑶背脑、江口村、高车、联和村、下穿 S308（设置立交）、濠湖、新民村、终点位于万载县马步乡银田村万宜高速万载连接线（桩号为 K375+203.4）。该路线整体位于万载县城西面，将昌栗高速、S308、万宜高速、G320 快速连接起来，有利于公路路网的完善，形成万载县城西面的交通大动脉，对原修万线、万上线过境车辆有效的分流，缓解县城道路交通压力；同时，可有效带动万载县城向西面扩张，拉大城市框架，促进城市建设。

【工程项目建设】 多江驿站的选址、征地、地勘及施工图全部完成，但该地块划拨手续暂未完成。G220 万载养护中心施工图、水稳拌和站及其配套设施已全部完成。

【养护工程建设】 为加强国省干线公路日常养护，确保道路安全畅通，积极做好了路面保洁、日常巡查，疏通桥梁涵洞，加强桥梁维修，消除公路安全隐患等工作。共修、填补路面坑洞 0.85 万平方米、沥青修复路面面积 2.3 万平方米；组织应急抢险 8 次，清理路面大小塌方 11 处 850 米，疏通排水沟 4 万多米；清理桥涵 100 多座。投入 117 万元购买水泥稳定碎石搅拌站，使得养护机械化水平进入了一个崭新阶段。

【安全生产和综治维稳】 始终坚持“安全第一、预防为主、综合治理”的方针，深入开展安全生产隐患排查治理专项活动，做好重点时期、重点项目的安全生产工作，确保安全生产形势稳定，妥善化解各类矛盾纠纷，确保了全年无安全生产责任事故和治安案件发生。

【万载公路分中心领导成员】
局　长：刘新权
副局长：龙齐文
　　　　王卫平
　　　　谢金韶
　　　　李广建
　　　　魏晨宇

金　融

工商银行万载支行

【概况】 中国工商银行股份有限公司万载支行内设机构3个，营业网点2个，自助银行网点8个(分布在县城沿河东路、宝塔路、阳乐大道、康乐大道、将军大道、迎宾大道等主要街区)。2021年，万载支行现有从业人员35人。其中，男员工19人，女员工16人；中共党员15人，具有大学本科以上学历27人，中级职称6人，初级职称16人。

2021，在宜春分行党委的正确决策和领导下，在县委、县政府的大力支持下，贯彻总行党委“48字”工作思路，围绕省行“扬长、补短、固本、强基”战略布局和“两增两提”经营主线，以党建为抓手，按照“三比三看三提高”要求，严格落实监管要求，强化队伍建设，狠抓工作落实，全力做大业务规模，持续加大内控案防和资产质量管控力度，实现了各项业务全面稳健持续发展。一年来，中国工商银行万载支行在优质服务、业务发展和企业文化等方面取得较好的业绩，荣获工商银行江西省分行2021年度普惠金融(乡村振兴)工作先进单位。

【经营效益】 年末实现净利润6455万元，同比增加608万元；实现中间业务收入863万元，同比减少579万元。

【存款情况】 2021年末，各项存款余额34.66亿元，比上年末下降9389万元。其中，储蓄存款余额23.39亿元，较上年末下降1.04亿元；对公存款余额11.27亿元，较上年末略增0.101亿元。

【贷款情况】 各项贷款余额23.91亿元，比年初新增6.60亿元；其中公司贷款比年初增加3.01亿元，个人贷款比年初增加2.67亿元，其中个人住房按揭贷款较年初新增2.5亿元；票据贴现较年初新增0.92亿元。

【普惠金融】 普惠贷款余额23313万元、较年初新增10605万元，普惠贷款抓早、抓快，在系统内一直处于领先位置。

【国际业务】 国际结算业务量到11月止，为13357万美元，同比增加30.73%，业务量及份额占比持续位于同业和系统前列。

【重点项目】 继2020年江西省率先上线1.8万名党员的万载县“党建云”项目、宜春市开通房地产购房“保证金”锦龙府、锦绣壹品等项目后，万载支行在宜春市率先实现教培云签约，优化万载妇幼保健院智慧医疗项目，实现了全市首单医保贷发放。政府智慧停车场项目落地后发放1亿元，碧桂园开发贷款发放2亿元。

【资产质量】 资产质量控制在上级行下达指标内，不良贷款余额296万元，不良率0.12%，不良额较年初增加146万元；全年诉讼信用卡不良93起，信用卡清收N4以上、账销案存、呆账核销、证券化等各类不良金额281万元。

【队伍建设】 全员执行力、战斗力不断提升，锻造了一支敢打敢拼的钢铁团队。

【工商银行万载支行领导成员】
行 长:彭 芹
副行长:王 萍
张小平

建设银行万载支行

【概况】 2021年,建行万载支行在市分行党委的正确领导下,在县委、县政府的大力支持下,紧跟国家发展战略,牢牢抓住数字经济、绿色金融、普惠金融、精准扶贫、乡村振兴、消费升级等发展机遇和增长点,认真贯彻落实省行“48522”和“三大战略”的发展思路,抓党建强内控促转型,各项业务快速发展。

【经营效益】 截至12月31日,支行实现账面经营利润4235.71万元。其中,实现中间业务收入794.57万元。

【业务发展】 截至2021年年底,万载支行一般性存款余额18.33亿元,较年初新增2.89亿元,新增四行排名第二,其中对公存款余额7.64亿元,较年初新增2.15亿元;新增四行排名第一。个人存款余额为10.37亿元,较年初新增0.73亿元,新增四行排名第三。

【资产业务】 截至年底,贷款余额15.36亿元,较年初新增3.21亿元,新增四行排名第3,其中公司类贷款余额5.91亿元,较年新增0.86亿元。新增四行排名第3,个人类贷款余额8.23亿元,较年初新增2.22亿元,新增四行排名第2。

【个人类产品销售】 信用卡业务:截至2021年年底,完成信用卡分期业务10536.23万元,全年计划完成率100.3%,信用卡当年新增客户2854户,点日均新增11.3%,达标率12.7%;交通龙卡新增客户3278户,全年计划任务完成率105.6%;个人金融业务:截至12月31日,借记卡发卡10538张,全年计划任务完成率136.56%;CTS新增1275户。电子银行业务:截至12月31日,个人手机银行活跃客户新增7956户,同步率108.65%,市分行排名第1,龙支付客户新增12563户,计划任务完成率为203.6%,龙支付活跃客户新16780户,计划任务完成率为153.62%,云闪付有效新用户新增3268户,计划任务完成率为173.62%。

【对公账户营销】 全年支行新增对公账户362户;四行排名第二。

【“48522”客户战略】 支行按照发展转型要求,强力推进“48522”工程和“三大战略”,坚持“移动优先、零售优先”发展战略,对照指标明确分管领导,细化推进措施,定期召开“48522”客户战略推进例会进行督导,及时分析总结和拟定下一步措施,各大战役均取得积极进展。普惠金融战役取得突破:截至年底,普惠金融余额1.68亿元,新增3378万元,云义贷新增126户,金额3608万元,房押贷新增105户,金额7862万多元;医院战役取得成效:万载中医院银医通项目顺利实施,万载中医院在支行开立了对公基本结算账户;住房金融战役取得突破:2021年,营销楼盘6个,个贷新增1.37亿元,新增四行排名第2;住房租赁战役取得进展:实现合同备案3612户,完成率为105%,交易笔数871笔,交易金额82.6万元,完成率为94%。

【建设银行万载支行领导成员】
支行行长:彭 靓

农发行万载县支行

【概况】 2021年以来,万载县支行在上级行党委的正确领导下,全面落实上级行的工作会议精神和各项决策部署,扎实开展党史学习教育,主动服务和融入新发展格局,坚持以“党建统领、创新发展、底线思维、夯实基础、量质双先”的工作思路,统筹推进党建业务一体化发展,各项工作稳中有进,高质量发展和现代化建设取得重要进展。

【主要经营指标】 万载县支行紧紧围绕年初制定的各项目标任务,攻坚克难、开拓进取,全行业务持续保持高质量发展态势。全年累计投放各项贷款10.79亿元,12月末,各项贷款余额71.63亿元,比年初增加6.29亿元,增幅9.63%,贷款余额位居全市系统内第3位、全县金融同业第2位,对公贷款余额位居全县金融同业第1位;各项存款余额23.13亿元。

【党史学习教育】 一是通过潜心自学、支委会"首议题"学习、专题座谈研讨、组织观看"七一"庆典、党史纪录片、红色电影等形式开展学习,进一步加深对党的思想理论、精神谱系、历史经验的认识和理解,全年共组织自主学习集中学习各40次,完成5个专题学习。二是多形式扎实开展党史专题系列活动,联合县团委、县红十字党支部前往白水乡开展"重温当年红军路"主题党日活动;参与省分行行政服务处党支部、宜春市分行办公室党支部前往湘赣鄂革命纪念馆开展"不忘初心再出发,后勤服务新作为"主题党日活动;参加全市"践行青春使命献礼建党百年"演讲比赛和"学党史、悟初心、担使命"为主题PPT制作大赛,分获一等奖和三等奖。三是坚持把开展"我为群众办实事"实践活动作为党史学习教育的落脚点和重要内容,积极投放支农贷款助力乡村振兴、改善员工住宿环境、开展走访慰问退休员工等活动,形成重点项目或事项共计10件,进一步树立了良好的企业形象。

【党建业务】 一是持续巩固党建氛围,累计更换宣传展板12块,更换党建活动照片10张,购买红色书籍10余本,努力营造"处处是课堂、时时受教育"的浓厚学习氛围,让全行员工在耳濡目染中感受党建文化气息,强化党性修养,提升党建活力。二是积极推动信贷全流闭环管理与党建相融合,与商业银行开展信贷全流程闭环管理座谈会,撰写"党建+创新+科学管理模式"文章被评选为省分行信贷全流程管理"深度融合性"党建示范案例。三是夯实工作基础,提升党建工作水平,按照要求积极落实党内生活,严格规范"三会一课"、支部换届选举、党员积分管理考核等党内政治生活制度,并做好相关材料的记录、收集、整理、归档工作。四是以党建为引领,做到党建与全行各项工作同部署、同研究、同落实,督促各项工作任务全面完成,形成党建与业务齐头并进的良好局面。

【干部队伍建设】 坚持把队伍建设作为一项长期工作来抓,不断创新教育培养模式,全力打造一支"作风优良、能力过硬"的队伍。一是鼓励青年员工多岗位多平台锻炼,打破部门边界,对全行重点工作成立专项小组,鼓励青年员工多参与、同学习、共进步,增强集体荣誉感、提升组织凝聚力。二是积极向上推荐输送干部员工跟班学习,全年累计向上级行输送跟班学习员工3人。三是积极做好党员发展培养工作。截至年底,支行成功发展1名入党积极分子,2名发展对象成功转为预备党员,2名预备党员成功转为正式党员,接收入党申请书3份。四是积极做好信息宣传报道。全年用稿154篇,其中省级以上新闻媒体用稿62篇,省分行微信用稿6篇。

【风险防控能力】 1.信贷信风险防控方面,支行严格按照企业准入文件执行,从源头上防止企业"带病准入",针对存量客户,每月定期组织员工开展信贷管理例会,分析企业每月经营情况,按频次要求核查粮食库存,组织人员利用企查查、天眼查、被执行人信息网等外部软件或网站密切关注企业是否有违法违规行为,对可能存在问题的企业及时上报预警,同时积极配合上级行各类中长期贷款专项检查、集团客户风险排查、粮油库存排查等各类检查,对于已发现的问题明确责任人,建立整改台账、明确整改日期,举一反三,吸取教训,认真查找自身存在的问题。2.计划财务管理方面,一是确保各项费用据实列支,严把大额费用审批关。在合规和风险可控的前提下,落实好财务事项的受理及申报原始凭证的整理、采集及上传等工作。加强各项开支的合理性和合规性审核把关，力求票据合规、要素齐全、程序完备。二是加强监督，充分利用财管系统、会计检查辅导监督职能，加强对财务费用的事前、事中、事后审查力度，确保了各项费用开支手续齐备、合理、合规。3.内控合规管理、案件防控工作方面，一是做好内控合规和案防工作日常管理，把合规细化到日常工作中去，加强员工的警示教育，提高风险意识，组织全体员工学习警示教育案例等选编内容，使合规意识、案防意识入脑入心。二是借助员工异常行为排查为契机，通过到当地公检法及市场监督管理局走访，查询员工是否存在违法犯罪记录，经查询，全行员工（含退休员工、劳务派遣、服务外包人员）均无犯罪记录。4. 不良贷款清收工作方面。通过向保证担保人履行代偿责任，支行于2021年11月10日收回700万元贷款本息；通过诉讼清收，支行于2021年12月27日收回1300万元贷款本息。

【服务国家粮食安全】 坚持把确保国家粮食安全、维护市场稳定、保护农民利益作为工作的重中之重，以服务国家粮食安全为核心，巩固“粮食银行”地位为目标，积极推动粮油储备贷款投放，确保不因支行工作原因出现“卖粮难”。一是提前谋划早调研。提前组织专业人员到相关政府部门和农户家中对本年度的早、中晚籼稻的种植面积、产量，预计收购量和仓容等情况进行摸底调查，为后续粮食收购贷款的申报工作提前摸底。二是聚焦主业不放松。全年支行粮棉油条线贷款余额5854.4万元，粮油购销流动资金贷款3000万元，县级储备粮贷款1574.4万元，小微企业粮食购销贷款480万元，地方调控粮油贷款800万元，贷款的投放有效的保障当地粮食市场问题，夯实我行“粮食银行”主导的地位。

【服务乡村振兴】 积极履行农业政策性金融扶贫职责和使命，围绕突出重点区域、重点群体和薄弱环节，准确把握贷款投向。一是服务脱贫攻坚成果同乡村振兴有效衔接。截至12月末，全行各项扶贫贷款余额12.76亿元。2021年度，新投放扶贫贷款3.89亿元，增幅43.86%，通过帮扶农产品加工等产业带动贫困人口脱贫就业惠及百余人。二是定点帮扶有担当。一方面，坚持定期深入帮扶村开展帮扶工作，有针对性地开展扶志和扶智，向定点帮扶贫困村派出帮扶干部4人，全年累计走访上户上百次，对口帮扶贫困村派出驻村队员1人，定点帮扶芳林村党支部送来“积金聚力治贫困　真心帮扶暖人心”的锦旗表示感谢；另一方面，积极响应上级行消费扶贫，购买省行挂点帮扶南丰县帮扶产品5000余元。

【夯实基础支撑】 一是完善人员管理，建立健全人员考勤制度，采用面容打卡签到方法，建立临时离岗登记制度，明确休假审批权限，规范员工考勤管理，营造良好的作风纪律。二是定期对工作进行归纳总结，开展“回头看”，以问题为导向，对照内外部检查及自查整改问题清单压实责任到部门及个人，把整改结果作为重点考核内容，督促员工从中吸取经验教训，在总结整改中不断获得提高。三是以档案管理为抓手，各部门配备档案管理员，对本部门工作资料档案进行定期整理，形成分阶段对已完成的各项工作“回头看”的常态，及时查漏补缺，及时纠正。四是坚守运营安全底线，提升服务理念。通过上门指导，现场教导等方式不断加大网上银行电子渠道业务营销推广力度，提高网上银行客户覆盖率和电子支付业务替代率，通过部门的不断努力和全行上下的通力支持，我行电子支付业务替代率从1月初的98.42%上升到12月底的99.43%，全市排名靠前。同时，通过不断上门反复努力沟通，我行成为全市首个开通当地财政局网银的支行，大大提高网上银行客户覆盖率和电子支付业务替代率，受到了上级行的通报表扬。

【农发行万载县支行领导成员】

行　长：彭　嫦

副行长：吴　翰

综合部主管：辛薇薇

客户部主管:刘炜辉

农行万载支行

【概况】 中国农业银行股份有限公司万载县支行内设综合管理部、业务管理部两个部室,辖内设支行营业部、康乐支行、株潭支行 3 个营业网点,有在职员工 56 人。

2021 年,农业银行万载支行立足县域服务“三农”、服务小微企业、服务广大城乡居民,坚持“依法合规经营,科学稳健发展”的经营理念,以转型升级、创新驱动和严控风险并重,全面加强党建工作,全力抓好核心业务,致力于以高标准创立系统领先银行为目标,为万载县地方经济的快速发展做出新贡献,实现企业经济效益和社会效益双丰收。截至 2021 年年末,各项存款 24.59 亿元,各项贷款 17.83 亿元,实现中间业务收入 898 万元,累计实现净利润 4995 万元。

【重点工作】 农业银行万载支行长期致力于地方经济的发展和企业金融服务。在狠抓党建引领的同时,聚焦业务经营,凝心聚力推进各项重点工作,将不折不扣完成计划作为履职底线,将同业第一作为工作目标,高标准严要求促落实。2021 年,主要围绕各项存款、贷款、场景建设、普惠贷款和专项债分期开展营销,从产品到客户,从账户到业务,点面结合,各项重点工作均创好成绩。

【金融资产管理】 存款是立行之本,也是各项业务发展的基础。支行把资金组织能力作为冲击市场能力的试金石。对内,强化员工的存款营销意识,狠抓优质文明服务提升;对外,实施“走出去、请进来、留得住”的“保抢挖”战略,加大优质客户拓展与维护力度,大力营销专业市场码,用产品锁定客户和存款。

【资产业务发展】 万载支行积极对接政府,围绕财政惠农通、个人贷款、小微企业、花炮贷、惠农 e 贷、纳税 e 贷、首户 e 贷等项目发力,制定出台了奖惩办法,积极开展扫园活动,2021 年抢挖到一批优质企业客户作为支行的重点信贷支持客户。

【风控案防工作】 一是健全规章制度。制度建设是一切管理活动的灵魂,是从严治行的基础。支行党委将制度建设作为一项基础性的工作来抓,建立健全了多项管理制度。二是切实强化基础管理。持续开展运营管理“三化三铁”创建,提升网点做好运营工作质量,在三季度的市分行 2021 年三季度运营条线考核评价中,位列全市第二名。三是加强内控和案件防范工作。强化业务主管部门案防责任,全面落实案件处置相关制度和重大事项报告要求,增强整体案件防控能力。扎实开展农户小额贷款、员工行为等重点领域风险排查。同时高度重视舆情管理和声誉风险防范。

【自身队伍建设】 一是加强干部队伍建设为抓手,发挥榜样带动作用,提升了全行团队凝聚力。二是开展合规教育宣讲、“我的合规我负责,别人的合规我有责”主题教育活动,增强员工合规意识,强化底线思维。三是全面推进“三线一网格”管理,规范员工行为,落实全面从严治党、从严治行。四是严格落实干部选拔任用制度,加快优秀青年员工成长步伐,打造优质营销团队,提高市场竞争力,促进业务持续发展。

【农业银行万载县支行班子成员】

行　长:陈芳义

副行长:付熔刚(6 月任)

　　　王正之(任至 6 月)

纪委书记:罗来斌(6 月任)

　　　　贾守钢(任至 6 月)

副行长:辛　斌

　　　熊　恺(任至 7 月)

行长助理:严雪萌(7 月任)

邮政储蓄银行万载县支行

【概况】 2021 年,邮储银行万载县支行深入贯彻落实万载县委县政府和上级行的各项工作部署，积极主动融入地方经济社会发展大局，在疫情防控、经济调整和政策变化交织的特殊年份，准确把握金融服务的新情况、新特点，直面基层经营管理工作中的新问题、新挑战，团结带领全体干部职工众志成城、迎难而上、勇开新局，在稳中求进中保持了稳中创优的良好态势，取得了让社会满意、监管认可、上级肯定和员工期待的优异成绩。在2021年度全市分行考评中，荣获2个一等奖、2个二等奖、1个三等奖，获奖数列全市分行第1位。

【综合实力】 在各项业务稳步增长和资产质量稳健可控的双向推动下，邮储银行万载县支行实现了企业效益、员工效益和社会效益的“三丰收”，助推全年经营管理绩效考核实现新的突破。超额完成全年收入利润计划，在全市分行2021年经营管理绩效考核中列第3位，综合实力稳居“第一方阵”。以2019年8月19日万载县人民政府与宜春邮储银行签订的新五年（2019—2023）战略合作协议为主线，绘好施工图、定好时间表，持续为万载经济社会发展提供优质的邮政金融信贷资金。三年来，累计向地方投放信贷资金超30亿元，各项贷款余额从9.78亿元增长至20.16亿元（系统内），翻了一番，相当于用3年的时间在信贷规模上再造一个“万载邮储银行”。2021年，各项贷款年净增达到6.8亿元，列全市分行第一位，当好了国有大行服务普惠小微、“三农”客户的主力军，助推地方经济社会发展的生力军。

【业务发展】 在业务发展上坚持协调联动，综合发力，全面发展。个人金融业务高位创优。居民储蓄余额、手机银行、快捷绑卡、邮惠付等15项指标列全市第一位。信用卡年累计新客、激活首刷、场景分期等13项指标列全市前3位，个人金融保持了高位创优的发展势头。零售信贷业务奋勇争先。截至2021年年末，“三农”金融贷款年净增超7000万元，完成年计划的130.35%，在全市分行第一个完成全年目标任务。消费贷款年净增超1亿元，用优质的金融服务，践行消费普惠金融，助力百姓实现美好生活。小企业贷款余额超2.7亿元，列全市第二位，先后实现了小微易贷综合贡献度、税务、海关、抵押和担保五种模式的突破，线上转型走在全市前列。公司金融业务开拓进取。在全市率先完成公司拓户计划，全年为各类企业开立账户超100户。通过营销拓展，公司贷款年净增1亿元，积极助力地方国有企业做大做强。福费廷业务年净增3.5亿元，拓展了新的营销市场和业务领域。

【综合管理】 从严从实抓好了疫情防控、安全生产、案件防控和资产质量管理工作。2021年年末，逾期不良指标始终保持优良水平，在全市分行和全县同业保持了“双线领先”。邮储银行万载县支行成功评选江西省第十六届文明单位，是全市分行三家入选的单位之一。积极助力万载县美丽宜居城市建设行动，选派志愿者帮扶挂点社区，定期组织员工参加城市清洁活动，为美丽城市建设出勤出力。

【邮储银行万载县营业部领导成员】

党支部书记、行长：刘　颖

副行长：陈健军

　　　　付海红

万载农商银行

【概况】 2021年，在全行员工的共同努力下，全行认真坚持稳中求进工作总基调，落实固本强基、提质增效工作总要求，重点抓好固根基、扬优势、补短板、强弱项4个方面16项工作，完成了各项工作任务，为万载地方经济的建设发展做出了积极的贡献。

2021年年末，全行共有员工281人，总行设办公室、人力资源部、风险合规部、信贷管理部、财务管理部、综合业务部、金融市场部、运营管理部、审计部、党群工作部、安全保卫部、清收事业部、普惠金融事业部共13个部门，辖内有1个营业部、22个支行、1个分理处，共24个营业网点。

【业务增长】　一是各项存款任务圆满完成。全行各项存款余额102亿元,较年初净增9.5亿元,完成省联社下达全年净增计划的110%。二是贷款投放增速保持稳定。各项贷款余额79.28亿元,较年初增长8.51亿元,完成省联社下达任务的102.16%;贷款户数29554户,较年初新增8740户,完成省联社下达计划的101.86%。三是各项收入实现稳中有增。实现营业收入5.7亿元,同比增加1.19亿元。四是主要监管指标全部达标。全行资本充足率12.5%,优于监管指标2个百分点;拨备覆盖率172.34%,优于监管指标22.34个百分点,全行风险抵补能力和流动性状况良好。五是不良贷款压降取得成效。全行不良贷款余额3.05亿元,不良贷款率3.85%,较上年末下降0.49个百分点。六是电子银行营销成效明显。互联网金融用户累计13.23万户,较年初增长3.87万户,较年初增幅41.38%,完成省联社下达全年计划的132.12%。

【资金组织】　一是强化机制,抢抓旺季营销机遇。通过"三重"督导机制、全员营销机制、定期通报机制,在全行上下营造浓厚的争先创优的氛围,凝聚资金组织工作的强大合力。二是创新途径,增强获客成效。开展"关注有礼""积分享礼""刮出好礼"等主题营销活动,开门红期间定期储蓄存款较年初净增9.24亿元。三是优化结构,加大低成本资金沉淀。灵活利用单户利率定制以及协定存款产品,差异化营销维护重点客户;结合开学季、夏粮收购等契机,开展各类精准专项揽储营销活动。

【信贷投放】　一是不断丰富线上金融产品。在做实传统信贷产品的基础上,全面推广"百福·惠农网贷""百福·居民网贷""百福·个商e贷"等线上金融产品,不断提高信贷服务的覆盖面、可得性和满意度。二是全力策应乡村振兴战略。与县政府达成"政银乡村振兴战略合作协议",主推"乡村振兴系列贷"12个贷款品种,加大对春耕备耕、种植养殖、乡镇企业等重点领域的投放力度,共发放乡村振兴系列贷款1125笔、金额1.97亿元。三是紧压责任严守风险底线。定期召开不良贷款听证会,对不良贷款实行名单制管理,加强监测预警和督促指导,压实清收责任,牢牢守住不良贷款率不超过4%的红线。

【政银合作】　一是积极推进"三资"平台建设。正式启动农村集体"三资管理平台"的建设运营工作,共开立"三资"基本账户171个、一般账户8个,占全县农村集体经济组织账户市场份额的97.28%,村集体账户已签约168户,签约率为91%。二是签订战略合作协议。以"信用共建服务乡村振兴"为抓手,全面开展"整村授信"工作,积极构建新型和谐的政、银、农合作关系,已与8个乡镇签订《共建联建战略合作协议》。三是精准帮扶脱贫群众。对已脱贫的贫困户执行现有扶贫政策不变,确保脱贫不脱帮扶、脱贫不脱政策、脱贫不脱项目,发放脱贫人口小额贷款1208户、5445万元,户数、金额均占全县金融机构的95%以上。

【党的建设】　一是党建工作责任有效落实。总行党委多次召开专题会议研究部署党建工作,听取党建工作情况汇报,结合各阶段中心工作,成立了党建活动领导小组,制定活动实施方案,将党建工作与业务经营工作实行并轨考核,并与年度综合考评、绩效考核挂钩。二是基层基础建设更加规范。调整优化了机关及部分基层党支部设置,实现了全行24个网点党员全覆盖;对全行24个在职党支部和2个退休党支部全部建立了党员活动室,并建设了两个示范点;确定了党支部"三化"建设计划,2021年全部达标。三是党史学习教育不断深入。将党史教育作为一项重大政治任务,制定《万载农商银行党史学习教育实施方案》,定期组织学习教育活动,通过推出"党史朗读"专栏,组织党员干部瞻仰革命烈士纪念陵园、聆听先进模范人物宣讲报告、观看红色影片和视频讲座等一系列党史学习教育活动,引导党员干部增强责任担当,助推万载农商银行高质量跨越式发展。

【万载农商银行领导成员】
党委书记、董事长:左清华
党委委员、行长:罗　珺
党委委员、副行长:廖春晖
　　　　　　　　韩　健
纪委书记、监事长:张外财

中国银行万载支行

【概况】 中国银行万载支行成立于 1988 年 12 月,2006 年 7 月 5 日,随着中国银行股份制改革 A 股上市，正式更名为中国银行股份有限公司万载支行(以下简称“中国银行万载支行”)设有行长室、综合管理部、业务发展部、会计营业部,营业网点 1 个。2021 年，支行从业人员 19 人,其中男员工 6 人、女员工 13 人。中共党员 9 人。具有大学本科学历 13 人。

【年度经营情况】 2021 年,万载支行在市分行党委的正确领导下,紧紧围绕“系统大行、同业强行、绩效进步、平安发展”这一战略目标,坚持“激发活力、敏捷反应、重点突破”,牢固树立科学发展观，强化内控和风险管理,齐心协力抓好工作落实,各项指标稳健发展。在一季度“开门红”和二季度“万马奔腾”活动中,一举获得总行、省行级万马奔腾手机银行拓展奖,省行万马奔腾网点转型先锋奖（智能服务）。在 2021 年开门红“万马奔腾”竞赛中在经营性机构组别中以全国第八名的成绩获得手机银行拓展全国百强奖。在 2021 年市分行“开门红”先进集体名单中,荣获最佳营销特别贡献奖。在万载县人民银行 2021 年度金融消费者权益保护评估工作中获得唯一一家 A+ 级单位。截至 2021 年年末，支行各项存款余额 104899 万元，其中储蓄存款 69076 万元,公司存款 35823 万元。各项贷款余额 47686 万元。

【支持中小企业发展】 中小微企业是区域经济的末端神经,关系千家万户的生计在支行支委坚强领导下,万载支行积极响应县政府对当地中小微企业的支持,扶持中小微企业发展。着力加强中小微企业信贷业务营销和经营,不断完善快捷专业的办贷流程,提供灵活方便的信贷产品,及时有效地推进了中小企业信贷业务的发展，为中小企业“雪中送炭”,通过中小企业普惠贷款、科贷通、财园通、线上中银企 E 贷、商户贷、抵押贷款等投放，有力支持了县域经济发展,做大做足中小企业普惠贷款和个人贷款,解决了部分县域企业和个人商户融资难的问题。2021 年 1—11 月,支行新增对公普惠金融贷款 4719 万元，支持当地中小企业 18 户（服务对象有当地花炮企业 8 户,工业园区企业 10 户）; 新增个人贷款 7100 万元,在 2021 年市分行“开门红”先进集体名单中,荣获普惠金融优胜单位。

【资产质量】 2021 年,支行加大了不良贷款的管控力度，成功转化江西智动力本金，退还诉讼费 44249 元，化解个贷不良贷款 40 万元，成功收回喜泰莱本金 285.77 万元，进一步优化了支行资产结构,提升了支行资产质量。

【内控合规】 2021 年,万载支行认真落实 “内控合规管理建设强化年”活动,持续深化管理,规范服务,强化监督,推动内控合规由被动型向主动型转变，全行内控管理实质有效，守住合规案防底线,防范重大操作风险、重大违规事件,避免重大监管处罚,确保案件零发生,制裁合规管控零纰漏,不发生批量式违规风险事件。以总行案防十二项工作措施指引为纲要,从“夯实基础建设、完善工作机制、强化工具运用、抓实做细检查、从严问责震慑、合规文化穿透、从严治党带动、专业队伍建设”八方面着手,全面落实风险管理与内控合规各项工作要求,保障了支行内控合规案防工作稳步、有序推进,全年内控案防顺利实现“零风险、零案件、零处罚”的“三零”目标。

【中国银行万载支行领导成员】
支行行长:宁　静(1 月任)
副行长:涂　勇(4 月任)
　　　　姚　宇(11 月任)

贸　易

商务工作

【概况】 万载县商务局是根据万办字〔2019〕5号文件关于印发《万载县人民政府机构改革实施方案》的通知要求组建而成，为县政府工作部门，正科级，办公地点设建成大道1299号广信集团四楼，内设办公室（财务统计股）、对外贸易服务股、招商安商股、市场管理股（商贸服务股）、口岸管理股共5个股室。2021年，商务局有干部职工34人，其中公务员7人，参公事业人员6人，事业编干部14人，事业编工人7人。2021年全县外贸进出口完成4.58亿美元，同比增长81%，总额列全市第5，增幅列全市第1。其中出口完成4.34亿美元，同比增长73.91%，总额列全市第5，增幅列全市第1；进口完成2409万美元，同比增长611.8%，总额列全市第6，增幅列全市第2。

【培育出口主体】 2021年，全县共有进出口实体企业57家，其中新增进出口实体企业7家。骨干企业支撑作用进一步凸显，其中瑛维箱包出口1.37亿美元，同比增长92.66%；星浩实业出口2000万美元，同比增长70.98%；悦欣贸易出口1700万美元，同比增长88.46%；东方火神出口1200万美元，同比增长105.39%。

【新增烟花爆竹出口监装点】 2021年，引进宏光物流，新设万载株潭（天禧）口岸监装点和马步（喜尔美）监装点。其中，株潭口岸监装点于2021年12月启用，年总监装标准货柜3000个以上，畅通北海出口通道。

【利用境外资金】 2021年，引进1家外商投资企业，即宜春港圣辉国际贸易有限公司，全年全县实际利用外资完成9138万美元，占全年目标任务9000万美元的101.53%，总额排名全市第9。其中现汇进资1600万美元，完成率103.23%，现汇总额排名全市第8。

【利用省外项目资金】 2021年，利用省外项目资金完成62.05亿元，增幅8.69%，总额完成年度目标任务61.37亿元的101%，总额全市排名第8，增幅全市排名第8。入统亿元以上项目年度目标任务15个，实际完成17个，完成率113%；入统项目投资总额目标75亿元，实际完成70亿元，完成率93.33%。入统“5020”项目一个，即总投资20亿元的水性涂料项目，该项目首次突破万载县无“5020”项目入统的历史（“5020”项目招引任务：国家级、省级开发区每年分别引进至少一个投资过50亿元、20亿元的产业项目）。

【社会消费品零售额】 2021年，全县社会消费品零售额完成76亿元，增幅17%，商贸企业入规完成23家（企业22家，个体1家）。开展节庆促消费活动。充分利用假期消费特点，以田下古城等旅游资源为载体，采取相关促消费政策措施，开展系列节庆消费促进活动。先后组织“万载县2021年农产品博览会”“庆国庆·万载小龙虾啤酒节”“国庆汽车展”、万载“名品”线上线下展销会等多场促消费活动，其中，国庆期间，万载古城田下街区举办的以“庆国庆.小龙虾啤酒节”

为主的餐饮促销活动，累计客流量30万余人，同比增长37%；餐饮营业额2500万元，同比增长39%。

【政府发放电子消费券】 激发市场活力，先后向商贸市场组织发放两次电子消费券，每次各100万元，共拉动限上餐饮、商超1600万元的消费。

【组织企业参加展销会】 县商务局组织13家次企业先后参加“仙女湖展销会”“第一届中国米粉节”“赣菜美食节”“第十四届绿博会”等活动，有效提升万载绿色食品、罗城扎粉的知名度。积极组织星浩实业等4家企业参加线上广交会、锦江有机食品等7家企业参加“中国第四届进口博览会。”

【县乡村三级物流体系建设】 万载为提高农村电商上行和下行能力，通过新建、提升或改造乡镇电商服务站14个，实现乡镇电商服务站全覆盖。提升改造村级电商服务站点35个，服务覆盖县内50%以上行政村。完善县级仓储物流配送中心、乡镇物流配送中心和村级物流配送服务站的县、乡、村三级物流体系建设，努力实现除偏远乡村外县级物流配送中心货件当天送达(派出)各乡村。

【成品油销售】 加油站建设方面完成新建2座，装修改建2座，全县共有加油站38座。2021年，万载县内加油站共销售成品油60530吨，其中汽油43432吨、柴油17098吨。

【电子商务进农村综合示范工作全面启动】 成立以县政府县长为组长的万载县电子商务进农村综合示范工作领导小组，召开万载县电子商务进农村综合示范县项目建设工作领导小组会议，制定并印发《万载县电子商务进农村综合示范工作实施方案》《万载县电子商务进农村综合示范项目资金管理办法》《万载县电子商务进农村综合示范项目管理制度》《万载县电子商务进农村综合示范项目验收制度》。将中央财政首期1000万元配套资金分6个项目，以政府购买服务方式，采用公开招投标或竞争性磋商选定项目承办企业，六大项目正有力推进。2021年，全县电子商务交易额为35.6亿元，其中网络零售年销售额达到7.3亿元。

【电商集聚发展】 推进县域电子商务公共服务中心提升建设，致力软硬件提升改造，充分发挥公共服务中心运营数据统计分析、活动举办、产品及成果展示的功能，优化县级公共服务中心区域功能，提升产品质量追溯、产品认证、品牌培育、营销推广等综合服务能力，建立和完善农村产品品牌网货研发供应中心功能，提升中心对接各类平台资源能力、承接和举办各类电商活动能力和组织企业参与电商活动能力，打造电商直播孵化基地，培育优质电商企业和电商品牌。万载县电子商务产业园被评为2021—2022年度江西省电子商务示范基地。

【电商人才培养】 抓实电子商务人才培训，对县乡村基层干部、返乡农民工、退伍军人、贫困户、涉农企业等开展电商普及和技能培训，完善标准化教材，提升培训的针对性，强化培训机制，突出培训质量。开展线下电商专项培训5期，线上培训17期，共培训人员1717人。通过培训，电商领域就业率与创业率显著提高，增收效果明显。

【县商务局领导成员】

党组书记:刘　江
局　　长:张　芜
党组副书记、副局长:龙立平
副局长:黄长庚

粮食工作

【概况】 2021年，万载县粮食工作落实粮食安全党政同责、粮食收购政策，制定超标粮收购处置方案，推进粮食项目建设，做到确保粮食安全、落实收购处置资金、提升仓储管理水平、确保农民不出现卖粮难，同时做好政策性粮食销售和监测统计工作，提高保粮水平,保障了全县粮食储备与质量安全。县发展和改革委员会下属单位县粮食购销有限公司,下设10个分公司,分别是三兴、国储、麻田、高城、株潭、罗城、白良、双桥、城乡、军粮分公司。国有企业仓库84栋,容量16.12万吨。全年收购粮食5.9574万吨,其中国有粮食企业收购粮食1.037万吨。

【粮食行政管理职能归属】 根据中共万载县委机构编制委员会《关于撤销万载县粮食局的通知》(万编发〔2020〕28号)文件精神,万载县粮食局于2020年11月并入县发展和改革委员会,粮食行政管理职能归属县发展和改革委员会管理。设置粮食行政管理职能股室2个:粮食调控指导股和执法监督检查股。万载县粮食购销有限公司归属县发展和改革委员会管理。

【落实粮食安全党政同责】 2021年,万载粮食安全考核名称由粮食安全省长责任制考核变更为粮食安全党政同责考核,粮食安全党政同责考核位列宜春市第六名,较上年靠前一位。县发改委积极落实粮食安全负责制,下发了《关于做好稳定粮食生产工作的通知》《关于防止耕地"非粮化"稳定粮食生产工作方案的通知》《万载县落实粮食安全工作意见》《万载县县级储备粮管理办法》等一系列通知文件,指导督促各乡镇(街道)、各部门承担起保障粮食安全责任。多次召开政府常务会研究部署粮食安全工作,解决粮食安全责任制方面存在的问题。同时,充分运用高质量发展考核"指挥棒"作用,把粮食安全县长责任制列入了全县高质量发展考评内容进行年终考评,并对工作进度慢的及时开展督导,有效提升了粮食安全责任制落实的工作成效。在工作中,县委书记、县政府县长带头抓落实,多次下到乡镇(街道)调研、督促粮食生产(特别是早稻生产),帮助乡镇解决实际问题,经常深入田间地头,查看农田设施情况,听取农户的意见建议,有力推动了粮食有关工作的落实落地。各单位各部门也按照部门职责,对照粮食安全工作的考核内容和要求,逐项对照,查缺补漏,抓好整改落实,确保粮食安全全面落实到位。耕地力保护补贴资金和种粮稻谷补贴资金、县财政资金中列支400万元促进早稻生产资金等按时拨付到位,200万元粮食收购贷款信用保证基金已打入省专用账户,落实县级储备粮8000吨、县级储备油80吨。

【落实粮食收购政策】 万载县严格执行国家粮食收购政策,适时启动粮食最低收购价收购。一方面,合理设立粮食收购网点,并向产粮区倾斜,优化收购服务,方便农民售粮。另一方面,发挥国有粮食购销企业收购主导作用,鼓励和引导符合条件的多元市场主体参与粮食收购。全县没有出现卖粮打"白条"和卖粮难的现象。全年收购粮食5.9574万吨,其中国有粮食企业收购粮食1.037万吨。

【制定超标粮收购处置方案】 万载县出台《2021年万载县超标稻谷临时收购工作实施方案》(万府办发〔2021〕44号)、《关于做好重金属超标稻谷收购工作有关事项的通知》,明确超标粮处置办法,落实收购处置费用,确保超标粮得到有效处理,保障了全县粮食质量安全。

【推进粮食仓储项目建设】 2021年,万载县粮食购销有限公司仓房绿色储术提升及维修改造项目总投资320万元,获得2021年省财政专项资金200万元,维修改造仓容5.8万吨。项目建设中,根据《江西省"四化"粮库仓储设施建设工作实施(试行)》(赣粮办发〔2021〕11号)和《关于做好2021年全省"四化"粮库仓储设施建设项目库入库项目推荐工作的通知》(赣粮办发〔2021〕12号)的文件精神,万载县积极组织专业人员认真调研,提出方案,长远规划,将粮食购销有限公司三兴分公司"四化"粮库仓储设施建设及改造提升项目报送为一年执行项目。项目总投资2156.2万元,获得2021年省财政专项资金2050万元。项目建成后,三兴粮库达到"四化"粮库二级标准库,实现粮库智能信息化,仓库气密性检测半衰期达到300秒以上,提升粮食收储能力,提升粮食保质保鲜效果,减少化学药剂对职工身体健康的伤害。

【做好政策性粮食销售和监测统计工作】 全年国有粮食企业挂牌拍卖43355吨库存稻谷,其中早谷24754吨、晚谷18601吨。在监测统计工作中,一是强化服务创新,进一步完善和落实军粮质量监管制度,按时、按量、按品种供应军粮,保障军粮供应质量。二是加强粮食流通统计和粮食市场监测,确保粮食供应市场的稳定和繁荣,明确22家非国有粮食经营者纳入全县粮食流通统计及报表上报单位,并加强业务督促指导和学习培训,及时完成统计汇总和上报工作。

【储粮品质安全】 为提高保粮水平,县发改委对储粮工作开展定期与不定期检查。一是检查各储粮单位的粮情实况,发现问题,即时指正,突出问题,现场下发整改意见书,限期整改,并对整改效果及时“回头看”。二是规范粮食熏蒸申请报告等制度,建立了器材、药剂管理簿,机械通风、环流熏蒸、电子测温储粮比例分别达到100%、90%、100%,确保储粮数量真实、质量良好。全年组织春秋两次安全储粮普查和一次粮食库存清查,通过检查实现了无高水分粮、无高温粮、无变质粮,全县全年未发生存粮安全事故。

【开展涉粮问题专项巡视巡察监督检查】 从9月下旬至12月底,省、市、市(县)交叉检查组对万载县开展了涉粮问题专项巡视巡察监督检查,万载县认真梳理并认领29个省委涉粮问题专项巡视监督检查反馈意见中的具体问题和1个省纪委、省监委要求在全市范围内举一反三的具体问题,县委、县政府提出了62条整改措施。市委专项巡察监督检查组反馈万载县三个方面7个具体问题,县委县政府提出了26条整改措施。市委交叉(靖安县)专项巡察监督检查组反馈万载县10个方面37个具体问题,县发改委、县市监局、县财政局、县农业农村局共提出85条整改措施。截至年底,省、市、市(县)三级交叉检查组反馈意见问题全部整改到位,整改率100%。

石油销售

【概况】 2021年,万载公司在宜春石油分公司的正确领导下,围绕省公司“2+1”互帮互助工作要求,坚持贯彻落实宜春石油“一三六”方略,全体干部职工围绕工作报告和“敢为人先、追求卓越,干在实处、走在前列”的思路,以明月精神为指引狠抓经营管理。成品油销量3.92万吨,同比上年同期3.61万吨,增长8.6%;其中汽油销量3.09万吨,同比上年2.83万吨,增长9.2%;柴油销量0.84万吨,同比上年0.79万吨,增长6.3%。非油品便利店销售额达1089.7万元,完成全年任务的102.5%。同比上年928.2万元,增长17.4%;其中,基础品完成979.4万元,同比上年739.7万元,增长32.4%。重点商品完成248.9万元,同比上年128.7万元,增长93.4%。实现便利店商品毛利额298.1万,同比上年240万元,增长24.2%。直分销销售8167吨,同比上年3222吨,增长53%。

【开拓成品油市场】 以呼和浩特“一站一策”经验为依托,走访流失客户,针对每个客户不同特点制定对应经营策略,确保万载石油销量稳中有进。汽油方面利用好与第三方和“加油江西”APP等工具,通过给顾客实惠,增强客户黏性。通过提升进站率、通过率、加满率、好评率和回头率做好汽油销售。认真落实好连量计酬考核,充分调动员工积极性,提升服务质量。柴油方面,通过“点上狠,面上稳”的方法,有针对性地开展差异化经营方式,保证柴油销售增量创效,以轻油销售带动非油销售,通过非油品创效贴补轻油让利。

【强化服务意识】 加快汽服项目和洗车机的投营使用。2021年年底,有4座加油站汽服项目投营。在资源相对紧张的大环境下,优质的服务才能让加油站挣脱出激烈的竞争，增量创效。2021 年，柴油价格全面收紧的大环境下,抓紧走访以前流失的大客户，通过柴油联名卡等措施,挽回流失的销量。精耕细作,做好客户数据分析,建立大客户档案。定期对大客户进行走访。用好一站一策,达到提量增效目的,督促站长及时将有效可靠的信息传递给客户,用好油非互动政策,做大做强团购业务,努力拓展新业务。

【整顿成品油市场】 协助职能部门整顿成品油市场:3 月,在工业园石矿场查获窝点一个,查获油品 32.4 吨。查获非法配送车辆 2 辆,油品 3.5 吨。4 月,查获非法配送车 1 辆，油品 1.2 吨。5 月,查获非法配送车 4 辆,油品 7.2 吨。6 月,查获非法配送车 1 辆,油品 3 吨。8 月,查获非法配送车 1 辆，油品 1.1 吨。9 月,查获非法配送车 1 辆,油品 2 吨。12 月,在株潭镇查处 2 处非法窝点,共查获油品 18 吨。配合商务局针对私人加油站油品进行抽查,不定期对私人加油站进油来源进行核对。

【党员帮扶活动】 积极组织开展江西石油“千名党员挂千站”活动,划分党员责任区,明确任务,要求党员协助站长做好员工的思想政治工作,对员工中倾向性的问题及时进行疏导并向支部反馈,帮助发展 2 个以上新客户。1—10 月,挂站党员共发现员工思想问题 5 起,是由于收入和家庭经济困难，有思想负担，不安心工作，经过耐心做工作，鼓励加大开口销售力度,传授方法销售燃油宝,增加收入,取得成效，缓解员工的家庭经济困难。坚持每月一次的支部“主题党日”活动,深入加油站检查安全隐患，了解员工思想状态,帮助加油站解决实际问题。1—10 月,共查出安全隐患 30 条,及时进行整改 25 条,限期整改 5 条。活动期间,共帮助加油销售燃油宝 300 瓶。

【万载分公司领导成员】

党支部书记、经理:胡志耀

经理助理:钟礼清

周　辉

财政 税务

财 政

【概况】 万载县财政局为主管全县财政收支、财税政策、国有资产管理工作的县政府组成部门,局内设机构8个:人秘股(后勤服务中心、信息中心)、预算股(法制办、税政条法股、债务金融)、国库股(采购)、农业综合行政服务股(综合、农业、企业、行政服务审批)、行政政法教科文股(行政政法、国资、教科文)、经济建设股、社会保障股、监督股(绩效)。新成立万载县财政公共服务中心(正科级),内设机构10个:乡镇财政管理股、非税收入股、会计核算股、资产监督管理股、资本社会合作股、支出评价股、支付清算股、网络运维股、投资评审股和重点项目股。局机关下属副科级事业单位1个:万载县工业园财政中心。

万载县财政局机构编制人数105人,其中,行政编制17人,行政工勤编2人,事业编制86人。实有人数103人,其中:行政编制人员15人,行政工勤人员1人,事业编制人员66人,借用13人,临时聘用人员8人。财政所编制和人员情况:万载县乡镇财政所包括17个财政所,机构编制人数为88人,实有人数59人,全部为事业编制人员。2021年,县财政局被评为江西省第十六届文明单位,2020年财政专项扶贫资金绩效评价和财政涉农扶贫资金统筹整合综合评价省级先进县,2020年度全省财政系统信息宣传工作优秀单位等荣誉称号,肖艳芳获评“2020年度全省财政系统信息宣传工作先进个人”。

【全年财政收支运行情况】 全年预计完成财政总收入32.16亿元,同比增长12.3%。其中,税务部门完成27.7亿元(含教育费附加7600万元),同比增长13.2%;财政部门完成4.46亿元,同比增长7.5%,税收占比为83.8%。完成一般公共预算收入16.19亿元,税收占比67.8%,完成一般公共预算支出46.9亿元。

【党建引领】 进一步树牢“四个意识”,坚定“四个自信”,做到“两个维护”,深入学习贯彻落实中共十九大历次全会精神以及习近平总书记重要讲话精神,始终把政治理论学习放在各项业务工作的首位,自觉把加强党的政治建设要求落实到财政工作的各个方面,严格遵守政治纪律和政治规矩,增强纪律建设的政治性,认真开展好领导班子民主生活会和民主评议党员工作,坚持“三会一课”和党员议事日制度,认真贯彻落实党风廉政建设“一岗双责”制,保持党建工作与财政工作“两手抓”“两手硬”。巩固拓展落实中央八项规定精神成果,持续深入整治“四风”老问题和新表现,坚决反对“四风”特别是形式主义、官僚主义,坚决防止不良风气反弹回潮。引导和激励财政干部发扬钉钉子精神,把工作往细处抓、往实里做,积极发挥机关支部、党小组的战斗堡垒作用和党员干部的先锋模范作用,自觉把党的工作融入财政日常工作事项当中。

【聚财增收】 加强与省、市财政部门沟通,协助部门做好跑项争资工作。一是上级财力补助增量规模全市靠前。2021年,争取均衡性转移支付增量补助6854万元,总量全市第二,仅次于袁州区。二是获得上级债券资金支持力度大。共争取上级债券资金12.18亿元，其中新增债券10.91亿元，再融资债券1.27亿元，资金总量排全市第四，仅次于丰城、樟树、高安。三是做大收入总量。强化税收征管，着力挖潜监管，1—11月，全县税收收入完成25.67亿元，比上年增收3.12亿元，同比增长13.8%；非税收入完成5.28亿元，比上年增收0.63亿元，同比增长13.5%。

【推进预算管理制度改革】 一是推进国库集中收付制度改革。按照上级要求于9月前全面上线预算管理一体化系统，并完成2022年预算编制、复盘2021年预算编制、实施2021年预算执行。以此为契机，县财政局对所有预算单位的银行账户进行规范清理。二是推进乡镇预算管理改革。贯彻厉行节约要求，防范乡镇财政运转风险，制定《进一步规范乡镇（街道）财政管理事项》，于9月1日起对乡镇（街道）部分财政支出实行县乡两级财政审核制，增强乡镇（街道）发展后劲。三是推进工业园管理体制改革。着力优化营商环境，简化办事程序，提高资金拨付效率，形成一系列县财政保障园区财政运转举措，并就工业园提出的问题拿出意见建议，制定《万载县工业园财政体制实施方案》。

【统筹财政资源保障民生】 统筹安排资金，确保“三保”资金不发生支付风险，尽管1—11月支出规模较上年有所缩减，但民生保障不留缺口，民生方面的支出达到27.54亿元，占财政支出比重达80.3%。同时，围绕高质量发展考评重点，对财政专户和部门预算结转结余情况进行全面梳理，收回存量资金8977.12万元，重点用于民生领域支出。

【落实助企纾困政策】 截至11月，落实惠企政策，全县减免各项税费达6.28亿元，拨付惠企利民直达及参照直达管理资金5.46亿元；拨付扶企资金2.63亿元，惠及企业104家；推动“财园信贷通”转型升级，在贷余额5.29亿元，惠及企业145家；做好落后烟花爆竹生产企业整顿退出工作，拨付退出奖补资金1.06亿元，惠及企业222家；兑现强攻工业、花炮产业高质量奖励政策，累计拨付资金925.96万元，惠及企业195家。

【服务乡村振兴战略】 根据衔接资金管理使用统筹安排，共计拨付各类资金8497.21万元，拨付率97.35%，结余231.63万元也于年底全部拨付到位；支持农业高质量发展，全年筹集高标准农田建设、新农村建设、农田水利、国家绿色农业发展先行区农业环境固定观测试验站建设等方面项目资金2.64亿元；积极开展财政“惠农信贷通”工作，累计发放贷款148笔共计1.05亿元。

【县财政局领导成员】

局党组书记、局长：刘怀亮
局党组成员、副局长：张庆平
辛　云
陈　红
局党组成员：王　泓
非税收入管理局局长：陈　勇
会计核算中心主任：曾东升
国库集中收付中心主任：曾科根
住房资金管理所所长：肖艳芳
正科级干部：刘婷婷
高明南
副科级干部：余焕文
郑国芳
朱云峰
彭小勇

税　务

【概况】 国家税务总局万载县税务局设机关股室13个、分局6个、事业单位2个，负责贯彻执行税收、社会保险费和有关非税收入法律、法规、规章和规范性文件，以及全县17个乡镇（街道）、县工业园区管委会的各项税收、社会保险费和有关非税收入征收管理工作。2021年，国家税务总局万载县税务局以“政治立税，数据管税、共治强税、人才兴税、服务优税”的总体思路推进全年工作，办税服务厅获评省级“青年文明号”，单位获评“全市依法治理创建活动先进单位”。

【党史学习教育】 万载县税务局挖掘整理湘鄂赣苏区红色税史,党史故事及“行走的党课”党建品牌, 分别在宜春市税务系统获一等奖、二等奖。

【服务发展大局】 2021年,万载县税务局累计组织全口径税收收入27.66亿元,同比增收3.15亿元,增长12.84%,累计减免税费6.43亿元。

【税收共治格局】 万载县税务局全年常态化向地方党政领导汇报工作、呈送税收分析报告;主要负责人在全县领导干部“周六论坛”进行授课;联合多部门制定砂石行业税收管理办法,加强源头管控。

【税收营商环境】 万载县税务局坚持问题导向开展“我为群众办实事”活动,纳税人单笔业务平均办理时间压缩至3.57分钟,等候时间压缩至0.28分钟,办税服务厅获评省级“青年文明号”,单位获评“全市依法,治理创建活动先进单位”。

【监督执纪问责】 万载县税务局建立完善的同级监督制度体系,探索部门职能监督方式,细化各股室监督职责, 推动同级监督直达一线; 加强与纪委监委等单位的沟通,延伸拓展监督触角。

【干部队伍面貌】 万载县税务局突出青年干部群体业务能力培养,干部获评“全市优秀党务工作者”“江西省五一巾帼标兵”“全省普法工作先进个人”等荣誉;优化分局和股室负责人结构, 灵活运用“考核+激励”方式,调动干部队伍干事创业热情。

【国家税务总局万载县税务局领导成员】

党委书记、局长:曾 春

党委副书记、副局长:张士明

谢启珊

党委委员、副局长:刘 斌

罗智锋

杨贤清

叶敏初

汪均华

钱志敏

党委委员、纪检组长:肖 伟

经济管理与监督

市场监督管理

【概况】 2021年，万载县市场监督管理局全面贯彻中共十九大和历次全会精神，紧扣县委、县政府中心工作，强监管，重安全，创机制，抓作风，夯实基础，再行创新，推动市场监管事业实现跨越发展。

【企业信息年报】 2021年，全县新增企业2133家，达9659家；新增农民专业合作社68家，达1131家；试点开展集群注册，新增个体工商户88415家，达112123家。2021年度，企业年报率为89.03%；农民专业合作年报率为92.83%；个体工商户年报率为78.50%。大力开展企业年报信息和即时公示信息的核查工作，对12户提供虚假年报数据的企业进行“列异”处理，并根据具体情况行政处罚。做好冒用他人身份证信息办理登记违法行为的查处工作，共查处冒用他人身份信息骗取登记案件5起。

【信用监管】 2021年，根据省局安排共组织开展“双随机、一公开”抽查5次，共抽查企业504家，农民专业合作社会39户，个体户100户。对8月4日抽查批次的企业，组织人社、统计等部门开展跨部门联合抽查，将问题企业列入经营异常名录或标注为异常状态，加大信用约束力度。强化企业信用监管数据归集工作，开展失信市场主体联合惩戒。2021年，通过国家企业信用信息公示系统（江西）协同监管平台共归集数据29243条，数据总量和当年新增数据数均列全县第一名；积极探索开展失信市场主体联合惩戒工作，推动形成“一处违法、处处受限”的共同约束机制。

【绿色生态品牌创建】 围绕全县生态优势，向省局申报创建示范县并获得通过。组织专家对县“两新”产业、有机富硒产业等重点产业开展考察调研，初步确定将有机富硒产品、烟花鞭炮作为重点培育产品。正组织申报万载百合地理标志保护产品并准备相关申报材料。2021年，万载县金世本香实业有限公司生产的有机山茶油产品获评江西名牌产品。

【知识产权保护】 深入贯彻实施“发明专利提质倍增三年行动”方案。通过宣传、培训、资助补贴、走访企业、提供专业咨询服务等多种形式，鼓励企业积极申请发明专利。2021年，全县专利授权数量达到482件，上年同期293件，同比增长64.5%。全年发明授权累计18件，上年发明授权累计8件，同比增长125%，有效专利87件，每万人有效发明专利拥有量1.79件。

【食品安全监管】 严格落实“党政同责”“四个最严”要求，制定《2021年万载县食品生产、食品销售、餐饮服务、特殊食品安全监管工作要点》，确定今年食品工作重点；全力开展食品抽样检测工作，共计抽检520批次，合格率97.1%，制定第二批县本级食用农产品490批次任务，合格率96.7%；开展校园食品安全守护行动工作，提前制定《2021年中高考期间食品安全保障工作实施方案》，全力保障中高考食品安全，共检测80批次，出动执法人员43人次；加强食品安全智慧监管，推进“互联网+明厨亮灶”建设，平台接入学校食堂23家，社会餐饮单位19家。开展对执法监管人员、乡镇食安办人员的相关培训，依托赣溯源平台开展对餐饮单位质量负责人和从业人员的食品安全知识培训考核。

【药械安全监管】 开展系列药械安全专项整治活动，落实上级相关文件要求并印发本局相关专项整治方案。2021年，办理药品和医疗器械案件19起，罚没款101.2万元，其中医疗器械下达责令改正通知书42份；强化婴童化妆品质量安全监管，严厉打击化妆品非法添加等危害婴童健康的严重违法行为，保障婴童用妆安全；加强宣传引导，结合“3·15”消费者权益日等活动进行药械安全知识和法律宣传，有效提升全民药械安全意识；认真做好药械零售企业的新开办验收、换证和零售药店药品经营许可证统一编号工作。完成零售药店换证工作6家，新开办核发药品经营许可证12家，新办三类医疗器械经营企业42家，二类医疗器械经营企业16家，新办医疗器械第二方物流企业1家，医疗器械网络销售企业4家；全力完成抽验任务，完成药品抽验任务31批次，配合省医疗器械检测检验中心完成抽检医疗器械20批次。

【质量安全监管】 做好产品质量监督抽查及后处理工作。重点开展机砖、水泥及烟花爆竹等产品质量监督抽查并制定抽查计划，2021年国家总局组织的花炮产品专项监督抽查万载县花炮企业29家，抽查产品共29个批次，合格24个批次，合格率为82.8%；省局监督抽查万载县花炮企业28家，抽查产品共28批次，合格20批次，合格率为71.4%；市局监督抽查万载县花炮企业19家，抽查产品共22个批次，合格率为81.8%；县局监督抽查花炮企业26家，抽查产品共26个批次，合格率为84.6%；做好花炮产业质量提升工作。开展花炮产品质量技术帮扶“巡回问诊”活动。确定万载县“巡回问诊”帮扶产品为烟花爆竹。邀请省质量和标准化研究院的专家深入花炮企业和花炮商会与企业负责人展开座谈；做好产品质量提升项目的申报工作。结合万载县产业特色，深入调研，以标准化助力万载花炮产业链质量升级作为产业集聚区质量提升项目，向省局申报万载县花炮产品质量提升项目并获得批复。

【特种设备监管】 印发《万载县市场监督管理局关于开展“安心乘梯守护行动”实施方案》等文件并抓好贯彻落实，全年共组织各专项整治行动7次，出动执法人员90余人次；加大对民用燃气经营单位的监督检查，召开燃气经营单位负责人会议，组织学习相关安全文件并开展安全隐患自查自纠，先后组织或与相关部门联合对万载县8家燃气经营企业检查5次，排查整改燃气设施安全隐患问题7个，开展问题约谈1次；加大特种设备安全知识宣传力度。开展了2021年“安全生产月”特种设备知识宣传活动、“电梯安全宣传周”专项宣传活动，共发放宣传册720本，散发宣传单2000余张。

【执法稽查】 持续开展专项整治行动，严格查处行业乱象。针对春节、清明节等重要时间节点及医疗机构、驾培行业、学校、幼儿园收费、公共服务企业收费、打传、双反等重点领域和行业开展专项整治行动，对于涉嫌存在违法违规的企业均进行立案调查，其中医疗领域出动执法人员182人次，立案调查15家，罚没金额共计702892.1元，下达责令改正通知书4家；积极开展“双减”工作。对万载县已审批的122家各类中小学校外培训机构，全部摸排监督检查一次以上，出动人员213人次，派出执法车辆53辆次，开展检查58次，立案处罚4起，罚款2.3万元；积极开展涉粮工作。共出动执法人员19人次，共检查5家粮食购销机构，对上述单位的粮食收购价格情况，粮食仓储运输情况，以及计量器具的强制检定情况进行检查，暂时未发现有价格和计量等方面的违法违规行为;积极开展铁拳行动。印发相关工作方案,全年共办理案件44件,罚没款28.1万元,向上级报送典型案例5起,开展宣传活动4次,充分发挥了警示震慑作用。

【消费维权】 处理消费者申诉做到五及时。严格按照"12315"指挥中心的要求畅通中心与市局、分局的"12315"消费举报系统,做到受理及时、流转接受及时、分流转办及时、处置及时、反馈及时;协调解决各种消费纠纷。通过热情、文明服务及时受理、处置消费纠纷,化解社会矛盾;针对消费侵权热点开展专项行动,整治不法行为;切实加大维权力度,保护消费者的合法权益,做好"12345"平台受理及分流工作。由专人专职负责"12345"平台操作,建立系统工作微信群,按辖区属地原则做好业务受理、分流及平台回复工作,提高中心工作质量及投诉办结率。全年共处理全国"12315"平台投诉1328件、宜春市"12345"热线平台投诉1355件,为消费者挽回损失30万余元。

【县市场监督管理局领导成员】

党委书记、局　长:曾卫东

党委副书记、副局长:刘名珍

杨卫平(任至9月)

辛建庆

辛福云

辛焕胜(任至9月)

张勇平

国调工作

【概况】 2021年,国家统计局万载调查队以统计数据质量为根本,以统计改革创新为动力,大力推进调查基层基础工作建设,加快推进统计现代化改革,强化统计法治监督,全面提升统计调查能力和服务质量。万载调查队荣获"江西省第十六届文明单位"称号,荣获"江西省统计调查工作先进集体""万载县平安建设目标管理优秀单位""全县服务'三农'工作先进单位"等多项称号。

【统计调查专业工作】 统计调查工作样本网点和调查对象覆盖面广,通过严格执行调查制度和数据质量管理制度,加大对基层调查单位和人员的培训力度,圆满完成城乡居民收支调查、农作物单位面积产量抽样调查、农作物面积遥感测量和对地抽样调查、主要畜禽监测调查、粮食畜牧业全面统计、农产品生产者价格、中间消耗、月度劳动力调查、新设立小微企业跟踪、工业生产者价格统计、采购经理调查等常规统计调查工作。在调查工作中,调查队严格按照方案要求,通过深入调查点,严谨细致地进行数据采集、数据录入、数据审核、数据上报等调查流程,确保调查结果的真实准确。

调查样本网点分布情况:全县所有调查样本网点由国家统计局按照科学抽样方法产生,调查网点涉及17个乡镇(街道)、90个行政村(社区)、65家企业、3000余户调查对象。马步乡带塘村等10个行政村(社区)为城乡居民收支调查点;康乐街道龙湖社区等10个行政村(社区)为月度劳动力调查点;罗城镇南垣村等15个行政村,45个样方为农作物抽样调查实地调查点;主要畜禽监测调查涉及黄茅镇南江村等73个行政村,其中生猪调查网点涉及56个行政村,包括万载县和盛园农业发展有限公司等51家规模养殖企业为主要畜禽监测调查点;鹅峰乡涂泉村等4个行政村以及小明薯业农民合作社等9家合作社和规模户为农产品生产者价格调查点;罗城南垣村、三兴镇湖源村为主要农产品中间消耗调查点;江西万载千年食品有限公司等7家企业为工业生产者价格调查点;万载昌圣科技有限公司等5家企业为采购经理调查点;万载县双宇烟花贸易有限公司等2家新设立小微企业跟踪调查点。

【统计调查服务】 万载国调队始终秉持"为民调查、崇法唯实"的统计调查精神,紧紧围绕县委政府中心工作,在掌握民情、了解民生、反映民意上下功夫,努力提高统计服务水平,充分利用和挖掘常规调查报表数据资源,撰写专业类信息分析,提高统计数据的利用率和内在价值。与此同时,紧紧围绕国家统计局信息要点及社会经济发展热点、难点问题,深入一线开展专题调研活动,掌握更全面、更真实的一手资料,提供了一批优质的调查分析信息,充分发挥好统计调查的参谋服务作用。2021 年,共参与总队专题调研、自主开展调查分析 35 篇、20 篇调查信息、34 篇工作动态、38 篇统计文化,其中 4 篇被国家统计局内网采用。

【统计调查法治】 2021 年,举办“第十二届统计开放日”“12·4”法制宣传日等系列法治宣传活动,积极邀请市民感受统计调查工作流程、宣讲丰富多彩的统计调查知识,共享统计调查成果,活动现场发放统计知识宣传手册和赠送小礼品 300 余份。对万载县 2 家企业开展“双随机”独立执法检查,通过严格检查和执法不断提升统计法治的权威。

【服务地方工作】 万载国调队尽职履责,主动对接县委、县政府中心工作。2021 年,万载国调队积极参与巩固拓展脱贫攻坚成果同乡村振兴有效衔接(脱贫攻坚定点帮扶)、美丽宜居城市建设、创建省级卫生县城、文明城市测评等工作,继续做好全国生猪调出大县、粮食产粮大县等重点工作。

【万载国调队领导成员】

队　长:辛　辉

纪检员:周　恒

统　计

【概况】 2021 年是中国共产党成立 100 周年,是扎实推进统计现代化改革的起步之年,是统计部门党的建设“质量提升年”。在县委、县政府的领导和市统计局的指导下,县统计局以习近平新时代中国特色社会主义思想为指导,认真贯彻执行国家、省、市统计制度和统计标准,全局人员统一思想,凝聚力量,以提高统计数据质量为中心,以改革创新为动力,以信息化建设为支撑,着力统计改革、服务优化、队伍建设,开拓统计工作新局面。更高效、更精准、更全面为万载高质量跨越式发展添砖加瓦。

2021 年,县统计局共有 3 个股室、1 个普查中心,3 个股室分别是人秘股、综合股、行政统计执法监督股。工作人员共有 13 人,包括行政人员 6 人、工勤人员 1 人、全额补助事业人员 6 人。

【党建统领】 第一时间传达学习贯彻中共的十九届六中全会精神和习近平总书记对统计工作重要讲话指示批示精神,紧密联系统计职责使命,强化对党员干部的思想淬炼、政治历练、实践锻炼、专业训练。压紧压实意识形态工作责任,定期分析研判意识形态领域情况,开展党员干部思想动态分析,主动掌握干部职工思想动态。完善了《万载县统计局意识形态工作考核制度》和《万载县统计局 2021 年意识形态工作要点》,加强意识形态阵地的建设和管理,提高风险预判能力和监督。扎实开展党史学习教育。创新学习方式,开展形式多样的主题党日活动,丰富主题活动内容,确保党史学习教育工作实效。采取“深入企业摸实情服务发展促提升”和“深入群众访民情　助力乡村振兴”两项举措推动“我为群众办实事”实践活动开展。

【统计监测预警】 一是持续严抓“三项制度”即“预报制度、日报制度、协调制度”落实落细。在上年同期受疫情影响下,当年企业数据呈现增速异常情况,各专业对工业增加值、固定资产投资、社会消费品零售总额、工业用电量等重点指标提前调度,下沉到企业逐户了解,准确判断全年数据走势情况,大部分主要经济指标增速在全市持续保持中等水平。二是持续强化与部门的沟通衔接,科学协同构建“大统计”格局。加强部门统计工作规范化建设,规范相关部门统计管理工作,增强统计信息共享力度,充分发挥企业主管部门作用,形成部门统计工作合力。

【统计数据审核质量】 加强统计数据质量审核。一是组织县统计局对“一套表”企业开展实地核查,查阅营业执照和财务报表数据,了解企业生产经营情况,重点核实企业是否真实存在、是否达到一套表规模或限额标准等内容,要求存在问题的企业及时整改到位。二是严把统计对象申入“四上”关,清查企业名录库,清退“空壳企业”“僵尸企业”。三是建立企业统计培育台账,重点关注高速发展企业,发现达标企业及时入规入统,县统计局每年编印《调查单位和投资项目入库申报指南》指导各乡镇和园区企业的入规入统工作,做到应统尽统。

【统计基层基础】 持续推动《万载县深化统计管理体制改革提高统计数据真实性的实施意见》落实,狠抓基层基础建设,切实提高统计数据质量。一是对各乡镇街道、工业园区统计站建设情况材料进行收集督查,督促基层统计站逐步做到“六有”“六化”;二是继续加大对基层企业和统计业务人员培训力度,强化依法治统意识,提高专业素质和业务能力;三是指导企业统计原始台账和电子台账的建立,规范企业统计上报统计数据行为,不断夯实企业统计工作基础。

【统计服务成效】 2021 年,县统计局围绕推进万载高质量跨越式发展,有效发挥统计信息咨询重要职能,发挥统计部门“智库”“数库”作用。一是“智库”突出专、精、广,积极开展重点领域统计分析和调研。2021 年,开展电子信息产业领域课题研究、第七次全国人口普查数据分析和房地产运行简析等,分析材料呈县领导参阅,部分材料受到县领导重视并作出批示。二是“数库”突出快、新、全,充实统计月报、统计提要等统计数据资料。全力做好统计信息发布工作,激励干部职工积极撰写统计分析和信息。2021 年,共完成 56 篇统计分析(其中省刊登 38 篇)、统计快讯 42 篇(其中省刊登 26 篇)、工作动态 31 篇(其中省刊登 12 篇),统计内网信息发布工作保持在省市前列。

【依法治统意识】 强化政治理论学习和研讨防范和惩治统计造假弄虚作假工作部署及统计法律法规学习,持续推动习近平总书记关于统计工作的重要讲话精神和《关于深化统计管理体制改革提高统计数据真实性的意见》《统计违纪违法责任人处分处理建议办法》《防范和惩治统计造假、弄虚作假督察工作规定》内容在县委县政府各部门各单位的学习和宣传,印制统计法宣传手册在各地人流量大的商场开展普法宣传。在 4 月 27 日常委会、5 月 6 日常务会上,统计局带领学习统计法律法规,推进统计法律法规进党校,再次提升大家对数据质量把控的重要性认识,切实履行好统计法定职责。

【统计数据质量】 努力构建与国家治理体系和治理能力现代化要求相适应的统计管理体制与工作机制,不断提高统计数据质量,起草《万载县防范和惩治统计造假弄虚作假责任制暂行办法》以县政府名义下发各乡镇街道、有关部门,牵头抓好落实并组织学习培训。

【统计法治环境建设】 一是开展以案示警教育。组织学习近期查处的有关统计造假、弄虚作假案件,从案件中吸取经验教训,举一反三;二是开展“双随机”执法检查。8 月,开展对抽取的 16 家企业现场核查;三是加大对统计执法队伍建设的重视。2021 年 5 月,增设行政执法监督股,组织两名新考入公务员参加执法证考试取得执法证,充实执法队伍力量;四是配合县司法局梳理统计执法案卷,提升统计案卷规范化建设工作;五是做好领导干部违规干预统计工作记录调查和台账填报工作。

【万载县统计局领导成员】
党组书记、局长:柳林根
党组成员:张　瑶
三级主任科员:鲁真明

审计监督

【概况】 2021 年,万载县审计局在县委、县政府和上级审计机关的坚强领导下，全面贯彻中共十九大、中共十九届历次全会精神，以习近平新时代中国特色社会主义思想为指导，坚持新发展理念和稳中求进的工作总基调，做好常态化“经济体检”工作，进一步推动做好“六稳”工作和落实“六保”任务，围绕县委确定的“融入宜春、聚力园区、双城联动、特色彰显、宜业宜居”工作思路，依法全面履行审计监督职责，为全县经济平稳健康发展保驾护航。2021 年度，万载县审计局先后荣获江西省第十六届文明单位、宜春市第九届文明单位以及万载县党风廉政建设先进单位、全面依法治县工作先进集体、平安建设目标管理优秀单位、信访工作先进单位等多项荣誉。报送的《万载县 2019 年度财政扶贫资金管理和使用情况专项审计调查》分别获评 2021 年度全省审计机关优秀审计项目和 2021 年度宜春市优秀审计项目。

【主责主业】 全年共完成审计项目计划中的 41 个，审计查出主要违规问题金额 1454.88 万元，管理不规范问题金额 2057.13 万元，应缴纳其他资金 13.36 万元，全年共提交审计建议 126 条，被采纳审计建议 126 条，出具审计报告 50 篇。全年在市级以上刊物发表审计信息宣传稿件 103 篇，其中省级刊物发表 30 篇，市级刊物发表 71 篇，国家级刊物发表 2 篇。2021 年，对 256 个政府投资项目审计进行审计监督，送审金额 14.83 亿元，审定金额 13.25 亿元，核减金额 1.59 亿元。

【财政预算执行审计】 以规范预算执行为抓手，注重部门及所属单位预算编制执行、部门资金和财务管理、专项资金分配和使用等情况，对年初确定的万载县教育体育局、万载县文化广电新闻出版旅游局、万载县工信局、万载县卫生健康委员会、万载县本级及万载县财政局 5 个部门进行预算执行审计。审计落实中央八项规定情况，重点检查“三公经费”、会议费、培训费和乱发各项补贴等方面情况，揭露和查处严重铺张浪费、财政资金损失、国有资产流失、重大资产毁损及效益低下等问题。预算执行审计查出主要问题金额 1420.1945 万元。完成对鹅峰乡的财政决算审计，重点关注财政收支的真实性和完整性、财务管理规范性、专项资金使用等事项，以促进和完善乡镇财政管理，确保国家财政政策的贯彻落实。

【行政事业单位财务收支审计】 完成万载县三兴初级中学、万载县株潭镇中心小学、万载县双桥镇中心卫生院等单位财务收支情况的审计。审计查出主要问题金额 211 万元。重点关注行政事业单位财政、财务收支的真实性、合法性、效益性。审计发现被审计单位存在预算执行不到位、违规发放津补贴、报支票据不合规、不真实等问题。通过审计不断推进深化预算管理制度改革、健全政府预算体系、实行财政绩效管理以及规范政府性债务管理等。持续关注中央八项规定精神和国务院“约法三章”“小金库”和“吃空饷”治理及津补贴发放等相关规定的执行和清理情况。

【经济责任审计】 2021 年度，共完成经济责任审计项目 31 个，主要包括对黄茅镇、潭埠镇、万载县住建局等 30 个单位领导干部经济责任履行情况进行审计和双桥镇领导干部自然资源资产离任审计。重点关注领导干部在贯彻执行党和国家以及省市县委、省市县政府经济方针政策、决策部署方面、本地区本部门本单位经济发展规划、政策措施、重大经济事项推动落实、财政财务管理和经济风险防范等方面，逐步实现对法定经济责任审计对象的全覆盖。做到以全部政府性资金为主线，关注党政领导干部任职期间的各项职能履行和指标完成情况、决策制订及执行情况、收入支出及资金使用效益等内容，加大经济责任审计与财政审计、投资审计、专项资金绩效审计的融合力度。

【固定资产投资审计】 创新改变审计方式，新成立万载县审计事务中心，做到工程造价审核和审计监督相结合。2021 年，在政府投资项目审计中，重视在项目程序执行、招投标、合同签订及执行、现场控制、概预算编制和执行、项目资金管理使用、工程造价审核、工程档案管理等方面发现问题,并在体制、机制上提出审计建议、意见。万载县审计事务中心开展政府投资项目工程造价审核工作,共完成万载古城田下街区核心区项目结算(湖北殷祖古建园林工程有限公司承建24座古祠堂修缮工程)、万载县县城防洪工程鹏程桥至污水处理厂段工程、万载县环湖南路延伸段工程、万载县2019年深度贫困村危桥改造工程等政府投资项目审计256个。同时,提升审计工作服务意识,积极配合参与万载县重点工程项目建设。按照万载县政府的工作要求,参与县工程变更办公室对政府投资工程在建设过程中产生的隐蔽工程、变更项目进行签证工作,对县重点工程项目及时安排人员跟踪服务,提出审计意见,督促履行相关手续,确保政府投资工程的顺利进行。

【配合做好交办的审计工作】 2021年6月,抽调1人赴宜春市局参加全市优秀审计项目评选;6—7月,市审计局抽调2人赴高安市参加高安市人民政府2018年至2020年度财政决算及其他财政收支情况的审计;10—12月,抽调2人赴樟树市开展涉粮问题专项巡察;11—12月,抽调1人参加宜春市委第二轮巡查工作。在抽调期间,所有抽调人员都能发挥特别能吃苦、特别能战斗的优良作风,全力配合做好专项巡查、巡察和审计工作。

【县审计局领导成员名单】

党组书记、局长:宋敏莉

党组成员、副局长:黄国文

丰　俊

经济责任审计工作联席会议办主任:杨鉴亭

审计事务中心主任:龙　兰

二级主任科员:吴德兴

四级调研员:龙瑞海

施荣贵

二级主任科员:谢智平

李苏平

吴萍英

三级主任科员:聂丽娟

信 息 业

邮 政

【概况】 中国邮政集团公司是一家肩负国家普遍服务义务的公用服务型全民所有制企业，同时提供信件、包裹寄递、金融、函件、速递、物流、电子商务、报刊发行、集邮等多项业务服务，公司荣获“第九届宜春市文明单位”荣誉称号。2021年，万载邮政分公司有综合营业网点9个：沿河路、沿河东路、黄茅、潭埠、双桥、高城、白良、三兴、罗城；轻型银行网点2个：白水、赤兴；自办邮政营业网点4个：新街大楼、株潭、仙源、高村，其中新街大楼营业网点搬迁到沿河东路网点；代办农村邮政营业网点4个：马步、鹅峰、茭湖、岭东。内设管理生产1室5部（综合办公室、市场营销部、金融业务部、集邮与文化传媒部、寄递事业部、渠道平台部），配套设施齐全。

2021年有员工142人，其中A类用工45人，B类用工45人，承揽制员工39人，派遣用工13人。2021年，分公司被宜春邮政党委授予党支部建设示范点称号；被市邮政分公司授予“平安邮政·综治安全”竞赛三等奖、被市邮政分公司授予服务质量竞赛奖优胜单位三等奖；被市邮政分公司授予2021年度全市邮政“五个一把手工程”三等奖；被市邮政分公司授予2021年“营销争先”劳动竞赛优秀营销项目；被宜春市委市政府授予第九届文明单位称号。2021年，公司继续保持全省邮政“20强”县分公司的成绩。

【县乡村三级物流体系项目建设】 7月，万载邮政分公司成功中标三级物流体系项目——县电商仓储配送中心，中标金额258.5万元。仓储配送中心总面积4900平方米，采购快递分拣设备，与极兔等快递公司开展邮快合作，三级物流体系的建设推进了快递进村。成立惠农项目组，解决合作社“融资难”“物流难”“销售难”等难题，在2021年度惠农合作项目“比学赶帮超”分组竞赛考评中，全市、排名第一位。

【绿色邮政】 快递包裹电子面单使用率97.8%，可循环中转邮袋使用率97.5%，电子银行交易替代率96%，中邮保险线上出单率100%，绿色邮政各项建设指标全部达标。

【网点转型升级】 开展网点以“金融＋寄递”模式的转型升级，全县18个网点（除城东和双虹桥网点）均实现邮快合作，彻底消灭零收入网点和僵尸网点，赤兴和马步网点被评为全省转型标杆网点。

【企业财务管理】 一是继续做好专业中心、网点损益核算工作，发放损益核算奖励。对所有专业部门进行成本还原。二是深化量收系统应用，通过数据分析发现经营工作中存在的问题，及时监控和催收欠费并进行考核通报。三是开展小金库和个人账户归集营收资金自查，严肃财经纪律，为企业健康发展保驾护航。

【人力资源管理】 持续优化人员结构，注重青年员工培养、人才队伍打造。对项目组人员进行科学配置，对项目组组长进行重新选拔。选拔优秀员工出任部室和网点经理、副经理。市分公司2名优秀青年员工在县分公司挂职锻炼。安全管理:金融风控和安全生产常抓不懈。开展紧盯“两会”、节假日、建党100周年庆等重大时期和日常安全生产,各开展1期消防演练、安全生产、安全驾驶等方面的培训。公司荣获2021年度全市邮政“平安邮政·综治安全”竞赛先进单位三等奖。

【党建工作】 公司党史学习教育,坚持规定动作做到位,自选动作有特色。发放党史学习教材21套,开展党史学习教育读书会活动28期,制订10项“我为群众办实事”项目清单。开展“二优一先”申报工作,开展消除无党员空白网点3个,完成全年计划。培养发展对象1名,2名预备党员转为正式党员。郑和平被宜春市委授予全市优秀共产党员称号。开展警示教育会议5次,8月,以转作风抓落实为主题开展党风廉政教育月活动,以案明纪以案正风,下发《关于改进作风　狠抓落实的通知》,狠抓规章制度的执行,坚持严的总基调不放松,打造风清气正、干事创业的良好氛围。高城网点职工小家获评全国邮政“模范职工小家”,双桥邮政支局获评集团公司“职工书屋”称号。

【基础工作】 普遍服务工作。城区党报党刊做到了每天当日见报,偏远乡镇均做到了次日投递见报。每月对全县网点进行全覆盖检查,压实普遍服务责任。机要通信全年无失密丢损事故。能力建设工作。投入99万元用于公司院内硬化改造,单位院内环境焕然一新。黄茅支局完成了迁址改造,高标准打造了黄茅职工小家建设。利用国拨资金建成4900平方米电商仓储配送。鼓励员工考取各类资格证书,提升员工专业水平。7人通过银行从业资格考试,4人通过基金从业考试。

【万载邮政分公司领导成员】

总　经　理:王相前

副总经理:郭成钢

　　　　　李海泉

　　　　　王俊忠

移动通信

【概况】 中国移动通信集团江西有限公司万载县分公司(以下简称“万载县移动公司”)是万载本地基础通信运营商,主要经营移动语音、多媒体业务、数据业务、宽带等多种业务,包括在万载开展5G网络建设、光纤宽带互联网建设、传输网络建设通信基础设施建设,在本地提供信息通信服务和行业信息化解决方案,致力于成为网络强国、数字中国、智慧社会主力军,持续优化通信网络,不断为做强做优做大数字经济贡献力量,积极落实以“人民为中心”的发展理念,为客户提供优质的通信服务保障,不断深化改革创新,推动企业高质量发展,助力地方经济社会发展。万载县移动公司是宜春市移动公司下属县级分公司,实行集中化管理,财务、业务、人力资源在上级公司的集中化管理下开展本地运营工作,下设综合部、市场部、网络部、集客部4个职能部门。

【业务发展】 2021年,运营收入完成超过2.16亿元,移动客户数达31.7万户,全年完成165个5G基站的建设任务,5G用户数达9.6万人。公司每年投资500万元以上用于宽带站点的新增工作,城区宽带覆盖能力已经达到100%,农村覆盖能力80%,其中行政村所在地已100%覆盖,宽带客户达8.9万户,数字电视用户达7.4万户,可以为用户提供100~1000兆速率的个性化服务。

【社会贡献】 在税收方面,2021年,税收贡献2247万元。在就业方面,充分运用内部招聘、代维管理、渠道运营及企业合作等多种方式,直接创造各类就业机会约2000个,带动当地一批人员再上岗、再就业,切实履行国企社会责任。持续做强网络建设。新建5G基站165个,解决信号弱覆盖点8个;新建农村有线宽带箱体500多个,覆盖用户7000余户。

【服务窗口】 落实“客户为根、服务为本”的理念,常态化通过现场调研、总经理接待日、调查问卷等各种方式近距离接触广大客户,了解客户对万载移动的意见建议及相关需求。“10086”免费热线24小时保持畅通,为客户提供高质量服务。

【疫情防控】 扎实做好疫情防控宣传,周密安排做好营业场所等人员密集区域的安全防控,配合做好社区防疫工作,组织公司党员、团员、青年志愿者挨家挨户开展疫情防控摸排,组建党员防疫巡查志愿队在小区卡口做好人员出入登记、测量体温等工作,协调各乡村、社区的通信抢修车辆及人员的通行问题,确保疫情防控期间网络通信顺畅。

【乡村振兴】 派1名驻村队员按要求脱产开展驻村工作,7名帮扶干部对14户脱贫户精准帮扶,通过食堂采购帮扶产品助力地方消费帮扶, 全年消费6.99万元,并向上级公司申请高村镇大坳村村级路面沥青黑化项目帮扶资金2万元,白良镇歧里村道路平整及硬化项目帮扶资金3万元。

【移动万载分公司领导成员】
总经理:陈光伟
副总经理:谢伟军
总经理助理:陈玉生
　　　　　　喻　勤
综合部主任:高在方

教育 体育 科技

教育体育工作

【党史学习教育】 局党委聚焦立德树人，不断传承红色基因，把党史学习教育“进校园、进课堂、进头脑”落到实处，结合学校实际，开展形式多样的活动；聚焦热点难点，精准施策办好实事，把群众反映的“试卷题”变成教体工作的“成绩单”，让群众心里热起来，全年共为师生、群众办实事、解难事160余件，得到了社会各界的一致认可。4月16日，《情景剧：让党史学习教育“活”起来》在《经济日报》刊登；6月24日，《“三大课堂”夯实青少年党史学习教育》稿件在党史学习教育官网等中央媒体刊登；10月2日，图片《祖国我爱您》在《光明日报》头版刊登。

【党建工作】 局党委按照新时代党的建设总要求，牢固树立大抓基层、大抓党支部的鲜明导向，通过强化工作落实、强化目标管理、强化责任追究，持续打牢党建工作基础。机关党建与学校党建工作齐头并进，2021年5月，机关离退休干部党支部被省委组织部评为“全省离退休干部示范党支部”，6月，局党委被中共宜春市委评为“先进基层党组织”。

【清廉教体建设】 制定出台了《关于推进“清廉教体”建设的实施意见》，确立了“清廉机关”“清廉学校”的工作任务。通过强化统筹安排、强化督查督办、强化典型带动，在万载教体部门深入开展“清廉教体”建设活动，打造忠诚、干净、担当的管理队伍，树立清廉、公平、正义的教体形象。11月27日，县纪委监委对康乐街道中心小学、县二中“清廉学校”建设进行验收。

【学校项目建设】 2021年，共争取到中小学（幼儿园）各级各类项目资金6387.7万元，涉及学校（幼儿园）57所。共规划改扩建校舍27856平方米，改扩建运动场30200平方米，修建校门2个。纳入2021年万载民生实事工程的16个项目进展顺利，其中县三中改扩建项目完成教学楼主体及足球场施工；县五小、县六小建设已启动，城北佳园小区、龙湖小区、凤凰御景小区、新源小区、江工安置小区5所城区公办幼儿园完成主体工程建设；白良、茭湖、高城3个中心幼儿园和赤兴花桥、株潭上坊、株潭枣木、黄茅光明、仙源新市5个村幼儿园建设已完工。

【教育信息化】 结合学校劳动教育实际，打造“慧”劳动教育课程体系，组建了包括岭东初中等8所学校为主的劳动教育共同体，成功申报了教育部“新时代学校美育劳动教育数字资源建设与应用众筹众创”共同体。组织申报全国首届书香校园阅读教育教学应用案例，县四小依托墨水屏阅览室，打造的“资源+平台+社群”的校园文化阅读生态圈，打造的“书香润四小博雅育学子”书香校园创建案例，获得全国首届书香校园阅读教育教学案例二等奖。

【教育帮扶】 11月29日至12月4日，省级巩固拓展脱贫攻坚成果实地考核工作在万载县进行，全年教育帮扶共落实资助学生31108人次，金额1965.55325万元。

【教师补充】 2021年，共新增教师397名，其中省考120人、特岗121人、长期代课教师单列招聘考试录用7人、校园招聘83人、支教6人、定向培养50名，外县调回10名。

【教师队伍建设】 4月19日，万载县首批教师培训研修班(高级班)在浙江绍兴顺利结业；5月27日，万载教育系统第五期后备干部研修班在广东佛山开班。同时，引进了万载县初中语文种子教师培养计划、万载中学“高中语文学科建设规划与实施”等项目，多层次的形式使培训更接地气，让参训学校的教师开阔视野，增长见识，学到技能技巧，提升了课堂驾驭能力和专业素养，深受广大参训教师的好评。

【落实“双减”】 9月18日，中共万载县委办公室、万载县人民政府办公室印发《万载县关于进一步减轻义务教育阶段学生作业负担和校外培训负担的实施意见(试行)》，同时建立了教体、民政、市监、公安、财政和银监委等22个单位组成的“双减”工作联席会议机制，成立了“双减”工作领导小组和工作专班，校内减负提质、校外压减治理双向发力全面实施。截至12月15日，全县39家学科类机构，3家完成“营转非”，其他36家全部完成注销，学科类培训机构压减率达92.3%。1月，针对校外培训机构的资金监管难、退费难、机构跑路等问题，以问题为导向，县教体局与中国工商银行万载支行签署了“教培云”平台合作协议，万载成为全市第一个进行“教培云”平台运用的县市。不断优化作业设计，确保作业管理有温度，全县义务教育阶段164所学校全部建立了作业公示制度，严格控制作业时间，不用手机布置作业，不让家长布置作业和批改作业，达标率100%。不断创新活动形式，确保课后服务有广度，全县义务教育阶段学校课后服务均做到了两个“全覆盖”：一是学校全覆盖，全县164所义务教育阶段学校全部按要求开展课后服务；二是服务对象全覆盖，课后服务面向所有有需求的学生提供。全县当前参加课后服务的学生有81152人，占比94.5%。

【启动“提质强校”项目】 8月，印发《万载县教育高质量发展“提质强校”项目工作方案》，8月21日，开展全县教育高质量发展“提质强校”项目启动仪式，县政府领导、全国教育局长研究联盟领导、县教体局机关全体人员、各级各类学校校级班子成员500余人参会。8月25日，进行第一次培训，分5个培训会场同步开展大规模各层次的“主题培训”活动和入校实验活动。9—12月，全国教育局长研究联盟万载县“提质强校”专家组先后4次走进项目试点实验学校开展入校指导活动。

【启动家校合作工作】 2021年全县中小学校全面启动实施家校合作工作，印发了《万载县“家校合作培训”的活动方案》，下发《关于举办全县中小学“家校合作”教师和家长培训的通知》《万载县家校合作试点工作指南》，并于12月18日召开全县中小学“家校合作”教师和家长培训会，县教体局机关全体人员、各级各类学校校级班子成员700余人，家长400余人参会。全县中小学校家校合作工作全面启动实施，推进了万载县在“双减”背景下的家校合作，进一步提高了家庭教育素养，共同助力青少年健康成长。

【全民素质教育成果展演】 12月30日，“落实‘双减’，让教育之花多彩绽放”2022年元旦暨万载中小学素质教育成果展演文艺晚会在县政府礼堂举行，整场晚会节目丰富多彩，充分彰显了传统文化的独特魅力和全县素质教育成果。

【万载中学】 2021年，万载中学各方面事业向好发展，态势良好，学校紧紧围绕教育教学主线，扎实推进各项工作，较为顺利地完成各项任务。一是教师队伍建设成效显著。2021年，学校狠抓工作作风建设，全力整治“怕慢假庸散”作风顽疾，大力进行“三违”整治，全面加强师德师风建设。同时，多措并举推进师能提升，一年来教师参加上级各级各类教学比武成绩喜人，共有

1人次获得国家级教学技能大赛三等奖,3人次获得优质课竞赛省级一等奖、二等奖,6人次获得优质课竞赛市级一等奖。二是教育教学质量稳步提升。全体教师不忘育人初心,牢记教育使命;全体学生刻苦努力,奋勇拼搏,学校教育教学质量稳步提升。2021年高考,文化二本总量达到1833人,文化本科上线比例接近80%。其中理科第一名易郁杰以裸分685分考取清华大学,各项数据排位均在全市前列,赢得了教育质量和社会口碑的双丰收。三是办学条件得到大力改善。学校遵循“学党史,办实事”的要求,开展沉浸式民生工程推进工作。为教育需要,升级学校大数据中心并购买金太阳资源系统。另外,翻新改造二栋、三栋学生公寓,加装信息楼学生住宿区空调系统,美化净化乒乓球场校园环境等。

【万载第二中学】 江西省重点建设学校、宜春市重点中学万载二中坐落在县城南凤形山上,学校占地面积153亩,校园布局合理美观,各类建筑典雅大方,已形成“一校三区五园九路”的整体格局。2021年有111个教学班,在校学生近7000人,教职工320人,其中市级名校长1人,省市县学科带头人、骨干教师65人。学校以“阳乐——阳光修身、快乐启智”为校园文化主题,遵循“崇礼尚德、自强奋进”的校训,秉承“让每一个学生都健康成长”的办学理念,努力践行“七做”(做强党建、做实德育、做稳安全、做活教研、做严常规、做亮特色、做好“两考”),努力办人民满意教育。学校长期坚持走特色发展之路,努力打造赣西艺术培训新高地,特色教育已成为学校的品牌,不仅规模大,而且成绩显著,同时也促进了教育教学工作质的飞跃。2021年,高考文化二本上线人数达100多人;专业生本科上线人数达600多人;先后有50多名学生被中国美院、上海体院、中国地质大学、华中师范大学、浙江传媒学院等名校录取。近年来,学校科学规划求突破,精于管理促赶超。先后获得“全国青少年校园足球特色学校”“江西省教育系统‘规范管理年活动’先进单位”“江西省家校合作试点学校”“江西省安全文明校园”“江西省园林式单位”“江西省语言文字规范化示范校”“江西省模范职工小家”“江西省体育传统项目学校”“全市依法治理创建活动先进单位”“市文明校园”“市廉政文化建设示范点”“万载县2020—2021学年度党务工作先进单位”“县中小学教育教学工作学校发展先进单位”“万载县教育综合先进单位”“万载县学校教育质量先进单位”等国家、省、市、县级荣誉共计200多项。

【万载第三中学】 万载县第三中学坐落于康乐街道河西路148号,创建于1957年,前身为东风镇中学、康乐镇中学和万载县康乐中学,2007年正式更名为万载县第三中学。2021年有52个教学班,学生数2376人,教师数为161人。2021年,学校全面贯彻落实党的教育方针,认真执行“五项管理”“双减”政策,努力推行素质教育,坚持“五育并举”,促进学生的全面发展。学校坚持依法治校、从严治校,以“三中三好”为主的德育模式基本形成,以“康乐”为主题的学校文化建设稳步推进,学校的各项工作呈现出蓬勃向上的良好势头。2021年,校园改扩建项目正式开工,校园面积由1.73公顷增加到近4公顷,300米的田径运动场已经投入使用。两栋教学楼新建竣工,净增学位900个,彻底消除大班额现象。根据万载县委、县政府提出“打造县域教育高地,建设区域教育强县”的发展战略目标,县教体局借助全国教育局长研究联盟平台,开始启动为期三年的“提质强校”项目,学校积极申报,成为9所实验学校之一。2021年2月,学校在全县中小学教育教学工作综合考核(初中城区组)中被评为“先进单位”;7月,在宜春市第六届运动会排球比赛(青少年部)中荣获女子组银牌;8月,以万载县第三中学为主的篮球队在宜春市中小学生运动会中获冠军;12月,参加全县第十四届中小学学生文艺会演荣获县城初中组团体“第一名”。

【万载第四中学】 万载县第四中学东临万芳公路，南靠县城东门，西连万载中学，北接万载酒厂，交通便利。学校现有教师129人，学生2100人，校园占地面积20350平方米，环境优美，学风浓厚。学校以“学有所长、教有个性、校有品位”为办学目标，秉承“一切为了师生的发展”理念，以“自强不息，厚德载物”为校训，以“善恩、明礼、求真、践行”为校风，“敬业、爱生、博学、和谐”的教风，“尊师、好学、善恩、践行”的学风推动学校各项事业共同发展。在教学上，学校积极推进教学大比武，开展教研工作，提高教学质量，教学成绩明显提升。近年来，学校把特色创建作为推动素质教育的抓手，真正把素质教育落到实处，各类特色教育成果初显。学校被列为全市拳击训练基地，全县青少年足球训练基地。学校经典诵读活动有声有色。

【万载县株潭中学】 地处赣西边陲龙冈山麓。9月，初中部迁至蜀江之畔县第二人民医院旧址，学校占地面积59274平方米。2021年，学校有教职工222人，其中高级教师40人，一级教师31人，二级教师103人。有学生4000多人，70个教学班。“书香校园，人文株中”续传承，办学质量有提升。2月，获评2020年度江西省创建文明校园先进单位称号，2021年获评宜春市第二届文明校园称号。2021年，中考成绩位居万载县平原组第二名，考录万载中学34人，考取师范3人。2021年，高考本科上线206人，其中文化生75人，体艺生131人。

【万载县教师进修学校】 万载县教师进修学校创建于1959年9月，1998年6月成为全省首批“示范性进修学校”；1979年，学校设立电大工作站，2012年成立宜春电大万载分校，2021年更名为万载县开放学院，两校实行两块牌子、一套人马管理体制，现任校长张晓涛。学校承担着全县教师培训的组织、协调、指导、管理、服务和开放教育等任务。秉承“双服务”师训理念，把服务基础教育，服务基层教师作为师训工作的出发点和落脚点。为提高培训质量，提升培训品位，学校创新培训模式，丰富培训内容，在全员轮训的基础上，增设封闭式体验培训、论坛式聚焦培训、点单式协同培训，有针对性地定期举办教育大讲堂，创新性地探索出一条“研训协同，任务聚焦”，“重心下移，主题落地”，“校际联通，师生联动”的“研训一体”道路，以“主问题引领式”课堂教学建模与实践研究，撬动课堂教学新变革，引领教师走进研训新境界，连续多年被评为省市全员培训工作先进单位。开放学院承担开放教育、职业教育、继续教育、社区教育和老年教育等工作，承担着为地方经济建设培养人才和学历提高培训的任务，多次被省市开放大学评为“办学先进单位”，得到了上级领导及社会各界的广泛好评。

【万载县中等专业学校】 万载中等专业学校是全县唯一的一所公办全日制中等专业学校，坐落在320国道旁，毗邻名优特大市场，占地面积近70亩，校舍建筑面积20000多平方米。校园环境优美，文化底蕴厚重，教学设备设施完善，是莘莘学子理想的求知学技场所。1958年万载县鹅峰中学建立，1984年更名为万载县鹅峰职业中学，1993年更名为万载县第一职业技术高级中学，2002年万载县三所公办职业学校与鹅峰初中四校合一成立万载实验中学。2007年4月经市教育局批准，省教育厅备案，更名为万载县职业技术学校，2014年县人民政府进一步优化资源，在原有的基础上成立万载县职业技术教育中心。学校于2007年12月通过省示范职业学校评估验收，2009年通过省重点职业学校评估验收，2014年被评估认定为省达标职业学校。2019年，经省教育厅评估验收，升格为万载中等专业学校。学校以“有活力、有温暖、有发展”为办学理念，以“好身体、好习惯、好形象、好志趣、好品质”为管理理念，在全体教职工的共同努力下，各项工作稳步推进，教育教学质量逐年提升，各项工作赢得了上级领导充分肯定，社会、家长及学生高度认可,学校的社会美誉度不断提升。2020—2021 年,学校获得万载县“高考进步奖”、万载县“教育教学工作先进单位”、万载县“先进基层党组织”等称号。

【万载县外国语学校】 万载外国语学校为九年一贯制学校,创办于 2014 年 9 月,2021 年 8 月增设高中部即万载格致高级中学。学校占地面积 81.2 亩,建筑面积 61000 平方米。校内建筑按国内一流标准设计和建设,教学、运动、生活 3 个区域布局合理,功能齐全。教学区建筑典雅端庄,环境优美。教学楼四栋,教室全空调配置,均配备现代化教育教学设施;学校设有录播室、图书阅览室、实验室、微机室、舞蹈练功房等各类功能教室;学校配备有灯光、音响一流设备,有可容纳 698 人的多功能厅 1 个。运动区设施完备,拥有室内运动球馆一座,面积达 2100 平方米,设有标准篮球场 2 个、排球场 1 个、羽毛球场 2 个;高标准建造的运动场 1 个,设有全塑胶跑道、室外灯光篮球场 6 个、羽毛球场 4 个、铺设人工草皮的足球场 1 个及其他体育运动设施等。生活区环境整洁,温馨舒适。学校设有宽敞明亮的食堂 1 栋,面积达 4200 平方米;学生宿舍楼 5 栋,全空调配置,每层安装有供学生免费使用的电话,安排育导员为学生提供贴心服务;建有教工公寓、教工休息室、教工健身房,为教工生活提供良好保障。

办学 8 年来,学校秉承“博士办学、专家治校、名师执教”办学理念,各项工作全面发展,综合考核年年创优,教育教学质量一年上一个台阶。近年来,分别被教育部授予“全国青少年足球特色学校”,被全国外语特色学校教育研究会授予“外语创新教育示范基地校”,被江西省环保厅、江西省教育厅授予“江西省绿色学校”,宜春市教体局授予“民办教育先进单位”,宜春市“文明校园”,宜春市“园林式单位”等称号。2021 年,万载外国语学校考取高中衔接班 84 人,人数居全县第一,中考上重点高中录取线人数 154 人,其中统招 45 人(全县招 187 人)、师范 6 人、均衡生 82 人、体特生 3 人、舞特生 1 人、获奖励性指标 17 人,两次共录取 238 人。

【万载县康乐实验学校】 2021 年,学校各项工作创特色上台阶。按教育部要求,开齐开足课程,抓紧抓实常规,“高效课堂”“双减”政策和“五项管理”落地见效。适应新形势,打破旧模式,大胆引进“智慧课堂”,让课堂走向信息化、智能化,为高效课堂探索新路。加强党的建设促进团队建设,依托校园“文明之星”“学习之星”“进步之星”的评选,思想教育和养成教育常抓不懈。“雷锋月”“缅怀英烈”“感恩母亲”“我是小小少先队员”“团员志愿服务”“安全主题班会”“安全实操演练”“我是万康小主人”等系列活动有序开展,党建团建队建齐头并进,形式多样立德树人,开设多彩课堂,发展阳光体育,推行经典诵读,抓好“书写中国”,全面提升学生素质,教育教学成效显著。小升初和中考“一分两率”均居全县榜首,被评为年度教学工作先进单位;在全县第十四届中小学学生文艺会演中获县城初中组团体第二名;被授予“江西省海军青少年航空学校优质生源基地”称号;袁亦欢在全省少儿手绘地图大赛中获二等奖;兰海涛荣获第二十届学生信息素养提升实践活动初中组创意编程省级三等奖;全县师生软笔书法展初中学生组 4 人获得一等奖。

【县教育体育局领导成员】

局　长:张绪荣

副局长:周细辉

　　　　辛文斌

　　　　王啸浪

　　　　杨浩荣

气象工作

【概况】 万载县气象局 1959 年 1 月 1 日建站,原址位于万载县康乐街道环城北路 347 号。2016 年 12 月 31 日实现台站整体搬迁,现址位于万载县康乐街道西环路联和村境内,为正科级单位，工作人员12人。连续4届评为省级文明单位，连续9届评为市级文明单位。内设综合管理科、防灾减灾科、气象台。直属机构为气象灾害防御技术中心。地方管理机构有万载县人工影响天气办公室。

【主要气候】 2021年，平均气温18.9℃，年极端最高气温38.0℃；年总降水量1434.9毫米，比历年平均值偏少287.8毫米；年总日照时数1686.4小时，比历年平均值偏多118.6小时。全年气候主要特点为气温偏高、降水偏少、总日照数偏多。

【气象服务】 树立“人民至上、生命至上”的服务理念，围绕“重要过程、重大节日、重点工程”为服务重点，及时制作发布旬月报、元旦、春运春节、“五一”、端午、中高考天气、中秋、国庆等专题气象预报，确保全方位、高效率地做好各项预报服务保障工作。与国土资源、防汛办、民政、应急管理、广电等部门成立气象信息联合发布机制，重要气象预报预警信息能够通过移动、联通、电信、广播电台、电视台、智慧办公平台等“绿色通道”及时准确对外发布。2021年，共制作发布呈阅件21期，气象情况反映5期，春播报6期、秋收秋种6期、百合特色专项材料4期，县领导批示两次，县防汛指挥部两次到一线值班督导指示防汛工作、开展天气会商。通过短信平台、一键式发布平台、电视台、气象信息员工作群等途径共发布面向公众各类预警信息132次，全县范围内接收预警短信人数达240800人次。2021年，冬春季降水偏少，而汛期总体呈现降水略偏少、气温偏高、有降水集中期、暴雨过程偏少，局地强对流天气明显的特点，主要暴雨天气过程出现在：4月22日、5月11日、5月16日、5月19日、6月29—30日、8月14日、8月18—19日。全体干部职工参与应急值班工作，启动重大气象灾害及相关突发事件应急服务9次(0503暴雨四级、0510暴雨四级，0515暴雨四级、0527暴雨四级，0602暴雨四级、0626暴雨四级、0629提升为暴雨三级、0702降为暴雨四级、0813暴雨四级)，为全县防灾减灾工作提供强有力的气象保障。

【气象法治建设】 加强了气象安全工作的宣传力度。3月23日，通过“线上+线下、常规化+新媒体”的方式开展世界气象日活动，共同谈“天”说“海”。5月12日，在万载县古城参与县减灾委牵头组织的“5·12”防灾减灾宣传日活动。6月16日，在田下古城广场积极参与由县安委会牵头组织开展的第20个全国“安全生产月”安全生产宣传咨询活动，活动现场集中宣传气象法律法规、气象灾害应急避险和自救互救安全常识，同时通过警示教育展板、发放气象常识手册等，让群众认识气象灾害，熟悉逃生避险技能，工作人员还通过问答气象灾害防御知识和关注气象微农公众号可以领取小礼品等现场活动，提高群众学习安全生产、防灾减灾救灾、应急救援知识的积极性，营造了人人关注安全的浓厚氛围。11月4日，县气象局科普人员走进县外国语学校开展“首席预报员进校园”科普宣传活动，通过现场授课与VR全景展示相结合，为同学们带去了一堂生动有趣的气象科普知识讲座。开展气象科普进校园活动，引领孩子们走进神秘的气象世界，近距离感受气象的奥妙，开启学生认知气象科学的神秘大门，提高学生群体应对气象灾害的防御能力。11月下旬，开展“线上+线下”全县全覆盖式气象信息员培训会。参加培训的200余名气象信息员均来自基层乡村、扎根于“最后一公里”服务工作，通过培训更加了解自身的工作职责，明确了信息接收和传播反馈渠道，推广“江西微农”微信公众号的应用。培训会后气象工作人员下发了相关培训课件，与信息员探讨本地化的气象灾害防御工作。

【气象行政管理】 2021年，开展岁末年初安全生产集中治理百日行动、安全生产大检查行动、“安全生产月”和“安全生产万里行”等活动，重点开展建筑物尤其是易燃易爆场所的防雷安全检查。年初制定2021年“双随机一公开”检查计划并开展行政执法检查，完成对全县33个重点企业的防雷安全专项检查，开展检查人次102次，排除了27项安全隐患；完成司法局“三项制度”汇报材料(含气象局音像记录使用管理和监督规则、气象局重大行政执法决定法制审核目录清单、气象局行政执法程序流程图及服务指南、气象局行政执法音像记录事项清单、行政执法信息登记表等)；配合行政审批局、住建局制定工程建设项目审批事项清单，及时反馈意见并完成自己单位所涉及的项目相关审批流程，对接行政审批事项工作，移交办事指南，及时对政务服务事项管理工作进行更新和履行。开展2021年全县“安全生产月”和“安全生产万里行”活动；积极履行县营商办布置的监管工作，并及时发布监管动态信息，确保了监管行为数据全覆盖；全力配合省、市气象局开展的全省防雷安全检查、防雷检测业务质量督查。

2021年，省气象局法规处两次到万载县开展防雷安全检查。督查组一行深入万载县汇鑫源礼花制造有限公司、万载县江山红花炮制造有限公司等公司，现场检查企业的防雷设计审核和竣工验收、防雷安全管理、防雷相关制度、防御重点单位主体责任落实等情况，从源头消除了防雷安全隐患，确保了全县防雷安全处于平稳态势。

6月，联合住建部门开展建党100周年期间建筑施工安全大检查，对县区域内25处重点工地设计、施工、监理、检测等单位在工程质量安全方面的主体责任落实情况进行检查，确保消除雷灾隐患，落实安全生产工作。

【生态型人工影响天气作业】 县气象局严密监测干旱、冰雹、雷电、森林火灾等气象灾害发展趋势，抓住一切有利时机，及时组织人员开展人工影响天气作业。2021年，开展12次生态型人工影响天气作业，发射火箭弹24枚，为降低森林火险、改善城市空气质量、农业抗旱等提供了气象服务保障。

【万载县气象局领导成员】

党组书记、局　长：黄克勤

党组成员、副局长：邓鸿玲

党组成员、气象台台长：

李　茜(女)

科　技

【概况】 2021年，万载县科技局深入实施科技创新战略，科技工作取得较好成绩。全年争取市级以上经费1400万元，创历史新高。获批国家高新技术企业8家，高新技术企业总数量达到34家，科技型中小企业入库108家。培育科技创新平台载体有成效，获批“江西省有机富硒农业技术创新战略联盟”“江西省百合产业技术创新战略联盟”两个省级科技创新战略联盟。人才建设和科技成果均有重大突破，江西亚太科技发展有限公司、江西恒利钒业有限公司等3家企业获批江西省“双千”人才计划项目4个，江西南氏锂电新材料有限公司的“锂云母资源制备电池级碳酸锂与综合利用的关键技术及产业化”项目获得江西省科技进步二等奖。做优做强“科贷通”业务，全年共为23家科技型企业放贷5900万元。

【科技特派员工作站】 2021年7月6日，万载县科技特派员工作站揭牌仪式在县电子商务产业园举行，由15名农业技术人员、专业农业合作社负责人组成的县级科技特派员和科技服务志愿者队伍，实行每月例会制度和严格的考核制度，并通过整合省级科技特派员及江西省农业科学院、江西省红壤研究所等派出单位的创新资源，重点在百合、水稻、两用油菜、黑山羊等产业开展科技创新与技术服务，攻克关键技术难题，建立新品种新技术示范基地，形成“科技特派员+新品种新技术+合作社示范基地+农户”的农业技术推广模式，并依托县双创农业发展有限责任公司开展农产品销售等服务，这是全市成立的首个科技特派员工作站，标志着万载县科技特派员工作步入规范化发展的快车道，对提升万载县农业科技创新水平，完善新型农业社会化科技服务体系，巩固脱贫攻坚成果，同乡村振兴有效衔接工作发挥了重要作用，为乡村振兴注入了新动力。

【承接江西省科技下乡主会场活动】 3月22日，以“巩固脱贫攻坚成果，科技助力乡村振兴”为主题的江西省科技下乡主会场活动在万载县三兴镇国家农业科技园区（万载园区）举行。省科技厅副厅长陈炜蓉参加启动仪式并致辞，宜春市政府副市长兰亚青，县委副书记、县长曾文军，宜春市科技局局长杨荣茂，县政府副县长郭瑞清等领导参加活动。来自全县各乡镇街道的200多名企业代表、农业大户参加了启动仪式。来自江西农大、省科学院、宜春学院、宜春市农科院等高校和科研院所的30多名农业科技特派员和专家面对面地为农民群众开展了农业科技服务。

【召开江西省花炮产业技术创新战略联盟成立大会】 12月10日，在万载县电子商务产业园召开。省科学技术厅副厅长陈金桥，省应急管理厅二级巡视员刘武出席会议，县委副书记、县长刘学军参加会议并致辞。万载县、上栗县、袁州区等花炮产区的花炮企业和专家参加了会议。会议宣读并通过了省联盟章程，选举了联盟常务理事成员，理事长和秘书长等，宣布了联盟顾问团队和专家团队名单。江西省花炮产业创新战略联盟经江西省科学技术厅批准，由万载县满天星花炮产业服务有限公司牵头组建。联盟以新技术创新需求为纽带，联合全省数百家花炮企业和专家学者，有效整合产、学、研、用各方资源，通过对烟花爆竹产业技术的研究及自主创新，形成具有自主知识产权的产业标准、专利技术和专有技术，带动重大应用示范，推动万载县乃至国内烟花爆竹产业的建设和发展。

【承办万载县第四届花炮创新产品评比大赛】 5月9日，大赛在县烟花爆竹检测中心举行，由县政府主办、县科技局承办，花炮产业联盟协办。全县30家花炮企业的80个行业创新产品现场比拼，按照燃放性质分8个类别进行燃放展示评比，邀请烟花爆竹领域的技术权威担任评委，从新颖性、环保性、安全性、实用性、四个方面对参评的新产品进行评比，共评选出金奖7个、银奖14个、铜奖18个。

【县科学技术局领导成员】

党组书记、局长：宋小来

党组成员、副局长：龙万平

江　嵘

副局长：刘向众

党组成员、科技创新促进中心八级职员：郭成兴

党组成员：辛　琳

副科级干部：宋庆剑

全民健身

【概况】 4月，因事业单位机构改革，原万载县体育局、万载县青少年儿童体育学校、万载县青少年学生校外活动中心合并，设立万载县全民健身促进中心，为县政府直属正科级公益一类财政全额补助事业单位，主要承担指导全县体育工作、全民健身活动，推动多元化体育服务，培育和发展体育产业等职能。核定内设机构有人秘股、群体股、竞训股、体育产业股、青少年儿童体育股5个股室。2021年9月，正式启用全民健身促进中心。

【各项活动】 6月29日，举办“颂党恩、展风采”老年人体育健身项目展示活动；7月6日，举办万载县“百城千城”健身气功展示活动；万载县“庆党日、感党恩”7·16全民游泳健身周活动；10月30—31日，由中共万载县委宣传部、县全民健身促进中心主办，社会体育指导员协会承办的“首届舞龙邀请大赛”和“孝道文化节大型公益会演”活动举行。

【群体工作】 进一步健全体育协会组织，规范协会管理，加强社会体育指导员的培训，充分发挥体育协会在全民健身活动中的引领和带头作用，为推动全县社会体育指导员培训发展工作

提供组织保障。全县单项体育协会共24个，各协会基本上做到了“周周有安排，月月有比赛”，且在做好疫情防控的前提下，成功承办了多项大型赛事，取得了良好的社会效应。群体股负责人王晓群荣获2017—2020年度全国群众体育先进个人光荣称号，宜春市仅两人获此殊荣。另因群体工作突出，万载县罗城镇政府、万载县冬泳协会、万载县株潭初中，株潭镇中心小学获评2017—2020年度宜春市群众体育先进单位，还有7人获2017—2020年度宜春市群众体育先进个人称号。

【竞训工作】 以备战市六运会为抓手，加大科学训练力度，抓好业余训练，做好运动员的报名、注册及参赛工作，积极推动青少年体育各项比赛活动，改进和完善训练项目和竞技体育机制，较好地完成了全年竞训工作任务，获得省体育局颁发的江西省青少年业余精品县光荣称号。组织参加省青少年锦标赛，田径比赛18名运动员，3人优秀、9人优良。武术散打4名运动员，1人优良。拳击比赛21名运动员，获得良好的成绩。组织参加市第六届运动会，选拔204名运动员参加12个项目的比赛，3人优秀、9人优良，取得金牌总数排全市第六，团体总分2259分排全市第七。精心组织参加全省百县运动会(田径、足球、篮球赛)。通过深入学校调研，参与观看校运动会，挖掘体育特长优秀苗子，为我县体育后备人才的选招打下扎实基础。

【体育产业工作】 在配合上级完成全县体育产业统计调查结果的复查工作的同时，为进一步扩大、合理、规范布局农民体育健身场所，更好地满足广大群众科学健身的需求，拓宽全民健身的公共服务路径，通过积极向上级部门争取，申请到农民体育健身工程项目1个，资金10万元，且完成多个项目改造与器材添置。安排140万元资金完成双桥镇中心小学运动场项目改造；安排20万元资金完成县接待中心篮球场项目改造；安排5万元资金支持全县多个单位采购体育器材；全年体彩销量达到3305万元，再创历史新高。

【青少年儿童体育工作】 积极开展中小学学生课外比赛活动，通过比赛活动培养青少年意志品质，增强体质，丰富课外生活。科普快车进校园活动重现乡镇全覆盖，反响较好。开展全县青少年儿童各种社会实践活动，要求学生走出校园，走向社会，去关心社会发展，去关注社会问题，去尝试自己研究解决社会问题，让社会实践活动成为学生课余生活的有益补充；积极参加全省青少年校外教育学生成果展示活动。同时，充分发挥优势项目，将田径、足球、篮球、武术、拳击等传统的体育项目分布到各所学校，然后不定时对这些学校进行交流和指导。

【县全民健身促进中心领导成员】
党组书记、主任：刘冬笑
人秘股负责人：邹清波
群体股负责人：王晓群
竞训股负责人：吴子明
产业股负责人：张志亮
青少年儿童体育股负责人：黄庆友
工会主席：邹秋琴

文化 卫生

文化广电新闻出版旅游管理

【概况】 县文广新旅局力求文旅各项工作创特色、有亮点、出经验，2021 年，获全市文化和旅游管理先进单位。2021 年，全县文旅产业运行正常，全县共接待游客 1050 万人次，实现同比增长 16.5%，实现旅游综合收入 106 亿元，实现同比增长 8.1%。

【党史学习教育】 组织全系统党员干部到仙源红色旅游景区活动，重温入党誓词；以党史学习教育为契机，开展“学党史、感党恩、跟党走”——庆祝建党 100 周年优秀影片展映，改编情景诵读节目《坚持在金钟湖的游击斗争》在“百年党史路·红色万载情”党史故事展演赛中荣获展演赛团体二等奖。组织“讲党史·话变迁·跟党走”万场宣讲“六进”活动在万载古城开展，该节目作为“1+2+N”宣讲模式中唯一的情景诵读节目，起到了很好的宣教作用，群众反响好。

【文旅经济发展】 1. 品牌创建不松劲。万载古城景区荣获第一批国家级夜间文化和旅游消费聚集区、首批省级夜间文旅消费聚集区、首批省级特色文化街区、全省首批文化产业和旅游产业融合发展示范区；赤兴皂下天子坳景区成功创建国家 AAA 级旅游景区；高村仙姑岽成功创建省 AAA 级乡村旅游点；万载宜嘉酒店被评为四星级旅游饭店；万载县万花筒文旅有限公司开办的燃朝烟花文创生活馆被列入宜春市旅游诚信示范店名单（全市仅 4 家）。2.文旅产业促发展。万载文化馆荣获全国二级文化馆。万载在全省艺术创作工作暨国有文艺院团改革培训会议上就国有院团改革作典型交流发言，通过招聘戏曲表演人员及委托江西艺术职业学院培养万载花灯戏人才来传承发展万载花灯戏，让万载花灯戏成为万载的新名片；万载选送的作品《永远跟党走》广场舞获得全市“奋斗百年路·启航新征程”百姓大舞台展演暨广场舞选拔赛一等奖；花灯戏《李更探监》在第四届汤显祖戏剧奖暨江西地方戏曲优秀剧目展演比赛中获一等奖并代表全市参加全省的比赛；潭埠镇成功申报 2021 年度江西省民间文化艺术之乡——开口傩之乡。3.宣传营销辟新径。参加江西省“百县百日”文旅消费季活动，万载县分会场活动以全省综合评分第一名斩获优秀组织奖。组织开展 2021 年度“文化和自然遗产日”展演展示活动，组织文旅企业参加 2021 中国特色旅游商品大赛、广东国际旅游产业博览会、第十七届中国（深圳）国际文化产业博览交易会，这一系列活动进一步加速推动文旅消费，扩大内需，进一步提振全县文旅商贸行业的信心。编制《万载县文化和旅游产业发展总体规划（2021—2035）》和《万载县文化和旅游发展“十四五”规划》，为万载县未来五年文旅产业的发展指明了方向。《李更探监》参加文旅部举办的 2021 年“茶香中国”第二届全国采茶戏会演；夏布织造技艺入选“百艺庆百年”——江西省非物质文化遗产展、中国农民丰收节、广东国际旅游产业博览会。4.红色文旅有特色。中共湘鄂赣省委旧址等 5 处全国重点文物保护单位旧址工程完成改陈布展，再现了当年仙源"小莫斯科"的盛况，通过图片展、再走红军路、吃红薯饭等活动重温历史。参观者络绎不绝，这5处全国重点文物保护单位参观人数达10万人次。

【公共文化发展】 1. 夯实公共文化基础。"三馆一站"继续对外免费开放，持续开展文化进景区、进学校等活动。县花灯剧团创排红色题材独幕花灯戏《李更探监》，通过市场运作方式，引进专家团队对该剧进行了全方位、高水平的重新塑造，经过几个月的精心打磨，万载花灯戏经典剧目《李更探监》终于登上舞台。拍摄制作的文物讲解视频《一张泛黄的红色报刊》入选全省百佳革命文物讲述人优秀作品，并在江西文旅公众号、学习强国平台进行展播宣传，点赞数和播放量近万次。2.丰富农村文化生活。利用好农村电影放映的特点，开展了"辉煌历程，伟大复兴""学英雄爱祖国"等一系列优秀革命题材电影展映活动，截至年底，万载县电影公司共放映公益电影2915场，其中农村电影2559场，学生电影356场；万载县文化馆积极开展"百姓大舞台，大家一起来"大型公益性群众活动，让群众享受文化大餐；万载花灯戏《烽火岁月》《李更探监》和音乐情景剧《红色记忆》等节目，走进乡村社区开展巡演63场，全年送戏下乡200余场，观众达10万余人。3.广电宣传全覆盖。基层应急广播体系建成并投入正常运营，覆盖全县17个乡镇(街道)、204个行政村(社区)和5个旅游景区(点)；落实2018年至2020年度244户到期后的续费工作，广电网络完善到位，续费率达100%。

【文物遗产保护】 1. 非遗项目继续发展。万载阳戏（提线木偶）、锦江酒酿造技艺成功申报第七批市级非物质文化遗产代表性项目；万载花灯戏传承人付胜元成功入选江西省代表性传承人；新增周家拳、锦江酒酿造技艺、万载大碗茶(万载茶店)为第六批县级非物质文化遗产代表性项目。2.重视文物保护。认真实施文物安全巡查，制定《重点文物保护单位安全检查制度》，在万载古城景区开展文物安全现场演练，抓牢文物安全防线，确保文物安全有效防护；组织开展第二批革命文物名录核定工作，其中34处核定为江西省第二批革命文物；在江西省古籍保护网上完成了馆藏古籍普查基本六项数据的录入工作(6018册811部)。

【平安文旅市场】 1. 扫黄打非落实处。全县共开展执法行动10次，检查网吧9家、歌舞娱乐场所5家、书刊经营网点6家，收缴非法出版物300余本。开展"扫黄打非"——"护苗2021""净网2021"等专项整治行动，出动执法人员20余人次，取缔书刊游商地摊1个，查缴各类盗版非法出版物780余册(张)，盗版音像制品170余张并进行销毁。2.联合执法保安全。为加强旅游市场监管工作，节假日期间，文广新旅局牵头联合市监局、城管局、消防大队、卫健委等单位对万载古城景区进行安全、疫情防控大检查，全年共联合检查13次，发现问题及时责令限时整改到位。开展旅游安全生产专项整治三年行动、做好"十大攻坚战"，共排查安全生产隐患21条，整治到位21条，全力确保重大活动期间零事故的总体目标。

【县文广新旅局领导成员】

党委书记、局长：

刘海勇(任至9月)

吴　媛(9月任)

党委委员：杨异文

党委委员、副局长：饶国泰

龙瑞荣

龙成胜

赖松松

周力平

卫生健康委员会

【概况】 万载县卫生健康委员会是县政府工作部门，为正科级。委机关内设22个职能股室：秘书股、人事股、规划信息股、财务审计股、政策法规与综合监督股（行政服务股）、体制改革股（医改办）、疾病预防控制股(职业健康股、卫生应急办公室)、医政医管股、基层卫生健康股、老龄健康股、妇幼健康股、人口监测与家庭发展股、党建宣传股、中医药管理股、县卫生健康服务中心(会计核算中心)、县计划生育协会办公室、县卫协办、县爱国卫生运动委员会办公室、社会办医管理股、招商办公室。

全县设有县乡卫生健康单位23个，其中县直卫生健康单位6个:人民医院、中医院、疾病预防控制中心、卫生监督所、妇幼保健计划生育服务中心(妇保院)、皮肤病防治所,乡镇(街道)卫生院17个(中心卫生院5所、普通卫生院12所);共有民营医疗机构15个(红十字会医院、医学会医院、肛肠医院、和谐医院、爱心精神病医院、中西医结合医院、华安口腔医院、红星医院、广仁骨科医院、杏林中医院、诚济医院、仁济体检中心、博视眼科医院、泰康老年护理院、百年颐康老年护理院),乡镇(街道)卫生健康办17个；全县共有181个行政村，有村卫生室181家，社会个体医疗机构56个，联合诊所6家。全县医疗单位编制数1255个,实有人数1108人,大、小集体人员97人，临聘人员1443人;全县医疗机构人员合计3338人，取得高级职称206人,中级职称772人,研究生学历17人。乡村医生529人,其中取得执业(助理)医师资格的149人。

2021年度，基本公共卫生服务项目考核荣获全省第二名、全市第一名;国家卫健委、国家中医药管理局通报表扬黄茅中心卫生院、潭埠中心卫生院、双桥中心卫生院、株潭中心卫生院为2020年“优质服务基层行”活动中表现突出、成效显著机构。

【党的建设】 一是始终履行党建第一责任人职责,开展县域内二级公立医院党建巡查工作,推进党史学习教育走深走实,完成“我为群众办实事”实践活动10项具体工作；加强廉政警示教育,引导党员干部自觉构筑反腐倡廉防线。二是充分发挥宣传工作先导作用。推动意识形态工作考核及主体责任落实,推动“五个纳入”责任落细落实;截至10月底，新闻宣传信息用稿627条,其中中央级媒体上稿13条、省级媒体上稿31条，市级媒体上稿102条。全年共处理舆论舆情5起。成功举办卫健系统体育运动会。

【常态化疫情防控】 切实履行县疫情防控应急指挥部办公室职责，及时调整全县指挥机构,完善人员职责分工,抓紧抓实抓细各项防控措施落实,全县新冠肺炎疫情总体态势平稳,除2020年2月8日报告一例输入性病例外,无其他输入性病例和本地病例发生。

加强重点管控,严防疫情输入。一是至2021年11月19日,已完成有国外境外和国内中高风险地区的旅居史人员、住院病例及陪护人员、重点岗位人员核酸检测220645人次结果均为阴性。二是指导各乡镇(街道)、工业园区管委会对来自中高风险地区和省外地区人员开展精准排查备案管理、健康监测和核酸检测服务。三是至2021年11月18日，全县发热门诊就诊人次数为7992人,为5940名发热门诊病例、44245名住院病例开展核酸检测,重点科室医护人员核酸检测30112人次。四是对317名国外境外入万人员实施“14+7+7”的严格管控和为期两个半月健康随访管理和8次核酸检测。五是加大对养老、监管场所人员的管控，对县看守所40名干警、806名羁押人员和210名养老机构工作人员开展核酸检测结果均为阴性。

加强监督执法,做到人物环境同防。由县卫健委、县市监局等部门组成工作专班,已检测冷链食品从业人员标本977份、食品和包装标本403份、外环境1966份均为阴性。对邮政物流等10家快递企业的从业人员开展检测1651人次，快递点进行快递包裹抽检20份、场所外环境2份为阴性。开展车站、酒店、饭店、酒吧等重点场所工作人员核酸检测3184人次为阴性。

加强信息排查,织密织牢防疫网络。一是组成数据筛查工作专班，开展重点人群摸排管理，至2021年11月19日，已核查大数据推送信息43457条;指导各行业主管部门加大对重点场所疫情防控工作督查,开展进口食品、从业人员、经营场所环境的核酸检测。二是及时科学有效的处置了广东、南京、扬州、福建、铅山等相关突发新冠肺炎疫情,共排查中高风险地区和重点关注地区人员2586名,集中隔离医学观察393人、居家健康监测2193人。

【新冠病毒疫苗接种】 在县委县政府高位推动下,周密部署、加强人员培训、强化考核督查、合理设置接种单位,规范有序开展新冠病毒疫苗接种工作,通过优化接种流程和延长接种服务时间,日最大接种量达到18560剂次。截至2021年11月19日,全县共到疫苗837797人份,已使用782192人份,其中完成第一剂428795份,第二剂343612份,第三剂9785份;完成3~11岁人群第一剂接种66626份。

科学筹备大规模核酸检测预案和做好全县核酸检测信息录入流调培训,开展万载县新冠疫情应急处置桌面推演等工作。完善人民医院发热门诊,加快中医院、诚济医院核酸检测实验室建设,推进人民医院西院核酸检测人才培养,启动实验室检测工作。

【健康帮扶】 一是巩固脱贫人口医疗保障待遇和优化“六个一”服务流程,住院费用报销稳定在90%适度范围,截至10月30日,全年建档立卡脱贫对象累计享受门诊待遇49472人次,住院待遇12369人次;门诊统筹报销260.58万元,住院医疗报销6177.14万元。二是巩固拓展健康扶贫成果。开展健康扶贫成果全面排查整改“回头看”暨脱贫攻坚“百日行动”,确保健康扶贫问题动态“清零”,全面完成整改任务。三是全县31所医疗机构全部建立了健康扶贫“一站式”结算服务窗口,脱贫患者住院只需在出院时支付个人10%以内的自负医疗费用。四是确保医疗卫生机构“三个一”、医疗卫生人员“三合格”、医疗服务能力“三条线”、医疗保障制度全覆盖。五是截至2021年10月30日,全县新建改建公有产权标准化村卫生室153所。落实乡村医生多渠道补偿机制,做好农村订单定向生接收安置及乡村医生执业注册工作。全县脱贫人口29040人,已完成家庭医生签约履约服务26480人,签约率91.18%,履约率100%。

【医疗体制改革】 万载县区域医疗健康综合管理服务平台上线,县中医院完成对电子健康码的系统改造。实现城镇职工和城乡居民多元复合式医保支付方式,中医优势病种支付方式改革试点范围扩大,完善县域紧密型医共体医保基金按人头总额预付管理机制。二级医院和基层医疗卫生机构基本药物采购比例分别达到40%、55%以上,短缺药品信息网络直报实现全覆盖。持续推进基层中医药服务能力提升工程。

【健康万载建设】 充分发挥健康万载建设主阵地作用。投入3万元与县电视台合作,加大健康知识的覆盖面和知晓率,全面助力疫情防控。共发放健康手册24700余册,发放健康教育明白纸10万余份,培养健康明白人15000多人次,培养乡村级健康教育骨干600余人;再次启动居民健康素养监测项目。

【组织开展“省级卫生县城”复审迎检工作】 围绕工作重点,切实履行“省级卫生县城”复审迎检工作指挥部办公室职责,协调组织,主动作为,邀请市级领导专家对农贸市场、建筑工地、城中村和城乡接合部等重点场所区域进行现场指导;扎实开展环境卫生整治活动,推动跟踪整改落实。大力倡导“文明健康、绿色环保”的生活方式,推进无烟党政机关(单位)建设。

【项目建设】 县中医院综合大楼建设按期完成主体工程,总投资约6200万元,总建筑面积约15060平方米,其中中央预算内投资4960万元,设置传染病平战结合转换床位137张。宜春学院第一附属医院(万载县人民医院南部新城院区)建设项目前期工作启动,已完成可研入库评审,规划用地面积172.39亩,总建筑面积173432平方米,共计1199张床位。

【人才建设】 完成公开招聘专业技术人员34名,8名“三支一扶”支医人员补充到乡镇卫生院,向上级申报了30个高层次人才计划,计划以校园招聘方式引进。市人才服务团2名业务专家到县中医院挂职服务,对万载县工业园区所属企业高层次人才27人实行健康绿卡制度。

【医疗服务能力】 远程医疗系统与基层医疗机构信息平台实现互联互通,实现远程会诊咨询教育等多元化服务。积极开展二级医院DRGS绩效管理,在全省129家二级综合医院综合排名中,县人民医院排名第18名,诚济医院排名第51名,人民医院西院排名第99名。全面完成全县二级公立医院和17家基层卫生院6S精益化打造。完成重大疾病免费救治和贫困人口重大疾病专项救治审批11人,拨付款2.58万元;举办两期全县卫生健康系统心理健康服务培训班。多部门联合抽查23家医院,行政处罚医师3人,护士1人,其他人员1人。开展“弘扬伟大抗疫精神,传承优良医德医风”专题活动,优化卫生健康行业形象。截至2021年11月15日,万载县无偿献血人数3777人,采血量1368200毫升。

【妇幼老龄工作】 一是完成4555名孕产妇妊娠风险评估,0~6岁儿童健康管理率78.90%;全县医疗保健机构接产4728名产妇,剖宫产数1984人;积极推动新生儿疾病筛查听力筛查和农村、城镇贫困妇女两癌筛查和生殖健康妇女病普查。二是积极做好安宁疗护和老年人心理关爱项目试点工作,二级以上综合医院老年病科比例达到了50%以上,全县65岁以上老年人健康管理率达到了67%以上。组织两家医养结合机构开展医养结合示范创建活动和医养结合监测。积极开展医养结合与失能老年人评估指导项目试点县,摸排出失能老年人1613人。

【卫生健康综合监督执法】 共监督检查各级各类医疗机构、公共场所、饮用水单位、学校、工矿企业等1000余户次,下达卫生监督意见书800余份。严格“双随机、一公开”监督抽检,查处违法案例172件,其中非法行医案件移交公安2件。

【人口计生工作】 目前已由市、县两级统一共为计生特殊家庭242人购买“江西卫惠保”。聚焦实施全面两孩政策,完善配套措施,统筹推进服务管理改革,提升基层服务能力,积极推进母婴设施标准化建设和3岁以下婴幼照护服务工作。统计年度全县总出生人口5123人,其中男孩2789人、女孩2334人,出生率8.33‰,自然增长率4.47‰,继续做好计生奖扶特扶工作。

【县卫健委领导成员】

党委书记、主任:宋善良(任至9月)
　　　　　　　刘海勇(9月任)
党委副书记、副主任:陈荷根
党委委员、副主任:彭水平
　　　　　　　龙国平
党委委员:韩　梅
县计生协会办主任:周敏琼

图书发行

【概况】 万载县新华书店成立于1952年10月。根据上级整体改制工作要求,2009年9月,万载县新华书店正式更名为江西新华发行集团有限公司万载县分公司。公司是依托县城、面向广大农村的国有出版物发行企业,主要经营中小学课本、大中专教材及幼儿教材、一般图书、音像制品、数码产品、电子出版物,兼营文化体育、办公用品。并开拓了教育装备、在线教育、新华云智慧教育、课后托管服务等多元业态领域,公司在坚持社会效益第一的原则下,发行好中小学教材、政治读物和一般图书,尽可能满足社会各界读者的阅读需求,公司连续多年保持江西省文明单位、万载县平安建设(综治)先进单位称号。多次获得万载县志愿服务先进单位、江西新华发行集团有限公司助学用书市场化运作奖、江西新华发行集团有限公司护苗最佳奖等称号。

【图书发行导向】 公司始终牢记自身肩负的历史使命，保证党的宣传阵地、意识形态领域的特殊定位不动摇，始终坚持正确的发行导向，把社会效益放在首位，把内容导向正确视为生命线，坚决摒弃唯发行量、唯排行榜等不良倾向，从图书的价值导向、内容质量、市场表现、社会反响等方面科学合理设计评价指标，完善评价排行体系。大力做好弘扬社会主义核心价值观、弘扬中华优秀传统文化等主旋律出版物的宣传和销售工作，更好发挥主旋律出版物引领风尚、教育人民的作用。坚持为读者提供高品位的精神文化产品，满足人民群众日益增长的多样性文化需求。

【一般图书销售】 公司全力推动全民阅读活动，积极担负起万载县文化宣传工作的社会责任，经常性地开展下乡流动售书服务，结合党史学习教育宣传活动，充分发挥流动售书车流动供应机动、灵活的优点，宣传推荐建党100周年重点图书，宣传宣讲党的政策，培育践行社会主义核心价值观，大力营造浓厚的党史学习教育学习氛围，打通服务基层“最后一公里”。公司中心门市精心策划，在党和国家重要节日、重要会议、重要时期积极主动组织开展一系列的图书促销和展销活动，如“世界读书日”促销活动、“假期读好书”活动、“建党100周年” 图书推介活动，通过形式多样的促销活动，烘托节日气氛，创造市场效益，营造“多读书，读好书”的良好社会氛围。

【重点图书发行】 公司始终以高度的政治站位和责任担当做好政治读物发行工作，高度重视、精心组织党和国家重要文件、文献的发行工作，坚持依法经营、公平竞争的经营理念，将党的声音及时传递到广大党员干部群众当中。持续做好党和国家重点主题出版物和其他重点出版物发行工作，加强宣传推广、大力拓展市场，按要求做好相关展示展销活动，有效扩大党的思想影响力。公司职工深入全县各机关和企事业单位，做好重点主题出版物征订、配送等发行服务工作，优化图书选品与陈列，加强主动服务意识，发挥好政治读物发行主阵地作用，切实扩大党和国家重点主题出版物的社会影响，在全社会营造浓厚学习氛围。

【书香校园建设】 公司每年积极开展“护苗绿书签”行动，2021年6月，邀请儿童文学作家罗兰到万载县康乐街道中小、县第二小学举办“作家进校园”活动，将保护未成年人健康成长文化环境深入融合到学校、家庭及社区等基层组织日常工作中，得到了学生、教师和家长的广泛认可，成了万载县“全民阅读、书香校园”不可或缺的绿色名片。

【社会公益活动】 开展关爱留守儿童活动。为进一步深入推进新时代文明实践活动，帮助广大农村留守儿童健康、快乐成长，丰富他们的精神文化生活。2021年5月28日，分公司志愿者服务队员与万载县志愿者协会志愿者们一同到白水鲁冰花驿站开展爱心助学活动，向鲁冰花驿站捐赠价值1万元的图书、文具等。分公司志愿服务队开展了多次爱心敬老活动，志愿者分别到康乐敬老院和赤兴乡花桥村敬老院为老人送去水果、面、粮油等慰问物品，让他们感受到来自志愿者们真切的关心与爱，在公司内部发动职工捐出一日收入，开展“一元捐爱心助学”活动。开展常态化志愿服务活动。通过组织开展美丽宜居城市建设、人居环境整治、文明交通劝导、敬老爱亲、爱心助学、教育捐赠、无偿献血、防诈骗宣传、禁毒宣传等常态化志愿服务活动，实现典型培树常态化、管理整治常态化、志愿服务常态化，让社会主义核心价值观深入人心。

【江西新华发行集团有限公司万载县分公司领导成员】

总 经 理：吴　健
副总经理：孔克勇
　　　　　龙学军
　　　　　辛　婧

融媒体工作

【概况】 2021年，县融媒体中心以习近平新时代中国特色社会主义思想为指导,坚持正面宣传为主,围绕中心,服务大局,发挥各媒体平台间深度融合和聚合共振效应,多项工作取得喜人成绩。

【政治建设】 进一步强化政治意识,始终用习近平新时代中国特色社会主义思想、习近平总书记关于媒体深度融合和县级融媒体中心建设的重要论述指导实践,深刻领会中办、国办《关于加快推进媒体深度融合发展的意见》文件精神,把政治意识落实到内容生产和产业经营每一个环节,确保党媒姓党,党管党媒。以落小落细“三审三校”和安全播出为抓手,加强和改进意识形态工作,做好意识形态领域风险防控,未发生重大新闻宣传事故和安全播出事故。扎实开展党史教育活动,进一步建立健全各项党建工作制度。

【对内宣传】 紧紧围绕县委、县政府“融入宜春、聚力园区、双城联动、特色彰显、宜业宜居”工作思路,围绕庆祝中国共产党成立100周年重大活动,做好全县宣传报道工作。尤其是“三会”(县党代会、人大会、政协会)宣传有序有力、党史教育彰显情怀、专项宣传奋勇担当。充分发挥“万载发布”微信公众号、“万载发布”抖音、微博、“智慧万载”APP、电视台等宣传媒体的阵地作用,通过开辟专栏、设立专题等形式,持续加大宣传力度,深入报道“三会”精神。会前,制作大型条幅,放置屏首,为大会召开营造氛围。会中,开辟《聚焦党代会》《聚焦“两会”》栏目,报道开闭幕盛况,分组讨论,解读报告等,发稿70多条。会后,开辟《贯彻党代会精神 创造第一等工作》《贯彻“两会”精神》栏目,报道全县各地各单位结合工作实际,把思想和行动统一到会议精神上来,用实干贯彻落实“三会”精神,发表相关报道近90条。

【经济报道】 2021年,中心加大经济建设相关报道,为全县经济社会发展营造良好的舆论环境。在《万载发布》每月发布红黄榜,对服务企业的各单位行为进行排名,表扬先进,鞭策后进,促进发展。在万载电视台《万载新闻》《万载发布》等媒体发布各地各单位改善营商环境的典型事例,报道圆桌会议,做好“营商环境日”宣传活动等。

新一届县委政府把牵动全县80%农村家庭的传统花炮产业作为主打产业。为让古老的“花炮名片”更具特色、更加响亮,中心融媒矩阵紧抓重点,从花炮安全、科技、环保、商贸、转型升级、文旅融合等视角,全方位展现花炮产业发展的“凤凰涅槃”,报道有重点、有深度。既有县领导多次到安徽贵州等外省推介万载花炮,也有县领导凌晨4点到企业督查安全生产,晚上11点在企业开座谈会;既有大型花炮文化节,也有花炮版《三字经》,在各级媒体发表相关报道近60条。

【每日新闻】 为更好更快传达县委、县政府的声音,更好满足全县人民的资讯需求,县融媒体中心在2月22日推出电视每日《万载新闻》,作为“我为群众办实事”的新举措。为推出电视每日《万载新闻》,县融媒体中心克服人员不足、负荷过重、设备设施不足、新闻源不足,加强新闻策划运作,挖掘新闻线索,调动人员积极性,加强横向联系及合作等,千方百计拓宽渠道,着力提高新闻生产水平。中心推出电视每日《万载新闻》新举措后,受到观众好评,得到上级肯定。

【系列宣传】 县融媒体中心把开展党史学习教育作为一项重大政治任务,紧扣“学史明理、学史增信、学史崇德、学史力行”的目标要求,全方位打造党史学习教育系列宣传行动,中心在“万载发布”微信公众号、抖音,“智慧万载”APP、万载电视台《万载新闻》等融媒体矩阵刊播,实施多维度推送,进行全媒体展示,为庆祝中国共产党成立100周年营造浓厚的舆论氛围。组织开展党史学习教育系列宣传行动,是县融媒体中心策划重大主题宣传的一次重要实践。

县融媒体矩阵刊播的《我为群众办实事》实践活动等栏目,大力宣传全县各地各部门各单位为群众办实事解难题的有力举措,以党史学习教育推动各项工作高质量开展。栏目刊播稿件70多条。

中心融媒刊播的《同唱一首歌》——《妈妈教我一支歌》的网络拉歌活动,通过歌曲快闪、短视频等方式歌颂中国共产党百年来带领中国人民取得的伟大成就,激发广大党员干部群众爱党爱国爱社会主义的巨大热情,展现全县上下奋发前行的新风貌。

中心在“万载发布”开辟的“感党恩　话传承　强党性——我和我的入党介绍人”专栏,反映社会各界大力唱响感党恩、听党话、跟党走的主旋律,激励全县人民勠力同心、砥砺前行。

中心在“万载发布”微信公众号、抖音、“智慧万载”等融媒平台开办《学史力行》栏目,在万载电视台《万载新闻》开办《贯彻省市县全会精神　推进万载高质量发展》《奋斗百年路　启航新征程》《巡察反馈问题阳光检视整改》等栏目,学习宣传贯彻习近平新时代中国特色社会主义思想专题专栏,庆祝中国共产党成立100周年专题专栏,在微端首屏、首页“天天见、时时新”。

【各项指标】　江西省融媒体中心对全省104家县级融媒体中心进行排名,“万载发布”抖音、“万载发布”微信公众号列全省县级融媒体前20强。“万载发布”微信公众号发稿量2190人次,阅读量520万人次;“万载发布”微博发稿量1092条,阅读量450万人次;“智慧万载”手机台发稿量3818条,阅读量180万人次。“2021年江西省科技下乡活动启动仪式”“百年党史路红色万载情党史故事展演赛”等手机直播人气满满。

【外宣工作】　中心强力做好外宣工作。4月10日,中央人民广播电台《新闻和报纸摘要》单条播出了万载党史学习教育的经验做法。4月25日,央视《新闻联播》“奋斗百年路　启航新征程——学党史　悟思想　办实事　开新局”专栏中,报道了万载县创新形式开展党史学习教育的经验做法,介绍万载深入学习党史,汲取发展力量。用好红色资源,探索创新党史学习教育方式,并在为群众办实事中检验学习成效。2021年,在中央电视台《新闻联播》中用稿2条,其他频道(考核频道)用稿11条,中央人民广播电台《新闻联播》《新闻和报纸摘要》用稿5条,江西卫视《江西新闻联播》用稿31条。

【县融媒体中心领导成员】

党组成员、副主任(主持工作):
　　刘　永
党组副书记:郭基平(任至9月)
党组成员、副主任、八级职员:
　　刘仲高(任至9月)
党组成员、副主任(副总编辑):
　　宋　维
　　陈建长
副科级干部:汤　勤

广电网络

【概况】　2021年,万载县广电网络公司认真贯彻中共十九大和十九届五中、六中全会精神,紧紧围绕省公司下达的目标任务,以智慧广电建设和网格化管理为抓手,以优质服务求生存,攻坚克难,顽强拼搏,奋勇争先,以过硬的工作举措和超常规的工作毅力推进分公司各项事业的发展和目标任务的完成。2021年,万载县分公司支部分别荣获省公司党委和宜春市直机关工委先进基层党组织。

【规范管理】　分公司坚持向管理要效益,以管理树形象,全面落实网格化管理,强化绩效考核,建立健全各项规章制度,以制度管人管事管财务。认真落实省公司《客服管理及考评办法》《万载县分公司网格化管理实施方案》和首问负责、限时办结、用户回访、全面赛马等制度,以此提升全体员工的服务意识、服务质量,促进服务水平上台阶,做到小故障当天报修当天修复,当天开户当天安装或即时安装。

【服务经济社会发展】　积极做好政府中心工作。配合做好市政工程老旧小区改造、新农村建设、集镇改造、公路建设的杆路迁移地埋工作,在多次管线迁移改道中,公司在4家弱电运营商中最先配合政府完成杆线的迁移改道工作。全年无偿投入100多万元用于线路改造迁移,得到县政府领导的多次表扬,为县域经济的发展做出了应有的贡献。分公司主要领导和帮扶干部坚持每月深入罗城镇麻田村6户脱贫户家中走访慰问，了解情况、指导生产,同时,针对脱贫村及脱贫户出台有线电视、宽带安装使用优惠政策。

社会事业

民政工作

【概况】 万载县民政局2021年年底在编人员38人，内设11个职能股室：秘书股、党建办、社会救助办公室、社会组织管理办公室、基层政权社区治理和区划地名股、养老服务股、慈善事业和社会工作股、社会福利事务股、福利彩票发行站、县城镇贫困群众解困脱困办公室、县殡葬改革办公室等。2021年，全县民政工作在县委、县政府的正确领导，在省、市民政部门的指导支持下，认真学习习近平新时代中国特色社会主义思想，以落实基本民生保障为重点，紧紧围绕县委、县政府中心任务和省市民政工作要点，推进社会创新和民政服务，努力开创全县民政改革发展新局面。2021年，荣获全面依法治县工作"先进集体"等称号。

【城乡低保】 全面提高县城市居民最低生活保障标准，统一由2020年的每月每人705元提高到765元，月人均补差水平统一由450元提高到490元；农村居民最低生活保障标准统一由每月每人470元提高到515元，月人均补差水平统一由325元提高到355元。城镇特困人员供养标准统一由每月每人915元提高到995元；统一农村集中供养和分散供养标准由2020年每月每人615元提高到670元；将农村失能、半失能的供养标准每月统一提高80元，达到995元每月每人；城市精简退职老弱残职工救济对象标准统一由每月每人495元统一提高到535元，农村精简退职老弱残职工救济对象标准统一由每月每人455元提高到485元。截至12月底，全县共发放城乡低保271563人次10476.19万元；发放特困供养金3085.24万元；发放特困对象护理费494.54万元。临时救助共发放556人次135.01万元；精简退职发放35.05万元。为有效加强对照料服务工作的监督和管理，提升服务质量，县民政局委托第三方机构通过组织定期入户核查、调取服务平台工单数据、对特困自理人员访谈以及电话回访等方式对照料护理服务情况进行调查评估，了解实际服务状况，通过调查评估，综合满意度达到了98.47%。

【特困人员救助和临时救助】 对照赣民发〔2021〕7号文件规定，严格把关特困申请审批流程，做到应救尽救，应养尽养。截至年底，新增76户84人，清理180户202人，全县有特困人员3198户3597人。全面推进农村特困人员失能评定和集中护理工作。下发了《万载县农村特困失能人员集中照料护理实施方案》；已有39名失能人员、3名半失能人员被安置到县福利院进行集中护理。落实民生提标提补任务。从2021年1月起，农村特困供养人员每人每月提高45元，达到670元；城镇特困供养人员每人每月提高59元，达到995元；失能、半失能对象达到每人每月995元；于6月底已全部发放到位。至年底，共发放农村特困金2926.4783万元，护理补贴424.976万元，城镇特困金158.7666万元，护理补贴69.5640万元。充分发挥临时救助"救急难"的作用，共救助困难对象556户，发放临时救助金135.01万元，对13户因遭遇突发事件、意外伤害、罹患重病等特别重大困难家庭发放特别救助金34.15万元。全年为全县申请城乡低保、临时救助、特困人员供养、低收入家庭认定以及支出型贫困家庭发起协查户数18379户65927人，生成核对报告户数18379户65927人，完成率100%。

【城镇贫困群众解困脱困工作】 2021年年底，全县共有城镇困难群众1288户2298人，其中低保困难对象1164户2130人，特困对象106户113人(其中全失能21人、半失能28人)，支出型困难对象18户55人，困难对象中有残疾困难对象534人，所有帮扶对象都按"一户一档"的要求建立了档案，并及时将动态信息数据共享给行业部门。县妇联开展"困难母亲两癌救助"活动，联合县妇幼保健院下沉到各乡镇(街道)开展城镇困难妇女"两癌"免费检查工作，完成检查207人；扶助城镇困难妇女"两癌"救助2人，发放救助金2万元。

【村(居)民委员会换届选举】 依法依规完成了第十一届村(居)民委员会换届选举工作。登记参加选民达39万多人。全县村(居)民委员会书记、主任"一肩挑"206人(村委181人、居委25人)，村(居)民委员会"两委"成员"交叉任职"516人(村委会452人、居委会64人)。制定了城乡社区民政服务对象清单、民政服务项目清单、民政工作事项"三张清单"。2021年，罗城镇小浒村荣获全省"绿色社区　美丽家园"创建活动示范社区称号。

【工业园区道路命名】 2021年，完成了工业园区8条主干道、16条支路命名工作，做好了万(载)宜(丰)段联合检查工作。完成7条乡镇边界联检、平安创建任务。做好《万载县地名志》《万载县城区图》《万载县行政区划图》3项核稿、出版工作。

【养老服务】 加快补齐养老服务设施和机构建设短板。投入资金80多万元对马步、高城、仙源3个敬老院的屋面进行了改造，加盖了屋顶和琉璃瓦，粉刷了墙面，院容院貌焕然一新；对罗城、康乐、马步、高城、双桥、赤兴、株潭和黄茅8个敬老院进行消防改造；加快推进潭埠敬老院附属工程建设，年底已投入使用。

出台《万载县农村特困失能人员集中照料护理实施方案》，对全县特困人员开展了失能评估，全县特困失能人员291人，其中全失能98人、半失能193人，对全失能人员开展了集中照料护理，有60多名失能人员在县福利院进行集中护理。省民政厅厅长刘金接9月28日到福利院视察指导工作，对县集中护理工作给予了肯定。出台《万载县特困人员照料服务实施暂行办法》，在全市率先开展了特困分散供养人员照料护理购买服务，委托社会组织对全县2824名分散特困供养人员进行购买护理服务。

助力乡村振兴战略，着力推进农村"党建＋幸福食堂"建设，全年建设了5个幸福食堂，全县幸福食堂增至127个，建设覆盖了66%以上的村(居)；新建了茭湖、黄茅、高城、双桥和凤凰5个社区居家养老服务中心，已全部建设完成并投入使用。初步建成了以机构养老为主，社区养老为补充的养老服务体系。

【慈善捐赠】 一年来慈善会接受上级慈善会、基金会和社会各界善款142.94万元，其中中国扶贫基金会26250元和省、市慈善总会104.6万元，慈善一日捐28.1226万元，其他定向捐赠收入350036元，所接受的善款一是继续在万载中学开办"依恋阳光班"，解决50名贫困家庭的子女高中三年衣食住行等费用，圆贫困家庭子女的"大学梦"，为62名建档立卡贫困户或低保户家庭子女考取二本以上的学生，每人捐助5000元，共计31万元。按照爱心人士的意愿定向捐赠给社会组织和困难群体。加大教育投入善款，投入5.5万多元购置500套课桌椅，捐赠到万载县3个乡镇、6所学校。催交收取慈善一日捐善款，共计28.1226万元。定期对全县的10个童伴妈妈项目点进行了3轮督导，该项工作已得到中国扶贫基金会和江西省慈善总会的高度认可。2021年，荣获省慈善总会授予的“省慈善助力脱贫攻坚先进集体”称号。

【社会工作人才队伍建设】　作好社会工作职业水平考试开始报名工作。抓好社会工作服务站的示范创建工作,选取罗城镇作为第一批社会工作服务站。完善留守儿童和困境儿童示范创建工作。完善台账,按照上级工作要求,切实摸清3类10种困境儿童数据统计工作,共统计1303名困境儿童,其中事实无人抚养孤儿131名、特困儿童139名、残疾儿童1033名。加强“留守儿童之家”示范点的创建工作,定期对全县15个“留守儿童之家”示范点进行督导督查。

【社会组织管理】　主动参与各类公益性活动,参与法治平安建设,积极贯彻县委、县政府“五员联动,共创平安”工作指示精神,齐心聚力,积极开展平安建设宣传,采用法制教育文艺宣传形式当好“五员联动”共创平安中的法治、德治和平安建设的宣传员,提升群众法治素养,提高法治建设的满意度和获得感等助力万载发展。其中,龙河之声艺术团有39人荣获全县消防公益宣传大使称号,2人受政法委表彰为平安创建优秀志愿者称号。

【社会福利事务】　2021年,万载县儿童福利机构收养儿童数为11人。其中,有9人在袁州区福利院区域性养育,2人因重残、就学在万载福利院养育。年末救助站共救助人215人次;婚姻登记中心共办理结婚登记2372对,离婚登记600对,补发婚姻证件598对,2021年年末全县散居孤儿人数为42人,发放孤儿保障金89.8万元;事实无人抚养儿童137人,共发放事实无人抚养保障金138.7016万元;残疾人护理补贴4429人,生活补贴5739人,共发放残疾人两项补贴770.54万元。将所有符合条件的18岁以上孤儿纳入孤儿助学工程资助范围,共为10名符合条件的儿童每人每年发放助学金1万元;2021年,首次实施残疾孤儿(残疾事实无人抚养儿童)照料护理项目,经审核,为23名残疾孤儿每人每月发放护理补贴1200元。

全年依法办理国内收养登记3件,组织每个收养家庭参加第三方对收养能力考评,合格率100%。

【殡葬改革】　先后出台《万载县殡葬改革工作领导小组2021年工作要点》《万载县殡葬改革工作领导小组关于建立殡葬改革联系点的通知》《万载县殡葬业价格秩序、公益性安葬设施建设经营专项整治实施方案》《万载县殡葬事业“十四五”发展规划》等文件。联合县文明办印发《关于印发推进丧葬礼俗改革促进乡风文明建设工作实施方案的通知》,明确丧事办理流程指引,倡导丧事礼办,崇尚文明节俭经验做法。新建的万载县殡仪馆和万载县九泉宫公墓龙文公园,是县政府重点民生实事项目。殡仪馆9个悼念厅、遗体处置车间、火化车间、第一服务厅、综合服务楼、餐饮楼等主体工程完成95%,管网工程完成96%;馆区墓区主干道路面完成52%,年底前这几项工程基本完成。全县农村公益性公墓建设共投入财政资金1469万元。年底,共建设完成农村公益性公墓211个,有穴位数29778个,并全部验收合格,实现了县域全覆盖。同时,建设打造了省级农村公益性公墓示范点2个(罗城镇小浒村和马步乡寨下村);市级农村公益性公墓示范点潭埠镇濠田村,县级农村公益性公墓示范点白良镇歧里村。万载县入墓率达到85.6%。推进“互联网+殡葬服务”,提高殡葬在线政务服务水平。推动殡葬服务线上线下融合,逐步提供网上预约、远程告别、网上支付、网络祭扫、网上评价投诉等服务。

【福利彩票工作】　2021年,万载县福利彩票共销售2856.6万元,其中电脑票销量2708万元,即开票销量148.6万元。

【县民政局领导成员】

党组书记、局长:黄绍儒(任至9月)

周　毅(9月任)

党组成员、副局长:

黎带义(任至9月)

李新民(任至9月)

李龙晖(任至9月)

县社会救助局局长:吴建珊(女)
一级主任科员:辛湖安
二级主任科员:周玉山
龙昱薇(女)
刘家维(9月任)
四级主任科员:辛　文
四级调研员:卢春生
正科级干部:陈贵良
二级主任科员:龙思生
龙　波
三级主任科员:辛礼平

老年教育

【概况】 2021年，万载县老年大学聘任教师26名，开设专业22个,教学班51个,在校学员3930人(次),建立校级层面校长负责制下的学员总支,学员总支下设20个支部，负责全校200多名党员学员的组织管理工作。在党的百年华诞系列纪念活动中,在县政府大礼堂组织由全校师生参与的“万载县老年大学建党百年庆典暨教学成果展演”大型文艺晚会,得到了社会的普遍认同。

【教学管理】 2021年，学校紧紧抓住以下4个关键环节做文章:一是扬优势。以全面落实国家、省、市三级党和政府关于加强老年教育工作的决策部署为抓手,舆论先行,形成氛围,把三级文件汇编成册，统一宣传口径,不断提高社会共识。在县委、县政府的支持力度不减,部门配合意识增强的推动下,全社会支持老年教育工作的氛围日趋浓厚。二是补短板。针对基层老年教育工作相对薄弱这一实际,通过上下联动、考核引导、“老字号”协作等办法,乡镇“老年学校”的硬件设施有了明显完善,软件管理也得到提高,各项工作基本到位。三是抓提高。县本级老年教育工作注重围绕师资配置、专业设置、教学管理、学员组织四者之间的良性互动、整体效能、合力作用、团队共识的格局日趋形成,“人民满意教育”在老年教育工作中得到体现。四是促完善。在现有“强化队伍建设”的基础上,进一步注重了学校党组织建设。成立了学校党总支和学员党支部。通过支部建在班上,学员党员的先锋模范作用得到发挥,在全县经济社会发展大局中,老年大学凝聚、传播、发挥正能量的辅助作用更加彰显。

【老年大学领导成员】
校　长:杨富华
副校长:杨金媛(兼党支部书记)
许碧霞
刘汉朝
徐　勇

退役军人事务

【服务保障体系】 万载县退役军人事务局紧盯制约体系建设发展的重点、难点问题,主动对接协调相关部门加以研究解决,持续巩固和深化“五有”“全覆盖”成果，全面推动落实退役军人保障工作责任制，对照年度工作任务和上级有关部署要求，推进做好退役军人就业创业扶持、优抚帮扶、走访慰问、信访接待、权益保障等工作体系建设，进一步提升服务保障水平。2021年,全县17个乡镇(街道)退役军人服务站和5个300人以上服务对象村(社区)退役军人服务站全部通过省退役军人事务厅验收。

【宣传《中华人民共和国退役军人保障法》】 制定下发《万载县“退役军人保障法”学习宣传实施方案》，开展多种形式的学习宣传和主题配合活动。在退役军人系统开展以《中华人民共和国退役军人保障法》为主要内容的知识竞赛,深入开展《中华人民共和国退役军人保障法》进机关、进企业、进学校、进社区宣传活动,营造学习宣传退役军人保障法的浓厚氛围,印制发放各类宣传材料3000余份，为群众1000余人解答咨询。

【开展拥军优属战略合作】 与万载县多家企业开展拥军优属战略合作,在做好退役军人服务工作的同时,动员更多的社会组织积极参与到拥军优属工作中来，增强广大退役军人的获得感、幸福感,在全社会形成关爱退役军人的浓厚氛围,让更多退役军人感受到实实在在的光荣感和尊崇感。“八一”建军节期间,TCL集团有限公司、米兰婚纱、宜春源宇鑫贸易有限公司、博视眼科医院等各行业代表开展走访慰问、捐赠物资,免费活动、折扣优惠,发放拥军惠民基金卡等不同形式的拥军优属活动,价值30余万元,在万载县城乡引起良好反响。

【组建新长征退役军人志愿服务队】 3月5日,“新长征”退役军人志愿服务队成立暨授旗仪式在县工业园退役军人孵化基地举行。万载“新长征”退役军人服务队的组建,标志着全县退役军人志愿服务迈上了一个新台阶。万载“新长征”退役军人志愿服务队大力弘扬奉献、友爱、互助、进步的志愿精神,深入贯彻落实“尊崇工作法”及“一域一队伍”具体工作要求,发挥退役军人在志愿服务中的引领作用,传承退役军人守正赋能、忠诚奉献的精神,推动万载县退役军人志愿服务活动规范化、制度化、常态化、专业化开展。

【关爱烈属】 万载县退役军人事务局紧扣“我为群众办实事”主题,把关爱烈属工作做实做深做细,切实解决烈属“急、难、愁、盼”问题。“新长征”退役军人志愿服务队与烈属家庭进行一对一结对,通过日常联系和定期走访详细了解广大烈属的基本情况和所思所想所盼,建立烈属困难台账,有针对性地提出解决方案。2021年,全县共结对烈属236户,解决实际困难和问题30余件,解决率100%。同时,开展常态化走访慰问,为烈士父母、烈士子女建立“常态化联系登记表”,不定期组织工作人员和志愿者到烈属家里走访慰问。在春节、清明、“八一”、烈士纪念日等重要节日,县、乡、村三级联动,县委、县政府领导带队走访慰问,为烈属送去党和政府的关怀。全年共走访慰问烈属236户,赠送慰问金11.8万元,赠送慰问品价值1.6万元。

【烈士纪念设施提质改造】 按照《江西省县级及以下烈士纪念设施管理保护专项行动实施方案》要求,万载县退役军人事务局成立工作专班逐一核实全县烈士英名录,详细了解烈士纪念设施和散葬烈士墓现状,将全县烈士纪念设施拍照留存、登记建档。全县共采集烈士纪念设施信息数据521处,其中县级1处,乡级2处,零散烈士墓518座。利用上级下达的88万元烈士纪念设施维修专项资金,对万载县烈士陵园的100穴散葬烈士墓,茭湖乡上峰村、黄茅镇大土村革命烈士合葬墓,黄茅镇军屯村、高城镇大坪村革命烈士公墓,赤兴乡书堂村书堂坳、黄坊组社公梗无名烈士墓及半岭红三医院烈士集中安葬区等零散烈士墓进行升级改造。

【用好用活红色资源】 万载县退役军人事务局充分挖掘、利用烈士纪念馆的红色资源优势,为全县党员干部群众开展党史学习教育提供了一个良好平台。一是利用现代陈展技术,结合新时代特征,增强教育的体验度和鲜活性;二是加强工作人员对党史特别是万载革命史的学习和钻研,组织纪念馆讲解员参加上级组织的业务培训,进一步提高专业素养和讲解水平;三是开设红色讲堂,邀请百岁老兵徐桃生现场讲述亲身经历和革命故事,增强教育的生动性和实效性。自开展党史学习教育以来,烈士纪念馆接待县内外80多个单位团体,共30000余人次,助力党史学习教育取得明显实效。

【退役军人事务局领导成员】
党组书记、局长:易会根
党组成员副局长:周　健
　　　　　　　　陈超群
党组成员:汪　俏

医疗保障

【概况】 万载县医疗保障局始终坚持以习近平新时代中国特色社会主义思想为指导,深入贯彻中共十九大和十九届二中、三中、四中、五中、六中全会精神和省、市医疗保障工作部署,持续深化医疗保障领域改革,稳步推进医保业务经办、药品耗材集中带量采购、脱贫攻坚与乡村振兴有效衔接、医保基金监管、医疗待遇保障、信息化建设等，全面落实县委、县政府各项中心工作，2021 年，获得全县“先进基层党组织”称号。

【医疗保障业务】一是基本医保覆盖面不断扩大。全县基本医疗保险参保达 52.29 万人。其中，城镇职工参保 3.25 万人，城乡居民参保 49.04 万人，参保率稳定在 96%以上。二是医疗救助工作扎实开展。完成了医疗救助与基本医保、大病保险在多险合一系统的网络并轨，真正实现了医疗救助“市域内一站式”一单制结算。截至 12 月，医疗救助累计救助 66701 人，报销金额 2159.29 万元，资助部分困难群众参加城乡居民医疗保险个人缴费部分 101 万元。三是增加慢性病病种及慢性病证办理权限下放。将万载县慢性病病种由之前的 29 种扩大到 32 种，增加阿尔茨海默病、强直性脊柱炎、类风湿性关节炎这三种病种，将慢性病病种认定及办理权限下放至指定的定点医疗机构万载县人民医院、万载县中医院，让患者在医院即可“一站式”办理慢性病证。四是全面落实大病保险、生育保险待遇。万载县享受大病保险的城乡居民达 32788 人次，赔付金额 1634.6 万元；职工大病保险享受 2597 人次，赔付金额 112.3 万元。生育医疗费报销 63.45 万元，生育津贴支付 199.92 万元。

【药品耗材集中带量采购】着力缓解群众看病贵问题，积极推动药品集中带量采购工作。万载县药品集中带量采购已执行国家组织的 5 批次共 445 个品种、省级组织的 1 批次 7 个品种，共计上解市级药品款 632.72 万元。逐步推进医用耗材带量集中采购，已执行了市级组织的 2 年批次采购，上解采购资金 11.50 万元；根据市级对集采药品结余留用资金的管理办法，对 2020 年度全县药品集采后药品支出大幅下降减少医保基金支出等相关数据，共提取结余留用资金 187.31 万元，并及时拨付定点医疗机构。

【脱贫攻坚与乡村振兴工作】一是为农村脱贫及监测人口和城镇解困脱困人口 31552 人全额补助参保资金总额 978.11 万元。二是全面实现“一站式”报销结算。本年度农村脱贫及监测人口累计享受门诊待遇 49472 人次，住院待遇 12369 人次；发生门诊总费用 406.55 万元，门诊统筹报销 260.58 万元；发生住院医疗总费用 6846.39 万元，报销 6177.14 万元，报销比例达 90.22%。城镇解困脱困人口累计享受门诊待遇 6146 人次，住院待遇 942 人次；发生门诊总费用 51.49 万元，门诊统筹报销 33.92 万元；发生住院医疗总费用 717.45 万元，报销 648.55 万元，报销比例达 90.39%。2021 年，县医疗保障局在全市医疗保障系统乡村振兴工作评价打分中排名第一；在万载县巩固拓展脱贫攻坚成果考核中进入县直帮扶部门综合评价前 20 名。

【医保基金监管力度】按照省、市统一部署，联合县卫生健康委、县市场监督管理局、县公安局在全县范围内开展一系列打击欺诈骗保专项整治行动，通过开展“集中宣传月”、专项治理“回头看”、存量问题清零行动、省、市飞行检查、聘请第三方联合检查，推行“双随机、一公开”及举报线索有奖制度等方式，确保了县域内基金监管全覆盖。2021 年，累计稽核、督查“两定”医疗机构 600 余次，查处违法违规使用医保基金 500 余次，追回医保基金 1068.53 万元，行政罚款 178.55 万元。县医疗保障局基金监管工作在高安市医保局作为医保改革试点的基础上全市排名第二。

【医保支付方式改革】完善总额预算管理，全力推进宜春市区域点数法总额预算和按病种分值付费（DIP）国家试点工作，继续落实精神病按床日付费、新冠病毒疫苗群众免费接种医保支付结算等工作。与 34 家医院、15 家门诊部、80 家药店签订了医保协议。

【疫情防控工作】保障区域内新冠疫苗接种的顺利开展,对疫苗款及接种单位的接种费补助进行及时拨付。本年度疫苗接种89万人次,医保基金支出4411.64万元,其中,疫苗款3788.64万元,接种费补助623万元。同时,对符合规定的"四类人群"核酸检测费用实施即时报销,基金支出550万元。

【万载县医疗保障局领导成员】
党组书记、局长:徐茭湖
党组成员、副局长:王永东
欧阳小兵(9月任)

人力资源和社会保障

【概况】 万载县人力资源和社会保障局(以下简称"县人社局"),下属有社保局、农保局、就业局等3个副科级单位,全系统共有编制87人。县人力资源和社会保障局设秘书股、人才人事股、工资福利退休股、职称股、劳动工作股、信息中心、劳动监察股7个内设机构,主要负责劳动、人事、人才、劳动保障、就业、社保、农保等方面工作。在做好与全县各政府部门、乡镇(街道)单位工作上良好衔接配合的同时,也负责保障广大人民群众的一些切身利益,是肩负公共管理职能的部门,是关联全县民生工程的主要窗口。

2021年,县人社局在县委、县政府的坚强领导下,在上级主管部门的精心指导下,坚持以习近平新时代中国特色社会主义思想为指引,统筹推进疫情防控和经济社会发展,立足民生为本,突出工作重点,精心安排部署,狠抓工作落实,扎实推进人社民生工程和人社各项工作任务高质量发展,较好完成了目标任务,取得了较好成绩。其中,营商环境单项指标——"劳动力市场监管"获省级、市级表扬表彰。在2021年,营商环境综合考评中,人社部门牵头的"提升劳动力市场监管水平"单项指标荣获全省第三名;在全市营商环境考评中荣获第一名。2021年,就业工作得到上级肯定,在宜春市事业单位脱贫攻坚专项奖励中获得市委组织部、市人社局、市扶贫办授予的集体嘉奖。

【稳就业推创业】 全县新增就业人数5011人,占年度任务的103.26%,城镇就业率96.92%;发放创业担保贷款2.9522亿元,占年度任务的236.18%,带动就业1.09万多人。其中,个人创业贷款1.9077亿元,扶持910人;小微企业贷款1.0145万元,扶持29家。

【开展就业培训】 开展补贴性培训9836人次,完成比例155%,发放职业培训券3609张,完成比例104%,使用职业券917张,完成比例265%,累计拨付技能培训补贴674.54万元。组织贫困户参加各类技能培训,为118人发放培训费补贴8.06万元,为104人发放生活费补贴2.013万元。

【人才队伍建设】 认真参与、组织了"三支一扶"人员、教师、卫生专业技术人员的计划申报、资格审查、面试、政审和录用等工作,不断优化人才队伍结构。2021年,全县共招录教师324人、卫生技术人员73人、"三支一扶"人员18人,引进高层次人才6人,村书记考录事业编6人,加强了干部队伍建设和储备。

【强化人才服务】 积极为全县专业技术人才开展职称评审和聘任工作。截至2021年年底,已推荐498人进行职称评审,其中高级132人、中级366人。推荐3人申报"宜春市高层次人才联谊会"会员人选工作。为关爱人才、珍惜人才,对聘用到县各事业单位管理岗和专业技术岗的40名全日制硕士学位研究生,办理了晋升岗位等级批准手续,并落实了相应的工资待遇,其中管理岗由九级职员科员工资待晋升到享受八级职员工资待遇,专业技术岗由十二级晋升到享受十一级工资待遇。

【企业引才招工】 积极帮助企业开展人才引进工作,2021年,引进到园区企业大专以上学历217人,其中全日制本科以上55人。开展人才认定,对引进的55

名全日制本科以上人才认定审核,并提交到县委人才办兑现个人应缴部分由县政府全额补贴的优惠政策。帮助园区企业招工,2021年,共开展招聘会10场,其中含线上招聘会1场,达成初步意向3067人,占企业需求总人数的101.62%。

【劳动仲裁】 2021年,县人社局劳动仲裁共处置案件614件,其中不予受理案件3件,庭外调解案件517件,立案处理案件94件,涉案金额857.6万元;立案受理案件中,结案案件76件,仲裁裁决案件21件、仲裁调解案件47件,涉案金额345.04元。庭外调解案件和立案案件总结案率为97%。

【劳动监察】 积极开展农民工工资清欠专项行动,全年共检查用人单位580余次,其中联合住建部门检查在建项目工程200余次,涉及劳动者2万余人,接到来电来信来访685件、涉及劳动者2157人、督促补签劳动合同2万余人,共受理举报投诉案件510件、结案85件、通过协调等非立案方式处置425件送达、劳动保障监察询问通知书126份、下达限期改正指令书65份、行政处理决定书11份,移送公安案件1起,有效维护了劳动者的合法权益。全年共受理工伤申请260件,工伤认定223件,不予认定3件。审核财园信贷通117家,金额近4.6亿元。

【企业薪酬调查】 按质按量完成了2021年万载县企业薪酬调查工作,涵盖了制造业、房地产、保险业、金融业等行业,对全县109家企业进行了企业薪酬调查,其中部级样本54家企业,省级样本55家企业。

【就业扶贫】 聚焦就业平台,让脱贫劳动力实现外出务工就业。以"春风行动""就业援助月""民营企业招聘周""送岗下乡"等公共就业服务专项活动为载体,为有务工需求的脱贫劳动力提供就业信息。聚焦就业帮扶补贴,让脱贫劳动力实现就业增收。一是发放公益性岗位补贴400多万元。二是为115人发放培训费补贴7.9万元,为103人发放生活费补贴1.995万元。三是对符合申请条件的15人发放一次性创业补贴7.5万元。四是对符合条件4080人发放一次性交通补贴200.06万元。五是为16家帮扶车间吸纳脱贫劳动力116人发放帮扶车间补贴18.2万元,为1家工业园区企业吸纳9名脱贫劳动力发放补贴0.9万元。

【基金监管】 一是加强部门协作。加强与部门的衔接沟通及数据信息共享,即时准确掌握相关信息,避免违规领取养老金事件的发生。二是压实各方责任。依托国家社保基金监管平台,要求局属各职能单位逐月在平台进行比对核实,坚决杜绝违规领取现象发生。三是从严执行政策。严格按社会保险相关法律法规及政策要求办理相关事项,从严岗位设置,规范办事流程。

【机关事业养老保险体系】 机关事业参保人数14729人,在职缴费人数10164人,征缴机关事业养老保险费15563万元;养老金领取人数4347人,发放养老金22709.5万元。

【万载县人力资源和社会保障局领导成员】

县委组织部副部长、人社局党组书记、局长:喻驰彬
党组成员、副局长:黄立峰
汪　琼(女)
李石云
主任科员:郭　宇
龙　潜
仲裁院长:刘光平
劳动监察局长:刘　永
社保局长:钟　钦
就业局长:郭小平
农保局长:王跃飞
社保局支部书记:张林鸿
正科级干部:高华群(女)
甘晓琴(女)
曾学根

社会保障服务

【概况】 2021年4月30日,经万载县编办批复,县社会保险事业管理局、县农村社会养老保险

管理局合并,设立万载县社会保险事业服务中心,为县人社局所属副科级公益一类财政全额补助事业单位，主要承担养老保险、职业年金等收集、审核职能。中心共有干部职工 37 人，其中领导班子成员 7 人、股室长 12 人、业务员 14 人、临聘人员 4 人。核定内设机构 13 个：人秘股、财务股、机关事业养老保险股、企业养老保险股、城乡居民养老保险股、工伤保险股、被征地农民服务股、社会化发放股、转移接续股、稽核股、档案股、统计股、窗口管理服务股。负责万载县机关事业单位职工、企业职工、城乡居民、城镇个体工商户、灵活就业人员的社会保险(基本养老、职工工伤、失业)的参保、基本养老金发放、工伤保险支付、养老保险关系转移接续以及参保人员社会保险权益记录、档案记载、管理的经办机构。

【企业职工基本养老保险】 2021 年,全县企业职工养老保险参保人数 83139 人，在职缴费人数 44144 人,征缴企业职工基本养老保险费 54182 万元。领取企业基本养老保险人数 22872 人,发放养老金 57812.43 万元。

【机关事业养老保险】 2021 年，全县机关事业参保人数 14729 人，在职缴费人数 10164 人，征缴机关事业养老保险费 15563 万元;养老金领取人数 4347 人,发放养老金 22709.5 万元。

【职业年金】 征收 10382 人职业年金 3411 万元,职业年金待遇为 1669 人发放,计 583.39 万元。

【企业职工工伤保险】 工伤保险参保单位 765 个，参保人数 39800 人，征缴保费 715.69 万元,工伤保险待遇共支付 1266.3 万元。

【城乡居民养老保险】 参加城乡居民基本养老保险人数 23.23 万人,参保率 100.27%。参保缴费人数 10.25 万人，征缴保费 2930.53 万元。城乡居民领取养老金人数 5.97 万人，发放养老金 10388.72 万元。2021 年,万载县为返贫致贫群众、重度残疾人、低保对象、特困户、城镇贫困群众和贫困轻度残疾人代缴人数共 20040 人（含多重身份人员),代缴金额 200.40 万元,代缴标准每人每年 100 元,代缴率 100%。

【县社会保险事业服务中心领导成员】

主　　任:刘光平

副科级干部:张林鸿

乡村振兴

综 述

截至2020年年底，万载县2.91万名建档立卡贫困人口全部脱贫，36个贫困村全部摘帽，贫困人口人均可支配收入从2016年的3791元增长至2020年的1.02万元。

5年来，万载县紧盯“两不愁三保障”标准，为贫困群众脱贫提供最坚强保障。严格落实学校校长与乡镇属地双负责制，累计资助建档立卡贫困学生5.54万人次，发放各类教育补助资金3640万元；通过送特殊学校就读、送教上门等方式，实现全县贫困学生无一人失学辍学。全面构建医疗保障线，县域31所医疗机构全部设立“一站式”结算服务窗口，累计报销贫困患者住院医疗费用6.05万人次2.57亿元；创新推出县外就医报销“六个一”服务，让县外住院建档立卡贫困对象一次不跑收到报销补偿；全面做实家庭医生签约服务，累计服务贫困人口8.41万人次。大力推进农村危房改造工程，对全县农户住房进行逐户排查，累计实施住房提升工程4745户、贫困户危房改造3861户，完成易地扶贫搬迁1271户4709人，实现农村住房安全隐患清零。同时，完成农村饮水安全巩固提升工程41处、工程维修养护128处，让贫困群众喝上了放心水。

实施精准扶贫政策以来，万载县投入资金1.03亿元，建成330个产业扶贫项目，全县180个村全部成立了扶贫合作社，形成村村有产业、户户能增收的发展新格局。通过落实产业奖补政策，累计为贫困人口发放奖补资金1491.2万元，有效激发贫困群众参与产业发展的热情。按照台账精准到户、帮扶落实到人的原则，帮助贫困群众稳岗就业。全县开发各类扶贫专岗和公益性岗位1978个，累计为1.6396万名贫困劳动力发放交通补贴1167.41万元。尤其是2020年，通过增设扶贫专岗、发放务工生活补贴等措施，帮助1.4247万名贫困劳动力实现稳岗就业。

与此同时，全面改善农村基础设施，为贫困群众提供更加便利的生产生活条件。全县投入资金6357万元对贫困村实施电网改造，实现“村村通动力电、户户通生活电”；新修村组公路430.69千米、桥梁47座，乡村交通条件和出行环境得到根本改善；新铺设光缆423.9千米，建设信号基站26个，所有行政村实现通信、宽带、电视“三网”信号全覆盖。

2021年，县委、县政府严格按照中央设立5年过渡期和“四个不摘”要求，深入学习贯彻习近平总书记关于巩固拓展脱贫攻坚成果同乡村振兴有效衔接的系列重要论述，坚决贯彻落实中央、省、市各项决策部署，把巩固拓展脱贫攻坚成果作为五年过渡期的首要政治任务和第一民生工程，全力抓好责任落实、政策落实、工作落实和成效巩固。万载县消费扶贫工作典型作为全市党史学习教育“我为群众办实事”案例。易地搬迁后扶工作经验做法，在9月的全省乡村振兴干部专题培训研讨班上作书面交流发言。赤兴乡皂下村、高村镇新竹村、白水乡槽岭村列入全省100个贫困村脱贫攻坚典型案例。

【机构改革】 按照上级部署要求，及时将县扶贫办更名为县乡村振兴局,将原县扶贫开发领导小组调整为以书记县长任双组长的县巩固拓展脱贫攻坚成果同乡村振兴有效衔接工作领导小组,将原县扶贫指挥部调整为县巩固脱贫成果衔接乡村振兴指挥部，由县委书记担任总指挥，县长担任第一副总指挥,县委、县政府分管领导负责指挥部日常事务管理。在县乡村振兴局原有17名干部基础上，从各地各部门抽调15名干部脱岗办公,全面负责县巩固拓展脱贫攻坚成果有关工作。

【责任落实】 在乡镇（街道)和县直部门责任落实方面,明确乡镇(街道)党(工)委副书记主管巩固脱贫成果衔接乡村振兴工作,同时选派业务熟悉、能力较强、敬业吃苦的干部专项分管,保持乡村振兴办负责人及相关业务人员的稳定；要求13个牵头行业部门主要领导每月至少2个工作日用于巩固脱贫成果衔接乡村振兴工作,每季度专题研究一次巩固脱贫成果衔接乡村振兴有关业务工作;要求各结对帮扶单位主要领导每月至少听取一次驻村第一书记或工作队员工作汇报,每季度到所驻村帮扶或对口帮扶村专题调研指导一次；分管领导每月到帮扶的村专题调研指导一次，帮助解决帮扶村的“急、难、愁、盼”问题。

【政策落实】 进一步落实控辍保学要求,实现万载县户籍在本县就读建档立卡学生8595人和外县户籍在本县就读建档立卡学生286人义务教育“零”辍学。对因残疾或其他原因无法到校就读的125名学生实行送教上门。对适龄阶段学生教育补贴应享尽享。全年共落实学生资助31108人次,金额1965.55万元。帮助脱贫户全部购买城乡居民医疗保险,住院费用报销比例达到90.22%。持续做好脱贫人口家庭医生签约服务,全县脱贫人口慢病患者家庭医生签约率达到99%,履约率达到100%。全县31所医疗机构全部建立健康帮扶“一站式”结算服务窗口,对脱贫患者住院全部实行“先诊疗后付费”服务。全县各村卫生室门诊统筹工作均正常开展,实现医保结算“村村通”。加大住房安全的预警监测力度,对所有“交钥匙工程”和新增“三类人员”住房进行全部检查,对部分脱贫户住房进行抽查,对农村低收入群体等重点对象住房安全情况开展动态监测,全年完成116户危房改造，共拨付危改资金212.4万元。四是进一步加大对安全饮水全面排查和常态化监测力度,落实447万元各级资金用于饮水工程的维护及运营。五是进一步加大社会保障力度。通过政府兜底最大限度保障民生,做到应保尽保。落实农村低保、特困人员、残疾人等群体保障标准的提标提补工作,万载县农村最低生活保障标准提高到每人每月515元,农村特困人员供养标准达到每人每月670元。

【工作落实】 1. 探索易地搬迁后续扶持新举措。通过“一村一社” 的方式引导全县1271户搬迁户通过土地、资金等方式入股合作社,享受合作社分红,同时制定《万载县易地扶贫搬迁项目资产管理办法》,防止资产闲置,增加固定资产收益。通过“一户一分” 的方式为全县35个集中安置搬迁户每户提供1分菜地，为9个村级安置点建设养殖大棚,解决搬迁户就近养殖和日常吃菜问题。通过“一地一中心”的方式设立35个集中安置点管理服务中心,进一步提高搬迁群众的归属感和认同感。2.继续发扬万载县消费帮扶先行优势,开展以“感党恩、促消费、兴乡村”为主题的巩固脱贫成果衔接乡村振兴系列活动,全县累计销售帮扶产品1.5亿元，其中通过10月30日举办的专题展销会实现单日销售帮扶产品2118万元。3.大力实施乡村通畅工程、供水保障工程、村庄环境整治工程，促进全县农村基础设施均衡快速发展。全年完工基础设施项目71个,投入资金2728.8万元。4. 将帮扶产业发展作为促进脱贫人口稳定增收的重要抓手,全年批复产业项目133个,批复资金3739.65万元。同时,产业奖补、小额信贷、光伏帮扶各项工作齐头并进。5.对脱贫户进行农业种养技术、电子商务等就业培训,分类型、分层次开展新型职

【成效巩固】 一方面，扎实开展"三类人员"摸排和帮扶，对全县14949户39122人进行全面排查，全年新识别105户415人，确保应纳尽纳、应帮尽帮。全县2021年有"三类人员"246户925人，全部落实帮扶干部，因户施策开展有效帮扶，全年累计消除风险100户368人。健全动态监测预警机制，多行业部门联动进行数据监测比对的筛查预警机制，每月更新七类人员台账，根据风险等级进行分类管理和干部帮扶。由县财政出资102万元，继续按3万人标准为全县脱贫人口和易致贫人口购买精准防贫保险，全年共理赔55例73.13万元。另一方面，严格监管项目资产，积蓄乡村振兴动能。在建立帮扶项目资产台账的基础上，将帮扶项目资产全面录入资产管理系统，分类厘清帮扶项目形成的帮扶资产底数，印发《万载县扶贫项目资产后续运营管理实施方案（试行）》，指导乡村两级按资产归属权限分别建立动态管理台账，实行规范管理，推动持续保值增值。

【亮点培育】 在培育优秀人才队伍，设立"乡村振兴大讲堂"，先后举办8期培训班，对行业部门干部、村（社区）党支部书记、驻村第一书记和工作队员、乡村振兴系统干部、创业致富带头人等对象1089人次进行了分类分级培训。同时，结合党史学习教育"一讲一学一实践"活动，开展系列走访、慰问、调研，继续在脱贫户中扎实开展"爱心超市"积分激励、感恩主题宣讲、"三讲一评"等精神帮扶活动，持续增强脱贫群众勤劳致富的内生动力和感恩爱党情感。开展"最美乡村振兴能手"评选活动，注重乡村振兴先进典型的总结宣传，新闻宣传稿件被国家级媒体采用16条，省级媒体采用43条。

【县乡村振兴局领导成员】

党组书记、局长：陈国亮

党组成员、副局长：黄祖汉

党组成员：李泓杰

二级主任科员：凌友兴

喻和国

人事部干部：李玉才

乡　镇

黄茅镇

【概况】 黄茅镇位于万载县西部边陲，东临潭埠、株潭两镇，南靠慈化，西抵文家市，北接白水、浏阳小河，素有“花炮之乡、将军故里”的美誉。全镇辖20个行政村、1个居委会、379个村(居)民小组。面积137.36平方千米，耕地面积为2067.8公顷。户籍人口60669人，其中城镇人口13375人。党支部33个，党员917人。镇政府机关内设党政办、农业农村办、社会事务办、财政经济办、社会治理办、便民服务中心、综合行政执法队，共有干部职工74人，其中公务员30人，事业编31人，临聘人员13人。

2021年，在县委、县政府的坚强领导下，全镇人民坚定信心、抢抓机遇、克难奋进，各项事业取得长足进步。全年完成生产总值27.26亿元，增长5.29%；财政总收入1.7亿元；一般公共预算收入0.6亿元；规模以上工业增加值5.66亿元，增长12.61%；固定资产投资总额6.59亿元，增长53.6%；社会消费品零售总额完成0.47亿元，增长54.74%。

【产业发展】 主攻工业经济，大力开展招商引资。2021年，签约项目3个，总投资4.84亿元，亿元以上项目2个，其中2亿元以上项目1个。以产业基础高级化、产业链现代化为目标，强力推进33家烟花爆竹企业第五轮整改工作，促进传统花炮产业转型升级。常态化开展银企对接，主动为30家企业提供担保贷款超6000万元，让企业喝上金融“活水”。同时，积极融入以株潭为中心的西部乡镇湘赣边发展先行区，抓住产业要素逐步向西部片区聚集的良好机遇，依托花炮产业优势，积极筹备烟花爆竹研发实训中心建设项目。落实“营商专员”驻企帮扶工作机制，围绕企业办事重点领域、关键环节，实行营商专员“帮代办”服务，变“企业跑”为“政府跑”，全面梳理整合各类惠企政策，提供送策上门服务，让企业省心省时省钱。

【乡村振兴】 坚持底线思维，加强防止返贫动态监测和帮扶，巩固拓展脱贫攻坚成果。对返贫监测、义务教育、医疗保障、住房安全、饮水安全、产业扶贫、兜底保障、易地搬迁后扶等情况进行全面摸排。坚持因地制宜，发展产业项目，新增产业项目6个，基础设施项目5个，争取上级衔接资金318万元。粮食生产有力推进。坚持“藏粮于地、藏粮于技”战略，落实早稻种植面积10219.93亩。完成高标准农田建设13000亩，并顺利通过验收。全面落实国家“三农”补贴政策，发放稻谷补贴190余万元，发放耕地地力保护补贴270余万元。投入480万元完成16个新村点建设项目，改厕236户，安装路灯186盏，硬化路面9.29千米；按照“一户一宅”原则，审核收集全镇10891户农房确权发证资料，县级下发的不动产权证书全部发放到村。

【城乡面貌】 强化城乡环境综合整治，紧盯道路沿线、水塘沟渠、村头巷尾、房前屋后、乡镇农贸市场等重点领域，打好“春、夏、秋、冬”四大战役，全年共清理生活垃圾4400吨，清理沟渠70千米，镇村环境得到有效整治。全力打好蓝天、碧水、净土三大保卫战，完成天然林保护25245.8亩，对第二轮中央环保督察反馈3件交办件全部整改销号。强化污染排查整治，压实林长制、河长制责任，严厉打击露天焚烧秸秆、非法捕捞等行为，做到见烟就查、见火就罚，切实筑牢生态安全屏障。集镇工程项目加速推进。投入1000万元完成集镇污水处理厂改造、新老城区路网连接项目建设，年年香悦兴府房地产开发项目、安置区基础设施建设项目加速建设。同时，通过发挥村民和理事会作用，在光明村江夏组村庄规划试点工作中，探索总结出一条“在不新增建设用地的情况下，完全保障群众合理建房需求”的新路子，得到县委、县政府的肯定，并在全县推广。

【社会事业】 全年发放低保金775.65万元，特困金281.18万元，审核上报临时救助46户，发放救助资金10万余元，把有限的救助资金用在最困难的对象身上。启动黄茅镇教育发展促进会，凝聚黄茅籍贤能志士、关心支持黄茅教育事业的企业和各界人士的力量，3个月筹款500万元，为教育基金顺利运行奠定了坚实的基础。启动黄芳公路拓宽改造工程，惠及沿途5个村、1.65万名村民。强化矛盾纠纷大排查与大调解工作，共排查调处矛盾纠纷212起，调处成功率达98.35%。严格落实“属地管理、党政同责、一岗双责”安全工作责任制，狠抓烟花爆竹、危化品、道路交通等重点领域的安全隐患排查治理工作，全年共开展执法检查1500家次，安全拆除61家退出企业各类工库房1300栋，安全销毁余药、废弃引线超3000公斤。

【“五型”政府建设】 推进“五型”政府建设，转变职能、理顺关系、优化结构、提高效能，完善政务服务。严格落实“12345”政府服务热线督办制度，全年累计办理工单402件。深入开展党史学习教育，以“我为群众办实事”实践活动为抓手，共解决群众“急、难、愁、盼”问题131个。持续加强党风廉政建设，深入开展集中查处、整治基层侵害群众利益不正之风和腐败问题工作，自觉接受人大和社会各界的监督，推进政务公开，严格规范执法，政府工作效能和服务水平不断提升。

【黄茅镇领导成员】

党委书记：黄　平（任至6月）
　　邹继勇（6月任）
党委副书记、镇长：黄卫清（任至6月）
　　吴美福（6月任）
党委副书记：刘福建
人大主席：吴美福（任至6月）
主任科员：曾令德（任至9月）
副主任科员：张奇财
　　李祥南（6月任）
党委委员、纪委书记：
　　张树林（6月任）
党委委员、县委组织员：谢　磊
党委委员、县委宣传员：
　　王燕林（任至6月）
　　李天豪（6月任）
党委委员：
　　王　洵（任至6月）
　　王卫祥（6月任）
党委委员、副镇长：杨家辉
党委委员：丁小龙（任至6月）
人大副主席：孙成平（女，任至6月）
　　卢进福（6月任）
副镇长：陈　龙（任至6月）
　　梁平华（女）
　　王文燕（女）
　　陈　丽（女）
八级职员：周贵荣
便民服务中心主任：
　　欧阳晃惠（6月任）
综合行政执法大队长：
　　辛　文（6月任）
司法所所长：龙怡遥（任至6月）

株潭镇

【概况】 株潭镇居蜀江上游之滨，因河中有一深潭，岸边有棵大槠树，树冠延伸河对岸，笼罩深潭，因此得名，后简称“株潭”。株潭花炮以响声好、响率高、有香味而闻名，享有“花炮之乡”的美誉。在县委、县政府的大力支持下，株潭镇坚持“作示范、勇争先”，推动综合实力不断提升，连续获得“全国重点镇”“全国综合实力千强镇”“全国小城镇示范镇”“全国卫生乡镇”“江西省百强镇”“江西省经济发达镇行政管理体制改革试点镇”等称号。

2021 年，县委将株潭列为万载县赣湘边发展战略构想的重要一环,奋力打造以株潭为中心的西部乡镇湘赣边发展先行区,加快形成一体化融合发展格局。株潭镇正以创建“中部伞都”为抓手,建设县域副中心,竭力建设成湘赣边的“璀璨明珠”。

【经济发展】 2021 年，株潭强攻工业工作获全县先进,规上工业增加值、规上工业主营业务收入、固定资产投资、企业入规入统、招商引资、利用外资等主要经济指标位增幅扩大,居全县前列。重大项目推进强劲有力,3 个省、市级重大项目建设进度超过预期。财政总收入完成 1.98 亿元。雨具产业开始吸收花炮企业退出劳动力就业,劳动力逐渐回流本土。主攻实体经济,巩固和壮大发展基础。坚持“项目为王”理念,着力稳固扩大实体企业，加快已落地企业建设投产,推动万广纸业、思琳袜业、万汇建材、徒步熊户外用品等企业投产达标。强化招商引资和惠企服务,完成 8 个项目签约,累计签约资金 7.03 亿元,落实企业“一对一”服务机制,解决各类企业诉求 43 个。竭力保障花炮企业正常安全生产,全镇花炮企业实现产业总产值 8 亿元，增长 25%,完成税收 1000 万元,换发新证企业达到 25 家。

【产业结构】 早稻种植任务全面落实,粮食产量获得增长。实施工业强镇，有序推进产业转型。2021 年,规模以上工业增加值 12581.08 万元，同比增长 11.05%。工业对经济增长的贡献率持续增加。聚焦产业园建设,完善株潭镇双创孵化产业园规划。加快完善配套设施,在北区新征 83 亩土地用于项目建设,截至 2021 年年底,已落户 2 家雨具龙头企业;雨具产业链构建进程加快,嘉瑜兴雨具公司即将投产,并在车陂和枣木等村设立加工点，引进上游产业链公司。花炮产业颓势得到遏制,从事花炮产业工作人员数量止跌为升，全镇花炮总产值实现“V 型”反转。促进两个产业协同发展,双创孵化产业园形成南北双区，建成规范厂房 4 万平方米,相关配套设施进一步完善。

【体制改革】 便民服务中心新增公安、交警、花炮运输三个服务窗口，可受理 34 项县级审批权限,其中交警和花炮运输服务项目是周边乡镇唯一的办理窗口;市监、公安派出所、基层法庭、司法所等县直派出机构纳入镇统一指挥协调,服务效率获得提升。

【民生保障】 居民消费意愿增强。脱贫攻坚成果得到巩固。基本医疗、社会救助等保障力度加大。教育卫生事业持续进步,疫情防控形成常态化机制,维护了正常生产生活秩序。保障和改善民生,加快发展社会事业。促进脱贫攻坚和乡村振兴有效衔接,重新整合驻村力量,每村选派乡村振兴工作组组长 1 名、组员 1 名。开展防返贫监测,采集核实“三类人员”6 户 25 人，发放产业奖补资金 15.84 万元。促进脱贫劳动力就业,为 381 名县外务工脱贫劳动力发放一次性交通补贴 17.81 万元,全镇脱贫劳动力就业 929 人,占总脱贫劳动力的 93%。积极完善社会保障,维护工人合法权益,严审退出花炮企业职工工资发放情况,扣留花炮企业退出款 600 万元,全额发还给企业职工;发放低保、普惠、残疾、临时救助、困难群众物价补贴、特困人员供养经费等补贴资金 1277.83 万元。

【城乡建设】 补齐功能短板,提升城镇总体形象。全面提升环卫能力。引进社会资本推进城乡环卫一体化,投入 500 万元每月开展一次城乡环境专项整治,清理“牛皮癣”小广告 4000 多平方米,清理垃圾 10800 吨。加强设施补短板工作,污水改造项目顺利竣工,铺设管网 7.05 千米。做好危房改造，完成 21 户危改户开工竣工,与此同时,城镇公共社会维护工作较好推进。加强建房审批管控。审核建房审批单 181 份,拆除违规建房 21 起,管控建房 16 起,打击乱搭乱建 56 起，有效遏制了无序建房的乱象。完善集镇总体规划。启动株潭镇国土空间总体规划(2020—2035)与万载县副中心——株潭建设实施规划项目。第一期规划建设34个，其中道路建设项目12个、公共服务设施建设项目5个、公用设施及品质提升项目7个及社会和部门配套资金项目10个,预计总投资9.1亿元。补强基础设施，完成18个新村点建设和5.2千米村组公路硬化,对蜀江河段污水管道进行空隙填埋,解决570米河道污水积淤问题。集中供水二期工程全面贯通农村社区，有效保障8000户农村居民供水；完成上坊村、枣木村村级公立幼儿园建设,完成中心小学综合教学楼主体工程,新增学位600个;保持常态化管控疫情,完成疫苗接种任务。

【综合执法】 推动体制管理改革转化为服务能力升级,全面加强公安、交警、城管、应急等综合执法。坚持为民履职,着力解决好人民群众最关心、最直接、最现实的问题。全面开展安全执法,经常性开展安全隐患排查和整治。多次组织部门联动,对辖区内所负责的花炮、危化品、商贸、建筑施工、交通运输等领域开展检查,排查隐患1870余条,其中重大隐患17条，安全生产连续两年保持了“零事故”。

【党风廉政建设】 加强清廉万载建设。对标《2021年清廉万载建设14项重点工作》,落实党委主体责任、纪委监督责任,促进各项工作落实到位。通过开展学习培训、警示教育、督导督查、宣传教育、群众性廉政文化活动、党委书记对班子成员谈心谈话、发放宣传教育卡片、制作横幅、学习通报文件、建设政府广场廉政文化墙等多种方式,浓厚廉政文化氛围。坚持把查办案件作为党风廉政建设和反腐败工作的重中之重,对违法乱纪现象和行为发现一个坚决查处一个,深入查处案件本身问题,实行严格的责任追究，既要查直接责任、又查领导责任，做到有责必问,发挥党风廉政建设责任制的威力。2021年，全镇共立案审查12件,处理信访线索40余条,党纪处分17人,诫勉谈话3人。

【株潭镇领导成员】

县委常委、镇党委书记:高兴贤

党委副书记、镇长:

卢志强(任至6月)

刘钦映(女,6月任)

党委副书记:刘钦映(女,任至6月)

揭友华(6月任)

人大主席:李小良(6月任)

主任科员:龙锦元

钟胜明(任至6月)

欧阳林洲(6月任)

汤德兴

正科级干部:彭文忠

党委委员、纪委书记:余 鹏

党委委员:王珠根(任至6月)

党委委员、县委宣传员:

刘家维(任至6月)

朱春花(6月任)

党委委员、统战委员:

郭明亮(6月任)

党委委员:韩小芳

党委委员、县委组织员:

韩 梅(女,任至1月)

李斯旺(任至6月)

滕 轲(6月任)

党委委员、副镇长:

李 威(任至6月)

党委委员:李小龙(6月任)

人大副主席:朱春花(女,任至6月)

张 翔(任至6月)

欧阳菲(6月任)

副镇长:易满庚(任至6月)

龙伟平(6月任)

丁永峰(6月任)

王 瀛(6月任)

张宏宇(6月任)

司法所所长:郭明亮(任至6月)

综治专职副主任:龙雪明(任至6月)

综合行政执法局局长:龙雪明(6月任)

副镇长:叶永红(任至6月)

行政审批局局长:欧阳晃亮(6月任)

四级主任科员:鲍礼全

副科级干部:刘雪晴(女)

派出所所长:陈庆忠

潭埠镇

【概况】 潭埠地处万载县西部中央,距县城34千米,湘赣公路穿境而过,全镇面积96.89平方千米,有人口5万余人,下辖13个行政村、1个居委会、305个村民小组。耕地面积约1881公顷,森林覆盖率达65%，被国务院授予全国绿化先进单位。2021

年,有在职干部职工73人,其中行政人员33人,事业编制干部18人、事业编工人14人,聘用人员8人;另有环卫所7人、综合执法队10人、巡防队11人,村"两委"干部68人、专职党建宣传员5人。

2021年,在县委、县政府、镇党委的坚强领导和镇人大监督支持下,全镇上下坚持以习近平新时代中国特色社会主义思想为指导,紧紧围绕县委"融入宜春、聚力园区、双城联动、特色彰显、宜业宜居"的工作目标,坚持镇党委"1234"工作思路,攻坚克难、奋力赶超,经济社会呈现良好发展态势,实现了"十四五"良好开局。2021年,潭埠镇被评为"江西省民间文化艺术之乡"(开口傩之乡),新田村被评为省级红色名村。

【宜业宜居工作】 经过第五轮花炮整改后,全镇有花炮企业25家,从业人员3000人;有工厂49家,吸纳劳动力1800人;有大型商超7家,药店6家,大型餐饮4家,冷链经营户6家,食品生产企业3户,食品作坊7户,个体工商户合计800户(新增100户);镇中心卫生院是万载县五所中心卫生院之一,有医务人员96人,有122张病床;有1所初中、11所村小和1所中心小学、2所教学点,1所公办中心幼儿园、12所民办幼儿园,2所体艺培训机构,1家敬老院;有省道13.6千米,县道6.676千米,乡道20.8千米,村组道路177千米,4条过境班车。

【经济运行】 2021年全年税收完成14971.9万元,一般公共预算收入完成5092.8万元。工业经济加速发展。在库工业规上企业14家,新增工业规上企业2家,规模以上工业增加值同比增长9.08%,营业收入同比增长25.84%,利润总额同比增长28.26%;固定资产投资新入库500万元以上项目16个,其中5000万元以上项目4个。引进投资1亿元的广聚新材料项目落户辖区,已开工建设。营商环境持续优化。建立由班子成员组成的"一对一"营商专员制度,累计走访企业调研、座谈49次,为企业解决问题15个。建立镇、村帮代办制度,全程跟进、实时反馈、抓好落实,打通服务企业"最后一公里"。为策应以株潭为中心的西部乡镇湘赣边发展先行区,规划建设乡村振兴产业园,已盘活退出花炮厂闲置土地450亩,投资1亿元的广聚新材料顺利落户并已动工建设,2条园区道路正在规划建设当中。

【基础设施】 投资300万元的商贸桥已建成,投资1086万元的河堤项目已开工建设,完成沿河路138亩土地征收,为打造"一河两岸"生态休闲走廊奠定基础;完成2383亩高标准农田建设,维修改造26坵塘;持续推进"厕所革命",完成了户厕摸排9690户,完成率100%。镇村面貌有新变化。集镇安装新路灯157盏、交通护栏180米、规划停车位66个;建成新农村点17个,危房改造17户、户厕122户,新改扩建农村公路10.9千米,配合公路局完成潭白线路面改造提升工程;相继开展"环境整治周""春季行动"等专项行动,以交通秩序整治、占道经营整治、乱堆乱搭整治为重点,加大行政执法力度,强化了集镇管理。生态保护有新作为。处理群众"12345"环保投诉11起,配合上级环保部门取缔关停砖厂1家、凝固剂厂2家、腻子粉厂1家、猪场3家,对6家企业出具了整改通知书,有效保护了生态环境。2021年,被评为"江西省省级生态乡镇"。

【文明创建】 以新时代文明实践站为依托,开展各类活动65场次;新田村通过健全红白理事会制度,整治婚丧大操大办、高额彩礼、厚葬薄养等不良习俗,成效显著,被评为"江西省文明村镇"。通过开展弘扬社会主义核心价值观教育实践活动,涌现出一批又一批的好人好事,"七旬老人丢失治病钱、路人解囊援助不留名""潭埠卫生院职工拾金不昧、物归原主"的事迹被《江西日报》《宜春日报》刊登报道。传统文化有效传承。2021年,潭埠镇荣获"江西省民间文化艺术之乡"称号,创新传统文化传承方式,将地方特色的非遗民俗得胜鼓、傩舞等非遗文化融入“延时课堂”中，让孩子乐享延时课堂。新田村以“红色名村”建设为契机，打造了一个以刘惠农故居、潭埠红史馆、红色广场为基础的综合性党建爱国教育示范点，多次接待市、县各单位组织参观学习。

【安全监管】 严格把关复工复产、盯死看牢重点环节、全方位加强监管、多举措实施整治，2021年累计排查安全隐患1648条，其中重大隐患93条，下达行政处罚文书22份，处罚企业19家，停产133天，罚款23万元，开展应急培训22次，培训员工620人，提高了企业安全意识和应对突发事件的处置能力。矛盾风险有效化解。2021年被评为全市信访“五无”乡镇。治理能力显著提升。通过开展“千警万人、共筑平安”主题活动，收集各类意见建议43条，整治安全隐患12起；大力宣传反电信诈骗，提高群众反诈骗意识。

【民生保障】 发放民政资金1171.94万元，城乡居民基本医疗保险参保人数为40295人，免缴人员3683人，参保率达到92.95%以上；完成巩固拓展脱贫攻坚成果项目20个，为373户农户申报产业奖补38.938万元，精准施策帮扶“三类人群”21户。公共服务持续提升。落实常态化疫情防控，做好重点人群信息核实、重点地区返万人员摸排与管控，扎实推进疫苗接种工作。投资6200万元新建的中心小学项目已经完成100亩土地的征收以及规划设计；投资680万元的初中教学楼改造提升项目也已立项；潭埠镇中心小学被评为“江西省文明校园”；新建敬老院已完成搬迁入住。

【廉政建设】 严格落实中央八项规定及其实施细则精神，深入推进廉洁万载建设，开展廉政警示教育20次，抓好以案促改、以案促建、以案促治。作风建设抓深抓牢。深入开展党史学习教育及“学先进、转作风、见实效”活动，纠正干部“怠政”“惰政”风气，解决脸难看、事难办、久拖延等问题，出台了《潭埠镇干部作风“八要八不准”》等制度，下发督查通报9期。法治建设见行见效。深入实施“八五”普法，依法公开政务信息104条。全面落实政府法律顾问制度，办结“12345”政府服务热线243件，办理代表建议27件，办复率和满意率均达100%。所有村实行“四议两公开”。同时，退役军人事务、红十字、工青妇、关工委、宗教统战、残联等工作取得良好成效，被县红十字会评为“绩效管理先进单位”“公益筹资工作先进单位”。

【潭埠镇领导成员】

党委书记：江卫平（任至6月）
　　卢志强（6月任）
党委副书记、镇长：
　　辛坤勇（任至6月）
　　龙建兵（6月任）
党委副书记：龙建兵（任至6月）
　　鲍　伟（6月任）
人大主席：张　颖
党委委员、纪委书记：
　　李小良（任至6月）
　　王贤星（6月任）
党委委员：黄新禧（任至6月）
　　李晓燕（女，任至6月）
　　张　翔（6月任）
党委委员、县委组织员：
　　易　斌（任至6月）
　　江杰成（6月任）
党委委员、县委宣传员：
　　江长庆（任至6月）
　　龙小红（女，6月任）
党委委员：
　　潘　翰（任至6月）
　　王燕林（6月任）
党委委员、县委统战员：
　　何　涛（6月任）
人大副主席：
　　龙小红（女，任至6月）
　　丁　毅（6月任）
副镇长：辛　琳（女，任至6月）
　　郑惠斌（女）
　　陈力玮（女）
　　张育春
　　龙科亮（6月任）
　　叶永红（6月任）
便民服务中心主任：
　　宋长辉（6月任）
副主任科员：李祥南（任至6月）
二级主任科员：兰新亮
司法所所长：江杰成（任至6月）
　　黄新禧（6月任）
综合行政执法队队长：汪河亮

岭东乡

【概况】 万载县岭东乡地处县境南部(乡政府北纬28° 3′、东经114° 14′,海拔175米),东与高城镇交界,南与袁州区楠木乡毗邻,西与株潭镇、潭埠镇接壤,北邻双桥镇;总面积46.15平方千米,其中耕地1.1万多亩,林地为4.4万多亩。辖7个行政村、1个街道居委会、105个自然村,共有3700户,总人口13738人。全乡有1所初中、6所小学、2所幼儿园;有1所卫生院、9所卫生所、1所药店。

2021年,全乡实现财政总收入5156万元,同比增长15.2%,完成全年任务的103.1%;一般公共预算收入2241.8万元,增长14%。

【实体工业企业】 5家花炮企业全部完成第五轮整改并有序生产。支持和帮助兰田花炮厂开辟小型烟花新生产线,鼓励企业做大做强,推动花炮产业持续振兴。加大招商引资力度,优化招商引资环境,全力打造招商引资平台,成功引进一个“20”项目(光明化工)和投资1.2亿元的江西广进环保及投资1.5亿元的江西双亿新能源3个项目,截至2021年年底,拥有园区企业6个。

【乡村振兴新局面】 坚持每月研究防返贫监测、问题整改、“两不愁三保障”、资金项目等重点工作。全面加强驻村帮扶工作,积极对接市民政局等县市单位派驻的4名第一书记8名驻村工作队员开展驻村帮扶工作,为岭东乡村振兴工作带来强劲动力。严格对标人均可支配收入6000元监测线,通过农户主动申请、基层干部排查、部门信息比对“三线预警”,共确定七类人员共551户1280人,并坚持每月进行走访,建立走访台账。建立资产收益、投资分红、参与务工就业等利益联结机制,使脱贫户真正在产业实施过程中持续受益。2021年,带动211户发展自主种养产业,累计发放产业奖补20.9万元。全面落实技能培训、就业补贴、交通补助、创业补贴等政策,为232名脱贫户发放交通补贴11.3万元;安排公益性岗位72人,对接本地企业和产业基地解决100余名脱贫户劳动力就业,持续为民增收。

【疫情防控】 常态化做好疫情防控工作,严格落实对境外以及中高风险地区返乡人员的隔离、健康随访、核酸检测等工作,持续织密疫情防控常态化网络。2021年,累计排查省外返乡人员1330人,其中涉及中高风险地区209人,境外返乡12人,均严格按要求落实管控举措,确保万无一失。加快新冠疫苗接种速度,全年疫苗接种共计17581剂次,其中第一针完成7484剂次,第二针完成7503剂次,第三针完成2594剂次,收集乡外接种凭证9233例,疫苗接种工作列全县前列。

【岭东乡领导成员】

党委书记:戴苏敏(任至6月)
　　　　　臧　倩(女,6月任)
党委副书记、乡长:臧　倩(女,任至6月)
　　　　　周金平(6月任)
党委副书记:龙旸(女,6月任)
人大主席:黄祖汉(任至6月)
　　　　　王建新(6月任)
主任科员:孙　仁
纪委书记:廖　辉(任至6月)
　　　　　吕建平　(6月任)
党委委员、县委宣传员:孙　阳
党委委员:汤　芳
党委委员、县委组织员:
　　　　　叶太海(任至6月)
　　　　　兰鸣雷(6月任)
人大副主席:韩智德
副乡长:陈　晗(任至6月)
　　　　周　龙(6月任)
　　　　周　欢
便民服务中心主任:
　　　　丁洪文(6月任)
综合行政执法队队长:
　　　　李　斌(6月任)
副科级干部:郭　燕

双桥镇

【概况】 双桥镇地处万载县中心偏西南，距县城20千米，与高城镇、白良镇、岭东乡、潭埠镇、赤兴乡、仙源乡、茭湖乡7个乡镇相邻，是全县毗邻乡镇最多的地方。湘赣公路贯穿全镇，锦江河和牟溪河穿境而过，系万载县的交通枢纽，是万载县域中心所在，旧有“赣西商埠”之称。全镇下辖15个行政村、1个居委会、248个村民小组，总人口4.1万人，其中集镇人口3800余人。2021年有党支部24个，党小组47个，党员700多人。镇域总面积132.32平方千米，其中耕地面积3.5万亩，水田面积3.25万亩，森林面积12.17万亩。有小(1)型水库3座、小(2)型水库9座，山塘143座。

2021年，双桥镇党委政府在县委、县政府的坚强领导下，统筹推进疫情防控、经济发展、安全生产等工作，持续增强综合实力，推动经济社会繁荣发展。

【乡村振兴有效衔接】 抓好产业发展，持续巩固拓展脱贫攻坚成果与推进乡村振兴有效衔接。健全防止返贫监测帮扶机制，对易返贫致贫人口实施动态监测，强化政策措施增收入，强化搬迁后扶促融入，强化资产监管提效益，推动扶贫产业高质量、可持续发展，确保脱贫基础更加稳固、成效更可持续。依托现有优势发展种养产业，龙田村蔬菜种植、绍江村果树种植、玉泉村酸枣树养护、西江村油菜加工等项目均获得上级资金帮扶。

【经济发展】 创新招商观念，以商招商，大力宣传双桥镇的良好资源和区位优势，主动拜访对接来访客商，盘活本地经济，扎实做好实体经济发展，在招商持久战中不断形成新的思路方法。新签约入园企业江西芯海新能源科技有限公司，总投资1.2亿元，于2021年11月初入驻工业园标准厂房。落实营商专员制度，驻企帮扶营商专员为企业发展、项目建设提供全方位、全天候的“月嫂式”服务，推动项目快速建设、企业稳步壮大。

【城乡环境】 2021年，双桥镇开展7个省建点、12个自建点新农村点项目建设，重点抓好柏树村20组王宗槐(共和国中将)故居提升改造项目。按照上级关于农村人居环境工作要求，制定《双桥镇2021年生活垃圾分类和减量工作实施方案》《双桥镇城乡环境综合整治实施方案》等规范性文件，抓好环境整治，推进城乡环卫一体化建设，优化城乡人居环境。

【经济社会发展秩序】 以落实安全生产为重点，扎实推进安全隐患大排查大整治大提升行动。加大日常监管力度，增加巡查次数，逐个企业、逐个厂房、逐个工序进行安全隐患大排查，确保每周全覆盖。对排查出的隐患，落实整改责任人、整改措施、整改期限、整改复查，隐患未整改到位绝不放过。

【疫情防控】 在乡镇换届后，及时调整疫情防控领导小组、疫苗接种领导小组，科学部署疫情防控及疫苗接种工作。针对大型商超、学校、农贸市场等公共场所，由镇社会事务办牵头，联合市监分局、派出所等部门，制定了专项检查方案，督促单位、企业严格疫情防控措施。动员号召干部、群众接种疫苗，常态化开展核酸检测工作，切实筑牢疫情防控安全屏障。

【工作落实】 县委提出的“融入宜春、双城联动、聚力园区、特色彰显、宜业宜居”工作方针，为双桥镇开展工作提供了思想引领、理论指导。一分部署，九分落实，双桥镇在实践中研究新情况、探索新方法、总结新经验，坚持“一竿子插到底”，确保每项工作落到实处、抓出成效，营造“事事马上办、人人钉钉子、个个敢担当”的浓厚氛围。2021年，双桥镇一般公共预算收入7003.26万元，财政总收入11790.92万元。2021年，获得“2016—2020年全县普法工作先进单位”“先进基层党组织”“全县关心下一代工作先进集体”等称号。

【双桥镇领导成员】

党委书记:戴苏敏

党委副书记、镇长:李　遒

党委副书记:谢友萍

人大主席:潘鹏飞

主任科员:欧阳春根

党委委员、纪委书记:廖　辉

党委委员、组织委员:周帅凌

党委委员、宣传委员:刘绍昆

党委委员、统战委员:

易卫芝(女)

党委委员:凌湖根

党委委员:施　倩(女)

人大副主席:宋雅俐(女)

副镇长:李晓燕(女)

凌　力

黎爱明

张　维

便民服务中心主任:宋远刚

综合行政执法队队长:卢世文

主任科员:王珠根

高城镇

【概况】 高城镇位于万载县西南边陲,距离县城6千米,与袁州区相接,与岭东乡、双桥镇、白良镇、马步乡、康乐街道相邻,国土面积174平方千米。全镇辖13个行政村、1个居委会,总人口36701人。全镇共有党支部19个,党员682人。境内耕地面积3.45万亩,林地10.25万亩,森林覆盖率78.6%。省道万(载)上(栗)公路穿境而过。全县最大河流锦江流经,与里山水、贯前水、谷源水汇聚后流向县城。万载古八景中“汤周雪霁”“紫盖浮云”位于此间,新中国开国将领罗章、罗琳、郑寿才、张瑞全等人都是从高城走出去的。

【经济发展】 抓好主要经济指标。2021年,全年实现财政总收入8124.2万元,实现一般公共预算收入3458.8万元;规模以上工业企业完成工业产值26224.2万元,同比增长11.2%;工业增加值7326.61万元,同比增长12.19%;营业收入30465.6万元,同比增长36.2%;营业利润3822.5万元,同比增长31.8%。持续做大投资总量。大力扶持龙头企业做大做强,宜春市金一加新能源有限公司、宜春日鑫建材有限公司、江西鼎盛塑业有限公司固定资产投资均超过5000万元,全镇共完成500万元以上固定资产投资2.5亿元。合理开发土地资源,奇枫加油站地块、老钢铁厂地块和农贸市场地块(部分)顺利实现挂牌拍卖,土地出让金共计2856万元。优化营商环境,倾听企业诉求,及时解决企业发展困境。及时派驻工作组到里山杨孔章矿实地调研,深入了解矿群纠纷,为绿色矿山开采奠定扎实基础。全力启动锦江河流域环境治理,为疏浚工程的启动做好前期准备工作。协调好自然资源等部门用地政策,促成宜春日鑫建材有限公司顺利建成并投产。支持华电公司风电项目顺利运行,推进与该公司的加强合作。做好江西睿锋环保有限公司等入园企业跟踪服务,保增长、保稳定、促发展。结合党史学习教育“我为群众办实事”实践活动,参与解决企业税收、用地、用工等问题,提高服务企业的水平。

【乡村振兴】 大力整治农村人居环境。全年投入资金130万元,全力推进人居环境整治。年度内新增垃圾桶1000个、评比栏100块,召开户主会60场,发放宣传资料8000份,投入专项资金50万元,清理农村垃圾750吨。充分发挥村组干部作用,加强环境卫生日常维护及监督,“一周一检查、一月一评比、一季度一排名”制度明显见效,环境清洁彰显到每一个村落。全面推动农业提质。推动高标准农田改造项目4000多亩,农业发展基础不断夯实;种植早稻8000亩、中稻1.7万亩,种植面积不断扩大;种粮大户耕种面积均在千亩以上,经营主体带动作用不断增强;大坪香菇基地等项目集中推进,产业发展不断加快;草莓、脐橙等农业基地多地涌现,休闲采摘经济不断发展;对全镇渔业资源进行摸底调查,实施对美国牛蛙的全范围禁养,种质资源不断优化。扎实抓好生态环境。高度重视中央第二轮生态环境保护督查交办信访问题,第一时间落实好万载县恒胜烟花制造有限公司和杨孔章采石场相关环保问题的整改。全面督促南庙村、奇枫村农村集中式饮用水源保护区规范化整治项目落地实施,为用水安全筑牢防线。扎实推进矿山复绿，严厉打击乱砍滥伐，常态化抓实秸秆禁烧，把生态保护意识根植于干群心中。推进国土卫星图斑整改 70 余处,实施土壤改良防治面积 7000 余亩。巩固落实林长制、河长制、路长制,切实做到每村一名护林员、护河员、护路员上岗到位。加大防火宣传,出动森林防火宣传车 12 次,派发防火宣传资料 4200 份。做好松材线虫病防治工作，累计投入资金超过 30 万元，清除疫木 10000 余棵。

【民生福祉】 牢牢守住安全稳定底线。贯彻“安全第一,预防为主”的方针,加大政策宣传和打击违法行动,张贴宣传标语、宣传横幅 300 余条，组织安全生产培训共 900 余人次，对非法生产处以罚款 5.58 万元,关停“九小”场所 1 家。保障人民身体健康和生命安全,为全镇 2 万余人完成新冠疫苗接种,免疫屏障更加坚实，群众生命安全更有保障。全心全意办好民生实事。为全镇农村 714 户 1183 人发放农村低保金 451 万元，为 180 户 207 人分散特困人员发放特困金 167 万元,为 80 岁以上老人发放长寿补贴 35 万元,为 4800 人足额发放养老金,农保参保人数达 1.3 万余人。落实居民应保尽保,医保覆盖率 96%以上；落实医保报销政策,2021 年享受医保人数 7200 人，报销总额 80 万元;落实殡葬改革政策,建设公益性墓地 15 处、墓穴 2193 座,实现入驻率 95%,火化率 100%;落实办理便民实事，为新生儿上户 293 条，办理结婚录入 172 对;落实农村养老政策,建设幸福食堂 9 处。各项民生实事惠及千家万户。建成奇枫加油站,引进联胜液化气站,启动农贸市场开发项目,基础设施不断改善。持续推进美丽乡村建设,17 个新农村建设点建成竣工,其中团结村示范点充分结合自然生态优势,得到广大群众和镇人大代表集中点赞。推进户厕改造工程,新建房屋实现 100%卫生厕所全覆盖。全力改善用水质量,新水厂建成并将投入使用。启动桃源冲里水库维修加固工程,农业灌溉难题逐步解决。开展“军政企民共筑电力安全防线” 大型活动,消除农村用电安全隐患。

【社会治理】 坚持依法行政。依法落实“三重一大”制度,班子会研究重大项目决策 12 次。依法换届选举，产生第三届高城镇人民政府镇长 1 名、副镇长 4 名。依法办案,持证上岗,各业务线办申领行政执法证 8 张。依法接受镇人大监督,卫生院、供电所获评人大代表满意单位。坚持务实创新。创新出台《机关干部绩效考核方案》,充分利用“绩效考核”指挥棒,干部管理更加高效。创新出台《村级高质量发展考核办法》,构建以“创新实干”为核心的发展考评体系,比拼氛围更加浓厚。坚持勤政为民。深入开展“怕、慢、假、庸、散”作风顽疾整治,践行党的群众路线。有效开展“千警万人、共筑平安”工作,为群众化解纠纷 36 起。扎实开展党史学习教育,推进“我为群众办实事” 65 件。密切开展政务督查,推动 12 项民生实事顺利实施。

【高城镇领导成员】

党委书记:潘海亮

党委副书记、镇长:黄育荣(女,6 月任)

党委副书记、政法委员:刘琦君

人大主席:杨　琼

主任科员:龙水云

党委委员、纪委书记:宋育波

党委委员、副镇长、三级主任科员:张建军

党委委员、组织委员:郭琛钰

党委委员:刘根明

党委委员、宣传委员:刘　宽

党委委员、统战委员:范振华

人大副主席:范家伟

副镇长:陈　晗
　　　邱　毅
　　　陈子巍

司法所长、县司法局:王茂生

副科级干部:潘伟昌

综合行政执法队队长:秦　烺

便民服务中心主任:郭　星

派出所所长:施勇刚

白水乡

【概况】 白水乡位于万载县西北部,东与赤兴乡相连,南与潭埠镇相接,西与黄茅镇分界,北与湖南省浏阳市小河乡、张坊镇毗邻,距县城48千米,总面积64平方千米,耕地面积15337.2亩(水田面积14159.45亩,旱地面积1177.75亩),下辖7个行政村、1个居委会、125个村(居)民小组,总户数3214户,总人口11122人(其中农业人口7365人)。

2021年,白水乡以“红色引领、绿色带动、产业升级、幸福提标”为白水工作方向,锐意进取、担当有为、狠抓落实,全乡经济建设和社会各项事业均稳步发展。

【党建工作】 乡、村两级换届完成。乡党委立足实际早谋划,对照文件抓落实,多措并举强推进,确保该次换届“选出好班子、换出新风貌、展现新担当”。此次换届选举,全乡各村选出新一届支部委员29人,村委委员27人;选出新一届乡党委委员7人、纪委委员3人、出席中共万载县第十五次代表大会党代表8人和政府班子7人。红色名村建设效果突出。挖掘一个万载县最早党支部、一所湘鄂赣红军医院、一个临时县委、一座红军造币厂、一位红色名人、163名烈士等红色资源,突出党支部文化、彰显脱贫攻坚精神,着力打造“三馆一碑一小道”,开发重温入党誓词、庭院党课等12项活动,为党员学习教育提供平台的同时带动乡村旅游,下好乡村振兴先手棋。基层组织建设巩固提升。积极探索党员学习议事日“3+1”模式,每月一个主题、一套方案,党员参与中心工作意识和先锋模范作用显著增强。2021年,全乡各支部共确定入党积极分子32人,列为发展对象25人,接收预备党员10人,全年共发展党员25人,党支部凝聚力战斗力得到了显著增强。

【经济发展】 2021年,全乡把推进经济发展作为工作的第一要务,坚持以经济建设为中心,经济发展成效明显。主要经济指标增速在全县排名“4个一、3个二、1个三”,取得前所未有的好成绩。全乡工业企业14家(含工业园),其中规上企业5家;规模以上工业增加值完成2498.44万元,同比增长72.36%,增速排名全县第一,完成率达146.97%,排全县第二;规模以上工业利润总额完成1913万元,同比增长111.05%,增速排全县第二,完成率达191.3%,排全县第一;规模以上工业营业收入完成1.06亿元,同比增长99.55%,增速排全县第一,完成率达152.31%,排全县第三。一般公共预算收入完成4546.8万元,同比增长57.8%,增速排全县第一。固定资产投资完成3.09亿元,同比增长330%,增速排全县第二。招商引资工作取得明显成效,新引进江西鸿峰纺织品有限公司1家入园企业,总投资3500万元;安商服务有提升,制定了“营商专员”驻企帮扶制度,全程对接招商引资服务单位,开展精准帮扶服务,共帮助3家企业争取贷款1000万元;召开规上企业和规下企业座谈会,摸排企业提出的实际困难和问题10个,及时进行了协调落实。

【乡村振兴】 巩固基础发展特色优势产业。围绕“一村一品”的产业发展要求,培育一批“产品小而特、业态精而美、布局聚而合”的“一村一品”示范村。其中白水村投资332万元、占地面积320平方米的万载百合产业发展中心大楼建设项目,建设“一台三中心”,完善百合全产业链。用好用活白水龙牙鲜百合“国家地理标志”,全力协助“万载百合”国家地理标志保护产品申报、百合传统制作工艺非物质文化遗产申报,打造“百合贡”品牌和百合产品中国驰名商标,尽快实现全乡百合产品品牌统一、品质规范、品种齐全的行业格局。槽岭村结合红色名村提升要求,新引进5种彩色观赏百合种植,延长花期,提升百合之乡知名度。拓展乡村产业增值增效空间。提升百合加工业,立足县域布局农产品加工产能,延伸农业生产、加工、流通、服务等增值增效链条,实现循环增值、梯次增值、全链增值。衔接江西农业大学与后稷百合的合作，成立“万载县白水乡百合小院”，拓展百合种植的新渠道和新模式。开发速溶百合，百合饮品等新产品，使百合产品多元化。

【人居环境】 乡村面貌焕然一新，环境整治有奇招。白水乡以建设“生态优美宜业宜居”白水为抓手，着力改善城乡居住环境。以点带面，全域推进，开展最美示范村庄、美丽庭院评选活动；发动群众，增强意识，开展“五个一”活动。党员带头，示范引领；发挥无职党员环境卫生监督作用，组织对党员干部门前三包落实情况暗访并曝光；长效管护，打造专业队伍，整合多方资源，探索推广人居环境整村外包服务机制，强化督查，狠抓落实，扎实开展每月一评、每天一督活动。厕所革命落实到底，利用2021年新农村建设点完成槽岭村33户厕所新建及整改，大庄27户厕所新建及整改，指导4户建房户新建标准化粪池。

【民生实事】 保障基本民生，做好兜底保障。建立脱贫户分类管理、精准帮扶机制，聚焦“两不愁三保障”，积极推进产业、就业扶贫双落实；持续推进城乡居民基本养老保险和医疗保险工作；强化设施建设，提升服务水平。以乡村振兴为抓手，完成5个新农村点建设和6个村庄整治项目建设；拓宽黑化升级改造槽岭村入村主干道4.7千米，大庄至老山乡道美化亮化2.5千米；全面完成白水村阳澄桥至月形村徒步道路工程。

【疫情防控】 把牢防疫关口，严守头道防线。坚持疫情常态化管控，构建乡村组三级防控网络，严格落实预防接种、核酸检测、返乡登记、健康管理等工作；发挥党员干部先锋引领作用，干部专车接送特殊人群打疫苗，卫生院坚守岗位假期接种“不打烊”。2021年，全乡累计接种第一剂疫苗共计6660剂次，第二剂次共计6385剂次，第三针疫苗共计1962剂次。

【平安建设】 落实矛盾纠纷排查调处机制。全年共办理信访件7件，排查出矛盾纠纷48件，调解成功48件。落实信息报送制度。积极开展法制宣传。严打整治，建设治安防控体系。乡平安志愿者达到505人，全乡人民群众的满意感、幸福感明显得到提升。强化综治组织、制度建设。以完善领导责任制为抓手，把平安建设与综治工作纳入任期目标，作为一把手工程和民心工程，落实综治委会议制度，加强与成员单位的联动配合，继续开展乡党政班子领导日接访活动，现场调处群众来访反映问题。加强吸毒人员排查。从全局的高度认识禁毒工作的重要性和紧迫性，持续保持“大收戒”工作思想不放松、力度不减、标准不降。

【安全生产】 狠抓安全生产确保社会平安。明确责任，完善安全目标管理。进一步加大落实安全生产责任制的力度，分别与7个村委会、1个社区、2家花炮企业、1家矿山及10家小加工作坊签订了2021年安全生产责任书，完善了安全生产责任管理。全面排查整治，清除安全隐患。全年共排查各类行业领域隐患355条，发出整改通知书15份，已整改355条。深入宣传培训，提高全民素质。利用各村、企业、事业单位及政府宣传栏开设安全生产专栏、张贴安全生产标语、编发安全生产简报、信息，并开展专题讲座等多种形式的宣传活动，加大安全生产的社会宣传力度，营造良好的安全生产氛围。

【白水乡领导成员】

党委书记：袁帅清
党委副书记、乡长：钟汉良
党委副书记：邓　奔（女）
人大主席：孙　卉（女）
党委委员、纪委书记：杨万辉
党委委员、组委员：高成辉
党委委员、宣传员：黎小霞（女）
党委委员：高　健
人大副主席：刘小丹
副乡长：谌晶萍（女）
　　　　钟传辉
便民服务中心主任：梁　潇
八级职员：刘煌涛

仙源乡

【概况】 仙源乡地处万载县西部偏北,距县城46千米,全境呈狭长山区地形,东接茭湖乡槽头村,南傍赤兴乡浙桥村,西邻湖南省浏阳张坊镇富溪村,北靠高村镇西坑村。全乡地势北高南低,北端有全县的第二高峰——黄皮尖,海拔1182.1米。全乡辖区总面积148.84平方千米,总人口17592人,其中乡村人口17211人,城镇人口381人,下设党支部16个,党员475人。总耕地面积16958.7亩,其中水田15516.5亩,旱地1841.5亩,山林面积20万亩(含官元山)。乡机关2021年有干部职工40人,其中行政编22人,事业编18人。2021年,完成财政总收入3081.94万元;决算收入2851.78万元,其中,一般公共预算收入完成986.55万元,上级补助收入1865.23万元。

【重点项目建设】 通过遍访村民小组,调研摸排出乡贤81人,并对大部分乡贤进行了走访和电访,依托乡贤等收集招商引资信息4条,到实地考察3次,顺利签约企业1家。龙恩智能科技有限公司已开工建设;浙江玉环阀门企业,已完成签约,签约金额30亿元,项目投产后预计能实现年税收4000万元;营造优质高效的服务环境,牢固树立“管理就是服务”的观念,形成招商引资的绿色通道。建立起重商、亲商、惠商、富商、安商的良好氛围;全力配合推进南昌—长沙特高压交流1000千伏输变电工程,多次召开相关推进部署会,加快推进项目建设涉及的房屋征收、土地占用等工作进度,圆满完成拆迁安置任务;全力支持青峰瓷土矿采矿权延续及变更,积极对接自然资源局等相关部门完善手续,探索保护生态环境、降低资源消耗、追求可循环经济新模式,确保矿山项目顺利通车。

【乡村振兴】 大力推广“三类人群”二维码,积极引导农户在出现致贫返贫风险时主动申请纳入三类人群,定期开展脱贫人口收入、务工等信息采集和监测,将11户农户纳入三类人群,组织帮扶干部持续开展帮扶,采取有针对性帮扶措施,坚决守住不发生规模性返贫底线;实施红色旅游产业、四村联建光伏电站维修改造提升、油茶抚育等产业项目,持续发挥小额信贷作用,开展两次产业奖补,落实雨露计划和脱贫人口交通补贴,开发100多个公益性岗位,确保脱贫人口家家有产业和就业、户户有收入,持续增强稳定脱贫的能力;认真开展脱贫攻坚成效考核反馈问题整改,扎实做好巩固拓展脱贫攻坚成果全面排查,深入推进全面排查整改“回头看”,抓好省巩固脱贫攻坚成果暗访举一反三整改,持续巩固“两不愁四保障”成果。

【红色名村建设】 投入乡村振兴衔接资金290万元用于改善村组交通、水利设施和沿线环境,投入300万元建设10个新农村建设点,极大改善村组环境;重修大门楼,对仙源集镇及仙源至新市公路沿线进行外立面改造,打造红旗广场,建立湘鄂赣革命历史展馆,整合百姓民宿,拆除集镇飘窗,全乡环境得到巨大提升;巩固提升红色名村建设成果,村级集体经济发展迅速,全乡8个村村级集体经济年收入均超过10万元,完成庆祝中共湘鄂赣省委、省苏维埃政府成立90周年系列工作。深入挖掘红色资源,培养红色讲解员,做好党史学习教育和红色旅游。2021年,有200多个企事业单位和组织、4万余人到仙源进行党史学习教育和红色旅游。举办“小手牵大手,家长一起走”爱国主义讲座4次,培养了10余名湘鄂赣革命旧址红色“小小讲解员”。一系列的举措让仙源声音进一步传播,仙源声誉有较大提升。

【农业林业工作】 瞄准任务目标,确保早稻生产提质增效。将620亩早稻生产任务抓细抓实,藏粮于地,保障粮食安全;发挥仙源绿色优势,大力发展有机农业,种植低产优质稻200亩;投入600万元进行高标准农田建设,新增高质农田1918.2亩;为防止耕地非农化和耕地非粮化，严打违法用地建猪舍2起，打击违法建房和未批先建12起，牛蛙退养1起。新增生态林、公益林2.3万亩，加强林地保护，守住绿水青山；投入10万元对松材线虫病进行常态化防治，全覆盖进行摸排，全方位除治并清理枝丫3000余棵；对森林防火进行日常巡查50次，更新补充森林防火装备库，加强对半专业扑火队的业务操练。

【疫情防控】 严格遵照预防为主的原则落实疫情防控多项措施，做好重点地区、境外返乡人员摸排与登记工作。坚持“外防输入、内防反弹”总策略和“动态清零”总方针，严而又严、细而又细、实而又实、紧而又紧地落实好常态化疫情防控措施，切实巩固好来之不易的防控成果。多措并举提高接种覆盖率，有力有序推进目标人群“应接尽接”。

【民生工程】 积极协调推进淖源至界岭公路升级改造工程，截至年底，已完成部分沥青铺设；投入水库移民资金147.94万元，提升大中型水库移民区的基础设施提升，提高水库移民后扶满意度；投入专项资金23万元维修仙源小农饮工程，解决饮水难问题，确保饮水安全。

【平安建设】 做好矛盾纠纷源头预防化解，成功化解“9·13”交通事故等多起重点纠纷，做到矛盾不上交，为全乡社会和谐稳定奠定坚实基础。

【仙源乡领导成员】

党委书记：胡琨震（任至6月）
　　　　　刘益波（6月任）
党委副书记、乡长：周琦（任至6月）
　　　　　张海艳（女，6月任）
党委副书记：钱地德（任至6月）
　　　　　曾志宇（6月任）
人大主席：王建新（任至6月）
　　　　　王　勇（6月任）
党委委员、纪委书记：
　　　　　曾志宇（任至6月）
　　　　　翟　艳（6月任）
党委委员、组织委员：
　　　　　邬秋璎（任至6月）
　　　　　许泓民（6月任）
党委委员、宣传委员、统战委员：
　　　　　刘　存（6月任）
党委委员：
　　　　　张小飞（6月任）
人大副主席：欧阳菲（任至6月）
　　　　　龙　可（6月任）
副乡长：刘林根（任至6月）
　　　　欧阳云松
　　　　张小飞（任至6月）
　　　　谢　强（6月任）
司法所长：王卫祥（任至6月）
综治专职副主任：
　　　　　常松海（任至5月）
便民服务中心主任：
　　　　　肖　俊（6月任）
综合行政执法队队长：
　　　　　刘　钰（6月任）

高村镇

【概况】 高村镇——国家级生态乡镇，位于万载县城正北部边境，东与九龙、罗城交界，北与宜丰、铜鼓相接，西与铜鼓、官元山相连，南与茭湖、三兴毗邻，总面积218.13平方千米，距县城37千米，是全县面积最大的乡镇。高村历史悠久，北宋年间，高氏迁入桃花山下建村，因四面高山环抱，而得高村之名。清康熙年间，王氏由长宁迁入聚居。境内山高水冷，梯田、冲田多，塅田少，有“高村上下十八里，河宽十八（驳）桥，七形九洲十八湾”之称。高村镇下辖12个行政村、1个居委会，总人口16654人。

2021年，高村镇围绕镇党委“个十百千”的工作目标，奋力推进大美高村建设。全镇上下共同努力，统筹疫情防控和经济社会发展，巩固拓展脱贫攻坚成果同乡村振兴有效衔接，全年主要目标任务较好完成，实现“十四五”良好开局。2021年2月，高村镇党委荣获“全国脱贫攻坚先进集体”称号。

【经济发展】 2021年，全镇完成固定资产投资30381万元，完成年度目标任务120%以上；申报固定资产投资项目12个，其中工业投资新建项目2个，技改项目5个，其他固定资产项目5个；5000万元以上固定资产投资项目有 2 个。分别是江西省博鑫贸易有限公司(固定资产投资 1.2 亿元)、江西彤材实业有限公司(固定资产投资 5000 万元)。

【村集体经济】 2021 年，全镇产业项目重点转型方向朝固定资产类发展。严田村、双洞村通过盘活高村粮管所,预计年收益增加 10 万元以上;新竹村、上村村通过与金色田园合作盘活高村镇农产品冷链物流电商中心;高村街居委会通过与浙江商超企业合作,盘活高村后续帮扶综合体大楼,提高村集体收入。通过资金整合转型,培育一批年收入过 20 万元、50 万元的集体经济强村。2021 年,脱贫户人均纯收入达 12594.24 元,脱贫成果进一步得到巩固提升。同时,"司法所 + 五小工程"已完工交付使用,高村冷链物流中心、高村集镇易地搬迁点后续帮扶产业综合大楼全面竣工，污水处理厂、S222 省道升级改造等项目正稳步推进。

【疫苗接种】 全体党员干部深入农户调查,摸排出 18~59 岁的农户有 7388 人，其中在镇外务工或生活的有 5259 人，常年生活在高村的居民 2129 人。从 2021 年 5 月启动乡镇卫生院接种新冠疫苗以来,全镇完成第一剂新冠疫苗接种 7611 剂、第二剂疫苗接种 5477 剂、第三剂加强针 4965 剂。

【乡风文明】 完成新农村建设点 4 个，鼓励群众参与综合整治，创建了一套集镇管理制度、一部村规民约、一个交通监督管理站、一个商户联盟。广泛征集意见建议,将管理内容写入村规民约,成为全镇群众自觉遵守的行为规范。所有商户签订"商户联盟承诺书",对"门前三包"、不占道经营、不违规停车等形成共识。交通监督管理站集城管、交通维护等功能为一体，设置专人专管。提升了高村集镇的颜值,提升了老百姓的居住品质。

【社会大局】 平安乡村建设迈上新台阶,成立信访事项化解专班,实行领导包案,进行集中化解,每月召开专题会议调度信访化解工作。将矛盾纠纷解决在一线,2021 年，共处理信访件 20 件,每月调处率达 100%;信访人满意度为 100%,且均已建立好信访相关台账。

【党史教育】 把习近平总书记关于党史学习的重要讲话精神作为开展党史学习教育的根本遵循。结合党史学习,建立驻村领导分区包片、党员干部联结制度,每名机关干部每周开展 1~2 次为民办实事活动。收集到"我为群众办实事"清单征集意见建议 27 条,实施台账式管理,确保群众反馈事项事事有人抓、件件有着落。

【干部队伍】 2021 年镇村换届工作圆满完成,选举产生镇党政领导班子成员共 14 人，平均年龄 36 岁。"70 后"4 人，占比 30%；本科及本科以上学历 8 人,占比 57%;领导班子结构老中青搭配合理。选举产生的村"两委"新班子中,村书记队伍平均年龄 47 岁,村"两委"至少有一名大专以上、35 岁以下中坚力量。全镇 13 个村(社区)全部突出了"双好双强"标准,全面实现了"两升一降""一肩挑"目标。

【党风廉政】 镇党委时刻紧抓"一岗双责""两个责任"的落实,始终把党的政治建设摆在首位。召开"肃清颜赣辉、胡全顺流毒"专题民主生活会、开展谈心谈话打牢思想基础,用身边事教育身边人。以抓铁有痕、踏石留印的作风抓好巡视巡察整改工作,将县委第六巡察组关于巡察高村镇党委发现的 14 个主要问题全部整改到位。严查违纪案件,2021 年,办理案件 3 起,其中结案 2 起,自办案件 1 起,党内警告处分 3 人次,从自清门户、扫门前雪到逐步联动、全面铺开,反腐倡廉思路日渐清晰。

【高村镇领导成员】

党委书记:胡琨震(6 月任)
镇　　长:晏双移(6 月任)
党委副书记:黄　实
人大主席:邬立根(6 月任)
纪委书记:唐　欢(1 月任)
组织委员:吴　鹏
宣传委员、统战委员:

陈开智(6月任)
党委委员:陈秋根(6月任)
人大副主席:潘舒杰(6月任)
副镇长:杨继斌、王燕(6月任)
便民服务中心主任:张 颖
综合执法大队队长:
阳光润(6月任)

茭湖乡

【概况】 茭湖乡地处万载县东北山区,距县城30千米,全乡面积86.55平方千米,耕地面积23833.28亩,森林面积93035亩,森林覆盖率达76%,境内生态环境优越,无工业污染,有丰富的红色、绿色旅游资源,被评为"国家有机食品生产基地""江西魅力乡镇十强""江西省省级环境优美乡""全国现代农业科技示范基地""全省产业融合试点乡镇"。2021年,茭湖乡被评为宜春市信访"五无"乡镇。

2021年,全乡上下坚持围绕建设"秀美安康福地,有机活力茭湖"的奋斗目标,迎难而上、开拓进取,经济社会实现了平稳健康发展。全年累计完成财政总收入2838.3万元。

【基础民生工程】 茭湖乡幼儿园、加油站、集镇休闲广场全部竣工;完成6个村的水源地防护网建设工程;完成槽头村和谢溪村组级公路硬化及上坪村、西源村道路维护工程,方便了群众出行;建成社区居家养老服务中心,给辖区老年朋友提供了一个休闲娱乐的服务场所,有效提升幸福指数;积极支持X693道路修建,项目有序推进即将完工。

【重点工作推进】 全力抓好招商引资。坚持每月外出招商,深入开展以商招商、乡贤招商。投资1.2亿元的深圳冠顺科技智能显示器项目成功签约,实现亿元以上项目零的突破。引进宜春市博宏农林开发有限公司种植单从茶200亩,并开始采购设备,将成为茭湖乡又一个特色名片。完成特高压拆迁任务39户,有效支持国家重点项目建设。严格落实"应保尽保、规范运作、分类施保、动态管理"的要求,切实做好城乡低保工作,全镇451户664人享受低保保障、147户161人享受特困供养,城镇低保保障户数为15户17人。严格落实联防联控机制,取得了"零疫情"的阶段性防控成果;通过大力宣传、全员参与、贴心服务,有序推进新冠疫苗接种工作。抓好早稻生产工作,2021年,全乡共种植早稻782亩,超额完成上级下达的早稻种植任务。因地制宜推进高标准农田改造,6个村共2873.84亩的高标准农田改造全面完工。坚决开展矿山整治提升,对全乡范围内的3个矿山企业进行了全面整治,其中鑫钰矿业是全县唯一达标的绿色矿山。严格落实"河长制""林长制""路长制"等工作要求,有效保护了生态环境。推行城乡环卫一体化运作模式,人居环境有效改善。

【促进乡村振兴】 不断巩固拓展脱贫攻坚成果,健全防返贫监测和帮扶机制,对12户44人"三类人群"有效开展帮扶工作。选定了茭湖、槽头2个省定重点帮扶村。明确"一乡一业、一村一品"发展模式,加快推进有机油茶和茶叶产业发展。推动村集体经济提质增效,2021年,有4个村的村集体经济收入超过10万元,较2020年实现了"零的突破"。强化易地搬迁后帮扶工作,申请35万元衔接资金对集镇安置点进行维修改造,解决了安置点居民忧心的难题。深入开展"厕所革命",3334户农村户厕全部录入系统,摸排整改工作全县排名前三。投资100万元的永兴家园文化活动中心已启动建设。积极推动红色名村的申报和建设,上峰村获批宜春市红色名村。

【抓好社会治理】 推进乡村依法治理,建立了"乡村振兴法律人才工作室",实施"法律明白党员"百人培养工程,"党建+法律明白党员"做法获得上级领导的肯定。深化"平安茭湖"建设,针对涉访重点人员进行有效管控,实现"零群体事件""零赴省赴京上访",是全县信访五无乡镇。创新开展的问题家庭"一颗真心、一个依托、一份档案、一支队伍、一套颜色、一项机制"的"六个一"工作法得到县政法委和公安局的点赞。深入推进“千警万人，共筑平安”主题活动，公众安全感和满意度有效提升。有效开展反电信诈骗工作，摸排和劝返在缅人员3名，劝返率达100%，是全县最早“清零”的乡镇。切实抓好安全生产工作，保持了安全稳定的发展态势。

【茭湖乡领导成员】

党委书记：易外根

党委副书记、乡长：

敖　婷(女，任至6月)

姚智智(6月任)

党委副书记：王　勇(任至6月)

黄　凯(6月任)

挂职副书记：王　琦(任至6月)

人大主席：田新洪(任至6月)

王　琦(6月任)

主任科员：高秋生(任至6月)

纪委书记：吕建平(任至6月)

曾令锋(6月任)

党委委员、县委宣传员：

曾令锋(任至6月)

周　羚(女，6月任)

党委委员：

敖小明(任至6月)

邓根声(6月任)

党委委员、县委组织员：梁晨曦(任至6月)

熊　炜(6月任)

人大副主席：丁芸芸(女)

副乡长：龙小辉(任至6月)

邓根声(任至6月)

巫倩炜(女，6月任)

综治专职副主任：

王　斌(任至6月)

综合行政执法队队长：

王　斌(6月任)

司法所所长：刘　存(任至6月)

敖小明(9月任)

罗城镇

【概况】“三千年文化、四百年县城”，罗城曾为万载县治所在，山水诗鼻祖谢灵运曾袭封于此。罗城镇位于万载县东北部，地处万载、上高、宜丰三县交界，有高速路口1个。全镇总面积146平方千米，林地12.8万亩、耕地3.8万亩；辖9个村、1社区、172个村民小组，人口2.8万人；有14个党支部，666名党员，52个党小组。境内有三十把水库省级自然保护区、九龙原始森林、宜春市第一机械厂旧址等丰富自然资源。物产富饶，种有罗硒柚4500亩，省级非物质文化遗产手工罗城扎粉远近闻名。

2021年，罗城镇贯彻镇党委“1345”工作思路，从实现经济社会高质量发展方面着眼，从加强班子队伍建设方面着手，从服务民生方面着力，锐意进取、担当有为、狠抓落实，全镇经济社会发展取得较好成效，实现了“一个超预期、两个有突破、三个有提升”。

【提升综合实力】2021年，全镇财政总收入完成1.03亿元，完成目标数103.6%，同比增长11.7%；税收收入完成9868.5万元，完成目标数101.3%；一般公共预算收入完成4571.6万元，完成目标数101.6%，同比增长23.6%，均提前完成全年任务。完成固投6.54亿元，超额完成86.9%。5000万元以上项目入库5个。

【促进项目发展】坚持“走出去、请进来”招商战略，赴上海、深圳、浏阳、杭州等地考察项目9次，与杭州杭萧钢构、上海国惠环境科技、广东万庆能源对接。新引入投资亿元的德顺烟花，仅四个月就完成征地并顺利试投产。2021年12月，新型机械化生产花炮示范企业德顺烟花作为万载观摩点之一，迎接全国烟花爆竹转型升级集中区建设年底观摩活动，助力万载获得全国第二名的成绩。投资1.5亿元的恒昌农牧已投产。航行沥青已与华运通达(广东)道路科技、广州市市政工程维修处签订意向合同，总投资1亿元。成功流转退出花炮厂土地，引入投资2.5亿元的江西鹏乾锂业有限公司已动工建设。推动5家花炮企业通过第五轮整改。落户工业园区的大翔药业、大度家具已稳定运营，贡献税收超3000万元。

【抓实社会治理】开展“换理念、凝聚发展合力，筑平台、促进要素流通”主题实践活动。抓住资源是推动发展的关键点，聚焦干群思想转变、形成合力，变资源优势为经济优势。主题活动期间，召开户主会170余场次，摸排全镇劳动力12751人，土地资源3729亩，山林资源12.93万亩，水面资源67处；开通“阿里罗城”抖音号线上平台，发布信息130余条，获观看量100余万；开展项目推介展14期，促进7个项目落地，举办罗城镇专场招聘会，现场签订就业协议112人，实现资源与项目的有效匹配。扎实做好兜底保障、社会救助、社会福利等工作。全年累计落实低保资金480万元、特困供养资金112.1万元、临时救助资金2.2万元；基本养老、医疗制度全覆盖，残疾人、农村留守儿童和老年人关心关爱服务深入推进。积极组织开展全镇范围内安全生产及汛期防灾工作。全年累计检查辖区内各花炮企业480次，下发责令限期整改指令书9次，下发行政处罚决定书5次，处罚金11万元。进一步完善消防安全责任体系，加大秸秆清理清除等火灾隐患预防措施，年内未发生任何安全生产事故。面对常态化的疫情防控形势，罗城接种点累计接种4.15万剂疫苗，切实筑牢了新冠疫情罗城免疫屏障，实现疫情零发生、零疑似。

【改善集镇面貌】 投资169万元改造集镇沿河路段，投资40万元改造镇政府门口至万芳线路面，总计黑化集镇路面1.09万平方米，完成兴业路雨水管网、老桥周边弱电下地等工程。发动罗城乡贤集资90余万元新建乡贤亭。卫健路前期征地工作已就绪。污水处理厂已投入运营。农村生活垃圾无害化处理率达100%。镇综合文化站、红色露天电影院和招工信息电子屏均已投入使用。

【夯实基础设施】 完成11个新农村点建设，硬化村组公路12.16千米，改厕205户，改水52户，拆三房1870平方米，改围栏2455平方米，村庄环境得到提升。完成3条专项公路路基工程，交通路网进一步改善。完成投资20万元的淳江水上生态文明村项目，分别投资10万元建成罗城村下田组和湖溪村光荣组篮球场，募集18.5万元成立南垣教育助学中心，建立藏溪村高质量就业创业服务中心，新建敬老院消防系统，安全保障进一步提升，群众幸福感显著增强。

【促进产业经济】 藏溪九溪山泉，横坑特色农庄，小浒构树种植、烟花辅助材料加工，湖溪罗硒柚种植，罗城和黎明扎粉加工等7个项目落地见效，获批衔接资金360万元。投资260万元新建2800平方米罗城村产品销售综合大楼，进一步壮大村集体经济。2021年，全镇9个村集体经济经营性收入均超过10万元。启动扎粉美食街前期准备工作，先后到分宜电厂螺蛳小镇和南昌米粉街借鉴学习。罗城扎粉南昌形象店顺利营业，打响了品牌、打开了市场。成立炻拓旅游开发有限公司，规划旅游线路4条。首次探索商业化运作模式，引入社会资本参与赞助，成功举办第四届罗城半程马拉松赛事，实现收支平衡。

【罗城镇领导成员】

党委书记：高　峰

党委副书记、镇长：张　凯

党委副书记、政法委员：

　　李斯旺（6月任）

人大主席：宋华牙

一级主任科员：林卫国

党委委员、纪委书记：

　　潘　翰（6月任）

党委委员：刘洪波

党委委员、宣传委员：辛　伟

党委委员、组织委员：徐雯婷

人大副主席：邹兵兵

副镇长：陈　龙（6月任）

　　易满庚（6月任）

　　欧阳维嘉（6月任）

　　曾盎馨（6月任）

综合行政执法队队长：

　　吴盛平（6月任）

便民服务中心主任：

　　孙　辛（6月任）

四级主任科员：刘林根（6月任）

三兴镇

【概况】 三兴镇位于县境东部，北高南低，属半山半丘陵地区，辖10个行政村、1个居委会、179个村民小组，总人口3万人，总面积114.36平方千米。镇政府驻地三兴街，距县城13千米；交通便利，昌栗高速、铜万高速和220国道穿境而过，是县城北面的交通枢纽。全镇共有干部职工63人。2021年，面对错综复杂的宏观形势和繁重艰巨的发展任务，三兴镇统筹推进经济社会发展各项工作，财政收入突破1亿元，规上工业增加值1.43亿元、增长46.34%，工业投资完成4.87亿元，增长94.7%，多项主要经济指标均位列全县前列。

【调整产业结构】 招大引强成效显著。健全产业招商责任落实、奖惩激励、调度推进等工作制度，新签约落户项目6个，其中亿元项目3个，总投资5亿元的永益锂业项目顺利落地，固投总入库项目21个，其中5000万元以上项目入库10个。重点项目扎实推进。新增规上工业企业3个、规上服务业1个，超额完成重点企业培育任务。完成固定投资5.9亿元，增长52.9%。实施银泰花炮、鑫福引线等技改项目8个，完成技改投资1.32亿元，任务完成率110%。永煌锂业、瑞宏五金、蒂亚五金、情尚用品、安特体育等8个新建、扩建项目建成投产，永益锂业、源头新材料项目加快推进，工业项目建设呈现多点开花、强劲开局的良好局面。锂电产业正逐步成为三兴花炮产业之外的又一优势产业。特色产业蓬勃发展。不断壮大恒晖大农业、海达威、景云合作社和富佳农业构树基地等富硒产业龙头，红旗村果冻橙、沙潭村沃琪精品梨等特色农产品种植面积超1200亩，富硒优势更加显现。花炮产业转型升级迈出坚实步伐，完成花炮企业第五轮整改13家，汇鑫源礼花成为全省花炮行业智能化机械化创新标杆，在全国花炮产业集中区建设评比中获得国家应急管理部领导好评肯定。

【改善镇村面貌】 生态质量持续提升。落实春季植树造林、企业用地复绿管理工作，完成造林1500余亩，督促花炮和矿山企业完成复绿15处、360多亩，清理松材线虫疫木1625棵。严守土地利用红线，耕地“非粮化”整治全面展开，制止农民违规建房行为6起，卫片检查图斑整改通过现场核验。续聘林长制护林员12名，新增天保林及公益林巡查管护实现常态化。基础设施不断完善。全面启动4700亩高标准农田建设，超额完成早稻生产任务。万芳新城、三兴大道拓宽工程全面竣工，集镇生活污水处理厂建成并投入使用。三兴红旗石蛇至罗城麻田专项公路完成路基土方工程，S222三兴至高村扶贫公路前期工作有序推进。完成沙潭村高岭、石蛇村万坑、万岁村猪婆塘3座山塘和青勇、郭家冲2座小(2)型水库除险加固工程，推动健康产业园周边渠道清淤工作。城乡环境更加整洁。完成改厕45户、改水43户、改沟1.6千米、改路6.6千米、改塘1口、拆三房15栋2300平方米，新建文体活动场所2个，新农村建设7个省建点和5个自建点基本完工。持续强力抓好集镇及主要通道沿线环境整治，全县城乡环境整治工作现场会在三兴镇召开，并作了先进发言。

【丰富群众生活】 乡村振兴战果扩大。严格落实“四个不摘”，防止返贫动态监测和常态化帮扶覆盖所有脱贫户和三类人员。集镇安置点后续帮扶工作获市政府主要领导肯定，安置点管理服务“三兴模式”在全县推广。集体经济不断壮大，全镇10个行政村集体经济经营性收入迈上10万元台阶。民生事业效果显著。“一卡通”发放惠农资金1700万元，民生支出占财政支出83.9%。脱贫劳动力外出务工一次性交通补贴惠及246人。实施特困老人家庭适老化改造31户。投入20万元完成镇级公墓整改提升、火化率实现100%。红旗26组自来水安装项目，8个农村饮水工程维修项目全部完工，保障县备用水源管道铺设项目有序施工。安全发展成果巩固。强化中高风险区返乡人员和境外返乡人员检测监管，落实体温测量和“四码”联查，全镇3岁以上目标人群疫苗接种率100%，实现“零输入、零感染”。推进安全生产专项整治三年行动“十大攻坚战”，排查并整改各类安全隐患1600条，应急管理工作接受中共中央办公厅专题调研获得肯定。开展"千警万人,共筑平安"主题活动,化解邻里纠纷520起,3件信访积案成功破冰实现化解。老龄、妇女儿童、青少年等工作取得新成绩,国防动员、档案、关心下一代等工作实现新进步。

【抓实廉洁建设】 从严从实强作风,政府职能持续转变。落实政府系统全面从严治党主体责任,制度的笼子越扎越密,警示教育常抓不懈,营造了风清气正的干事创业环境。务实之风成为常态。扎实开展党史学习教育,切实提高政治判断力、政治领悟力、政治执行力。开展"我为群众办实事"实践活动,解决村民"急难盼愁"问题88个。贯彻落实中央八项规定,坚决整治形式主义、官僚主义,"三公"经费下降23.8%,更多的财政资金投入民生领域。服务之风成为品牌。有效承接县政府赋予的综合行政执法权限,严格按照权责清单依法履职尽责。落实驻企帮扶"营商专员"工作机制、"三个一"服务机制,实行"周走访、月排名、季考核"帮助企业解决问题26个,营商环境吸引力持续转化为发展竞争力。完善"12345"热线衔接运行机制,承接工单105件,快速办结率达100%。

【三兴镇领导成员】
党委书记:刘世琨
党委副书记、镇长:黄国洪
党委副书记:梁晨曦(6月任)
人大主席:朱俊刚
纪委书记:金之也
组织委员:许　明(女)
宣传委员:孙成平(女,6月任)
党委委员:高　寅
人大副主席:马敏(女,6月任)
副镇长:林万波
　　　　欧阳炜
　　　　邹世勇
　　　　高　勇
司法所长:龙谷华(女)
便民服务中心主任:杨颖(女)
综合行政执法队队长:龙小峰
一级主任科员:钟圣明
二级主任科员:曾小如

白良镇

【概况】 白良镇位于万载县中部偏东,东与三兴镇相连,西与双桥镇交界,南与高城镇、鹅峰乡毗邻,北与茭湖乡相接。全镇面积73.82平方千米,境内群山环抱,丘谷纵横。最高点为廖杭梨树坑附近,海拔482.5米;最低点为良福村,海拔86.8米。有耕地1745.5公顷,其中水田1192公顷,进行了高标准农田改造的耕地有830公顷;主要以种植水稻为主,兼种大豆、红薯、油茶、花生、中药材等经济作物;有林地4665.67公顷,盛产杉木、毛竹、油茶等,种植杉木2.1万平方千米、毛竹1.7万平方千米、油茶3.4万平方千米,森林覆盖率68%;年产杉木1600立方米、毛竹10万根、茶油60吨,活力木总蓄积量为21.4万立方米。白良镇下辖8个行政村和1个社区、1个红壤开发办,共151个村民小组。全镇总户数7435户,总人口24100人,其中农业人口19636人,城镇人口为4464人。镇政府驻白良街,距万载县城17千米。2021年,共有在编干部职工55人。

2021年,全镇财政总收入完成6627.2万元,其中税务部门6271.3万元,财政收入355.9万元,一般公共预算收入2724.8万元,新增2家规上企业,规上企业总产值达到24801.4万元,固定资产投资达到3.4亿元。

【重大项目建设】 投资200万元的百合种植基地和投资6000万元的鳗鱼养殖基地投产落地;全镇9家烟花爆竹企业有8家已完成第五轮国标整改,已全部进入正常生产,剩余1家中森礼花整改有序推进;镇里新引进投产企业2家,培育1个玩具产业孵化基地。

【营商环境】 镇党政主要负责人带头到企业开展"三个一次"(每月一次实地走访、一次与企业负责人交谈、一次为企业反馈落实问题)活动,了解企业经营状况,协助企业解决相关问题,全力当好贴心"店小二"。

【农业发展】 早稻种植面积4879亩,总产量达到6599.08

吨，完成了上级下达的工作任务；亚太农业田园综合体及有机富硒产业项目已开展超级稻品种试种，其中一个品种亩产达940公斤，开创了现代农业发展的新局面；新培育种粮大户1户、农业生产合作社2个，新型农业经营主体持续壮大。

【秀美乡村建设】 高质量高标准完成全镇13个新农村点建设工作；良福村被市委、市政府授予“宜春市文明村镇”荣誉称号。持续用好党员干部“1553”包户责任制，调动全民参与人居环境整治的积极性；拆除“三房”3210平方米，改善了农村人居环境；组建城管中队，加强集镇管理力量，提升了集镇面貌。坚决贯彻落实上级要求，组织动员镇村干部到组到户开展对户厕问题的宣传、摸排、整改工作。

【生态环境保护】 制定《2021年白良镇生态环境工作考核及奖惩办法》，重点整顿秸秆焚烧等野外用火行为，全力抓好大气污染综合整治；紧盯祥和采石场、小辛机砖厂生态环境保护问题整改，大力推进矿山复绿工作，积极开展植树造林，生态环境进一步改善。

【民生保障】 全年新增低保16户24人、特困户2户2人，发放低保金409.488万元，特困金117.264万元；新办残疾证25本，发放残疾人两项补贴26.58万元；为923名脱贫群众缴纳新农合28.613万元；发放临时救助3.39万元。

【社会事业】 投资800余万元的镇中心幼儿园已投入使用；投入10余万元标准化建设退役军人服务站，创建全国示范型（乡镇级）退役军人服务站工作已顺利通过省级验收；严格落实疫情联防联控机制和常态化疫情防控措施，疫情防控成果得到巩固深化；镇卫生院顺利迎接国家“优质服务基层行”现场一致性评价。

【乡村振兴】 坚定不移实施好乡村振兴战略，扎实开展防返贫动态监测和帮扶工作，对12户三类人员全部落实帮扶责任人和有针对性的帮扶措施，推进以范塘村扎粉加工项目为代表的产业项目，增强农村集体经济造血能力。

【社会治理】 深入开展安全领域“大排查、大整治、大提升”活动，压紧压实各方责任，全年花炮行业未发生安全生产事故；常态化开展反电信诈骗工作，成功劝阻3起电信网络诈骗，为群众挽回30余万元经济损失，滞缅人员已全部劝返入境；重点推进“千警万人、共筑平安”主题活动，收集群众诉求，化解260余件群众纠纷。

【党史学习教育】 扎实开展“一讲一学一实践”党史学习教育，累计为民办理民生实事146件；全力做好“12345”便民服务热线工作，受理工单125件，按期办结率100%，保证群众诉求“事事有回音、件件有着落”。

【作风建设】 补充完善《白良镇机关干部管理制度》《村干部管理办法（试行）》等规章制度；组织开展“转作风、提效能、强素质、促发展”作风整治活动；常态化开展“学先进、转作风、见实效”活动，干部作风彰显新气象。

【白良镇领导成员】

党委书记：汪晓艳（任至6月）
　　　　　黄卫清（6月任）
党委副书记、镇长：周文毅
党委副书记：周琳婧（任至6月）
　　　　　　韩　博（6月任）
人大主席：晏双移（任至6月）
　　　　　汪捷群（9月任）
二级主任科员：
　　　　　陈景开（任至9月）
　　　　　郭基荣（任至9月）
　　　　　龙双全（6月任）
党委委员、纪委书记：
　　　　　杨　琼（任至6月）
　　　　　汪　隆（6月任）
党委委员、组织委员：黄　闽
党委委员、宣传委员：
　　　　　汪　隆（任至6月）
党委委员、宣传委员、统战委员：
　　　　　袁　杏（6月任）
党委委员：龙　震
人大副主席：黄　乐（任至6月）

胥　伟(9 月任)
副镇长:邓小根(任至 6 月)
喻松生
李洪亮(任至 6 月)
黄　乐(9 月任)
龙　明(9 月任)
李　齐(9 月任)
三级主任科员:
李洪亮(12 月任)
综合行政执法队队长:方光运
便民服务中心主任:
邹世林(6 月任)

鹅峰乡

【概况】 鹅峰乡地处县城东郊偏南，因境内山形耸拔开张，望之如鹅展翅，有昂首飞鸣之势，故域名“鹅峰”。“昌栗”高速、“铜万”高速、320 国道与万芳公路贯穿东南西北，地理位置优越，风景秀丽，锦江蜿蜒而过。“鹅峰耸翠”“石笋凌空”“小岭樵歌”“龙河晚渡”入选万载老八景。全乡总面积 72.18 平方千米，辖 9 个村、1 个社区，有 124 个村民小组，总户数 6115 户，总人口 2.3 万人。下设 22 个党支部，49 个党小组(其中村 42 个、乡机关 7 个)，中共党员 689 名。耕地面积 2.2 万亩，林地面积　55665 亩，森林覆盖率 54.4%，12 座小(1)型、小(2)型水库和 45 座山塘基础牢固，蓄水量十分丰富。可谓“六分山水二分田，二分道路和庄园”。鹅峰乡为县工业园所在地，有三分之一的土地贡献给县工业园，为全县工业产生近三分之一的税收，同时为县城贡献三分之一的农副产品，有“工业摇篮、安康之地、幸福鹅峰”之称。2021 年，荣获省模范劳动关系和谐乡镇、省先进基层党组织、市文明村镇等称号。

【工业经济】 全年完成财政总收入 1.98 亿元，增长 15%；一般公共预算收入 7649.2 万元。共签约项目 11 个，投资总额 6.8 亿元。新入规工业企业 2 家，规模以上工业企业总数达 17 家，规模以上工业增加值增长 10.88%。全年共完成 500 万以上固定资产投资 8.84 亿元，其中工业固定资产投资 3.96 亿元。社会消费品零售总额完成 2592.8 万元，增长 27.68%。逐渐形成了以有色金属、造纸业、烟花鞭炮、医药产业、橡胶制造、新型建材、竹木加工、服装鞋帽为主的八大支柱产业和智能制造、金融业两大新兴产业格局。

【现代农业】 坚决落实国家藏粮于地、藏粮于技战略，落实最严格的农村耕地保护举措，坚决遏制和打击耕地“非粮化”“非农化”行为。全年完成早稻种植 6000 余亩，晚稻与再生稻种植 8600 亩，其他经济作物种植 3500 亩。全年完成农产品抽检 200 例，降低化肥农药用量推广使用有机肥料、生物农药，确保食品安全。

【人居环境】 高标准完成 7 个新村点建设，扎实推进农村人居环境整治三年行动，实施农村全域清洁工程，开展人居环境“大比武”，环境卫生得到极大改善。加强环境卫生投诉建议处置力度，妥善解决了人居环境投诉建议 50 余起。开展 G220、宜万快速路沿线专项整治行动，路景面貌大幅提升。加强综合执法力度，全年共查处违建 100 余起、面积近 2000 平方米。

【生态环境】 扎实开展环保督查问题整改，认真落实重点环境污染源每周巡查制度，加强污染企业的整治力度。严格落实“河长制”“林长制”，建立专职护林员、护河员队伍，常态化开展巡林、巡河行动。深入推进“绿色矿山”建设，通过“一企一方案”和保证金制度，确保企业责任落实到位。持续开展秸秆禁烧和森林防火巡查检查，加强松材线虫病防治和疫木除治工作。全面完成牛蛙退养工作，有效维护水域生态。

【乡村振兴】 深入开展巩固拓展脱贫攻坚成果同乡村振兴有效衔接工作。深入推进梦想花苑易地搬迁小区服务管理工作，让搬迁群众住得好、融得进、能致富。完成巩固脱贫攻坚成果项目 10 个，脱贫户年人均可支配收入达 1.37 万元，脱贫户实现 90%以上家门口就业，脱贫户整体就业率达 95%以上。

【民生保障】 持续推进城乡居民基本养老保险和医疗保险工作，全乡养老保险参保率达98%。持续开展低保清理整治工作,共清退不符合条件的低保户31户104人。全面推动高质量就业工作，全乡就业率达94.02%。新修村组公路80多公里,安装村组路灯1100余盏,完成布塘小学接送点改造,完成田江村1组、11组自来水主管网安装工程。维修、加固山塘水库8座,完成东溪村沿山渠道和多江、田江、长江、严坑水渠维修改造工程。

【公共服务】 持续推进“三培三带三服务”农村党员干部培养体系,实现村“两委”干部致富带头人比例、大专以上学历比例不断提升，村民小组长党员率倍升。建立了以富民村镇银行为示范的非公有制经济组织党支部,切实发挥党建引领作用。整合党小组议事场所、人大代表星级联络站、新时代文明实践站,打造42个“乡愁议事厅”,筑牢党员服务群众基层阵地。

【社会治理】 积极开展全民普法活动,每户培养一名法律明白人。大力开展“千警万人、共筑平安”活动,全力守护群众“钱袋子”。深入推进滞缅人员逼投劝返工作,实现“清存量、控增量、堵出口”工作目标。大力推行“平安鹅峰”建设,持续开展扫黑除恶斗争，切实净化社会风气,持续发挥“圆桌调解”作用,共计调解纠纷60余起。

【作风效能】 坚持“周三夜校”“机关干部讲党课”“周五大讲堂”等学习做法,促进全体党员干部理论理解更透彻、理想信念更坚定。持续开展“听民声、访民情、解民忧”活动,共深入村组解决群众急难愁盼问题110余件。通过绩效考核、“周评比”“红黄榜”制度,形成勤廉、务实、为民的良好干事风气。建立干部廉政档案,推行“勤廉村居”“组账村管”,深化运用监督执纪“四种形态”,有效杜绝了基层微腐败。

【营商环境】 持续运用“政企沙龙”“心连心”驻企等方式,深入企业问需解难,共为企业解决发展难题64起。帮助重点企业开展针对性招工,有效解决企业用工难问题。建立扶企月清单,开通“绿色通道”,落实税收优惠政策。提供金融支持,畅通融资渠道,帮助企业贷款近6000万元。

【鹅峰乡领导成员】

党委书记:杨　鹏

党委副书记、乡长:

袁帅清(任至6月)

朱伟俊(6月任)

党委副书记:

彭世昌(任至6月)

周琳婧(6月任)

人大主席:巢　赟

主任科员:李小平(任至9月)

吴文涌(6月任)

龙建斌

辛增福

巢文伟

纪委书记:巢雪勇(任至6月)

张军平(6月任)

党委委员、县委组织员:

孙　卉(任至6月)

聂　凯(6月任)

党委委员:丁继征

党委委员、县委宣传员:翟初兰

人大副主席:

韩　博(任至6月)

刘幸之(6月任)

副乡长:王　良(任至6月)

刘永红

王　洵(6月任)

罗小琴(6月任)

刘永聪(6月任)

司法所长:喻　菲(任至6月)

副科级综治办专职副主任:

刘永聪(任至6月)

马步乡

【概况】 马步乡地处万载县东南部,东与鹅峰乡、上高县田心乡相接,南与袁州区寨下、柏木、丰顶山毗邻，西与高城乡交界，北与康乐镇相连,是万载的南大门。马步乡地理区位、生态环境、人文传承等方面得天独厚。国土面积63.19平方千米,其中耕地2.07万亩,林地3.91万亩,森林覆盖率41.27%。320国道、湘赣公路、万宜高速公路连接贯穿全境，宝石村鲁塘设有高速出口,交通便捷。辖 11 个行政村和 1 个居委会、2 个水库管理所、186 个村民小组;2021 年年底，有户籍 9630 户 34035 人，其中集镇人口 457 人。设 19 个党支部，2021 年年底,有党员 722 名。

2021 年，财政总收入 1.27 亿元,完成固定资产投资约 8.26 亿元。2021 年 12 月,被评为全省“五型”政府建设示范乡、2021 年度宜春市“先进基层党组织”;被评为 2021 年度全县高质量综合考评先进乡镇等多项全县先进称号。

【党的建设】 狠抓教育强党。坚持“书记抓、抓书记”的思路,形成党委统一领导,党委书记负总责,分管领导抓具体,各党支部抓落实的工作格局。创新开办“红色夜校”。将每周一晚定为“红色夜校”集中学习时间,邀请专家学者讲授党史知识,安排年轻党员干部分别从党的一大到中共十九大进行系统讲课,推动党史学习教育持续升温。深入开展“我为群众办实事”活动。围绕活动主题,将为群众办实事好事贯穿党史学习教育全过程。进一步完善基础设施,改善乡村生活环境,群众安全感、获得感、幸福感得到进一步提升。狠抓组织强党。顺利完成乡、村两级党组织换届选举工作,高质量完成了换届目标。扎实推进基层党组织建设，在全乡各党支部中持续开展信息化试点建设，为上级推广信息化建设提供参考。建好用好红色名村,以党史学习教育为契机,将宝石红色名村打造为党史学习教育主阵地,并全面丰富“红色名村”的红色元素和文化内涵。发展壮大村级集体经济，在加大对银田村级集体经济服务区商铺招租力度的基础上，通过集体资产租赁、税收返还奖励、加快土地流转等措施壮大村级集体经济。2021 年,全乡 11 个村的集体经济经营性收入全部达到 10 万元以上,其中布城村达到 52 万元,郭村村达到 40 万元。

【经济发展】 力促经济指标增长。2021 年,全年财政税收任务 1.05 亿元，实际完成财政税收 1.27 亿元,完成一般公共预算收入 5477 万元。完成工业固定资产投资 8.26 亿元，实现规模以上工业企业总产值 14.15 亿元。新增规上工业企业 2 家,规上服务业 1 家。推升招商引资势头。坚持项目为王,主动出击,新引进项目 11 个，招商引资总签约资金达 14.62 亿元。其中,3 个亿元以上项目分别为:万载致远塑业有限公司，总投资 1.2 亿元;宜春恒旺制造有限公司,总投资 2.27 亿元;江西省钶智新能源有限责任公司(第一期),总投资 5 亿元。倾力重点项目建设。2021 年,圆满完成三期棚改任务。三期棚改共涉及布城、新民两个村、8 个村民小组,房屋 107 栋，123 户,拆除房屋面积 36240 平方米，在县工作组的协助下,仅用时半个月全面完成 123 户的征迁任务，再次刷新了马步速度。同时,服务农产品检测中心在银田村、寨下村征地 36.86 亩,全力服务好南部新城管网路网、宜万同城快速通道、G220 绕城公路、天然气万载支线等重点项目的建设。

【乡村面貌】 高标准管护人居环境。开展人居环境集中整治攻坚行动，推进全乡人居环境整治，持续开展污染防治攻坚行动,做好马步饮用水源地保护巡查工作,对 4 个农环项目进行监测。同时,按照“一户一档”方式建立村级户厕档案,动态管理台账数据,确保打赢农村“厕所革命”战。高要求规范农村建房。按照“一户一宅”有序规划农民建房，全年拆除违法建筑合计 45 宗 3900 平方米；对农村房地一体登记发证 4693 宗；为分散供养五保户、低保户改造住房 10 宗，争取改造项目资金 16.4 万元，促进农村建房更加规范有序。高品位建设秀美乡村。全面完成新村点建设任务,14 个新村点全部验收,特别是高标准建设了新民村 4 组、银田村 1、2、3、4 组、后塘村 4 组等 3 个新村点。新村点面貌焕然一新,极大地提升了群众的幸福感和获得感。

【人民生活】 脱贫攻坚卓有成效。严格落实“四个不摘”要求，巩固“两不愁三保障”成果,深入推进“两业帮扶”和社会保障帮扶,强化脱贫攻坚成果同乡村振兴的有效衔接,全力稳固马步乡脱贫户433户1504人、"三类人员"12户53人的脱贫效果。为脱贫户提供扶贫专岗52个,公益性岗位46个。落实自主产业奖补政策,全乡共申报189户,金额180100元。全面落实小额信贷工作,共有69户脱贫户借贷330万元用于自身发展产业。依托引进的宜春市硒艾生物科技有限责任公司,培植了830亩富硒艾草种植产业项目,拓宽脱贫户增收渠道,壮大村集体经济,为下一步完善种植、加工、销售、体验产业链打下坚实基础。"三农"工作扎实推进。全乡上下围绕"应栽尽栽,应种尽种"共栽种早稻9015亩,完成全乡耕地地力补贴、早稻补贴958735元,水稻种植一次性补贴431909.47元、稻谷补贴941627.67元发放工作,完成895.97亩高标准农田建设。做好土地开发和整改,协助林业局验收洞口、后塘的省级森林村庄项目,制定2019年10个林业卫星图斑点整改方案,落实责任领导。开展了松树线虫秋季普查,共砍伐4700余株松材线虫病株松树,有效防止病害蔓延。通过协调县自来水公司、县交通运输局等单位,解决了瑛维箱包公司用水难题。投入资金27万元做好农村饮水安全工程维修养护工作。对4个小(2)型以上水库、2个水电站、重点山塘等重点目标进行了汛前检查。完成了马步乡辖区内河湖圩堤范围内房屋违建问题整改工作。民生保障坚实有力,全力落实各项惠民政策。全乡有低保户721户1112人,共发放低保金367.67万元,发放分散特困供养金190人122.17万元,发放养老金3106人508.3万元,发放高龄补贴522人32.9万元,发放残疾人两项补贴共计650人38.29万元。扎实推进"高质量就业示范乡镇"创建工作,全乡16~59岁劳动年龄段人口19425人,已就业16165人,就业率达94.64%,创业率达7.25%,形成了"布城箱包、宝石泥水、黄村废品收购"等一批叫得响的劳务品牌,有效保障了群众就业。

【社会大局】 下狠劲推进安全生产。铁心硬手确保4家花炮企业安全生产。通过周调度、月通报、年考核机制,共发现隐患165条,整改165条,整改率达到100%;压紧压实十五大专项委员会的工作,有效开展了安全生产大排查大整治大提升活动及安全防范"百日攻坚"等集中行动,确保了全乡范围内安全平稳。出巧劲破解信访难题。扎实开展"千警万人、共筑平安"主题活动,加大矛盾纠纷化解排查力度,成功化解群众矛盾纠纷30起,走访特殊人群100多人。建立重点人员零报告制度、突出信访问题联席会议制度、领导干部包案化解稳控制度和考核奖惩制度的"四项机制"全力提升信访化解成效,全年共计化解调处上级转交办信访件21件,本级和村处理信访矛盾问题63件,3起信访疑难问题得到有效解决,突出矛盾纠纷均得到了有效稳控。

【马步乡领导成员】

党委书记:喻小兰(女)
党委副书记、乡长:
张　鹤(任至6月)
晏君武(6月任)
党委副书记:黄育荣(女,任至6月)
叶　锋(6月任)
人大主席:刘福泉(任至6月)
王水根(6月任)
主任科员:周辉明
曹茂根(6月任)
赖小龙
党委委员、县委宣传员:厉国昌
党委委员、纪委书记:
罗　斌(6月任)
党委委员、县委组织员:
黎修川(任至6月)
叶太海(6月任)
党委委员:
王水根(任至6月)
冯　鹨(女,6月任)
人大副主席:
杨　雯(女,9月任)
副乡长:林李华(女)
邓小根(9月任)
卢　飞(女,9月任)
辛闻博(9月任)
龙　珑(女,任至1月)
司法所所长:周德明(6月任)
便民服务中心主任:
鲍定华(女,6月任)
副科级干部:李健民
郭业荣

赤兴乡

【概况】 赤兴乡地处湘赣边界，与湖南浏阳市张坊镇毗邻，全乡总面积81平方千米，有耕地11350亩，其中水田10868亩，旱地482亩，林地79568亩，森林覆盖率68.3%。全乡辖7个行政村和1个居委会、131个村民小组、3999户14034人。2021年，赤兴乡认真落实乡党委“红色引领、固本强基、生态优先、工业驱动、乡村秀美”的总体目标，锐意进取、担当有为、狠抓落实，推动全乡高质量发展，“十四五”实现了良好开局。

【综合实力】 主要经济指标平稳向好。完成财政总收入3337.1万元、一般公共预算收入1317万元，财政收入完成情况虽然较2020年有所下降，但更稳更实。全年完成固定资产投资3.7亿元，同比增长96.3%，实现规模以上工业增加值3621.34万元，同比增长57.21%。全力抓好招商引资，成功引进投资1亿元的江西诺亚酒业有限公司落户工业园并投产；引进投资3.5亿元的慧晖新能源公司风力发电项目落户花桥且已并网发电。积极落实营商专员制度，建立主要领导月度走访入园企业制度，组织营商专员一对一实时跟进，帮助解决企业生产发展中遇到的问题，获得企业主一致好评。制定《赤兴乡2021年度招商引资工作实施方案》，细化奖励标准，明确任务责任，为日后的招商引资工作打下了坚实基础。

【干部管理】 鼓励乡村干部提升学历，增长知识，以班子会的形式明确对符合条件的乡村干部进行补助。继续坚持“知行讲堂”制度，由机关干部上台，讲授自己从事的业务知识、谈打算体会等，倒逼干部提升本领。推行思想解放，召开乡村干部座谈会，把党建、集体经济发展等重点问题以解剖麻雀的形式有针对性进行分析解剖，形成广泛共识、研究工作思路、推动问题解决。制定机关干部、村干部绩效考核方案，以绩效考核调动乡村干部工作积极性。

【乡村振兴】 荣获了省级脱贫攻坚先进集体荣誉称号。健全了防返贫监测和帮扶机制，对25户91人“三类人群”有效开展帮扶工作。争取上级衔接资金705.3万元，新农村建设资金210万元，新增产业项目8个，基础设施项目11个，新农村项目7个，基础设施与产业项目建设上的持续投入，为全乡顺利实现“宜业宜居宜游”目标打下了坚实基础。产业项目中花桥村800平方米改扩建服装加工厂房，已经投入使用，产生1.6万元村集体收益，带动50多人就业，发放工资200多万元。皂下天子坳景区探索旅游管理新模式，产生8万元集体经济收益。全面完成65户农户户厕改造项目，以“十四五”省定乡村振兴重点帮扶村为契机，推动镜山村建设3.7千米环村公路，新建3座桥梁，实施人居环境整治。在浙桥村屋场、庙下两个组，推行人居环境试点，通过让群众唱主角，由群众自己提方案、自己整环境、自己参与建设，试点农村人居环境整治新模式。年底，项目已经完成60%。在文明村镇建设上，注重培养群众社会主义核心价值观，皂下村顺利通过省级文明村镇复核，新华村荣获市级文明村镇称号。

【民生福祉】 坚持为民情怀，抓实抓细网格化精准管理，织密疫情防控网，取得了“零疫情”的阶段性防控成果；通过大力宣传、全员参与、贴心服务，有序推进了新冠疫苗接种工作。筑牢了民生保障底线，切实做好社会救助工作，485户797人享受低保保障，192户210人享受特困供养。发放低保金358.9万元、五保金179万元。大力推进民生工程建设，书堂村主路加固拓宽、花桥村幼儿园、中小食堂、校门改造、花桥服装厂等一批民生项目全部竣工。严格开展矿山整治提升，对全乡范围内的4个矿山企业进行了综合整治，保障了绿水青山。严格落实“河长制”“林长制”“路长制” 等工作要求，有效保护生态环境。扎实开展稳岗就业，楼山、新华、皂下引进的博鹰手袋厂和瑛维箱包厂3个扶贫车间,为全乡提供了240多个就业岗位,带动脱贫户30多人就业,为脱贫户发放工资性收入将100多万元。发放扶贫专岗工资8.82万元,发放脱贫劳动力外出交通补贴款7.92万元。

【社会治理】 坚持“民情夜访”联系服务群众。由领导干部牵头,以各办公室为单位,深入各挂点村(社区)群众家中,利用晚上的时间开展“民情夜访”,开展65人次,收集群众的意见建议30余条。开展各领域安全生产隐患专项排查整治活动20余次,排查隐患80处,全部整改到位。实施“法律明白党员”百人培养工程,深化“平安赤兴”建设,获评全市信访五无乡镇。建立健全领导干部接待群众来访机制,每月在赶集日安排相关人员接待群众来访,面对面倾听群众诉求,把问题和矛盾解决在萌芽状态。深入推进“千警万人,共筑平安”主题活动,通过走村入户开展禁毒和反电信宣传,摸排和劝返在缅人员4名,劝返率达100%。

【政务建设】 深入开展党史学习教育,共办理群众身边实事45项。真正做到让全乡广大党员、干部在学中做,在做中悟,学好百年党史,传承红色基因,凝聚奋进力量。扎实开展“学先进、转作风、见实效”活动,持续深入整治“怕慢假庸散”作风顽疾,研究制定《赤兴乡干部绩效考核实施方案》,完善《赤兴乡机关管理制度》机制,进一步转变乡村干部作风,激发干事创业活力。开展公务接待“吃公函”专项整治,严格管控三公经费。加强政务信息公开,推行“互联网+政务服务”,完善村级民生资金“码”上监督平台。规范便民服务管理,提高服务办事效率。认真做好宜春市“12345”政府服务热线转办工作,2021年,共解决群众诉求105件,按期办结率达100%。

【赤兴乡领导成员】

党委书记:邹继勇(任至6月)
　　　　　吴世钦(6月任)
副书记、乡长:潘洁(女,6月任)
副书记:丁岸峰(6月任)
人大主席:陈礼祥(任至6月)
　　　　　郑清泉(6月任)
纪委书记:鲍　伟(任至6月)
　　　　　徐　露(女,6月任)
党委委员:杨万辉(任至6月)
　　　　　龙怡遥(6月任)
宣传委员:陈　亮
组织委员:欧阳思伟
人大副主席:龙伟平(任至6月)
　　　　　刘玉婷(6月任)
副乡长:宋雅俐(女,任至6月)
　　　　汪贵明(女,6月任)
　　　　巢细友(6月任)
行政执法大队队长:高祥辉
便民服务中心主任:喻　飞(6月任)

康乐街道

【概况】 康乐街道地处万载东南部,为县城所在地,是全县政治、经济、文化中心。街道地势平坦,交通便利,东距省城南昌165千米,西至长沙168千米,南连宜春30千米,北邻湖南浏阳119千米,宜万高速、铜万高速、昌栗高速、宜万快速通道、G220国道穿境而过,万上、万芳省道横贯东西,辖区面积46.86平方千米,境内有国家AAAA级景区万载古城、文明塔、城隍庙、龙湖公园等自然人文资源。共有10个行政村、9个社区居委会、144个村民小组,总人口13.8万余人,其中农村人口约3.3万人。街道党委下辖25个党(委)支部,有村党小组62个、社区党支部48个,党员2190人。有农村建档立卡贫困户107户298人,已全部稳定脱贫。康乐街道现有公务员编制共有44个,事业编制45个。2021年,财政总收入完成2.1亿元,增长5.5%,一般公共预算收入9500万元,完成年初预算目标,收入质量稳中向好发展,确保了康乐街道各项事业顺利实施,社会稳定发展。

【生态康乐建设】 康乐辖区内有锦江河、龙河两大水系,东溪、水马冲等7个小型水库,街道落实河长制协作机制,坚持河道常态化治理。开展了实施以“清洁河湖水质、清除河湖违建、清理违法行为”为重点的“清河行动”,推动河长制从“有名有责”到“有能有效”,努力建设造福人民的“幸福河湖”。街道有公益林12000余亩，街道加大宣传力度,让公益林保护“深入民心”,提升管理质量,深入推进林长制“一长两员”，及时制止破坏公益林的行为，对已发生破坏的严格要求破坏企业进行复绿，将公益林保护落到实处。

【宜业康乐建设】 康乐街道把产业当作家业,把营商环境当作家风,把城乡环境当作家事。“三加二”为康乐经济社会发展注入强大的发展动力。“三”是近年来街道引进的三大企业项目,总投资7400万元的江西省启光涂装机械有限公司，于2021年投产运营;总投资3.5亿元的江西茂隆新能源科技有限公司,预计可实现年销售收入70000万元,年上缴税金3500万元,于2021年8月投产；投资3000万元的博视眼科医院屈光治疗中心已连续运营多年。“二”是针对优化营商环境康乐发挥了两个作用。积极落实驻企帮扶营商专员制度,安排班子成员为营商专员,针对街道重点企业,每月与企业负责人座谈，每个月到企业走访,每个月帮企业解决问题。并制定长效专项督查方案，加强对营商专员营商工作督查。定期召开全街道优化提升营商环境成效总结大会,肯定成绩、查找问题、落实整改、固化成果、持续创新。加大对损害营商环境行为的打击力度,始终坚持零容忍的态度强力出击,做到发现一起查处一起、打击一起,绝不手软。

【幸福康乐建设】 以生态宜居为标准,打造清洁街道。深入开展“清洁康乐”环境整治攻坚战,充分发挥村、社区作用,加大巡查力度,注重细节落实,形成工作合力,全面推进城乡人居环境综合整治,2021年上半年,农村人居环境考核取得第二名的佳绩,切实提升了辖区居民的获得感和幸福感。

以守土有责为目标,打造平安街道。持续深入开展各项平安创建活动,建设“平安康乐”,开展“五员联动,共创平安”“创建平安村(社区)”等活动,形成共建共治共享社区治理格局。

以群众满意为重点,打造务实街道。探索“村居联动、三帮三促”干部挂职交流,实现不同发展水平村居的对接,帮强化党的建设,促作风转变;帮群众办实事,促工作落实;帮理清发展思路,促能力提升。

以凝聚人心为根本,打造幸福街道。坚持用事业凝聚人心,感情留人、环境留人、待遇留人。办事处院内新建五小场所、运动场、篮球场等,将院内环境全面升级改造,极大改善了干部办公和生活条件，倡导“三远三进”(远离酒场、远离夜场、远离赌场,让干部走进图书馆、走进文化馆、走进体育馆),让身体和灵魂永远在路上。

【康乐街道领导成员】

康乐街道党委书记：
潘集章(任至6月)

街道党工委书记：
徐　俊(6月任)

党工委副书记、办事处主任：
黄长发(任至6月)
况　勇(6月任)

党工委副书记、政法委员：
欧阳保光

人大工委主任：
曾华连

一级主任科员：
龙成良
鲍和平

二级主任科员：
彭新才
彭吉友
黄焕洋

党委委员、纪委书记：
郑清泉(任至6月)

党工委委员、纪委书记：
李　威(6月任)

党工委委员、办事处副主任：
谢冬兴

党工委委员：
彭　刚(6月任)

党委委员、县委组织员：
何　明(任至6月)

党工委委员、组织员：
易　斌(6月任)

党工委委员、宣传员：
李剑峰

党工委委员、统战委员：

万　君(6月任)

人大工委副主任：

欧阳敏(任至6月)

喻　菲(6月任)

办事处副主任、三级主任科员：

黄志刚(6月任)

办事处副主任：

黄锐锐(6月任)

高　一(6月任)

司法所所长：

郭基勇

便民服务中心主任：

辛　盛

综合行政执法队队长：

陈福生

二级主任科员：

周建好

李兴和

潘国云

彭开兴

四级主任科员：

邓树荣

张红卫

选调生：

李　佳

李思慧

附　录

统计资料

万载县 2021 年建筑业企业主要生产指标完成情况表

表 1

指　标　名　称	计量单位	自年初累计	上年同期	同比增长（%）
企业个数	个	21	18	16.7
签订的合同额	亿元	17.59	16.47	6.8
建筑业总产值	亿元	16.34	13.11	24.6
竣工产值	亿元	11.44	8.66	32.1
房屋建筑施工面积	万平方米	73.97	55.61	33.0
其中:新开工面积	万平方米	36.99	30.24	22.3
房屋建筑竣工面积	万平方米	64.17	51.69	24.1
从事建筑业活动的从业人员平均人数	万人	0.39	0.42	-7.1

万载县2021年农林牧渔业总产值和商品产值一览表

表2　　单位:万元

项　　目	按现价计算	按可比价计算	商品产值(现价)
农林牧渔业总产值	396861	419738	265437
一、农业产值	169740	163587	85012
(一)谷物及其他作物	89804	87257.1	43477
1.谷物	66985	64574.2	33296
其中:小麦	49	48.7	36
稻谷	60554	60192.8	30096
玉米	829	824.1	362
2.薯类	10657	10593.4	4682
其中:马铃薯	6086	6049.7	2681
3.油料	2726	2709.7	1263
其中:花生	1276	1268.4	553
油菜籽	1836	1825	786
4.豆类	3960	3936.4	1811
其中:大豆	1615	1605.4	736
5.棉花	24	23.9	10
6.生麻	74	73.6	31
7.糖类	965	959.2	438
8.烟草	119	118.3	50
9.其他农作物	4294	4268.4	1896
其中:饲料作物	1429	1420.5	631
(二)蔬菜、食用菌及花卉盆景园艺产品	67937	64493	31953
1.蔬菜(含菜用瓜)	67357	63953	31451
2.食用菌	580	540	502
3.花卉	0	0	0
4.盆景园艺	0	0	0
(三)水果、坚果、茶、饮料和香料	7759	7676.9	5353
1.水果	7145	7069.4	4864
其中:梨	76	75.2	47
柑橘	738	730.2	458
2.坚果	237	234.5	191
其中:核桃	0	0	0
板栗	223	220.6	180
松子	0	0	0

续表 2

项　　目	按现价计算	按可比价计算	商品产值(现价)
3.茶及饮料原料	377	373	298
其中:茶叶	377	373	298
4.香料作物	0	0	0
其中:花椒	0	0	0
八角	0	0	0
(四)中草药材	4240	4160	4229
二、林业产值	53718	52153	31893
(一)林木的培育和种植	10794	10675	0
1.育种育苗	7511	7401	0
2.造 林	719	732	0
3.抚育和管理	2564	2542	0
(二)竹木采运	21080	21081	19008
其中:村及村以下			0
(三)林产品	21844	20397	12885
三、牧业产值	128149	160387	107394
(一)牲畜饲养	34970	32080	27880
1.牛的饲养	19139	17943	18182
2.羊的饲养	13673	13183	9024
3.其他牲畜饲养	1190	0	674
4.奶产品	0	0	0
其中:牛奶	0	0	0
5.毛绒产品	0	0	0
其中:羊毛	0	0	0
6.其他牲畜副产品	968	954	0
(二)猪的饲养	78568	113980	71180
(三)家禽的饲养	11268	10926	6430
1.肉禽	8412	8104	4618
2.禽蛋	2856	2822	1812
(四)狩猎和捕捉动物	0	0	0
(五)其他畜牧业	3343	3401	1904
其中:蚕茧	0	0	0
兔	3343	3401	1905
四、渔业产值	35415	35310	31299
其中:养殖	30644	29582	27205
(一)鱼 类	24114	24165	21035
(二)虾蟹类	6811	6769	6695
(三)贝 类	988	968	718
(四)其 他	3502	3408	2851
五、农林牧渔服务业产值	9839	8301	9839

万载县2021年规模以上工业企业单位数及生产、销售、从业人员情况表

表3

项　　目	企业单位数(个)	工业总产值(现价)	工业销售产值(现价)		工业增加值可比价增长(%)	平均用工人数(人)
				出口交货值		
总计	207	3747234	3699519	3522486	12.2	38318
一、按登记注册类型分组						
国有企业	0	0	0	0		
集体企业	0	0	0	0		
股份合作企业	0	0	0	0		
股份制企业	193	3403191	3361945	3021027	13.2	28759
外商及港澳台商投资企业	3	239336	239336	4933	5.5	6998
其他经济类型企业	11	104708	98238	496526	8.5	2561
总计中:中央企业	0	0				
地方企业	207	3747234	3699519	3522486	12.2	38318
总计中:国有控股企业	0	0				
总计中:非公有制工业	207	3747234	3699519	3522486	12.2	38318
总计中:私营企业	189	2586830	2544789	3137725	18.0	28912
二、按企业规模分组						
大型企业	2	266486	266486	202102	-7.7	6627
中型企业	18	1218024	1218557	1156810	9.5	8769
小型企业	187	2262725	2214476	2163574	17.3	22922
三、按轻重工业分组						
轻工业	55	1153134	1145990	1360056	19.8	8106
重工业	152	2594101	2553528	2162430	9.0	30212
四、按工业行业大类分组						
非金属矿采选业	5	31776	30239	0	47.9	162
农副食品加工业	5	67178	67755	0	16.3	307
食品制造业	4	206840	206840	257458	-2.4	1132

项　　目	企业单位数（个）	工业总产值（现价）	工业销售产值（现价）		工业增加值可比价增长（%）	平均用工人数（人）
				出口交货值		
酒、饮料和精制茶制造业	3	60983	60983	0	14.5	383
纺织业	2	4199	4199	0	158.2	86
纺织服装、服饰业	3	110391	104752	0	10.9	811
皮革、毛皮、羽毛及其制品和制鞋业	6	144280	144280	1102598	9.0	2514
木材加工和木、竹、藤、棕、草制品业	5	24158	24136	0	31.5	247
家具制造业	2	7458	6808	0	23.7	152
造纸和纸制品业	8	53555	53002	0	-4.9	672
印刷和记录媒介复制业	1	4970	4970	0	6.7	72
文教、工美、体育和娱乐用品制造业	3	9129	8980	0	27.6	137
石油、煤炭及其他燃料加工业	1	3770	3523	0	27.0	37
化学原料和化学制品制造业	96	823563	785940	2023989	4.8	16427
医药制造业	2	10141	9733	0	288.7	255
橡胶和塑料制品业	11	400433	402800	0	16.7	1808
非金属矿物制品业	9	91557	91676	0	7.6	596
有色金属冶炼和压延加工业	12	444403	442151	0	15.6	1477
通用设备制造业	4	38904	39053	0	9.6	305
专用设备制造业	1	4666	4357	0	-48.2	80
电气机械和器材制造业	7	344748	344931	4933	52.1	1946
计算机、通信和其他电子设备制造业	8	271048	271715	133508	15.1	7187
废弃资源综合利用业	4	555706	555882	0	7.4	1135
电力、热力生产和供应业	4	26139	23574	0	267.9	278
水的生产和供应业	1	7240	7240	0	27.6	112

说明：全县工业增加值可比价增速为市核定增速，其他为网报数。

万载县2021年规模以上工业主要产品产量一览表

表4

产品名称	计量单位	产量	同比增长(%)
高岭土(瓷土)	吨	90007	20.0
大米	吨	35207	-18.3
精制食用植物油	吨	6209	24.8
冷冻蔬菜	吨	2783	18.1
罐头	吨	51289	7.2
冷冻饮品	吨	41277	25.1
发酵酒精(折96度,商品量)	千升	64982	-6.0
饮料酒◇	千升	1832	3.7
其中:◇白酒(折65度,商品量)	千升	1832	3.7
饮料◇	吨	7176	81.4
◇蛋白饮料	吨	7176	81.4
服装◆	万件	955	8.9
◆梭织服装△	万件	816	2.6
◆针织服装	万件	139	69.5
手提包(袋)、背包	万个	1467	9.9
鞋◇	万双	236	-48.8
竹地板	平方米	41051	-52.1
家具◇	件	16283	-3.3
机制纸及纸板(外购原纸加工除外)◇	吨	47395	-10.2
◇包装用纸及纸板△	吨	4441	-61.6
纸制品◇	吨	14891	7.7
其中:◇瓦楞纸箱	吨	384	25.1
化学试剂	吨	75155	0.4
活性炭	吨	19215	81.7
化学药品原药	吨	200	220.0
塑料制品◇	吨	71555	28.5
水泥◇	吨	413035	11.2
商品混凝土	立方米	261449	3.6
十种有色金属◆	吨	7294	31.6
◆精炼铜(电解铜)	吨	6661	32.8
◆镍	吨	633	20.3
黄金	千克	223	9.9
铜材	吨	29337	25.9
铝材◇	吨	24582	139.0
泵◇	台	49098	10.6
变压器◇	千伏安	119132	4.8
灯具及照明装置	套(台、个)	28430522	17.2
◇液晶显示模组	万套	126	154.6
电子元件◇	万只	5836	8.8
自来水生产量	万立方米	2456	22.6

万载县 2021 年医疗卫

表 5

机构分类	机构个数（个）	已报机构（个）	编制床位数（张）	实有床位数（张）	编制人数	在岗职工（人）	
						合计	小计
总　计	273	273	3078	4294	1245	4033	3162
一、医院	9	9	2007	2305	635	1861	1598
综合医院	7	7	1507	1805	419	1323	1136
中医医院	1	1	400	400	216	391	351
专科医院	1	1	100	100	0	147	111
骨科医院	1	1	100	100	0	147	111
二、基层医疗卫生机构	259	259	922	1699	491	1828	1277
卫生院	17	17	922	1699	491	1168	995
乡镇卫生院	17	17	922	1699	491	1168	995
中心卫生院	4	4	339	761	190	512	457
乡卫生院	13	13	583	938	301	656	538
村卫生室	187	187		0		555	179
诊所、卫生所、医务室	55	55	0	0	0	105	103
诊所	53	53	0	0	0	101	99
卫生所、医务室	2	2	0	0	0	4	4
三、专业公共卫生机构	5	5	149	290	119	344	287
疾病预防控制中心	1	1	0	0	33	44	36
县属	1	1	0	0	33	44	36
其他	0	0		0		0	0
专科疾病防治院（所、站）	2	2	99	190	8	94	73
专科疾病防治所（站、中心）	2	2	99	190	8	94	73
精神病防治所（站、中心）	1	1	89	180	0	74	55
皮肤病与性病防治所（中心）	1	1	10	10	8	20	18
妇幼保健机构	1	1	50	100	61	184	161
县属	1	1	50	100	61	184	161
其他	0	0		0		0	0
妇幼保健院	1	1	50	100	61	184	161
卫生监督所（中心）	1	1	0	0	17	22	17
县属	1	1	0	0	17	22	17
其他	0	0		0		0	0

生机构、床位、人员数一览表

在岗职工(人)							
卫生技术人员							
执业(助理)医师		注册护士	药师(士)	技师(士)			
	执业医师				检验师	影像师	康复师
1141	896	1418	183	251	135	113	3
550	505	823	72	111	53	56	2
381	344	600	47	66	35	29	2
131	131	156	25	39	15	24	0
38	30	67	0	6	3	3	0
38	30	67	0	6	3	3	0
497	312	484	97	113	58	48	1
333	231	396	68	113	58	48	1
333	231	396	68	113	58	48	1
143	113	205	31	52	26	26	0
190	118	191	37	61	32	22	1
94	26	66	19	0	0	0	0
70	55	22	10	0	0	0	0
68	54	20	10	0	0	0	0
2	1	2	0	0	0	0	0
94	79	111	14	33	24	9	0
20	18	7	0	9	9	0	0
20	18	7	0	9	9	0	0
0	0	0	0	0	0	0	0
21	16	27	5	9	6	3	0
21	16	27	5	9	6	3	0
14	9	22	2	6	3	3	0
7	7	5	3	3	3	0	0
53	45	77	9	15	9	6	0
53	45	77	9	15	9	6	0
0	0	0	0	0	0	0	0
53	45	77	9	15	9	6	0
0	0	0	0	0	0	0	0
0	0	0	0	0	0	0	0
0	0	0	0	0	0	0	0

万载县2021年医疗卫生机构、床位、人员数一览表

续表5

机构分类	在岗职工（人）						
	卫生监督员	其他	其他：见习医师	其他技术人员	管理人员	仅从事管理的人员	工勤技能人员
总　计	17	146	46	157	150	57	281
一、医院	0	42	10	82	86	39	142
综合医院	0	42	10	42	59	12	133
中医医院	0	0	0	20	20	20	0
专科医院	0	0	0	20	7	7	9
骨科医院	0	0	0	20	7	7	9
二、基层医疗卫生机构	0	86	33	67	31	10	98
卫生院	0	85	33	67	31	10	96
乡镇卫生院	0	85	33	67	31	10	96
中心卫生院	0	26	18	5	6	5	45
乡卫生院	0	59	15	62	25	5	51
村卫生室		0	0	0	0	0	0
诊所、卫生所、医务室	0	1	0	0	0	0	2
诊所	0	1	0	0	0	0	2
卫生所、医务室	0	0	0	0	0	0	0
三、专业公共卫生机构	17	18	3	8	33	8	41
疾病预防控制中心	0	0	0	0	8	0	8
县属	0	0	0	0	8	0	8
其他		0	0	0	0	0	0
专科疾病防治院（所、站）	0	11	0	0	8	7	14
专科疾病防治所（站、中心）	0	11	0	0	8	7	14
精神病防治所（站、中心）	0	11	0	0	6	6	13
皮肤病与性病防治所（中心）	0	0	0	0	2	1	1
妇幼保健机构	0	7	3	5	12	1	17
县属	0	7	3	5	12	1	17
其他		0	0	0	0	0	0
妇幼保健院	0	7	3	5	12	1	17
卫生监督所（中心）	17	0	0	3	5	0	2
县属	17	0	0	3	5	0	2
其他		0	0	0	0	0	0

万载县2021年社会消费品零售总额一览表

表6 单位:万元

指　标　名　称	2021年	比上年%
社会消费品零售总额	768939.4	17.5
按行业分组		
1.批发业	450823.7	28.0
2.零售业	588132.1	18.5
3.住宿业	9071.3	23.8
4.餐饮业	62539.6	32.3

2021年全县财政总收入分征收部门完成情况表

表7 单位:万元

	本年累计			增幅(%)		
	合计	税务部门	财政部门	合计	税务部门	财政部门
合计	325869	278192	47676	13.8	13.6	14.8
县本级小计	161895	119926	41969	37.9	34.4	48.9
县直	99860	57892	41969	29.3	18.1	48.9
工业园	62034	62034	0	54.2	54.2	
乡镇小计	163974	158267	5708	–2.9	1.7	–57.3
康乐街办	22771	22726	46	14.3	29.7	–98.1
鹅峰乡	19663	19585	79	13.8	24.8	–95.0
马步乡	12621	12388	233	12.7	18.9	–70.0
高城乡	7907	7467	440	–14.3	–18.6	752.9
双桥镇	8190	8089	101	–24.5	–24.0	–51.3
赤兴乡	3202	3202	0	–7.2	–5.9	–100.0
仙源乡	2897	2897	0	–13.7	–12.7	–100.0
岭东乡	5152	4875	277	15.1	14.2	34.8
白水乡	3523	3503	20	34.9	38.7	–76.9
潭埠镇	14719	14419	300	–7.7	–0.3	–79.7
株潭镇	18405	16969	1436	–1.4	–1.7	3.1
黄茅镇	16814	15536	1278	–16.8	–5.0	–67.0
三兴镇	9728	9115	613	–0.2	1.7	–21.5
白良镇	6548	6192	356	2.7	1.1	41.3
茭湖乡	2811	2811	0	–13.5	–13.2	–97.1
高村镇	2744	2705	39	–28.1	–29.0	424.0
罗城镇	6278	5789	490	–26.5	–30.9	178.9

万载县2021年初中分年龄人口入学情况表

表8

单位:人

	校内外学龄人口		在校学龄人口		在校学生数				
	计	其中:女	计	其中:女	计	其中:女	一年级	二年级	三年级
合计	29983	14399	29983	14399	32335	15369	11145	10365	10825
其中:农村									
10岁以下									
其中:农村									
11岁									
其中:农村									
12岁	8171	4075	8171	4075	8171	4075	8074	95	2
其中:农村	696	343	696	343	696	343	694	2	0
13岁	11604	5484	11604	5484	11604	5484	2287	9745	172
其中:农村	944	476	944	476	944	476	154	779	11
14岁	9961	4635	9961	4635	9961	4635	204	1691	8066
其中:农村	911	430	911	430	911	430	9	161	741
15岁									
其中:农村									
16岁									
其中:农村									
17岁									
其中:农村									
18岁									
其中:农村									

万载县 2021 年小学分年龄分人口入学情况一览表

表 9

单位:人

	校内外学龄人口		在校学龄人口		在校学生数							
	计	其中:女	计	其中:女	计	其中:女	一年级	二年级	三年级	四年级	五年级	六年级
合计												
其中:农村												
5 岁以下												
其中:农村												
6 岁	6798	3331	6798	3331	6798	3331	6789	9	0	0	0	0
其中:农村	1678	845	1678	845	1678	845	1678	0	0	0	—	—
7 岁	7912	3738	7912	3738	7912	3738	847	7045	20	0	0	—
其中:农村	2138	1029	2138	1029	2138	1029	309	1829	0	0	0	—
8 岁	8587	4031	8587	4031	8587	4031	33	863	7669	20	2	0
其中:农村	2282	1087	2282	1087	2282	1087	19	312	1948	1	2	0
9 岁	9517	4612	9517	4612	9517	4612	2	39	1005	8436	32	3
其中:农村	2678	1338	2678	1338	2678	1338	1	19	400	2248	7	3
10 岁	9456	4542	9456	4542	9456	4542	0	1	48	898	8477	32
其中:农村	2619	1274	2619	1274	2619	1274	0	1	26	355	2235	2
11 岁	8765	4219	8765	4219	8765	4219	0	0	6	41	938	7780
其中:农村	2545	1269	2545	1269	2545	1269	0	0	1	18	358	2168
12 岁												
其中:农村												
13 岁												
其中:农村												
14 岁												
其中:农村												
15 岁及以上												
其中:农村												

万载县 2021 年普通中学小学及其他学校办学条件表

表 10　　　　单位：平方米

	学校占地面积	校舍建筑面积	教学及辅助用房						行政办公室		生活用房	其他用房屋	校舍面积中	
			计	其中					计	其中：教师办公室			危房面积	当年新增
				普通教室	实验室	图书室	微机室	语音室						
普通中学	1155443.86	584976.71	209573.92	147032.09	21435.83	12127			37834.84	28628.23	322980.09	14587.86	0	43019.21
县镇	1064822.01	551403.07	198352.92	140278.09	19911.83	10902			34942.84	26084.23	303549.09	14558.22	0	41384.21
农村	90621.85	33573.64	11221	6754	1524	1225			2892	2544	19431	29.64	0	1635
职业中学	43290	26755.94	16273.97	6808.85	0	1338.12			1771.54	1771.54	8618.79	91.64		
小学	1330415.55	476631.54	298625.94	221167.72	6340.1	18836.35			46593.75	32576.21	120412.67	10999.18	0	32838.11
县镇	777701.2	279212.04	177556.11	131461.29	3248.2	10493.09			24557.29	17971.29	70717.46	6381.18	0	32565.11
农村	552714.35	197419.5	121069.83	89706.43	3091.9	8343.26			22036.46	14604.92	49695.21	4618	0	273
特殊教育学校	3333	1578	1000	1000					30	30	378	170	0	0
幼儿园	283947.54	192662.0	136522.8						21778.78	12701.98	21564.49	12795.93	0	2586

万载县2021年国民经济和社会发展统计公报

万载县统计局　国家统计局万载调查队

(2022年5月)

2021年，在以习近平同志为核心的党中央坚强领导下，全县上下认真贯彻落实党中央、省、市决策部署，全力巩固拓展疫情防控和经济社会发展成果，科学精准施策，稳定经济增长，全县经济保持了“持续恢复、稳中有进”的良好态势，顺利实现“十四五”良好开局。

一、综　合

全年实现生产总值(GDP)240.46亿元，按可比价格计算，同比增长9.1%。其中：第一产业增加值21.87亿元，增长7.3%；第二产业增加值114.19亿元，增长9.4%；第三产业增加值104.4亿元，增长9.2%。三次产业结构比调整为9.1∶47.49∶43.41。非公经济活力持续增强。全县非公有制经济实现增加值171.93亿元，增长10.8%，占GDP的比重为71.5%。

图1：2017-2021年GDP及增长速度

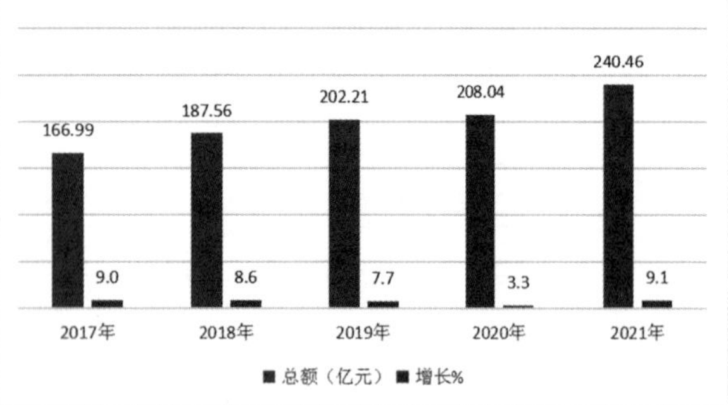

图2：2017年-2021年三次产业占生产总值的比重

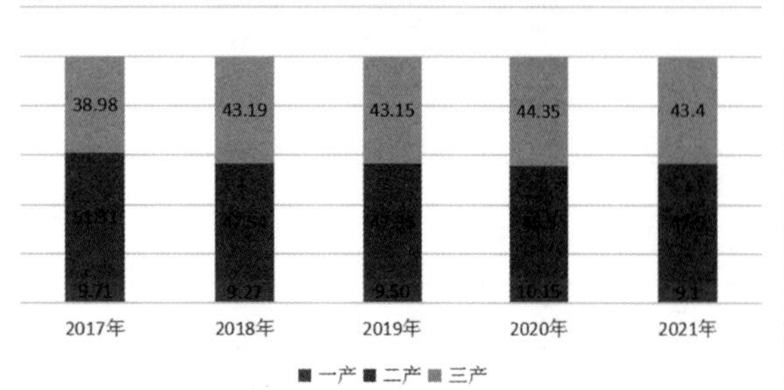

2021年末，户籍人口580282人（公安局提供），其中城镇人口242261人，乡村人口338021人。年末常住人口488050人，比上年末增加1615人，其中城镇常住人口254664人。全年出生人口4956人，出生率为10.17‰；死亡人口3949人，死亡率为8.1‰；自然增长率为2.07‰。

表1　2021年年末常住人口数及其构成

指　标	年末数(万人)	比重(%)
全县常住人口	48.81	100.00
其中:城镇	25.47	52.18
乡村	23.34	47.82
其中:男性	24.93	51.08
女性	23.87	48.90
其中:0-14岁	12.12	24.83
15-59岁	28.77	58.94
60岁及以上	7.92	16.23
其中:65岁及以上	5.52	11.31

年末就业人员20.54万人，其中城镇就业人员1.21万人，占全县就业人员比重为5.89%，比上年末上升1.2个百分点；全年城镇新增就业5011人，比上年增加281人；城镇登记失业率为2.51%；全县农民工总量11.69万人，比上年增长2.4%，其中，外出农民工7.23万人，增长2.34%，本地农民工5.13万人，增长5.46%。

二、农　业

全年农业总产值39.69亿元，按可比价计算增长9.13%。粮食播种面积66.36万亩，粮食产量26.60万吨。蔬菜及食用菌播种面积15.36万亩，同比增长0.93%，蔬菜及食用菌总产量18.26万吨，同比增长 1.34%;油料作物播种面积 5.37 万亩,同比增长 0.39%,油料作物总产 5155 吨,同比增长 0.88%;棉花种植面积 298 亩,同比减少 37.92%;棉花总产量 28 吨,同比减少 22.22%;甘蔗种植面积 2002 亩,同比减少 32.25%;甘蔗总产量 2857 吨,同比减少 28.43%。

全年肉类总产量 62207 吨,其中,猪肉产量 51928 吨,牛肉产量 2901 吨,羊肉产量 3046 吨,禽肉产量 4332 吨。年末生猪存栏 38.61 万头,生猪出栏 61.59 万头;年末牛存栏 5.63 万头,牛出栏 2.51 万头;年末羊存栏 10.72 万头,羊出栏 16.88 万头;家禽出笼 294.16 万羽,全年水产品产量 18543 吨。

表 2　2021 年主要农产品产量及其增速

产品名称	产量(吨)	比上年增长(%)
粮食	26.60	0.97
油料	5155	0.88
其中:冬油菜籽	3472	0.14
棉花	28	-22.22
茶叶	147	-3.29
园林水果	5844	12.54
蔬菜及食用菌	182626	1.34
水产品	18543	0.03

2021 年万载县农业机械总动力 31.452 万千瓦(不包括农业运输车),比上年增长 4.1%。实际机耕面积 50.86 千公顷,比上年增长 1.2%;当年机械播种面积 23.51 千公顷,增长 10.7%;机械收获面积 45.97 千公顷,增长 7.3%。

三、工业与建筑业

全年规模以上工业增加值同比增长 12.2%,其中规模以上轻工业增加值增长 19.8%,重工业增加值增长 9.0%。分经济类型看,股份制企业增长 13.2%;外商及港澳台商投资企业增长 5.5%;其他经济类型企业增长 8.5%。分门类看,采矿业增长 47.8%,制造业增长 11.3%,电力、热力、燃气及水生产和供应业增长 164%。

全年新能源新材料、电子信息、有机(富硒)食品、烟花鞭炮四大重点产业工业增加值分别增长 19.24%、5.78%、5.09%、4.48%,装备制造业和战略性新兴产业增加值分别增长 27%和 8.9%,占全县规模以上工业增加值的比重为 16.6%和 31.1%。

全年营业收入超亿元的工业企业达 67 户,其中超 10 亿元的 9 户,超 20 亿元的 2 户。规模以上工业企业实现营业收入 386.77 亿元,同比增长 34.89%;实现利润总额 40.37 亿元,同比增长 36.9%;营业收入利润率为 10.44%,比上年提升 0.14 个百分点;规模以上工业企业每百元营业收入中的成本为 83.45 元,下降 0.61 元。年末规模以上工业企业资产负债率提高 4.1 个百分点。

全年规模以上工业统计重点监测的 7 种主要工业产品中,有 6 种实现增长,增长面达到 85.7%。其中,化学原料药增长 220%,十种有色金属增长 31.6%,铜材增长 25.9%,水泥增长 11.2%。

表 3　2021 年规模以上工业主要产品产量及其增速

产品名称	单位	产量	同比增长(%)
化学原料药	吨	200.0	220.0
# 精炼铜(电解铜)	万吨	0.7	32.8
十种有色金属	万吨	0.7	31.6
铜材	万吨	2.9	25.9
水泥	万吨	41.3	11.2
服装	万件	955.0	8.9
白酒(折 65 度,商品量)	万千升	0.2	3.7
机制纸及纸板	万吨	4.7	-10.2

全年全县总承包和专业承包建筑业总产值同比增长 24.6%。其中,建筑工程产值增长 19.0%,占

全县建筑业总产值的比重为 86.4%；安装工程产值增长 24.2%，占比 7.6%；其他产值增长 299.4%，占比 6.0%。资质以上总、专包建筑业企业共 21 家，比上年增加 3 家。其中，总承包企业 20 家，增加 3 家；专业承包企业 1 家。按资质等级划分，二级企业 2 家；三级及其他企业 19 家，增加 3 家。

四、服务业

全年全县服务业实现增加值 104.4 亿元，比上年增长 9.2%。其中，批发和零售业实现增加值 15.53 亿元，增长 11.6%；交通运输、仓储和邮政业实现增加值 15.86 亿元，增长 10.4%；住宿和餐饮业实现增加值 4.51 亿元，增长 19.8%；金融业实现增加值 12.04 亿元，增长 4.9%；房地产实现增加值 13.47 亿元，增长 7.0%；营利性服务业实现增加值 16.53 亿元，增长 11.1%；非营利性服务业实现增加值 26.04 亿元，增长 7.5%。

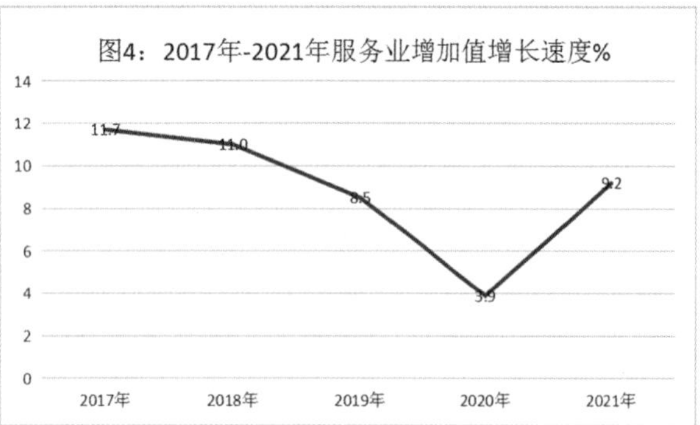

图4：2017年-2021年服务业增加值增长速度%

全年全县规模以上服务业实现营业收入 85924.1 万元，同比增长 20.3%。分行业看，道路运输业实现营业收入 35281.3 万元，同比增长 1.3%；互联网和相关服务实现营业收入 13030 万元，同比增长 49.1%；租赁业实现营业收入 3259 万元，同比增长 1.3%；商务服务业实现营业收入 10483.6 万元，同比增长 29.4%；居民服务业实现营业收入 751.3 万元，同比下降 8.2%；机动车、电子产品和日用产品修理业实现营业收入 6683.7 万元，同比增长 51.4%；教育实现营业收入 5291.2 万元，同比增长 30.4%；卫生实现营业收入 10328.6 万元，同比增长 53.6%；文化艺术业实现营业收入 815.4 万元，同比增长 50.4%。

全年公路汽车客运量 320 万人，比上年增长 15.82%，旅客周转量 15680 万人 / 公里，比上年增长 15.82%。货运量 3718 万吨，比上年增长 12.73%，货运周转量 353210 万吨公里，比上年增长 12.73%。

全年完成邮政行业业务总量 665.49 万元，比上年下降 25.51%。邮政业全年完成邮政函件业务 10047 件，快递业务量 142.73 件，快递业务收入 781 万元。年末固定电话用户达到 29513 户，比上年减少 2393 户，下降 7.50%；移动电话用户数为 435598 户，比上年增加 16576 户，增长 3.96%；互联网宽带接入用户 149874 户，比上年增加 50 户，增长 0.03%。

五、固定资产投资

全年全县 500 万元以上固定资产完成投资同比增长 10.8%，其中第一、二产业分别增长 79.9%、23.7%，第三产业同比下降 7.7%。分投资主体看，国有投资增长 24.3%；非国有投资增长 8.1%，其中民间投资增长 16.8%，占固定资产投资的比重为 79.1%。从投资主要构成看，基础设施投资下降 36.1%，占固定资产投资的比重为 9.2%；工业投资增长 23.7%，工业技改投资占工业投资比重为 40.7%。在资金来源中，自筹资金增长 52.6%，占本年资金来源的比重达 76.8%。

图5：2017年-2021年固定资产投资额增长%

表 4　2021 年分行业固定资产投资增速

行　业	同比增长(%)
总 计	10.8
第一产业	79.9
第二产业	23.7
采矿业	238.8
制造业	16.5
化学原料及化学制品制造业	3.5
非金属矿制品业	-12.3
有色金属冶炼和压延加工业	55.3
电气机械及器材制造业	10
计算机、通信和其他电子设备制造业	63.2
电力、热力、燃气及水生产和供应业	127
第三产业	-7.7
批发和零售业	-19.6
交通运输、仓储和邮政业	-43.7
住宿和餐饮业	—
房地产业	38
租赁和商务服务业	-34.7
水利、环境和公共设施管理业	-23.6
居民服务、修理和其他服务业	-26.9
教育	222.1
卫生和社会工作	—
公共管理、社会保障和社会组织	169.7

全年房地产开发投资同比增长 37.2%,其中,住宅投资同比增长 47.0%，商业营业用房投资同比下降 5.0%。房屋施工面积 169.3 万平方米,同比增长 55.5%,其中新开工面积 68.6 万平方米,同比增长 7.1%;房屋竣工面积 34.4 万平方米,同比增长 355.9%;商品房销售面积 45.4 万平方米,同比增长 41.7%；商品房销售额 27.9 亿元，同比增长 53.3%。年末房屋待售面积 0.8 万平方米,比上年末增加 0.5 万平方米;商品住宅待售面积 0.6 万平方米,比上年末增加 0.5 万平方米。

六、国内贸易

全年社会消费品零售总额 768939.4 万元,增长 17.5%。从四大行业来看,批发业完成商品销售额 450823.7 万元,同比增长 28%;零售业完成商品销售额 588132.1 万元,同比增长 18.5%;住宿业完成营业额 9071.3 万元,同比增长 23.8%;餐饮业完成营业额 62539.6 万元,同比增长 32.3%。

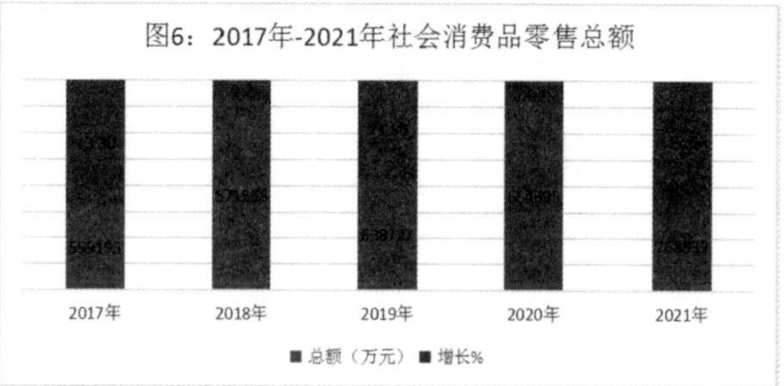

图6：2017年-2021年社会消费品零售总额

作为刚性需求的生活必需品粮油、食品类稳中有增，同比增长 47%，其中干鲜果品类增长 219.3%,水产品类增长 85.3%;基本生活类商品销售保持快速增长,烟酒类同比增长 80.9%;饮料类同比增长 73.3%;日用品类同比增长 67%;文化产品类和消费升级类商品销售额急速上升，其中化妆品类同比增长 48.6%、书报杂志类同比增长 34.3%;出行消费类商品销售额快速上升,汽车类同比增长 16.9%。

七、对外经济

全年外贸进出口总额累计完成 45767.04 万美元,同比增长 81.11%,其中出口总额 43358.04 万美元,同比增长 73.91%。全年实际使用外商直接投资金额 9138 万美元,同比增长 34.3%,占全年目标任务 9000 万美元的 101.53%。其中现汇进资累计完成 1600 万美元,现汇进资比例 17.51%。

八、财政金融

全年财政总收入实现 32.59 亿元,比上年增收 3.95 亿元，增长 13.8%，其中一般公共预算收入 16.48 亿元,比上年增收 0.18 亿元,增长 1.1%。财政总收入占 GDP 的比重为 13.6%；税收收入完成 27.11 亿元,比上年增收 3.18 亿元,增长 13.3%,税收占比为 83.2%。全县有 12 个乡镇(街道)财政收入超过五千万元,其中财政收入超亿元的乡镇达 6 个(康乐街道、黄茅镇、株潭镇、潭埠镇、鹅峰乡、马步乡)。

全年一般公共预算支出 49.95 亿元,比上年增支 1.17 亿元,增长 2.4%。一般公共服务支出 3.32 亿元,比上年增支 0.28 亿元,增长 9.2%;公共安全支出 2.04 亿元，比上年减支 19.3 万元，下降 0.1%;教育支出 10.81 亿元,比上年增支 663.5 万元,增长 0.6%;科学技术支出 1.38 亿元,比上年增支 251.5 万元，增长 1.9%；社会保障和就业支出 5.47 亿元,比上年增支 384.4 万元,增长 0.7%;卫生健康支出 2.65 亿元，比上年减支 3.51 亿元,下降 56.9%；节能环保支出 2.51 亿元，比上年增支 178.6 万元,增长 0.7%;城乡社区支出 4.3 亿元,比上年增支 1.13 亿元,增长 35.7%;农林水支出 6.07 亿元,比上年增支 113 万元,增长 0.2%。

年末全县金融机构人民币各项存款余额 308.61 亿元,比年初增加 25.44 亿元,其中,住户存款余额 201.99 亿元,比年初增加 21.95 亿元。住户存款余额中，活期存款 84.88 亿元，比年初增加 5.49 亿元,定期及其他存款 117.12 亿元,比年初增加 16.45 亿元。金融机构人民币各项贷款余额 253.99 亿元,比年初增加 36.16 亿元,其中住户贷款余额 96.83 亿元,比年初增加 20.47 亿元。住户贷款中，短期贷款 50.09 亿元，比年初增加 10.48 亿元，中长期贷款余额 46.75 亿元，比年初增加 9.99 亿元。

全年保险公司保费收入 6.57 亿元，比上年下降 4.43%。其中，寿险业务保险保费收入 3.61 亿元,支付各类赔款 3.61 亿元。其中,寿险业务赔款 3.61 亿元。

九、居民收入消费和社会保障

全年农村居民人均可支配收入 15472 元,比上年增加 1146 元,增长 8.0%;城镇居民人均可支配收入为 35040 元，比上年增加 2574 元，增长 7.9%,农村居民与城镇居民收入比率为 44.2%。城镇居民人均生活消费支出 15856 元，比上年增加 1611 元,增长 11.3%;农村居民人均生活消费支出 13645 元,比上年增加 1594 元,增长 13.2%。年末农村居民人均住房建筑面积 55.2 平方米；城镇居民人均住房建筑面积 51.1 平方米。

年末全县城镇职工基本养老保险参保人数为 83139 人,比上年减少 17 人;城乡居民基本医疗保险参保人数 488817 人，比上年减少 10649 人;失业保险参保人数为 17885 人,比上年增加 500 人;基本医疗保险参保人数 521307 人，比上年减少 9624 人；城乡居民基本养老保险参保人数为 232254 人,比上年增加 41 人;城镇居民最低生活保障人数 4497 人,比上年减少 209 人;农村居民最低生活保障人数为 18021 人,比上年减少 56 人。

十、教育和科学技术

全县现有各级各类学校 376 所，在校学生 126445 人,教职工 8567 人。2021 年全县实际参加高考人数 5032 人(6 月高考,剔除 3 月份高职单招录取的 1207 人)，普通文化类考生中一本上线人数 732 人,二本以上上线人数 2039 人;全县录取一本 631 人,录取二本以上 2553 人。

全县共有普通和职业高、初中毕业生 16585 人,其中高中 5923 人;全县在校学生 108023 人,其中高中 18798 人，初中 32083 人，小学 57142 人。全县招收高中生 6558 人,初中生 11155 人,小学生 8038 人,小学适龄人口入学率 100%,小学毛入学率 100%,初中毛入学率 100%。

2021 年万载建立全市第一个科技特派员工作

站，搭建省市县五十多名科技特派员沟通的桥梁；开展技术培训5次，培训人员210人次，开展科技服务45次；推广彩色油菜、油蔬两用油菜等2个新品种；申报省“双千计划”项目8个，其中恒利钒业、亚太科技、南氏锂电4人入选省人才“双千计划”；第一批申报国家高新技术企业23家、获批5家，第二批申报国家高新技术企业18家、获批3家，科技型中小企业入库数108家；完成科技成果网上登记5项，完成科技成果技术合同认定登记金额16080万元；争取省级以上科技项目4个，项目经费共计1075万元，其中，省揭榜挂帅项目2个，项目经费共计1000万元，位列全市第一。

十一、文化旅游和卫生健康

全县共有各类文化机构3个：文化馆、博物馆和图书馆。公共图书馆藏书量28万册，图书总流通量20万人次，乡镇综合文化站20个，农家书屋181个，文化市场经营单位154家。

全县通广播行政村181个，广播覆盖率达100%，电视覆盖率达96 %以上，通有线电视的行政村181个，有线电视用户达到6.25万户，其中农村用户3.67万户。

2021年全县文旅产业运行正常，全县共接待游客1050万人次，实现同比增长16.5%，实现旅游综合收入106亿元，实现同比增长8.1%。万载古城景区荣获第一批国家级夜间文化和旅游消费聚集区（全省仅5家）、首批省级夜间文旅消费聚集区（全省仅14家）、首批省级特色文化街区（全省仅17家）、全省首批文化产业和旅游产业融合发展示范区（全省仅5家）。赤兴乡皂下天子坳景区成功创建国家3A级旅游景区、高村镇仙姑岽成功创建省 3A级乡村旅游点、万载宜嘉酒店被评为四星级旅游饭店、万载万花筒文旅公司燃朝烟花文创生活馆被列入宜春市旅游诚信示范店名单（全市仅4家），并在上海、湖北等地输出花炮文旅项目。万载县文化馆获评全国二级文化馆，潭埠镇成功申报“2021年度江西省民间文化艺术之乡——开口傩之乡”。参加江西省“百县百日”文旅消费季活动，万载县分会场活动以全省综合评分第一名斩获优秀组织奖。

全县设有县乡卫生健康单位23个，其中县直卫生健康单位6个（人民医院、中医院、疾病预防控制中心、卫生监督所、妇幼保健计划生育服务中心（妇保院）、皮肤病防治所），乡镇（街道）卫生院17个（中心卫生院5所、普通卫生院12所）；共有医疗机构网点9家、民营医疗机构14个（红十字会医院、医学会医院、肛肠医院、和谐医院、爱心精神病医院、华安口腔医院、红星医院、广仁骨科医院、杏林中医院、诚济医院、仁济体检中心、博视眼科医院、泰康老年护理院、百年颐康老年护理院），乡镇（街道）卫生健康办17个；全县共有181个行政村，村卫生室188家，医务室4家，社会个体医疗机构68个（含联合诊所6家）。全县共有实有床位数3597张。县直单位现有在编人员697人，大集体人员27人，聘用卫技人员695人，合计1419人；17所卫生院现有在编人员453人，大集体66人，聘用卫技人员587人，合计1106人；县乡卫生健康单位取得高级职称156人（正高职称15人、副高职称141人）、中级职称713人，研究生学历14人；在岗注册乡村医生529人。

十二、资源和环境保护

全县全年全社会能源消费总量47.65万吨标准煤，比上年增长5.1%；万元GDP能耗0.2099吨标准煤，下降3.7%。规模以上工业综合能源消费量18.52万吨标准煤，增长6.5%；万元规模以上工业增加值能耗同比下降5.1%。

全县空气质量优良率96.8%，PM2.5平均浓度为25μg/m3，同比上升4.2%，全市排名第4位。水质综合指数3.5239，同比变好10.54%，受污染耕地安全利用率达到93%以上，污染地块安全利用率达到90%以上，危险废物利用处置率达到100%。持续开展工业企业污水达标排放专项行动，全面清查涉水企业污水管网建设和纳管情况，建立完善“一企一档”，园区12家重点涉水企业均已安装雨水在线监控设备；对全县农村日供水千吨万人集中式饮用水水源地开展水质监测工作；对锦江干流及沿岸纵深2公里范围内的入河排污口开展现场实地排查,并对全县12个规模以上入河排污口定期开展监督性监测。

注释:

1.本公报中数据均为初步统计数,最后以年报核定数据为准。部分数据因四舍五入的原因,存在总项与分项合计不等的情况。

2.地区生产总值、各产业增加值绝对数按现价计算,增长速度按不变价格计算。

3. 规模以上工业统计范围为年主营业务收入2000万元及以上的工业企业。固定资产投资(不含农户)统计范围为计划总投资500万元及以上项目和房地产开发投资。限额以上批发和零售业、住宿和餐饮业统计范围为年主营业务收入2000万元及以上的批发业企业,年主营业务收入500万元及以上的零售业企业,年主营业务收入200万元及以上的住宿业、餐饮业企业。

4.规模以上服务业统计范围包括:年营业收入2000万元及以上的交通运输、仓储和邮政业,信息传输、软件和信息技术服务业,水利、环境和公共设施管理业,卫生行业法人单位;年营业收入1000万元及以上的房地产业(不含房地产开发经营),租赁和商务服务业,科学研究和技术服务业,教育行业法人单位;以及年营业收入500万元及以上的居民服务、修理和其他服务业,文化、体育和娱乐业,社会工作行业法人单位。

5.万元GDP能耗按2020年不变价格计算。

资料来源:

本公报中财政数据来自县财政局;外贸出口、利用外资数据来自县商务局;公路客运量、货运量、周转量数据来自县交通运输局;邮政数据来自县邮政公司;电信数据来自移动、电信和联通三家;文化、旅游、广播、电视数据来自县文广新旅局;存贷款数据来自人民银行万载支行;保险数据来自银保监组万载分局;教育、体育数据来自县教体局;科技、专利数据来自县科技局;卫生数据来自县卫健委;城镇就业人员、城镇登记失业率、养老保险、失业保险数据来自县人社局;城乡低保、农村特困人员供养数据来自县民政局;空气、污染物排放数据来自县生态环境局;其他数据来自县统计局和国家统计局万载调查队。

文件汇编

中共万载县委
万载县人民政府
关于印发《万载县国民经济和社会发展第十四个五年规划和二〇三五年远景目标纲要》的通知

万发〔2021〕3号

各乡镇(街道)党委、政府(办事处),县委各部门,县直各单位:

《万载县国民经济和社会发展第十四个五年规划纲要和二〇三五年远景目标纲要》已经万载县第十六届人民代表大会第六次会议审议通过,现印发给你们,请认真贯彻执行。

中共万载县委

万载县人民政府

2021年4月20日

万载县国民经济和社会发展第十四个五年规划和二〇三五年远景目标纲要

《万载县国民经济和社会发展第十四个五年规划和二〇三五年远景目标纲要》是根据《中共万载县委关于制定万载县国民经济和社会发展第十四个五年规划和二〇三五年远景目标的建议》编制,重点对"十四五"期间国民经济和社会发展作出总体部署,并展望二〇三五年国民经济和社会发展远景目标。作为开启全面建设社会主义现代化新征程的第一个中长期规划,规划主要阐明县委、县政府战略意图,是全县各乡镇(街道)、各部门履行职责的重要依据,是市场主体的行为导向,是全县人民的共同愿景。

第一篇　开启全面建设社会主义现代化新征程

展望"十四五",是我县巩固脱贫成效夯实小康基础,与全省全市同步全面建设社会主义现代化的起步期;是贯彻习近平总书记视察江西重要讲话精神,推动江西建设内陆开放型经济试验区战略落地见效,提升我县在全市发展大局中的位势,跨越关口实现高质量发展,满足人民美好生活新期待,不断提高人民生活品质,不断增强群众的获得感幸福感安全感的关键期。我们要站在"两个大局"战略高度,紧紧扭住新发展阶段、新发展理念、新发展格局,紧紧围绕"作示范、勇争先"的目标定位,着力厚植优势,抓住巩固优势的着力点、发挥优势的突破点、培育优势的关键点,推动我县发展优势转化为发展胜势、汇聚成发展强势;着力补齐短板,聚焦人才、创新、教育等精准发力,挖掘后劲潜力,以补求进、补中赶超,切实增强高质量发展的持久力量。

第一章　发展基础

"十三五"以来,面对错综复杂的国内外发展环境和经济下行压力,全县上下不忘初心、牢记使命,感恩奋进、担当实干,有效应对各类风险挑战特别是新冠肺炎疫情的严重冲击,坚持稳中求进工作总基调,围绕打造"生态万载、开放万载、实力万载、魅力万载、幸福万载"的目标定位,大力实施"产业兴县、工业强县"战略,持续推进"四大战役",扎实做好"六稳"工作,落实"六保"任务,突出抓重点、补短板、强弱项,深入开展"优环境、促发展"大讨论活动,全县经济社会取得了长足发展。"十三五"规划确定的预期目标和主要任务基本完成,即将如期与全国全省全市同步全面建成小康社会,我县已站在新的历史起点上。

(一)综合实力不断攀升。"十三五"期间,地区生产总值由2015年的110.23亿元增至2020年210亿元,年均增长13.8%;三次产业比例由2015年的12.9∶56.9∶30.2调整为2020年的9.7∶46.1∶44.2。财政总收入由2015年的23.2亿元增至2020年的28.63亿元,年均增长4.2%。社会消费品零售总额由2015年的33.2亿元增至2020年的65.5亿元,年均增长14.6%。城镇居民人均可支配收入由2015年的22258元增至2020年的32700元,年均增长8%。农村居民人均可支配收入由2015年的9268元增至2020年的14300元,年均增长9.1%,城乡居民收入差距进一步缩小。

(二)产业转型迈出坚实步

伐。一是现代农业提档增收。粮食生产能力稳步提升,“十三五”时期,建成高标准农田17.77万亩。粮食总产稳定在30万吨以上。农业特色进一步显现,有机农业科技园获批国家农业科技园区,建设有机富硒农产品基地11.8万亩,成功申报为全国农村产业融合发展试点示范县,获首批国家农村产业融合发展示范园、评为全国优秀农村经济动态监测点,国家农业绿色发展先行区建设稳步推进。二是新型工业提质增强。“两新”产业逐步壮大,“十三五”期间,累计引进电子信息产业项目23个、产值67亿元,新能源新材料项目18个,产值50亿元。工业园区荣获“省级生态工业园试点园区”等称号,新能源新材料产业园被授予“中国? 万载锂电新材料基地”,战略性新兴产业增加值增长15%。花炮产业提质发展,企业规模由443家减少到170家,总产值保持在年均150亿元水平;组合烟花内筒装药自动化生产成套装备技术设备取得科技、安全认证,爆竹湿法自动化装药设施设备取得科技认证;上下游产业主营业务年收入不断攀升;“万载花炮”地理商标评为省著名商标。全县规模以上工业企业个数达186个,工业增加值平均增长8.2%。三是现代服务业快速发展。文旅融合加快发展,恒晖艺术农业景区、万载古城评为国家AAAA级景区,我县获评“中国最美乡村旅游目的地”“江西十大红色旅游目的地”“全省旅游产业发展先进县”等称号;电子商务快速发展,入选国家“互联网+”农产品出村进城工程试点县、全国电子商务进农村综合示范县;养老与社区服务业有特色,形成了居家养老服务中心、农村幸福院、多功能护理型养老等较为完整的养老服务体系。物流货运产业高速发展,金融业活力不断增强。

(三)投资、消费拉动作用进一步释放。一是项目建设支撑有力。500万元以上固定资产投资年均增长保持10%以上水平。“十三五”期间,共引进千万元以上项目161个,总投资523亿元,其中亿元以上项目80个,通过省级认定的“5020”项目2个。工业园区扩区调区获得省政府批复,面积由1.07平方公里调整到6.96平方公里,获批“全国大宗固体废弃物综合利用基地”,工业园区载体功能进一步增强,建成标准厂房78万平方米。国家现代(有机)农业示范区核心园项目、万载古城保护开发项目、江西南氏锂电新材料项目列入省重点工程项目;万载工业园区提升工程列入省发改委PPP项目库。基础设施建设进一步加强,基本完成城市棚户区改造任务,稳步推进老旧小区建设,县城建成区增加1.7平方公里。康乐大道南延伸段、环湖南路东延伸段等道路建成通车,G220绕城公路、宜万快速通道、G320工业园段提升改造,南部新城“一纵两横”路网正在推进。二是消费活跃度进一步提高。随着“互联网+”等多种消费形式的发展,我县消费进一步活跃,市场主体适应多元化消费需求,加快实体零售业数字化转型,线上线下融合,进一步提高夜间消费活跃度,释放消费需求,发展无接触配送、直播零售、网红经济等新型消费,激发市场活力。三是对外出口贸易保持稳定,出口总额由2015年的2.7亿美元降至2020年的2.48亿美元,基本维持了期初水平。

(四)新旧动能实现加快转换。一是创新驱动转换。培育国家高新技术企业38家,科技型中小企业38家,成功申报省级“双千计划”项目3个,成功申报省级工程技术研究中心3个,开发省重点新产品42个。2019年全社会研发经费(R&D)经费占全县GDP比重1.39%,比2015年占比0.22%有大幅提升。药品装盒机、无氯酸盐引火线、花炮一体机等实现规模化生产,科技转化率进一步提高。二是改革推动转换。城乡居民基本医疗制度、党政机关和事业单位公车改革、商事登记制度、农村集体土地确权登记制度等改革基本完成。稳步推进“放管服”改革,启动了相对集中行政许可权改革试点,推行“容缺审批+承诺制”投资审批模式,办事效率较大程度上得到提高。株潭镇全省经济发达镇行政管理体制改革试点扎实推进。营商环境持续改善,连续两届获评十佳营商环境县。三是开放带动转换。招商力度不断加大，围绕高端制造产业、新材料新能源产业，把“珠三角”“长三角”作为招商引资，着力引进一批“高大上实”企业落户我县。区域合作取得新进展，宜万经济走廊建设扎实推进，湘赣边区域开放合作取得阶段性成果。

（五）城乡统筹发展路径进一步明晰。一是统筹县域规划，搭建城乡协调发展的基本构架。编制完成了《城区专项排水规划》和《万载县海绵城市专项规划》，完善17个乡镇（街道）重点区域修建性详细规划，实现乡镇总规和重要区域控规全覆盖。推进了株潭镇、三兴镇等中心城镇建设，常住人口城镇化率由2015年的38%提高到2020年的45%左右，年均提高1.4个百分点。三兴镇成为全县首个、全省首批省级特色小镇。二是城乡基础设施不断完善。以县城为中心的交通枢纽及县域路网结构进一步完善，县乡干线公路、乡村道路升级改造得到加强，区域“断头路”不断减少，通组道路工程加快实施；教育、卫生等公共设施建设不断向乡镇延伸，公共服务均等化水平不断提高。三是秀美乡村建设取得阶段性成果，获评全省新农村建设先进县。五年来，完成878个新村点“七改三网”建设，拆除“三房”5.11万平方米，新建改建公厕197座，农户改厕89630户，创建美丽宜居示范线1条、美丽宜居乡镇2个、美丽宜居村庄20个。四是体制机制保障更加健全。着力推进农村集体产权制度改革，补齐农村居民基本公共服务和社会保障短板，加快农村一二三产业融合发展，探索建立农村环境整治长效机制，农村面貌发生了重大变化。

（六）生态文明建设成效显著。2020年城区空气质量优良率达97.2%，$PM_{2.5}$年均值25微克/立方米，列全市第一方阵。单位GDP二氧化碳排放强度累计下降25.91%，超额完成19.5%的目标任务。境内5个监测断面水质达标率100%。Ⅲ类及以上水质达标率100%，湿地保护率达到74%以上，有12个乡镇获得省级生态乡镇、4个乡镇获得国家级生态乡镇称号。农村垃圾集中处理率100%，工业固体废物综合利用率98.98%，单位GDP能耗由2015年的0.452吨标准煤/万元下降到2020年的0.375吨标准煤/万元。

（七）脱贫攻坚目标如期实现。贫困村的基础设施和生活水平条件得到了明显改善，“十三五”省、市定36个贫困村（含30个深度贫困村）全部摘帽退出，9637户29129名贫困人口全部脱贫，1439户2695名城镇贫困群众如期脱贫解困。“十三五”期间，坚持目标标准，共资助建档立卡贫困学生5.54万人次，发放各类教育补助资金3640万元；实现基本医保、大病保险、重大疾病医疗补充保险和医疗救助“四道保障线”全覆盖；累计实施住房提升工程4745户、贫困户危房改造3861户。坚持精准施策，建成产业扶贫项目330个，累计投入资金1.03亿元，为贫困人口发放奖补资金1491.2万元，办理扶贫小额信贷3790户2.63亿元；开发各类扶贫专岗和公益性岗位1978个，60个扶贫车间吸纳贫困劳动力528人；完成易地扶贫搬迁建档立卡人口1271户4709人，其中集中安置1153户4233人，分散安置118户476人；引导社会力量参与脱贫攻坚，共有102家企业与116个村进行结对帮扶，累计投入帮扶资金2000余万元，帮扶贫困人口超4万人次。

（八）民生福祉得到大幅改善。一是教育事业健康发展。公办在园幼儿占比51.28%，入园率89.5%；小学适龄儿童入学率100%，在校学生巩固率100%；初中学生入学率100%，年度巩固率98.75%；高中阶段毛入学率92%以上。教师和学生使用电教装备、中小学生均藏书量、农村中小学实验室均达到了省定配备标准。二是文化事业蓬勃发展。县图书馆被评为全国公共一级图书馆，完成17个乡镇（街道）文化站和66个村（社区）综合性文化服务中心建设。湘鄂赣革命根据地旧址维修工程建设完成，实施万载古城国家级历史文化街区建设；实施“文化+”工程，挖掘花炮制作技艺、夏布织造技艺等国家级非物质文化遗产项目;“农村文化万千百十”工程顺利推进。三是医疗卫生事业持续发展。资源配置不断优化,县中医院综合门诊大楼投入使用,县妇幼保健院、县人民医院西院实现整体搬迁,民资办医能力不断提高,诚济医院等民办医院建成投入运营;公立医院改革顺利完成,疾病预防控制、卫生监督体制机制不断健全。四是社会保障体系不断完善。养老保险实现城镇和乡村全覆盖,全县基本养老保险参保人数28.14万人,缴费人数14.58万人,征缴保险费12.27亿元,失业保险参保人数达2.4万人以上,工伤保险参保人数达4.47万人以上。五是创业就业成效明显。电子商务创业孵化基地获批省级双创示范基地,花炮技能大师工作室、根雕大师工作室认定市级大师工作室。城镇就业率达96.92%,全县城镇新增就业人数23997人,城镇登记失业率控制在4%以内,新增转移农村劳动力完成全年任务的101.09%,城镇零就业家庭保持动态为零。

(九)民主法治稳步推进。“法治万载”建设有新进展,全面完成权力清单和责任清单编制工作,切实加大人大法律监督、政协民主监督、社会和舆论监督力度,切实保障严格公正司法,广泛加强法制教育,落实好村民委员会等基层组织自治制度。“平安万载”建设有新成绩,社会治安形势明显好转,综治民调工作进入全省、全市前列。军民融合协调发展。连续三届获“全国双拥模范县”、连续九届获“全省双拥模范县”荣誉称号。政务信息公开有新突破,各乡镇便民服务中心建设已完成,县乡两级联动的网上政务便民服务体系全面实现。

五年来的发展成就,充分彰显了习近平新时代中国特色社会主义思想的强大真理伟力,必须始终不渝按照习近平总书记指引的方向笃定前行,把习近平总书记为江西擘画的宏伟蓝图变为美好现实;五年来的发展成就,充分证明了省委提出的“创新引领、改革攻坚、开放提升、绿色崛起、担当实干、兴赣富民”工作思路和高质量跨越式发展首要战略,符合党中央精神,切合江西实际,顺应人民期盼,必须一以贯之、接续奋斗;五年来的发展成就,充分证明了县委大力实施“产业兴县、工业强县”战略、持续推进“四大战役”符合万载实际,展示了万载人民忠诚执着、奋发有为、勤劳智慧的优良品质和时代风貌。我们要坚定信心、保持定力,凝心聚力抓发展,团结奋进破难题,敢想敢干闯新路,在全面建设社会主义现代化的伟大征程中展现更大作为。

表 1.万载县“十三五”国民经济与社会发展主要指标完成情况表

指　　标	单位	2015 年	2000 年		累计或年均增长（%）		属性
			目标值	预期值	目标值	预期值	
地区生产总值	亿元	110.23	206	210	13.3	13.8	预期性
财政收入	亿元	23.2	37.4	28.63	10	4.2	预期性
三产比重	%	12.9：56.9：30.2	9：54：37	9.7：46.1：44.2	—	—	预期性
财政收入占 GDP 比重	%	20	18.2	13.63	—	—	预期性
500 万元以上固定资产投资	亿元	117.7	194	增长 7.2%	10.4	12.34	预期性
全社会消费品零售总额	亿元	33.2	54.3	65.5	10.3	14.6	预期性
城镇居民人均可支配收入	元	22400	33682	32700	8.5	8	预期性
农村居民人均可支配收入	元	9400	14278	14300	8.7	9.1	预期性
常住人口城镇化率	%	38	60	45	—	1.4	预期性
户籍人口城镇化率	%	18.5	40		—		约束性
利用境外资金	万美元	5400	8000	6800	8.2	4.7	预期性
外贸出口	亿美元	2.7	3.37	2.48	4.5		预期性
金融机构存款余额	亿元	120.1	215	283.46	12.4	18.74	预期性
金融机构贷款余额	亿元	67.9	134	218.01	14.7	26.28	预期性
单位 GDP 能耗	吨标煤 / 万元	0.452	0.375		17		约束性

第二章　发展环境

“十四五”时期，是我县与全省全市同步全面建成小康社会、实现第一个百年奋斗目标进军的第一个五年，在中华民族伟大复兴战略全局与世界百年未有之大变局的历史条件下，我县经济和社会发展面临一系列新的机遇和挑战。

首先，经济社会发展长期稳定向好的基本面没有改变。习总书记亲临江西擘画发展蓝图，提出“在加快革命老区高质量发展上作示范、在推进中部地区崛起上勇争先”目标定位和“五个推进”更高要求，必将为全省各地竞相发展带来宝贵机遇、注入强大动力。随着我国以国内大循环为主体、国内国际双循环相互促进的新发展格局的加速形成，我县作为国家农业绿色发展先行区，有机富硒的特色农业在内循环中将有更大的发展空间。当前，湘赣边区域开放合作示范区建设已经从“酝酿期”步入“蜜月期”，正在由“愿景图”变为“施工图”；全省内陆开放型经济试验区建设的推进，为我县加快融入赣湘鄂区域开放合作，对接长江经济带、粤港澳大湾区找到了时间窗口。随着撤县设区工作的推进和宜万经济走廊的实施，我县城镇化建设进入新阶段。国家加大对新型基础设施、县域城镇化等领域政策支持力度，为我县抢抓新一轮城市化机遇、补齐基础设施短板带来良机；高铁和互联网通信的迅猛发展，为我县吸引更多先进生产要素聚集、承接东部中心城市外溢效应提供条件；以数字化、智能化、网络化为特征的第四次工业革命正加快兴起，为我县打破传统发展路径依赖，实现“换道超车”“换车超车”提供了难得机遇。

同时，我们也清醒地看到，国际环境日趋复杂，全球动荡源和风险点显著增多，叠加国内结构性、体制性、周期性问题，给我县经济平稳增长带来影响和冲击。我国已转向高质量发展阶段，继续发展具有多方面优势和条件，但是发展不平衡不充分问题仍然突出，以都市圈、城市群为牵引的经济“极化”趋势日益明显，经济和人口加剧向中心城市及相关城市群集聚，对我县集聚人才、资金、技术等生产要素形成制约。同时，经济总量偏小，自主创新能力不强，产业层次和发展水平总体偏低，烟花爆竹产业升级改造压力大，新兴产业零碎、规模化企业数量少，对我县实现高质量跨越式发展带来了巨大压力。

总之，“十四五”期间，我县既面临着影响深远、加快发展的历史机遇，也面临着矛盾交织、困难叠加的严峻挑战，机遇与挑战并存，机遇大于挑战。全县上下要深刻认识新发展阶段面临的新机遇新挑战，保持战略定力，认识和把握发展规律，发扬斗争精神，树立底线思维，准确识变、科学应变、主动求变，善于在危机中育先机、于变局中开新局，在社会主义现代化建设新征程上奋勇前进。

第三章　总体要求

“十四五”时期，全县经济社会发展的总体要求是：高举中国特色社会主义伟大旗帜，深入贯彻党的十九大和十九届二中、三中、四中、五中全会精神，坚持以马克思列宁主义、毛泽东思想、邓小平理论、“三个代表”重要思想、科学发展观、习近平新时代中国特色社会主义思想为指导，全面贯彻党的基本理论、基本路线、基本方略，坚决贯彻习近平总书记视察江西重要讲话精神，聚焦“作示范、勇争先”目标定位和“五个推进”重要要求，统筹推进“五位一体”总体布局、协调推进“四个全面”战略布局，坚持党的全面领导，坚持以人民为中心，坚持新发展理念，坚持深化改革开放，坚持系统观念，坚持稳中求进工作总基调，以高质量跨越式发展为主题，以深化供给侧结构性改革为主线，以促进烟花爆竹产业转型升级打造竞争优势，以坚持创新驱动引领新兴产业发展，以有机富硒农业彰显万载特色品牌，以对接宜万同城和湘赣边区域开放合作战略释放发展潜力，以持续推进基层治理现代化激发内生发展动力。

第四章　发展定位

主动对接江西内陆开放型经济试验区战略，坚持贯彻落实“在加快革命老区高质量发展上作示范、在推动中部地区崛起上勇争先”，“十四五”期间，努力将我县打造为赣西中心城市发展加速区、国家绿色发展先行区、湘赣边区域开放合作先行区和安全环保发展示范区。

赣西中心城市发展加速区：构建以新型烟花爆竹为竞争优势，以新能源、安全环保和电子信息为主导，多类型工业产业为补充的“1+3+N”创新驱动产业高质量发展新型工业体系，促进生产性服务业、数字经济与制造业深度融合，打造资源聚集优势，逐步形成满足梯次化市场需求的产业融合、融通发展工业生态，努力打造中部地区乃至全国有重要影响力的先进制造业基地，成为宜春中心城市经济社会发展的强有力引擎。

国家绿色发展先行区：充分利用我县生态优势，立足有机富硒的资源优势，推进产业体系绿色升级，重点发展优质富硒水稻、油茶、百合、有机富硒和生态休闲农业，大力发展新能源、安全环保、电子信息等高效节能、绿色环保产业，打造中部欠发达地区绿色发展万载样板。

湘赣边区域开放合作先行区：抓住江西内陆开放型经济试验区发展机遇，主动对接长江经济带、粤港澳大湾区，融入“长三角”产业分工和市场体系，提升湘赣边区域开放合作水平，推进基础设施互联互通，加强与周边市县的贸易往来、文化交流和旅游合作，在湘赣边区域合作中勇争先。

安全环保发展示范区：坚持发展与维护安全相结合，以烟花爆竹产业为基础，充分发挥我县在长期抓安全生产和环保转型中的经验，大力发展与安全生产相关的安全装备制造、技术服务、安全技能、应急管理人才培训等，变安全生产和环保压力为动力，系统重构烟花爆竹全产业链，打造绿色安全、现代高端的生产体系，以安全生产和生态环保工作的全面提升，推动我县经济社会高质量发展。

第五章　发展目标

展望二〇三五年，我县将与全省全市同步基本实现社会主义现代化。届时，我县综合实力将大幅跃升，经济总量和城乡居民人均可支配收入将迈上新台阶，自主创新能力明显增强；基本实现新型工业化、信息化、城镇化、农业现代化，建成现代化经济体系；基本实现县域治理体系和治理能力现代化；文化、教育、人才、体育、健康事业取得新进展，居民素质和社会文明程度达到新高度；广泛形成绿色生产生活方式，生态环境根本好转，美丽万载目标基本实现；形成高水平双向开放新格局，参与区域经济合作和竞争新优势明显增强；人均生产总值超过全市平均水平，中等收入群体显著扩大，基本公共服务实现均等化，城乡区域发展差距和居民生活水平差距显著缩小；人民生活更加美好，人的全面发展、全体人民共同富裕取得更为明显的实质性进展。

锚定二〇三五年远景目标，坚持目标导向与问题导向相结合、中长期目标和短期目标相贯通、尽力而为和量力而行相统一，确保开好局、起好步。今后五年的奋斗目标是：

——经济发展进位赶超。“十四五”时期，经济发展增强竞争力，力求主要经济指标增长速度略高于全市平均水平，地方生产总值年均增长 7.5%左右，经济总量在全市位次前移。

——产业结构持续优化。优势产业改造升级取得实质性成效，烟花爆竹产业在环保、安全、品牌等方面更具国际竞争优势；新能源、安全环保和电子信息等主导产业规模不断壮大，对经济的支撑不断加强，成为县域经济的重要增长极；现代农业体系不断完善，有机富硒农业品牌效应突显；现代服务业快速发展，金融、电子商务、互联网等服务水平得到大幅提升。

——发展动力活力增强。社会主义市场经济体制更加完善，市场体系基本建成，市场主体更加充满活力。深度融入国家重大区域发展战略，更高水平开放型经济新体制基本形成，贸易和投资自由化便利化取得明显成效。加快打造内陆双向开放高地，营商环境得到全面优化。

——民生福祉不断提升。不断提升居民的获得感、幸福感和安全感，健康万载建设取得明显成效，就业更充分，教育、体育、养老事业水平明显提高，社会保障体系更加完善，城乡居民人均可支配收入、城镇新增就业人数、基本养老保险参保率、学前教育毛入园率、城乡社区服务设施数等指标有明显提高，增长率位于全市前列。

——生态环境显著提升。生态文明建设纵深推进，生态环境保护和治理体系不断健全，乡村振兴战略深入实施，生态环境质量继续位居全市前列，资源能源利用效率大幅提高，绿色产业体系基本建成，绿色生产方式和生活方式加快形成。

——社会治理取得新成效。“五型”政府建设进一步加强，社会治理体系更加完善，治理能力全面提升，防范化解重大风险体制机制不断健全，突发公共事件应急能力显著增强，自然灾害防御水平明显提升，全方位立体化公共安全网络全面构建，法治体系更加完善，社会公平正义得到彰显。

表 2. 万载县“十四五”国民经济与社会发展主要指标表

类别	指　标	单位	2020 年	2025 年目标	年均或累计增长(%)	属性
综合质效	地区生产总值	亿元	210	301.5	7.5	预期性
	全员劳动生产率	万元 / 人	—	—	—	预期性
	规模以上工业增加值增速	%	3.8	—	7.5	预期性
	固定资产投资增速	%	7.2	—	8.5	预期性
	社会消费品零售总额	亿元	65.5	103.1	10	预期性
	粮食综合生产能力	亿斤	6.4	6.4	0	约束性
	能源综合生产能力	万吨标准煤	2	3.5	—	约束性
创新驱动	研发支出占地区生产总值比重	%	1.39	2.2	—	预期性
	每万人口高价值发明专利拥有量	件	—	—	—	预期性
	数字经济核心产业增加值占 GDP 比重	%	—	—	—	预期性
协调发展	城乡居民人均可支配收入比	—	2.3	2	0.3	预期性
	常住人口城镇化率	%	45	52	1.4	预期性
改革开放	进出口总额	亿元	17.61	20.41	3	预期性
	实际利用外资	亿美元	6800	9100	6	预期性
绿色生态	万元 GDP 建设用地使用面积	平方米	—	—	—	约束性
	单位 GDP 能源消耗降幅	%	3.5	完成市下达指标		约束性
	单位 GDP 二氧化碳排放降幅	%			完成市下达指标	约束性
	城区空气质量优良天数比例	%	97.2	90 以上	—	约束性
	Ⅲ类及以上水体占地表水比例	%	100	100	0	约束性
	森林覆盖率	%	67.68	67.78	0.1	约束性
民生福祉	城镇居民人均可支配收入	元	32700	45013	6.6	预期性
	农村居民人均可支配收入	元	14300	20056	7.0	
	城镇调查失业率	%	—	—	—	预期性
	劳动年龄人口平均受教育年限	年	—	—	—	约束性
	每千人拥有执业(助理)医师数	—	2.7	2.9	—	预期性
	基本养老保险参保人数	万人	28.14	34.9	4.4	预期性
	每千人口拥有 0–3 岁婴幼儿托位数	—	—	—	—	预期性
	人均预期寿命	岁	—	—	—	预期性
	公众安全感	%	98.32	98.5	—	预期性

备注:1.2020 年基期值均为预期数;

2.约束性指标具体数值按国家下达任务执行。

第二篇　加快发展现代产业体系

以工业转型升级为首要战略，以工业生态建设为价值增长导向，以配套优化为重要支撑,持续推进重点项目建设,加强产业载体和创新平台建设，构建以新型烟花爆竹为竞争优势,以新能源、安全环保和电子信息为主导，多类型工业产业为补充的“1+3+N”创新驱动产业高质量发展新型工业体系，促进生产性服务业、数字经济与制造业深度融合,打造资源聚集优势,逐步形成满足梯次化市场需求的产业融合、融通发展工业生态。

第一章 推进制造业高质量发展

做精做优做稳烟花爆竹产业,大力发展新能源、安全环保、电子信息等主导产业,改造提升多类型传统工业企业,大力实施制造业高质量跨越式发展行动,提高制造业比重,加快工业强县建设步伐。

第一节 做精做优做稳烟花爆竹产业

完善烟花爆竹产能布局。按照统筹安排、相对集中、集约发展,扩大开放、历史传承的原则,优化全县烟花爆竹产业空间布局。坚持“生命至上、安全第一”,推动烟花爆竹产业结构调整,综合施策淘汰落后产能,科学完善烟花爆竹产能布局,依托烟花爆竹特色产业基地,推进形成产业区域聚集。推进规模企业或集团公司向主产乡镇发展,引导劳动密集型的小产品向劳动力资源丰富的乡镇转移。彻底消除低水平同质化竞争和低质滥价现象,大力推行烟花爆竹专业化生产,实施“一厂一品”、精品生产改造,制订优惠政策支持企业调整品种结构,确定专业化生产品种。鼓励国内外各类资本、技术、机构、人员融入万载烟花爆竹产业发展。

提升烟花爆竹生产智能化水平。推动烟花爆竹企业开展生产过程机械化、自动化升级改造,逐步推进新一代信息技术、安全环保技术等与传统烟花爆竹生产过程的融合应用,完成全国烟花爆竹产业创新示范区建设。在保护和尊重传统工艺和文化创意产品的基础上,加快对直接涉药生产工序的机械化、自动化、智能化改造。推动国家标准和地方标准的制定,支持各种烟花爆竹机械企业制定企业标准,淘汰落后生产机械及其工艺。加大对安全可靠、智能化(自动化)程度高的烟花爆竹机械设备的研究推广应用,强化烟花爆竹机械质量监督检验和涉药机械常态化安全认证工作。

大力扶持科技创新。加强新型烟花爆竹技术开发,持续推进烟花爆竹产业科技创新,推动产品高端化延伸。引导企业走自主创新的可持续发展战略,设立县烟花爆竹产业技术创新基金,扶持各种技术创新和发明。加强对新型环保原辅材料的研发与推广应用,2025年达到90%。

完善安全环保监管体系。建立较为完整、稳定的安全环保监督管理体系。制定万载县烟花爆竹生产企业安全许可换证整改标准工作指南,依法依规实行以安全环保生产条件标准为基础的生产企业准入机制。完善安全环保行政执法体系,实施安全环保生产负面清单制度,清理行政执法依据、流程和标准,完善违法行为惩诫机制。

专栏1 烟花爆竹产业的重点工程

(一)烟花爆竹产业发展环境工程

服务好进入第五轮国标行政许可的花炮企业,要在土地征用、林地报批、施工环境上营造宽松的环境;发挥花炮商会作用,实现商会与政府互相补充,共同扶持花炮企业发展;全力以赴拓展市场,以订货会、产品推介会、线上销售等各种形式推销花炮产品。加大企业转型升级的资金扶持,统筹林业、自然资源、生态环境等部门,解决企业用地和环保问题,协调解决企业融资难题。

(二)产业融合项目建设

建设烟花爆竹产业军民融合公共服务平台,为企业参与军民融合项目提供政策咨询、业务培训、资质办理、军地需求对接等服务。启动全国工业(烟花爆竹)旅游示范点建设,利用退出的厂房、车间建设一批工业历史人文景点,延伸产业生态系统和价值链条。

(三)“两化”融合工程

加速产业机械自动化和信息智能化升级,全面完成国家级5家鞭炮机械化生产示范企业、30条全自动组合烟花生产线和全国烟花爆竹产业创新示范区的建设。有序推进“烟花爆竹智能制造2025行动”,重点研发烟花爆竹、引火线和黑火药制造生产作业中涉药操作工序的机械生产作业,达到人机分离,防患安全事故;将已有机械设备向自动化、智能化方向改良,实现远距离指令进出药物、清扫余硝、检修电路设备;增设危险工序作业机械的风险识别和报警功能。

(四)“789”专业化改造工程

实现70%以上的生产企业完成专业化生产改造,专业化分工生产的品种占总品种80%以上,专业化品种产值占产品总产值90%以上。

(五)烟花爆竹专业人才培养引进工程

建立万载花炮产业集群人才信息平台。大力挖掘本土人才,开展技术人员继续教育活动,对特殊或关键岗位上的技术人才,分批输送到高等院校定向培养;引进一批实践经验丰富的公共高端人才和高级经营管理人才。以优惠政策吸引大学毕业生来万载创业就业。筹办应急管理学院,培养烟花爆竹行业所需的高、中级管理人才。

(六)烟花爆竹品牌培育工程

实施“双百品牌培育”项目,在全县培育100个具有自我知识产权的出口产品品牌、100个内销产品品牌。

(七)非物质文化遗产研究及传承基地建设工程

启动烟花爆竹申报联合国人类非物质文化遗产目录工作,争取2025年前中国烟花爆竹制作技艺列入联合国非物质文化遗产目录。实施“百师千徒”项目,加大烟花爆竹行业高精尖人才培育,在现有国家级、省级有非物质文化遗产传承人的基础上,遴选本县烟花爆竹行业高精尖技术人才,授予县烟花爆竹非物质文化技艺传承人荣誉称号,以传统师傅带徒弟的方式,在全县培养烟花爆竹非物质文化遗产传承人。加快花炮文化产业园、中国非物质文化遗产(烟花爆竹)研究及传承基地项目建设,为中国烟花爆竹非物质文化技艺的传承提供保障。

(八)烟花爆竹国际化推广工程

提质升级办好中国·万载国际花炮文化节,融入更多的烟花爆竹历史文明和现代世界各国文化元素,把两年一次的中国·万载国际花炮文化节办成烟花爆竹行业的“广交会”。着力海外业务推广、产品研发和创意设计,在万载建设以国际烟花爆竹会议中心为地标,以各国驻华烟花爆竹贸易公司总部为商务区域的国际烟花爆竹总部CBD区。

第二节 加快主导产业发展步伐

聚焦新能源、安全环保、电子信息等主导产业,以企业大集群推动产业再升级。

新能源产业。加大对锂电新材料的开发力度,加强新能源新材料基地建设,积极引进锂电新能源关联企业,促进锂电新能源企业聚集,延伸锂电新能源产业链。依托国有能源企业加快推进以风力发电、光伏发电为主的清洁能源项目建设,带动下游储能、氢能产业链头部企业招引落地,延伸清洁能源产业链,实现清洁能源的多样化,壮大新能源产业集群,打造碳中和能源绿色循环产业基地。

安全环保产业。围绕传统产业转型升级和产业高质量发展需求,加快做优做强安全环保产业。强化消防器材、监测预警、安全防护等安全专用技术、产品、服务的产业化和应用推广。完善全国大宗固体废弃物综合处理基地基础设施建设,构建和延伸跨企业、跨行业、跨区域的综合利用产业链条,着力打造集聚合成、多项目承载联动的新兴产业。对现有化工中间体企业进行改造,逐步形成细分领域产业优势。

电子信息产业。大力发展电子信息产业,加强电子信息产业基地建设,积极引进上下游关联配套企业入驻,加速形成产业优势,扩大产业规模,促进各产业集聚区完善产业链条。

第三节 推动多类型工业产业发展

橡胶制品制造业。以创新驱动、智能制造、绿色发展、品牌打造为引领,推动橡胶制品制造业优化产业和产品结构,引导企业开展产业链互补合作,发展多样化产品路线,提升产业竞争力。

新型建材产业。主营业务收入达到100亿元,着力改良传统建材工艺,引入新材料、新工艺,实现生产过程节能降耗和环保提升,重点关注商品混凝土、水泥粉磨、塑管、铝型材、竹木板材、金属制品加工、装配式建筑材料等传统建材产品的技术改进,支持建材产业资源回收和综合利用。

有机富硒食品加工业。以有机种养殖示范基地出产的有机农产品为基础，做大蔬菜、百合、大米、扎粉、南酸枣糕等有机产品的深加工，推进有机食品产业发展。依托富硒资源优势，支持恒晖大农业、源禾农业、千年食品、九润食品、金世本香等企业参与富硒食品开发，加快富硒龙头企业和品牌培育。

医药健康产业。不断壮大生物医药业，医疗制造业企业力争达 50 家，药材种植达 10 万亩，医药仓储物流标准厂房建成面积达 20 万平方米，仓储物流企业达 200 家。推广中药材标准化种植，建成全国特产药材主产区。大力发展保生保健服务，开发休闲养生、生态养生、宗教静养、素食餐饮等特色养生产品。

专栏 2 主导产业及其他产业重大事项

（一）锂电新能源基地建设

力争全县锂电新材料产业主营业务收入达到 100 亿元。

（二）安全环保产业园建设

以花炮产业安全生产相关产品和技术为突破口，引进、发展一批消防器材、监测预警、安全防护等设备生产企业，打造有万载特色的安全生产环保产业基地，力争安全环保产业基地主营业务收入达到 100 亿元。

（三）电子信息产业园建设

继续引进一批高新技术企业入驻，发展电子信息制造业，如各类电子元器件、探测器、触控模块模组等，力争电子信息产业基地主营业务收入达到 50 亿元。

（四）有机富硒产业基地建设

开发有机富硒蔬菜及其制品、有机富硒大米、有机富硒扎粉、有机富硒蔬果糕、有机富硒饮品等有机富硒食品加工，力争全县有机富硒食品加工基地主营业务收入达到 50 亿元。

第二章 大力实施数字经济

加快数字化发展，推进数字产业化和产业数字化，推动数字经济和实体经济深度融合。

第一节 培育壮大数字产业

抢抓新一轮信息技术和科技革命发展机遇，建立政府间、企业间、政企间互动的数据采集形成机制，推动数字化知识和信息向生产要素转化，实施大数据与一二三产融合，全方位推动数字应用。依托烟花爆竹、有机富硒等优势产业基础，推动 5G 应用示范，助力工业和数字经济产业转型升级。培育壮大和引进落地数字行业龙头企业，引领相关产业发展。

第二节 推动产业数字化转型

围绕农业供给侧结构性改革，大力发展数字田园、农业工厂，推进农产品电子化交易，开展农业物联网应用示范基地建设，着力推进农业数字化转型和农村数字经济发展。支持传统工厂开展数字化改造，促进 5G、工业互联网、人工智能、大数据等技术融合应用，提升工业企业数字化水平，推动全县制造业高端化发展。着力培育服务型制造业、个性化定制等新业态新模式，鼓励企业利用新一代信息技术创新生产、组织和商业模式。

专栏 3 数字经济重大项目

（一）数字产业培育工程

1.数字立方项目建设

全速推进数字立方项目建设，提高信息化领域新技术、新产品和新应用的研发能力，促进智慧城市建设和数字经济产业发展。

2.移动物联网产业培育工程

在烟花爆竹、有机富硒领域打造应用品牌，将我县打造成为全省 5G 应用示范城市，力争全县移动物联网及相关产业主营业务收入达 20 亿元。

（二）产业数字化转型工程

1.农业数字化转型工程

打造 3 个农业数字化示范项目。

2.工业数字化转型工程

实施智能制造升级工程，建设一批升级版智能工厂、智能车间，培育一批智能制造系统解决方案供应商和服务平台。打造 5 家左右智能制造标杆企业，智能制造产业规模突破 30 亿元。

第三章 提升现代服务业发展水平

适应经济新常态，顺应经济升级大势，推动生产性服务业向专业化和价值链高端延伸，推动生活性服务业向高品质和多样化升级，提升服务业整体实力，构建集约高效的绿色服务业体系。

第一节 大力发展生产性服务业

探索建立生产性服务业与生产企业风险共担、利益共享的合作模式，促进生产性服务业与服务企业深度融合发展。

电子商务。充分利用新一代电子信息技术,深化电子商务应用,支持大型骨干企业以供应链协同为重点发展电子商务,引导中小企业利用第三方电子商务服务平台拓展国内外市场。

现代物流。进一步完善物流网络,增强物流服务功能和市场竞争力。培育现代物流市场,鼓励和引导物流企业向社会化、专业化的第三方物流发展,加快发展城乡物流配送体系,加快物流园区和物流中心建设,大力发展“互联网+物流业”,逐步建成赣西现代物流基地和全国物流体系中的重要节点。

金融服务。引进银行、证券、保险、期货、金融租赁和信托等各类金融机构,不断拓展融资渠道,鼓励发展多层次资本市场。大力发展股权投资、融资租赁、信托公司、村镇银行和农村资金互助社等新型金融业态,加强对中小微企业、民生和“三农”金融服务。

科技服务。加强科技服务能力建设,顺应经济创新驱动的发展趋势,大力培育研发服务、科技交流及推广服务、科技专业咨询服务等科技服务业,围绕烟花爆竹、机械制造等特色产业的创意设计环节需求,引入国际国内知名创意设计公司入驻或设立分支机构,重点发展工业产品设计、工业流程设计、工业产品品牌形象设计等行业领域。

商务服务。提高商务服务水平,充分把握区域融合发展带来的新机遇,重点发展法律、会计、广告等专业服务业,推进公共关系、市场调查和包装策划等领域发展,营造良好营商环境。

第二节　稳步发展生活性服务业

重点发展贴近服务人民群众生活、需求潜力大、带动作用强的生活性服务业,推动生活消费方式由生存型、传统型、物质型向发展型、现代型、服务型转变,促进和带动其他生活性服务业领域发展。

商贸服务。结合老城改造和新城建设,提升发展零售商业,高品质打造特色现代商贸街区。优化城市流通网络,畅通农村商贸渠道,加强现代批发零售服务体系建设,稳步发展商贸流通业。推动各类批发市场等传统商贸流通企业转变经营模式,利用互联网等先进信息技术进行升级改造。壮大提升“老字号”,加快引进知名商贸集团,大力发展节庆经济和夜间经济,推进本地重点商贸集团销售额稳步增长。

全域旅游。牢固树立“全域旅游化”理念,提升我县整体旅游环境,重点依托旅游景区景点的建设,构建旅游景区新体系。以“古城宗祠+非遗文化”文化为核心推进古色旅游,以湘鄂赣苏区红色名村为重点打造革命老区红色旅游,以“生态+大健康”为内容打造生态田园绿色旅游,将富硒养生的理念与自然生态的资源进行有机融合,打造生态版“硒游记”。打造“江西旅游避暑目的地”,积极争取“中国天然氧吧”旅游品牌。逐步形成具有深度文化内涵、高度体验度和知名品牌影响力的精品旅游线路。

大健康服务。推动大健康产业优化升级,聚焦中医药、医疗服务、健康旅游、健康食品、养生养老、健康管理等领域,鼓励发展个性化健康检测评估、健康咨询服务、营养保健指导、健康美容等非医疗性健康管理服务,争取养老服务业改革试点,发展智慧养老、个性化养老等新型养老服务。

社区服务。加大社区服务建设力度,加大社区便民服务中心建设,重点发展社区物业管理、便利店、菜市场(菜店)、养老托幼、家庭服务、物流配送、再生资源回收等服务,培育新型社区服务业态和服务品牌。

专栏4　现代服务业发展导向

(一)现代物流

推进江西(万载)冷链物流园建设,投资10亿元,初步建成区域性物流中心。全县社会物流总额达到400亿元,物流费用占GDP的比重降至12%以内。

(二)全域旅游

推进仙源湘鄂赣红色旅游景区、万载罗霄山国家森林步道万载段、大九龙国际生态康养旅游度假区、天马山(竹山洞)旅游度假区开发项目建设;推进古城AAAAA级景区、竹山洞休闲度假基地、罗城休闲运动小镇、白水百合山谷小镇、白良主题乐园小镇、株潭山水乡愁小镇、高村客家风情小镇等重点旅游项目建设；建设沿湘赣边界连接黄茅、白水、赤兴、仙源、茭湖、高村、罗城等乡镇的绿色旅游公路，形成绿色生态旅游长廊，把红色资源、绿色生态、古色景点、彩色文化连成一片，利用优美的绿色生态环境和丰富的旅游资源，打造赣西生态旅游观光通道。新增1家国家AAAAA级旅游景区，全县旅游接待总人数突破1570万人次，旅游综合收入突破150亿元。

（三）健康养老

健全医疗卫生机构与养老机构合作机制，建设一批医养结合特色机构和社区；鼓励中医医疗机构与社会资本联合建立养生保健机构，发展个性化健康服务、中医特色医疗服务和养生保健产业。充分依托有机富硒等生态优势，打造健康养老示范基地。

第四章　聚焦聚力工业园区建设

紧扣县委“融入宜春、聚力园区、双城联动、特色彰显、宜业宜居”工作思路，坚持强攻工业，聚力园区发展不动摇，积极开展产业招商、坚持扶优扶强导向，不断优化营商环境，全力提高经济质量效益和核心竞争力。

第一节　突出培育主导产业

围绕构建“1+3+N”创新驱动产业高质量发展新型工业体系，突出培育新能源新材料、电子信息、安全环保主导产业，推动烟花爆竹产业转型升级，加速推动产业集聚集群。一是培育优势主导产业。瞄准新能源新材料方向，以现有的南氏锂电、睿锋环保等企业为基础，围绕锂电池正负极材料、隔膜、电解液、系统集成等产业链环节，着力招引国内龙头企业，加快形成完整产业链，全力打造万载锂电“新高地”，与宜春打造“锂都”战略同频共振。以招引行业头部企业和南极光、华尔升电子、声佳电子、昌圣科技等现有企业为依托，以打造智能终端和显示模组产业基地为目标，充分利用现有标准厂房资源，积极招引国内电子信息头部企业来万建厂，着力打造电子产业基地。二是扶大扶强现有企业。坚持“分类指导、分企施策”原则，建立企业、县领导、责任部门联动机制，出台具体的扶持政策，对拟上市企业进行重点培育，对高成长性企业进行重点扶持。重点支持南氏锂电、睿锋环保上市，力争两家上市后产值突破200亿元。三是发展绿色循环经济。用好用活“全国大宗固体废弃物综合利用基地”这块金字招牌，探索推进应急环保产业园建设，全力打造“安全环保发展示范区”。力争在2025年园区主营业务收入突破400亿元，工业增加值达到101亿元，年均增长率8.5%，占全县工业增加值的比重达到90%以上；税收年均增长率7%，税收总额12亿元以上。

第二节　加快推进体制改革

根据“权、责、利”相统一的原则，加快园区管理体制和财政体制改革步伐，对工业园区管委会实行独立的财政管理体制。加强园区班子和干部队伍建设，拓宽园区人才流通及上升渠道。聚集企业办事的难点、堵点，按照“应赋尽赋”的原则，赋予园区最多的独立审批权限。推进工业园区内审批扁平化、标准化、便利化，实现“园内事园内办”。简化资金拨付程序，提高优惠政策兑现效率，打造“诚信园区、诚信万载”。强化园区审批与部门监管的有效衔接，确保在提高办事效率的同时监管不缺位。加快园区基础设施建设，强化水、电、气、路、热等配套要素保障，加快创业大道、工业大道、两桥三路、污水管网、电力设施、亮化绿化等基础设施建设。运用大数据、人工智能等先进技术，探索建立智慧办公平台和公共服务平台，提高园区智能化、精细化管理水平和服务能力。

第三节　不断提升管理水平

实行“拿地就开工”的建设机制，推行“容缺审批＋承诺制”服务。继续落实县领导挂点帮扶机制，建立企业诉求“一把手”负责制，推行企业特派员制度，常态化推进政企圆桌会议制度。严格落实《万载县优化营商环境“十不准”》规定，优化推行安商“红黄榜”制度。探索建立营商环境整体评价机制，让社会大众更广泛更深入地参与监督评价，倒逼行政审批单位提高服务质量和服务效率，营造良好的就业、创业、兴业环境。筹划政府产业发展基金，用足财政、金融等政策，着力破解企业融资难融资贵的问题。坚持“以亩产论英雄”，加快落实标准地要求，明确准入范围、能耗、环境、建设、亩均税收、亩均投入等指标。分类制定低效用地盘活措施，全面提升园区土地、资金利用水平。

第四节 大力支持创新创业

围绕新能源新材料、电子信息、安全环保等重点产业领域，大力引进和培育高端人才和创新创业团队，鼓励企业建立技术研发中心，增加新产品研发的投入。充分发挥创新创业载体平台重要支撑作用，加强关键核心技术创新，推进新技术、新产品、新业态孵化培育，构筑高端产业链、高质价值链、高效服务链协同共生体系。坚持平台建设与人才培育相结合，强化省、市级工程(技术)研究中心等高层次创新平台的引才聚才用才作用，积极培育和引进急需的高层次、高素质、高技能人才。深化校企联合育人，鼓励企业与宜春学院、宜春职业技术学院、万载技校、万载职中等搭建校企合作平台，支持建立人才产学研实训基地和公共研发平台，加强职业教育与产业人才需求有效衔接，推进兼具生产、教学、研发、创新创业功能的校企深度合作，提升人才培养与产业需求的融合度。建好人才公寓和工业园人才服务中心，为创新创业人才安家落户、医疗保障、子女入学和配偶就业等提供全方位服务。持续深化“放管服”改革，全面实行政府权责清单制度，健全行政管理制度规则，加快政务服务标准化、规范化、便利化建设。加强创新创业支持，对新产业、新业态、新模式实行包容审慎监管，做好配套服务。力争在2025年园区新增高新技术企业30家，上市企业1家。

专栏5 工业园区基础设施建设

(一)继续推进产城融合区两桥三路工程项目，“两桥”即百合大道跨锦江桥、丁田桥拓宽，“三路”即北环路、规划二路、百合大道延伸段。

(二)规划新建万载工业园区配套建设项目，即结合工业园标准厂房配套建设宿舍、食堂、会议办公楼和地下停车场等。

(三)规划新建市政管网建设项目，即沿工业园锦江大桥至新能源新材料产业园新建市政雨污水管网。

(四)规划在新能源新材料产业园南侧建设一座日处理规模为4.5万吨的污水处理厂，根据企业入驻情况分期建设。

第三篇 融入构建新发展格局

坚持供给侧结构性改革战略方向，精准扩大有效投资、充分激发消费潜力、优化消费市场环境，积极扩大内需。坚持实施更大范围、更宽领域、更深层次对外开放，在内陆全方位开放上求突破，形成国际国内合作和竞争新优势。持续推动传统基础设施强化升级，前瞻性布局新型基础设施，为构建经济双循环提供强大动力和保障支撑。

第一章 实施扩大内需行动

坚持供给侧结构性改革战略方向，发挥优势、补齐短板，主动融入共建发展新格局，推动形成更高水平供需动态平衡，在畅通国内大循环和联通国内国际双循环中展现更大作为。

第一节 精准扩大有效投资

充分发挥有效投资对扩大内需、优化供给结构的关键作用，紧盯国家和省市投资方向，围绕工业、农业、服务业、重大基础设施、新基建、公共服务等方面，推进一批重大项目建设。拓宽投资领域，盘活社会资本，完善政府与社会资本合作模式，鼓励和引导社会资本参与政府投资项目，形成市场主导的投资内生增长机制。不断提升投资服务水平，做好投资项目融资对接服务，深化投资项目审批制度改革，强化投资项目的全过程服务和监管。

第二节 充分激发消费潜力

增强消费对经济发展的基础性作用，提升传统消费，培育新型消费，适当增加公共消费。顺应居民消费需求升级新趋势，坚定不移深化供给侧需求侧结构性改革，加强优质商品和服务供给。加强智能和信息消费，加快物联网技术应用发展，促进智能家居、科技数码等产品市场发展。提升服务消费品质，放宽服务消费领域市场准入，健全现代流通体系。发展无接触交易服务，促进线上线下消费融合发展。推进专业市场发展，加大引进和培育大型商贸集团，推动传统商贸企业向“商品 + 服务”创新转型，丰富健身美容、儿童游乐、健康美食等体验式业态，有效满足城乡居民多层次、多样化消费需求。

优化消费市场环境。以质量品牌为重点，促进消费向绿色、健康、安全发展，鼓励个性化定制消费、体验式消费等消费新模式、新业态发展。构建城乡高效配送体系，持续完善消费便民设施，强化产品和服务标准体系建设，加强消费领域信用体系建设，健全消费者维权机制，改善城乡消费环境。

第二章 寻求内陆全方位开放突破

以全省设立内陆开放型经济试验区为契机，坚持实施更大范围、更宽领域、更深层次对外开放。

第一节 优化对外开放区域布局

牢抓国家重大发展战略机遇，形成陆海内外联动、东西双向互济的全面开放新格局。主动参与长江经济带建设，建设面向粤港澳大湾区的有机富硒绿色食品供应基地，推动烟花爆竹产业走向世界。引进“长三角”先进的发展理念、体制机制和改革开放成果，主动融入“长三角”产业分工和市场体系。主动参与湘赣边区域开放合作，加强周边市县的贸易往来、文化交流和旅游合作，推进湘赣边区域基础设施互联互通。强力推进宜万经济走廊建设，不断提升宜万同城水平。

专栏6 区域合作项目

（一）湘赣边区域红色旅游合作项目

以袁州会议旧址和万载湘鄂赣省委、湘鄂赣苏维埃政府旧址为重点，联动上高县抗日会战遗址和铜鼓秋收起义纪念馆，共同打造“修水工农革命军第一军第一师师部旧址—平江起义旧址—浏阳中共湘鄂赣省第一次党代会旧址—万载湘鄂赣苏维埃旧址—上栗斑竹山起义旧址—醴陵李立三故居—攸县漕泊东冲兵工厂—安仁苏维埃政府旧址—安仁轿顶屋—茶陵湖口挽澜遗址—井冈山革命遗址”“平江中共平江县委旧址—修水湘鄂赣省委旧址—浏阳秋收起义上坪会议旧址—万载湘鄂赣苏维埃旧址—铜鼓秋收起义前敌委员会旧址”两条红色旅游线路。加强区域间旅游资源整合和旅游产品组合，推动互为旅游客源地和旅游目的地的广泛合作，共同建设湘赣边区域旅游网，实现旅游资源共享、信息互通，推行湘赣边区域“初心源”文旅一卡通，共同推进“智慧赣湘鄂旅游”工程。

（二）湘赣边区域交通基础设施互联互通工程

积极参与谋划咸修吉高铁的前期工作，打通宜万经济走廊南北向大通道，使宜万经济走廊成为武汉—赣州连接线上的重要节点。推进双桥镇至湖南浏阳市张坊镇省界公路升级改造，其中包括 X692 县道新市至双桥段二级公路、X693 县道新市至界岭段三级公路改建工程。

（三）湘赣边花炮产业合作园

以株潭镇、黄茅镇、潭埠镇为中心，以国际花炮商贸城作为花炮展示、交易、仓储、物流及延伸性业态于一体的湘赣边产业交易平台，大力发展花炮总部经济，设立花炮技术研发中心，建设花炮专业物流园区。培育壮大信息技术、智能制造、烟花鞭炮等产业，建设浏阳—上栗—万载—袁州产业合作经济圈。

第二节 统筹推进“引进来”和“走出去”

围绕烟花爆竹、有机富硒等优势产业，开展资本、资源、资产“三资”招商，以“三请三回”、“三企”入万为抓手，聚焦新能源、安全环保、电子信息、数字经济、医药大健康等新兴产业，重点引进能够“拉长补短”产业链的项目，做强全产业链，瞄准国内外 500 强企业、央企、上市公司等，引进一批大项目、好项目。坚持专业招商，加强与专业招商机构的合作，组建专业招商小分队常驻长三角、珠三角等地招商。坚持招大引强，主攻“5020”工业项目。抓好利用外资，促进万商回归，完善招商机制，促进项目转化与产业发展。促进投资贸易升级，加快发展外贸综合服务企业、跨境电商等新型贸易业态。

第三节 加快推进开放制度建设

从企业需求出发,最大限度减少投资项目审批、生产经营活动审批、资格许可认定等。依法严格监管,严厉打击违法违规和失信行为,发挥市场在资源配置中的决定性作用。通过政策和资金的支持,放大服务效应,营造综合成本适宜的产业发展环境和更加开放的贸易投资环境。

第三章 强化现代化基础设施

持续推动传统基础设施强化升级,前瞻性布局新型基础设施,构建系统完备、高效实用、智能绿色、安全可靠的现代化基础设施体系,为构建经济双循环提供强大动力和保障支撑。

第一节 构建现代化立体交通网络

遵循“统一规划、适度超前、分步实施、量力而行”的基本原则,推动咸修吉铁路前期工作,抓好“四好农村路”建设,全力推进综合交通、智慧交通、平安交通、绿色交通建设。

提升公路通行能力。加强公路互联互通,建设路网完善、畅通高效、安全可靠、服务优质的公路体系。实现国道二级以上公路比例达到20%以上,重点乡镇通二级以上公路比例达到100%。抓好“四好农村路”建设,实施县乡道路改造工程和村道完善工程,实现100%的通油路目标。加强乡道建设,以建制村为节点,乡镇为中心,打通串连乡镇至建制村至自然村便捷路网。

完善公共交通体系。完善县乡村三级城乡客运网络,推进乡村公交完善农村客运基础设施配套建设,新建县城一级客运站,推进乡镇客运站、简易站、招呼站建设,努力实现零距离换乘,实现“乡镇有站、乡村有亭”。增加公众停车场建设、通过智能化手段提高停车场有效供给。完善路段、交叉口人行过街设施,因地制宜选择合理的人行过街设施形式。创新和规范出租车服务方式,适度增加出租车运力,合理布置网约车和共享电动车。加快推进农村客运发展,调整和延伸既有农村客运班线,提高农村客运通达深度。

专栏7 交通网络重大项目

(一)公路新建工程

外环公路西北段项目按二级公路标准建设;新建西坑至官元山县道。

(二)公路改建工程

S308县城至株潭镇、S223万载株潭至铁山界拓宽改造工程;S223株潭至后槎段、S222三兴至高村段、宜万高速万载南至竹山洞段二级公路改建工程;G220三兴煤矿至恒晖大农业段一级公路改建工程;加强G320万载至袁州段改线、X508白良至茭湖公路新(改)建工程;在昌栗高速高城至岭东段增设一个互通出口并连接到S308。

第二节 完善能源设施建设

基本实现县城和农村、主网和配网各级电网协调发展,结构合理、设备先进、自动化程度较高、调度灵活、运行安全可靠、经济技术指标较先进,具有一定智能化的坚强电网。城区、园区配网主要形成多分段单联络供电模式,实现环网接线,开环运行,线路实现100%联络,100%满足“N-1”校验,配变户均容量达到4kVA/户,供电可靠率(RS-3)为99.965%,综合电压合格率99.90%。乡镇配网主要以单辐射和多分段单联络网络接线,部分满足“N-1”校验,线路实现70%联络,70%满足“N-1”校验,配变户均容量达到2kVA/户以上,供电可靠率(RS-3)为99.897%,综合电压合格率99.7%。推进适合分布式光伏发电和风力发电运行特点和规模化应用的新能源智能微电网试点、示范项目建设,形成适应分布式光伏和风力发电发展的建设、运行和消费新体系,在此基础上推进储能建设、探索氢能建设。全面完成省天然气长输管网宜万支线项目建设,完善城市供气管网建设,全面推进气化乡镇工程,实施县域副中心城镇和重点镇天然气普及工作。

专栏8 能源设施重大项目

(一)风力发电

完成34万千瓦装机容量的风电场建设。

(二)光伏发电

建成70万千瓦装机容量的光伏发电场建设。

(三)电源布点与增容

主网新建110千伏东门变、容量2×50兆瓦,220千伏高城变、容量1×180兆瓦,110千伏三兴变、容量1×50兆瓦,35千伏官元山变—高村变线路、改造35千伏双口线,35千伏慈化变–黄茅变线路、改造35千伏赤官线。县城、园区配网新建110千伏东门变10千伏配套线路,110千伏马步变10千伏龙湖开闭所,110千伏鹅峰变10千伏新材料产业园I、II线,110千伏马步变10千伏迎宾大道I、II线,110千伏东门变10千伏车轮毂开闭所,110千伏三兴变10千伏配套线路。乡镇配网新建220千伏高城变10千伏配套线路。

(四)供气

完成省天然气长输管网宜万支线项目建设,推进景镇燃气公司接收门站、中压管网建设和储气设备建设。

第三节 加快现代水利设施建设

大力发展城乡供水一体化,形成城乡连通的供水网络,实现农村自来水全覆盖。加快推进抗旱应急引调提水工程建设,积极推进小型水库新建工程建设。提高水资源调控能力和抗旱能力,确保城乡居民生活和重点区域生态用水安全。推进万载中心城区双水源工程建设,完善供水配套设施,提高应对特大干旱、连续干旱和供水安全突发事件的能力。

专栏9 水利设施重大项目

(一)防洪安全保障工程

五河治理:康乐防洪工程(左岸)、双桥防洪工程、高城防洪工程等项目。

中小河流治理:罗城河、白良河三兴段中小河流治理。

圩堤除险加固工程:鹅峰乡多江堤、田江堤、长江堤和潭埠镇池溪堤等7个项目。

防洪治涝工程:建设城市防洪治涝工程2个项目,县城及白良等17个乡镇易涝区排涝工程,黄茅水、后槎水、岭东水山洪沟防洪治理工程。

病险水库除险加固工程:白石冲等41个小型水库除险加固工程。

大中型病险水闸除险加固工程:罗陂、潭陂、石陂、淳江陂水闸等。

(二)供水安全保障工程

农村饮水巩固提升工程:建设农村饮水巩固提升59个项目。

城乡一体化供水工程:建设康鹅供水工程、仙源自来水厂、茭湖自来水厂等。

城市双水源工程:建成县城三十把双水源工程。

灌区节水改造工程:续建锦泰灌区(罗城、三兴、白良)节水改造工程。

抗旱应急水源工程:建设马步乡钓鱼台引水工程及黄茅、株潭、马步、鹅峰等14个乡镇的引提水工程。

第四节 推进市政基础设施建设

构建布局合理、设施配套、功能完备、安全高效的城市市政基础设施体系,推进棚户区、老旧小区改造项目,推进生活垃圾及污水处理,完善城镇供水排水及雨污分流管网设施建设,大力推动中心城区公厕建设,加快城区路网、停车设施建设及主城区断头路建设,提升城市的通达性和微循环能力。优化城市公园绿地布局,提升城镇园林绿化水平。增强道路绿化带对雨水的消纳功能,加快推进海绵城市建设。

专栏10 市政项目

(一)生活垃圾分类减量收转运一体化建设项目

推进生活垃圾分类收转运,重点推进餐厨垃圾资源化项目建设。

(二)城区污水处理能力建设项目

新建县城4万吨/日生活污水处理项目,完善城区污水管网建设;新建工业园区2万吨/日工业污水处理项目,完成320国道工业园段道路两侧雨污管网改造及附属配套工程作业施工建设,实施工业园化工片区化工、冶炼企业“一企一管”项目。

(三)亮化工程

加快城区亮化工程建设步伐,实施城区小街小巷亮化工程,积极推广节能灯具更新和灯控设施智能化升级改造。

(四)停车场

建设老城片区公共停车场5处,新增机动车停车位3000个。

(五)物流商贸城建设

支持华洋商贸物流中心、钰顺冷链物流以及农资农产品批发市场建设,加快建成万载物流商贸城,完善冷链物流信息化和基础设施建设,打造区域性物流节点城市。

(六)南部新城路网建设

新建新纬一路北段、龙湖路西段、田下路、横支路、纵支路、环湖南大道、向阳路南段、迎宾大道北段、康南路、光明大道、环湖东路南沿段等道路。

(七)老城区路网改造

对老城区的万根竹路、环城北路(西段)、东大路(西段)、大北关路、沿河东路(北段)、阳乐大道北延伸段、河西路(东段)、河西路(西段)、北环路、城东路北延伸段、横一路、谢灵运路、菜市路、百合东路、纵一路进行改造。

(八)工业园路网建设

继续推进百合大道跨锦江桥、丁田桥拓宽,北环路、规划二路、百合大道延伸段。

(九)城市绿化建设

优化城市公园绿地布局,完成绿道建设20公里。

(十)智慧城管建设

推进智慧城管平台建设,促进城市管理水平提升。

第五节　推进新型基础设施建设

构建涵盖信息基础设施、融合基础设施、创新基础设施的现代化新型基础设施体系。加快高速宽带网络及广泛存在无线宽带网建设,全力推进5G通信基站建设。加强传统重大基础设施与新型基础设施的深度融合建设,实现基础设施智能化、数字化、网络化,补齐智慧城市短板。逐步开展智能化道路基础设施规划建设,推进交通标识、电子眼等道路基础设施数字化改造升级;加快推进车联网设施部署,加强交通信号灯、交通标识标线、视频监控设施、通信设施、车载终端之间的智能互联,推动人工智能、5G、感知设施在车站中的应用。探索在社会治理、生态环境、经济运行、市场监管、安全防控等领域的深度融合应用,打造"智慧万载"城市。

专栏11　新型基础设施建设重大项目

(一)5G等信息网络工程

建设5G高速网络基站及室内分布系统、广电网络基础网升级改造、千兆光纤接入应用试点等一批信息网络基础设施项目。完成网络基础设施IPv6升级改造;做到5G基站建设应建尽建。

(二)智慧水利工程

完善防汛抗旱减灾及突发事件应急管理设施;推进地下水监测中心建设,建立县级地下水监测中心;完善河长制信息化管理平台建设,应用河道、水库重点区域水环境自动检测监控系统,对河湖水库实行全覆盖监控;完善水利工程建设和运行信息化管理平台建设,应用水利工程建设和运行管理自动检测监控系统;建立一个集侵蚀沟道治理与维护措施示范区、生态治理区、节水灌溉示范区、生态修复区为一体的水土保持综合示范基地。

(三)技术研发平台

谋划推进锂电、物流产业大数据中心建设,加快组建富硒资源开发利用中心、富硒研究院等;推进南氏锂电等新能源新材料产业研究基地建设。

(四)智慧交通

建成覆盖全县的智慧公共交通系统,提供公交车GPS定位实时在途信息、公交到站播报以及公交换乘信息查询服务。

(五)智慧城市

推进智慧县城示范项目建设,对接"云上宜春"智慧城市应用;建设一体化在线政务服务平台及交通、自然资源、城管等大数据中心。

第四篇　加快深层次市场化改革

充分发挥市场在资源配置中的决定性作用,更好发挥政府作用,推动市场与政府结合,与时俱进全面深化改革,努力构建政策最优、成本最低、服务最好、办事最快营商环境。

第一章　激发各类市场主体活力

继续推进国资国企改革创新,壮大非公有制经济发展,培育充满活力的市场主体。

纵深推进国资国企改革。完善国有企业法人治理结构和市场化经营机制,做强做优做大国有资本和国有企业。健全以管资本为主的国有资产监管体制，深化国有资本投资、运营公司改革。深化国有企业混合所有制改革，鼓励国有企业与发展潜力大、成长性强的非国有企业进行股权融合、战略合作、资源整合，培育县域企业新增长点。

支持非公有制经济高质量发展。持续精准深入开展“降成本、优环境”专项行动，建立健全民营企业救助纾困机制，支持民营企业加快转型升级。加大对非公有制经济发展的金融、科技和人才支持，进一步完善政企沟通协商机制。充分运用资本市场在资产定价、产权交易等方面的作用，平等保护国有资本和民营资本的权益。

建设公平透明的营商环境。着力推进市场环境、政务环境、司法环境法治化，形成法治化的营商规则体系，打造公平、透明的营商环境。依法打击不正当竞争，营造有利创新创业的公平市场环境。坚持市场化、专业化、法治化导向，运用破产重整、和解履行等手段，依法帮扶企业渡过难关。统筹解决债务纠纷，加速“僵尸企业”依法退出市场，及时确定长期悬空的破产债权。落实企业破产审判府院联动和破产费用保障机制。

健全以信用为基础的新型监管机制。加强信用中国（江西万载）网站的运营和维护，不断完善信用监管制度，健全以“双随机、一公开”监管为基本手段、以重点监管为补充、以信用监管为基础的新型监管模式。对市场主体开展全覆盖、标准化、公益性的公共信用综合评价。在重点领域建立重点关注对象名单制度，开展重点领域失信问题专项治理，切实保障人民群众生命财产安全。发挥信用监管、监督作用，开展信用评价结果应用，建立信用承诺与信用修复激励机制，不断提升政府行政监管和服务能力。

第二章　建设高标准市场体系

健全市场体系基础制度，坚持平等准入、公正监管、开放有序、诚信守法，筑牢社会主义市场经济有效运行的体制基础，保障市场公平竞争。

健全现代产权制度。健全归属清晰、权责明确、保护严格、流转顺畅的现代产权制度，健全产权创造、运用、管理、保护机制，强化产权激励。依法平等保护各类市场主体和民营经济产权，依法严肃查处各类侵害民营企业合法权益的行为。加快推动自然资源资产产权制度，深化农村土地制度改革，巩固和完善农村承包土地确权成果，稳妥推进“三权分置”改革，审慎改革农村宅基地制度，探索放活宅基地和农民房屋使用权。

全面实施市场准入负面清单制度。落实全国统一的市场准入负面清单制度，推动“非禁即入”。建立市场准入负面清单动态调整机制和第三方评估机制，以服务业为重点试点进一步放宽准入限制。建立统一的清单代码体系、市场准入负面清单信息公开机制、市场准入评估制度。

建立健全统一开放的要素市场。加快县城规划区范围内撤乡镇设街道步伐。深化要素市场化配置改革，促进要素自主有序流动，提高要素配置效率。放开竞争性环节价格。推进水价改革，健全农业水价形成机制，促进节约用水，保护水资源。完善标定地价的制定与发布制度，构建要素价格公示和动态监测预警体系，引导市场预期。

创新要素市场化配置方式。进一步减少政府对要素配置的干预，健全要素市场运行机制，完善要素交易规则和服务体系。落实新土地管理法，持续深化、有序推进农村土地征收制度改革。优化金融资源配置，增加小微企业和民营企业的金融服务供给。完善科技创新资源配置方式，建立健全多元化支持机制。增强要素应急配置能力，建立对相关生产要素的紧急调拨、采购等制度，提高应急状态下的要素高效协同配置能力。完善企事业单位人才流动机制，构建更加开放的人才交流合作机制。

健全公平竞争执法机制。建立公平竞争审查抽查、考核、公示制度，建立健全第三方审查和评估机制。建立违反公平竞争问题反映和举报绿色通道，加大执法力度，提高违法成本，营造公平竞争的社会环境。

第五篇　强化科技创新引领

把科技创新作为我县高质量跨越式发展的战略支撑,持续优化创新生态,加大创新人才培养和引进力度,发挥企业创新主体作用,围绕产业技术创新、社会发展技术创新、现代农业技术创新,提升科技服务能力水平。科技创新引领发展能力明显增强,综合科技创新水平指数达到全省中等水平,强化财政科技投入,设立产业发展基金,引导企业加大研发投入,全社会研究与实验发展(R&D)经费支出占全县 GDP 比重达到 2.2%,科技进步贡献率达到 61.5%,实现全县高新技术产业产值与增加值翻番的目标。

第一章　优化创新创业生态

着力破解制约科技创新的体制性障碍、结构性矛盾和政策性问题,大力促进创新创业,加快构建"政产学研用金"全链条创新生态体系。

第一节　营造创新创业良好氛围

优化科技创新生态环境。完善和落实企业创新发展的优惠政策,健全科技型企业成长发展全流程服务链,持续推进科技领域"放管服"改革,进一步减负放权,完善激励评价机制,充分激活全社会创新创业活力,深入开展"降成本、优环境"活动,举办全县优秀科技成果大赛、创新创业大赛等活动,营造更加深厚的创新创业氛围。

加强创新文化建设。加强对重大科技成果、杰出科技人才和创新型企业的宣传,加大对创新创业者的奖励力度,大力培育企业家精神,形成更多人才从事创新活动和创业行为的社会导向。拓宽创业渠道。持续推进"双返双创""三请三回"活动,建立万载籍在外人士返乡创业政策机制。加强创业孵化示范基地建设,推进人力资源市场和人力资源产业园建设,创办市级人力资源产业园两家。加大创业担保贷款扶持力度,每年发放创业贷款 1.5 亿元以上。

第二节　加强科学技术普及

加强科普宣传。引导、鼓励社会力量建设社区(村)级科普场所、科普活动室,培育科普教育基地,在街道、公园、广场等人流密集区域建设科普电子屏、科普画廊等设施,在广播电视台开设科普专栏节目,宣传科普知识。

提高政府公共科普服务能力。积极开展形式多样、内容丰富的科普活动。经常性举办科普讲座,组织开展小发明成果展、科普作品创作大赛、科普知识竞赛等活动,在全社会推动形成讲科学、爱科学、用科学的良好氛围。

第二章　激发主体创新活力

强化企业创新主体地位和主导作用,引进培养科技创新人才团队,梯度培育科技型企业,加强科技创新平台和载体建设,提升企业创新能力和水平,为企业成长发展提供有力支撑。

第一节　加大人才培养和引进力度

完善人才配套政策,切实提高吸引人才、留住人才的"软实力"。建立普惠制的创新创业人才培养机制,加大乡土人才培养力度,实施"大师工作室"培养工程;聚焦烟花爆竹、有机富硒等优势产业以及新能源、安全环保、电子信息等主导产业,大力实施优秀民营企业家素质提升工程,不断壮大高层次人才队伍;构建产教训融合、政企社协同、育选用贯通的高技能人才培育体系,培养和引进高素质产业工人。实施更加开放的人才引进战略,制定急需紧缺人才目录,完善柔性引才引智机制,着力引进一批国内外科技领军人才和创新创业团队;培养具备竞争力的科技人才后备军。引进和培养产业领军人才(团队)5 名(个)、高层次人才 50 名、各领域(以新能源新材料、电子信息、烟花爆竹、机械制造、现代农业、文化旅游等为重点)急需紧缺人才 100 名,各行业高技能产业工人 1000 名。推进人才计划的市场化评价机制改革,健全以创新、质量、实效、贡献为导向的科技人才评价体系;构建充分体现知识、技术等创新要素价值的收益分配机制。

第二节　激发企业创新主体活力

综合运用绩效奖励、研发费用补贴、股权激励等形式,加强对科技型企业的梯度培养。力争瞪羚、独角兽(种子、潜在)企业实现"零"的突破,高新技术企业总数超 80 家,科技型中小企业总数超100家。

着力提升优势和特色产业技术创新能力。建立完善企业协同创新机制,发挥领军型企业在产业链协同创新中的头雁效应,引导龙头企业牵头成立创新战略联盟,推动产业链上中下游、大中小企业融通创新。重点支持新能源、安全环保、电子信息等主导产业领域企业开展关键技术攻关,支持烟花鞭炮、有机富硒等优势产业转型升级开展技术研发。加快创新平台建设,力争新增省级以上技术创新中心等创新平台2家以上。实施高端研发机构共建工程,支持符合条件的单位申报院士工作站、博士后科研工作站,寻求与省内外研发机构联合建立综合性产业创新中心。引导县内企业与省内外高校院所开展广泛产学研合作,推进校企合作不断深化,努力提升企业研发创新水平。

完善中小微企业信息库,建设一批细分行业互联网平台和垂直电商平台,培育面向中小企业的数字化服务商,大力推动中小企业数字化赋能,精准提升中小微企业创新发展能力。整合现有的创新创业资源,完善好成果转化、企业孵化、人才培养的创新创业链条,逐步从零散化向规模化、高端化转变,最终形成品牌效应。

第三节　推动科技创新载体建设

鼓励企业联合高校、科研院所创办高水平的科技企业孵化基地和专业化众创空间等创新创业特色载体,提升专业化服务水平,加大对载体内企业的培育和孵化力度。包括强化创业辅导、技术支持、创业投资、市场推广等服务,提升创新创业孵化服务能力。

第三章　提升农业农村科技支撑能力

第一节　实施农业农村科技创新升级行动

加强对大米、龙牙百合、南酸枣、紫山药等农林产品精深加工、禽畜养殖废弃物处理与利用等新技术、新工艺研发与示范应用,加强对粮食丰产、科学施肥、主要作物优质高产高效安全生产等技术的推广,以及智慧农业技术示范应用,为农业产业兴旺、秀美乡村建设提供强有力的科技支撑。

第二节　提升农业农村科技创新服务能力

深入推进科技特派团富民强县工程。在充分依托省科技特派团和市科技特派员专业技术优势的基础上,组建我县高水平、稳定的科技特派员队伍,服务脱贫攻坚和乡村振兴有效衔接。加大考核评价激励机制建设,有效激发科技特派员创新服务热情。

加强农业农村创新创业人才队伍建设。注重对农业农村创新创业优秀人才的培养,加强对返乡创业人员、乡土人才(本土科技人员)、家庭农场主、科技示范户等生产经营主体的科技培训,培养一批懂技术、会经营、善管理的新型职业农民和新型经营主体管理专家。

第四章　完善科技成果转化机制

第一节　加速科技成果转化

完善技术成果转化公开交易与监管体系,加强知识产权保护,大幅提高科技成果转移转化成效。大力推动科技成果权属、转移转化收益分配等制度改革与落实,激发科技成果转移转化活力。积极构建技术转移服务网络,加快科技成果转移转化。

深入推进“03专项”等国家重大科技成果示范应用示范。在资源与环境、人口与健康、公共安全、城市建设等惠民领域广泛开展科技创新成果应用示范,包括节能减排等绿色技术研发与应用、新发突发传染病检测能力和突发传染病防控快速响应能力、生活垃圾及污水处理、自然灾害应急综合监测预警和应急处置、智慧城市建设等。

第二节　强化金融支撑

完善金融支持创新体系,整合知识产权质押融资等各类科技金融资源,积极推动科技型企业上市融资,加强科技科技金融服务,做大做优“科贷通”等科技金融服务品牌,促进新技术产业化、规模化应用。

专栏12　科技重大项目工程

(一)人才数据管理系统

采集在万载工作的中、高级专业技术人才、高级技工等技能类人才、种植养殖行业实用人才和各类能工巧匠等各类人才的信息,依照品德、能力、业绩等要素对推荐的候选人进行综合审查、筛选,建设人才数据管理系统,实现对我县各类科技人才基本信息的采集管理、搜索查询和统计分析,为科技工作者服务,为创新发展服务,为提高全民科学素质服务,为党和政府科学决策提供有力支撑。

(二)主导产业技术创新平台载体

推动企业成为研发投入、技术研发、平台搭建、人才引进、成果转化的主体,注重培育新能源、烟花爆竹、有机富硒产业等创新平台载体,形成我县特色、主导产业全面协同、各类资源全面集成、各类服务全面提升的良好创新生态体系。

(三)新一代宽带无线移动通信网国家科技重大专项成果转移转化试点示范(03专项)

实施基础设施提升工程,全面推进NB-IoT/eMTC网络部署,加快4G网络建设和深度覆盖,按要求建设5G基站。启动技术创新引领工程,建设烟花爆竹、新能源、有机富硒等产业云平台。开展应用示范推广工程,在智慧安监、智慧消防、智慧旅游、智慧城市等领域开展移动物联网成熟经验和产品应用推广。以我县特色优势产业为重点和突破口,加快传统产业和移动物联网产业技术融合,逐步实现海量的农业、工业数据服务高效率生产、高质量创新,完成5家以上企业技术和管理提升。

第六篇 推进新型城镇化建设

主动对接宜万同城发展战略,建成宜万快速通道,加快布局工业产业长廊;快速推进南部新城开发,拉开城市建设框架,与宜春中心城区同城化、一体化发展,初步形成产业对接、产城融合、基础设施互联互通、城市功能互补、人才双向交流的格局,同时融合湘赣边区域开放合作示范区,着力构建“两核两廊四区”的发展格局,加快优化城镇体系,推进以人为中心的新型城镇化建设,构建高质量跨越式发展的板块支撑和动力系统。

第一章 推动更高水平区域协调发展

发挥各区域比较优势,促进各类要素合理流动和高效集聚,形成层次清晰、各显优势、融合互动、高质量发展新格局。

第一节 做大“两核”

加快以县城主城区为中心和以株潭镇为副中心的城区的双核心区建设,提升城市功能,着力发展以旅游、商贸、金融、物流、电子商务、科技研发等为主体的现代服务业,以绿色产业为主体的循环经济,打造全县经济发展核心。

第二节 强化“两廊”驱动

加快两大经济走廊沿线乡镇建设,打通区域经济循环通道。纵向策应宜万同城战略,加强宜万经济走廊沿线的马步乡、康乐街道、高城镇、鹅峰乡、三兴镇、白良镇、茭湖乡、罗城镇、高村镇建设,打造赣西经济发展加速区。横向策应湘赣边区域开放合作战略,加强建设湘赣边区域开放合作经济走廊沿线的黄茅镇、株潭镇、潭埠镇、岭东乡、白水乡、赤兴乡、双桥镇、仙源乡建设,打造湘赣边区域开放合作桥头堡。

第三节 推动“四区”特色发展

以康乐街道、马步乡、鹅峰乡和工业园区为主体,加快中心城区建设,提升城市功能,打造东部现代服务业功能区和制造业聚集区;以株潭镇、黄茅镇、潭埠镇为中心,包括双桥镇、高城镇、岭东乡区域继续发展烟花爆竹产业,做精做优做稳烟花爆竹全产业链,打造西部烟花爆竹产业集聚区;以仙源乡、赤兴乡、白水乡为主体,依托自然生态和红色文化资源,着力保护开发湘鄂赣革命根据地遗迹遗址、红色名村,建设罗霄山脉国家森林步道万载段,重点发展红色文化旅游、百合种植观光、休闲养生等产业,打造北部红色生态旅游区;以白良镇、茭湖乡、高村镇、三兴镇、罗城镇、双桥镇为主体,重点发展有机富硒农业,打造中部有机富硒生态农业区。

第二章 推进以人为核心的新型城镇化

坚持以人为本,以提高质量为导向,以实施城市更新行动、提高城市治理水平、加快农业转移人口市民化为抓手,稳妥推进新型城镇化，显著提升城镇化质量。

第一节 推动宜居城市建设

以生态环境优美、服务设施齐全、居民就业充分、交通出行便利、文化多元包容、社会公平安全为基本要素，以“优化老城区、兴建新城区”为战略方向，系统推进、分步实施城区城市更新，着力把我县建设为赣西地区的生态型宜居城市。完善城区路网建设，提升城市建设品位，推进城市功能与品质提升。加快公共设施建设，发展聚集经济，做旺万载人气，打造古城夜市经济。加快城乡社区公共服务体系建设，健全社区服务机构，提高社区信息基础设施和技术装备水平。

按照“融入宜春、双城联动”的城市发展思路，继续启动鹅峰乡、马步乡撤乡设街道工作，全面扩大城乡建设用地总面积，拉大城市框架，做大做强中心城区。加快县城旧城区改造升级，实现城市品质和人居环境“双提升”。

加快南部新城区建设，统筹新城社会事业、基础设施、市政公共配套、生态绿地等建设，推进医疗卫生、教育体育、文化等资源向新城延伸，大幅提升城市通行能力，扩大公路等交通网络覆盖区域，实现乡村公路整体升级，加快发展公共交通，打造便捷城市生活圈。

专栏13 宜居城市建设工程

（一）街道外立面美化工程

拆除中心城区沿街防盗窗、晾衣架、花架、雨棚；拆改破漏坡顶；移位规整、格栅美化沿街空调；对沿街外墙进行粉饰、风格塑造及亮化美化。

（二）路面整治工程

对次要街道路面“白改黑”，增加行车舒适度，减少噪音污染和粉尘污染；对所有街道人行道进行改造，减少人行道积水，增加人行舒适度；推行弱电管线全部下地、强电管线有条件的地方下地。

（三）龙山夜市及城东农贸市场建设

在西屏山范围内筹建1个万余平方米的龙山夜市，完成建成大道城东农贸市场建设。

（四）城市生态提升工程

以县城周边的5座山体作为生态屏障，梳理6条成规模的水系，规划建设锦江、龙河、寨下、布城4条主要水系以及生态廊道，构成“万”字型公园城市骨架，布局建设若干300~1000平方米左右的盆景式公园，提升城市绿化水平。

第二节 提高城市治理水平

加强城市风险防控，完善防灾减灾基础设施，提升各类设施平战转换能力，对城市生命线系统、应急救援和物资储备系统等进行超前规划布局，完善应急预案体系，提高公共卫生预警救治能力和城市应急保障、灾后恢复的能力，提升城市韧性。实施房地产市场调控，健全长效机制，促进房地产市场平稳健康发展，有效增加保障性住房供应，扩大保障性租赁住房供给，加快建立多主体供给、多渠道保障、租购并举的住房制度。完善城市信息基础设施，充分运用新一代信息技术，整合共享公共数据资源，搭建智慧城市运行管理平台。

专栏14 住房保障性安居工程

（一）老旧小区改造工程

对2005年以前建成的万根竹小区等21个老旧小区进行改造。改造总面积45.51万平方米，总投资1.4亿元，涉及受益对象0.36万户、1.3万人。

（二）棚户区安置工程

建成江工片安置小区等五个小区，完成85万平方米保障性住房建设。

第三节 加快农业转移人口市民化

强化基本公共服务保障，以公办学校为主，将农业转移人口随迁子女纳入流入地义务教育保障范围。将非户籍常住人口纳入保障性住房体系，提高农业转移人口住房保障水平。聚焦高端制造、家政服务等用工矛盾突出行业开展大规模职业技能培训，提高农民工就业居住稳定性。健全农业转移人口市民化机制，探索城镇建设用地年度指标同吸纳农业转移人口落户数量挂钩机制。依法保障进城落户农民农村土地承包权、宅基地使用权、集体收益分配权，畅通“三权”自愿有偿市场化退出渠道。

第七篇 全面推进乡村振兴发展

深入推进农业全面升级、农

村全面进步、农民全面发展。健全防返贫监测和帮扶机制，巩固脱贫成果，立足有机富硒持续提高农业质量效益和竞争力，加快农业现代化，建设产业兴旺之美、自然生态之美、文明淳朴之美、共建共享之美、和谐有序之美新时代美好乡村。

第一章　巩固拓展脱贫攻坚成果

保持主要帮扶政策总体稳定，强化后续扶持，分类优化调整，增强脱贫稳定性；激发群众内生动力，加强扶贫项目资金资产管理和监督，推动脱贫攻坚成果与乡村振兴有效衔接。

第一节　健全防止返贫动态监测和帮扶机制

坚持预防性措施和事后帮扶相结合，保持兜底救助类政策稳定，完善农村社保和救助制度，健全农村低收入人口分类帮扶机制，落实好教育、医疗、住房、饮水等保障惠普性政策，优化产业、就业扶持等发展类政策，加强易地搬迁后续配套设施建设，持续巩固脱贫成果。加强对“两类人员”的动态监测，建立健全易返贫致贫人口快速发现和响应机制，分层分类展开帮扶，实行动态清零。

第二节　有效衔接乡村振兴

支持乡村特色产业发展壮大，构建可持续的特色产业发展长效机制，完善农户与经营主体的利益联结机制，有效带动农民增收致富。加强扶贫项目资产管理和监督，摸清各类扶贫项目资产底数，落实公益性资产管护主体，确保继续发挥作用，明晰收益性资产产权关系，防止资产流失和被侵占，明确收益使用方向，持续改善基础设施条件，有效助推乡村振兴。坚持扶志扶智相结合，引导社会力量参与帮扶，发挥先进典型示范引领作用，激发群众内生动力，鼓励农民通过勤劳致富。

第二章　大力发展现代农业

立足有机富硒的资源优势和宜万同城的区位优势，不断深化农业供给侧结构性改革，以国家农业绿色发展先行区建设为抓手，坚持走有机富硒兴农、质量兴农、科技兴农、融合兴农道路，持续提高农业质量效益和竞争力，加快农业现代化。

第一节　大力保障粮食生产

以保障国家粮食安全为底线，落实农业支持保护制度，深入实施藏粮于地、藏粮于技战略，严守耕地保护红线，扎实推进高标准农田、农业水利设施建设，实施优质粮食工程和现代种业提升工程，稳定粮油种植面积，确保国家粮食安全。推进粮食生产功能区提标改造，建成并保护好 38 万亩粮食生产功能区，确保全县粮食综合生产能力不低于 32 万吨。深入开展粮食高质高效创建，加快优质高产新品种选育和先进适用技术应用，推进有机综合种养，推进产业化开发和加工，推广从耕种、收割、烘干、储存的一条龙生产模式，打造有机粮食品牌，实现粮食产业高质量发展。

第二节　提升农业现代化发展水平

坚持转变农业发展方式，推动农业发展向主要依靠科技进步、劳动者素质提高、农业物质装备条件改善和社会化服务能力提升转变，促进农业生产经营的标准化、规模化和集约化。大力发展生态农业、循环农业，健全农业数据库，建设全县智慧农业云平台，深化各类农业资源要素、生产经营、产销信息的数字化管理、系统化分析与智能化应用。以农田智能监测、养殖环境监测、设施园艺精细管理、精准控制为重点，加大农业物联网、大数据、人工智能等数字技术应用试点示范和节本增效模式推广力度，推进农业生产数字化。

第三节　提升特色农业竞争力

推进农产品品质认证，打造绿色生态品牌。以有机富硒产品生产为重点，大力发展特色生产，以强化蔬菜、水果、食用菌、中药材、花卉五大基地建设为重点，打造专业化、规模化特色经济作物生产、加工、出口基地。立足转变发展方式，紧紧围绕扩量、提质、增效三大任务，实现山上造林向全面绿化、荒山荒地造林向低产低效林改造、单一木材效益向综合效益三个转变，抓好速生丰产林、高产油茶示范林、毛竹丰产林、苗木花卉、林下经济等五大基地建设，推动林业跨越式发展。建设一批科学饲养、管理规范、产品安全的畜禽水产规模养殖场和养殖小区，通过标准化示范场创建，引导农户参与标准化健康生产。实施品牌强农工程，加强品牌策划、运营和保护，合力打造龙牙百合、有机稻米、有机果蔬、万载黑兔、康乐黄鸡、富硒加工产品等县域有机富硒公用品牌，形成“1+N”的品牌强农格局，让有机富硒农产品成为万载品牌的重要“符号”。从气候生态角度推动农产品气候品质认证，打造农业气候生态品牌。联合湘赣边相关县、市（区）做好“湘赣红”品牌共建。

第四节　推动一二三产业融合发展

推进农业与工业深度融合，支持发展农产品、林产品、畜禽产品深加工和农村特色加工业，创建一批农产品精深加工示范基地，引导和支持农产品加工企业向示范园区聚集，推进农产品加工向规模化、标准化发展；推进农业与旅游深度融合，大力支持恒晖大农业、亚太田园综合体等现代农业产业园建设，以特色农业经营主体为依托，不断辐射带动农业、旅游、文化、教育、养生养老等融合发展，打造一批集精准化种植、机械化管理、有机富硒功能性农产品开发、农业科技成果转化、现代农业成果展示、特色硒养、田园观光于一体的综合性现代农业产业园，充分开发农业多种功能和多重价值，推广食用性、观赏性、疗养性较强的农作物品种，布局一批休闲农业、创意农业、观光农业等业态；创新农村电商模式，提高农产品电商服务覆盖率，推动科技、人文等多元素融入农业，稳步发展体验农业、创意农业、光伏农业等新业态。

专栏 15　现代农业发展重点工程

（一）农业“两区”建设重点工程

持续开展高标准农田建设，建成高标准农田 35 万亩以上，建立高标准农田和农业“两区”相配套建管机制。有机农产品优势区 10 万亩，有机富硒特色农产品优势区 30 万亩。

（二）智慧农业建设工程

推进重要农产品全产业链大数据建设，开展现代农业产业园智能化示范；完成现代智能农业产业示范园建设。

（三）有机富硒农业品牌创建工程

提升有机富硒稻米果蔬、万载黑猪、黑山羊、黑兔、康乐黄鸡等县域地方特色公用品牌，培育一批企业特色农产品品牌。打造若干个区域公共品牌和 5 个以上省级知名品牌，让绿色有机农产品成为万载品牌的重要符号，成为全国绿色有机农业的新高地。

（四）有机富硒特色种植工程

以江西恒晖大农业科技有限公司、江西万载千年食品有限公司、江西万载锦江有机食品有限公司、绿泉种植农民专业合作社等经营主体带动有机富硒蔬菜标准化基地建设；以江西源禾农业发展有限公司等企业带动有机富硒水稻标准化基地建设；以江西省金世本香实业有限公司等主体带动油茶产业发展。全力推进全县有机富硒水稻、果蔬、茶叶、中药材等特色种植品种的产业布局。

（五）有机富硒特色养殖工程

加快生猪、牛、羊等畜禽养殖标准示范创建项目建设，建设万载番鸭养殖基地，做大做强万载番鸭产业。推进有机富硒康乐黄鸡的养殖示范，力争 2025 年养殖规模达 300 万羽。加快有机富硒稻田养鱼的养殖示范，力争 2025 年养殖规模达 15 万亩。依托林下经济进行有机富硒黑兔黑山羊的养殖示范，力争 2025 年养殖规模达 200 万只。

（六）农业产业园区建设工程

推进新型农业经营主体向园区集中、先进生产要素加速向园区集聚。建成 2 个左右现代农业示范园，创建 10 个规模以上休闲农业园区（点）。

第三章　建设现代乡村

深化农业农村改革，完善农村基层组织建设，激发乡村发展活力，把乡村建设摆在社会主义现代化建设的重要位置。

第一节　深化农业农村改革

培育新型经营主体。巩固和完善农村基本经营制度，落实第二轮土地承包到期后再延长 30 年政策。加快培育农民合作社、家庭农场等新型经营主体，健全农业专业化社会化服务体系，发展多种形式适度规模经营，实现小农户和现代农业有机衔接。发挥农民合作社纽带作用,探索建立合作社退出机制,促进合作社规范发展,引导农民合作社按产业链、产品、品牌等组建联合社。深化农村集体产权制度改革。继续推进农村集体产权制度改革,明确农村集体资产所有权,加强集体资产监督管理,推进经营性资产股份合作制改革,切实维护集体经营成员权益,建立健全农村集体经济结构,增强集体经济实力,在全面完成清产核资基础上,进行改革试点,推动资源变资产、资金变股金、农民变股民,发展多种形式的股份合作,培育壮大新型农村集体经济,以发展特色产业、盘活土地资源等为抓手,拓宽农村集体经济发展路径,增强集体经济实力。深化农村产权交易体系建设,重点推进乡镇一级农村产权交易平台建设,加快推进产权交易规范化标准化,为农村产权流转提供交易鉴证、信息发布、法律咨询、资产评估、抵押融资等服务。

第二节 健全乡村治理体系

加强农村基层党组织建设,强化农村基层党组织对乡村振兴的全面领导。深化村民自治,加强村民自治组织规范化建设及村务公开民主管理制度建设。抓好乡村班子建设,选优配强乡镇(街道)领导班子,加强干部队伍思想政治建设;选优配强村(社区)“两委”班子,抓好软弱涣散村(社区)整顿;继续实施“百村千人”计划,积极引导致富带头人入党;精准选派第一书记和驻村工作队参与乡村振兴工作,选好育好用好管好大学生专职村干。推动产业发展与集体经济利益链接,增强村级自主发展动力。深化村“两委”联席会议制度、“四议两公开”制度、三民工程“一月一沟通”制度,打造“村情通”式智能平台,拓宽群众参与乡村治理渠道。建设覆盖乡村的公共法律服务体系和乡村调解组织,实施“农村法律明白人”培养工程,实现农村每户 1 名“法律明白人”。深入实施公民道德建设工程,引导村民讲道德、守道德。深化平安乡村建设,完善农村治安防控体系,巩固扫黑除恶专项斗争成果。

构建三横一竖的“丰”字型运行机制。做优县级“上横线”,推进资源挂联下沉。按照“关口前移、重心下移、资源下沉、权力下放”的要求,完善县乡两级领导基层联系点制度,扎实推进职能部门力量资源下沉,市场监管部门和综合行政执法等部门派驻乡镇(街道)的机构人员纳入属地管理,全面实行派驻人员机构编制实名制管理备案制度。

做强乡镇“中横线”,强化乡镇基层治理平台功能。根据基层治理体系“四个平台”建设要求,把部门公共服务职能向乡镇延伸和提升乡镇统筹协调能力结合起来,强化乡镇综合信息指挥室“中枢”作用,着力破解乡镇(街道)看得见的管不着,职能部门管得了的看不见的问题。

做实村(社)“下横线”,优化网格划分布局。按照“适当调整、补齐短板、全面覆盖”的原则,推进网格优化调整和全面覆盖。落实全省网格统一编码和网格地理信息数字化建设工作,推动村(社)网格管理全面化、信息化、科学化、精细化。

做畅联动指挥“竖线”,加快“雪亮工程”提档升级。围绕全域覆盖、全网共享、全时可用、全程可控的目标,完善重点公共区域和重点行业、重点领域、重点部位视频监控系统建设,推进视频图像信息联动融合、智能应用,不断提升预测预警预防能力,为基层治理提供有效的科技支撑。

第三节 提升乡村宜居水平

强化对村庄整治、景观风貌提升进行村庄设计,以详细设计指导乡村建设。统筹城镇和村庄规划建设,加强农村文化遗产和传统村落、传统民居、历史文化名村名镇保护。完善乡村水、电、路、气、通信、广播电视、物流等基础设施,提升基础设施覆盖水平,提升农房建设质量。深化乡村人居环境整治,提升农村改厕、生活垃圾处理和污水治理,改善农村人居环境,推动畜禽养殖废弃物资源化利用。坚持建管并重,建立健全村庄环境长效管护机制,持续维护好新村新貌。

第四节 培育良好乡风文明

坚持以社会主义核心价值观为引领,围绕“文明万载”在乡村重重落地,大力传承发展优秀传统文化,加快推进乡村公共文化服务体系建设，加强爱国主义、集体主义和社会主义教育，扎实推进移风易俗，破除农村陈规陋习，培育文明乡风、良好家风、淳朴民风，推动乡村文化振兴和产村人文融合发展，建设文明乡村。

专栏16 乡村振兴重点工程

（一）农村基础设施建设重大工程

1.农村公路

全面推进“四好农村路”建设，推动农村公路与国省道、高速及交通枢纽的互通联结。全面推进城乡客运公交化和城乡公交一体化建设，促进城乡公交与城市公交的紧密对接，县乡公路三级路以上比例达到18%左右，具备条件的建制村通客车比例达到100%。

2.物流基础设施

以乡镇为单位基本建成物流配送中心，依托物流园、产业园为站点，打造县专业批发市场、冷链仓储物流等设施。以快递、商贸、供销、邮政、交通等物流设施为基础，加快推进农村物流网络节点建设，全面提升农村物流站点服务能力和水平，形成城乡互动、县乡村互联、畅通高效的物流网络体系。

3.信息基础设施

深入实施“宽带万载”计划，提升乡村宽带接入速率。实施信息进村入户工程。

（二）农村公共服务提升工程

推进乡村教育提升工程，实施普惠制幼儿园建设，加强农村幼儿园建设与提升力度。推进健康乡村工程，完善农村医疗卫生服务体系，提升乡镇卫生院配套设施建设能力和服务能力，村卫生站服务覆盖全部农村居民；建设农村社会保障体系工程。实施全民参保工程，促进和引导农村居民长期持续参保，基本实现法定人员全覆盖，开展全民参保登记，建立全面、完整、准确的社会保险基础数据库，实施社会保障卡工程。实施养老服务进村工程，加快农村各类养老服务基础设施建设，加大社区养老院、农村幸福院等养老服务质量提升和康复辅具配备力度。实施防灾减灾工程，建设农村防灾减灾救灾指挥中心、永久与临时应急避难场所和应急生活保障工程等。

（三）重点区域农业面源污染治理工程

推进畜禽养殖粪污处理与资源化利用项目建设，加强畜禽养殖禁养区监管，将规模畜禽养殖场纳入重点污染源管理，大力开展农田残膜和农药废弃包装物回收区域性示范项目，引导农民科学选择使用农膜，减少地膜使用，推进回收处理示范点项目建设。

（四）农村人居环境整治提升工程

全面推进村庄环境整治，县域内村庄基本完成环境整治任务。推进农村生活污水治理专项工程、乡村水环境治理工程，深入开展纳污坑塘排查整治工作，推动农村河塘整治，开展保护与修复工作，消除农村黑臭水体。

第四章 健全城乡融合发展体制机制

加快要素流动。推动人口、土地和资本等要素在城乡之间合理流动，逐步实现城乡居民基本权益平等化、城乡公共服务均等化、城乡居民收入均衡化、城乡要素配置合理化和城乡产业发展融合化。

统筹资源配置。统筹推进城乡规划布局、要素配置、产业发展、公共服务、生态保护等，有效促进城乡融合发展。引导人口、资本、技术等生产要素在城乡之间平等交换、双向流动，促进城市公共资源和公共服务向农村延伸，增强农业农村发展活力。

完善入乡机制。完善城市人才、工商资本、科技成果入乡机制。推动城乡基础设施建设、管护形成分级分类投入机制。推进城乡公共服务标准统一、制度并轨，消除城乡居民身份壁垒，建立教育、就业创业、医疗卫生等公共服务供给与常住人口挂钩机制，推行义务教育学校教师“县管校聘”和乡村医生“乡聘村用”，加快县域内教育联合体和医联体建设。

第八篇 加强生态文明建设

以持续改善环境质量为核心，更加注重统筹协调、体系建设、绿色发展，加快推进生态文明领域治理体系和治理能力现代化，促进经济社会发展绿色转型，不断提升人民群众对良好环境的获得感、认同感。

第一章 持续改善生态环境质量

坚持保护优先和自然修复为主,突出系统治理、精准治理,全面提升生态安全屏障质量,促进生态系统良性循环和永续利用。

第一节 打好升级版污染防治攻坚战

高标准打好蓝天保卫战。在农业、工业、建筑、商贸服务等重点领域推行清洁生产示范工程,开展二氧化硫等多污染物协同控制,严禁引入高污染项目,深化燃煤锅炉治理,继续推进清洁能源替代、热电联产集中供热。加强工业废气深度治理,努力实现工业“三废”达标排放,严格防控大气污染。改善县域空气质量,强化人工影响天气工作,确保环境空气质量不降级。加强PM2.5指标约束,强化雾霾治理,力争空气质量指数达到优良天数占比位居全省前列。

全方位打好碧水保卫战。全面治理水污染,深化锦江水环境综合治理,提升城镇和工业园区污水治理水平,严防城市黑臭水体。完善生活、工业污水处理治理体系建设,扩大污水收集和处理能力,继续完善城镇管网建设,提高工业园区污水处理能力。

做细净土保卫战。严控新增土壤污染,加快推进受污染土壤的治理与修复,严厉打击固体废物及危险废物非法转移和倾倒行为,持续加强危险废物环境监管能力。加快完善生活垃圾分类收集和分类运输体系,吸收社会、民间资本参与处理建设。实施建设用地准入管理,对用途拟变更为住宅、公共管理与公共服务用地,按照规定进行土壤污染状况调查,防范人居环境风险。进一步减少化肥、农药使用,禁止使用剧毒、高残留农药,降低农业面源污染对土壤的影响。

加强生态环境保护常态化监测和常态监管力度,充分运用物联网、大数据、人工智能、“互联网+”等先进技术手段,建设天地一体化的生态环境监测评估预警体系。

专栏17 环境治理重大事项

(一)大气污染物减排

实施氮氧化物和二氧化硫、烟粉尘总量的控制,全县空气质量进一步改善,可吸入颗粒物(PM10)、细颗粒物(PM2.5)、空气优良天数均达省市下达的目标任务。

(二)水环境污染治理

保持省级考核河流断面水质优良率(达到或优于Ⅲ类)、市级考核河流监测断面综合水质达标率、县级饮用水水源水质优良率100%。

(三)土壤污染防治与安全利用

受污染耕地安全利用率及污染地块安全利用率均达省市下达的目标任务。

(四)生态环境治理能力建设

逐步建立生态环境保护分区分类管制,优化大气环境监测点位,完善水质监控断面,整合水功能区与水环境控制单元,建立土壤环境质量常态化监测体系。

第二节 提升生态系统稳定性

加大自然保护地保护力度,加强山水林田湖草生命共同体建设,持续开展生态环境系统性保护修复工程。

整合优化自然保护地,加大九龙庙省级森林公园、三十把省级自然保护区和龙河省级湿地公园保护力度。以加强生态保护修复、增强河湖管护水平、彰显河湖人文历史、提升便民景观品位为重点,打造“水系相通、山水相融、城水相依、人水相亲”的河湖水环境。推进生态走廊建设,实施生态修复、景观改造、绿化提档升级工程。强化野生动植物保护,推进珍稀濒危野生动植物抢救保护工程,建立健全野生动植物保护机制,做好野生动物疫源疫病监测巡护工作。

统筹推进山水林田湖草生态保护修复工程,建立健全山水林田湖草统一监管、统筹协调的制度体系与管理机制,构建生态廊道和生物多样性保护网络。在尊重自然属性前提下因地制宜开展河道等生态治理和修复,巩固提升生态系统质量和稳定性。

专栏18 生态保护与修复重大工程

(一)森林质量提升工程

完成人工造林5万亩、补植造林0.3万亩、森林抚育20万亩、封山育林6万亩,全县树种、龄组结构得到明显改善,森林质量明显提高,自然保护区(小区)、森林公园等公益林保护得以加强,县城人均公园绿地面积达 11.22 平方米。活立木蓄积量达 800 万立方米,毛竹 12000 万株,林地保有量 174 万亩,自然保护地面积 19.5 万亩,建立比较完备的林业生态体系。

(二)水流域治理和修复工程

实施锦江流域综合治理,建设堤防工程 2 个、水闸工程 1 个、路堤结合工程 1 个、景观堤防工程 1 个;完成赤兴乡花桥小流域水土保持综合治理、双桥镇山溪小流域水土保持综合治理、龙河小流域综合治理、牟溪小流域综合治理、黄茅—株潭—潭埠片水生态修复工程、双桥镇锦河水生态修复工程等项目。

(三)湿地保护和修复工程

强化全县现有湿地资源保护,加强龙河省级湿地公园保护力度,开展湿地保护与恢复工程,实施湿地恢复和综合治理工程;按照《万载县山塘整治工程专项规划报告》,完成规划内 1374 座山塘的整治工作。全县湿地保有量达 4.4117 万亩。

(四)生物多样性保护

开展全县野生动植物资源调查,做好对伯乐树、南方红豆杉等野生植物、金猫、游隼等野生动物的保护工作;加强外来物种入侵生态安全管理,保护生物多样性。

第三节　积极应对气候变化

落实环境保护、节能减排约束性指标管理。探索制度碳达峰、碳中和方案,建立健全碳交易市场。深入推进能源、工业、建筑、交通等领域低碳转型,推动煤炭占能源消费比重持续下降,加大甲烷、氢氟碳化物、全氟化碳等其他温室其他控制力度,实施温室气体与环境污染物协同控制。严格落实能耗总量和强度“双控”制度,逐步淘汰高耗能产业中的落后企业,建设能耗监测管理信息平台。全面提高生态系统储碳能力,持续增加森林、湿地等生态系统碳汇。

开展应对气候变化基础性研究,建立“天地空”一体化生态气象观测体系,提高应对极端天气和气候事件能力。建立完善城乡一体化气象灾害防御标准化体系,重点实施城乡一体化气象灾害监测预报预警、突发事件预警信息发布平台、人影物联网体系、生态文明建设气象保障工程、智慧气象保障工程、现代气象科技工程、网格化气象服务系统建设,提升城市和基层气象防灾减灾与灾害风险管理能力。着力提升农村气象灾害防御水平,完成省级气象灾害防御标准化乡镇建设,实现气象灾害预报预警信息到村到户。

第二章　构建现代环境治理体系

完善创新全链条生态环境管理体系,建立地上地下、流域上下游统筹的生态环境治理制度,构建具有万载特色、系统完整的生态文明制度体系,推动制度优势转化为治理效能。

第一节　实行严格的生态保护制度

科学布局生态、农业、城镇等“三区”功能空间,严格自然生态空间用途管制。按照生态保护红线、环境质量底线、资源利用上线要求,落实“三线一单”生态环境分区管控措施。整合生态环境执法资源,推进联合执法、区域执法、交叉执法。

推行市场化、多元化生态补偿机制。建立完善森林、湿地、耕地、矿产等领域生态保护补偿制度,探索土地休耕生态补偿制度,建立以绿色生态为导向的农业生态治理补贴制度。探索多元化的生态补偿资金筹集机制,设立县级生态补偿专项基金,加大对重要生态功能区与重点领域的支持力度。

建设涵盖大气、水、土壤、噪声、生态、辐射环境等要素的生态环境质量立体监测网络,实施环境监管网格化、全覆盖管理。

第二节　压实环境治理各方主体责任

探索实行绿色 GDP 核算制度。探索建立与主体功能定位相符,包含资源消耗、环境损害、生态效益等指标的差异化考核评价体系。落实生态环境保护“党政同责”和“一岗双责”,开展领导干部自然资源资产离任经济责任审计和生态环境保护督察。建立健全生态环境刑事、民事、行政三审合一的专业化审判体系,实行生态环境损害责任终身追究制、生态环境保护公开承诺与“双随机”抽查制度,强化企业生态环境保护主体责任,构建以信用监管为基础的新型生态环境保护监管机制。

第三章 畅通绿水青山与金山银山转换通道

践行“生态+”发展理念,持续深入推进产业生态化和生态产业化。

发展绿色生态优势产业。推进产业体系绿色升级,重点发展有机富硒水稻、油茶、果蔬、畜禽和生态休闲农业。大力发展新能源、安全环保、电子信息等高效节能、绿色环保产业,加快对优势产业企业技术改造升级步伐。推进以“健康农业、健康管理、健康旅游、健康制造、养生养老、医疗服务”为主的“生态+大健康”产业向纵深发展。

完善生态价值转化机制。建立生态产品价值核算体系,编制自然资源资产负债表。探索政府主导、企业和社会各界参与、市场化运作、可持续的生态产品价值实现路径。推动碳排放权交易实施,提高我县风电、光伏等清洁能源的附加值。探索绿色金融、环境污染责任保险、企业环境信用评价,构建生态资源保护市场化机制。

推动资源节约和循环利用。实现资源总量管理和全面节约制度,加强工业、交通运输、建筑、公共机构等重点领域节能,强化能源、水资源、建设用地等总量和强度双控。落实土地“增存挂钩”机制,健全土地市场监测监管和调控体系。

推进自然资源统一确权登记全覆盖,加快对河流、森林、山岭、荒地、湿地等自然生态空间统一确权登记;探索自然资源资产产权实现形式和多样化有偿使用方式。建立健全用水阶梯价格制度、差别电价和惩罚性电价制度、天然气市场化定价机制,推行生活垃圾和城镇生活污水处理收费制度。

落实节能减排有关要求,确保完成省下达的污染物总量控制指标任务。推动能源清洁低碳安全高效利用,发展低碳和零碳能源。大力发展循环经济,推动可再生能源、再制造、资源回收利用等产业发展,加快构建循环产业体系,加快完善城乡生活垃圾分类回收利用体系,推进无害化垃圾处理项目建设,鼓励社会资本参与废弃物处置和综合利用。

第四章 加强生态文明建设公众参与

动员全社会力量推进生态文明建设,引导公众牢固树立生态文明价值理念与行为准则。

加大生态文明宣传力度。倡导绿色生态文化,组织开展世界环境日、世界水日、全国节能宣传周、全国低碳日、江西省生态文明宣传月等主题宣传活动,探索建立基于大数据的创新型生态环境保护宣传模式。确立积极的环境舆论导向,加大对生态环境形势、环境保护科学知识、打好污染防治攻坚战、生态文明万载经验的宣传力度。

倡导绿色生活方式。广泛开展节约型机关、绿色家庭、绿色学校、绿色社区、绿色商场和绿色建筑等绿色创建活动,发展共享经济、服务租赁、绿色回收等新商业模式,推广节能、节水用品和绿色环保家具、建材等产品。推行生活垃圾强制分类,坚决制止餐饮浪费行为,扎实开展限塑行动,引导形成健康生活习惯。提倡绿色出行,推广简约适度、绿色低碳、文明健康的生活理念和生活方式。

构建全民参与的社会共治体系。规范环境信息公开,帮助公众及时获取环境质量状况、环境政策措施和企事业单位的环境信息,完善生态环境违法行为举报查办奖励激励制度、环境舆情搜索、监控、调处和回应制度。实施重大项目环境保护公众参与计划,引导公众依法、有序地参与环境决策、环境执法、环境守法和环境宣传教育等环境保护公共事务,推动形成自上而下和自下而上相结合的社会共治局面。

第九篇 加快建设文化强县

坚持中国特色社会主义文化发展道路,牢牢把握社会主义先进文化前进方向,加强社会主义精神文明建设,围绕举旗帜、聚民心、育新人、兴文化、展形象的使命任务,着重培养“万载人爱万载”的意识,加大万载正能量故事、优秀传统文化、新风新貌等宣传力度,增强万载人热爱家乡、建设家乡的意识,为万载发展凝心聚力。

第一章　加强特色文化传承保护

充分挖掘各类特色文化,建设一批市级、县级的红色名村,推动文化传承创新发展。

唱响红色文化品牌。充分利用湘鄂赣革命根据地的建筑、旧址,以传递红军精神、展现红军长征文化为要点,改变单一的旧址观光、馆舍展览等形式,综合开发融观光、瞻仰、教育、休闲、体验、度假等多种性质于一体的复合型旅游产品,通过丰富的互动式项目设计带给游客非同一般的红军长征文化体验。

挖掘传统特色文化。深入挖掘我县宗祠文化、烟花爆竹文化、百合文化、农耕文化、生态文化、古色文化、中医药文化等特色文化内涵,打造本土文化品牌。

加大文化遗产保护力度。加强重点文物保护单位、历史文化名城名镇名村、历史建筑保护。高标准实施湘鄂赣革命根据地旧址维修保护工作,推动湘鄂赣革命纪念馆新馆建设。推进红色名村的保护利用。加强文物古籍保护、研究和利用,强化"得胜鼓""开口傩""花灯戏"等非物质文化遗产保护。

推动文化交流与传播。充分利用"中国·万载国际花炮文化节""中国·万载国际百合文化旅游节"等文化交流平台,实施一批文化精品工程,创新推动文化传播,加强对外文化交流和多层次文明对话。

第二章　提升公共文化服务水平

优化城乡资源配置,建设城乡一体、区域平衡、全体人群均等等现代公共文化服务体系,丰富人民群众精神文化生活。实现满足人民群众文化需要和增强精神力量相统一。

加强文化基础设施建设。履行好政府文化领域公共职能,加大文化设施建设统筹力度,整合基层文化资源,全力抓好基层文化基础设施建设,不断提高文化服务能力和水平,充分发挥文化引导社会、教育人民、推动发展的作用。

繁荣文艺精品创作。实施文艺作品质量提升工程,加强革命历史、重大现实、地域题材的文艺创作,打造一批文艺精品,促进文艺与互联网融合发展。倡导讲品味讲格调讲责任、抵制低俗庸俗媚俗,推动形成健康清朗的文艺生态。

推进城乡公共文化服务体系建设。创新实施文化惠民工程,广泛开展群众性文化活动,推动公共文化数字化建设。鼓励引导企业和社会力量参与公共文化设施建设运营。

第三章　促进文旅产业融合发展

在现有产业体系的基础上,大力推进"旅游 +N"产业体系建设,充分发挥旅游业对相关产业的引领与带动作用,通过产业融合推进农业、信息科技、运动休闲、文化传承、红色体验、生态绿色、健康养生等旅游新业态的发展。

加快推进特色产业旅游项目建设。以烟花爆竹、百合等产业为基础,以现代化企业生产流水线为依托,辅之以现代企业文化、创意文化元素,使相关知名企业基地成为集产品研发、创意设计、展示、旅游观光、体验等为一体的现代产业旅游示范点。

大力促进商贸、购物旅游发展。发挥临近宜春、长株潭城市群旅游发达地区的优势,依托现有的产业基础,改善城区商贸旅游环境,提升旅游景区的会奖旅游接待能力,促进旅游业与商贸、商务、会奖、节事的融合发展,拓展旅游业的发展空间。建立特色商品营销销售渠道和创意设计研发中心,推动传统商品的创意发展。依托国际商贸城、国际烟花燃放赛事中心等多种购物休闲场所,推出烟花爆竹、百合、得胜鼓、夏布等多种特色商品,促进游客购物旅游消费。

充分拓展体育休闲旅游。开发体育运动休闲活动和设施,拓展体育休闲旅游形式。围绕生态绿色、健康休闲的建设目标,依托乡村旅游和全民健身的发展契机,深入挖掘自然资源和本土文化,打造多条生态健身游步道。龙山公园、罗城休闲运动小镇、邹源冲户外拓展培训中心等景区开发运动训练基地、自驾车营地、房车营地。依托城区龙河沿岸、各乡镇山林开发资源,开发徒步绿道等运动休闲旅游产品。加强与体育运动组织或协会的合作,推进开展各类专业竞赛、业余运动休闲、趣味运动竞赛等活动或赛事。到“十四五”期末,使体育休闲旅游成为我县旅游的新亮点,打造赣西乃至全国知名运动休闲之城。

积极开拓研学(修学)旅游。依托各类旅游景区(点),利用非遗文化、红色文化、诗词文化、农耕文化等教育资源和品牌优势,根据中、小学生的特点,积极开展形式多样、丰富精彩的修学、游学教育活动,积极建立研学(修学)旅游基地。扩大区域宣传和影响力,逐步形成口碑和品牌效应。

专栏 19　文旅发展项目

(一)公共文旅服务

加强公共文旅设施建设,建设新的图书馆、文化馆和特色文化博物馆。完善公共文旅基础设施网络建设,提升公共文旅服务功能。抓好文化阵地建设,加强村级综合性文化服务中心的建设。组织“红色文艺轻骑兵”小分队,深入基层开展文化志愿服务活动。

(二)文化保护与传承

谋划建设湘鄂赣革命纪念馆和湘鄂赣红军纪念广场,传承万载红色历史文化。建设县文化艺术中心,包含非遗馆、花灯戏剧院、非遗传承保护中心等。

(三)宜万经济走廊旅游公路建设

谋划宜万高速(出口)—竹山洞景区、宜万高速(出口)—康乐龙韵景区—万载古城、万载三兴镇—高村—宜丰黄檗寺旅游公路建设。

(四)红色名村建设

以中组部红色名村核心区建设为中心,以红色研学基地、红色培训基地、红色旅游胜地为定位,打造红色小镇。充分挖掘红色资源,将全县红色资源串点成线、连线成片,弘扬湘鄂赣苏区精神,做好与湘赣边红色文化的融合发展,打造万载红色文化旅游经济带。

仙源乡:仙源村、仙源社区、株木村、新市村、横岭村;

白水乡:槽岭村、罗桥村;马步乡:宝石村、新民村;

潭埠镇:新田村、陂田村、茴果村、潭埠村、昌集村;

赤兴乡:浙桥村、新华村、花桥村、书堂村;

茭湖乡:上峰村、槽头村;

高村镇:新竹村、上村村、高村村;

黄茅镇:和平村、军屯村、黄茅社区、大土村、南江村;

罗城镇:藏溪村;

株潭镇:红星村;

双桥镇:柏树村。

第十篇　大力改善民生福祉

坚持把实现好、维护好、发展好最广大人民根本利益作为发展的出发点和落脚点,坚持尽力而为、量力而行,促进人的全面发展和社会全面进步。

第一章　积极应对人口老龄化

落实国家人口长期发展战略,完善相关政策体系和服务体系,促进人口长期均衡发展,推动养老事业和养老产业协同发展,打造我县社会主义养老新模式。

第一节　引导生育水平提升

优化生育政策,增强生育政策包容性,适度加大城乡计划生育家庭扶助保障力度,推进生育服务证制度改革。发展0—3岁婴幼儿托育服务,培育综合托幼示范服务机构,推动完善相关托幼服务的标准化和规范化建设,降低生育、养育、教育成本,提高适龄群体生育意愿,引导生育水平提升并稳定在合理区间。

第二节　提升基本养老服务水平

加强养老服务设施建设,加大社区日间照料中心、农村幸福院和敬老院改扩建、新建力度,完善公办养老服务机构的消防设施改造。加强养老介护培训工作,加大对养老院、社区、农村幸福院和敬老院工作人员的养老护理员培训力度,提升养老服务工作人员的养老介护工作水平。依托“互联网+”,建立县、乡镇(街道)、社区三级养老服务组织网络和居家养老服务信息网络,完善智慧养老服务平台,提升养老信息化建设水平。加快推进医疗卫生与养老服务相结合,探索医疗机构与养老机构合作新模式,发展远程医疗、移动医疗、智慧医疗等新型医疗服务模式。加强资源整合,建立老年医疗、老年健康管理和养生养老相衔接的机制,提升医疗服务综合能力。

第三节　推动养老事业及养老产业协同发展

发展普惠型养老服务和互助性养老,夯实公办养老院兜底功能。发展社区嵌入式老年养护院,建立社区食堂,依托养老服务信息网络,为老年人提供生活照料、医疗卫生、康复护理、精神慰藉、文化娱乐、体育健身、金融理财等多样化养老服务,增强社区居家养老服务能力,建设老年宜居社区。放开养老服务市场,鼓励社会力量投资兴办养老服务机构,培育多元化运营主体,发展养老新业态,培育壮大养老产业,打造社会主义养老新模式。

专栏20 应对人口老龄化重大工程

(一)特殊困难家庭适老化改造

聚焦失能、残疾、高龄老年人需求,以施工改造、设施配备、量具适配等形式,支持特殊困难家庭实施居家适老化改造。

(二)健全养老网络体系建设

建成至少一个连锁化经营、标准化管理的示范性居家社区养老服务网络。鼓励养老机构向社区提供居家上门康复训练餐、培训支持等服务,优化养老机构的床位结构,提升护理型床位比例。全县养老护理型床位占比达到55%以上;社会力量运营的养老床位占比达到60%以上。

(三)区域养老服务中心建设

支持街道建设具备全托、日托、上门服务等综合功能的养老服务设施,区域养老服务中心覆盖率达80%。支持建设2个农村区域养老服务中心,逐步将特困人员供养服务设施(敬老院)转型为区域性养老服务中心。在建制村和较大自然村推动建设(改造)具备助餐、助安、助医、助娱等功能的互助养老服务设施。

(四)普惠托育服务扩容工程

建成2个规范化的婴幼儿照护服务机构,支持社会力量发展综合托育服务机构和社区托育服务设施,新增示范性普惠托位。

(五)社区食堂建设工程

根据城市发展规划布局建设发展一批社区食堂,通过在经营场地供给、租金减免等方面给予支持,以市场化运作方式建设,提供价格实惠、用餐便利的用餐场所。

第二章 提升就业质量及收入水平

坚持就业优先战略和积极就业政策,实现更高质量和更充分就业,深化收入分配改革,不断缩小收入差距,提升整体收入水平。

第一节 推动高质量更充分就业

积极实施就业优先政策,新增城镇就业达到2.2万人,城镇登记失业率控制在4%以内,新增转移农村劳动力达到3.1万人。加大高校毕业生、返乡农民工、退役军人等重点群体就业帮扶力度。扩大公益性岗位安置,建立就业与失业保险、城市居民最低生活保障工作联动机制,对就业困难人员实行就业援助。健全就业困难人群就业补贴政策。建立城乡统一、平等竞争的劳动力市场,逐步消除就业歧视,促进城乡统筹就业。构建劳动者职业培训体系,逐步建立覆盖城乡、统一规范的公共服务就业体系。坚持企业需求导向、结果导向,大力推行终身职业技能培训制度,持续开展职业技能提升行动。鼓励重点行业产业企业根据用工需求和稳岗需要,开展岗前培训、在岗培训、新型学徒制培训及以工代训。实施新型职业农民培养工作和农村实用人才带头人素质提升计划,开展职业农民技能培训。完善促进创业带动就业、多渠道灵活就业的保障制度,支持和规范发展新就业形态,健全就业需求调查和失业监测预警机制。

第二节 提高居民收入水平

坚持按劳分配为主体、多种分配方式并存,提高劳动报酬在初次分配中的比重。实施中等收入群体培育行动,着力提高低收入群体收入,扩大中等收入群体。落实最低工资标准制度,完善工资指导线、劳动力市场工资指导价位和人工成本信息指导等宏观指导制度。调节企业工资收入分配,继续推进企业工资决定机制的转变,着力建立工资集体协商制度,建立健全工资支付监控制度和工资支付保障制度。拓宽农民增收渠道,提高农民职业技能和创收能力,大力增加转移性收入。

专栏21 就业促进重大行动计划

(一)职业技能提升行动

建立覆盖城乡全体劳动者、贯穿劳动者终身、适应就业创业需求的职业技能培训制度。建设职业技能竞赛集训基地,全县从事技能工作的劳动者总量显著提升,提高高技能人才占比;技工院校年培养技能人才总量显著提升。

(二)就业公共服务能力提升行动

建成与全省统一的县域公共就业服务平台,打造覆盖全县、互联互通的公共就业服务体系。加强职业指导人员、职业信息分析师等专业化队伍建设。

(三)就业形势监测预警体系建设

依托本县就业公共服务平台,建立数据采集共享机制,健全就业领域重大突发事件应急处置预案,完善就业形势监测预警制度。

第三章　全面推进健康万载建设

坚持把保障人民健康放在优先发展的战略位置,坚持预防为主的方针,推进社会共建共享,坚持全民参与,深入实施健康万载行动,加快完善公共卫生服务体系,全方位全周期保障人民群众生命安全和身体健康。

第一节　加强公共卫生防护救治体系建设

加强疾病预防控制能力建设,建立健全疾病预防控制、监测预警处置、重大疫情防控救治、公共卫生保障、突发公共卫生事件应急响应机制,完善医疗救治、科技支撑、物资保障体系,提高应对突发公共卫生事件的能力和应急处置水平。县疾病预防控制中心A、B类仪器设备配置率和A类检验项目开展率分别达到95%、100%。深入实施公共卫生防控救治体系提升工程,合理构建院前急救网络体系,推进重大疫情救治基地、城市传染病救治网络、发热门诊和核酸检测能力等项目建设。

加强食品安全风险监测能力建设,推进风险监测工作规范化,全面加强食源性疾病报告和管理。做好重点专项实验室和专业技术人员队伍建设,全面提升食品安全风险监测、评估、食品安全标准能力。推进食品安全"智慧监管"平台建设,组建食品安全协管队伍,加强市场监管能力建设。完善农村饮水监测,严格医疗废物管理,深入开展空气污染(雾霾)对人群健康影响监测与防护、典型地区农用地土壤质量对人群健康影响调查等工作。

深入实施传染病与地方病防控行动,提升全县传染病、寄生虫病、地方病防治水平。扩大传染病监测点,完善专病监测系统,规范医疗机构发热门诊和肠道门诊建设,落实传染病预检分诊、疫情报告,规范处置和救治措施。开展多层次、全方位的传染病与地方病防控宣传教育,落实结核病、艾滋病控制策略和措施,对乙肝病毒高载量孕妇进行干预服务,提高医疗卫生机构肝炎病例发现、报告、诊治、监测水平,加强重点突发急性传染病防控,完善新发传染病监测体系。持续开展人禽流感、手足口病、登革热、狂犬病、新冠肺炎等重点急性传染病的日常监测和防控工作,及时规范处置急性传染病暴发疫情,巩固寄生虫病和地方病防治成效,提升基层传染病与地方病防控技术和卫生应急处置能力。

开展慢性呼吸系统疾病防治行动,推进慢性呼吸系统疾病早期筛查和早诊早治,健全慢性呼吸系统疾病筛查长效机制,加强慢性呼吸系统疾病规范化诊疗,70岁及以下人群慢性呼吸系统疾病死亡率降至8.6/10万及以下,15岁以上人群吸烟率降至25%以下。

深入实施职业健康保护行动,大力推进职业病防治工作。倡导健康工作方式,建立专业技术队伍和执法监督队伍,督促用人单位落实主体责任,提升职业健康工作水平,有效预防和控制职业病危害,切实保障劳动者职业健康权益。规范开展职业病与职业卫生监测信息报告管理工作,直报用户网络开通率达到100%,职业病网络报告率达到100%。

第二节　稳步提升医疗卫生服务水平

加强医院服务能力和基层卫生服务体系与能力建设,提升综合医院和专科医院服务能力,改善县医院业务用房和装备条件,谋划县人民医院整体搬迁,加强卫生监督工作的能力建设,推动全县医疗机构医疗污水处理设施设备的建设。

加强全科医生和住院医师规范化培训，规范医师多点执业，促进医务人员合理流动，逐步建立和完善全科医生制度。鼓励社会资本办医、促进医养融合发展，不断满足群众多层次、多样化的健康服务需求。

促进医疗资源向基层、农村合理流动，加强基层卫生服务体系与能力建设，加强社区卫生服务机构、乡镇卫生院和村卫生室标准化建设；完善职工周转住房、食堂、体育设施等生活配套设施。

深入推进健康扶贫工作，保障贫困人口享有基本医疗卫生服务，努力防止因病致贫、因病返贫，健全大病保险制度，继续实施并完善重大疾病免费救治政策，减轻贫困群众医疗经济负担。加强贫困村医疗卫生服务体系建设，稳定贫困村乡村医生队伍，提升贫困村医疗卫生服务能力和水平。落实家庭医生签约服务，优化医疗结构和布局，提高医疗资源整体效益和利用效率。

健全完善妇幼健康服务体系，提高妇幼健康水平。全面实施免费孕前优生健康检查，构建覆盖城乡，涵盖婚前、孕前、孕期、新生儿和儿童各阶段的出生缺陷综合防治体系。农村孕产妇住院分娩率稳定在98%以上。落实母婴安全工作措施，推广新生儿窒息复苏等适宜技术。落实叶酸补服政策，重点推进产前诊断、新生儿疾病筛查工作和产前筛查工作，新生儿疾病筛查率达90%以上，积极推进全县二级医疗机构产前筛查工作。

第三节　加快形成大健康发展格局

深入开展爱国卫生和全民健身运动，完善全民公共健身服务体系，建设一批健身步道、全民健身中心、体育公园、社区多功能运动场、社会足球场等公共设施建设，大力发展健康产业，加快开放体育资源，完善群众身边健身场地网络。积极组织各医疗卫生单位开展控烟活动，积极推行公共场所禁烟。

加快推进应急救护知识培训，全县新增普及培训人6万人次，新增救护员1万人次，群众应急救护知识普及率达到全县总人口的10%，提升公众自救互救能力。

加强中医药传承创新，强化各乡镇（街道）卫生院中医馆软硬件设施，县中医院设立国医堂（馆、院），达到三级乙等中医医院标准；完善基层医疗卫生机构中医药服务功能，100%的乡镇卫生院设立中医药诊疗区（中医馆），70%以上的村服务室具备中医服务能力。加强中医“治未病”服务能力建设，鼓励社会力量办中医，促进中医药与养老服务结合，加强中医药人员在职教育，开展中医特色健康管理。

专栏22　医疗卫生健康设施建设

（一）医院建设

完成县人民医院综合大楼、县中医院国医堂（馆、院）、县城南医院建设。

（二）公共卫生服务设施建设

完成公共卫生服务大楼、县应急医疗物资储备基地、县妇幼保健院儿科医技综合大楼、新城区卫生健康教育中心、康乐街道社区卫生服务中心、县人民医院传染病大楼、县精神卫生服务中心、黄茅中心卫生院医养接合部工程建设，赤兴卫生院整体搬迁。

（三）县120指挥调度中心建设

完成县新城区120指挥调度中心建设。

第四章　加快建设高质量教育体系

全面贯彻党的教育方针，坚持优先发展教育事业，落实立德树人根本任务，办好人民满意的教育。

第一节　推进基础教育公平而有质量发展

全县各级各类教育普及目标全面实现，有万载特色的现代化教育体系基本形成，教育改革发展成果更公平地惠及全县人民，教育服务经济社会发展的能力显著提高，社会关注的教育热点难点问题得到有效缓解，多样化可选择的优质教育资源更加丰富，教育总体实力和影响力大幅提升，努力达到省教育事业发展主要预期指标。

统筹推进县域内城乡义务教育一体化改革发展，着力解决“城镇挤”和“乡村弱”的问题，巩固提高学前教育、高中阶段教育和适龄残疾儿童义务教育普及水平。推进学前教育普及普惠发展,加快发展公办幼儿园,继续推进城镇小区配套幼儿园和村级公办园建设。推进义务教育优质均衡发展,全县义务教育学校均达到省定基本办学标准,全面消除大班额,师资配置更加均衡,校际差距明显缩小。高水平高质量普及高中阶段教育,全县高中毛入学率达94%,推动全县普通高中规范化、优质化、特色化发展。支持有条件的地方引入竞争机制,引进民办教育,充实教育资源。

保障特殊群体受教育权利,积极发展残疾儿童学前教育和大力发展残疾学生高中阶段教育。择址迁建万载特殊教育学校,普通学校逐步建立特殊教育资源教室,按类别安置残疾儿童少年入学,特殊教育学校、普通学校随班就读和送教上门的运行保障能力显著提高,全县残疾儿童少年义务教育入学率达到97%以上。

第二节　加强现代职业教育

结合产业特色,开展现代职业教育。推动形成政府统筹管理、社会多元办学、产教深度融合的职业教育办学格局,培养更多适应经济社会发展的技术技能人才。

构建产业人才培养培训新体系。结合烟花爆竹全产业链发展,筹办一所以应急管理为方向的高等职业学校。按照“育训结合、长短结合、内外结合”的要求,探索线上线下结合的职业技能培训新模式,实施中职学校全面开展职业培训促进就业创业行动计划,建立政府补贴培训、企业自主培训、市场化培训等培训体系。积极开展面向退役军人、下岗职工、贫困劳动力、农民工等重点人群的职业技能提升培训。

建立健全产教融合的办学体制。协同实施校企双元主体育人,构建校企合作长效机制。加快推进职业教育示范特色专业及实训基地建设,支持一批产教融合优质试点项目,建立产教融合型企业认证制度,培育和认定市级产教融合型企业不少于1家,争取获省级认定的产教融合型企业不少于1家,建成1个具有辐射引领作用的高水平专业化产教融合实训基地。

第三节　构建终身学习的教育体系

支持和规范民办教育发展,规范校外培训机构。加大政策扶持和政府购买服务力度,鼓励各级各类学校、社区教育机构、行业企业和各类培训机构开展继续教育。开发和整合各类数字化在线教育平台,拓宽全民学习路径。构建多样化的老年教育机制,动员更多学校教育资源参与老年教育。

第四节　推动体育事业健康发展

加强对体育彩票的规范和科学管理,遵循彩票市场发展规划,努力推动体育彩票的品牌和技术创新,为我县民生工程和体育事业发展做出更大贡献。积极挖掘健身服务的商业价值,引导广大群众健身消费,鼓励社会各界兴办面向大众的体育服务经营实体,形成与全民健身服务体系相配套的经营性的健身娱乐和技术培训网络;建设配置一批公共体育场地、设施设备,落实城区“10分钟健身圈”,满足广大群众日益增长的体育健身需求。

加快发展体育旅游、体育经济、体育广告、体育服装用品等相关产业。制定出台有力政策措施,促进户外、越野、登山、骑行、国内外大型体育赛事观摩等体育旅游项目的快速发展,使体育旅游成为我县旅游产业和体育产业新的增长点。通过政策杠杆,引导体育广告、体育服装器材用品行业合理布局、有序竞争、快速发展、创建体育生产经营品牌。

专栏23　教育体育事业建设

(一)中小学建设

新建一所5000人规模的普通高中、两所初中、6所小学,共新增学位16820个(其中,小学学位9820个,初中学位2000个,高中学位5000个);新建潭埠镇一所小学、改扩建学校59所。800户以上的小区和2000人以上的行政村均配建一所公办幼儿园。

(二)县体育中心建设

建成一个综合性运动体育中心,内设田径运动场馆、篮球运动场馆、游泳馆、多功能运动室、附属用房等。另外，规划新建规模50亩左右的县足球园。

第五章　健全多层次社会保障体系

建立健全覆盖全民、统筹城乡、公平统一、可持续的多层次社会保障体系，坚持城乡居保与我县城乡经济发展水平相适应、个人账户养老金与基础养老金相结合的原则，实现城乡居民老有所养，共享经济社会发展成果。

第一节　落实城乡基本养老、医疗保险工作

扩大基本养老保险覆盖面，机关事业单位养老保险参保率达到100%，企业职工养老保险参保率达到95%以上，切实保障广大参保职工的合法权益。把城乡居民社会养老保险工作当作一项惠民工程、德政工程来落实，站在“保增长、惠民生、促和谐”的高度，做到应保尽保、应发尽发，稳步推进城乡居民社会养老保险工作顺利开展。

健全基本医疗保险制度，持续巩固完善城镇职工基本医疗保险和城乡居民基本医疗保险制度，健全基本医保待遇调整机制和清单制度。持续推进医保支付方式改革、基金监管长效机制，坚决查处骗保行为。做好特困供养人员、最低生活保障对象等困难群体参保及医疗救助与基本医疗保险制度衔接工作。

第二节　建立健全最低生活保障制度体系

推进低保政策、农村扶贫、城镇脱贫解困政策有效衔接，对贫困人口实行兜底保障。统筹实施综合救助，适度扩大低保和特困救助覆盖面，对符合条件的城乡困难对象应保尽保。建立救助标准动态调查机制，结合财力状况合理制定低保、特困人员救助标准，逐步缩小农村低保与城市低保标准差距。健全分类动态管理机制，规范救助对象家庭重大变化反馈报告、跟踪监测机制，完善低保、特困对象认定办法，健全低收入、支出型贫困家庭等相对贫困对象精准识别机制，筑牢基本生活兜底保障底线。

第三节　构建分层分类社会救助体系

完善社会救助制度，构建以基本生活救助为重点、专项救助为支撑、急难救助为机动、社会力量参与为补充的社会救助体系。健全快速响应、个案会商的“救应难”工作机制，强化临时救助功能，健全乡镇（街道）临时备用金制度，实施“小额先行救助”“跟进救助”“一次审批、阶段救助”“一审一议特别救助”等临时救助，做好重大疫情等突发公共事件困难群众急难救助，覆盖所有基本生活暂时陷入困境的城乡群众。加强和改进生活无着流浪乞讨人员救助管理，提升医疗救助、教育救助、住房保障、受灾人员救助、社保帮扶等专项社会救助水平，积极发展服务型社会救助，推进政府购买服务，为特殊困难群众提供照料、心理疏导、能力提升等专业服务。支持引导发展志愿服务组织、社会工作专业开展机构、社会爱心人士开展扶贫济困志愿服务，探索开展“时间银行”等志愿活动。建立政府救助与公益慈善救助、福利彩票公益金扶助、社会指导等衔接机制，为捐赠方和救助对象提供需对接服务，发挥公益事业的重要补充作用。强化社会救助效能，落实“一门受理、协同办理”机制，推进社会救助审核确认权限下放至乡镇（街道）等“放管服”改革。

第四节　建立健全住房保障长效机制

坚持“房住不炒”的定位，加快建立多主体供给、多渠道保障、租购并举的住房制度，多措并举满足不同群体多样化住房需求。强化政府在住房保障中的主导作用，努力保障城镇中低收入家庭住房需求。利用市场手段提高资源配置效率，不断提高保障性住房管理服务水平。稳步推进棚户区改造，加快保障性安居工程建设进度和分配入住。大力改造提升城镇老旧小区，持续改善居民居住条件。

第五节　健全退役军人工作体系和保障制度

落实退役军人优待政策，合理提高退役军人和其他优抚对象待遇标准，做好随调配偶子女工作安排、落户和教育等工作。完善伤病残退役军人移交安置、收治休养制度，加强退役军人保险制度衔接。按照建设“尊崇式示范型退役军人服务站”的要求,持续推进全县17个乡镇(街道)、206个村(社区)服务站建设,打造具有万载特色的退役军人服务体系。建立退役军人就业创业服务的综合型、专业型、创新型实训基地,为退役军人提供教育培训、就业指导、创业孵化、金融服务、法律服务、资金帮扶等全方位、一体化服务保障。大力弘扬英烈精神,加强烈士纪念设施建设和管护。

第六节　保障特殊人群基本权益

坚持男女平等基本国策,坚持儿童优先发展,提升青少年关爱服务水平,提高残疾人发展能力,切实保障妇女、儿童、青少年、残疾人等重点人群发展权利和机会。

做好农村留守儿童与困苦妇女关爱保障工作,推进儿童福利体系建设,构建布局合理、功能完备、管理规范的基层儿童福利设施网络,提升儿童福利服务保障能力和水平。做好留守儿童与困苦妇女人文关怀、心理疏导和危机干预工作,开展心理健康宣传教育和心理疏导。加大对困难残疾人生活补贴和重度残疾人护理补贴力度,建立健全残疾人基本福利制度。筹划新建残疾人康复与综合服务中心,加强残疾人无障碍设施建设和维护。

第十一篇　推进社会治理体系和治理能力现代化

坚持以政治为引领、法治为保障、德治为根本、自治为基础、智治为支撑“五治融合”,加强和创新社会治理,建设人人有责、人人尽责、人人享有的社会治理共同体,在推动更高水平平安建设上走前列。

第一章　建设更高水平的平安万载

坚持人民至上、生命至上,健全公共安全机制体制,加强社会安全综合治理,全力推进市域社会治理现代化试点工作,全力保障社会公共安全,建设高水平平安万载。

第一节　加强地方国家安全体系和能力建设

坚持维护集中统一、高效权威的国家安全领导体制,完善贯彻落实总体国家安全观的县域工作体系和制度体系。强化“大安全”工作格局,进一步完善重点领域专项工作机制。健全国家安全审查和监管机制,加强国家安全执法。加强国家安全宣传教育,增强全民国家安全意识,巩固国家安全人民防线。坚决维护国家政权安全、制度安全、意识形态安全,加强网络安全、信息安全、数据安全保障体系和能力建设。严密防范和严厉打击敌对势力渗透、破坏、颠覆和分裂活动。

第二节　维护经济安全

加强经济安全风险预警、防控机制和能力建设,实现重要产业、基础设施、战略资源等关键领域安全可控。实施产业竞争力调查和评估工程,增强产业体系抗冲击能力。稳定粮食种植面积和粮食产量,保障稻谷、生猪、蔬菜、油料等重要农产品的有效安全供给,开展粮食节约行动,筑牢粮食安全底线。坚持“内优外引”,增强能源保供能力。完善责任体系,维护水利、电力、供水、油气、交通、通信、网络、金融等重要基础设施安全。强化互联网金融监管,坚决打击非法集资,健全金融风险预防、预警、处置、问责制度体系,对违法违规行为零容忍。

第三节　保障人民生命安全

把保护人民生命安全摆在首位,扎实推进平安万载建设,提高公共安全保障能力。健全应急管理保障机制,深化安全生产源头治理、系统治理和综合治理,完善和落实安全生产责任制,加大对烟花爆竹产业、道路交通、建设工程、危险化学品、非煤矿山、消防等领域安全整治力度,推进各类安全生产专项整治行动。加快推动应急管理、智慧消防、消火栓、消防装备、消防站等基础设施建设,完善应急预案和应急保障基地布局,建立健全“全灾种、大应急”消防装备配备和应急物资管理调度平台,增强综合应急救援队伍建设,主动防范化解重大安全风险。推进“互联网+智慧消防”建设,提升应急管理指挥效能和水平,加强消防安全通道整治、畅通生命安全通道。提升洪涝干旱、森林火灾、地质灾害、地震等自然灾害防御工程标准,加快江河控制性工程建设,加快病险水库除险加固,推进堤防建设。

第四节　维护社会稳定和

安全

健全落实平安万载建设的协调机制，完善政府购买服务机制，扶持发展城乡基层社会组织，发挥社会组织在社会治理中的重要作用。推进信访工作专业化、法制化、信息化建设，严格落实领导干部接访下访包案化解信访矛盾制度，加强信访工作与调解、仲裁、行政裁决、行政复议等衔接配合。健全社会矛盾排查预警机制、风险评估机制、纠纷调控机制，构建源头防控、排查梳理、纠纷化解、应急处置的社会矛盾综合治理体系。继续加大全民公众安全感、政法部门满意度工作，增强夜间出行安全，做到社会各方力量齐动员、共参与。坚持人民调解、行政调解、司法调解联动，鼓励人民群众通过先行调解等方式解决矛盾纠纷，进一步加强协调配合，发展壮大专职人民调解员队伍，不断丰富和深化一站式多元解纷机制建设，引导更多纠纷在诉讼外解决，努力打造更多具有万载特色的“枫桥经验”，为人民群众提供更加高效便捷的解纷服务，不断增强人民群众的获得感、幸福感、安全感。坚持专群结合、群防群治，加强社会治安防控体系建设，提高“雪亮工程”建设密度和结构化应用水平，启动第三期“雪亮工程”建设。推进扫黑除恶长效长治，坚决防范和打击暴力恐怖、黑恶势力、新型网络犯罪和跨国犯罪，保护社会和谐稳定。

专栏24　公安事业建设

（一）基础设施建设

完成康乐、马步、黄茅、白水等派出所及森林分局办公、业务用房及附属设施建设，推进万载省际公安检查站及全县城乡社区警务室建设；完善基层所队办案区。

（二）刑侦、网安等专业技术建设

推进智能化信息采集平台、智慧现场勘查建设，升级、完善电子物证检验鉴定实验室、互联网信息监控中心、5G无线Wi-Fi管控系统等系统平台；按全国公安装备建设要求建成一级刑事科学技术室。

（三）维护国家安全能力建设

不断强化国保战略据点建设，完善国保反恐特殊装备。

（四）智慧警务建设

加强全县350兆通信建设，构建上下联动应急警务指挥系统，推动智慧警务建设实现警力指挥、布署可视化；建设对接省公安厅平台的执法办案智能管理系统；科学建设县公安局政务服务（含户政、出入境）智慧大厅，强化无人操作引导，提高自助设备的使用率和公众使用体验感。

（五）智慧监管建设

以监所信息管理平台为支撑，以信息主导勤务为核心，创新应用“智能物联＋移动互联”等新技术，打造集智慧管控、智慧管理、智慧服务、智慧指导为一体的新时代公安监所管理新模式。

（六）智慧交通建设

结合城乡路网建设配套交通安全保障设施，积极推进涵盖交通指挥、信号协调、交通引导、智慧停车等为一体的智慧交通建设，开展拥堵和安全隐患治理工作，提高道路通行效率及安全。

（七）治安防控体系建设

推进治安综合业务应用系统建设，重点建设重大活动安保、智慧内保、智慧安防小区管控、智慧街面巡防治安管控、公安检查站治安管控、交通枢纽安保智能防控、危爆物品立体化溯源、易制枪物品图形比对、娱乐场所和特种行业治安管理9大系统模块；建立健全重点人员信息管理系统和个人极端暴力犯罪预警模型；加强市际、县际治安防控圈建设。

（八）森林资源保护

在野生动植物资源丰富的林区建立监控网络，加大力度查处涉及森林资源、野生动植物资源、林地资源等涉林领域的违法犯罪行为。

第二章　全面提升社会治理现代化水平

坚持和完善共建共治共享的社会治理制度，提高社会治理社会化、法治化、数字化、系统化、专业化水平。

第一节　提高治理的社会化

完善民主协商制度，发挥群团组织在社会治理中的作用，畅通和规范市场主体、新社会阶层、社会工作者和志愿者等参与社会治理的途径，实现政府治理同社会调节、居民自治良性互动。推动社会治理重心下移、力量下沉、资源下倾、权限下放,健全城乡社区治理和服务体系。

第二节 提升治理的法治化

提高基层干部法治为民意识,将涉农各项工作纳入法治化轨道。健全农村公共法律服务体系,制定、实施"八五"普法规划,开展法治培训和考核,提高基层干部法治办事能力,杜绝有权乱办事,推进依法办事的转变。抓好村(居)委会法律顾问工作,加快完成"一村一法律顾问"普及工作,加强对农民的法律援助和司法救助,抓好困难群众法律援助工作。建立健全乡村调解、仲裁、司法保障的农村纠纷调处机制。

第三节 提升治理的数字化

以应急响应和基层矛盾纠纷解决为重点,启动县域社会治理大数据平台建设,提高社会治理效率,争当中部地区县域治理现代化排头兵。加强地理信息、道路交通、档案、气象水文应急等基础公共数据共享,引进领域监测先进手段及设备,构建移动监测预警大数据系统、构建统一指挥、专常兼备、反应灵敏,上下联动的应急管理体制,提高防灾减灾救灾能力。

第三章 提升政府治理效能

加快建设"五型"政府,坚持"刀刃向内",持续转变政府职能,提升服务效能,让企业和群众办事更加方便、顺畅、爽心。

第一节 落实政府权责清单制度

推进政府权责清单标准化规范化建设,实现权力清单和责任清单"两单"融合,强化权责清单的动态调整,坚持依法而行,切实维护权责清单的严肃性、规范性和权威性。实施涉企经营许可事项清单管理,加强事中事后监管,对新产业新业态实行包容审慎监管。

第二节 提升政务服务质量

深化简政放权、放管结合,优化服务改革,推进政务服务标准化、规范化、便利化。完善"赣服通"服务功能,进一步提高政务服务事项线上可办率,拓展"一链办理"事项,抓好"一次办好"事项的落实。实行政府权责清单制度,进一步精简行政权力事项。深化商事制度改革,实施涉企经营许可事项清单管理,降低制度性交易成本,开展政务服务"好差评"。

第三节 持续推进"五型"政府建设

推动政府治理理念创新、服务模式创新、体制机制创新,释放创新创造活力和强劲动能。牢固树立抓落实就是抓发展的理念,在全县政府系统营造务实、担当、实干的良好氛围。主动向社会公布"五型"政府建设情况,接受企业和群众的监督,把更好满足企业和群众的需求贯穿行政工作的全过程和各环节,切实提升政府工作整体水平。

第十二篇 强化规划实施保障

实现"十四五"规划和二〇三五年远景目标,必须坚持党的全面领导,充分调动一切积极因素,广泛团结一切可以团结的力量,形成推动发展的强大合力。

第一章 全面加强党对经济社会发展的领导

坚持党对一切工作的领导,坚决维护党中央权威,健全完善总揽全局、协调各方的党的领导体系,把党的领导落实到各领域各环节各方面。

切实发挥党总揽全局、协调各方的核心作用。落实"两个维护"的制度机制,坚决把维护习近平总书记党中央的核心、全党的核心地位落到实处。贯彻落实党领导各项事业的具体制度,把党的领导落实到统筹推进"五位一体"总体布局、协调推进"四个全面"战略布局各项工作当中。完善党委和政府机构职能体系,把党的领导贯彻到履行职责全过程。提升基层党组织建设水平,打造坚强战斗堡垒。深入总结和学习运用中国共产党一百年的宝贵经验,教育引导广大党员、干部坚持共产主义远大理想和中国特色社会主义共同理想,不忘初心、牢记使命,为党和人民事业不懈奋斗。

不断提高党的执政能力和领导水平。坚持民主集中制,落实发展党内民主和实行正确集中的各项制度,提高各级党组织把方向、谋大局、定政策、促改革的能力。健全科学决策、民主决策、依法决策机制,强化决策执行、评估、监督。改进领导方式,增强全县党组织的政治功能和组织力。完善担当作为激励机制和容错纠错机制，健全及时奖励制度，促进各级领导干部增强本领，创造新时代一流工作。

坚持全面从严治党。坚决落实新时代党的建设总要求，以党的政治建设为统领，推进党的各方面建设。贯彻新时代党的组织路线，健全党管干部、选贤任能制度，激发广大党员干部干事创业热情。把严的主基调长期坚持下去，不断增强党自我净化、自我完善、自我革新、自我提高能力。坚持无禁区、全覆盖、零容忍，整体推进不敢腐、不能腐、不想腐，努力营造风清气正的良好政治生态。健全传承红色基因的长效机制，深入整治"怕、慢、假、庸、散"作风顽疾，不断增强全县党组织的创造力、凝聚力、战斗力。

第二章　加强社会主义政治建设

坚持人民主体地位、把尊重民意、汇集民智、凝聚民力、改善民生贯穿全部工作之中，厚植群众根基。

坚持和完善人民代表大会制度、中国共产党领导的多党合作和政治协商制度，支持和保证人大及其常委会依法行使各项权力，推进政治协商、民主监督、参政议政制度建设。巩固和发展最广泛的爱国统一战线，落实党的知识分子、民族、宗教、侨务等政策，充分发挥民主党派、工商联和无党派人士作用，促进政党、民族、宗教、阶层、海内外同胞关系和谐。深化群团改革，进一步发挥工会、共青团、妇联、科协等群团组织的桥梁纽带作用，凝聚全县干部群众共同意志。健全基层群众自治制度，推进基层直接民主制度化、规范化、程序化，提高自我管理、自我服务、自我监督水平，充分激发广大人民群众投身社会主义现代化建设的积极性、创造力。

第三章　确保"十四五"规划和二〇三五年远景目标任务落到实处

编制空间规划、区域规划和专项规划，要坚决贯彻党中央、省委和市委决策部署，落实本纲要确定的发展战略、目标任务、重大举措。

坚持下位规划服从上位规划、下级规划服务上级规划、等位规划相互协调，从实际出发科学制定本地区、本领域规划，形成规划合力。进一步完善规划管理，强化政策协同，健全实施机制，确保规划落到实处。

实现"十四五"规划和二〇三五年远景目标，意义重大，任务艰巨，前景光明。全县上下要更加紧密地团结在以习近平同志为核心的党中央周围，同心同德促发展，凝心聚力抓落实，在加快革命老区高质量发展上作示范，在推动中部地区崛起上勇争先，在打造赣西中心城市发展加速区、国家绿色发展先行区、湘赣边区域开放合作先行区和安全环保和谐示范区上奋发向上，在社会主义现代化建设新征程上迈出坚实步伐，在"优环境、促发展"上争创一流，努力开创我县高质量跨越式发展新局面。

中共万载县委
万载县人民政府
关于全面推进乡村振兴
加快农业农村现代化的
实施意见

(2021年6月23日)

“十四五”时期,是开启全面建设社会主义现代化国家新征程的第一个五年,也是全面推进乡村振兴、加快农业农村现代化的关键五年。稳住农业基本盘、守好“三农”基础,是应变局、开新局的“压舱石”。全县各级各部门要坚持把解决好“三农”问题作为工作重中之重,把全面推进乡村振兴作为一项重大任务,举全县之力加快农业农村现代化,让广大农民过上更加美好的生活。

一、总体要求

(一)指导思想。以习近平新时代中国特色社会主义思想为指导,全面贯彻中共十九大和十九届二中、三中、四中、五中全会精神,贯彻落实中央经济工作会议精神,统筹推进“五位一体”总体布局,协调推进“四个全面”战略布局,坚定不移贯彻新发展理念,坚持稳中求进工作总基调,坚持加强党对“三农”工作的全面领导,坚持农业农村优先发展,坚持农业现代化与农村现代化一体设计、一并推进,坚持创新驱动发展,以推动高质量发展为主题,统筹发展和安全,落实加快构建新发展格局要求,巩固和完善农村基本经营制度,深入推进农业供给侧结构性改革,把乡村建设摆在社会主义现代化建设的重要位置,全面推进乡村产业、人才、文化、生态、组织振兴,充分发挥农业产品供给、生态屏障、文化传承等功能,加快建设新时代现代化农业强县,走出一条具有万载特色的农业农村现代化道路,在全面推进乡村振兴上走前列。

(二)目标任务。2021年,农业供给侧结构性改革深入推进,粮食播种面积稳定在66.35万亩以上,产量稳定在26.35万吨以上,生猪生产全面恢复,蔬菜等农产品稳中有增,农业质量效益稳步提升,脱贫攻坚成果得到巩固,脱贫攻坚政策体系和工作机制同乡村振兴有效衔接,乡村建设行动全面启动,农村人居环境持续提升,农村改革重点任务深入推进,农村社会和谐稳定。

到2025年,全面推进乡村振兴、加快农业农村现代化取得重要进展,农业基础设施现代化迈上新台阶,农村生活设施便利化初步实现,城乡基本公共服务均等化水平明显提高。农业基础更加稳固,粮食、生猪等重要农产品供给有效保障,农业质量效益和竞争力明显提升,现代乡村产业体系基本形成。脱贫攻坚成果全面巩固拓展,农民收入持续较快增长,城乡生活水平差距明显缩小。农村生态环境全面优化。乡村建设行动取得明显成效,基础设施短板进一步补齐,农村公共服务效率大幅提升。农村基层组织建设全面加强,农民精神风貌显著提升,乡村治理体系进一步健全,农民获得感、幸福感、安全感明显提高。

二、重点工作

(一)实现巩固拓展脱贫攻坚成果同乡村振兴有效衔接

1. 保持现有主要帮扶政策总体稳定。落实党中央设立5年过渡期和摘帽不摘责任、不摘政策、不摘帮扶、不摘监管的要求,过渡期内保持现有主要帮扶政策总体稳定,并逐项分类优化调整。落实脱贫成果回查机制、脱贫人口增收发展机制、防止返贫保险保障机制、扶贫项目运维管护机制、智志双扶激励机制等,着力巩固成果、提升质量,增强贫困地区和贫困群众内生发展动力,坚决防止发生规模性返贫。制定实现巩固拓展脱贫攻坚成果同乡村振兴有效衔接的实施意见,推进领导体制、工作体制、发展规划、政策举措、考核机制等有效衔接。(县乡村振兴局、县委农办,县扶贫开发领导小组相关成员单位按职责分工负责)

2.巩固拓展脱贫攻坚成果。健全完善监测预警机制,对脱贫不稳定户、边缘易致贫户、农村低保对象、农村特困人员,以及因病因灾因意外事故等刚性支出较大或收入大幅缩减导致基本生活出现严重困难户,开展定期检查,持续跟踪收支变动、“两不愁三保障”及饮水安全巩固等情况,做到及时发现、快速响应、动态清零。健全完善精准帮扶机制,坚持预防性措施和事后帮扶相结合，按照“缺什么补什么”的原则，继续分类精准帮扶，切实保障困难群众基本生活。健全完善保险保障机制，完善农村低收入人口医疗保险、养老保险、基本生活保障，强化落实农业保险和防贫保险，切实提高综合保障水平。健全完善扶贫项目资产监管机制，分类摸清“十三五”以来各类扶贫项目形成的资产底数，建立健全扶贫资产信息台账，切实强化监管，确保扶贫资产持续发挥作用。健全内生动力激发机制，继续推行产业合作“一领办三参与”等有效模式，推动农业产业与脱贫人口建立更加稳定的利益联结机制。（县乡村振兴局、县民政局、县财政局、县人社局、县农业农村局、宜春银保监分局万载监管组，县扶贫开发领导小组相关单位按职责分工负责）

（二）加快推进农业现代化

3. 保障粮食等重要农产品有效供应。坚决落实粮食安全党政同责要求，压实地方政府属地责任，用好粮食生产各项政策措施，防止耕地抛荒撂荒，分类指导推进复耕复产，加大技术服务指导力度，稳定粮食种植面积和产量，确保2021年粮食播种面积达66.35万亩。强化农作物病虫害防治体系建设，2025年主要农作物病虫害专业化统防统治覆盖率达95%以上。实施优质稻米工程、优质粮食工程，推广粮食绿色高质高效生产技术。以亚太中商为依托，加大优质稻品种的筛选和推广力度，利用有机山区乡镇的良好生态环境与气候特点、发展有机富硒大米，逐步建立“万载大米”的品牌效应。开展水稻完全成本和收入保险试点，提高种粮收益。大力推进生猪复产增养，快速推进投资20亿元的东方希望百万头生猪养殖全产业链项目。大力发展现代畜牧业和蔬菜产业，推动优质蔬菜扩面增效。做好非洲猪瘟等动物疫病防控和农作物病虫害防治。开展粮食节约行动，减少生产、流通、加工、存储、消费环节粮食损耗浪费。（县农业农村局、县财政局、宜春银保监分局万载监管组、万载生态环境局、县自然资源局等单位按职责分工负责）

4.打好种业翻身仗。加快良种推广与普及力度，提升万载农产品品质与产量。大力发展乡土特色产业，推动油茶、龙牙百合、“三黑一黄” 特色养殖、“三子一壳”道地中药材、稻渔综合种养等产业快速发展。扎实推进种质资源保护工作，积极申报万载康乐黄鸡和万载黑兔国家地理标志产品。用我县地方优势品种资源积极对接高等院校、科研院所，提升种业科研能力，培育一批关键性状突出，遗传基础明确，拥有自主知识产权的地方优良品种。强化种子执法，加大种业知识产权保护力度。（县农业农村局、县财政局、县科技局等单位按职责分工负责）

5.坚决守住耕地红线。采取“长牙齿”的硬措施，落实最严格的耕地保护制度，严禁违规占用耕地和违背自然规律绿化造林、挖湖造景，严格控制非农建设占用耕地，深入推进农村乱占耕地建房专项整治行动，遏制“非粮化”、防止“非农化”。加强和改进建设占用耕地占补平衡管理，严格新增耕地核实认定和监管。健全耕地数量和质量监测监管机制，加强耕地保护督察和执法监督。（县纪委县监委、县自然资源局、县农业农村局等单位按职责分工负责）

6. 推进富硒绿色有机产业建设。充分发挥“国家农业绿色发展先行区”品牌效应，打响有机富硒品牌，加快推进恒晖大农业、亚太中商万亩富硒现代农业产业园等项目建设，完善绿色有机富硒标准体系，加强绿色有机农产品和地理标志农产品认证管理，打造健康食品产业示范区。2021年，新建有机富硒农产品生产基地3.5万亩，培育有机富硒产品116个。推进农村一二三产业融合发展，着力构建以绿色食品（富硒）产业为引领，以大米、水果、中药材、油茶为支撑，多种经营多种业态融合发展的“1+3+N”产业体系。按照“增点、扩面、提质、升级”的要求，培育体验农业、休闲农业、定制农业等新业态，实施休闲农业和乡村旅游精品工程。2021年，打造省A级乡村旅游点2个以上，推进乡村特色景观资源开发和利用服务，打造“中国天然氧吧”、“江西省避暑旅游目的地”等康养旅游宜居生态品牌景区,推动万载县生态旅游产业发展。加强农产品质量和食品安全的智慧监管、信用监管、追溯平台推广应用,逐步推行食用农产品合格证、富硒农产品认证和质量追溯码“两证一码”。(县农业农村局、县林业局、县文广新旅局、县商务局等单位按职责分工负责)

7.加强农业基础设施建设。2021年,完成3.5万亩高标准农田建设,加强项目区建后管护,落实“县负总责、乡镇监管、村为主体”管护机制,真正实现旱涝保收、高产稳产,全面落实省下达“十四五”时期新建及提质改造工作任务。持续推进水利工程建设,实施中小型灌区续建配套与现代化改造,建立以落实地方责任为基础的常态化水库除险加固机制,到2025年消除现有水库病险。实施农业机械化提升工程,加强果茶药园宜机化改造,支持农机装备研发制造,加大农机购置补贴力度,开展农机作业补贴,建设全程机械化综合农事服务中心,2025年农作物耕种收综合机械化率达78%以上。建设现代物流产业园,加快市场要素聚合,构建集种养技术、检验检测、金融支持、冷链物流、销售渠道于一体的农业产业平台。建设公益性农产品市场和农产品流通骨干网络,健全乡村双向物流配送体系,加强农村冷链物流基础设施建设,推进田头小型仓储保鲜冷链设施、产地低温直销配送中心建设,推进电子商务进农村和“互联网+农产品”出村进城,改造提升农村寄递物流基础设施,3年内农村快递物流服务全覆盖。完善现代气象为农服务体系,加强农业气象灾害监测预警,完成省级标准化气象灾害防御乡镇创建全覆盖,开展农村气象灾害风险普查工作,启动万载农村气象灾害风险普查数据库建设,完成粮油作物种植气候区划与主要农业气象灾害风险区划。(县农业农村局、县水利局、县工信局、县发改委、县商务局、邮政万载县分公司、县市监局、县气象局等单位按职责分工负责)

8.强化科学技术支撑。推进综合性区域农技推广工作站建设,建设一批集示范展示、指导培训、科普教育等多功能一体化的农业科技示范展示基地,实现农技推广机构与新型经营主体协同发展。同时鼓励农技推广机构和农业经营主体与高等院校、科研院所建立广泛的科技合作,实现产、学、研活动的深度融合,大力推广农业新品种、新技术、新机具、新工艺、新模式,因地制宜推进稻油轮作、粮经轮作、稻渔综合种养等示范应用,示范推广农药减量、水稻机插、测土配方施肥、土壤修复等新技术。提升科技服务水平,依托省、市、县科技特派员制度,组建一批农业技术服务队伍,建立考核奖惩机制,有序引导经营主体标准化生产、市场化经营,支持建设区域性农业全产业链综合服务中心。加快智慧农业应用,完成2–3个物联网示范点建设,2025年农业科技进步贡献率达71%以上。(县农业农村局、县科技局、县商务局等单位按职责分工负责)

9.健全现代农业经营体系。推进农民合作社发展质量提升,支持合作社跨区域合作和同业联合发展,常态化清理“空壳社”。围绕绿色有机富硒产业链招商,着力引进培育一批技术先进、带动力强、品牌影响大的产业龙头,力争2025年销售收入1亿元以上龙头企业达25家以上。大力推广“龙头企业+农民合作社+农户”联合经营模式,2021年,农业产业化联合体达10家以上,农民合作社、家庭农场示范创建比例达25%以上。大力发展以土地托管为主要内容的农业生产服务,提升农机作业、无人机飞防植保、粮食烘干加工等农业社会化服务水平,力争服务面积达30万亩以上。(县农业农村局负责)

(三)大力实施乡村建设行动

10.推进乡村规划工作。树立全域“一盘棋”理念,注重保护传统村落、历史文化名镇名村、红色名村和传统建筑,按照《江西省“多规合一”实用性村庄规划编制技术指南(试行)》(2021修订版)要求,根据村庄发展需求和规划管理工作实际,因地制宜按需选做“菜单式”村庄规划内容,编制易懂易行、实用管用、符合乡村实际、乡村振兴要求和更有乡村味道的村庄规划。村庄规划要立足于推动城乡融合发展、改善农村人居环境、保障乡村产业发展、乡村振兴项目和农村村民“一户一宅”建房需求。村庄规划编制过程可以采取先试点，后铺开的思路，制定好村庄规划编制工作计划（2021—2023年），每个乡镇2021年先推行编制完成1个村庄规划编制任务。启动仙源红色小镇规划建设。提升规划严肃性，严格按规划建设村庄，切实加强乡村建设规划许可和村庄用地用途管制，严肃查处违规乱建行为。基本完成县域国土空间规划编制，明确村庄分类布局。（县自然资源局、县委组织部、县农业农村局、县民政局、县住建局、县文广新旅局等单位按职责分工负责）

11. 加强乡村基础设施建设。深化农村公路管理养护体制改革，推进农村公路路长制。继续完善和推进人口多的、抵边的自然村组道路拓宽改造、通客车，加强农村资源路、产业路、旅游路、公益事业路、路网连通路和建制村通双车道公路建设，继续开展“四好农村路”创建。加强中小型水库等稳定水源工程建设，2025年城乡供水一体化工程体系基本建成，良性运行管理目标基本达到，饮用水水质达到国家规定标准。提高农村地区供电能力及供电可靠性，推进燃气下乡，支持建设安全可靠的乡村储气罐站和微管网供气系统。推动农村千兆光网、5G网络、物联网与城市同步规划建设，支持农村电子商务、远程医疗、远程教育等应用普及，开展农村5G广电建设，推动移动接收终端具备应急广播功能，开展乡村“智慧应急”建设。（县发改委、县教体局、县工信局、县交通运输局、县水利局、县商务局、县卫健委、县应急管理局、县广播电视台、国网万载供电公司、电信万载分公司、移动万载分公司等单位按职责分工负责）

12.实施农村人居环境整治提升五年行动。推动农村人居环境品质提升。深入推进农村厕所革命，提高农村户厕无害化改造质量，合理规划建设农村公共厕所，农村无害化卫生厕所改厕率达到95%。完善“户分类、村收集、乡转运、区域处理”生活垃圾收运处置体系，推广城乡环卫“全域一体化”第三方治理，推进农村生活垃圾就地分类减量，建设一批有机废物综合处置利用设施，99%行政村生活垃圾得到有效治理。分类推进农村生活污水治理，加快城乡供排水一体化建设，2021年建成5个乡镇污水处理厂。建立完善农村生活污水治理市场化建设与运维模式，2025年农村生活污水治理率达到省市要求。全面提升村容村貌，围绕“连片推进、更高质量、生态宜居、长效管护、社会参与”的思路，2021年完成186个村点整治。按照“五化”“五优”“五美”标准，打造一批秀美示范线、乡镇、村庄、庭院。按照“一年是规矩、两年是习惯、三年是文化”要求，健全完善“五定包干”村庄环境常态化长效管护机制，加强“万村码上通”5G+平台建设。开展农村房屋安全隐患排查整治，支持新建一批宜居型示范农房。（县农业农村局、万载生态环境局、县城管局、县住建局、县卫健委、县文广新旅局等单位按职责分工负责）

13. 加强农村生态文明建设。强化渔政执法队伍建设，大力打击非法捕捞等违法行为，稳妥推进锦江流域禁捕工作。加强农业面源污染治理，开展受污染耕地土壤治理修复，持续推进农药化肥零增长行动，加强农药包装废弃物及废弃农膜回收处理，推进秸秆综合利用和畜禽粪污资源化利用。推进河长制纵深发展，深入开展生态环境突出问题大排查大整治行动，实施水系连通及农村水系综合整治，深化锦江等流域水环境治理，落实最严格水资源管理制度，推进农业节水增效。完善提升林长制，健全林业生态补偿，落实生态公益林生态效益补偿和天然商品林停伐补助，实施乡村绿化美化，继续加大乡村森林公园建设力度。（县农业农村局、县委编办、县人社局、万载生态环境局、县水利局、县林业局等单位按职责分工负责）

14.提升农村公共服务能力水平。加快推进县乡村公共服务一体化，促进教育、医疗、文化等资源在县域内优化配置，不断提升城乡公共服务均等化水平。优化农村义务教育学校网点布局，继续改善乡镇寄宿制学校办学条件，重点做大做强县城区和乡镇中心学校建设，村小原则上只修不建，并逐步撤并人数在20人以内的教学点。按照中学办好，小学办精的原则，利用三年时间规划在南部新城新建一所高中、四所九年一贯制学校、一所小学，在老城区择址新建一所九年一贯制学校，完成县三中、县五小、县六小的新建和万载中专的改扩建，三年后全县所有学校实现标准班额。实施学前教育质量提升计划，到2025年更加普及普惠农村学前教育。发展面向乡村的现代远程教育，支持建设城乡学校共同体。积极稳妥推进义务教育学校校长教师交流轮岗改革，全面推行“县管校聘”改革，实行“一专多能”农村小学教师综合培养。全面推进健康乡村建设，提升村卫生室标准化建设和健康管理水平，推动乡村医生向执业助理医师转变，采取派驻、巡诊等方式提高基层卫生服务水平。加强医院建设，推进县域紧密型医共体建设，实行医保总额预算管理。提升疾控机构应对重大疫情及突发公共卫生事件能力，在乡镇卫生院推行医防融合。提升妇幼、老年人健康服务水平。建设全科特岗医生队伍，推进乡村医生“乡聘村用”。优化基层公共文化设施建设布局和文化资源配置，推进基层综合性文化服务中心数字化建设，完善农家书屋管理机制。实施乡村就业促进行动，健全城乡一体的就业政策和服务体系。完善统一的城乡居民基本医疗保险制度，合理提高政府补助标准和个人缴费标准，加大农民重特大疾病医疗救助保障。落实城乡居民基本养老保险待遇确定和正常调整机制，推进城乡居民基本养老保险参保扩面。推进城乡低保制度统筹发展，逐步提高农村特困人员供养服务质量，建立分类分层的救助体系。健全县乡村衔接的三级养老服务网络，建设村级幸福院、日间照料中心等养老服务设施，推进农村普惠型养老和互助性养老发展。加强对农村留守妇女儿童和困境儿童、残疾人的关爱服务。完善农村综合便民服务平台，加强村级客运站点、文化体育、公共照明等服务设施建设。（县发改委、县卫健委、县教体局、县委宣传部、县民政局、县人社局、县交通运输局、县文广新旅局、县医保局、县妇联、县残联等单位按职责分工负责）

15. 加强和创新乡村治理。加强村级议事协商示范点建设，推广村民议事会、红白理事会、乡风评议会、禁毒禁赌会“四会共治”模式，创新村民参与村庄公共事务方式，规范村民（代表）会议等制度，深化村级民主决策实践和议事协商实践。加强农村思想道德建设，深化道德模范选树宣传，完善帮扶礼遇制度。实施村务公开“阳光工程”，发挥村民监督作用，杜绝农村“微腐败”。巩固深化“法律明白人”培养工程，加强农村法治文化阵地建设，优化乡村基本公共法律服务资源配置。提高农业综合行政执法信息化制度化规范化水平。加强乡村调解平台和调解组织建设，推进综治中心实体化建设和农村网格化服务管理，扩大农村地区视频监控覆盖面。加大对农村非法宗教和境外渗透活动的打击力度，依法制止利用宗教干预农村公共事务。建立健全农村地区扫黑除恶常态化机制。加强县乡村应急管理和消防安全体系建设，做好对自然灾害、公共卫生、安全隐患等重大事件的风险评估、监测预警、应急处置。打造乡村治理体系建设试点示范村，推广选树乡村治理成熟模式和先进典型。（县委统战部、县委组织部、县委宣传部、县委政法委、县民政局、县农业农村局、县公安局、县司法局、县卫健委、县应急管理局等单位按职责分工负责）

16.加强新时代农村精神文明建设。深入开展习近平新时代中国特色社会主义思想学习教育，广泛开展“听党话、感党恩、跟党走”宣讲活动，引导农民特别是脱贫户“听党话、感党恩、跟党走”。深化新时代文明实践中心（所、站）建设，建立文明单位对口联系新时代文明实践站制度，推进县、乡、村三级新时代文明实践中心（所、站）全覆盖，落实好阵地建设、队伍建设、文化供给、保障措施等工作，确保基层文化设施长效发挥作用。统筹实施文化惠民工程，依托基层文化服务场所，积极组织开展“百姓大舞台”“乡村春晚”等群众文化品牌活动，围绕建党100周年，结合实施乡村振兴战略、脱贫攻坚、抗击新冠肺炎疫情等主题谋划创作一批体现社会主义核心价值观的艺术作品。持续开展“乡风文明红黑榜”“身边好人”“最美家庭”“道德模范”和“星级文明信用户”等群众性精神文明创建活动。开展“推动移风易俗，促进乡风文明”行动，充分发挥村民理事会、红白理事会作用，完善村规民约、家训家规，推进惠民绿色文明殡葬改革，倡导婚事新办、丧事简办文明新风，着力减少婚丧喜事大操大办、相互攀比、厚葬薄养等不良风气。（县委宣传部、县委组织部、县农业农村局、县民政局、县文广新旅局、县妇联、团县委等单位按职责分工负责）

（四）深化农业农村改革

17. 深化农村土地制度改革。落实保持土地承包关系稳定并长久不变政策，建立健全土地承包权依法自愿有偿转让机制。规范承包地经营权流转，探索放活土地流转经营权的有效途径。规范农村宅基地审批和建房全过程管理，探索宅基地有偿使用制度、宅基地自愿有偿退出机制，盘活利用闲置农房和闲置宅基地。全面摸清农村宅基地现状底数，逐步建立宅基地管理数据库，分类认定处置历史形成的宅基地面积超标和“一户多宅”等问题。（县农业农村局、县财政局、县自然资源局、县林业局等单位按职责分工负责）

18.发展壮大新型农村集体经济。加大以城补乡融合力度，探索村级集体经济发展新路径。全面落实“清零”“扶弱”“推优”工作要求，因村制宜发展土地股份型、资源开发型、农旅融合型、抱团发展型等多种形式的村级集体经济。集聚项目、资金、人才、技术等要素，为村级集体经济稳定发展提供坚实保障。强化优势产业对村级集体经济的带动作用，继续实施好中央财政资金扶持村级集体经济发展试点，鼓励村集体经济组织或其领办的合作社，承担或参与采取以工代赈方式实施的农业农村基础设施项目。鼓励金融机构将村集体经济组织纳入授信范围，探索集体机动地、经营性建设用地、资产和股权等金融信贷服务试点。鼓励村党组织书记通过法定程序担任村级集体经济组织负责人。巩固农村集体产权制度改革成果，完善村集体经济组织有效运行机制，制定村集体经济组织管理人员报酬与村集体经济效益挂钩的指导意见，引导村集体经济组织制定规范的收益分配办法。加强农村集体“三资”监管，健全村集体经济组织有效运行机制。力争到2025年基本消除村集体经济年经营性收入15万元以下的行政村，并培育一批集体经济年经营性收入在100万元以上的经济强村。（县委组织部、县农业农村局、县发改委、县财政局、县人社局、县自然资源局、人民银行万载县支行等单位按职责分工负责）

19. 健全城乡融合发展机制。推进国家农业绿色发展先行区建设，进一步做好农村一二三产业融合发展示范工作。持续开展城乡融合发展探索试验，缩小县域内城乡发展差距和居民生活水平差距。壮大县域经济，积极承接适宜产业转移，培育支柱产业，强化县城综合服务功能。规划建设一批重点中心镇、特色小镇，推进扩权强镇，加强乡镇政府驻地基础设施和公共服务设施建设，发挥小城镇连接城市、服务乡村作用，整合审批、服务、执法等方面力量，建立健全统一管理服务平台，把乡镇建设成为服务农民的区域中心。增加适应进城农民刚性需求的住房供给，推动在县域就业的农民工就地市民化。持续推进户籍制度改革，持续推进户籍制度改革，全面放开城市落户限制，扩大居住证附加的基本公共服务和便利服务，保障进城落户农民土地承包权、宅基地使用权、集体收益分配权，支持引导农户依法依规自愿有偿转让。（县发改委、县财政局、县农业农村局、县工信局、县商务局、县文广新旅局、县自然资源局、县公安局、县人社局、县住建局等单位按职责分工负责）

三、保障措施

（一）加强党对农村工作的

领导。深入贯彻落实《中国共产党农村工作条例》，健全党领导农村工作的组织体系、制度体系和工作机制。各级党委要定期研究农村工作，听取农村工作汇报，决策农村工作重大事项。成员单位出台重要涉农政策要征求县委农村工作领导小组意见并进行备案。乡镇(街道)党(工)委书记要把主要精力放在“三农”工作上，当好乡村振兴的先锋，各部门要共同发挥好主力军作用。扎实推进农村基层党建“三化”建设，持续整顿软弱涣散村党组织，大力发展优秀农村青年党员，推动农村基层党建融入农业农村重大任务。选优配强乡镇(街道)领导班子、村“两委”成员特别是党组织、党支部书记，因地制宜依法推行村党组织书记和村委会主任“一肩挑”。抓好大学生专职村干(党建宣传信息员)培训、服务、管理工作，切实发挥其在村作用。坚持和完善向重点乡村选派驻村第一书记和工作队制度。基层纪检监察组织要加强与村务监督委员会的沟通协作、有效衔接。(县委组织部、县纪委县监委、县委编办、县民政局、县农业农村局等单位按职责分工负责)

(二)优先保障“三农”投入。建立健全与全面推进乡村振兴任务相适应的财政投入稳定增长机制，财政资金更大力度向“三农”倾斜。制定落实提高土地出让收益用于农业农村比例的实施意见和考核办法，确保到“十四五”期末土地出让收入用于农业农村比例达到10%以上。加强涉农资金统筹整合，进一步提升财政支农资金使用效益。持续推动农村信用体系建设，落实信用乡镇、信用村、信用户创评优惠政策，完善农户、新型经营主体信用档案。加大信贷支持力度，完善“财政惠农信贷通”工作机制，支持农业担保体系建设，提高政府性融资担保机构支小支农业务占比。扩大农业大灾保险、特色农产品政策性保险、特色农业价格(收入)保险试点，逐步将中药材、蔬菜、家禽、水产等纳入保险范围。发挥农业再保险机制作用。(县财政局、县农业农村局、人民银行万载县支行、宜春银保监分局万载监管组等单位按职责分工负责)

(三)保障农业农村发展用地。乡村产业建设用地要重点保障，县级国土空间总体规划建设用地规划指标预留不少于10%。完善盘活农村存量建设用地政策，建立“负面清单”，各地消化存量所得建设用地指标，用于农村一、二、三产业融合发展不少于5%。农村闲置建设用地拆旧复垦腾退出来的建设用地指标，优先保障农业农村发展用地需求。原址恢复林地用途的畜禽养殖场异地重建时，优先使用林地定额。根据乡村休闲观光等产业分散布局的实际需要，探索灵活多样的供地新机制。规范设施农用地使用和管理，完善永久基本农田补划程序。(县自然资源局、县农业农村局、县林业局等单位按职责分工负责)

(四)推动乡村人才振兴。将乡村人才振兴纳入党委人才工作总体部署，健全适合乡村特点的人才培养机制，强化人才服务乡村激励约束。加强“三农”干部队伍建设，定期从机关和企事业单位选派一批优秀干部到乡村振兴一线岗位任职挂职，选拔一批优秀“三农”干部充实到乡镇(街道)党政领导班子。加强对农村基层干部激励关怀，及时奖励乡村振兴领域担当作为的干部。持续开展“新时代赣鄱先锋”选树学活动，重点把在乡村振兴工作中涌现出的先进典型推选出来。开展乡村振兴全面培训，分批对各级党组织书记开展轮训。加大新型职业农民培育，突出培育新型农业经营主体带头人、现代青年农场主和农业社会化服务骨干。实施新生代农民工职业技能提升计划，发展职业教育、继续教育和技能培训。实施高素质农民培育计划和学历提升行动。优化乡村创业环境，培育农村创业创新带头人，吸引大学生、退役军人、返乡创业人员、异地工作乡贤等各类人才在乡村振兴中建功立业。(县委组织部、县农业农村局、县教体局、县人社局、县退役军人事务局等单位按职责分工负责)

(五)发挥考核指挥棒作用。健全党政领导班子和领导干部推进乡村振兴战略实绩考核制度，将巩固拓展脱贫攻坚成果纳入乡村振兴考核，加强考核结果应用，注重提拔使用乡村振兴实绩突出的党政领导干部，对考核结果为“一般”等次的党政主要负责同志进行约谈。建立客观反映乡村振兴进展的指标和统计体系，每年对乡村振兴战略规划实施情况和农业农村现代化建设情况进行评估评价。持续整治形式主义、官僚主义，切实解决基层反映的“表海”“会海”“打卡”“考核”等问题，减轻基层负担。强化乡村振兴督查，创新完善督查方式。加强乡村振兴宣传，激发广大农民群众积极性、主动性、创造性，汇聚全县全社会之力共同推动乡村振兴。（县委农办、县农业农村局、县纪委县监委机关、县委组织部、县委宣传部、县发改委、县统计局、国家统计局万载调查队、县乡村振兴局等单位按职责分工负责）

索 引

说 明

说明：此索引依照国家标准《索引编制规则（总则）》的相关规则进行编制。此索引为主题索引，按主题词中汉语拼音字母顺序排列，主题词后的阿拉伯数字表示该词所在页码。对特载、大事记、统计资料等类目不作主题索引。

D

K

L